...ta o nazi
...e d'attentats à
...namite dans une
...n du Haut-Adige

...lles, usines, centrales
...nt privées de courant

VRAA

AUTO

Prozeß
der Anachronis...

Die Südtiroler Sprengstoff-Attentäter

Jetzt fließ
in Südtiro...

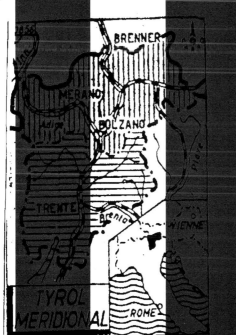

...s Italia-
...südlich
...Sonne,
...eln der
...ngeklag-
...illigt er
...mus zu.
...ihm die
...scheint
...ohnbau-

Toenemende spanni...

over Zuid-Tirol

Neue Ansch...

Bozen, 13. Juni. (U...
Dienstag wieder Spren...
den nachdem die ...

Italië protesteert

ELISABETH BAUMGARTNER • HANS MAYR • GERHARD MUMELTER

FEUERNACHT
Südtirols Bombenjahre
EIN ZEITGESCHICHTLICHES LESEBUCH

© Edition Raetia, Bozen
3. Auflage 1995
Alle Rechte vorbehalten

Redaktion, Bildauswahl und Layout: Gerhard Mumelter
Bildrecherchen: Othmar Seehauser - Gerhard Mumelter
Umschlag und grafische Gestaltung: Dall'O & Freunde
Fotosatz: FF Südtiroler Illustrierte, Bozen
Lithos: Fotolitho Stampfer, Bozen
Druck: La Grafica, Bozen
ISBN: 88-7283-010-9

ELISABETH BAUMGARTNER • HANS MAYR • GERHARD MUMELTER

FEUERNACHT

Südtirols Bombenjahre

EIN ZEITGESCHICHTLICHES LESEBUCH

EDITION RÆTIA

Wer heute bei uns - oft mit verständnislosem Kopfschütteln - die Vehemenz der Minderheitenkonflikte in weiten Teilen Europas verfolgt, der vergißt allzu leicht, wie gespannt die Atmosphäre noch vor wenigen Jahrzehnten auch in Südtirol war: 25.000 Soldaten beherrschten das Bild, Anschläge, Verhaftungen, Hausdurchsuchungen und Willkürakte waren an der Tagesordnung.

Dargestellt wurden die Attentate jener Jahre oft als Verzweiflungstat einer kleinen Gruppe deutschtümelnder Patrioten und Rechtsextremisten, die versuchten, das Rad der Geschichte zurückzudrehen. Kaum jemand bemühte sich um eine differenziertere Sehweise.

Das vorliegende Buch versucht erstmals eine umfassende Darstellung und Aufarbeitung jener Jahre und läßt damit ein verdrängtes Kapitel Zeitgeschichte wieder aufleben.

Eine Wertung der Ereignisse aus geschichtlicher Sicht überlassen wir den Historikern. Unser Anliegen war es vielmehr, Beobachter, Beteiligte und Betroffene zu Wort kommen zu lassen, Beweggründe und Ursachen aufzuzeigen und Konflikte und Meinungsverschiedenheiten zwischen den Akteuren zu schildern. Dabei haben wir uns auf zahlreiche Gespräche mit Zeitzeugen gestützt, denen wir für ihre Mitarbeit und ihre Geduld zu Dank verpflichtet sind.

Wir haben uns heute daran gewöhnt, weltweit mit terroristischen Anschlägen zu leben. Ganz anders war das zu Beginn der sechziger Jahre. Damals bombten weder IRA noch ETA, weder RAF noch Rote Brigaden. Die damaligen Unruheherde Algerien und Zypern betrafen Europa nur indirekt. Man kann sich daher vorstellen, welch nachhaltigen Eindruck die Ereignisse in Südtirol auf die europäische Öffentlichkeit machten und welche Beunruhigung sie zur Zeit des kalten Krieges in der NATO auslösten. Daß auch die Sowjets an diesem Konfliktherd mitten in Europa Interesse zeigten, liegt auf der Hand. Das beweisen die Kontakte zwischen der sowjetischen Botschaft in Wien und dem meistgesuchten Südtirol-Kämpfer Georg Klotz. Das volle Ausmaß der Verstrickung verschiedener Geheimdienste in den Südtirol-Terrorismus kann allerdings - wenn überhaupt - erst nach Öffnung der entsprechenden Archive aufgezeigt werden.

Wir hoffen, mit diesem Buch Diskussionen auszulösen. Nach drei Jahrzehnten Schweigen ist es höchst an der Zeit, daß sich eine breitere Öffentlichkeit des Themas annimmt, daß Fragen beantwortet und Positionen geklärt werden.

Revanchegelüste auf der einen oder anderen Seite sind fehl am Platz. Wer beim Lesen dieses Buches den Wunsch nach Begleichung noch offener Rechnungen verspürt, hat unser Anliegen gründlich mißverstanden und die Lektion der Geschichte nicht begriffen.

Wohl aber zeigt dieses Buch sehr deutlich die Ursachen und die Entstehung gewaltsamer Minderheitenkonflikte und den Zündstoff, den diese Probleme in sich tragen. Damit greift es ein Thema auf, dessen Aktualität gerade heute weit über die Grenzen Südtirols hinausreicht

Die Verfasser

ELISABETH BAUMGARTNER

BOMBEN FÜR HERRGOTT UND HEIMAT

SÜDTIROLGESCHICHTE AUS EINER UNGEWOHNTEN PERSPEKTIVE

"In der 'Feuernacht' war'n mir eing'stellt auf 100 bis 150 Anschläg. Es war ausg'macht: jede Gruppe muaß schaug'n, daß sie a bestimmte Anzahl Masten hinlegt. Der Sepp Kerschbaumer hat g'sagt, suacht sie ja net neben der Straßen aus, und net da und net dort. Es derf koa Bluat fliaßen! Da hat ma halt am Sonntag an Ausflug g'macht und hat die Masten inspiziert..."

Sepp Innerhofer, Bauer auf Goyen in Schenna, BAS Meran.

"Die Polizei war selber überrascht, daß des so von Volk außerkimmt. Die haben Croaßkopfcte g'suacht, mir waren ihnen zu oanfache Leut..."

Dr. Josef Fontana, Anschlag auf das Tolomei-Haus in Glen/Montan, am 1. Februar 1961.

"In der Südtirolpolitik gibt's koane 'Chefs', mir sein alle Chefs unseres politischen Schicksals..."

Hans Stieler, Anführer der Stieler-Gruppe, erste Anschläge ab 1956.

"Illusionen sein des koane gewesen. I bin Kerschbaumer-Anhänger und der Kerschbaumer isch an ehrlicher, aufrichtiger Mensch gewesen, tief religiös und glaubwürdig...Der Sepp Kerschbaumer isch mei Symbol g'wesen!"

Hans Clementi, Bauer in Pinzon, BAS Unterland.

"Wo sonst in der Welt gibt's Terroristen, die Order geben, Menschenleben zu schonen...?"

Franz Widmann, Organisator der "Palastrevolte", die den Auftakt setzt zur Ära von SVP-Chef Silvius Magnago.

"I han des überhaupt net glauben können, daß er tot isch! Mein Mann hat g'moant, es isch besser, du woasch von nichts, kümmer du di um die Kinder..."

Anna Amplatz, Witwe des ermordeten BAS-Exponenten Luis Amplatz.

"...einiges haben mir schon erreicht. Aber i glaub a, daß die Opfer im Verhältnis viel zu hoch waren..., wirt-schaftlich geht's ins zwar guat, aber grad des isch volkstumspolitisch schlecht.."

Sepp Mitterhofer, Unterhasler-Bauer, Obermais, BAS Meran.

"Der Vater hat all'm g'sagt, der oanzige, vor dem er a gewisse Achtung hat, war der Kreisky..." "Verhoaßen hat er ihm halt nicht! Die besten Zigarren hat er ihm no g'schenkt, die Kinder haben g'staunt! Na, so dicke Zigaretten?!"

Eva und Rosa Klotz, Tochter und Witwe des Aktivisten Georg Klotz.

"...ein Herzensanliegen, aber viel Zeit hab i damit net verbracht, Südtirol hab i sozusagen im Pfusch am Wochenend betrieben..."

Fritz Molden, Wiener "Zeitungskönig", in Österreich zunächst der politische Kopf des Südtiroler Freiheitskampfes.

"Es mag übertrieben klingen, heute ist das ja fast schon ein Schimpfwort, aber wir haben uns als österreichische Patrioten gefühlt....i hab ziemlich genau 2.000 Kilo Sprengstoff hineintransportiert..."

Prof. Dr. Wolfgang Pfaundler, Chef der Innsbrucker Gruppe und zusammen mit Kurt Welser, der Nordtiroler Logistiker des BAS.

"... der Pfaundler war der Brandstifter. Die Südtiroler haben in einer Traumwelt gelebt, in Österreich hat man sie noch bestärkt. I hab den Sepp Kerschbaumer immer gewarnt: wenn des nicht so lauft, wie ihr's euch denkt und wenn ihr die Behörden gegen euch habt's, dann werd's sehen, wie die euch behandeln!"

Rupert Zechtl, Nationalrat, Landesrat, Südtirolexperte der Tiroler SPÖ.

"Die Leute haben damals oft gesagt, man muß es zyprisch, also zypriotisch anpacken, Gott sei Dank haben sie's nicht zyprisch gepackt, sonst wären die Südtiroler mit ihrer Autonomie nicht so weit, wie sie heute sind!"

Dr. Ludwig Steiner, ab April 1961 Staatssekretär für Äusseres an der Seite von Außenminister Bruno Kreisky.

Die Sprengung eines für italienische Zuwanderer errichteten Wohnhauses in Bozen am 27. März 1961

Schon dieser Querschnitt zeigt den komplexen Hintergrund des Südtiroler "Freiheitskampfes". Die Bombenwelle der frühen Sechzigerjahre und der späten Fünfzigerjahre sollte Druck machen hinter die politischen Bemühungen zur Lösung des Südtirolproblems. Österreich führte mit Italien seit Herbst 1958 bilaterale Gespräche, zunächst auf Beamtenebene. Die erste Südtirolresolution der Vereinten Nationen von 1960 war ein neuer Hoffnungsschimmer: dennoch herrscht am Verhandlungstisch weiter Eiszeit. Die politischen Rückschläge spiegeln sich in der Chronologie des Bombenterrors.[1] Die "Terroristen" waren junge Menschen, zumeist Familienväter, viele gerade erst verheiratet, gläubig katholisch. Seinen stärksten Rückhalt hatte dieser Widerstandskampf im bäuerlich-kleinbürgerlichen Milieu. Die Flugblätter signierte kein abgebrühter Guerilla-Chef. Absender war der "Befreiungsausschuß Südtirol B.A.S.": seine Aufrufe an das Südtiroler "Volk" wurden auf einer klapprigen Schreibmaschine getippt und beriefen sich auf "die Heimat" und "den Herrgott".[2] Die Anschläge richteten sich vor allem gegen Elektromaste, treffen sollten sie die Symbole der faschistischen Kolonialisierungspolitik.

Ein blutiger Bürgerkrieg wie später in Nordirland lag diesen Südtiroler Freiheitskämpfern fern. Übereinstimmend meinen sie: ihr Vorbild war weder Zypern noch ein "neues Algerien in den Dolomiten": dieses Schlagwort geisterte damals durch die italienische Presse. Es blieb den politikerfahrenen Hintermännern in Österreich vorbehalten, sich aus solchen Parallelen eine Chance auszurechnen: der von Frankreich eben erst verlorene Algerienkrieg war für Italien nämlich tatsächlich ein Schreckgespenst.[3] Hinter der militanten Südtiroler Bewegung stand auch keine Massenerhebung, wie man sie heute vor allem aus Osteuropa vom Fernsehen kennt. Schon der Medieneffekt war damals technisch begrenzt. Die verzweifelte Stimmung ist jedoch hinübergekommen, und das brachte schließlich die entscheidende Wende: selbst ein so harter Kritiker des Bombenterrors wie der "Vater" der Südtiroler Autonomie Silvius Magnago gesteht rückblickend: ohne den Druck der Sprengstoffattentate hätte die Südtiroler Sprachminderheit damals wahrscheinlich vergeblich gekämpft um ihr heutiges, weitgehend gesichertes Lebensmodell.[4]

Die "Bombenjahre" hatten ihr Echo in der internationalen Presse, von der "New York Times" bis zu den dramatisch aufgemachten Bildberichten in deutschen und italienischen Illustrierten. Eine Reportage zum Beispiel der Wiener "Wochenpresse" von Anfang 1961, drastisch-anschaulich: "Die Zeiger der Kirchturmuhren rückten allmählich auf die vierte Morgenstunde des Montags, dem 27. März, vor, dem 100. Jahrestag der 'Einheit Italiens'. In den Fensterhöhlen der sieben halbfertigen Volkswohnhäuser des UNRRA-Casa-Komplexes in der Bozner Reschenstraße verfing sich der Wind und heulte eine eintönige Melodie. Aus der dem

Bauplatz nahegelegenen Baracke trat einer der vier dort einquartierten italienischen Wächter. Alles schien soweit friedlich. Da erschütterte eine donnernde Explosion das Gelände. Staubwolken verfinsterten den Schauplatz völlig, in umliegenden Häusern splitterte Glas, irgendwo schlug ein ausgerissener Fensterflügel krachend auf die Straße: eines der sieben Häuser war mit riesigem Getöse eingestürzt...[5]

Der Anschlag in Bozen und ein zweiter in Meran richteten sich gegen die Rohbauten für immer mehr italienische Zuwanderer-Wohnblocks: nahezu gleichzeitig, also perfekt getimt, explodierten Sprengladungen von insgesamt 70 kg Dynamit.[6] Die deutsche Auslandspresse hatte ihre Zweifel, ob da wirklich Südtiroler dahintersteckten?! Die Neo-Faschisten trommelten seit Monaten zum militanten Widerstand gegen die erste Anschlagswelle von Südtiroler Seite.[7] Die Gründung eines italienischen "Comitato difesa dell' unità nazionale" in Bozen hatte schon im September 1959 von sich reden gemacht: in hektographierten Flugzetteln wurden Anschläge angedroht, "Staudämme und Elektroanlagen" sollten "in die Luft fliegen", damit den Südtirolern ein "verwüstetes Land" bleibt, "elender" als die Italiener es vorgefunden haben wollten, "als sie Südtirol aus der österreichisch-ungarischen Sklaverei befreiten!"[8] Der Anschlag auf den Rohbau in der Reschenstraße war nicht der erste dieser Art.[9] Italienischen Rechtsextremen hätte man Aufwand und Organisation eher zugetraut, noch dazu in einem typisch italienischen Stadtviertel, unter den Augen der laut Zeitungsbericht "herbeieilenden Wächter..."[10]

"I woaß no, es isch a mords Problem gwesen...", nämlich: mit einer Schere den Drahtzaun aufzuzwicken, die einreißenden Drahtgitterbahnen machten nachts einen unüberhörbaren Krach: "tinnn, tinnn, der Ton isch jed'smal rundum gangen. Na, han i mir gedenkt, so geahts net, semm kimmt wirklich wer! Da isch mir eing'fallen, i reiß den Zaun von unten auf und schliaf durch, des isch gangen..." Bewacht? "Na, na, da isch koa Hund gwesen!" Zum Stichwort Anschlag Bozen-Reschenstraße, auf meine zweifelnde Frage nach dem Risiko, das spontane Einbekenntnis: "den han i g'macht!" Vor mir sitzt der Direktor des Südtiroler Kulturinstituts Dr. Josef Fontana, engagierter Historiker, Autor von mehreren Standardwerken zur Tiroler Geschichte. In fast acht Jahren Haft hatte er sich auf die Matura vorbereitet, er gehörte zur kleineren Gruppe mit den höchsten Gefängnisstrafen. Doch damals, zum Zeitpunkt des Anschlags, war er "koane 20 Jahr alt", von Beruf Maler und Anstreicher, wie viele andere Südtiroler Burschen hatte er zunächst heimlich Flugzettel gestreut.

Josef Fontana gehört zu den wenigen Überlebenden vom engsten Kreis um Sepp Kerschbaumer. Kennengelernt hatten sich die beiden im Herbst 1959, "da war die Bewegung schon weitgehend aufgebaut..." Auch später im

Gefängnis blieben sie enge Vertraute. Im Mailänder Sprengstoffprozeß hatte Sepp Kerschbaumer Einzelheiten dargelegt zum Entstehen des BAS: Fontana habe er als Verbindungsmann eingesetzt für die Neumarkter Gruppe, auf den Vorgänger sei zu wenig Verlaß gewesen.[11] Sepp Kerschbaumer war die unumstrittene Schlüsselfigur: "Wenn's der Sepp sagt, geaht's schon in Ordnung...", schildert Josef Fontana die damalige Führungsstruktur, ohne starre Hierarchien. Für die Südtiroler Aktivisten war das persönliche Vertrauensverhältnis ausschlaggebend, und der unmittelbar gelebte gemeinsame Erfahrungshintergrund.

Gebrannte Kinder

Josef Fontana zum Beispiel kommt aus Neumarkt, dem Hauptort des Südtiroler Unterlandes. Dieses Grenzgebiet zum Trentino war im Zuge der faschistischen Italianisierungspolitik der italienischen Nachbarprovinz zugeschlagen worden, nur mühsam gelang die Rückgliederung des Unterlandes an Südtirol: seine Kindheitserinnerungen im Schatten der Politik hat Josef Fontana schriftlich festgehalten: "Als Zehnjähriger machte ich eine neue politische Erfahrung. Ich lernte erste Anzeichen eines Widerstandes kennen. In den Jahren 1945/46 konnte ich auf Hoftoren und Häuserwänden in Neumarkt verschiedene Parolen lesen, die immer wieder aufgefrischt wurden: Freiheit für Südtirol, Selbstbestimmung für Südtirol, Südtirol zu Österreich. Daneben stand meist ein mit einer Schablone aufgemalter roter Tiroler Adler. Später, 1947/48, wurden diese Losungen durch andere ersetzt. Jetzt hieß es: Nieder mit Degasperi! Selbstverwaltung für Südtirol, Das Unterland zu Bozen. Meine Mutter versuchte mir einmal zu erklären, welche Bewandtnis es mit diesen Forderungen hatte. Richtig begriffen habe ich sie nicht, aber sie sind mir auch nie mehr aus dem Kopf gegangen."[12]

Die Südtiroler waren gebrannte Kinder der Politik. Die Vätergeneration hatte die Annexion Südtirols durch Italien nach dem Ersten Weltkrieg noch selbst erlebt: die jahrhundertelang österreichischen, deutschsprachigen 235.000 Südtiroler werden eine rechtlose Sprachminderheit im damaligen 36,5-Millionen-Einwohner-Staat Italien.[13] Das Autonomiestatut von 1948: vergeblich hatten die Südtiroler gehofft auf eine echte Selbstverwaltung. Stattdessen war Italien aber nur bereit zu einer Regionalautonomie, das heißt, Südtirol wurde zusammengelegt zu einer gemeinsamen Verwaltungseinheit mit der italienischen Nachbarprovinz Trentino. Dem Südtiroler Landtag und der Landesregierung blieben nur wenige, unwesentliche Zuständigkeiten.

Der italienische Landesteil hatte unter Alt-Österreich dazugehört zum historischen Tirol. Nach der Teilung Tirols waren die zu Italien geschlagenen Südtiroler aber auch gegenüber ihren Trentiner Nachbarn in der Min-

derzahl. Die Regionalautonomie hat Südtirol also verwaltungsmäßig und politisch weitgehend ausgeschaltet. Den nächsten Schritt konnte man sich an fünf Fingern ausrechnen, und das war entscheidend für den Widerstandskampf. Wie Josef Fontana sagten sich viele, die damals im Untergrund zusammengefunden hatten: "mir können des net den nächsten Generationen überlassen, semm isch's zu spat!" Fontana malt den Teufel an die Wand, die italienische Strategie, so vermutete man, hatte nämlich ein klares Ziel: die Südtiroler mittels Zuwanderung und Schikanen hinauszuekeln. Hätten die Italiener damit auch nur zwanzig Jahre lang durchgehalten, meint Fontana, so wären die Südtiroler heute eine Bevölkerungsminderheit im eigenen Land, dann "hättn mir uns n' Pariser Vertrag anschüren können !"

"Mir sein alt genua gewesen, mir sein net epper 'verführt' worden!", entkräftet Sepp Innerhofer, Jahrgang 1928, die spätere Verteidigungsthese der Anwälte im großen Mailänder Sprengstoffprozeß. Er war mit Sepp Kerschbaumer bereits seit 1956 in Verbindung und gehörte zum engsten Führungskreis des BAS, zusammen mit Jörg Pircher, Franz Muther, Josef Fontana und Sepp Mitterhofer. Der Bozner Martl Koch war etwas später dazugestoßen. Die Kerschbaumer-Vertrauten Luis Amplatz und der Pusterer Karl Titscher aus Bruneck hatten zur Meraner Gruppe wenig Kontakt, dem BAS-Meran angeschlossen hat sich dann auch der Meraner Siegfried Carli.[14] Die Kontakte hatten sich langsam entwickelt, erinnert sich Innerhofer an das anfängliche vorsichtige "Testen", ob und wem man trauen konnte. Er gehörte zu den Älteren, hatte bereits Familie und setzte wie andere Familienväter viel aufs Spiel. Der jüngere seiner zwei Buben hatte den Vater erst kennengelernt, als dieser nach dreijähriger Haft heimkam: zusammen mit anderen wurde er nach dem Mailänder Prozeß entlassen, da war ein erster größerer Schub bereits zuhause. Heute kann man sich diesen selbstbewußten Burggräfler Bauern als Häftling kaum vorstellen.

Sepp Innerhofer ist in Schenna zuhause. Der Goyen-Hof inmitten mustergültig gepflegter Obstgüter gehört zu Schloß Goyen, einem der ältesten und schönsten Schlösser in der Umgebung von Meran. Die hochherrschaftliche Festung beherrscht den Blick im Erkerfenster der Bauernstube. Die Familie hat Tradition: sein Onkel Franz Innerhofer-Tanner war Gründungsmitglied der Südtiroler Sammelpartei und erster Obmann des Bauernbundes nach dem Zweiten Weltkrieg. Der "Bauernführer" vom Tanner-Hof in Obermais, von wo die Innerhofers abstammen, galt als Schlüsselgestalt, mit dem Nimbus des ausgewogen-gemäßigten Politikers.[15] Also Meinungsverschiedenheiten mit dem zum militanten Untergrund übergewechselten Neffen? Sepp Innerhofer bestreitet es nicht, doch insgeheim fühlte er sich verstanden, sein Onkel habe ihn geschätzt. Familienkonflikte mit politischem Hintergrund hatte er schon miterlebt, da war er erst ein elfjähriger Bub: Der Onkel war

"Dableiber", der Vater "Optant". Das Hitler-Mussolini-Abkommen stellte die Südtiroler im Jahr 1939 vor eine brutale Wahl: Abschiebung ins Deutsche Reich oder Zwangsassimilation im faschistischen Italien. Unter diesem Druck optierte eine überwiegende Mehrheit "deutsch", Scharen von Südtirolern wurden Opfer der Aussiedlung. Unzählige Stuben und Wohnzimmer waren Schauplatz des "Options"-Dramas: was sich damals rund um den Stubentisch abgespielt hat, Sepp Innerhofer hat diese Bilder nie vergessen.

Seither war der alte Bauerntisch im Erker des Goyen-Hofes immer wieder brisanter Mittelpunkt: am Vorabend der historischen Großkundgebung auf Schloß Sigmundskron im November 1957 wurden an diesem Tisch Pläne gewälzt für einen eventuellen "Marsch auf Bozen". Drei Jahre später im November 1960 überlegt sich der hier versammelte engste Kreis des BAS zum ersten Mal eine schärfere Gangart, ein Umdenkprozeß bahnt sich an, von kleineren Anschlägen zur Sprengstoffwelle des Jahres 1961, die mit der "Feuernacht" vom 12. Juni 1961 ihren Höhepunkt finden sollte. Der Goyen-Hof hatte auch Luis Amplatz als Unterschlupf gedient, bei seiner halsbrecherischen Flucht im Mai 1961. Amplatz war in der Widerstandsbewegung eine Symbolfigur. Aus dem österreichischen Exil hatte er sich immer wieder durchgeschlagen zu seinen Südtiroler Gesinnungsfreunden. Der Fluchtweg zurück zur österreichischen Grenze führte über den Tschögglberg und durchs Passeiertal. Der versteckt gelegene Goyen-Hof in Schenna war ein idealer Rastplatz.

Ein letztes Mal kehrt Luis Amplatz hier im Sommer 1964 ein, todmüde, aber nichtsahnend von dem Mordanschlag, dem er wenige Wochen später in den Passeirer Bergen auf der Brunner-Mahder-Alm zum Opfer fallen würde. "Kontakt hat er haben wöllen, wieder was organisieren, aber da isch nix mehr g'loffen, sein ja alle im Gefängnis gewesen...", erinnert sich Sepp Innerhofer, selbst gerade aus der Haft entlassen, an diesen letzten kurzen Gedankenaustausch mit Luis Amplatz. Mit den Massenverhaftungen nach der "Feuernacht" war die Bewegung weitgehend zusammengebrochen. Schon vorher gab es Spaltungstendenzen. Auf Goyen lagerten einige Zentner Dynamit, aber "keine einzige Waffe!", distanziert sich Sepp Innerhofer von den radikalen Kreisen jenseits des Brenner, die "Waffen liefern wollten". Auch zu den ins Exil geflüchteten Südtirolern Luis Amplatz und vor allem Georg Klotz geht die gemäßigtere Gruppe um Sepp Kerschbaumer daher allmählich auf Distanz.

Erste Anfänge: Die "Stieler-Gruppe"

Die erste Südtiroler Widerstandsgruppe hatte Hans Stieler aufgebaut, und zwar schon Mitte der Fünfzigerjah-

ZU BOZEN IN BANDEN
Deutsches Volkstum in Tirol: Bauernführer Innerhofer (siehe "Südtirol")

Der Bauernführer Franz Innerhofer-Tanner aus Meran war neben Reinhold Messner der einzige Südtiroler, dem DER SPIEGEL ein Titelbild widmete.

re. "Mir sein alle 'Chefs' unseres politischen Schicksals..." lautet seine philosophische Anwort auf die Frage nach seiner damaligen Anführerrolle, die ihm hohe Haftstrafen eingetragen hatte. Auf die Vergehen, die ihm der Staatsanwalt zur Last gelegt hatte, wäre sogar lebenslänglich gestanden.[16] Hans Stieler, Jahrgang 1926, ist noch immer politisch aktiv und kämpferisch. Er war Obmann des Südtiroler Heimatbundes von dessen Gründung im Jahr 1974 bis 1990, ins Leben gerufen wurde diese Hilfsorganisation für die in Not geratenen Häftlingsfamilien. Seit 1983 engagiert sich der Heimatbund auch politisch für das alte Wunschziel Selbstbestimmung. Bisher einzige Vertreterin im Landtag ist Eva Klotz, die Tochter des einstigen Aktivisten Georg Klotz. "Heute, wo halb Europa nach Selbstbestimmung ruft", will es Hans Stieler schon gar nicht in den Kopf, daß die Südtiroler Sammelpartei - trotz ihrer "italophilen", sprich pragmatischen Autonomie-Mentalität - die Bevölkerung nahezu geschlossen hinter sich hat. Auch unter den einstigen Attentätern sorgen die politisch unterschiedlichen Vorstellungen bis heute für Konfliktstoff zwischen den Fundamentalisten und Pragmatikern.

Der Stieler-Hof an der Bozner Südausfahrt Richtung Meran ist bis heute eine kleine Idylle, versteckt inmit-

ten von Weinpergeln und Obstbäumen: die nahen Wohn-
silos, der Verkehrslärm, wie weggefiltert. Hier merkt man
nicht viel von der optisch-akustischen Kulisse des heutigen Bozen, wie immer man die zu fast dreiviertel italienische Südtiroler Landeshauptstadt nun betrachtet:
als lebendige Gegenwart, oder, wie es die Generation
von Hans Stieler erlebt hat, als aufgezwungene Vergangenheit, mit Massenquartieren und Fabriken, die in der
Zeit der Zwangsitalianisierung unter dem Faschismus
aus dem Boden gestampft worden sind. Hunderte Hektar Wein- und Obstgründe wurden damals für ein Spott-
geld enteignet. Auch Hans Stielers Eltern hatte es hart
getroffen. Um so größer die Verbitterung, als das "ständige Baugrundenteignen" unter dem italienischen Zu-
wanderungsdruck weitergeht, auch nach dem Sturz des
Mussolini-Regimes. Das ländlich-bäuerliche Weichbild
der Stadt Bozen war gezwungen, mit dieser ständigen
Existenzbedrohung zu leben.

Dreieinhalb Jahrzehnte trennen das heutige Südtirol von
der Zeit, als die "Stieler-Gruppe" im September 1956
erstmals aktiv wird. Über diese sechs Anschläge bis zum
Jänner 1957 schreibt die Wiener "Presse": 'Die Schäden waren relativ unerheblich. Sie bestanden in einigen gelockerten Ziegeln an einer Kasernenhofmauer,
dem verbogenen Kotflügel eines Militäromnibusses, einem elektrischen Hochspannungsmast, zwei verbogenen
Leitungsmasten an elektrischen Bahnlinien und Spuren
einer Detonation am Stoß eines Geleises der Brennerbahn... Selbst die italienische Presse gibt zu, daß es unter
den "Verschwörern" abgemacht war, mit übrigens recht
primitiv hergestellten Sprengkörpern lediglich zu "demonstrieren", ohne Schaden an Menschen und Sachen
anzurichten..."[17] "Wenn man g'wöllt hätt, hätten mir
ja stärkere Anschläge machen können, aber des war nicht
der Plan", betont Hans Stieler rückblickend. Was wollte diese Gruppe, wer waren diese Leute? Blutjung sei-
en sie gewesen, einige noch halbe Kinder, andere wie
Stieler selbst, waren mit knapp 20 Jahren von der Front
und aus der Kriegsgefangenschaft heimgekehrt. Das Ende des zweiten Weltkriegs lag gerade ein Jahrzehnt zurück. Die überwiegende Mehrheit der Südtiroler hatte
durch die Option die italienische Staatsbürgerschaft verloren. Eine Korrektur dieser Zwangserklärungen ließ sich
Italien im Pariser Vertrag hart abringen, in Bausch und
Bogen wurden die Optanten bei den Pariser Friedensverhandlungen abgestempelt zu "Hitler-Anhängern".
Der Exodus von 1939 bewegte sich nun in die umge-
kehrte Richtung. Tausende Südtiroler strömten zurück
aus dem ehemaligen Deutschen Reich, als Vertriebene
und Bombenopfer. Zuhause standen sie vor dem Nichts.
Ganze Scharen von Kriegsinvaliden der ehemaligen
deutschen Wehrmacht hatten in Italien keinen Renten-
anspruch. Auch in Südtirol herrschten bittere Arbeitslosigkeit und Wohnungsnot. Vor allem in Bozen staute
sich der Unmut gegen die Privilegien der Italiener im
öffentlichen Dienst und bei der Zuteilung öffentlich

*Der Bau der Bozner Industriezone durch die Faschisten war ein we-
sentlicher Baustein der Italianisierungspolitik Mussolinis.*

geförderter Wohnungen für Minderbemittelte. In dieser Atmosphäre reift schließlich der Entschluß, "es muaß
eppes g'schechn...": die Gruppe um Hans Stieler wollte Italien zwingen, endlich einzulösen, was man den Südtirolern im Pariser Vertrag von 1946 versprochen hatte.

Der zündende Funke war für die Stieler-Gruppe der gleiche wie für die späteren Attentäter der Sechzigerjahre:
das Schicksal der "Pfunderer Buam". Der Fall hatte
viel Staub aufgewirbelt: Sieben Südtiroler Bauernburschen aus dem Bergdorf Pfunders wurde der Tod eines
jungen italienischen Finanzers zur Last gelegt. Voran-
gegangen war eine gemeinsame Zecherei. Der junge Polizeibeamte und sein Berufskollege hatten plötzlich die
Amtsperson hervorgekehrt. Man geriet sich in die Haa-

*Die faschistische Wohnbaupolitik für italienische Zuwanderer wur-
de von Rom auch nach dem Krieg unbekümmert fortgesetzt.*

re. Die Umstände des Todesfalles in jener Nacht zum 16. August 1956 wurden nie eindeutig geklärt. Dennoch behandelte die Justiz den Fall von vornherein als politischen Mord. Schon die Bozner Richter verhängten Kerkerstrafen von insgesamt mehr als 111 Jahren, das Berufungsgericht setzt das Strafausmaß sogar noch höher an, trotz einhelliger Empörung der internationalen Presse.[18] Die Südtiroler waren schockiert. Die Hetzkampagnen der italienischen Öffentlichkeit, nach der Devise: "mir können enk herfotzen, wia mir wöllen, aber wenn es an Italiener anrührt's, nachher wisst's, was enk blüaht!", meint Josef Fontana, hätten eine Antwort geradezu provoziert.

Die Gruppe um Hans Stieler beginnt noch im September des gleichen Jahres 1956 mit ersten demonstrativen Anschlägen. Die Aktionen seiner Gruppe bezeichnet Stieler als Alleingang, mit bescheidensten Mitteln. Man wollte nicht länger nur einstecken und sagte sich: "Jetzt fangen mir amal an!" Stieler betont, es habe weder Verbindungen gegeben zu Sepp Kerschbaumer noch irgendwelche politische Rückendeckung. Schon den Sprengstoff aufzutreiben, war für die Stieler-Gruppe ein schwieriges Unterfangen. Die genauen Bezugsquellen will er selbst heute nicht preisgeben. Aus dem Weltkrieg waren Restbestände zurückgeblieben. Es gab Leute, die Bescheid wußten und die umgehen konnten mit Sprengstoff. Das Geld dafür hatten sie sich vom Mund abgespart. So mancher Erwerb erwies sich hintennach als Hineinleger, der Sprengstoff war bereits verdorben.

Aus den Engpässen bei der Sprengstoffbeschaffung wurden die abenteuerlichsten Ideen geboren: für einigen Medienwirbel sorgten vor allem Pläne für ein "Attentat" mit spektakulären Mitteln, nämlich Hagelabwehrraketen, mit denen die Weinbauern damals bei Hagelgewittern gegen die Wolken feuerten, auf ein nicht minder spektakuläres Ziel: Italiens Staatspräsident Giovanni Gronchi, zur Eröffnung der Mustermesse am 15. September 1956 auf Besuch in Bozen.[19] Der "Attentatsplan" war nach Verhaftung der Stieler-Gruppe durchgesickert und wurde von der italienischen Presse aufgeschnappt. Solche "Jugendideen" habe es tatsächlich gegeben, bestätigt Stieler, der Einfall stammte von einem jungen Mann aus Eppan. Der Vorschlag wurde jedoch, weil technisch undurchführbar, rasch fallen gelassen. Hagelabwehrraketen konnten nämlich nicht waagrecht, sondern nur senkrecht in Stellung gebracht werden. Auch eine andere Aktion zur Bozner Messeeröffnung kam über erste Versuche nicht hinaus. Gedacht war an das Spannen eines Nylonseiles von der Oswald-Promenade zum Virgl, also über den gesamten Bozner Talkessel, mit einer rot-weiß-roten Fahne, die über dem Bozner Bahnhof baumeln sollte. Man überlegte diese und jene Alternative, meint Stieler, denn Geld und Sprengstoff wurden knapp und knapper.

Verbindungen nach Österreich? Zum Bergisel-Bund? Stieler verneint, "das war 1961 ganz anders organisiert und aufgebaut!" Er habe nur zwei Mal im Frühjahr und Sommer 1956 in Innsbruck angeklopft, ohne Voranmeldung, auf gut Glück, und zwar bei Landesrat Aloys Oberhammer und bei Prof. Franz Gschnitzer, der damals eben sein Amt angetreten hatte als Staatssekretär im Wiener Außenministerium.[20] Doch weder sei von Anschlägen noch von Unterstützung die Rede gewesen, wie Staatsanwalt Gaetano Rocco dies gedreht hatte, als Hans Stieler im Dezember 1957 erstmals vor Gericht stand.[21] Oberhammer und Gschnitzer, meint er, "waren für uns Symbolfiguren". Bei seinen Innsbrucker Besuchen habe er die politische Stimmung testen wollen, die Bereitschaft Österreichs, sich für eine Lösung der Südtirolfrage einzusetzen - doch: "Solche Leute in Aktionen einzuweihen, des wär' uns damals viel zu gefährlich vorkommen!"

Die Stieler-Gruppe hatte vor allem mit Anschlägen auf Bahnlinien von sich reden gemacht. Dieses Anschlagsziel ist bis heute umstritten, selbst unter der nachfolgenden Sprenger-Generation von 1961. Hans Stieler läßt solche Vorbehalte nicht gelten: Wollte man politisch etwas bewirken, so brauchte man den publizistischen "Effekt", und den hatte vor allem der Anschlag vom 17. Jänner 1957 auf die Brennerbahn. Eine Eisenbahnkatastrophe? Absolut ausgeschlossen, betont Stieler, schon wegen der geringen Menge Sprengstoff! Die Schienen waren nicht kaputt, für den Zugverkehr gab es keine Behinderungen, einziger "Schaden" war ein Loch, das die Sprengladung in die Beschotterung gerissen hatte. Ausgesucht hatte man sich eine Stelle auf freier Strecke, zwischen Kardaun und dem Bozner Bahnhof, mitten in den Weingütern. Rudolf Göller, der an einer Tunnelbaustelle arbeitete und von Berufs wegen sprengen konnte, hatte die Ladung in einem Metallbehälter "so vorgerichtet, daß es kracht und wenig tuat".[22] Nachts

Die Stieler-Gruppe vor Gericht: Hintere Reihe von links: Toni Wenger, Karl Lun, Rudolf Göller. Vorne: Karl Recla, Rudolf Ploner und Hans Stieler, der mit fast acht Jahren Haft die höchste Strafe erhielt.

war die Detonation weithin zu hören und der Zweck erreicht. Die Zeitungen schreiben. Die Polizeimaschinerie setzt sich in Bewegung. Lange dauert es freilich nicht, wenige Tage später ist die Stieler-Gruppe geschnappt.[23] Etliche, meint Hans Stieler, sind nie aufgeflogen. Man hatte das Unternehmen so anonym wie möglich aufgezogen, ein kleiner eingeweihter Kreis, wenig persönliche Kontakte, soweit möglich, keine Namen. Manch einer hätte diese Vorsicht erst hinterher schät-

zen gelernt. Warum ist die Gruppe trotzdem hochgegangen? Heute kann Hans Stieler die Frage lächelnd beantworten: "wissen tua i's...." Also denunziert? "Ja, sicher", bei jeder Gruppe gibt's Leute, "die scheißen deutsch g'sagt in die Hos', wenn's ernst wird.." Der spätere Polizeiterror zeichnete sich bereits ab, auch die Stieler-Gruppe wurde mißhandelt, wenn auch noch nicht in diesem Ausmaß und in dieser Härte wie die 61-er Generation.[24]

Die "Pfunderer Buam" auf dem Weg in den Gerichtssaal. Sie wurden beschuldigt, im August 1956 einen italienischen Finanzer umgebracht zu haben. Obwohl keine Beweise vorlagen, wurden sie zu insgesamt 111 Jahren Gefängnis verurteilt.

Politische Nachtschichten

Für den meisten Wirbel in der In- und Auslandspresse sorgte der prominenteste Verhaftete, ein Mann der Stunde Null in der Südtiroler Politik: Friedl Volgger. Er war bereits einer der beiden Südtiroler Vertreter bei Unterzeichnung des Pariser Vertrags, ab 1948 unter den ersten Südtiroler Parlamentariern, seit 1956 verantwortlicher Schriftleiter der Südtiroler Tageszeitung "Dolomiten". Volgger war vom 1. Februar bis zum 17. April 1957 in Haft, die Anklage stützte sich auf einen aus der Faschistenzeit stammenden Gummiparagraphen. Für eine Verwicklung Volggers in die Aktivitäten der Stieler-Gruppe gab es keinerlei konkrete Anhaltspunkte. Der Generalstaatsanwalt selbst mußte schließlich im Juli 1957 die Einstellung des Verfahrens beantragen.[25] Hans Stieler läßt auch rückblickend keinen Zweifel, Volgger habe mit den Anschlägen "überhaupt nichts zu tun gehabt".

Es gab freilich persönlich-berufliche Gemeinsamkeiten. Hans Stieler war in der "Dolomiten"-Druckerei Rotationsstereotypeur. Friedl Volgger sollte als Schriftleiter des Südtiroler Tagblattes "Dolomiten" die Nachfolge des legendären Kanonikus Michael Gamper antreten, in den Jahren vorher war er dessen rechte Hand. Kanonikus Gamper war schon in der Zeit der faschistischen Unterdrückung eine herausragende Persönlichkeit des Südtiroler Volkstumskampfes. In den ersten Nachkriegsjahren bleibt er als Leitfigur gegen den "Todesmarsch" der Südtiroler bis ins hohe Alter kämpferisch engagiert. Der spätere Verbündete der Südtiroler Freiheitskämpfer in Nordtirol, Wolfgang Pfaundler, erinnert sich noch heute an das Begräbnis des Kanonikus. Aus Österreich war Ludwig Steiner angereist, späterer Staatssekretär im Wiener Außenministerium, mit einer Kranzschleife von Bundeskanzler Julius Raab. Der Kranz selbst sei in Bozen bestellt worden, auch deshalb - meint Pfaundler - weil das politisch brisante Gebinde möglicherweise die Brennergrenze nicht so ohne weiteres passiert hätte.

Nach dem Gamper-Begräbnis saß man in einem Bozner Gasthaus beisammen. Ein historischer Zufall hatte genau jene Österreicher an einem Tisch vereint, die für Südtirol im weiteren eine entscheidende Rolle spielen sollten: Ludwig Steiner, an der Seite von Bruno Kreisky Vertreter der Wiener Außenpolitik im Kampf um die zweite Südtirol-Resolution der UNO von 1961, und die späteren Schlüsselfiguren des militanten Lagers in Österreich, Fritz Molden, Aloys Oberhammer und er selbst, erinnert sich Wolfgang Pfaundler an die im Raum stehende Frage, wie es nun wohl weitergehen würde mit Südtirol.

Das politische Erbe des Kanonikus Gamper bestimmte auch nach seinem Tod am 15. April 1956 die engagierte Linie der Südtiroler Tageszeitung, und das war nicht ungefährlich in jener Zeit der wachsenden politischen Spannungen. "Tatsächlich", schreibt Volgger in seinen Memoiren, "blieben mir weder die wütenden Angriffe der italienischen Presse noch Presseprozesse am laufenden Band erspart. Man wollte das Sprachrohr der Südtiroler kleinkriegen".[26] "Wüste Ausschreitungen in Bozen, Neofaschistische Studenten wollten Redaktion der 'Dolomiten' stürmen", titelt zum Beispiel die Wiener "Presse" am 2. April 1957, zwei Wochen, bevor Friedl Volgger aus der Haft entlassen wird: mehrere hundert MSI-Aktivisten aus Rom, Mailand, Padua und Trient waren in Bozen aufmarschiert, faschistische Kampflieder hallten durch die Bozner Altstadt. Es war weder das erste noch das letzte Mal, daß sich vor dem Druckereigebäude in der Museumstraße stürmische Szenen abspielten: Scheiben werden eingeschlagen, Zeitungsexemplare verbrannt.[27]

Die Nachtarbeit in der Zeitungsdruckerei war für Hans Stieler eine Art politische Heimat. "I han Zeit g'habt zwischen Umbruch und Kalandrierung, die Artikel zu lesen", und diese Information aus erster Hand, taufrisch, bevor sich die Rotationsmaschine in Bewegung setzt, schon das wirkte politisch elektrisierend. So wie Friedl Volgger gehörte auch Stieler noch zur eingeschworenen Mannschaft unter Kanonikus Gamper. Obwohl bereits hoch in den Jahren, ließ es sich der Kanonikus nicht nehmen: als Zeitungsmann vom alten Schlag blieb er bis Redaktionsschluß, um drei, vier, fünf Uhr früh. Mehrmals die Woche fuhr Stieler seinen Chef nach getaner Arbeit heim. Diese Momente des Vertrauens, wo sich alles um die Politik drehte, waren prägende Erlebnisse für den jungen Druckereiangestellten.

Lustige Lieder, traurige Zukunft

"Südtirols Jugend - der Angeklagte als Ankläger" überschreibt die Wiener "Presse" eine Reportage, die sich mit den psychologischen und soziologischen Hintergründen der ersten bescheidenen Bombenanschläge auseinandersetzt. Aktueller Anlaß: die Verhaftung der Stieler-Gruppe. Hans Stieler wurde mit seinen Brüdern Toni und Sepp in der Nacht von Samstag auf Sonntag, 20. Jänner 1957, zwischen drei und vier Uhr früh daheim verhaftet. Die paar Anschläge, meint das Wiener Blatt, müßten "stärker beachtet werden als nur hinsichtlich ihrer lächerlichen Sprengwirkung, nämlich als Symptome einer Entwicklung, die eines Tages noch gefährlich werden könnte."

Die Alarmsignale: unter allen Provinzen Italiens bezahlte Südtirol damals zwar das zweithöchste Steueraufkommen an Rom, doch die arbeitende und studierende Jugend hatte praktisch keine Aufstiegschancen. Die mangelhafte Schulbildung aus der Zeit der faschistischen Unterdrückung wirkte nach, nicht nur unter dem vielbeklagten Gesichtspunkt des "Kulturnotstandes" im Umgang mit der deutschen Muttersprache. Es haperte auch mit den Italienischkenntnissen, die damals für den

Staatsdienst alleine ausschlaggebend waren. Die Zeitung nennt ein Beispiel: 30 Südtiroler hatten sich beworben für den staatlichen Forstdienst, mit besten Voraussetzungen, doch kein einziger wurde aufgenommen. Gescheitert waren sie an der Italienischprüfung. Im Fazit also: Ein junger Südtiroler konnte damals kaum Briefträger werden.[28]

Die Folgen waren fatal. Die fehlenden Zukunftsperspektiven mochten zwar den Zusammenhalt der Volksgruppe stärken, das zeigt schon die sprachliche Klammer eines "Heimat"-Begriffes, auf den man sich einheitlich beruft, vom Politiker bis zum Attentäter. Das Gefühl des Alleingelassenseins dagegen macht sich im Untergrund breit. "Mir habn ins politisch nimmer in der SVP beheimatet g'fühlt", erklärt Hans Stieler rückblickend, auch wenn nur eine insgesamt kleine Randgruppe eine letzte Konsequenz zog. Die Frustration hatte ihre Vorgeschichte, dazu gehörte ein Jugendtreffen auf Schloß Runkelstein bei Bozen: hier sollte 1956 eine politisch aktive Jugendbewegung ins Leben gerufen werden. "Jugend war in Masse" erschienen, erinnert sich Friedl Volgger. Zusammen mit Toni Ebner vertrat Volgger damals die offizielle SVP, übrigens auf Einladung von Stieler. Doch es blieb bei Tanzeinlagen und Tiroler Liedern, und das war den politisch bewußteren Köpfen nicht genug.[29]

Für Hans Stieler zum Beispiel war es nämlich nicht die erste Enttäuschung: er war bereits 1946 unter den Teilnehmern an einer Jugend- und Heimkehrerversammlung in der "Villa Brigl", der damaligen SVP-Zentrale in Bozen-Gries. Auch dieses Treffen brachte nicht den erwarteten organisatorischen Zusammenschluß. Warum? Senator Volgger schreibt es rückblickend ganz offen: die Bischöfe von Trient und Brixen hatten gegen eine Politisierung der Jugend ihr Veto eingelegt.[30] Nach den Mißbräuchen der Nazi-Zeit ein moralisch anerkennenswerter und weitblickender Standpunkt, doch solche plausiblen Erklärungen blieb man den jungen Leuten schuldig. Erst viel später und "nach langem Tribulieren", meint Stieler, habe er aus einer SVP-Sekretärin herausbekommen können, was im Hintergrund den Ausschlag gab: die Südtiroler Volkspartei hatte sich dem Bischofswort gefügt und verzichtete auf die Gründung einer Jugendorganisation.[31]

Kommunikationsprobleme hatten ihren Anteil an der Radikalisierung. In diesem Zusammenhang nennt die bereits erwähnte Wiener Zeitungsreportage über die soziologischen Hintergründe einen weiteren wichtigen Aspekt: in Südtirol fehlte ein starkes Intellektuellenpotential, bedingt durch einen "erschreckenden Rückgang" der studierenden Jugend: auf 227.000 deutschsprachige Einwohner kamen um 1950 in ganz Südtirol nur 213 Hochschüler! Durch die einseitige Verteilung der Bildungschancen waren vor allem Kinder aus dem ländlichen und sozial schwächeren Milieu kraß benach-

Faschistische Kundgebung in der Bozner Museumstraße

teiligt. Der Zugang zu höheren Schulen war schlechter denn je. Die Maturantenzahlen an Südtiroler Gymnasien lagen daher 1950 nicht einmal mehr halb so hoch wie noch 1900. Noch Mitte der Fünfziger Jahre kamen nur acht (!) Hochschulstudenten aus Arbeiterfamilien.[32]

Kurswechsel in der Sammelpartei

Auch die politische Führung teilte sich ein kleiner Kreis, der junge Politologe Anton Holzer charakterisiert die Sammelpartei vom Gründungsjahr 1945 bis 1957 als "Honoratiorenpartei".[33] Die Gründe dafür waren auch zeitbedingt. Nur vorsichtig und diskret konnten die "Südtiroldiplomaten" der Sammelpartei in der ersten Nachkriegszeit ihre Fühler ausstrecken, um sich nach internationaler Hilfe umzusehen. Voraussetzung waren persönliche Verbindungen, zum Beispiel zum Wiener "Zeitungskönig" Fritz Molden: 1953 vermittelt Molden in einem Wiener Kaffeehaus das erste Treffen mit dem blutjungen Staatssekretär Bruno Kreisky, der Südtiroler Gesprächspartner war Kanonikus Michael Gamper, begleitet von Friedl Volgger. Im Nachkriegs-Wien standen damals noch die alliierten Truppen.[34]

Vor Unterzeichnung des österreichischen Staatsvertrages war es nahezu aussichtslos, die Südtirolfrage international neu ins Spiel zu bringen. Von diesen Bemühungen und Schwierigkeiten dringt kaum etwas nach außen. Die Folgen: Druck und Unruhe in der Bevölkerung, die Stimmung gereizt, das Vertrauen in die Südtiroler Sammelpartei im Schwinden, also allerhöchste Zeit...., der Bozner Franz Widmann nahm sich kein Blatt vor den Mund bei der SVP- Landesversammlung im

März 1956. Seine damalige Rede hatte eingeschlagen wie eine Bombe, dabei war Widmann nicht einmal Mitglied der Sammelpartei, doch er sprach aus, was die Basis dachte. Und er, der Außenseiter, hatte bereits einen Schlachtplan, als er wenige Monate später beim Vinschgauer SVP-Exponenten Hans Dietl in Göflan anklopfte.[35] Auch den Tag hat Widmann in bleibender Erinnerung, es war der 30. September 1956. Dietl war seit 1952 Abgeordneter und hatte 1955 ein Zeichen gesetzt: sein Rücktritt als Regionalassessor war der erste Auftakt zur "Los-von-Trient"- Politik, Dietls Protest richtete sich gegen die ungerechten Mehrheitsverhältnisse in der Regionalregierung. Die Trentiner waren in der Überzahl und saßen damit von vornherein am längeren Hebel.[36] Die alte SVP-Garde sei jedoch zurückgeschreckt vor einem offenen Boykott, so sehr Dietl schon damals drängte, alle Südtiroler Mandatare aus der Regionalregierung abzuziehen, erinnert sich Widmann, von 1957-69 Mitglied der SVP-Parteileitung.

Die Zermürbetaktik der italienischen Regierung setzte auf Zeitgewinn und, mittels Unterwanderung, auf eine Politik der vollendeten Tatsachen: dieser tägliche Kleinkrieg habe die erste Führungsgeneration der Südtiroler Volkspartei schließlich "verschleißt und ausgelaugt", meint Franz Widmann rückblickend. Mit diesen Argumenten habe er damals auch Hans Dietl überzeugt: mit der alten SVP-Führung konnte man keine neue Politik machen! Wollte man für Südtirol eine Landesautonomie erkämpfen, so brauchte man zunächst eine Mannschaft mit neuer Kraft und neuen Hoffnungen. Heimlich ging es an die Vorbereitungen, in engstem Kreis und streng nach Plan. Auch in Österreich hatte man sich Rückendeckung geholt, und zwar in Innsbruck, beim Wiener Staatssekretär Franz Gschnitzer.

Mit Wiens Politikerkreisen waren die SVP-Notablen zu eng verbandelt, man hätte riskiert, die geplante Absetzung der etablierten Parteiführung könnte vorzeitig auffliegen, begründet Franz Widmann das Innsbrucker Treffen mit dem Tiroler Vertreter im Wiener Außenministerium. Vorsichtshalber hatten die "Verschwörer" nicht einmal jenen Mann eingeweiht, auf den der Machtwechsel maßgeschneidert war: Silvius Magnago, den künftigen "Vater" des heutigen Südtiroler Autonomiemodells. Schon damals hatte der 43jährige schwerkriegsversehrte Magnago als Politiker ein beachtliches Erfolgskonto vorzuweisen: nach dem Krieg war er der erste deutsche Bozner Vize-Bürgermeister, seit 1949 Präsident des Südtiroler Landtags. Als innerhalb der Sammelpartei 1957 Neuwahlen anstanden, gehörte auch Magnago als Außenseiter zu den vorgeschlagenen Kandidaten. Das Wahlergebnis sollte dann freilich die Erwartungen auf den Kopf stellen. Die SVP-Landesversammlung wählt Silvius Magnago am 25. Mai 1957 zu ihrem neuen Parteiführer und ihm zur Seite eine ebenso verjüngte Mannschaft. Friedl Volgger kam nicht nur als einer der "Neuen" in den SVP-Ausschuß,

sondern wurde auch zum Stellvertreter Magnagos gewählt.[37] Der Überraschungssieg und die Verjüngung der gesamten Parteiführung waren heimlich eingefädelt, aber absolut legal, betont Franz Widmann, der Wahlmodus erlaubte nämlich, auch nicht vorgeschlagene Kandidaten auf den Stimmzettel zu setzen.

Der neue Parteiausschuß mit Silvius Magnago an der Spitze beschließt nun die im Konzept bereits vorliegende Marschrichtung: erstens, den Kampf um die von Rom bisher verweigerte Landesautonomie, und zweitens, die breite Mobilisierung der Bevölkerung, um Druck zu machen.[38] Soviel habe er "von der Politik schon verstanden", meint Silvius Magnago rückblickend, der österreichische Staatsvertrag vom 15. Mai 1955 war eine neue Karte, auf die er setzen konnte: "Ein unabhängiges Österreich konnte als Partner des Pariser Abkommens für Südtirol ganz anders auftreten als ein unfreier Staat!"[39] Vor diesem Hintergrund ruft die Sammelpartei auf zur dramatischen Großkundgebung auf Schloß Sigmundskron bei Bozen am 17. November 1957: nun konnten die aus allen Landesteilen zusammengeströmten 35.000 Südtiroler internationalen Widerhall erwarten auf ihren Hilferuf und zugleich Schlachtruf: "Los von Trient!" In der Menschenansammlung gab es freilich auch viele, die sich eine noch radikalere Marschroute erwartet hatten. Der spätere Attentäter Sepp Mitterhofer aus Meran, obwohl damals noch nicht bekannt mit Sepp Kerschbaumer, wartete in Sigmundskron mit seinem Freundeskreis vergeblich auf eine Selbstbestimmungsrevolte unter der Devise "Los von Rom!"

Sigmundskron: 35.000 Südtiroler proben den Aufstand

SVP-Chef Silvius Magnago besteht seine Feuertaufe, er schwört die Menge ein auf den neuen Kurs der Sammelpartei, für die Forderung nach einer echten Autonomie. Doch die Stimmung, das wußte er, hätte jeden Moment umkippen können.[40] Es gehört zu den bekanntesten Kapiteln der jüngeren Südtiroler Geschichte, wie es Magnago damals gelang, ein drohendes Blutbad abzuwenden, indem er die aufgebrachte Menge zurückhielt vom befürchteten "Marsch auf Bozen", gegen ein Massenaufgebot von Heer und Polizei: er habe sein Wort gegeben, ein "deutsches Wort", für den friedlichen Ablauf der Demonstration.[41] Die Hintergründe jenes "Marsches auf Bozen" liegen dagegen bis heute weitgehend im Dunkel. Obwohl auf Sigmundskron der unbestrittene "Sieger", machte sich Magnago offensichtlich keine Illusionen über Ausmaß und Brisanz des mit knapper Not verhinderten "Volksaufstandes" - er gießt daher noch nachträglich Wasser aufs Feuer, indem er gleichen Abends einen offiziellen Dank nachschiebt für die Befolgung seines Appells: "Südtiroler! Es ist mir durch den Ablauf der Kundgebung wohl be-

Die Kundgebung von Sigmundskron am 17. November 1957 war eines der wichtigsten Ereignisse der Südtiroler Nachkriegsgeschichte.

wußt geworden, daß 35.000 von euch, hinter denen *ganz Südtirol* gestanden hat, *bereit gewesen* wären, nach *Bozen zu marschieren....*'' Taktisch geschickt, bescheinigt er den radikalen Kreisen Stärke und bremst sie ein mit dem Versprechen, man dürfe "die Geduld eines Volkes" nicht überfordern.[42]

Der Vollblutpolitiker Silvius Magnago hatte nämlich einen politisch gleichfalls gewitzten Gegner, nicht am Rednerpult, sondern hoch oben auf den Mauern der jahrhundertealten Feste Sigmundskron: hier hatte Luis Amplatz mit seinen Leuten Position bezogen, um die Kopf an Kopf gedrängten Menschenmassen anzufeuern. Bereits zum Auftakt der Großtagung startet Amplatz einen brillant getarnten Protest gegen die "Unrechtsgrenze" am Brenner. Feierlich im guten Anzug erscheint er vor dem Bozner Siegesdenkmal und legt an der Büste des Trentiner Freiheitskämpfers Cesare Battisti einen Kranz nieder, mit der Inschrift: "Dem Vorkämpfer der Grenze bei Salurn!" Die italienischen Wachposten waren gerührt, weder waren sie historisch genügend beschlagen noch reichten die Deutschkenntnisse, um den Doppelsinn sofort zu überlauern.[43]

Sigmundskron war auch für die künftigen Anführer des Bombenkampfes ein entscheidender Moment, noch hofften sie auf eine politische Wende: und da war Luis Amplatz das härtere Kaliber als sein Freund Sepp Kerschbaumer, dem das Risiko blutiger Ausschreitungen offenbar im letzten Moment bewußt geworden war, erinnert sich Friedl Volgger an einen nachträglichen Meinungsaustausch. Der "Marsch auf Bozen" war eine vorbereitete Aktion, wenn auch ohne einen im voraus festgelegten Schlachtplan. Eine Art Volksaufstand sollte die Sammelpartei zwingen, eine schärfere Gangart einzulegen, was immer das bedeuten mochte. Sepp Innerhofer erinnert sich an die Treffen vor der Sigmundskroner Kundgebung, vor allem in Kerschbaumers Heimatdorf Frangart.[44] Instinktiv setzte man auf den massenpsychologischen Effekt und auf Eigendynamik. Sepp Innerhofer: "Mir haben ins g'sagt, vom Volk aus müaßt's laut werden, jetzt ziach'n mir los, ganz spontan...." Wer ein Auto besaß, hatte kräftig mitgeholfen beim Antransport, Innerhofer selbst war zum Beispiel bereits seit fünf Uhr früh mit seinem Fiat-600 drei Mal hin und her gependelt zwischen Meran und Sigmundskron. Er und seine Verbündeten hatten sich taktisch geschickt in der Menge verteilt.

Die Rechnung schien aufzugehen. Denn "die Stimmung war guat!", angefangen von der überwältigenden Teilnehmerzahl. Auch ein nicht eingeweihter Beobachter wie der Nordtiroler Wolfgang Pfaundler bestätigt, "...des hat geknistert!" Pfaundler ahnte freilich weder damals noch später, daß der verhinderte "Marsch auf Bozen" von jenen Leuten geplant war, denen er wenige Jahre später Sprengstoff liefern würde. Zunächst hatte Silvius Magnago das Emotionspotential aufgefangen: "Nach Sigmundskron haben wir a Pause einglegt!", betont Sepp Innerhofer, noch hoffte man auf den politischen Erfolg des Massentreffens.

Magnagos Charisma hatte freilich auch neue, ungeduldige Erwartungen geweckt. Der Wiener Außenpolitiker und Südtirolexperte seit der Stunde Null, Ludwig Steiner, hat eine Erklärung für die schon bald neu aufbrechende Unruhe: Das Prestige Magnagos sei damals noch nicht so gefestigt gewesen, daher glaubten manche, es sei notwendig, gewissermaßen noch eine Schaufel zuzulegen. "Die Worte unseres aufrechten Tirolers Dr. Magnago" bleiben zwar ein Hoffnungsschimmer in den nun von Sepp Kerschbaumer verfaßten und mit B.A.S. gezeichneten Flugblättern, die bereits eine deutliche Sprache sprechen: "Tage und Wochen" seien vergangen "seit der denkwürdigen Volkskundgebung auf Schloß Sigmundskron": "Los von Trient" hieß die Forderung aller Südtiroler...Bei der Kundgebung war für das Südtiroler Volk das *deutsche Wort* bindend, ist für unsere Parlamentarier dieses *deutsche Wort* nicht bindend?"[45]

Die Vorwürfe richten sich gegen die SVP-Senatoren Josef Raffeiner und Carl von Braitenberg, seit 1948 Vertreter der Sammelpartei in Rom. Loyalität war für die Politikergeneration der alten Schule ungeschriebenes Gesetz: mit ihren Bedenken, das Autonomiestatut von 1948 über den Haufen zu werfen, setzen sie sich freilich in ein Wespennest. Die Sammelpartei steht unter politischem Zeitdruck. Senator Raffeiner wird bei den Parlamentswahlen 1958 abserviert, Braitenberg verzichtet auf eine weitere Kandidatur. Nun erst kann die SVP in Rom ihren neuen Autonomieentwurf in beiden Häusern einbringen. Da schrieb man aber bereits den 12. Dezember 1958:[46] "Zu spät!", erinnert sich Sepp Innerhofer, denn da sei vieles bereits geplant gewesen und manches "g'schechn".

Fahnen - Signale

Bereits in den drei Jahren vor der "Feuernacht" von 1961 hatte es dreißig bis vierzig Anschläge gegeben, rechnet Sepp Innerhofer zusammen. Schon Ende 1957 habe man sich zusammengesetzt und beraten, "wie mir ins durch Anschläge bemerkbar machen können." Der

Magnago-Bonus war bald aufgezehrt: "Ein Mann allein", schildert Sepp Innerhofer die Stimmung der Kerschbaumer-Anhänger, könne nichts ausrichten, "wenn net amol die eigene Partei voll dahinter steaht!" Sigmundskron hatte das politische Klima angeheizt. Das gesamte Umfeld hatte sich spürbar radikalisiert. Im Südtiroler Unterland zum Beispiel taucht die Polizei auf zur ersten Hausdurchsuchung, noch bevor der Hausherr von der Sigmundskroner Kundgebung zurück ist: Hans Clementi gehörte zum engeren Freundeskreis von Sepp Kerschbaumer. Die Frau, allein daheim, ein Kind am Arm, eins in der Wiege. Die Behandlung, erinnert sie sich, korrekt, Ergebnis, keines.[47] Auch was sich in den Tagen nach Sigmundskron abspielte an neofaschistischem Gegenterror und hysterischen Brüllkonzerten bei einer italienischen "Schülerdemonstration" in Bozen, ist weitgehend in Vergessenheit geraten.[48]

Die Stieler-Gruppe war zum Zeitpunkt der Sigmundskroner Kundgebung 1957 schon fast ein Jahr lang hinter Gittern. Die sechs Angeklagten stehen ab 9. Dezember 1957 erstmals vor den Bozner Richtern, im Juni 1958 das Berufungsverfahren, drei weitere Prozesse sollten noch folgen.[49] Die aus dem deutschsprachigen Ausland angereisten Reporter mußten sich erst gewöhnen an die in Italien übliche makabre Szenerie politischer Schauprozesse: mit Ketten und Handschellen zusammengehängt wie Schwerverbrecher, werden diese jungen Südtiroler vorgeführt. "Aufrecht, blaß, aber ruhig", sitzen sie vor dem Vertreter der öffentlichen Anklage, Staatsanwalt Gaetano Rocco.[50] Südtirols prominentester Journalist und Historiker Claus Gatterer zeichnet ein eindrucksvolles Bild von jenem Mann, der das "Ruder der Repression" eisern in die Hand nahm: "mumienhaftes Assyrergesicht und eine streng faschistische Vergangenheit. 1946 hat ihn der damalige Generalsekretär der Südtiroler Volkspartei, Josef Raffeiner, davor bewahrt, daß ihn eine Epurations-Kommission dieser Vergangenheit wegen für immer aus dem Staatsdienst warf..." Ein Jahrzehnt später, schreibt Gatterer, reichten die Deutschkenntnisse des Bozner Staatsanwalts immer noch "kaum zum Guten-Morgen-Sagen".[51] Mit ihren Beteuerungen, die Anschläge sollten nur ein Zeichen setzen, um die "Weltöffentlichkeit wachzurütteln", stößt die Stieler-Gruppe auf taube Ohren. Ihre Haltung, erinnert sich Josef Fontana, habe ihn tief beeindruckt, er hatte den Stieler-Prozeß noch aus der Zeitung verfolgt. Drei Jahre später ist Josef Fontana einer der Hauptaktivisten im Südtiroler Untergrund um Sepp Kerschbaumer.

Justiz und Polizei hatten also kräftig mitgedreht an der Spirale der Gewalt. Zunächst hatte die Protestwelle nämlich eher den Charakter dörflicher Husarenstückln. Viele haben sich in mündlicher Überlieferung erhalten. Immer wieder flatterten verbotene Tiroler Fahnen hoch am Himmel und veranlaßten die italienischen Gesetzeshüter zum Einschreiten. Im Unterland gab es dazu ei-

Der Kirchturm von St. Jakob bei Tramin mit weiß-roter Bemalung im April 1961.

ne fast filmreife Gegenvariante. Hier pflegte nämlich eine unter dem Faschismus angesiedelte Zuwanderer-familie am Nationalfeiertag des "Sieges" Italiens gegen Alt-Österreich, die Tricolore zu hissen und ganz wie zu Zeiten Mussolinis die "Giovinezza" abzusingen. Diese Idylle war einem der späteren Südtiroler Aktivisten am 4. November 1956 schließlich zu bunt. Mit Pfeil und Bogen schlich sich Luis Hauser aus Kurtatsch an das "walsche" Bauernhöfl heran. Die Pfeile hatte er in Benzin getränkt. Nach Erzählungen von Luis Hauser hat sein Plan "gezündet", die Tricolore wurde in Brand geschossen.

Die Presse berichtete vor allem von den gewagtesten und ausgefallensten Aktionen: am Traminer Kirchturm eine aufgemalte Fahne mit der Inschrift "Immer daran denken",[52] an einer Felswand im Pustertal ein riesiger Tiroler Adler, für die italienische Polizei ein Ding der Unmöglichkeit, Südtiroler Kletterer anzuheuern, um das Gemälde zu entfernen.[53] Auch bei den vielen nächtlichen Fahnen-Hiss-Expeditionen gehörten Seil und Steigeisen mit dazu: je höher und steiler die Kirchturmspitzen, desto blamabler für die Ordnungshüter, die sich außerstande sahen, das Corpus delicti herunterzuholen.[54] Die Behörden rächten sich auf ihre Weise: Immer wieder setzte es Anzeigen, immer wieder bemühte man den Faschistenkodex, um junge Südtiroler wegen "Beleidigung der Nation" einzusperren. Sepp Kerschbaumer hatte als erster den Spieß umgedreht: geschickt wählt er den Andreas-Hofer-Tag, 20. Februar 1957, um am Kirchhof seines Heimatortes die Tiroler Fahne auszuhängen,[55] gezielt kassiert er dafür zehn Tage Arrest.[56] Der friedliche, aber symbolträchtige Protest verschafft ihm über die Grenzen Südtirols hinaus Popularität,[57] und setzt zudem ein erstes Signal: am Andreas-Hofer-Tag des folgenden Jahres 1958, entnimmt man der Südtiroler Tageszeitung, wehte auf der Sigmundskroner Höhe bereits "ein großes Fahnentuch von einer 25 Meter über der Erde verlaufenden Hochspannungsleitung..."[58]

Österreich wird aktiv: von Kreisky zu Grivas

Der Kontakt zur österreichischen Intellektuellenszene öffnet dem Südtiroler Widerstandspotential um Sepp Kerschbaumer eine neue Dimension. Aktueller Anlaß für das Zustandekommen dieses Kontakts war Sepp Kerschbaumers "Fahnen-Hiß-Aktion" und deren gerichtliches Nachspiel. Wolfgang Pfaundler, bis heute eine Schlüsselgestalt der Innsbrucker Kulturszene, macht einen ersten Abstecher nach Frangart, als Journalist.[59]

Im Schlepptau seines alten Freundes 'Wolfi' reist auch der mächtige Herausgeber der Wiener "Presse" und damalige Chef des größten österreichischen Zeitungskonzerns Fritz Molden nach Südtirol zu Sepp Kersch-

Carabinieri übertünchen den bemalten Kirchturm von St. Jakob bei Tramin.

baumer. Mit von der Partie, erinnert sich Pfaundler, war auch der spätere "General" des Österreichischen Rundfunks, Gerd Bacher, damals noch federführend beim Molden-Blatt "Express". Nach dieser Oster-Reise 1958,[60] erzählt Pfaundler, hätten alle drei gemeint: für Südtirol müsse endlich etwas geschehen ! Pfaundler selbst begründet sein Engagement mit einem persönlichen Erlebnis: Friedrich Torberg, eine der führenden geistigen Persönlichkeiten Österreichs, winkt freundschaftlich ab, als er ihm ein Presseexemplar seines eben erschienenen Buches "Südtirol, Versprechen und Wirklichkeit" in die Hand drücken will.[61] Für Pfaundler schrillten gewissermaßen alle Alarmklingeln, als ihm der Chefredakteur des Wiener "Forum" erklärt: für sein Blatt "wird Südtirol nie ein Thema sein..."

Die österreichische Südtirolpolitik zeigte indessen neues Selbstbewußtsein. Außenminister Bruno Kreisky hatte im Mai 1959 sein Amt angetreten. Schon beim ersten Auftritt vor der UNO-Generalversammlung 1959 kommt von Kreisky ein klares Signal: Österreich werde die Vereinten Nationen einschalten, falls sich von Seiten Italiens in der Südtirolfrage weiter nichts rührt.[62] Auch Fritz Molden startet eine erste Initiative: am Rande der Alpbacher Hochschulwochen 1959 versammelte er eine Art inoffiziellen Krisengipfel: beim "Achenwirt" hatte man sich in engerem Kreis zusammengesetzt.

Erstmals ging es um die Frage, wie man der Südtirolfrage energischer nachhelfen könnte. Ein Treffen im Zeichen der politischen Aufbruchstimmung, erinnert sich Friedl Volgger, damals stellvertretender SVP-Obmann. Südtiroler Politiker habe man, weil zu exponiert, aus weiteren eventuell kompromittierenden Kontakten herausgehalten, bestätigt Fritz Molden.[63]

In Innsbruck beginnen indessen Landesrat Aloys Ober-hammer und Wolfgang Pfaundler mit gezielter Öffent-lichkeitsarbeit: Eine Minderheitentagung unter dem Motto "Freiheit in der Gemeinschaft" versammelt ein hochkarätiges Forum aus aller Welt. Der Kongreß tagt vom 14. bis zum 19. September 1959 im großen Saal der Hofburg, auf Einladung der Tiroler Landesregie-rung und als wissenschaftliche Folgeveranstaltung der patriotisch aufgezäumten Landesgedenkfeier zum 150jährigen Jubiläum der Tiroler Freiheitskriege von anno 1809.

Föderalismus und das alte Reizthema Selbstbestimmung stehen im Mittelpunkt dieser wissenschaftlich-politischen Minderheitentagung. Die Rednerliste kann sich sehen lassen: für Österreich Persönlichkeiten wie Unterrichts-minister Heinrich Drimmel oder der spätere Justizmi-nister Christian Broda, Wissenschaftler mit internatio-nalem Renommee wie Guy Heraud (Straßburg) oder Sal-vador de Madariaga (Oxford), führende Publizisten wie Otto B. Roegele, Chefredakteur des "Rheinischen Mer-kur", Politiker von Rang und Namen wie der Brite Lord Douglas Savory oder der indische Oppositionsführer Mi-noo Masani.[64] Italien reagiert nervös: die Stimmung spiegelt sich in den Schlagzeilen der italienischen Pres-se,[65] aber auch in Einreiseverboten, die den Tiroler

Landeshauptmann Hans Tschiggfrey und Landesrat Oberhammer bereits zu Jahresbeginn gehindert hatten, teilzunehmen an den Südtiroler Andreas-Hofer-Feiern.[66]

Die eigentliche Pfeilspitze dieses Tiroler Minderheiten-forums war freilich selbst dem Wiener Außenminister zu viel. General Georgios Grivas, legendärer Chef der griechischen Untergrundbewegung EOKA auf Zypern, von Tirol als "Symbol der Freiheit" in memoriam An-dreas Hofers nach Innsbruck gebeten, hatte im letzten Moment wohlweislich abgesagt. Schadenfreude bei den italienischen Bozner Tageszeitungen - doch auch Krei-skys Hausblatt, die sozialistische Wiener "Arbeiter-zeitung", skandalisiert sich über diese alles eher denn nutzbringende "außenpolitische Gschaftlhuberei".[67] Ein Gag, um die Stimmung publizistisch aufzuheizen, freut sich Wolfgang Pfaundler dagegen noch heute über den Effekt. Fritz Molden hat persönliche, aber zwiespäl-tige Erinnerungen an Zypern und seinen blutigen Be-freiungskampf aus der britischen Kolonialherrschaft. Feldmarschall Harding hatte seinem Besucher aus Wien bei einer Tasse Tee anvertraut, "My dear...", gewisse Gebiete wird das British Empire nie herausrücken, ei-nes davon ist Zypern! Tags darauf wurde just jenes Haus in die Luft gejagt, wo es nicht nur seinen Gastgeber, sondern todsicher auch ihn selbst erwischt hätte, erinnert sich Molden: aber "drei Jahre später war außer einem winzigen Militärstützpunkt kein Engländer mehr auf Zypern".[68]

Auch der österreichische Südtirolpolitiker Ludwig Stei-ner, Staatssekretär für Äußeres zum Zeitpunkt der zwei-ten UNO-Südtirolresolution von 1961, hatte ein "zyprisches" Überraschungserlebnis. Der Berufsdiplo-mat Steiner bezieht 1964 seinen Botschafterposten in Athen, als solcher mitkreditiert auf Zypern. Beim höfli-chen Antrittsbesuch begrüßt General Grivas den aus Ti-rol stammenden Diplomaten besonders herzlich. Stolz holt Grivas einen Brief aus seinem Schreibtisch, von "Ti-roler Freunden", die ihn gebeten hatten, das Kommando eines Kampfes gegen Italien zu übernehmen: der ein-stige EOKA-Chef ersucht, Grüße zu bestellen, damals habe er nämlich leider nicht aktiv werden können, der "Kampf für die heilige hellenische Erde" ließ ihm kei-ne Zeit. Der österreichische Botschafter Steiner staun-te nicht schlecht: die drei Unterschriften stammten von persönlichen Bekannten, über die Namen, hat er sich geschworen, würde er nie reden. Aber er hat sich sei-nen Reim drauf gemacht: "Die Leute haben damals oft gesagt, man muß es zyprisch, also zypriotisch packen. Gott sei Dank haben sie's nicht zyprisch gepackt, sonst wären die Südtiroler mit ihrer Autonomie nicht so weit, wie sie heute sind!"

Explosiver als zu Zeiten des österreichischen Widerstands

Als Österreich seine erste Südtirolinitiative bei den Vereinten Nationen ankurbelte, war aber auch das österreichische Lager noch beseelt von teilweise höher gesteckten Ambitionen. "Es gibt in Wirklichkeit nur noch eine Lösung für das Südtiroler Problem, nämlich die Selbstbestimmung...", lautet zum Beispiel ein unverhüllt polemischer Kommentar des Wiener "Presse"-Chefs Fritz Molden im Juni 1960. Aktueller Anlaß: für die Pressekampagne zur Unterstützung der österreichischen UNO-Initiative hatte Fritz Molden eine von ihm privat gesponserte Umfrage in Auftrag gegeben, bei seiner alten Bekannten Elisabeth Nölle-Neumann, Leiterin des angesehenen Meinungsforschungsinstituts in Allensbach. In den neutralen Rahmen einer Fremdenverkehrsuntersuchung eingebaut, eine politische Kampfansage: 82 Prozent der Befragten erklärten sich für eine Rückkehr zu Österreich. An diese "beinharten Zahlen" knüpft Molden seine ebenso beinharte Schlußfolgerung: wenn von 250.000 Südtirolern nur sieben Prozent bei Italien bleiben wollen, "der Rest aber nicht, dann wird es völlig sinnlos, mit einem noch dazu unredlichen Partner über Landesautonomie, Pariser Vertrag, doppelsprachige Kindergärten oder Ähnliches verhandeln zu wollen..."[69]

Karikatur von Paul Flora zur Grivas-Absage.

Auch bezüglich eines bewaffneten Widerstandskampfes wollte der welterfahrene ehemalige Widerständler Fritz Molden genau wissen, woran er ist: nicht nur den Bozner "Alto Adige", sondern auch die konservative Tiroler Presse erschreckte "ein so massiver Hinweis auf eventuelle blutige Auseinandersetzungen": zwar plädierten 79 Prozent der meinungsbefragten Südtiroler für weitere Geduld, doch 26 Prozent erklärten sich bereit, einen offenen Kampf für die Selbstbestimmung zu unterstützen und 12 Prozent waren überhaupt fürs baldi-

ge Losschlagen.[70] Fritz Molden ist selbst heute noch überrascht über die damals "unheimlich explosive Stimmung" in Südtirol. Zur Zeit des Nationalsozialismus hätte man sich solche Zahlen nicht träumen lassen: die aktive Widerstandsbewegung in den besetzten europäischen Staaten zählte unter der Bevölkerung nur schmale ein bis zwei Prozent, mit 1,5 Prozent hatte Österreich schon ein hohes Widerstandspotential, meint Molden.

Eben diese Vergangenheit im österreichischen Widerstand ist eine auffallende Gemeinsamkeit der mit Südtirol besonders eng befaßten Persönlichkeiten in Österreich und Tirol, angefangen vom künftigen Außenminister Karl Gruber, dem späteren Staatssekretär Ludwig Steiner und Intellektuellen wie Wolfgang Pfaundler oder Fritz Molden. Sie alle waren Schlüsselgestalten des Widerstands.[71] Auf ihr Konto ging die Befreiung Innsbrucks am 2. Mai 1945: gescheitert hingegen, erinnert sich Ludwig Steiner, die Pläne zur Befreiung Südtirols. Nach seinem Eintritt in den Auswärtigen Dienst wird Steiner zunächst mit der Außenstelle Innsbruck für Südtirol-Angelegenheiten betraut.[72] Fritz Molden betreut als Sekretär von Außenminister Karl Gruber die "Auslandspropagandastelle für Südtirol" und leitet die Pressekampagne vor und bei den Pariser Friedensverhandlungen.[73] Auch Wolfgang Pfaundler wird unmittelbar nach Kriegsende aktiv: zunächst als Mitorganisator der Unterschriftenaktion für die Wiedervereinigung Südtirols mit Österreich. 155.000 Südtiroler Unterschriften wurden Bundeskanzler Leopold Figl in Innsbruck am 22. April 1946 demonstrativ überreicht. Nach dem Nein der Alliierten kam es in Innsbruck zum stürmischen Protest: halb Innsbruck ging bei diesem Generalstreik am 2. Mai 1946 für die Rückgabe Südtirols auf die Straße, wiederum waren Molden und Pfaundler an vorderster Front.[74]

Diese Erfahrungen stehen mit im Hintergrund, als Wolfgang Pfaundler in den Südtiroler Freiheitskampf der Sechziger Jahre einsteigt, und an seiner Seite Fritz Molden: "als Chef des Politischen Komitees". Vorgeschwebt, sagt er, hätte ihm fürs erste mehr eine Strategie des "zivilen Ungehorsams", untermauert durch Propaganda und politische Überzeugungsarbeit. Selbst ausgesprochene "Bomben"-Gegner in Österreich betonen rückblickend: auch sie hielten damals eine Mobilisierung der Bevölkerung mit legalen Mitteln für den richtigen Weg. Die Leiterin des Südtirol-Referats der Tiroler Landesregierung, Viktoria Stadlmayer, hatte sich zum Beispiel stark gemacht für einen juristischen Kleinkrieg: die Südtiroler sollten die Behörden in die Enge treiben mit gerichtlichen Anzeigen bei Verstößen gegen das international garantierte Recht auf den Gebrauch der Muttersprache.[75] Der Außenpolitiker Ludwig Steiner hätte sich weitere Massendemonstrationen à la Sigmundskron vorstellen können, allerdings räumt er ein: in Südtirol sei dieses Protestpotential bereits zu Anfang der Zwanziger Jahre vorzeitig abgewürgt worden durch die rasche

Machtergreifung des Faschismus. Auch Fritz Molden bekennt rückblickend: mit Proteststreiks sei er auf wenig Gegenliebe gestoßen, er habe den Südtirolern schließlich recht geben müssen: die Arbeiterschaft bestand zum überwiegenden Teil aus Italienern, und "Bauern-Streiks" hatten wenig Sinn.[76]

Zwei Welten

Die vorwiegend im bäuerlichen Milieu verwurzelten Südtiroler Freiheitskämpfer und ihre österreichischen Gönner und Förderer lebten also in zwei völlig verschiedenen Welten. Josef Fontana bringt es auf den Punkt: "Intellektuelle haben in Südtirol praktisch überhaupt nicht mitgemacht, in Innsbruck war es umgekehrt". Die Innsbrucker Szene hat zum Beispiel der Bildhauer Claudius Molling miterlebt: die Mutter, eine gebürtige Südtirolerin aus Brixen, der Großvater, Ladiner aus Kampill, der Bruder Eberhard Molling, Verteidiger bei den österreichischen "Südtirol-Prozessen" in Graz und Linz.[77] Claudius Molling hatte in Wien und München studiert, zurück in Innsbruck, knüpfte er freundschaftliche Kontakte: für den Schriftsteller Heinrich Klier eine künstlerische Buchgestaltung, Kurt Welser wollte ein paar handwerkliche Tips, als er loszog zu seinen Propagandatouren mit Pinsel und Farbe entlang der Brennerstraße. Die Inschriften "Freiheit für Südtirol" sind verblaßt,

Wolfgang Pfaundler

doch an Stadeln und Mauern kann man sie bis heute lesen.[78] Claudius Molling zählt sich nicht zu den einstigen Aktiven, wohl aber zu Pfaundlers damaligem Freundeskreis: Wolfgang Pfaundler, "er ist doch ein Meister der kryptischen Äußerungen", gefiel sich recht gut in

seiner geheimnisumwitterten Doppelrolle. Das Nachrichtenmagazin "Spiegel" hatte ihn hochstilisiert zum Innsbrucker "Oberpartisan".[79] "Mit geschulterter Bombe..." hätte man sich ihn dennoch nicht gut vorstellen können, erinnert sich Claudius Molling schmunzelnd. Der Fotograf, Schriftsteller und Musikliebhaber Wolfgang Pfaundler war für seine Freunde vor allem "ein kleines Kulturzentrum", bei seinen Hauskonzerten saß man "beinah wie im Konzertsaal."

Die Südtiroler Aktivisten kämpften indessen mit ganz anderen, praktischen Problemen. Als Josef Fontana im Herbst 1959 dazustößt, war das Hauptproblem "der fehlende Sprengstoff". Was man auftreiben konnte, erinnert er sich, "so a Glump aus'n Trentino" oder "amol a tüchtige Ladung aus die P'seirer Bergwerke", war entweder mindere Qualität oder auf die Dauer zu wenig. Sepp Kerschbaumer sagt es im Mailänder Prozeß rund heraus: im Mai 1959 führte er mit Wolfgang Pfaundler in Innsbruck ein sehr offenes Gespräch, er und seine Freunde hatten die von Pfaundler angebotene finanzielle und materielle Hilfe bitter nötig. Pfaundler war ein geschickter Organisator, zum Beispiel: "standen mir in einem Nordtiroler Steinbruch 2.000 kg Sprengstoff zur Verfügung", alte Wehrmachtsbestände, die "nichts gekostet" haben, "ich habe das meiste persönlich oder zusammen mit Kurt Welser nach Südtirol gebracht".[80]

Zu seinem Motiv meint Wolfgang Pfaundler rückblickend: "Es mag übertrieben klingen, heute ist das ja fast schon ein Schimpfwort, aber wir haben uns als 'österreichische Patrioten' gefühlt und zu Österreich hat nach unserer Meinung eben auch Südtirol gehört!" Der Nordtiroler Wolfgang Pfaundler konnte mit seinem Bekenntnis zum Wunschziel Selbstbestimmung um einiges lockerer umgehen als zum Beispiel der Anführer des Südtiroler Freiheitskampfes Sepp Kerschbaumer.[81] Die Südtiroler Sammelpartei hatte die erste Selbstbestimmungskundgebung von 1946 auf Sigmundskron und das dramatische "Herr mach uns frei!" ihres Parteigründers Erich Amonn in der "bleiernen Zeit" nach dem Pariser Friedensvertrag zwangsläufig verdrängt.[82] Wolfgang Pfaundler dagegen pocht auf den Beschluß des ersten freigewählten Wiener Nationalrates, der einstimmig Ja gesagt hatte zur Rückgliederung Südtirols,[83] auch wenn sich Österreich wenig später dem Pariser "Friedensdiktat" beugt. Wenn andere diese historische Legitimation vergessen hätten, "wir nicht!", betont Pfaundler, er habe sich daher auch später keineswegs in Opposition gefühlt zur offiziellen Südtirolpolitik des Wiener Außenministeriums. In diesem Sinn startet er die Gratwanderung zwischen Untergrundaktivität und seinem guten persönlichen Draht zu Außenminister Bruno Kreisky, der die festgefahrenen Fronten in Bewegung gebracht hatte mit dem neuen Autonomiekurs nach der Devise: Selbstbestimmung durch weitgehende Selbstverwaltung. Die illegale Widerstandsbewegung für Südtirol hat nach Meinung Pfaundlers

Selbstbestimmung verlangt und die Autonomie bekommen, denn hätten "wir die Autonomie verlangt", so hätte Südtirol "wahrscheinlich nichts erreicht..."
Schlüsselgestalt und Idolfigur in Österreich war für die Südtiroler Freiheitskämpfer jedoch ein anderer: Kurt Welser.[84] Ein "pathologischer Optimist", absolut selbstlos, "einfach ein Super-Held!", schwärmt Wolfgang Pfaundler noch heute: durch seine "einfache, unintellektuelle Art" habe Kurt Welser "sofort die Herzen der Südtiroler gewonnen". Der Sprengstofflieferant und Verteiler großen Stils war eine seltene Mischung aus leidenschaftlichem Draufgänger und nüchtern handelndem Profi: unter dem Decknamen "Philipp" gewährleistet er zumindest ansatzweise eine gewisse Anonymität der Organisation.[85] Der leidenschaftliche Bergsteiger und Familienvater mit einem Alltagsjob in der Glasgroßhandlung seines Onkels[86] scheut indessen kein persönliches Risiko. Wolfgang Pfaundler erinnert sich noch heute mit Schrecken an eine Sprengstofflieferfahrt in den Vinschgau. Die Grenze hatten sie glücklich hinter sich. Als Kurt Welser bei der erstbesten Tankstelle die Kühlerhaube seines grauen VW-Käfers hochklappt, wird Pfaundler blaß. Sein Freund Kurt dagegen läßt sich nicht aus der Ruhe bringen: wer vermutet schon in einem so ungeeigneten Versteck eine volle Ladung Donarit?
Die Südtiroler erlernen bei "Philipp" alias Kurt Welser in Schnellsiedekursen das ABC des Sprengens.[87] Selbst als die italienische Polizei bereits anhand eines Identikits auf ihn Jagd macht, schmuggelt er sich noch die längste Weile mit einer Perücke über die Grenze[88] oder organisiert eine jener feschen jungen Damen, die als Sprengstoffkuriere einspringen, "glücklicherweise", erinnert sich Wolfgang Pfaundler, "ohne je aufzufliegen." Auch Pfaundler selbst wechselt sich ab mit seiner blonden Gattin, notfalls wird auch noch der erstgeborene Pfaundler-Sproß am Rücksitz mitgenommen.[89] Die Italiener haben bekanntlich ein Herz für Kinder und Blondinen. So rollt manch "heiße" Ladung über die Grenze.
Die politische "Moral" war von Anfang an problematisch. Die Szene war anfällig für die spätere Eskalation. Selbst Persönlichkeiten vom Format eines Kurt Welser konnten dies nicht verhindern. Auch nach der "Feuernacht" vom Juni 1961, unter dem Schock des Polizeiterrors und der Folterungen, zieht Welser zum Beispiel noch indirekt die Fäden bei einer Vergeltungsaktion im Partisanenkriegs-Stil, unter Mitwirkung von Luis Amplatz und Georg Klotz. Für den Feuerüberfall vom 21. September 1961 auf das schwer bewachte Stauwerk Rabenstein im Sarntal stellen sich zwei junge Wiener zur Verfügung. Auch der künftige Exponent des "Nürnberger Kreises", Peter Kienesberger, damals keine 19 Jahre alt, "durfte" bei dem heißersehnten Kommando mitmachen: seine Beschreibung liest sich wie einer jener "Kriegsromane", die auch der junge Kriegsheimkeh-

Der Innsbrucker Kurt Welser war einer der wichtigsten Sprengstofflieferanten des BAS.

rer Georg Klotz, erinnert sich die Witwe: "körbeweise" verschlungen hat.[90]

Vermittelt bekam Kurt Welser die jugendlichen Aktivisten für das Rabensteiner Überfallkommando, wenn auch mit ausdrücklichem Befehl, nicht auf Menschen zu schießen, vom Exponenten des militant nationalen Lagers Norbert Burger.[91] Zusammen mit ihnen steht deshalb auch Kurt Welser beim sogenannten zweiten Südtirolprozeß in Graz 1965 vor Gericht. Der Vorsitzende reagiert mit einem spontanen "Danke" auf Welsers ruhige Darstellung, die unter anderem darauf verweist: Als Hauptangeklagter im Grazer Prozeß von 1961 sei er später wegen des blutigen Attentats von Ebensee eingesperrt worden, trotz von vornherein erwiesener Unschuld.[92] Mit einem Seitenhieb revanchiert sich Welser bei der im Saal anwesenden österreichischen Presse für die Pauschalverurteilung als "Nazilausbuben". Seine Schilderung, nur drei Monate, bevor er in den Schweizer Bergen am 15. August 1965 tödlich abstürzt,[93] klingt fast wie ein politisches Vermächtnis: der anfängliche Funktionär des Bergisel-Bundes hatte es mit Flugzettelaktionen probiert oder mit der beeindruckenden Bergfeuer-Flammenschrift "Südtirol". Doch vierzig Jahre hätten nichts bewegt außer markigen Reden bei festlichen Anlässen, rechtfertigt Kurt Welser sein trotziges: "Wir haben uns zu Taten entschlossen".[94]

Auch für den Südtiroler Freiheitskampf war der Innsbrucker Kurt Welser nicht bloß tonangebender Organisator und Logistiker, sondern vor allem eine politische Integrationsfigur an der Seite von Sepp Kerschbaumer. Als Kontaktmann nahezu aller Südtiroler

Widerstandsgruppen besaß er uneingeschränktes Vertrauen, er hatte genügend Feingefühl, um die Führungsrolle von Sepp Kerschbaumer in Südtirol voll anzuerkennen. Kurt Welser war es auch, der den Südtirolern schließlich hinweghelfen sollte über die Vertrauenskrise zwischen Innsbruck und Frangart. Differenzen waren vorprogrammiert. Sepp Kerschbaumer hatte seine Taktik der "kleinen Nadelstiche" zugeschnitten auf demonstrative Einzelaktionen, damit hoffte er die italienischen Gegenreaktionen hinauszuzögern. Menschenleben zu schonen, war für Kerschbaumer oberstes Gebot, mußte er doch Rücksicht nehmen auf die bäuerlich-katholische Mentalität seiner Leute und der Südtiroler Bevölkerung.[95] Wolfgang Pfaundler, ehemaliger Widerständler mit Weltkriegserfahrung, lag von vornherein auf einer härteren Linie. Seine Strategie war ausgerichtet auf den internationalen Knalleffekt eines sorgfältig vorbereiteten "großen Schlags".[96]

Südtiroler Schwarzpulver kontra Innsbrucker Dynamit

Mißtrauen und Mißverständnisse haben sich langsam, aber sicher hochgeschaukelt. Sepp Kerschbaumer war für die Südtiroler "Kopf" und "Seele" des Unternehmens, doch zum Sprengen besaß er kein Talent, dafür seien andere zuständig gewesen, erklärt Josef Fontana die problemlos akzeptierte Aufgabenteilung. Wolfgang Pfaundler dagegen ärgert sich noch heute über Kerschbaumers Naivität und Dickschädel: erst eine Probesprengung bei Kurt Welser hätte Kerschbaumer überzeugen können, daß man mit Schwarzpulver keinen Mast hinlegt. Monatelang habe man erlebt, daß er Innsbrucker Spendengelder "für diesen Dreck ausgegeben hat". Der banale Zwist war nur die Spitze des Eisbergs. Aus Südtiroler Sicht erklären alle Zeitzeugen übereinstimmend: man sei angewiesen gewesen auf die von Wolfgang Pfaundler und Kurt Welser organisierte Hilfe und wußte sie zu schätzen.

So leicht war es nämlich nicht, an Geld und Sprengstoff heranzukommen, auch nicht in Innsbruck. Der Solidaritätsfonds des Bergisel-Bundes ließ sich allenfalls für Flugblätter anzapfen, aber nicht für Dynamit. Auch in diesem Punkt stimmen alle Eingeweihten überein, von Sepp Kerschbaumers Aussage im Mailänder Prozeß[97] bis zu Viktoria Stadlmayer, Mitbegründerin des Bergisel-Bundes,[98] oder Wolfgang Pfaundler; selbst er bestätigt: für eine so exponierte Vereinigung war Legalität das einzig Vernünftige. Der Bergisel-Bund "war uns viel zu unsicher, zu bürokratisch und verzopft!"[99] Pfaundlers Skepsis war berechtigt. Der Südtiroler BAS hingegen bezahlte teures Lehrgeld. Eduard Widmoser, geschäftsführender Obmann des Bergisel-Bundes, hatte eine banale Spenden- und Reisegelderstattungs-Aktion so ungeschickt angepackt, daß er schon vor der "Feuernacht" die ersten Südtiroler BAS-Exponenten ans Mes-

ser lieferte: am Pfingstwochenende 20./21. Mai 1961, schnappt die Falle zu, für die italienische Polizei war es ein Leichtes, anhand der von Widmoser ausgestellten Bankschecks (!) erste Verhaftungen vorzunehmen, darunter Josef Fontana, aus dem engsten Führungskreis um Sepp Kerschbaumer, Karl Thaler, Drogist in Tramin, Hans Vetter aus Meran, Anton Gostner aus Brixen, einer jener Südtiroler Häftlinge, die das Gefängnis nicht überlebten.[100] Nur Luis Amplatz gelingt es unterzutauchen, bis zur "Feuernacht" hält er sich teils noch in Südtirol versteckt, dann flieht er endgültig nach Österreich ins Exil.[101]

Professionell aufgezogen dagegen, die Finanzierung der Untergrundbewegung durch Wolfgang Pfaundler: die Frage nach den tatsächlichen Geldquellen beantwortet er auch heute noch mit einem trockenen, "no comment". Nur so viel verrät er: es gab zum Beispiel einen Kanal zu einer angesehenen internationalen Organisation, und zwar ohne die Verantwortlichen einzuweihen in den effektiven Verwendungszweck der für Südtirol abgezweigten Gelder. Den Tip, wie man so eine Fehlleitung organisiert, sagt Pfaundler, verdankte er einem amtierenden deutschen Bundesminister.[102] Der Macher Wolfgang Pfaundler wächst dem Südtiroler Kreis des BAS um Sepp Kerschbaumer allerdings bald über den Kopf. "Wer zahlt, der schafft", mit diesem Sprichwort erklärt Josef Fontana die Zuspitzung des Konflikts.[103] Die noch lebenden Kerschbaumer-Freunde bestätigen die Südtiroler Allergie gegen den als "herrschsüchtig" verschrieenen Pfaundler. Die meisten kannten ihn, wenn überhaupt, nur flüchtig. Bei den BAS-Versammlungen in Südtirol fanden die Reibereien zwischen Sepp Kerschbaumer und dem Innsbrucker Pfaundler-Clan freilich ihren Niederschlag.

Auch Pfaundler gibt offen zu: ihm schien Sepp Kerschbaumer nicht der richtige Mann. Seine zwei wichtigsten Südtiroler Gesprächspartner, meint er, ohne Namen zu nennen, seien nie aufgeflogen, einer davon ein biederer Kaufmann, dem man das Doppelleben im Hintergrund der Sprengstoffszene nie zugetraut hätte. An der Aktivisten-Front setzt Pfaundler hingegen vor allem auf den radikalen Einzelgänger Georg Klotz, der einen Tiroler Partisanenkrieg aufziehen wollte. Bereits 1959, als die Kooperation zwischen dem Südtiroler BAS und der Innsbrucker Gruppe voll anrollt, gab es also unterschiedliche Akzente. Sepp Kerschbaumers Freund und Vertrauter in Innsbruck war mehr der aus dem Arbeitermilieu stammende Sozialist Rupert Zechtl, ein Eisenbahner, von 1945 bis 1960 im Wiener Nationalrat, Mitglied der österreichischen Delegation bei der UNO-Südtiroldebatte, von 1960 bis 1975 Tiroler Landesrat. Seinen Einfluß, sagt Zechtl, nützte er zur Mäßigung. "Mit Kerschbaumer konnte man reden", meint er, Georg Klotz dagegen habe ihn geschockt mit seinem militanten Gehabe und markigen Sprüchen, wie: "Südtirol gehört uns... Wir beherrschen die Nacht! Es wird der

Tag kommen, an dem uns die Italiener ersuchen werden um Kapitulationsverhandlungen!''

Außenminister Kreisky hört "Tiroler Stimmen"

Auch der große Mann der österreichischen Südtirolpolitik Bruno Kreisky hatte zwei grundverschiedene Emissäre des Südtiroler Freiheitskampfes kennengelernt, auf Vermittlung Zechtls den einen, durch Vermittlung Pfaundlers den anderen. Im Vorfeld seiner UNO-Initiative war Kreisky interessiert an einem Stimmungstest, auch an der kämpferischen Basis.[104] Auf Sepp Kerschbaumer wartete der Außenminister allerdings beim ersten Treff vergeblich, Einzelheiten zu diesem schiefgelaufenen Treffen hat Kerschbaumer später seinem Mithäftling Josef Fontana anvertraut: Der kleine Kaufmann aus Frangart war tief beeindruckt von der Einladung des großen Mannes der österreichischen Südtirolpolitik Bruno Kreisky, er reist zum vereinbarten Termin nach Wien. Im letzten Moment hätte ihn dann aber doch der Mut verlassen, am Ballhausplatz habe er kehrtgemacht, erinnert sich Josef Fontana an Kerschbaumers Erzählungen. Dieser Schilderung entstammt auch noch ein weiteres Detail: als Kreisky rückfragen ließ, rechtfertigte sich Kerschbaumer mit einer Notlüge: die Beamten im Außenministerium hätten ihn nicht durchgelassen.

Diese Erinnerungen Josef Fontanas an die Schilderungen von Sepp Kerschbaumer sind auch deshalb von Interesse, weil sie ein weiteres Fragezeichen aufwerfen im Zusammenhang mit dem mysteriösen "Testament" des Südtirol-Aktivisten Luis Amplatz. Das Testament ist handschriftlich abgefaßt, die Witwe Anna Amplatz hat zumindest am Schriftzug keinen Zweifel. Die Echtheit des Testaments hatte ein Wiener Notar am 14. August 1964 beglaubigt. Der Historiker Felix Ermacora hat zusätzlich Zeitzeugen befragt aus dem engsten Umfeld von Luis Amplatz in dessen Wiener Exil, die bestätigten, das Testament sei echt.[105] Doch die Zweifel bleiben: nur 24 Tage später wurde Luis Amplatz bei einem heimlichen Abstecher nach Südtirol Opfer eines Mordanschlags. Er starb "pünktlich", als sich bei den Genfer Gesprächen eine politische Lösung des Südtirolproblems abzeichnete. Österreichs Verhandlungsmandat wäre in Frage gestellt worden, hätte sich Außenminister Bruno Kreisky nicht sofort distanziert, mit dem Hinweis, er sei mit Amplatz nie zusammengetroffen.[106] Genau dies hätte Amplatz freilich nie behauptet, also ein weiteres Argument für die Echtheit des Amplatz-Testaments, meint der Südtiroler Terrorismusexperte Christoph Franceschini.[107]

Widersprüchliche Einzelheiten geben jedoch weiterhin zu denken. Das Amplatz-Testament enthüllt zum Beispiel einen schiefgelaufenen Kreisky-Besuch, der bereits Mitte September 1959 stattgefunden haben soll: er, Amplatz und Sepp Kerschbaumer seien in Kreiskys Vorzimmer zuerst vertröstet und dann abgewimmelt worden, ersatzhalber hätten sie Staatssekretär Franz Gschnitzer ihre Aufwartung gemacht. Erst hinterher habe sich herausgestellt: Außenminister Kreisky soll vier Stunden lang vergeblich gewartet haben auf die beiden aus Südtirol angemeldeten Besucher, heißt es in dem Amplatz-"Testament". In Kreiskys penibel geführtem Terminkalender findet sich in dieser Zeit aber nur eine einzige Tirol betreffende Eintragung: nämlich eine Reise des Außenministers am 12. und 13. September 1959 nach Innsbruck. Auch Staatssekretär Gschnitzer war aus diesem Grund bereits am 11. September nach Innsbruck gereist zur großen Landesfeier, erinnert sich dessen engster Mitarbeiter Dr. Robert Ladner. Sein Chef war am Dienstag, den 15., zurück zur Ministerratssitzung. Gschnitzers Arbeitspensum teilte sich auf zwischen Wien und Innsbruck, die Wiener Termine drängten sich jeweils von Dienstag bis Donnerstag. Da hieß es genau planen, ein Überraschungsbesuch aus Südtirol, meint Ladner, wäre ihm in Erinnerung. Staatssekretär Gschnitzer fuhr nämlich in jener Woche nicht bloß wie gewohnt nach Innsbruck, sondern am darauffolgenden Montag gleich weiter nach Zürich, von dort flog er nach New York zur UNO-Generalversammlung. Gschnitzer war bis zum 29. September 1959 nicht in Wien.[108]

Das Amplatz-Testament enthält noch weitere Ungereimtheiten. Überhaupt nicht erwähnt ist zum Beispiel, daß Sepp Kerschbaumer ein erstes Mal alleine nach Wien gefahren sei, ohne jedoch das Außenministerium zu betreten, wie Josef Fontana berichtet, wobei er betont: Sepp Kerschbaumer habe dagegen nie etwas erzählt von einem Gesprächstermin bei Kreisky in Begleitung von Luis Amplatz noch vom angeblichen "Ausweichbesuch" bei Gschnitzer. Vielmehr sei immer nur von zwei Besuchsterminen die Rede gewesen. Nach Kerschbaumers mißglücktem Alleingang kam das Treffen mit Kreisky effektiv zustande, durch Vermittlung des Tiroler Sozialisten, Landesrat Rupert Zechtl. Diese Aussprache des Außenministers mit Sepp Kerschbaumer, Jörg Pircher und Karl Titscher wird zwar auch im Amplatz-Testament genannt, doch mit einem gravierenden Datierungsfehler: stattgefunden hat das Treffen nämlich nicht "einige Wochen" nach dem angeblichen September-Termin 1959,[109] sondern erst ein Jahr später, am 27. November 1960. Dieses Datum geht eindeutig hervor aus einem Schreiben Kreiskys an seinen Freund Zechtl, in dem er die drei Südtiroler Vertreter schriftlich einlädt, mit aller gebotenen Vorsicht: im Brief ist von den "erwähnten Herren" die Rede, in Kreiskys offiziellem Terminkalender eingetragen ist nur das Stichwort "Tiroler". Der Treffpunkt ist ebenfalls durch den Brief belegt, nämlich Kreiskys Wohnung in Wien-Heiligenstadt, Armbrustergasse 15,[110] und da habe das Treffen auch stattgefunden, bestätigt Rupert Zechtl.

Im Amplatz-Testament heißt es dagegen, Kreisky hätte die Maler in seiner Wohnung gehabt, man sei also ausgewichen auf einen Treff beim "Heurigen". Offenbar handelte es sich da um eine weitere Verwechslung: Außenminister Kreisky hatte nämlich an jenem 27. November 1960 tatsächlich zu einem Heurigenabend gebeten, hochoffiziell, um den Erfolg zu feiern, den Österreich einen Monat vorher bei den Vereinten Nationen für Südtirol errungen hatte. Angefangen von den Spitzenvertretern der österreichischen Diplomatie wie Kurt Waldheim und Rudolf Kirchschläger waren auch Politiker und Journalisten eingeladen, die mitgekämpft hatten im New Yorker "Glaspalast". Weder geladen noch dabei bei diesem Heurigenabend waren dagegen die drei Südtiroler Aktivisten, mit denen Kreisky am gleichen Tag ein politisches Gespräch geführt hatte. Einmal abgesehen von der noch aufliegenden offiziellen Gästeliste bestätigt zum Beispiel Friedl Volgger, außer ihm selbst, Landesrat Alfons Benedikter und Senator Luis Sand mit Gattinnen sei kein Südtiroler geladen - bzw. dabeigewesen bei jener Heurigeneinladung von Außenminister Kreisky.[111]

Luis Amplatz war einer der engsten Vertrauten von Sepp Kerschbaumer und galt als gewitztester Kopf der Südtiroler Bewegung. Seine Südtiroler Freunde fragen sich daher bis heute, was oder wer ihn wohl veranlassen hätte

können, mit diesem politisch hochbrisanten "Testament" de facto eine Art Todesurteil zu unterschreiben? Fürs erste stellt sich aber eine viel banalere Frage: weshalb sollte ein Insider wie Luis Amplatz so viele Details durcheinanderbringen ? Mag sein, daß die Erinnerung täuscht. Das "Testament" wurde jedoch im Sommer 1964 abgefaßt, also in einem zeitlich relativ kurzen Abstand zu den von Amplatz geschilderten Tatbeständen. Und wie lassen sich Datierungen erklären, die zum Beispiel im Fall Kreisky-Treffen vom nachweislichen Termin am 27. November 1960 um rund ein Jahr abweichen, obwohl Luis Amplatz da als mögliche Gedächtnisstütze sogar einen persönlichen Anhaltspunkt anführt: Italien hätte ihm nämlich den Paß gesperrt, er habe deshalb nicht mitfahren können nach Wien.[112] Diese Fragezeichen bleiben. Auch Felix Ermacora schränkt rückblickend ein: er habe sich von Zeugen die Echtheit des Testaments bestätigen lassen, ohne aber dem Grund für dessen Abfassung oder den darin gemachten Angaben näher nachzugehen.

Der Standpunkt des österreichischen Außenministers Bruno Kreisky gegenüber den Südtiroler Aktivisten wird bis heute verschieden interpretiert. Begleitet wurde Sepp Kerschbaumer von Jörg Pircher aus Lana und Karl Tit-

Das nur drei Wochen vor seinem Tod verfaßte Testament von Luis Amplatz.

scher aus Bruneck, in diesem Punkt deckt sich das Amplatz-Testament mit den Aussagen von Rupert Zechtl, aber auch mit den Erinnerungen von Josef Fontana:[113] alle drei Beteiligten haben im Gefängnis wiederholt von dieser Begegnung erzählt. Politisch habe Kreisky den Südtirolern reinen Wein eingeschenkt, nicht die Rückgliederung an Österreich sei realistisch, sondern eine bessere Autonomie, erinnert sich zum Beispiel der Mithäftling Luis Gutmann aus Tramin. Einzig überlebender Zeuge des Treffens ist Rupert Zechtl; er betont, bei dem rein politischen Gespräch sei keine Rede gewesen von militanten Aktionen.

Auch Wolfgang Pfaundler hatte den österreichischen Aussenminister konfrontiert mit "einer typischen Tiroler Stimme". Pfaundler hatte sich freilich nicht Sepp Kerschbaumer ausgesucht, sondern Georg Klotz. Die Begegnung am 27. Jänner 1960 ist belegt durch Kreiskys Terminkalender und ein späteres Gedächtnisprotokoll, mit dem sich der Außenminister absichert gegen eventuell kompromittierende Rückschlüsse.[114] Zusammengesetzt habe man sich zu diesem Informationsgespräch in Kreiskys Büro, erinnert sich Pfaundler: der Minister zeigte sich als freundlicher Gastgeber. Höchstpersönlich führte er den Partisanen Georg Klotz beim abschließenden Rundgang durch das alte Palais am Wiener Ballhausplatz auch zum Dollfuß-Denkmal. Die Witwe Rosa Klotz erinnert sich noch an Kreiskys Abschieds-Präsent: ein Kistchen bester Zigarren, nur zu besonderen Feiertagen steckte sich ihr Mann andächtig eine an. Die "Pasionaria" aus dem Passeiertal war damals übrigens heilfroh, als ihr "Jörgl" endlich von seiner Wiener Mission zurückkam. In Walten war nämlich Kurt Welser mit einer gewaltigen Ladung Waffen aufgekreuzt. Frau Klotz bekommt die Gewehre mit Zielfernrohr eins nach dem anderen durchs Fenster gereicht, im Schutz der Dunkelheit, aber doch: "in Gott's Namen, han i gedenkt, wenn da wer zuaschaugt!" Bis zur Heimkehr ihres Mannes verstaut sie das Arsenal erst einmal unterm Ehebett. "Weiterverplündern" ließ sich das "Zuig" nämlich nur zu zweit: Rosa Klotz war gewohnt, mit anzupacken, und Georg Klotz hatte vorgesorgt mit Verstecken: im Holzgebälk des alten Bauernhofes, Geheimfächer in der Schmiedewerkstatt, kunstvoll getarnte Bunker draußen im Wald.

Die Pläne zum bewaffneten Widerstandskampf trugen die Handschrift Wolfgang Pfaundlers. Eine spektakuläre Aktion sollte zum Beispiel den gesamten Verkehr an der Haupt-Nord-Südachse über den Brenner lahmlegen. Die Strategie für dieses Verkehrschaos: Guerillakommandos, die den LKWs die Reifen kaputt schießen. Auch einen symbolträchtigen Punkt der Brennerstraße hatte Pfaundler bereits im Auge: die Landesgrenze zwischen Südtirol und Trentino bei Salurn.[115] Sepp Kerschbaumer freilich wollte nichts wissen von bewaffneten Aktionen, das Risiko war ihm zu hoch. Auf Südtiroler Seite hatte Luis Amplatz die waghalsigsten Ideen.

Einer seiner Attentatspläne galt dem faschistischen Siegesdenkmal in Bozen, wie Amplatz hatten sich auch andere bereits den Kopf zerbrochen, wie man das "Unrechtsmonument" zu Fall bringen könnte. Allerdings erfolglos, das Denkmal war viel zu streng bewacht. Luis Amplatz dachte den Erzählungen nach an Minenwerfer, die er vom Guntschnaer Berghang abfeuern wollte. Der Plan blieb unverwirklicht, weil zu gefährlich für die umliegenden Wohnblocks. Ein weiteres Amplatz-Projekt scheitert offenbar im letzten Moment: der Zufall habe Luis Amplatz zwei Mal daran gehindert, die Druckleitung des E-Werks von Kardaun nördlich von Bozen zu sprengen, sagt Sepp Mitterhofer, und beruft sich dabei auf Informationen von Kurt Welser. Nach der "Feuernacht" macht die Polizei gleich zwei schockierende Entdeckungen: ein ZentnerSprengstoff war zurückgeblieben am Sankt Justina-Hügel in unmittelbarer Nähe des Kardauner E-Werks, und im Umkreis eines Staudammes bei Mühlwald im Pustertal. Dramatische Zeitungsmeldungen von einer nur mit knapper Not verhinderten Staudammkatastrophe werden allerdings von den Attentätern rückblickend dementiert.[116]

"E se le dighe - anche le dighe - fossero minate?" Wenn auch die Staudämme gesprengt würden? Ganz aus der Luft gegriffen war sie also keineswegs, die Schreckensvision der Italiener, unter dem ersten Eindruck der späteren "Feuernacht". Der italienische Autor Vittorio Lojacono beschreibt in seiner Darstellung des Südtiroler Terrorismus die politisch verzerrte, aber psychologisch erklärbare italienische Optik. Die Italiener blickten nicht durch, die Südtiroler Realität blieb ihnen fremd, und aus dieser Perspektive erhielt die Bedrohung eine geradezu apokalyptische Dimension.[117] Auch aus dem deutschen Sprachraum meldeten sich schon 1957, nach den ersten Attentaten der Stieler-Gruppe, mahnende Stimmen: in der angesehenen Hamburger "Zeit" zum Beispiel Hedda Westenberger, die von sich sagen durfte, daß sie, weil mit einem Hotelier in der Umgebung von Bozen verheiratet, bereits seit fast drei Jahrzehnten in Südtirol lebte. Dennoch wird ihr Aufruf zur Besonnenheit und ihre Warnung vor überspitztem Chauvinismus auf italienischer, aber eben auch auf der Südtiroler Seite, in der Tageszeitung "Dolomiten" locker vom Tisch gewischt: "Wovon ist ein Weib besessen, das im Feuilleton nach Belieben schmusen könnte, sich statt dessen aber auf die Politik wirft?"

"Nach den Bomben in Tirol, dringender Rat an beide Seiten", Hedda Westenbergers Titel ist fast prophetisch: "Je nach dem Wind schiebt sich an gewissen Tagen der Rauch der vielumstrittenen und insofern zum 'Problem Südtirol' gehörigen Industriezone als dicker Schwaden über die südöstlichen Stadtteile von Bozen. Dieses Bild schwarzen Rauches steigt vor einem auf, wenn man die politische Situation betrachtet, die sich aus der Entdeckung der Sprengstoffattentäter ergeben hat. Ein dicker Schwaden hängt über dem Land und zieht sich nun schon von Rom bis Wien und von Wien via Innsbruck wieder nach Rom. Warum aber so ein Schwaden daraus geworden ist, entzieht sich der Begreifensmöglichkeit der Südtiroler Bevölkerung von Tag zu Tag mehr, und selbst in jenen Kreisen der Intellektuellen, die nun die Diskussion führen, beginnt man den eigentlichen Brennpunkt aus dem Auge zu verlieren...''[118]

Luis Amplatz mit Kindern und Nichte im Frühling 1960.

Südtirol im New Yorker "Glaspalast", Scherben in Innsbruck

Das Barometer klettert immer mehr auf Sturm, politisch, aber auch innerhalb des BAS. Mit Außenminister Bruno Kreisky an der Spitze rüstet Österreich für sein international schwierigstes Unternehmen seit dem Staatsvertrag. Die Alpenrepublik hat ihre gesamte Diplomatie eingespannt für Südtirol. Im Wiener Außenministerium stapeln sich die Depeschen. Die Chancen stehen schlecht, schon in den Vorsondierungen: Italien ist NATO-Staat und Gründungsmitglied der EG. Und die Südtiroler Bombenanschläge sollten sich selbst nach der "Feuernacht" noch bescheiden ausnehmen gegen 800 Tote in Tunesien oder viele Tausende in Angola.[119] Der italienisch-österreichische Pressekrieg läuft indessen auf Hochtouren. Dieser Druck schürt das Mißtrauen der ungeduldigen Südtiroler Widerstandsbewegung um Sepp Kerschbaumer gegen die, wie es schien, zu unentschlossenen Verbündeten in Innsbruck.

Die seit Mitte 1960 schwelende Beziehungskrise entzündet sich an scheinbar so banalen Anlässen wie einer Ladung Flugblätter, die nach Meinung der Südtiroler ein völlig falsches Image vermittelten.[120] Eigentlicher

Grund für diesen Kleinkrieg war freilich ein Führungskampf vor dem Hintergrund verschieden gelagerter Vorstellungen. Der engste Kreis um Sepp Kerschbaumer war 1960 auf Distanz gegangen zur "radikalen" Linie von Wolfgang Pfaundler und Georg Klotz.[121] Ein Treffen bei Wolfgang Pfaundler in Innsbruck am 12. Mai 1960 war schließlich der letzte Funke zum offenen Bruch. Luis Gutmann aus Tramin war dabei, vergeblich hatte er versucht, zu retten, was noch zu retten war, indem er sich dem abrupten Aufbruch seiner Südtiroler Freunde mit Sepp Kerschbaumer an der Spitze nicht anschloß. Innsbruck habe versucht, die Befehlsgewalt an sich zu reißen, dennoch hätte es ihm leid getan, daß die gemeinsame Aufbauarbeit in Scherben zu gehen drohte, begründet Gutmann die einlenkende Geste: fürs erste ließ sich jedoch nicht abwenden, was nun folgte: "die kalte Zeit zwischen Südtirol und Innsbruck".[122] Auch Pfaundler bestätigt rückblickend: aus seiner Sicht riskierte Kerschbaumer, sich in Mini-Aktionen zu verzetteln. Bremsversuche im Hinblick auf einen spektakulären "großen Schlag" hatten auf Südtiroler Seite freilich genau den umgekehrten Effekt. Josef Fontana zum Beispiel schildert den damaligen Eindruck: die Österreicher seien groß im Reden und Theoretisieren, drückten sich aber im entscheidenden Moment.

Die Brisanz der politischen Entwicklung hat die verstrittenen Lager dann aber doch wieder zusammengebracht. Der Südtirolkonflikt wird vor den Vereinten Nationen im Herbst 1960 offiziell aufgerollt. Für das kleine Österreich, aber auch für seinen viel mächtigeren Gegner Italien, geht es auf Biegen oder Brechen. Die Südtirolfrage auch nur auf die UNO-Tagesordnung zu bringen, war ein diplomatisches Kunststück. Italien mußte sich schließlich beugen, bis zuletzt hatte man alle Hebel in Bewegung gesetzt gegen die Südtirolresolution vom 31. Oktober 1960 mit einem international verpflichtenden Verhandlungsmandat. Österreich verbucht einen hart erkämpften Überraschungssieg, doch auch Italien muß nun alles dransetzen, das Ergebnis zumindest hintennach in einen Erfolg umzumünzen.[123] Die Tragweite des Durchbruchs im New Yorker Glaspalast war aus der Südtiroler Optik nicht annähernd abzuschätzen. Die arrogant-hysterischen Reaktionen der italienischen Rechtspresse gingen da schon eher unter die Haut.[124] Enttäuscht reagiert der Kerschbaumer-Kreis auf die politische "Augenauswischerei", erinnert sich Sepp Innerhofer an ein Treffen bei ihm daheim auf Goyen im November 1960: "wenn all's nix hilft, müaßen mir lauter werden...!''. Dieses vorsichtige Abrücken von den bisherigen kleineren Einzelaktionen wertet er als erste Weichenstellung für die große Attentatswelle des Jahres 1961.

"Losschlagen oder nicht?'' Diese Grundsatzentscheidung sollte in Innsbruck fallen, auf einer Versammlung am 8. Dezember 1960. Aus Wien per Schlafwagen angereist, Fritz Molden und sein Intimus, "Expreß"-

Georg Klotz aus Walten im Passeier war eine der wichtigsten, aber auch umstrittensten Figuren des BAS.

Chefredakteur Gerd Bacher, ein "Spiegel"-Reporter hatte Details recherchiert.[125] Das Abstimmungsergebnis sei eindeutig gewesen, eine Zweidrittelmehrheit für das "harte Lager", begründet Molden seinen damaligen Rücktritt als Chef des "Politischen Komitees". Seit 1959, sagt er, spielte er eher den Bremser, mit dem Argument "Wartets wenigstens noch die UNO ab!" Schon aus taktischen Gründen habe er sich dafür stark gemacht, zunächst alle politischen Mittel auszuschöpfen. Nachträglich gibt Molden allerdings den Hardlinern recht: Italien habe tatsächlich eingelenkt, das Risiko, daß Südtirol auf ein neues Algerien oder Nordirland zusteuert, hätte sich Rom nicht leisten können.

Der Absprung von Fritz Molden und Gerd Bacher, im Klartext: "daß zwei so starke Persönlichkeiten gesagt haben, das geht schief!", gesteht Wolfgang Pfaundler, bedeutete ein moralisches Tief. Landesrat Aloys Oberhammer und er hätten es damals nicht übers Herz gebracht, diesen Rücktritt unter den Südtiroler und Nordtiroler Verbündeten publik zu machen: "eine große Depression" wäre die Folge gewesen, rechtfertigt Pfaundler sein Stillschweigen: "wir haben das unterschlagen..." Die Aussprache habe in kleinstem Kreis stattgefunden. Der eigentliche Rücktrittsgrund, präzisiert Pfaundler, waren nämlich nicht bloß unterschiedliche Meinungen über den Zeitpunkt des Losschlagens. Fritz Molden und Gerd Bacher seien nicht mehr überzeugt gewesen vom Rückhalt bei den Medien, also in der Öffentlichkeit: "Ich weiß noch sehr gut, wie einer der beiden Herren gesagt hat, beim ersten Mißerfolg fällt die österreichische Presse über euch her !"[126]

Wolfgang Pfaundler gibt offen zu: seine Position war nun schwieriger geworden und vor allem einsamer. Auch aus den Reihen der Südtiroler um Sepp Kerschbaumer schlägt ihm Mißtrauen entgegen. Er mokiert sich zwar über vieles, was damals in der Südtiroler Gerüchteküche brodelte: "der Pfaundler, ein Freimaurer, und was weiß ich noch alles!", zieht jedoch Konsequenzen. Als "Capo" der Innsbrucker Gruppe läßt sich Pfaundler ablösen,[127] zunächst von Heinrich Klier, als dessen Nachfolger später nachgerückt, der Musiker und Komponist Günther Andergassen.[128] Die Geld- und Sprengstoffbeschaffung läuft aber einstweilen weiter durch Pfaundlers Hand. Für den Führungswechsel nennt er als triftigen Grund den gefährdeten Zusammenhalt der Organisation, er habe sich nämlich damals gesagt: "eine Verunsicherung gegenüber österreichischen Leuten, die maßgeblich beteiligt sind, nur das darf nicht passieren!"

Auch politisch gerät Wolfgang Pfaundler unvermutet ins Abseits. Am Innsbrucker Haydnplatz Nr. 4 fliegt im März 1961 sein Depot auf, samt Sprengstoff, Waffen und Munition. Der "Spiegel" kommt an die heiße Story, trotz strengster Geheimhaltung der Razzia durch die österreichische STAPO.[129] "Von dem Moment an bin ich in kein Außenministerium und in kein Bundeskanz-

leramt mehr hineingegangen..." Aus Rücksicht auf die Politiker? "Freunde, die einem hilfreich waren, kann man nicht bloßstellen!" Besondere Pikanterie bei der "Spiegel"- Geschichte: die österreichische Abwehr hatte den Tip zugespielt bekommen vom italienischen Geheimdienst in Innsbruck, der telefonische Hinweis liefert für die "Spiegel"-Story einen spannenden Titel: "Fragen Sie Frau Elli". Elli von Obwurzer-Brenken entpuppt sich als niederländische Konsulswitwe, der "fesche junge Mann", dem sie die Absteige vermietet hatte, war Wolfgang Pfaundler:[130] wie es das Pech haben wollte, meint er rückblickend, ausgerechnet als die Sache aufflog, sei er einschlägig unterwegs gewesen, "auf Finanztrip". Beim Lokalaugenschein kommt ihm dafür ein glücklicher Zufall zu Hilfe, in Gestalt eines gutmütig-naiven Polizisten: der habe ihn nicht daran gehindert, frühere mit frischen Fingerabdrücken reichlich zu durchmischen. Wie es zum Geheimdienst-Kurzschluß kam, hat Pfaundler ebenfalls eigenhändig nachrecherchiert: die Konsulswitwe erzählte ausgerechnet dem Kulturattaché Antonio Stefanini, Leiter des italienischen Kulturinstituts in Innsbruck, von ihrem Mieter. Als der Name Pfaundler fiel, kam prompt die Bitte, die alte Dame möge doch einen Blick in das Lokal gestatten. Beim Anblick der Koffer und Kisten war die Sache klar. Pfaundler kam trotzdem mit einem blauen Auge davon.[131] Schnippischer "Spiegel"-Kommentar: ein hoher Polizeifunktionär habe gleich durchblicken lassen: "Bei einem großen Prozeß gegen Pfaundler könnte sich plötzlich herausstellen, daß mindestens die halbe Bundesregierung von den Partisanenspielen gewußt hat."[132]Ins Rollen gebracht hatte die Lawine nach Meinung Pfaundlers ein allzu knausriger Buchhalter der Innsbrucker Freiheitskämpfertruppe. Pfaundler habe dem sparsamen Herrn nicht klarmachen können, kündigen könne man erst, sobald das Lokal endgültig geräumt sei. Die Auflösung des Depots war nämlich bereits beschlossene Sache. Nur noch eine größere Lieferung zu Ostern 1961 wäre fällig gewesen, sagt Pfaundler. Auch von Südtiroler Seite bestätigen Sepp Mitterhofer und Sepp Innerhofer: der Sprengstoff für den "großen Schlag" lagerte schon Monate vorher in Südtirol. Die Sprengstofflager wurden zum Teil mit Südtiroler Spendengeldern aufgefüllt. Der Hauptnachschub kam aus Österreich. Die ersten Ladungen schleppte man noch im Rucksack oder mit der "Kraxen" über die Berge. Doch die Sommer auf 3.000 Meter Höhe sind kurz, und die Wege bevölkert von Touristen. Also riskierte man's per Auto über die Grenze. Mit seinen Pendelmissionen hat vor allem Kurt Welser den Südtiroler Sprengstoffbedarf gedeckt und gleichzeitig kräftig nachgeholfen, die Beziehungskrise mit Innsbruck zu kitten. Der beste Kitt war die politische Zuspitzung. Anfang 1961 überstürzten sich die Ereignisse.

Signal "Aluminium - Duce": Faschistische Kultobjekte fallen

"Anschlag auf den Aluminium-Duce in Waidbruck, keine 48 Stunden nach dem Scheitern der Mailänder Verhandlungen", "Sprengung des Tolomei-Hauses in Montan", "Verhaftungswelle in Südtirol": So und ähnlich lauten die Schlagzeilen in Südtirol und im deutschsprachigen Ausland. Die erste Verhandlungsrunde im Sinne des UNO-Mandats am 27. und 28. Jänner 1961 in Mailand war hoffnungslos geplatzt. Die Delegationen Österreichs und Italiens hatten sich frostig getrennt.[133] Das Echo aus Südtirol kommt prompt, in der Nacht vom Sonntag auf Montag, 30. Jänner, kurz nach 4 Uhr früh: Schauplatz ist die Brennerstraße nördlich der kleinen Ortschaft Waidbruck. Der Anschlag richtet sich gegen ein Reiter-Denkmal mit den Gesichtszügen von Benito Mussolini: "Die Splitter davon flogen Hunderte von Metern weit in der Gegend herum. Durch den dabei entstandenen Luftdruck wurden nicht nur sämtliche Fensterscheiben des gegenüberliegenden Elektrizitätswerks der Montecatini zertrümmert, sondern es entstanden sogar Klüfte in den Mauern dieses Baues. Selbst in der jenseits des Eisacks liegenden Carabinieri-Station - rund 300 Meter Luftlinie - gingen Fensterscheiben in Trümmer", schildert der "Dolomiten"-Reporter erste Eindrücke.[134]

In ganz Südtirol zu Tausenden verstreut, Flugzettel mit dem Zeichen "T": "Tiroler! Italien zeigte uns wieder die kalte Schulter. Italien sagte wiederum Nein zu unserer primitivsten Forderung nach Landesautonomie. Jetzt ist unsere Geduld zu Ende ! Jetzt gibt es nur mehr eine Forderung: Selbstbestimmung für Südtirol!"[135] Standen österreichische Aktivisten hinter dem Anschlag, oder waren es Südtiroler? Was mit "T" in einem Kreis gezeichnet war, kam normalerweise von "draußen", sollte Sepp Kerschbaumer später aussagen, auf die Frage der Mailänder Richter nach der Herkunft dieser und anderer Flugblätter.[136] Im konkreten Fall Waidbruck tappten die Behörden fürs erste vollkommen im dunkeln. Mehr als tausend Polizisten aus ganz Italien nach Bozen geworfen, Verhaftungswelle nach "schwarzen Listen" aus der Faschistenzeit, schildert der aus Wien entsandte Sonderberichterstatter Claus Gatterer in Schlagzeilen die Panik Italiens. Und als unmittelbare Folge, die nun voll einsetzende Repression. Die Südtiroler Tageszeitung "Dolomiten" wagt trotzdem einen Kommentar: "Wer immer den Aluminium-Duce bei Waidbruck in die Luft gesprengt hat, nachtrauern werden wir diesem faschistischen Reiterstandbild ganz bestimmt nicht. Mögen die italienischen Zeitungen auch heute noch krampfhaft an dem Versuch festhalten, dem Kinde einen anderen Namen zu geben - "Genio del lavoro italico"oder "statua equestre" - für uns und die übrige Weltöffentlichkeit ist und bleibt dieses Reiterstandbild das, als was es am 18. November 1938 bei Waidbruck aufgestellt und eingeweiht wurde: "Il Genio del Fascismo" (der Genius des Faschismus)."[137]

"Ein zweiter Sprenganschlag in zwei Tagen, das Haus Tolomeis in Glen schwer beschädigt", melden die "Dolomiten" schon tags darauf.[138] Auch Josef Fontana hatte aus den Radionachrichten erfahren, daß Italien das Verhandlungsmandat der UNO gezielt sabotiert.[139] Sein Anschlag trifft ein weiteres faschistisches Kultobjekt: Ettore Tolomei war zu Zeiten Mussolinis Hauptdrahtzieher der brutalen Zwangsitalianisierung. Zu diesem Zweck hatte der einstige Trentiner Irredentist Adresse gewechselt, ins Südtiroler Unterland, Tolomei-Zitat: damit er aus seinem Grabe in der kleinen Berggemeinde Montan sehen könne, wie "der letzte Deutsche den Brenner hinausmarschiert".[140] "Getimt" war die Doppelaktion Waidbruck-Montan allerdings nicht, im Gegenteil: Josef Fontana hatte zugewartet, auf die Bitte Sepp Kerschbaumers: "nur net am Wochenende!". Die Nordtiroler waren vor allem an Wochenenden mit Sprengstofftransporten unterwegs, Kerschbaumer wollte sie keinem Risiko aussetzen, auch wenn es zwischen ihm und der Innsbrucker Gruppe um diese Zeit kaum Kontakte gab.

Das Attentat auf den "Aluminium Duce" hat noch heute die Züge eines Krimi. Heinrich Klier in Innsbruck bestätigt, was man bisher nur aus Gerüchten wußte: er und sein Freund Kurt Welser, ebenfalls aus Innsbruck, zeichnen verantwortlich für den Anschlag, unter Mithilfe des Bozners Martl Koch.[141] Seine Innsbrucker Freunde, erzählt Fritz Molden, meldeten sich in Wien mit strahlenden Gesichtern und mit einem "Souvenir": den Aluminiumscherben habe er bis heute aufbewahrt, und er sei persönlich dabei gewesen, wie seine Freunde auch einen Denkmalsplitter "dem Kreisky übergeben haben..." Die mehrfach angezweifelte "Scherben-Story"[142] bestätigt Heinrich Klier in einem eigenen Beitrag. Martl Koch habe tatsächlich Scherben eingesammelt, die er mitnehmen wollte nach Österreich, erzählt eine Verwandte. Sie hatte damals im Gasthaus "Kalter Keller" das Telefonat nach Innsbruck zufällig mitgehört: "a Freud hat er g'habt", als er berichten konnte über die geglückte Sprengung des Aluminium-Duce: "in tausend Fetzen hat's ihn zerrissen!"

Daß die Spur nach Innsbruck führt, dafür spricht ein weiteres wichtiges Detail: der Sprengplan lagerte im Pfaundler-Depot am Innsbrucker Haydnplatz, bestätigt Wolfgang Pfaundler den einstigen Zeitungsbericht im "Spiegel", darin zitiert, auch die Konsulswitwe: ihr Mieter habe Ende Jänner "einige Papiere aus dem Koffer geholt". Auffallend ist der zeitliche Zusammenhang zur Sprengung des Reiterdenkmals. Doch das wichtigste Papier, nämlich den von der Polizei beschlagnahmten Sprengplan, habe er sich nur auf Umwegen zurückholen können, präzisiert Pfaundler.[143] Der Bozner Martl Koch hatte als begeisterter Bergsteiger gute Kontakte mit Innsbrucker Alpinisten wie Heinrich Klier oder Kurt Welser, schildert eine seiner Nichten die Verbindung. Erst später sei er dazugestoßen zum Kreis um Sepp

Die Sprengung des faschistischen Reiter-Standbildes in Waidbruck am 30. Jänner 1961.

Kerschbaumer, sagt auch Josef Fontana. Martl Koch war aber mit Sicherheit nicht der einzige Südtiroler, der dabei war in jener Nacht, als der "Aluminium-Duce" in die Luft flog. Heinrich Klier bestätigt: Kurt Welser habe auch Südtiroler organisiert. Treffpunkt war das Gasthaus "Kalter Keller". Die Schilderung von Heinrich Klier, wie sich dieser Abend abspielte, ist durch mehrere Südtiroler Aussagen bestätigt, bis auf einen einzigen,

Schweren Sachschaden richtete am 1. Februar 1961 ein Anschlag auf das Haus des faschistischen Senators Ettore Tolomei in Glen an.

bisher ungeklärten Punkt: wer hat die eigentliche Sprengung ausgeführt? Nach der Beschreibung Heinrich Kliers, er und Kurt Welser. Nach der Südtiroler Gegenthese: zwei Bozner zusammen mit einem dritten Südtiroler. Beide Seiten argumentieren überzeugend, trotzdem bleibt diese letzte Frage offen: von den Südtiroler Kronzeugen lebt kaum noch wer, und mögliche Beteiligte halten sich zurück, aus Angst, sie gerieten erneut in die Mühlen der Justiz. Hintergrundinformationen stützen sich daher vor allem auf die Erinnerungen von Angehörigen und unbeteiligten Zeitzeugen.

So hatte die Detonation in jener Januarnacht im nahegelegenen Gasthaus "Kalter Keller" die Wirtsfamilie aus dem Schlaf geschreckt. Eine der Wirtstöchter, damals 15, hat die Bestürzung ihres Vaters noch vor Augen. Ihr Onkel Martl Koch war schon Monate vorher Anlaß zu familiären Auseinandersetzungen. Die Mutter wollte ihrem heißgeliebten Bruder helfen, der Vater wollte mit dem Sprengeruntergrund nichts zu tun haben. Wenn der Onkel Martl seine Nichte sonntags zu Bergtouren mitnahm, so ahnte sie damals nichts, daß der Bozner Kreis um Martl Koch seine Treffen gern als harmlose Bergausflüge tarnte.[144] Die Arbeit in der

Gaststube dieser uralten Einkehr an der Brennerstraße macht die 15jährige schließlich hellhörig: in ihrem Beobachtungshorizont war an jenem Sonntagabend einiges los, bevor das Reiterstandbild in den ersten Morgenstunden des 30. Jänner 1961 in die Luft flog. Die Mama, ungewohnt nervös. Autos fuhren vor, ohne daß wer ausstieg. Zwei Österreicher betraten die Gaststube, sie hatten es so eilig, daß sie nicht einmal etwas zu trinken bestellten. Gesprächsfetzen am einsamen Parkplatz, die Mutter hatte schließlich die Beleuchtung ausgeschaltet. Eine Gruppe wartete mit dem Onkel Martl in der Gaststube, Nordtiroler und Südtiroler seien es gewesen, Namen unbekannt. Daß da über irgendwas diskutiert wurde, beim Servieren und von der Theke aus ließ sich das nur am Rande aufschnappen. Gegen 21 Uhr war schließlich Aufbruch. Zumindest ein Auto, erinnert sich die Wirtstochter, fuhr nicht südwärts, sondern nordwärts: diese Beobachtung wäre eine Bestätigung für die These: Südtiroler hätten die letzten Handgriffe ausgeführt, um Kurt Welser Zeit zu geben, über die Grenze zu entkommen.

Die Witwe von Martl Koch und seine spätere Lebensgefährtin dagegen können keine authentischen Erinnerungen beisteuern; sie erfuhren erst im nachhinein aus Erzählungen, Koch und ein weiterer unbekannt gebliebener Bozner seien an dem Anschlag beteiligt gewesen. Auch Sepp Mitterhofer in Meran hat eine persönliche Erinnerung: Kurt Welser habe bei ihm Sprengstoff gefaßt, Heinrich Klier spielte den Chauffeur, die Fahrt nach Bozen zum Treff mit Martl Koch übernahm ein Dritter, von Sepp Mitterhofer kurzfristig organisiert. Der Zeitplan war offenbar etwas durcheinandergeraten: ein nervös gewordener Kurt Welser habe daher noch unterwegs im Auto "die Nudeln in die Nylonstrümpf ge-

Gesprengter Duce

stopft..." Für den Anschlag gebüßt hat schließlich Fritz Mandl aus Sterzing, obwohl er nach derzeitigem Wissensstand nicht einmal Schmiere gestanden hat. Vergeblich beteuerte er vor den Mailänder Richtern: die Polizei hätte sein Geständnis erpreßt, mit Schlägen, und nach bewährter Methode, durch Gegenüberstellung mit dem schließlich zu Tode gefolterten Anton Gostner. Da genügten wenige Worte: "Gesteh alles, damit es dir nicht so ergeht wie mir!"[145]

Das Ausmaß der Tragödie war nicht annähernd absehbar, als die Freiheitskämpfer begonnen hatten, Ernst zu machen. Ein erstes Attentatsprojekt von anno 1956 gegen den "Aluminium-Duce" hört sich dagegen noch an wie eine witzige Anekdote. Zu verdanken ist diese "Enthüllung" der erklärten Bombengegnerin Viktoria Stadlmayer, einer guten Bekannten von Hans Germani, dem inzwischen verstorbenen Wiener "Spiegel"-Korrespondenten in den Jahren 1953 bis 1959. Der aus Triest gebürtige Deutsche hatte sich als Journalist schon damals für Südtirol engagiert. Und er war ein Reporter, dem das Abenteuer im Blut steckte. Die Südtirol-Expertin Viktoria Stadlmayer erinnert sich an einen Überraschungsbesuch ihres Freundes Hans Germani. Aus dem Bücherregal greift er sich Tolomeis "Archivio dell'Alto Adige", um seine Verteidigungsrede vorzubereiten. Denn sein Attentatsplan stand fest. Allerdings kam es dann doch nicht dazu. Hans Germani und sein Komplize Norbert Burger mußten in Brixen vorzeitig aufgeben. Dort kam ein Freund per Bahn mit leeren Händen an, ein weiterer Helfershelfer hatte den Sprengstoff zwar im Eisenbahnwaggon deponiert, den Grenzern am Brenner war das herrenlose Packerl jedoch aufgefallen. Der "Spiegel"-Journalist vertauscht die Schreibmaschine trotzdem mit dem Gewehr. Als er sich in Innsbruck zurückmeldete, war nämlich eben der russische Einmarsch in Ungarn am 26. Oktober 1956 publik geworden. Von den Straßenkämpfen in Budapest sollte Hans Germani schließlich schwer verletzt nach Wien heimkehren. Er hatte damals übrigens wie andere internationale Presseleute im Budapester Hotel "Dunai" die gleiche Adresse wie Fritz Molden, auch er hat sich auf abenteuerlichen Umwegen durchgeschlagen zurück nach Österreich.[146]

Countdown Feuernacht

"Südtirol nach der Stunde Null...", "Bozen gleicht einem Heerlager": so lesen sich die deprimierenden Februartage 1961 in den Titeln der Südtirolreportagen von Claus Gatterer:[147] "Mit der stolzen Erfolgsbilanz, es seien schon mehr als 60 Südtiroler festgenommen und zahllose Hausdurchsuchungen durchgeführt worden, täuscht man über das kriminalistische Manko hinweg... Die Staatsanwaltschaften kommen offenbar auch mit dem Schreiben nicht mehr nach. Die Befehle sind schäbige Wische, auf einem Halbbogen Durchschlagpapier

x-fach durchgeschrieben und oft kaum leserlich..." Selbst wenn nicht einmal der Name stimmt, werden Häuser und Wohnungen auf den Kopf gestellt. Von den Neofaschisten organisiert, Schülerkrawalle mit Slogans wie "Dinamitardi auf die Guillotine" und "Magnago an den Galgen". Massive Polizeieinheiten stehen im Einsatz.[148] Claus Gatterer versetzt sich auch in ihre Perspektive: "Polizisten in feldgrauer Uniform, den Stahlhelm auf den Tornister geschnallt, die Maschinenpistole vor der Brust baumelnd, schlottern vor Kälte..."[149]

Auch die politische Führung geht in Verteidigung. Noch am Tag des Waidbrucker Anschlags hatte die Polizei den Bozner SVP-Sitz ergebnislos durchwühlt. Die Beschwerde des SVP-Obmannes Silvius Magnago in Rom wird vom Ministerpräsidenten Amintore Fanfani abgekanzelt mit einem provozierenden Gegentelegramm.[150] Magnago kontert in einem offenen Brief: "Die SVP hat *immer öffentlich* jede illegale Tat und jeden *Gewaltakt* verurteilt, von welcher Seite solche immer kommen mögen. Ich bin in der Lage, Ihnen diesbezüglich mit einer ausführlichen Dokumentation aufzuwarten. Als *Obmann der Partei* bin ich immer mit *Energie eingeschritten,* wenn es den Anschein haben konnte, daß die Legalität gefährdet sei. Ich verweise auf den Fall von *Sigmunds-*

Soldaten bewachen das Kraftwerk von Kardaun. In den Sechziger Jahren standen alle wichtigen öffentlichen Einrichtungen unter militärischer Bewachung.

kron..."[151] Die Spirale ließ sich jedoch inzwischen schon nicht mehr zurückdrehen. Im urig-bäuerlichen Sarntal reißt eine nächtliche Explosion am 7. April 1961 ein Häufchen Italiener aus dem Schlaf. Die Arbeiterkolonie gehörte zu einem erst zwei Jahre alten E-Werk. Nur ein paar Fensterscheiben gingen kaputt. Doch auf der Wiese verstreut, handgeschriebene Flugblätter: "...wir kommen wieder. Italiener, laßt die Arbeitsplätze den Südtirolern..."[152] Nur etwa 14 Tage später verwüstet eine Bombe das Gastlokal eines Italieners im Unterlandler Ort Tramin.[153]

Das Klima war extrem gespannt, schon Monate vor der "Feuernacht" vom 12. Juni 1961 und deren blutigem Höhepunkt. Der Straßenwärter Giovanni Postal ahnte nichts von seinem späteren Schicksal,[154] als er zum ersten Mal an einem Montagmorgen im März 1961 eine riskante Entdeckung machte. An der Südtiroler Landesgrenze zum Trentino in der Nähe von Salurn sah er die "an einen dicken Baumstamm gebastelte Sprengladung (sie hätte den Baum quergelegt), eine nicht abgebrannte Zündschnur und den an die Mauer eines Geräteschuppens trotzig hingepinselten Satz: "Hier ist Südtirol!"[155] Der pflichtbewußte Straßenwärter tat, was ihm drei Monate später zum Verhängnis werden sollte: er sorgte dafür, daß das harmlos scheinende Paktl entfernt wurde. In jener Nacht zum 27. März 1961 hatten Josef Fontana und Jörg Pircher in der Bozner Reschenstraße und in der Meraner Karl-Wolf-Straße italienische Wohnhaus-Rohbauten gesprengt.[156]

Koch und Alfons Obermair, dem Vinschgauer Franz Muther, den beiden Meranern Siegfried Carli und Sepp Mitterhofer. Heinrich Klier, Kurt Welser, Helmuth Heuberger aus Innsbruck waren ebenfalls mit mehreren Leuten da, doch ohne Wolfgang Pfaundler, um das endlich wiederhergestellte Einvernehmen nicht neuerlich aufs Spiel zu setzen.[157] Die letzten Detailabsprachen erfolgen sachlich: die Woche wird fixiert, aus Sicherheitsgründen aber noch kein bestimmter Tag, der wurde erst 24 Stunden vorher festgesetzt. Diese allerletzte Entscheidung überließ man den Verbündeten in Innsbruck.

Sepp Mitterhofer hat in seinen schriftlichen Erinnerungen auch die Spannung festgehalten, hinter diesem professionellen Timing: "Es war uns wohl bewußt, daß diese Entscheidung schwerwiegend war, und daß sie möglicherweise viel Leid über uns und unsere Familien bringen würde. Sepp Kerschbaumer zitierte bei dieser Gelegenheit - sozusagen als Kampfparole - den Spruch von Kanonikus Michael Gamper: 'Wer um seine natürlichen und verbrieften Rechte kämpft, hat den Herrgott zum Bundesgenossen!' Es wurde beschlossen, ein Flugblatt mit diesem Spruch neben der Forderung nach Selbstbestimmung für Südtirol und einer Begründung der Anschläge an alle maßgeblichen Zeitungen und Politiker zu schicken. Ich möchte ausdrücklich betonen, daß kein Politiker anwesend war und daß ausgemacht wurde, keinem vorher etwas zu sagen. Wir Südtiroler jedenfalls haben uns daran gehalten..."[158]

Der Anschlag auf die einer italienischen Familie gehörende Bar Ferrari in Tramin am 16.4.61.

In dieser aufgeheizt-bedrückenden Atmosphäre läuft der Countdown für den "großen Schlag". Die Südtiroler um Sepp Kerschbaumer waren umgeschwenkt auf die von Innsbruck befürwortete Linie, es war keine leichte Entscheidung, beteuert Sepp Mitterhofer: bis sich Sepp Kerschbaumer dazu durchringen konnte, "des hat Wochen und Monate gedauert!" Das letzte entscheidende Treffen: Fronleichnam, 1. Juni 1961, in Zernez, aus Angst vor Spitzeln, auf neutralem Boden in der Schweiz. Sepp Kerschbaumer kam mit den beiden Boznern Martl

So wurden besonders gefährdete Masten nach den ersten Anschlägen "attentatssicher" gemacht.

Am 15. Juni 1961 zerstört eine Bombe das Auto eines italienischen Vertreters in der Bozner Sassari-Straße.

ELISABETH   BAUMGARTNER—HANS   MAYR

DIE FEUERNACHT

Herz-Jesu-Sonntag, 11. Juni 1961: Zeitpunkt und Kulisse waren perfekt gewählt. Auf Südtirols Bergen brannten die "Herz Jesu Feuer", die Stimmung: patriotisch-mythisch. Der Herz-Jesu-Schwur von 1796 geht zurück auf die Tiroler Freiheitskriege, der Tiroler Nationalheld Andreas Hofer begründete anno 1809 die Tradition dieses Landesfeiertags.[1] Doch auch strategisch hätten sich die Freiheitskämpfer von 1961 für ihren "Aufstand" kaum einen günstigeren Moment aussuchen können. Die Bergfeuer sind ein uralter Anziehungspunkt, in ihrem Schein sammeln sich die Menschen: für die Attentäter eine optimale Tarnung und zugleich ein ideales Alibi.[2] Die Sprengladungen waren meist schon Stunden vorher plaziert, bei Einbruch der Dunkelheit oder noch früher. Während der volkstümlich-romantische Stimmungshintergrund die Aufmerksamkeit auf sich zog, tickten die Timer, sie waren eingestellt auf jene Stunde X, die eingehen sollte in die Südtirolgeschichte, als "Feuernacht".

Über Bozen lag eine jener Juninächte, die drückend heiß bleiben, selbst um ein Uhr früh. Für die Redakteure der Tageszeitung "Dolomiten" war es allmählich Zeit, nachhause zu gehen. Ein erstes dumpfes Grollen, Friedl Volggers erster Gedanke: ein Gewitter! Dann, bereits deutlich auszumachen, Detonationen, eine nach der anderen. Die Redaktionsmannschaft eilt auf die Dachterrasse des Verlagshauses in der Bozner Museumstraße. Franz Berger, Redakteur und Redaktionsfotograf: "von dort aus konnten wir den ganzen Feuerzauber genau beobachten und verfolgen. Zuerst hat's in St. Georgen gekracht, bei Jenesien, und dann auf dem Virgl, im Überetsch und zugleich hat man auch fernere Detonationen vernommen. Man hat regelrechte Stichflammen aufsteigen sehen. Der Himmel hat in allen Tonarten aufgeleuchtet..."

Die Südtiroler Landeshauptstadt versinkt im Dunkel. Die Setzmaschinen stehen still, kein Licht, kein Strom. Das Telefon funktionierte zwar noch, trotzdem war es aussichtslos, die Polizeidienststellen anzuwählen, um Informationen einzuholen. Die Linien, pausenlos besetzt. Franz Berger startet seinen kleinen Fiat-500, an seiner Seite der in die Redaktion geeilte "Dolomiten"-Chef Toni Ebner. Ein erster Lokalaugenschein durch die stockfinstere Bozner Altstadt: "Man hat da und dort einen Polizeiwagen stehen gesehen, ansonsten waren die Straßen gespenstisch leer..." Nur vor dem Polizeihaupt-

quartier in der Bozner Dantestraße parkte ein größeres Aufgebot von Autos, erinnert sich Franz Berger. Der in der Kaserne verschanzte Polizeiapparat vermittelte fürs erste eher einen verschreckten Eindruck.

Angst und Panik dagegen, kaputte Fensterscheiben, Menschenansammlungen auf der Straße bis gegen drei Uhr früh, als es endlich still zu werden begann: Szenen aus Bozen-Oberau, einem typischen Italienerwohnviertel, in unmittelbarer Nachbarschaft der Bozner Industriezone. Die Augenzeugenberichte sprechen für sich, nachzulesen sind sie in der Lokalchronik ebenso wie in den großen italienischen Tageszeitungen, vom Mailänder Traditionsblatt "Corriere della Sera" bis zum kommunistischen Massenblatt "L'Unità". Die in Bozen lebenden Italiener wurden buchstäblich überrollt von diesem nächtlichen Alptraum, viele suchten Zuflucht beim nächsten Polizeiposten. Eineinhalb Stunden lang wechselten grelle Lichter mit undurchdringlicher Finsternis, die in sich zusammenfallenden Hochspannungskabel erzeugten riesige Stichflammen, in Oberau war es minutenlang taghell. Die Akustik besorgte den Rest: aus allen vier Tälern, die in Bozen zusammenstoßen, rollten die Explosionen an, in donnernden Wellen.[3]

Die Südtiroler Öffentlichkeit hatte da vielleicht schon eher ein vages Vorgefühl, daß etwas in der Luft lag, dennoch war man nicht gefaßt auf die plötzliche Sprengstoffwelle, schon gar nicht in diesem Ausmaß. Die Stimmung schwankte zwischen Spannung und ungläubigem Staunen. Die Familie von Alfons Benedikter, Schlüsselfigur der Südtiroler Sammelpartei seit der Stunde Null, wohnt unterhalb von Schloß Sigmundskron am Bozner "Kaiserberg", in unmittelbarer Nachbarschaft von Sepp Kerschbaumer: den Besitzer des kleinen Gemischtwarenladens im Überetscher Dorf Frangart kannte jedes Kind, und es war auch kein Geheimnis, daß im Gasthaus "Schenk" geheime Treffen stattfanden. Rudi Benedikter, heute kritisch engagierter Bozner Gemeinderat der Grünen, war damals ein achtjähriger Volksschüler. Selbst sein jüngerer Bruder Thomas, obwohl erst drei Jahre alt, erinnert sich noch an jene aufregende Nacht. Der Politikervater "Alfons" hatte seine Buben zweimal aus dem Bett geholt, einmal zu einem besonders brisanten Moment der Kubakrise, und einmal in der "Feuernacht": "kemmt's, kemmt's, schaugt's", erinnert sich Rudi: mit seinen zwei Brüdern war er ans Fenster gestürzt, genau in dem Moment, als wiederum "oaner von die Masten in die Luft geaht. Des haben mir direkt miterlebt..." Der erste Eindruck des damals Achtjährigen: Benommenheit, aber kein Gefühl von Bedrohung: "mir sein wie in an Logenplatz g'sessen, es war a gewisse Distanz da". Die nachträgliche Interpretation, daß die Bomben von damals Zünder waren für die heutige Autonomie, meint Rudi Benedikter: das habe man ja damals im unmittelbaren Geschehen nicht so erlebt. "Im Moment, von uns aus gesehen, ist das abgelaufen wie ein Film, aber in unmittelbarer Nähe !"

Bei nüchternem Tageslicht

Tags darauf, vor allem in Bozen und Umgebung, ein Bild der Verwüstung, und hautnah spürbar, die Gefahr. Nichtexplodierte Sprengladungen, und waren sie noch so vorsichtig plaziert, bedrohten Menschenleben. Die Titelseiten der Zeitungen melden den ersten Toten: der

Die Stelle, an der der Trentiner Straßenwärter Giovanni Postal bei Salurn durch eine Bombe getötet wurde, die er unvorsichtigerweise beseitigen wollte.

67jährige Straßenwärter Giovanni Postal, ein Trentiner, war eigentlich längst pensionsberechtigt und wollte demnächst seinen Ruhestand antreten. Die Sprengladung sollte einen Baum quer über die Straße legen und explodierte kurz nach 9 Uhr vormittag an der Landesgrenze bei Salurn.[4] Ob es ein tragischer Zufall war oder ob sich der Mann unvorsichtigerweise dem Baum genähert hatte, damit die Ladung wie schon einmal im März des gleichen Jahres 1961 entfernt würde, ist bis heute nicht erwiesen. Ebensowenig wurde je geklärt, wer nun wirklich verantwortlich war für diesen ungewollt tödlichen Anschlag, der schließlich allen Beteiligten an der "Feuernacht" kollektiv zur Last gelegt wurde.[5] Das strategische Ziel der tragischen Baum-Spreng-Aktion wurde ebenfalls verfehlt: es kam zu keiner Verkehrsblockade, denn bei Salurn wurde zwar ein Leitungsmast der Staatsbahn gesprengt, doch der fiel nicht auf die Gleise, sondern stürzte rücklings auf ein Feld.[6]

Nicht nur die Sonderberichterstatter der italienischen Presse stellen die kriminellen Risiken der "Feuernacht" in den Vordergrund, auch für die Südtiroler Tageszeitung "Dolomiten" ist zunächst das unkalkulierbare Gefahrenmoment Schwerpunkt in ihrer "Bilanz der verbrecherischen Sprengstoffanschläge": das tödliche Unglück bei Salurn war nicht der einzige lebensgefährlich-brenzlige Zwischenfall, bevor die Attentäter nach der "Feuernacht" im Schutz der Dunkelheit ein zweites Mal ausrückten, um nicht explodierte Ladungen nachträglich zu zünden oder zu entfernen.[7] Bei Sigmundskron zum Beispiel erlebte man die volle Wucht eines solchen Sprengstoffanschlags bei nüchternem Tageslicht, die Ladung an einem der "Kaiserberg-Masten" explodierte erst um 7 Uhr früh: "In ganz Frangart erzitterten die Häuser...Eine Frau, die gerade um jene Stunde aus dem Fenster schaute, sah am Fuße des Mastes das Aufblitzen einer grellen Stichflamme, worauf der Mast von dem Felsblock, auf dem er stand, mit großem Gedröhn und Gepolter vornüber den felsigen Hang hinabstürzte. Dabei rissen die Kabel und fielen quer über die Girlaner und Frangarter Straße. Einen wahrhaft guten Schutzengel hatte ein Mädchen, das in jenem Augenblick gerade mit dem Fahrrad die Girlaner Straße hinabfuhr, um sich ins Obstmagazin Kößler zur Arbeit zu begeben. Gerade als es an jener Stelle vorbeifuhr, erfolgte die Explosion. Wie durch ein Wunder blieb sie unverletzt."[8]

Dennoch war die "Feuernacht" bis auf eine einzige tragische Ausnahme ein unblutiger, aber spektakulärer Protest und daher, gemessen an der großen Zahl von Anschlägen, eine "technisch sehr große Leistung": so offen wie Friedl Volgger getrauen es sich Südtirols Politiker selbst heute kaum auszusprechen, geschweige denn damals. "An die vierzig Masten gesprengt oder beschädigt...", zieht die Südtiroler Tageszeitung "Dolomiten" eine erste Bilanz.[9] Allein im Bozner Talkessel an den Hängen und Hügeln rundum ein nahezu lückenloser Ring von Explosionen: auf dem Virgl, in Kampenn, bei der Haselburg, am Stallerhof, beim Kofler auf Ceslar in Sankt Georgen am Hang des Tschögglbergs, an den berühmten Rebenhügeln von St. Justina, auf dem Grumegg am Ritten, am Eingang des Sarntals vor der Kulisse der mittelalterlichen Burg Runkelstein, in Frangart, auf Sigmundskron und in unmittelbarer Nähe des bekannten Überetscher Weingutes "Marklhof". Auch die Talsohle war Schauplatz von Detonationen: in Bozen-Moritzing, bei Pfatten im Unterland und entlang der Bahnstrecke südlich von Bozen. Das E-Werk in Bozen-Sankt Anton wurde überhaupt lahmgelegt durch die Sprengung eines Wasserkondukts im Sarntal, der den Tanzbach in den Stollen zum Kraftwerk leitete.[10]

Ein zweiter Schwerpunkt war das Burggrafenamt bzw. der Raum Meran, mit Sprengungen in Meran-Sinich und Marling-Forst am Eingang des Vinschgaus, bei Vilpian im mittleren Etschtal und im Ultental. In Völlan bei Lana wurde ein gemauerter Nebenschacht des E-Werks beschädigt. Im übrigen Südtirol dagegen gab es nur ganz vereinzelte Sprengungen: im Pustertal bei Olang und im Tauferer Tal bei Kematen, hier stürzte ein für die Stromleitung wichtiger Mast. In Schlanders wurde ein Bauer, der am frühen Morgen seine Wiese wässerte, buchstäblich in letzter Minute aufmerksam auf die tödliche Gefahr, er hörte, leise, aber deutlich, das Ticken des Zeitzünders. Die Ladung wurde gerade noch rechtzeitig entschärft. Auch eine nachträglich explodierte Sprengladung in unmittelbarer Nähe eines Munitionsdepots in der Umgebung von Bozen endete glimpflich.[11] Ein Schock war dagegen die Sprengung eines Lieferautos in einem Bozner Arbeiterwohnviertel: der nächtliche Scherbenhagel regnete den Anrainern bis in die Betten.[12] Im Überetsch wurden bereits 24 Stunden nach der eigentlichen "Feuernacht" drei weitere, nicht-explodierte Ladungen nachgezündet: in Altenburg oberhalb des Kalterer Sees stürzten zwei gewaltige E-Maste auf eine Waldlichtung, am Mitterberg bei Kaltern lag ein ebensolcher Mast zertrümmert im felsigen Gelände. Die Fernleitung der staatlichen Montecatini-Werke in die norditalienischen Industriegebiete war schwer getroffen.[13]

Jeder hot sein Paktl schun hergrichtet ghobt

"In den Jahren vorher haben wir ja schon eingetragen wie die Hamster," beginnt der BAS-Mann Luis Gutmann seine Erzählung über die Feuernacht, bei der auch er in seinem Traminer Heimatort im Einsatz war. "Jeder hot sein Paktl schon hergrichtet gehobt und genau gewußt, welches Objekt er anzusteuern hat. Ich hab das alles vor Augen, wie wenn es heute wär," sagt Gutmann und fügt hinzu, "das ist mir ja sehr sehr nahe gegangen." Vier, fünf Tage vorher wurde ausgemacht, wer welche Masten sprengt, damit kein Durcheinander herauskommt. "Als dann aber ein Kalterer und ein Traminer BAS-Trupp trotz aller Verabredungen den gleichen Masten bei Altenburg sprengen wollen, wäre es fast zu einem Feuergefecht zwischen den beiden Gruppen gekommen. Denn zumindest in Tramin und Umgebung sind die BAS-Leute bewaffnet zu ihren Aktionen ausgerückt. "Freiwillig einfangen," sagt Luis Steinegger, ein anderer Traminer BAS-Mann, "das hätten wir uns nicht lassen." Mit dabei hatten die Sprengtrupps für alle Fälle auch einen Sack Pfeffer, der die Nasen der Suchhunde ausschaltete.

Im Unterland haben Hans Clementi aus Pinzon und Siegfried Loner, der als Laufbursch von Kerschbaumer viel unterwegs war, den einzelnen Ortsgruppen des BAS zwei Tage vor der Feuernacht Befehl und Losungswort zum Losschlagen überbracht. Dabei ist Clementi ein Fehler unterlaufen, denn zuerst hat er die Nacht vom 10. auf den 11. Juni angegeben, ist dann aber noch einmal zurückgekommen, um das Datum auf die drauffolgende Nacht zu korrigieren. Dies weiß der Kurtatscher BAS-Mann Luis Hauser zu berichten, denn diese plötzliche Botschaft hat ihn und seine BAS-Gruppe, die die älteste im Unterland war, in eine riesen Streßsituation gebracht. "Wir mußten ja das Herz-Jesu-Feuer vorbereiten, stöhnt Hauser noch heute und da hatten es die Kurtatscher besonders streng; ihr aus Fackeln gemachtes Feuerkreuz in einer Felswand oberhalb des Dorfes verlangte den ganzen Einsatz der BAS-Gruppe. Es sollte ja auch im ganzen Unterland zu sehen sein und gerade diesmal konnte und durfte man das Herz-Jesu-Feuer schon aus Alibigründen nicht ausfallen lassen.

Doch auch Luis Hauser hatte längst schon seine Paktln hergerichtet, auch wenn dann alles schiefgegangen ist, weil dem Kurtatscher Sprengtrupp ein Jäger in die Quere kam, der den Rückzug ratsam erscheinen ließ. Die Bomben mußten praktisch nur mehr scharf gemacht, das heißt, Zünder und Sprengkapseln miteinander verbunden und die Uhr eingestellt werden. Dies wurde aus Sicherheitsgründen immer erst im letzten Augenblick vor Ort gemacht. Denn erst wenn die Sprengkapsel angebracht und mit dem Zeitzünder verbunden war, war die Bombe eine Bombe.

In Tramin rückten insgesamt acht Mann aus, jeweils zwei Mann bildeten einen Sprengtrupp. Neben den Gebrüdern Gutmann waren vor allem Luis Steinegger, Oswald Kofler und die Gebrüder Thaler im Einsatz. Als sich der Partner von Luis Gutmann zur verabredeten Stunde nicht präsentiert, geht er allein, um seinen Masten im Traminer Moos zu laden. "Es war alles schon hergerichtet, daß ich die Sache mit wenigen Handgriffen hinter mich gebracht habe. Dann bin ich wie die anderen auch zu den Herz-Jesu-Feuern geeilt, denn wir sollten uns ja sehen lassen, um ein Alibi zu haben." Wie es sich dann später herausstellen wird, war die ganze Arbeit umsonst. Die Ladung beim Masten im Traminer

Moos ist nicht losgegangen.

Aber auch die anderen hatten Probleme. Luis Steinegger, einer, der noch vom Krieg her alles konnte, ärgert sich heute noch, daß die beiden Masten, die er mit Oswald Kofler sprengen wollte, nicht wie vorgesehen in die Luft gegangen sind.

"Die Zeitzünder haben versagt. das war fabrikneues Zeug aus Österreich, da kam so was öfters vor." Besonders tragisch hat sich das in Salurn ausgewirkt, wo der Straßenarbeiter Giovanni Postal die Bombe, die in der Nacht hätte hochgehen sollen, am nächsten Tag vom Grenzbaum herunterholte und dabei in die Luft ging.

Angesichts der Zündschwierigkeiten hieß es am nächsten Morgen wieder ausrücken. Die Bomben mußten entweder abgetragen oder mit der Zündschnur eigenhändig gezündet werden, das war die Alternative, die den BAS-Männern blieb. Beides höchst gefährliche Angelegenheiten. "Da ist man mit einem Fuß im Grab," meint Luis Gutmann, der seinen Masten im Traminer Moos nicht mehr angerührt hat. "Um noch einmal hinzugehen, da braucht es schon viel Überwindung," gibt er zu bedenken und meint: "Da war schon auch Angst mit im Spiel." Gutmanns Ladung haben dann andere abgetragen. "Diese besonders gefährlichen Angelegenheiten zu bereinigen, das wurde dann meist den Ledigen überlassen," so der Traminer BAS-Mann.

Luis Steinegger und Oswald Kofler hingegen haben ihre Masten am Morgen nach der Feuernacht eigenhändig gezündet. "Wir waren vielleicht 50 Meter im Wald

Einer der Zeitzünder, wie sie für die Anschläge der Feuernacht benützt wurden.

drinnen in Sicherheit, da hat es schon gekracht und auf uns ist ein Feuerregen niedergegangen", erzählt Steinegger.

Insgesamt hätten in ganz Südtirol ja mindestens doppelt so viele Masten hochgehen sollen als dann wirklich explodiert sind. Luis Hauser führt das Nichterreichen dieses Ziels zum Teil auf technische Mängel, zum Teil auch auf die ungenügende Ausbildung zurück: "Die Leute haben einfach zu wenig Gelegenheit gehabt, zu trainieren. Das war ja nicht wie beim Militär, die haben das Bombenlegen ruck-zuck lernen müssen. Ich hab eine ganze Reihe Kurse abgehalten und gesehen wie denen die Hände gezittert haben und wie das an die Nerven gegangen ist. Der Kerschbaumer z.B. hat immer wieder gesagt, das kann ich einfach nicht." Und in der Tat war er nicht der Mann fürs Sprengen.

Problematisch, das sagen sowohl Hauser als auch Steinegger, seien vor allem die Uhren der Marke Kienzle gewesen, die die BAS-Leute aus einer Kaserne in Österreich entwendet hatten und die zum Regulieren des Elektrozünders dienten. Sie hatten drei Dorne zum Ein- und Ausschalten. Ein Dorn hätte immer mit Wachs versiegelt sein müssen, um beim Ein- und Ausschalten der Uhr Fehler bzw. Verwechslungen zu vermeiden. Doch sei das lange nicht immer gemacht worden, weshalb es auch zu Verwechslungen kam. Der BAS-Mann Konrad Matuella aus Neumarkt z.B. ist Opfer einer solchen Verwechslung geworden. Ihm ist die Sprengkapsel beim Ausprobieren explodiert und hat ihn in der Bauchgegend erheblich verletzt. Es sei ein absoluter Glücksfall gewesen, daß es zu keinen schweren Unfällen gekommen ist, meint Luis Hauser rückblickend; denn "wie oft hab ich gesagt, da gehen welche in die Luft".

Neben den Elektrozündern samt Uhr hat man auch Säurezünder verwendet, die ebenfalls aus Österreich kamen. In einer Hülse aus Metall befand sich eine zweite Hülse aus Glas, die eine Säure enthielt. Diese Glashülse wurde zerdrückt, sie floß aus und zerstörte im Laufe einer gewissen Zeit den Rückhaltedraht, der mit einem Bolzen verbunden war. Wenn es sehr heiß war, ging dieser Prozeß schneller vonstatten. Kaum war der Draht von der Säure zerfressen, schoß der Bolzen mit Druck auf die Zündkapsel zu und die brachte die Bombe zur Explosion.

Auch Kirchenkerzen können eine Bombe zünden

Luis Hauser, der selbst solche Zünder gebaut hat, hadert trotzdem immer noch mit den Zündsystemen, die der BAS verwendet hat. Der Grund dafür liegt darin, daß die Zeitzünder und Sprengkapseln, von denen jede Gruppe im Unterland von Sepp Kerschbaumer eine gewisse Anzahl erhalten hatte, später dann beim Prozeß als belastendes Material eine große Rolle spielten.

Eine ganze Reihe Leute sind so aufgeflogen, klagt der Kurtatscher BAS-Mann und meint, das hätte man vermeiden können. Denn Hauser hatte ein eigenes, höchst originelles Zündverfahren entwickelt, das ihn als kleines technisches Genie des BAS ausweist. Er nahm nämlich nicht Zuflucht zu komplizierter und deshalb anfälliger Technologie; der Kurtatscher dachte gradlinig und einfach und das bedeutete im konkreten Fall, daß auch Kirchenkerzen eine Bombe zünden können.

Hauser hatte schon vorher im kirchlichen Ambiente, und zwar im Gewölbe der Friedhofskapelle von Kurtatsch ein großes Sprengstofflager errichtet, das nur durch das Dach erreichbar war. Das Kerzenlicht auf dem Friedhof und in der Kapelle, wo er jetzt öfters unterwegs war, dürfte den findigen Luis dann inspiriert haben. Denn er nahm zwei Kerzen und zwei Spritzmittelschachteln, in die er einige Luftlöcher für die Sauerstoffzufuhr bohrte. Die Kerzen wurden hineingestellt, fixiert und mit einer Teerschnur umwickelt, die andere Schachtel wurde darübergestülpt, dann wurde angezündet. Je nachdem wie weit unten oder oben die Teerschnur angebracht war, dauerte es länger oder weniger lang, bis die Teerschnur zu brennen anfing, die dann ihrerseits die Sprengkapsel entflammte und die Bombe zur Explosion brachte.

Doch das Zündsystem des Luis Hauser wurde vom BAS verworfen. "Ein großer Fehler," sagt er. Denn Friedhofskerzen konnte jeder im Hause stehen haben, ohne deshalb als Bombenleger in Verdacht zu geraten.

Dieses Zündsystem, sagt er, habe todsicher funktioniert. "In einem Stollen hab ich sogar einige Probesprengungen gemacht, um es zu kollaudieren." Überhaupt hat der Kurtatscher Tüftler viel ausprobiert. Angefangen hat Hauser mit Sprengstoff aus den Hagelraketen, die damals noch massenweise im Einsatz waren. Ein Zeug, mit dem man aber "leider nicht viel anfangen konnte. Da wär kein Masten gefallen" lautet sein vernichtendes Urteil. Für das eindeutig beste Material zum Mastensprengen hält Hauser die Gelatine. "Zwei Würstln Gelatine pro Hax, vier Haxn hat der Mast, das macht acht Würstln, das hat genügt. Die mußten schön angeschmiegt sein, einmal innen, einmal außen. Die Knallschnur rundherum und wo sie zusammengekommen ist, die Sprengkapsel; das hat den Masten abgeschnitten wie ein Schneidbrenner." Tritol, so Hauser, sei fürs Eisen nicht geeignet, das habe nur einen Riesenkrater gemacht. Mit dem könne man Brücken, aber keine Masten sprengen.

Soweit dieser Ausflug in die Bastelstube dieses bemerkenswerten Tüftlers, der dann wie alle Kurtatscher BAS-Mitglieder schwer gefoltert wurde. Eine 2.000-Watt-Quarzlampe hat ihm beim Carabinieriverhör ein Auge ausgetrocknet.

Im Unterland war am Herz-Jesu-Sonntag 1961 auch der Kurt Welser aus Innsbruck unterwegs, denn beim Luis

Gutmann in Tramin hat er eine kurze Verschnaufpause eingelegt. Wahrscheinlich hat der Welser von Salurn bis Bozen herauf ein bißchen mitgeholfen und überall dort eingegriffen, wo die BAS-Leute in Schwierigkeiten waren. Und Schwierigkeiten hat es gar einige gegeben. In Neumarkt zum Beispiel waren die zwei tüchtigsten Sprenger ausgefallen. Josef Fontana war bereits im Mai verhaftet worden und Konrad Matuella wurde von einer Sprengkapsel außer Betrieb gesetzt.

Doch auch in Bozen, sagt man, hätten die Innsbrucker nachgeholfen. Denn neben Welser haben sich zumindest noch der Schriftsteller Heinrich Klier und der Musikprofessor Günther Andergassen an diesem schönen, heißen Sonntag auf Ausflug diesseits des Brenners befunden. In der Tat haben die beiden Bozner Gruppen rund um die Landeshauptstadt insgesamt 17 Masten gesprengt und damit eine wahrlich erstaunliche Leistung vollbracht. Wenn drei davon auf das Konto der vollkommen autonom agierenden St. Antoner-Gruppe gehen, die aus Luis Thaler und den Brüdern Lorenz und Franz Riegler bestand, dann muß die Gruppe um Martl Koch, Luitfried Oberrauch und Alfons Obermair immerhin 14 Masten gesprengt haben. Auch wenn Luis Thaler meint, im Notfall könnte einer auch fünfe derpacken, wollen wir doch die Möglichkeit offenlassen, daß einige Bozner und Innsbrucker Bergsteiger mitgeholfen haben. Denn Martl Koch, der dann bei den Verhören rund 15 Masten auf sich genommen hat, mag ein tüchtiger Sprengmeister gewesen sein, aber daß er gleich mehr als ein Dutzend Masten in die Luft jagt, das geht doch etwas zu weit. Im übrigen wurden ihm immer schon beste Beziehungen nach Innsbruck nachgesagt und die Innsbrucker haben gerade an einem solchen Tag ihre Bozner Bergsteigerfreunde bestimmt nicht im Stich gelassen.

Das Kreuz mit der Geheimhaltung

Luis Steinegger, der Traminer BAS-Mann meint, der Anteil der Innsbrucker Gruppe sei auf vier Masten zu beziffern. Alle anderen gingen auf das Konto der Bozner, von denen "gar einige nie erwischt wurden". In BAS-Kreisen wird auch erzählt, die Innsbrucker seien gleich in einem Bus vorgefahren. Der BAS habe draußen einen Bus organisiert, der zusammen mit den Bombenlegern auch die Frauen, Kinder und Freunde zum Bummel nach Bozen mitbrachte. Und während der Papi am Nachmittag zu tun hatte und ein paar Masten aufsuchte, haben Mami und Kinder sich Bozen angeschaut und die Spaghetti genossen. Am Abend sind sie dann nach einem Glasl Wein gemeinsam wieder heim nach Innsbruck zurück gefahren und haben die Nachrichten aus dem südlichen Landesteil geharrt.

Interessant bei den beiden Bozner BAS-Gruppen ist, daß beide die längste Zeit nichts voneinander gewußt ha-

ben. Luis Thaler, der Verantwortliche der St. Antoner Gruppe betont, er habe immer auf strengste Geheimhaltung geachtet. Wenn er auch nur im entferntesten geahnt hätte, wie lax viele andere mit diesem für eine Untergrundbewegung fundamentalen Prinzip umgehen, hätte er nie mitgetan. Lange Zeit sind die St. Antoner mit dieser perfekt den Untergrundbedingungen angepaßten Linie auch gut gefahren. "Philipp" alias Kurt Welser war der einzige Verbindungsmann zum BAS. "Wir haben weder vom Sepp Kerschbaumer noch von sonst jemandem etwas gewußt," bestätigen sowohl Thaler als auch Riegler. Erst im Gefängnis habe man sich kennengelernt.

Franz Riegler erzählt, sein Bruder Lorenz sei damals oft im Haus von Jörg Pircher in Lana verkehrt, ohne daß die beiden jemals geahnt hätten, daß auch der andere ein Mitglied des BAS ist. Daß die St. Antoner trotzdem aufgeflogen sind, hängt damit zusammen, daß Kurt Welser vor der "Feuernacht" noch der Boden unter den Füßen zu heiß wurde und er dann den Job des Verbindungsmanns an Martl Koch weitergegeben hat, statt wiederum einen Innsbrucker zu nehmen. Ein schwerer Fehler, denn damit war die Verbindung hergestellt zwischen den beiden Bozner Gruppen, die niemals hätte hergestellt werden dürfen. Das Prinzip der Geheimhaltung war entscheidend verletzt worden. Koch wurde verhaftet, gefoltert und gab schließlich, obwohl er ein harter Mann war, die St. Antoner Gruppe an. Luis Thaler hat dieser Fehler immerhin sechs Jahre Gefängnis gekostet. Die Gebrüder Riegler saßen drei Jahre. Die St. Antoner-Gruppe wäre sonst wohl nie aufgeflogen.

Nach der Feuernacht, die der BAS mit letzter Kraftanstrengung und mit Hilfe von außen bewältigt hat, wäre anzunehmen gewesen, daß die Kämpfer nun ermattet von ihren Taten für eine Weile zumindest niedersinken würden. Doch gar manchem von ihnen ist angesichts der Mißerfolge der Polizeibehörden bei ihren ersten Fahndungsbemühungen und der vielen darniederliegenden Masten zunächst einmal der Kamm mächtig geschwollen. Sie wollten nun noch ein Scheit im Streit mit dem Staate dazulegen. Wenn wir die Masten gepackt haben, dachten sie sich, dann werden wir auch die Carabinieri derpacken. Luis Hauser sagt nur einen Satz: "Gott sei Dank haben sie uns rechtzeitig verhaftet."

Geplant war, die Bozner Industriezone lahmzulegen

Denn nach der Feuernacht, das bestätigt Hauser, war der Stern Kerschbaumers bei gar manchem Südtirolkämpfer im Sinken. War ihnen vorher die Volkspartei zu weich gewesen, so war jetzt der Kerschbaumer dran. Sein Prinzip, daß Menschenleben absolut geschont werden müßten, sollte nicht mehr unbedingt Geltung haben.

Die "Feuernacht" aus Sicht der Beteiligten schildert

auch Sepp Mitterhofer. Er war erst für einen späteren Anschlag eingeteilt, für den Unterhasler-Bauern aus Meran-Obermais war es ein ungewohnter "Spaziergang" in der Abenddämmerung jenes Herz-Jesu-Sonntags, unruhig und gespannt wartete er, daß "es schnöllt !" Was dann kam, hat er schriftlich festgehalten: insgesamt "flogen 47 Strommasten in die Luft. Geplant war, die Stromzufuhr zur Industriezone in Bozen - der Inbegriff der Italianisierung - zu unterbinden. Wären die Aluminiumöfen erkaltet, so hätten sie ausgetauscht werden müssen und das wäre ein Riesenschaden für den italienischen Staat gewesen. Leider fiel ein Mast nicht um...", die Bozner Stahlwerke und die Aluminiumwerke konnten ihre Hochöfen über den plötzlichen Stromengpaß hinüberretten.[14] Der Einsatzplan zur Lahmlegung der Bozner Industriezone war vorbereitet bis ins kleinste Detail, da habe jeder seinen Mast zugewiesen bekommen, während die Aktivisten im Raum Meran die Anschlagsziele weitgehend autonom auswählten, schildert Sepp Mitterhofer die Vorgeschichte der "Feuernacht".

Welches Gefahrenpotential eine Sprengaktion dieser Größenordnung mit sich brachte, war man sich dessen bewußt? Die Aufzeichnungen von Sepp Mitterhofer be-

Sepp Mitterhofer aus Obermais war als BAS-Mitglied maßgeblich an den Sprengungen im Raum Meran beteiligt. Nach seiner Verhaftung wurde er schwer mißhandelt.

antworten die Frage mit Ja, waren doch rund "100 Aktivisten mit Sprengstoff unterwegs. Es war sicher ein Glück, daß niemand dabei verletzt wurde. Es wurde auch immer darauf geachtet, daß Menschenleben nicht in Gefahr kamen".[15] Der tote Straßenwärter Giovanni Postal in Salurn, ein unglücklicher Zufall und keineswegs gewollt! , bedauern die überlebenden Zeitzeugen übereinstimmend.

Sepp Mitterhofer betont: bei der entscheidenen Nord-Südtiroler "Stabsbesprechung" am Fronleichnamstag 1. Juni 1961 in Zernez wurden ausschließlich Sprengungen von Elektromasten ausgemacht.

Und die Horrorvisionen in den Zeitungsmeldungen über die "Feuernacht" ?! Der Luis Amplatz zugeschriebene Versuch, die Rohrdruckleitung des E-Werks in Bozen-Kardaun zu sprengen, mit unkalkulierbaren Folgen für die darunter vorbeiführende Brennerstaatsstraße ? Oder eine Staudammkatastrophe bei Mühlwald, mit knapper Not verhindert, weil der Timer im letzten Moment entdeckt wurde?[16] Da gibt es allerdings eine Gegendarstellung, und die klingt glaubwürdig: dieser versuchte Anschlag im entlegenen Pustertal wurde damals an die Zeitungsredaktionen offenbar überdramatisch weitergespielt. Ausführende waren die "Pusterer Buam", so wurden sie später genannt. Mit Sepp Kerschbaumer hatten sie kaum Kontakt, das Signal zur "Feuernacht" bekamen sie von Kurt Welser, sagen Sepp Forer und Siegfried Steger rückblickend. Sie bestätigen zwar den Mühlwalder Anschlag als Aktion ihrer Gruppe, die von der Polizei entschärfte Sprengladung sei jedoch nicht am Fuße des Staudammes deponiert gewesen, sondern an einem Zuleitungsviadukt, wo nur Sachschaden entstanden wäre. Auch in einem polizeilichen Überblick über die Sprengstoffattentate ist die Rede von einem Anschlag bei Mühlwald im weitergefaßten Bereich Staudamm-Wasserviadukt. Parallel dazu, auch die Aktion von Jörg Pircher gegen die E-Werksanlagen Völlan bei Lana: auch dies eine "Einzelaktion", betont Sepp Mitterhofer. Aber nicht die Druckleitung war das Ziel, sondern ein harmloser Nebenschacht.[17]

Ein Überraschungsschlag

Der Wachrüttel-Effekt, den die "Feuernacht" erzielen sollte, wurde erreicht, Sepp Mitterhofer schildert seine ersten Eindrücke: "Am nächsten Tag war natürlich große Bestürzung unter der Bevölkerung, besonders der italienischen. Einige, wahrscheinlich jene mit schlechtem Gewissen, sollen sogar schon den Koffer gepackt haben. Die Meldungen überschlugen sich, vom Aufstand bis zu einem Krieg. Die Aufsichtsorgane wie Polizei und Carabinieri fielen aus allen Wolken. Der Geheimdienst hatte zwar einige Informationen erhalten, daß sich irgend etwas rühre, aber von diesem Schlag wurden sie total überrascht. Leute wie Josef Selm, Robert Henkelmann

In der Feuernacht gesprengte Kraftwerksleitung im Sarntal

und Anton Stötter hatten ihnen zwar einige Informationen überbracht, aber sie waren nur Randfiguren und wußten zum Glück nur wenig.

Sofort wurden von Oberitalien massenhaft Carabinieri, Polizei und Militär heraufbefördert, um bestimmte Objekte - wie faschistische Denkmäler, Kasernen, militärische Anlagen, Brücken, Elektrizitätswerke, staatliche Einrichtungen usw. zu bewachen. In der nächsten Zeit wurden wieder vereinzelt Anschläge verübt, zum Beispiel Ständer an der Bahnlinie Bozen-Meran und in Überetsch. Ansonsten tappte die Ermittlungsbehörde in völliger Dunkelheit, und deshalb herrschte auch gespannte, ja fast explosive Ruhe....'', zwischen den Zeilen Sepp Mitterhofers klingt in der Erinnerung so etwas an wie eine Vorahnung.[18]

Fürs erste war den Attentätern ein spektakulärer Schlag gelungen, und zwar völlig überraschend. Eingeschlagen hatte die ''Feuernacht'' auch in der internationalen Presse. Der Bozner ''Dolomiten''-Redakteur Franz Berger erinnert sich an die vielen Rückfragen aus dem benachbarten Ausland: ''oh ja, mein Gott, alle Tag hat das Telefon geschrillt !'' In der Pressenachlese der Südtiroler Tageszeitung zum Beispiel ein Schweizer Kommentar: ''Die Attentate haben überrascht.'' Nach dem zweiten österreichisch-italienischen Südtiroltreffen am 24. und 25. Mai 1961 in Klagenfurt ''schienen die Aussichten auf eine Kompromißlösung besser geworden zu sein. In Rom sah man das längere Ausbleiben von Attentaten vor dem 11. Juni als ein Symptom für eine derartige Entspannung...''[19] Die Südtiroler Untergrundbewegung, aber auch ein Teil der Südtiroler Bevölkerung hatte jedoch längst den Glauben verloren an eine Verhandlungslösung. ''Auf'n Verhandlungstisch weard ka Land mehr frei!'', bekräftigt Luis Hauser, Schmied in Kurtatsch, vor dem heutigen Hintergrund der Volksaufstände in Osteuropa: ''Damals waren mir ganz sicher die erschten, die sich richtig und offen gewehrt haben!'' Er gehört zum Lager der Selbstbestimmungs-Anhänger, hatte wegen der Attentate sechs Jahre im Gefängnis gesessen und hält mit seiner Enttäuschung nicht hinterm Berg: ''mir haben fest damit gerechnet, daß ins die Politiker nachgehen, denn die hätten ja ohne Risiko insern Weg gehen können ! Aber von die Politiker sein mir komplett in Stich gelassen worden !''

Die Gefühle schwankten also, zwischen längerfristigen Frustrationen und dem unmittelbaren Erfolgserlebnis: ''Da haben sie amal eppes zu kuien...!'', also einen ordentlichen Brocken zu schlucken, meint der Unterlandler Bauer Hans Clementi aus Pinzon auf die Frage, was ihm so durch den Kopf gegangen sei, unmittelbar nach der ''Feuernacht''. Hans Clementi gehörte zur Gruppe Unterland und war eng befreundet mit Sepp Kerschbaumer. Natürlich interessierte ihn auch, was nun wohl die Leute sagen. ''Man hat g'lost, man hat g'horcht, die oan haben gschumpfen, die oan haben g'sagt, aha, jetzt isch amol endlich eppes gewesen !'' Auch in Innsbruck sas-

sen jene, die eingeweiht waren, auf Nadeln: ''selbstverständlich war man ungeheuer in Spannung und hat gewartet, ob alle nachhause kommen oder nicht!'', gesteht Wolfgang Pfaundler, er wurde angerufen, natürlich nicht an seiner eigenen Telefonnummer. Und die Stimmung in Innsbruck am Tag der ''Feuernacht''? ''..selbst unter den Politikern sehr euphorisch!'' Was der als gut informiert geltende ''Dolomiten''-Redakteur Franz Berger aus Bozner Sicht sagt: ''den Südtirolern hat man es halt im ersten Moment nicht zugetraut!'', bestätigt Wolfgang Pfaundler auch als gängige Meinung in Innsbruck: ''daß Südtiroler des so organisieren können. Man hat immer wieder gesagt, das gibt es nicht, da müssen andere Leute dahinterstecken!''

Panik in der Südtiroler Sammelpartei

In Südtirol dagegen konnte keine Rede sein von Euphorie. Die offizielle Ablehnung der Attentate war einhellig, auf allen Linien. Die Südtiroler Volkspartei veröffentlicht sofort nach der ''Feuernacht'' ihr erstes Kommuniqué: ''Die Parteileitung hat in ihrer heutigen Sitzung nach den *schwerwiegenden Vorfällen* der letzten Nacht erneut mit aller Energie die erfolgten Sprengstoffanschläge auf das *Schärfste verurteilt...*''[20] Die Bischöfe von Brixen und Trient entsenden einen noch härteren Bannstrahl, man sehe sich veranlaßt, öffentlich zu erklären: ''...daß diese Anschläge nicht bloß vor dem weltlichen Gesetz, sondern auch vor Gott und dem Gewissen schwere Verbrechen und darum schärfstens zu verurteilen sind. Daß solche Anschläge ausgerechnet auch noch am Herz-Jesu-Sonntag...verübt wurden, verrät die ganz und gar unchristliche, niedrige Gesinnung dieser Attentäter''.[21] Und das Südtiroler Hausblatt ''Dolomiten'' bricht ebenfalls den Stab: ''Geschändetes Herz-Jesu-Fest'', so der Titel des von Toni Ebner verfaßten Kommentars, in dem der ''Dolomiten''-Chef gründlich abrechnet mit den Drahtziehern jedes noch so kleinsten Anschlags.[22]

Innenminister Mario Scelba zitiert den Südtiroler Landeshauptmann und SVP-Obmann Silvius Magnago mitsamt den SVP-Parlamentariern zu einem römischen Krisengipfel. Die SVP-Führung pocht auf die Versäumnisse Roms bei der Lösung des Südtirolproblems, nach Meinung der militanten Freiheitskämpfer hätte man die politischen Motive der Anschläge allerdings energischer und konsequenter verteidigen müssen. Die SVP-Delegation ersuchte den römischen Innenminister, die Bevölkerung zu schonen und abzusehen von politischen und polizeilichen Maßnahmen, die berechtigte Gegenreaktionen provozieren.[23] Die Südtiroler Sammelpartei argumentierte aus der Defensive, unter dem Druck des Polizeiterrors seit der ersten Anschlagswelle zu Beginn des Jahres 1961. Politisch hatte man keine andere Wahl als die klare Absage an jede Gewalt. Auch war die Süd-

Kontrahenten in schwierigen Zeiten: SVP-Obmann Silvius Magnago (oben) und der autoritäre Innenminister Mario Scelba (unten) bei seiner Rede vor Südtirols Bürgermeistern am 18. Juni 1961 in Bozen.

> ## Geschändetes Herz-Jesu-Fest
>
> Bozen, 12. Juni
>
> In althergebrachter Feierlichkeit hat das Volk von Südtirol den Herz-Jesu-Sonntag, das Fest des Bundesherrn, in Stadt und Land begangen. Eine besonders feierliche und tirolische Note ist diesem Feste heuer durch die Hissung der Landesfahnen auf den Dorfplätzen und Prozessionswegen gegeben worden. Das Bundeslied "Auf zum Schwur!" wurde in allen Kirchen zum Abschluß des Hochamtes von der ganzen Kirchengemeinschaft mit tiefer Inbrunst gesungen. Die Musikkapellen in ihren schönen Trachten trugen durch flottes Spiel zur Verschönerung des Festes bei. In den ersten Abendstunden loderten von allen Bergen, Hügeln und Anhöhen des Landes die Herz-Jesu-Feuer. Ein selten schöner und erhebender Tag war in echter Tiroler Tradition zu Ende gegangen.
>
> Dann kam - kurz nach Mitternacht - die Schändung des Herz-Jesu-Sonntages, des Festes des Bundesherrn unseres Volkes. Eine nicht abreißenwollende Kette von heftigen Explosionen erschütterte nicht nur das ganze Land, sondern noch mehr die Herzen des Volkes. Die im Verlaufe des heutigen Tages bekanntgewordenen Folgen und Schäden materieller Art sind erschreckend und ungeheuerlich.
>
> "Dolomiten"-Kommentar (Auszug)

tiroler Öffentlichkeit tatsächlich im Zweifel, ob nicht doch italienische Rechtsextremisten hinter den Anschlägen steckten?[24] Oder, wie selbst in Rom offiziell gemutmaßt wurde: ob es eine heiße Spur gab in die deutsche Bundesrepublik?![25] Dennoch waren die Südtiroler Vertreter nicht völlig ahnungslos, daß sich etwas zusammenbraute. Man mußte also damit rechnen, daß es Südtiroler waren, die von der SVP-Delegation in Rom angeschwärzt wurden mit der Unterstellung: "Diese Attentäter spekulieren nämlich auf etwaige Repressalien der italienischen Regierung gegen die deutschsprachige Minderheit und hoffen, daß die Bürger deutscher Zunge ihrerseits reagieren und daß somit der Topf zur Siedehitze gebracht wird".[26] Franz Widmann, Exponent des politisch-kämpferischen "Los-von-Trient"-Flügels räumt zum Beispiel rückblickend ein: "Wir haben uns total einschüchtern lassen !"

Grund für diese Panik war das Damoklesschwert einer drohenden Auflösung der Sammelpartei. Einen solchen parlamentarischen Antrag hatten die Neofaschisten bereits eingebracht nach den Anschlägen auf den "Aluminium-Duce" und gegen das Tolomei-Haus. Flugblätter, von Unbekannt gestreut, hatten damals den Anlaß geliefert für die polizeiliche Durchsuchung des Bozner SVP-Sitzes.[27] Man war also gezwungen, jedes Risiko zu meiden. Sepp Kerschbaumer war jedoch alles eher denn ein gewissenloser Guerillero, sein Verhält-

nis zur Sammelpartei war eher das eines loyalen Dissidenten. Politiker wurden bewußt nicht mithineingezogen, noch wurden sie bei den späteren Gerichtsverfahren je belastet.[28] Soweit SVP-Exponenten ins Vertrauen gezogen wurden wie Hans Dietl oder Peter Brugger,[29] stand außer Frage, daß sie die Partei nicht kompromittieren durften. Der SVP-Generalsekretär Hans Stanek wurde dennoch am 16. Juli 1961 verhaftet, so sehr er beteuerte, er hätte nichts zu tun mit den Flugblättern, die aufgetaucht waren bei einer in seiner Abwesenheit vorgenommenen Hausdurchsuchung.[30] In Nordtirol setzte zum Beispiel Wolfgang Pfaundler in Hans Stanek sehr großes Vertrauen: "ohne den Stanek hätt i nichts g'macht...", bekennt Pfaundler rückblickend. Daß der SVP-Generalsekretär als Sympathisant gelten konnte, war kein Geheimnis. Doch mehr als ein stummes Kopfnicken leistete er sich kaum, wenn davon gesprochen wurde, es müsse endlich in eine andere Richtung gehen, sagt zum Beispiel Sepp Innerhofer aus Schenna, und er bestätigt damit: auch die "Illegalen" nahmen das drohende Verbot der Sammelpartei: "nar fliag überhaupt all's !" und die Ängste der politischen Führung durchaus ernst.

Warten auf das Echo

Daß die "Feuernacht" strategisch und politisch "gezündet" hatte, dafür gab es in Südtirol zunächst nur indirekt aussagekräftige Rückmeldungen, zum Beispiel ein Protesttelegramm des Industriellenverbandes: "Der Verlust an Energieerzeugung durch die Anschläge beträgt rund 330.000 Kilowatt. Die Industrieanlagen in Bozen, die bei rund 10.000 Arbeiter beschäftigen, sind zu rund 80 Prozent stillgelegt..."[31] "Es sind fast durchwegs 'strategische Punkte' ausgeschaltet worden: Masten, die 'Kreuzungspunkte' der Hauptlinien im großen Überlandnetz bildeten. Viele der in die Luft geflogenen Hochspannungsträger standen überdies an schwer zugänglichen Stellen im Gebirge, so daß die Ersetzung oder Reparatur viele Wochen in Anspruch nehmen wird...", bestätigt ein Bericht der Deutschen Presseagentur.[32] Die angesehene Turiner Zeitung "La Stampa" schätzt den Schaden vorsichtig und über den Daumen gepeilt auf zwei Milliarden Lire. 700 Bozner Industriearbeiter mußten zwangsläufig pausieren, allerdings nur kurzfristig. Die Emotionen gingen dennoch hoch, der Schock saß tief.[33]

Im Chor der Entrüstung melden sich aber auch erste mahnende Stimmen zu Wort, wenn auch stark gefärbt durch den traditionellen römischen Parteienhader: das sozialistische Oppositions-Blatt "Avanti" beschuldigt die DC-Regierung: Rom trage Mitschuld an der Eskalation. In keiner Stadt Italiens würden so viele Faschistendenkmäler und so viele faschistische Symbole gehätschelt wie in Bozen. Und Bozen sei auch einsame Spitze für ehemals faschistische Staatsbeamte, die ungestört wie nirgendwo hinter ihren Schreibtischen sitzen bleiben

durften, allenfalls mit einem neuen Parteiausweis, als
brave DC-ler. Der Kommentar nimmt sich kein Blatt vor
den Mund mit seiner Frage an den christdemokratischen
Regierungschef Amintore Fanfani: hat man in Rom denn
nicht begriffen, daß es höchste Zeit sei, die Südtirolfrage zu lösen, eben weil die große Mehrheit der Südtiroler nicht mitgezogen hatte bei den Attentaten?![34]

Die "Feuernacht" war für die Beteiligten effektiv gefolgt von einer kalten Dusche nach der anderen. Für
Ernüchterung unter den Eingeweihten sorgte zunächst
die räumlich begrenzte Wirkung der Aktion. Aus weiten Teilen des Landes war das erwartete Echo ausge-
blieben. "Im Vinschgau ist nichts gewesen, im Pustertal
war net viel los und im Eisacktal überhaupt nix...", schildert Sepp Innerhofer aus Schenna die Enttäuschung.
Auch Sepp Mitterhofer, der dabei war bei den letzten
Feinabsprachen in Zernez, kann nur bestätigen: was zum
Beispiel im Vinschgau vereinbart war, hat nicht geklappt. Allerdings war dies nur ein demoralisierendes
Detail am Rande, gemessen am nicht zustandegekom-
menen politischen Mobilisierungseffekt. "Die oan haben g'sagt, des sein Draußige, die oan haben g'sagt,
des sein Kriminelle, der Bischof hat g'redt von die Kommunisten, mir sein kommunistische Handlanger...", das
Anliegen der "Feuernacht", meint Sepp Mitterhofer,
war der Südtiroler Bevölkerung fürs erste weder klar

Italienische Greuelpropaganda: Terror in Südtirol.

noch konnte die breite Öffentlichkeit damit etwas anfangen.

Genau diese Schwachstelle hatte ein Mann vorhergesagt,
der als politisches Schwergewicht gelten durfte, mit einer geheimnisumwitterten Rolle: bis heute weiß niemand
recht, ob es sich da um eine reine Eigeninitiative gehandelt hatte oder um einen Abgesandten in höherem
Auftrag.[35] Bei einem der Treffen auf Goyen bei Sepp
Innerhofer in Schenna war ein Herr angemeldet mit dem
Decknamen "Bergmann". Zeitpunkt: die zweite Jahres-
hälfte 1960, also nach dem Krach zwischen dem Südtiroler BAS und den Verbündeten in Innsbruck. Kurt
Welser, der den Südtirolern trotzdem die Treue hielt,
hatte vorgewarnt: möglicherweise ein Spitzel ! Von dem
Treffen mit "Bergmann" schlich sich also eine kleine
Abordnung weg zum Auto des Unbekannten. Ein Fen-
sterspalt stand offen, beim Anblick des Reisepasses,
Überraschung und Erleichterung: Hans Steinacher, pensionierter österreichischer Generalkonsul in Mailand[36]
- übrigens der erste nach dem Weltkrieg an dieser für
Südtirol wichtigen diplomatischen Schlüsselstelle. Kanonikus Michael Gamper habe in Wien um die Bestel-
lung dieses Wunschkandidaten ersucht, Steinacher wäre
nämlich nach dem Weltkrieg in Kärnten auch eine sichere Kandidatur offen gestanden für den Wiener Nationalrat, erinnert sich Friedl Volgger.

Hans Steinacher war 1918 herausragende Gestalt des
Kärntner Freiheitskampfes, später hatte er sich auch in
Oberschlesien und im Rheinland verdient gemacht als
Kämpfer für Volkstumsinteressen, meint Friedl Volg-
ger, wobei er betont: Hans Steinacher dachte zwar groß-
deutsch, aber wegen Meinungsverschiedenheiten wurde
der Bundesleiter des "Vereins für das Deutschtum im
Ausland" (VDA) in der Zeit von 1933 bis 1937 von den
Nazis abserviert. Auch der "Duce" soll sich übrigens
bei Adolf Hitler beklagt haben, weil unter der Leitung
Steinachers Spendengelder des VDA nach Südtirol flossen.[37] Von Hans Steinacher kam nun das Angebot, die
Südtiroler Untergrundbewegung neu und anders aufzubauen, auf zwei Schienen, einschließlich gezielter Öf-
fentlichkeitsarbeit. Konzept und Methode leuchteten ein,
bestätigen die Zeugen dieser Begegnung.[38] Aber die
dafür notwendigen zwei Jahre, so viel Zeit hatte man
nicht mehr. Die politische Lage hatte sich bereits so zu-
gespitzt, daß es für die Südtiroler Aktivisten keinen Zweifel gab: "in a paar Monat müassen mir losschlagen...!"[39]

Von den Südtirolern wurde die "Feuernacht" wohl verstanden als Zeichen des Protests, es blieb jedoch bei der
Solidarität einer schweigenden Mehrheit, mit gemischten Gefühlen. Das unkalkulierbare Risiko einer Eskalation des Terrors mochte ebenso abgeschreckt haben wie
existentielle Ängste. Das Gefühl der psychologisch-
wirtschaftlichen Verunsicherung griffen nicht nur die
italienischen Blätter auf, es wurde auch bestätigt und
verstärkt durch die warnenden Pressestimmen aus dem
deutschsprachigen Ausland. Die Attentatswelle platzte

mitten in den Auftakt der sommerlichen Urlauberwelle. Die Fremdenverkehrskreise mitsamt ihren wirtschaftlichen Trabanten bangten um die Hochsaison. Nach der "Feuernacht" ticken "Front"- Berichte über die Fernschreiber, die mächtige Deutsche Presseagentur zum Beispiel meldet aus dem Lieblings-Urlaubsland von Millionen Deutschen, daß "die wachsende Unsicherheit in Südtirol die Touristen zu erschrecken beginnt. An den letzten beiden Tagen hat bereits eine nicht unerhebliche Zahl von Sommergästen die Koffer gepackt mit der Bemerkung, daß sie ruhigere Gegenden vorziehen. Die Stimmung der Hoteliers und Gastwirte spiegelt sich in einer Protesterklärung des Provinzial-Fremdenverkehrsverbandes. 'Unermeßlicher Schaden' drohe dem Fremdenverkehr, so heißt es in der Erklärung, durch die Gewaltakte".[40]

Kaum eine Woche nach der Feuernacht spiegelt sich in den Schlagzeilen der internationalen Presse tatsächlich ein gespenstisches Bild: "Polizeiregime in Südtirol", "15.000 Mann auf Wacht gegen 200 "Dinamitardi", praktisch herrschte der Ausnahmezustand. Militärflugzeuge und Polizeihubschrauber donnerten pausenlos am Himmel, an den Bahnlinien standen alle 150 bis 200 Meter Doppelposten in voller Kriegsausrüstung, mit aufgepflanzten Bajonetten, Sturmgewehr oder Maschinenpistolen. Der nach Südtirol beorderte Polizeigeneralinspektor Vincenzo Agnesina hatte sich einquartiert im Bozner Nobelhotel "Greif", immer wieder feuerten seine Truppen blindlings auf nächtliche "Schatten".[41] Nicht nur die österreichische Presse reagiert schockiert. Im deutschen Nachrichtenmagazin "Spiegel" liefert dieser Sommer-"Krieg"noch Jahre später für Südtirolreportagen ein deftiges Kolorit: verbarrikadiert hinter Sandsäcken und Stacheldraht, Massen von Soldaten, auf der Lauer mit entsicherten Gewehren. Scharen von Süditalienern waren in Südtirols Bergen zusammengezogen worden, in dieser vollkommen ungewohnten Umgebung kam es daher immer wieder zu Panikreaktionen. Das Klima war zum Zerreißen gespannt, mochte der "Spiegel"-Reporter vielleicht auch etwas dick aufgetragen haben mit seiner Story, daß der Kommandant seine Mannen schließlich nachts in die Unterkünfte einsperrte: weil die bergunerfahrenen Soldaten nicht wußten, daß Gletscher knacken und daher "nach jedem Gletschergeräusch minutenlang das Sperrfeuer auf die Eismassen eröffnet hatten..."[42]

Die Libanon-Kulisse stärkte das politische Schutzbedürfnis. Die Südtiroler stehen weiterhin geschlossen hinter der Sammelpartei, obwohl die außerordentliche Landesversammlung am 19. Juni 1961 bereits überschattet war von den ersten unschuldigen Opfern des einsetzenden Polizeiterrors. Sepp Locher, ein junger Sarner Bauer, war in einer Materialseilbahn totgeschossen worden, weil die italienischen Wachposten nicht begriffen, daß er von der Förderkiste aus gar keine Möglichkeit hatte, das Vehikel zu stoppen. Ein zweites Todesopfer forderte die

Panik der italienischen Sicherheitskräfte in Mals, auch Hubert Sprenger war blutjung.[43] Der SVP-Obmann Silvius Magnago setzt den hochkommenden Emotionen und Rufen nach dem Selbstbestimmungsrecht jedoch Argumente entgegen: Gewalt "widerspricht unserer katholischen Einstellung und ist mit unserem Gewissen unvereinbar", "Haß erzeugt nur wieder Haß", und Südtirol dürfe die Sympathien der freien Welt nicht aufs Spiel setzen, denn die Vereinten Nationen blieben die letzte Hoffnung auf eine politische Lösung. Die zweite UNO-Befassung zur Durchsetzung der Südtirolautonomie zeichnete sich bereits ab, schon bevor dann wenige Tage später das dritte österreichisch-italienische Außenministertreffen in Zürich am 24. Juni 1961 endete wie vorherzusehen, nämlich mit einem neuerlichen Tiefpunkt.[44]

Politischer Klimasturz

Das Klima hatte sich indessen auch in Innsbruck radikal abgekühlt. Die österreichische Südtirolexpertin und Leiterin des Südtirol-Referats der Tiroler Landesregierung, Viktoria Stadlmayer, war gerade erst provisorisch auf freien Fuß gesetzt worden, nach 42 Tagen U-Haft im Bozner Gefängnis. Das Gefängnistor öffnete sich für die angesehene Landesbeamtin am Samstagnachmittag, 10. Juni 1961, nur wenige Stunden vor der am Herz-Jesu-Sonntag losbrechenden "Feuernacht".[45] Für die Tiroler Landesregierung war es ein harter und schockierender Wochenanfang, mit Krisensitzungen und Beratungen. Das Lager der Südtirolfreunde in Innsbruck hatte sich schlagartig polarisiert: die einen mit Landeshauptmann Hans Tschiggfrey an der Spitze wollten ausschließlich nur noch helfen, während Landesrat Aloys Oberhammer und der harte Kern "quasi noch die alte Grundlinie beibehielten und sich da sehr isoliert haben...", erinnert sich Frau Stadlmayer. Als Landesrat war Oberhammer ihr Chef, ein "sehr leidenschaftlicher, kolossal sympathischer Mensch", eben deshalb aber zu impulsiv für einen Politiker. Für seine Gradlinigkeit hat Aloys Oberhammer schließlich mit beiden Ämtern bezahlt, als Landesrat und als Tiroler ÖVP-Chef, und zwar noch im gleichen Sommer.

Ludwig Steiner, Staatssekretär im Wiener Außenministerium, war auf der Fahrt in den Urlaub nach Südfrankreich, als sein Auto an der Grenze Walserberg gestoppt - und er nach Innsbruck beordert wurde, zu einer Sitzung des Parteivorstandes. Brisanter Grund: ein Oberhammer-Interview an Hans Benedict, mit einer Solidaritätserklärung für die Sprengstoffaktionen. Ein Dementi lehnte Oberhammer ab, also blieb nur die Demission. Denn Staatssekretär Steiner konnte die heikle Frage nur mit Ja beantworten, Oberhammers Äußerungen schadeten den laufenden Verhandlungen mit Italien. Wien zögerte nicht mit der von Italien erwarteten klaren Ablehnung von Gewalt. Hat Außenminister Kreis-

Die Leiterin des Südtirol-Referats in der Tiroler Landesregierung Viktoria Stadlmayer verläßt das Bozner Gefängnis nach mehrwöchiger Haft in Begleitung des österreichischen Generalkonsuls in Mailand und ihres Rechtsanwaltes Roland Riz.

ky seinen engsten Mitarbeitern anvertraut, daß er sich auch ein persönliches Bild gemacht hatte von Georg Klotz und dem BAS-Chef Sepp Kerschbaumer ? "Nein, sicherlich nicht...", meint der damalige Staatssekretär Ludwig Steiner, doch: "man hat natürlich gefühlt, daß da irgendwelche Kontakte gewesen sein müssen". Konträr dazu allerdings Kreiskys Haltung in der Bundesregierung, da habe der Außenminister Maßnahmen wie verschärfte Grenzkontrollen und Grenzeinsatz des Bundesheeres ja "nicht nur voll mitgetragen, sondern auch mit vorgeschlagen".

Die "Feuernacht" hatte Österreich politisch ins Schußfeld gerückt, denn Italien stand unter doppeltem Zugzwang: der explosive Unruheherd Südtirol war nicht nur ein internes Sicherheitsproblem, auch außenpolitisch fürchtete Rom das Schreckgespenst einer zweiten Einschaltung der Vereinten Nationen. Der italienische UNO-Botschafter Egidio Ortona notiert in seinen Memoiren, Rom sei sogar schon 1960 kopfscheu geworden, in der Kongokrise, aus Angst, auch in Südtirol könnten UNO-Truppen einmarschieren.[46] Als sich die Südtiroler Sprengstoffszene im Sommer 1961 radikal hochschaukelt, reagiert Rom mit einem formellen Protest: auch Wien sei mitverantwortlich![47] Einmal abgesehen von der politischen Schadensbegrenzung hatte die Wiener Außenpolitik aber noch weiterreichende Sorgen, erinnert sich Ludwig Steiner: man fürchtete, die Aktivitäten könnten von italienischer Seite "bewußt toleriert oder vielleicht sogar ein bißchen angeblasen werden, damit hier ein Grund zum Eingreifen besteht". Die Repression kam prompt. Schon damals kursierten aber auch Nachrichten, meint Steiner, daß "irgendwelche Geheimdienste mitmischen", auch jene aus dem Osten. Die Eskalation des Terrors arbeitete gegen Südtirol.

Der Anfang vom Ende

Die Südtiroler hatten bald keine Kontrolle mehr über die schweren Attentate, die von Unbekannten ausgeführt wurden. Auf Flugblättern heißt es zwar "wir Südtiroler...", doch der darauf abgedruckte rote Adler war nicht das Zeichen des Südtiroler BAS und auch die Handschrift der Anschläge war um einiges brutaler geworden. Ein neuer unheimlicher Höhepunkt wurde erreicht mit einer ganzen Serie von Anschlägen gegen die wichtigsten Bahnlinien, die Italien mit Mittel- und Nordeuropa verbinden: Schlag auf Schlag wurden Brennerbahn, Gotthardbahn und Simplonbahn lahmgelegt. Das Verkehrschaos in jener Nacht vom 10. auf den 11. Juli 1961, also mitten in der Hauptreisezeit, begann kurz vor Mitternacht an der Brennerbahnstrecke im Abschnitt Trient-Verona. Die Lok des Brenner-Rom-Expreß rammte einen gestürzten Mast, der Gegenzug Rom-München wurde gerade noch rechtzeitig gestoppt. Die Zeitungen berichten von einer nur mit knapper Not verhinderten Eisenbahnkatastrophe und von Panikreaktionen. In unmittelbarer Nähe des Simplontunnels, ein weiterer schwerer Anschlag, auch die dritte Linie über den Gotthard steht schließlich still, als zwischen Mailand und Chiasso die Oberleitung in die Luft fliegt.[48] Italien kontert: innerhalb weniger Stunden wird für Österreicher die Visumpflicht eingeführt, das Chaos an den Grenzen und in den Reisebüros war perfekt.[49]

Und in Südtirol? Wie sollte es nun weitergehen? Trotz des massiven Polizeiaufgebotes hatte sich der kleine Kreis um Sepp Kerschbaumer noch einmal zusammengesetzt: im gut versteckten Sommerfrischquartier von Sepp Mitterhofer, beim "Taser" oberhalb von Schenna, am 2. Juli 1961. Für die Innsbrucker Gruppe mit dabei: Dr. Helmuth Heuberger.[50] Von österreichischer Seite angedeutet, von Sepp Kerschbaumer und den Südtiroler Vertretern dagegen abgelehnt: eine Ausdehnung der Attentate auf den oberitalienischen Raum, im Raum Verona-Brescia-Mailand, zielgerichtet auf Bahnen, Einreise über die Schweiz, erinnert sich Sepp Innerhofer an jene Gespräche über Ideen, die offen blieben. Schemenhaft, eine neue Dimension des Terrors: ob die Attentatswelle gegen Italiens internationale Bahnverbin-

dungen in der Nacht auf den 11. Juli 1961 tatsächlich auf dieses Konto ging, welche und ob überhaupt österreichische Gruppierungen dahintersteckten, haben die Südtiroler nie erfahren. Es blieb "die letzte Zusammenkunft dieser Art...", erinnert sich Sepp Mitterhofer an das Treffen im Gasthof "Taser". Zwar gab es auch für die Zeit nach der "Feuernacht" eine vorausgeplante Strategie: in Südtirol sollten weitere, wenn auch kleinere Sprengstoffwellen folgen. Nur eine einzige solche Aktion ging sich noch aus, die sogenannte "kleine Feuernacht" vom 12. auf den 13. Juli 1961. "Eine neue Serie von Attentaten, sieben Hochspannungsmasten teils zerstört...", "Lage in Südtirol weiter verschärft, SVP-Politiker von Ausweisung bedroht", so die Titel der Südtiroler Tageszeitung und der Wiener "Presse" in ihren Freitags-Ausgaben.[51]

Schon die Sonntagsausgabe des Wiener Blattes meldet: "Massenverhaftungen überall in Südtirol"![52] Die "Aktion 'Anti-Dinamitardi' begann im Morgengrauen", und zwar, wie sich herausstellen sollte, bereits in der Morgendämmerung des 10. Juli 1961: Franz Muther aus Laas wird als erster abgeholt, zunächst unter strenger Geheimhaltung. Erst Tage später werden die Medien eingeschaltet, da ist die Groß-Razzia bereits voll im Rollen.[53] Die Südtiroler hatten erstmals in der Samstagzeitung gelesen von Sprengstoffunden und Verhaftungen. Sepp Mitterhofer war an jenem Vormittag des 15. Juli 1961 noch zusammengetroffen mit Siegfried Carli: beide hatten Fluchtpläne. "Ihm ist es gelungen, mir nicht", Sepp Mitterhofer hat in seinen Aufzeichnungen festgehalten, wie sich dieser Samstag abspielte: "Ich hatte schon alles Notwendige zusammengepackt, um abzuhauen, ich habe dann noch etwas gegessen. Plötzlich waren sie da: ein großer, breiter, muskulöser Typ namens Pozzer, ein berüchtigter Schläger in Meran, kam bei der Tür herein und forderte mich auf, mitzukommen. Ich fragte, ob ich nicht einen anderen Rock anziehen dürfte. Ich hatte nämlich einen belastenden Brief in der Tasche. Ich ging wohl etwas zu schnell bei der hinteren Tür hinaus, denn ich spürte sofort eine Faust im Nacken, die mich zurückholte. Sie waren zu viert gekommen, da hatte ich keine Chance".[54]

In seinen Aufzeichnungen schildert Sepp Mitterhofer auch den Anfang vom Ende: ins Rollen gebracht hatte die Verhaftungswelle ein versuchter Anschlag am 9. Juli 1961 auf das Auto von Benno Steiner in Meran. Der Journalist war vorsichtig genug, er kontrollierte sein Auto, bevor er den Zündschlüssel ansteckte. Beim Öffnen der Motorhaube entdeckte er die tödliche Falle: zwei Kilo Sprengstoff hätten ihn erwartet, berichtete damals die Zeitung.[55] Auch dieser Attentatsplan stand in krassem Gegensatz zum Prinzip, Menschenleben zu schonen. Genau diesen Standpunkt habe Sepp Kerschbaumer vertreten, die Vertreter des Südtiroler BAS hätten beim letzten Treffen von Anfang Juli 1961 entschieden abgewinkt, als die Rede kam auf den Anschlag gegen Benno Steiner, betont Sepp Innerhofer. Ob es tatsächlich Kurt Welser war, dem das Attentat zugeschrieben wird, bleibt offen. Sepp Mitterhofer bestätigt: ausgemacht war nichts, auch wenn beim "Taser" die Rede war von Steiner. Der Attentatsversuch sei eine Innsbrucker Initiative gewesen, sagen die beiden Südtiroler Zeitzeugen.

Die Auswirkungen hatte man jedenfalls nicht vorausgeahnt. Warum der Journalist ein rotes Tuch und daher potentiell ein Motiv war, schildert Sepp Mitterhofer in seinen Aufzeichnungen: Benno Steiner "war Redakteur beim 'Alto Adige', schrieb für diese italienische Bozner Tageszeitung gehässige Artikel im deutschen Blatt und stand im Ruf, ein Spitzel zu sein. Steiner war 1956 mit Jörg Klotz bei Franz Muther in Laas, um zusammen eine Oppositionspartei 'Tiroler Adler' aufzubauen. Dabei wurde auch so nebenbei von eventuellen Anschlägen gesprochen". Nach dem versuchten Attentat "lenkte Benno Steiner die Polizei auf die Spur von Franz Muther, und damit nahm das Verhängnis seinen Anfang. Wie eine Lawine kam es vom Vinschgau herunter, durch's Etschtal hinunter bis Salurn, hinaus ins Eisacktal und ins Pustertal..."[56]

"Die Opfer, im Verhältnis zu hoch..."

"Verhaftungswelle..., insgesamt 'drin': 60 bis 70 Personen. Nur zwei Geständnisse? Neue Dynamitfunde bekannt gegeben", die Südtiroler Tageszeitung versieht die Erfolgssträhne der Polizei zunächst nur vorsichtig mit einem Fragezeichen.[57] Die deutsche Auslandspresse ist da schon deutlicher: erste Anlaufstelle ist Innsbruck für die Schreckensberichte aus Südtirol über "brutalste Verhörmethoden der italienischen Polizei..."[58] Die nun einsetzende Solidarität der Bevölkerung haben die Südtiroler Aktivisten und Sympathisanten des "Freiheitskampfes" teuer bezahlt, mit Terror und Folter. Nicht nur die erklärte Gegnerin von Bomben Viktoria Stadlmayer, sondern auch Sepp Mitterhofer meint, obwohl aus voller Überzeugung an vorderster Front beteiligt: "die Opfer waren im Verhältnis viel zu hoch!"[59] Zu den eigentlichen Aktivisten gehörte ja nur eine sehr kleine Gruppe der BAS-Anhänger, die weitaus überwiegende Mehrheit hatte keinen einzigen Mast gesprengt, sondern vor allem Sprengstoff versteckt. Die Gesamtmenge läßt sich heute nur noch vorsichtig schätzen. Mehrere Tonnen jedenfalls, meint Luis Gutmann aus Tramin.[60] Sepp Mitterhofer, einer der wichtigen Verteiler, bestätigt zwar: "durch meine Hand sind einige Zentner gegangen", doch schränkt er ein: einschließlich der aufgeflogenen und nicht mehr benützten Depots lagerten in Südtirol höchstens zwei bis drei Tonnen. Die Sprengstofflager mußte man aus Sicherheitsgründen möglichst kapillar anlegen. Diese an sich richtige Strategie hatte freilich einen hohen Preis, nämlich eine viel zu hohe Zahl von Mitwissern. Viele waren nur am Rande eingeweiht, hochgegangen sind sie trotzdem.

Das relativ breite Umfeld dieser Untergrundbewegung auf einer fast familiären Basis des dörflichen Sich-Kennens und gegenseitigem Sich-Aushelfens, unter dem unerwarteten Druck der Folter war dies die verhängnisvollste Schwachstelle.

Erst viel später zeigte sich, was Friedl Volgger, also ein großer alter Mann der Südtirolpolitik, aus heutiger Sicht unterstreicht: "Die UNO-Entschließungen allein wären zu wenig gewesen. Die Wende in Südtirol hat die Feuernacht eingeleitet. Denn nun sind die Westmächte aufgeschreckt! Der englische Generalkonsul hat mich damals von Innsbruck aus sofort aufgesucht, man fürchtete eine Revolution an der Grenze. Und auch die Italiener waren sehr, sehr beeindruckt. Während der ganzen Zeit des Faschismus hat kein Faschist von einem Südtiroler je eine Ohrfeige gekriegt, mir wäre nichts dergleichen bekannt. Und plötzlich knallts links und rechts und oben und unten. Innenminister Scelba hat damals schon einen Wink erhalten, von überall her. Erst unter diesem Druck reagierte Italien mit der Einsetzung der 19er-Kommission, und das war der Anfang des heutigen Südtirolpakets..."

Erstmals hatte sich Rom damals mit den Südtirolern in Bozen zu Direktverhandlungen an einen Tisch gesetzt. Vom Start der 19er-Kommission ab 1. September 1961 haben die Südtiroler Häftlinge freilich wenig mitbekommen. Für sie war das Unternehmen "Feuernacht" ein Sprung ins Ungewisse. Eines hatten die Innsbrucker Verbündeten aber versprochen, erinnert sich Sepp Mitterhofer an das letzte entscheidende Vortreffen in Zernez am 1. Juni 1961: im Falle von Verhaftungen, humanitäre Hilfen aus Österreich, "und dies wurde auch eingehalten!"[61] Friedl Volgger bestätigt: aus einem Solidaritätsfonds wurden Häftlingsfamilien unterstützt und die Anwälte bezahlt, die Gelder dafür kamen vor allem aus Österreich.[62]
Verständnisvoll gezeigt habe sich dabei übrigens der damalige Chef der Politischen Polizei in Bozen, Giovanni Peternel, der von den jüngsten Sprengstoffermittlungen mitbetroffen ist, nachdem er zugegeben hat, er sei eingeweiht gewesen, daß die italienische Polizei den Österreicher Christian Kerbler als Agenten angeheuert hätte, um den Südtirolaktivisten Luis Amplatz auszuschalten.[63] In den frühen Sechzigerjahren, erinnert sich Volgger, habe er gegenüber dem Polizeichef Peternel für die Häftlings-Hilfsaktion die Alleinverantwortung übernommen, die Verteilung der Gelder sei daraufhin nicht mehr behindert worden.
Auch der damalige Wiener Staatssekretär für Äußeres Ludwig Steiner versichert: man habe klar unterschieden, eines war die Verurteilung von Gewalt, und etwas anderes war das daraus entstandene menschliche Elend. Da mußte man alles tun zur Unterstützung der Betroffenen, den guten Glauben habe man ihnen ja nicht abgesprochen. Also offizielle Gelder? "Wir haben seinerzeit vereinbart, darüber nichts zu reden".

Straßensperren und strenge Kontrollen gehörten in den Sechziger Jahren bei Tag und Nacht zum täglichen Bild.

GERHARD MUMELTER

SCHREIE AUS DER KASERNE

REPRESSION UND FOLTER ZU BEGINN DER SECHZIGER JAHRE

Wir packten ein großes, weißes Leintuch in den Rucksack. Es war ein grüner Rucksack aus grobem, reißfestem Stoff, den uns die Großmutter genäht hatte. Ein paar Wurstbrote packten wir dazu und etwas zum Trinken. Dann gings am Sonntagnachmittag auf den Kalvarienberg. Etwas unterhalb der Kirche entfalteten wir nicht ohne Aufregung das Leintuch. Den Blick hielten wir dabei auf ein Zellenfenster in der grauen Gefängniswand gerichtet, die vielleicht 300 Meter entfernt lag. Als der Kopf unseres Vaters am vergitterten Fenster erschien, winkten wir. Mit einem Arm hielt er das Gitter umklammert, mit dem anderen winkte er uns zu. Mit dem Fernglas holten wir ihn näher zu uns her. Für uns Kinder waren diese Aktionen aufregend, da sie den Anstrich des Illegalen hatten.

Noch aufregender aber waren die Gefängnisbesuche. Zuerst der Namensaufruf vor der verschlossenen Metalltür. Die gewohnten Probleme der Uniformierten mit Namen wie Schwingshackl und Kerschbaumer. Dann wurden Türen und Gitter auf- und hinter uns wieder zugesperrt. Wir nahmen an einem langen schmierigen Blechtisch Platz. Endlich wurden die Häftlinge hereingeführt. Frauen wurden umarmt, Kinder zur Begrüßung auf den Tisch gehoben. Der rundliche kalabresische Wärter sah verständnisvoll weg, als verbotene Botschaften ausgetauscht wurden. Mein Vater hatte sie seitenweise auf Toilettenpapier geschrieben und sorgfältig zu kleinen Röllchen gedreht. Sie enthielten detaillierte Anweisungen für meine Mutter. Ich war bei diesen Besuchen meistens hin- und hergerissen zwischen der Anteilnahme für das, was mein Vater erzählte, und das, was sonst noch im Besuchsraum vorging.

Einer knöpfte sein Hemd auf und zeigte seiner Frau die Brandmale von Zigaretten auf seiner Haut. Die Schilderungen der Häftlinge überstiegen mein damaliges Vorstellungsvermögen. Heute noch ist mir jenes Gefühl der Ohnmacht und des Ausgeliefert-Seins im Bewußtsein, das damals herrschte. Ich betrachtete die Italiener damals als Besatzungsmacht.

In verschiedenen Carabinieri-Kasernen hatten die Mißhandlungen durchaus KZ-Niveau. Die Schreie der Häftlinge waren auch außerhalb der Kasernen zu hören, so

etwa in Eppan, Neumarkt, und Brixen. Verschiedentlich wurde dann das Radio auf maximale Lautstärke gedreht, um die Schmerzensschreie zu übertönen.

Da wurden Häftlinge mit Fäusten und Gewehrkolben traktiert, auf die Streckbank gespannt und mit Stöcken geschlagen. Man ließ sie stundenlang vor starken Scheinwerfern stehen und goß ihnen Salzwasser in den Mund. Man hängte ihnen Gewichte an die Hoden und drückte Zigaretten auf ihrer Haut aus. Man folterte sie tagelang bis zum physischen Zusammenbruch. ''Menschlich gibt es keine Wiedergutmachung für das, was die Häftlinge erlitten haben'', sagt Josef Fontana.

Zwar hatten sie alle damit gerechnet, für die Anschläge möglicherweise mit Haftstrafen büßen zu müssen. Was sie überraschte, war jedoch die Unverhältnismäßigkeit der italienischen Reaktion. Auf die brutalen Folterungen war keiner gefaßt. So war es auch keineswegs verwunderlich, daß die Bewegung rasch zusammenbrach.

''Die Verhaftungen waren eine Tragödie'', erzählt Sepp Mitterhofer.'' Wie eine Lawine kam es den Vinschgau herunter. Bei Franz Muther in Laas hat es begonnen. Sie haben ihn furchtbar zusammengeschlagen.'' Mitterhofer, der selber schwer mißhandelt wurde, verübelt es niemandem, ihn verraten zu haben, denn ''die Brutalität, mit der wir konfrontiert wurden, hat uns körperlich und seelisch fertiggemacht.''

''Was damals passierte'', sagt Luis Gutmann aus Tramin, ''war menschenunwürdig und mit Worten nicht zu beschreiben. Ich hatte nie geglaubt, daß Menschen so brutal, so gemein und so tierisch sein können.'' Allerdings gab es auch Ausnahmen. So erinnert sich Gutmann noch gerne an einen jungen Carabiniere aus Rom, der wegen der Folterungen den Dienst sofort quittiert hätte, wenn es seine wirtschaftliche Lage zugelassen hätte. Ein anderer habe den Mißhandelten Brot zugesteckt und ihnen Mut zugesprochen.

Die übel zugerichteten Häftlinge wurden in der Kaserne oft den soeben Verhafteten als abschreckendes Beispiel vorgeführt. ''Ich war vom Kopf bis zu den Füßen blau'', erzählt Luis Gutmann. ''Jedesmal, wenn ein Neuer kam, wurde ich ihm vorgeführt und mußte ihn war-

Ankläger in Ketten: mißhandelte Häftlinge als Zeugen beim Folterprozeß in Trient. Von links: Luis Gutmann aus Tramin, Sigmund Roner und Otto Petermair aus Frangart und Franz Riegler aus Bozen.

nen, daß es ihm wie mir ergehen würde, wenn er nicht auspacke. Die Mißhandlungen gingen manchmal so weit, daß manche ihre Mithäftlinge nicht wiedererkannten. ''Den Albin Zwerger haben sie so schlimm zugerichtet, daß ich ihn zunächst nicht wiedererkannte'', berichtet Luis Gutmann.

Für viele Häftlinge war das Gefängnis nach dem, was sie in den Kasernen erlebt hatten, fast ein Ort der Erholung. Denn dort hielt sich die Willkür in Grenzen, Mißhandlungen gab es nicht. Bald wurden die ersten Folterschilderungen aus dem Gefängnis geschmuggelt. Meist waren es an Landeshauptmann Silvius Magnago oder an die Verteidiger gerichtete Briefe, in denen die Häftlinge ihre Mißhandlungen detailliert schilderten. Aus den 44 Briefen haben wir zwei besonders einprägsame ausgewählt.

Eidesstattliche Erklärung
Ich, Siegfried Graf, geboren am 23.5.1923 in Prad/Vinschgau, Südtirol, Elektromechaniker, zuletzt wohnhaft in Prad, gebe im Folgenden die Behandlung wieder, die mir in italienischer Polizeihaft widerfahren ist. Ich versichere an Eides Statt und vor Zeugen, daß ich

nur diejenigen Einzelheiten berichte, die ich bei vollem Bewußtsein erlebt habe und die mir zuverlässig und unauslöschlich in der Erinnerung eingeprägt sind. Soweit ich mich mit anderen Mithäftlingen befasse, gebe ich nur wieder, was ich von ihnen persönlich gehört und an ihnen persönlich wahrgenommen habe.

Meine Enthaftung verdanke ich einem reinen Zufall, besser gesagt einem Regiefehler. Letzterer wurde im Bozner Untersuchungsgefängnis wohl sehr schnell festgestellt, eine sofort gegen mich eingeleitete Großfahndung konnte meiner allerdings nicht mehr habhaft werden.

Am Samstag, den 15. Juli 1961 um halb 3 Uhr morgens wurde ich in meinem Heimatort Prad von zwei schwerbewaffneten Carabinieri aufgesucht und aufgefordert, für 10 Minuten in die Kaserne mitzukommen. Der Carabinierimajor wolle mich angeblich ''bloß etwas fragen''. Einer der beiden Carabinieri gab meinem Bruder auf italienisch ''das große Ehrenwort'', daß ich, wie gesagt in 10 Minuten wieder zurückkehren könnte. Ich mußte also dieser einfachen mündlichen Aufforderung Folge leisten. Im Kasernengelände wurde ich auf Be-

fehl eines Carabinierihauptmannes aus Meran unter schwerer Bewachung in einen Funkwagen mit Zivilnummer verladen und nach Meran gebracht. In einen weiteren Jeep verfrachtete man drei andere, mit mir gleichzeitig festgenommene Südtiroler (Fritz Stecher, Siegfried Brenner, Eduard Tanzer).

Auf meine wiederholten Fragen während der Fahrt nach dem Grund meiner Festnahme, bekam ich von meiner Begleitung keine Auskunft. Dagegen machte mich der Fahrer auf die "schönen Alleebäume aufmerksam, die so gut geeignet wären, um alle Südtiroler daran aufzuknüpfen". In Meran wurde ich in die Carabinierikaserne in Untermais eingeliefert, wo ich bereits ungefähr 20 andere Südtiroler antraf. Auch wir Neuankömmlinge mußten uns zu den anderen gesellen und an der Wand des Korridors strammstehen. Ich persönlich bis etwa halb 11 Uhr vormittags, bis zu meinem ersten Verhör. Wer in der Haltung nachlässig wurde, mußte sofort Ohrfeigen, Faustschläge sowie Fußtritte wahllos gegen alle Körperteile in Kauf nehmen. Von einem Carabinierihauptmann wurde uns bei dieser Aufstellung ein Landsmann namens Angerer aus Laas gegenübergestellt, der einen schwer angeschlagenen Eindruck machte und sich kaum auf den Beinen halten konnte. Ich konnte mich übrigens später im Untersuchungsgefängnis in Bozen überzeugen, daß seine Schienbeine und Zehen von Schlägen mit Gewehrkolben, Maschinenpistolen und Fußtritten noch immer offen waren. Angerer wurde bei jeder einzelnen Gegenüberstellung gefragt, ob er den Betreffenden kenne - was in einigen Fällen gegeben war - und aufgefordert, überdies zuzugeben, daß er den Betreffenden "in Innsbruck gesehen hätte". Angerer beteuerte zunächst, keinen von uns in Innsbruck gesehen zu haben. Darauf der Hauptmann: "Wir tun dir nichts mehr, wenn du sagst, daß du sie in Innsbruck gesehen hast!" Schließlich gab Angerer mich und Tanzer an.

Um etwa halb 11 Uhr vormittags (Samstag) wurde ich in den Vernehmungsraum gebracht. Dort wurden mir zunächst bestimmte Vorhaltungen gemacht und bestimmte Fragen zu Personen und Ereignissen gestellt, auf die ich in nahezu allen Fällen entweder keine Antwort oder zumindest nicht die gewünschte geben konnte. Nun wurde ich darauf vorbereitet, daß man die gewünschten Antworten "mit anderen Mitteln aus mir herausholen würde". "Man würde mich schon zum Reden bringen". Schon bei diesen Drohungen und erst recht später bei ihrer Verwirklichung tat sich besonders ein Carabiniere namens Pozzer aus Trient hervor, der von seinen Kollegen als "unser bester Mann" vorgestellt wurde, der "den stärksten Mann zum Umfallen und zum Reden bringen könnte".

Als man merkte, daß ich einfach die gewünschten Antworten und Auskünfte nicht geben konnte, wurde ich mit dem Gesicht bis auf eine Nähe von etwa 15 cm vor

eine Quarzlampe gestellt, die nach Bemerkung eines Carabiniere 10.000 Watt stark war. In dieser Stellung wurde ich nun fünf Stunden lang pausenlos verhört. Dabei ebenso pausenlos mit flacher Hand oder Faust ins Gesicht, speziell auf den Mund, geschlagen. Dazu kamen Schläge mit einem Lineal aus Duraluminium auf den Kopf und Fußtritte gegen die Schienbeine und Tritte von oben auf die Zehen. Das starke Licht der Quarzlampe blendete mich schon nach wenigen Sekunden, die stundenlange Beleuchtung ließ meine ganze Mundpartie ausgetrocknet und leblos werden, so daß ich bald kaum mehr schlucken oder sprechen konnte. Aus den Schatten, dem Stimmengewirr und der verschiedenen Richtung, aus welcher Schläge und Fußtritte gleichzeitig kamen, konnte ich schließen, daß drei bis vier Carabinieri daran beteiligt waren.

Nach fünf Stunden dieser ergebnislosen Behandlung, bei welcher ich vier- oder fünfmal zusammengesackt bin und mit Fußtritten und anderen Nachhilfen wieder auf die Beine gestellt wurde, wurde ich nunmehr mit dem Rücken an einen übermannshohen Kachelofen gestellt, dauernd an den Kopfhaaren gepackt und mit dem Hinterkopf gegen den Kachelofen gestoßen. Diese Prozedur dauerte etwa eine Viertelstunde, Schläge und Fußtritte gingen wie bisher weiter. Nach dieser Viertelstunde wurde mir ein Glas an den Mund geführt, dessen milchiger Inhalt mir verdächtig vorkam und von mir mit einer Handbewegung ausgeschlagen wurde. Damit schien ich die Carabinieri erst recht gereizt zu haben. Jetzt schleppten sie mich vom Ofen weg, rissen mir das Hemd vom Leib und drückten ihre brennenden Zigaretten an meinem ganzen Körper, besonders in der Nabelgegend und darunter aus. Ich mußte zuletzt auch noch meine Hose ganz herunterlassen, auf die Bemerkung hin, daß "ein nackter Mensch leichter zum Reden zu bringen wäre". Die Brandnarben habe ich noch heute.

Als nächstes wurden mir Haushaltsgewichte gezeigt - "wir haben insgesamt 17 kg hier", hieß es - und es wurde mir angedroht, mir diese Gewichte an die Hoden zu hängen. "Diese Methode würde erfahrungsgemäß unbedingt Erfolg haben". Die Verwirklichung dieser Folterung scheiterte nur daran, daß ein neuhinzugekommener Carabiniere sie seinen Kollegen ausredete. Ich weiß persönlich aus einem Gespräch mit meinem Mithäftling Oberhofer aus Goldrain, daß man ihn dieser Prozedur mit ständig vergrößerten Gewichten unterzogen hat. Ich erinnere mich auch, daß seine Schreie in der Carabinierikaserne Meran-Untermais aus dem Keller bis hinauf in den 4. Stock zu hören waren. Nachdem mir diese Behandlung, wie schon gesagt, erspart geblieben ist, machte man Anstalten, mich auf einen Sessel zu schnallen, an dem verschiedene Leitungen und Steckdosen installiert waren. Die Carabinieri bezeichneten ihn als "Elektrischen Stuhl". Während der Vorbereitungen kam ein Carabinierihauptmann ins Zimmer und erklärte, man solle mit mir vorsichtig verfahren, weil ich einen Herzfehler angegeben hätte. Darauf wurde ich wieder losgeschnallt.

Nachdem der Carabinierihauptmann das Zimmer verlassen hatte, setzte mir der Carabiniere Pozzer einen Kopfhörer auf, dessen Zuleitungsschnur an ein Gerät in einem grüngestrichenen Kasten angeschlossen war. Bei Bedienung des Geräts wurden im Kopfhörer explosionsartige Geräusche erzeugt, die bis zur Unerträglichkeit gesteigert werden konnten. Zuletzt hatte ich die Empfindung, daß mir die Schädeldecke nach oben abgerissen würde. Vielleicht zwanzigmal wurde ein- und ausgeschaltet, um mir die Frage zu stellen: "Warst du in Innsbruck?" Wenn meine Antwort ausblieb, wurde um so stärker eingeschaltet. Wie lange diese Folterung gedauert hat, kann ich nicht genau sagen, weil ich zeitweilig das Bewußtsein verloren haben muß. Ich kann mich nur erinnern, daß mir zum zweitenmal das Glas mit dem verdächtigen Inhalt zu den Lippen geführt wurde und von mir abermals weggeschlagen wurde. Von diesem Zeitpunkt ab weiß ich nichts mehr.

Um etwa 19 Uhr, bei einsetzender Dunkelheit, fand ich wieder zu mir, und zwar auf dem Kasernenhof, wo mich nach späterer Mitteilung eines Mithäftlings namens

Solidaritätstelegramme für die Folterer: Biagio Armao, Angelo Pasquali, Amazio Pozzer (hinten) und Leutnant Luigi Vilardo.

Parth, der aus dem Fenster in den Hof geschaut hatte, einige Zeit lang ein Carabinierileutnant, unterm Arm gefaßt, herumgeführt hat. Parth erzählte mir auch, daß ich bei dieser Frischluftpause auf dem Hof aus einer Regenpfütze getrunken habe. Aus dem Hof wurde ich in den 4. Stock der Kaserne hinaufgebracht und einem Arzt vorgeführt. Ich weiß nur, daß er ein recht bedenkliches Gesicht machte, besonders als er mir den Puls fühlte.

Auf dem Korridor des 4. Stockwerks mußte ich mich wieder zu anderen Mithäftlingen an die Wand stellen, um gegen Mitternacht (Samstag auf Sonntag) wieder zum Verhör gebracht zu werden. Immer wieder dieselben Fragen. Ich mußte das Hemd ausziehen und wurde während des Verhörs mit einer Art Stahlrute - flache Metallstreifen und Schnüre mit eingeknüpften Metallstücken - etliche Male auf den Rücken geschlagen. Nach dieser Behandlung war ich restlos erledigt. Ich weiß nur, daß mir eine Zitronenscheibe mit etwas Zucker gewaltsam in den Mund eingeführt wurde. Zur Besinnung kam ich wieder oben im 4. Stock der Kaserne.

Um 2 Uhr morgens wurde ich abermals geholt und - wie er sich selbst zu erkennen gab - vor Staatsanwalt Castellano aus Bozen gebracht. Er fragte mich, ob das Protokoll stimme, welches ich unterschrieben hätte. Ich konnte ihm nur sagen, daß ich zumindest bei Bewußtsein kein Protokoll unterschrieben hätte. Darauf zeigte mir Staatsanwalt Castellano über den Tisch hinweg ein mehrseitiges Schriftstück. Ich konnte nur erkennen, daß es in italienisch abgefaßt war. - Er forderte mich auf, mich zu der Unterschrift zu bekennen, die, aus der Entfernung gesehen, die meine hätte sein können. Ich lehnte dies ab, zumal ich mit dem Inhalt des Protokolls nicht bekannt gemacht wurde und erklärte, daß mir die Unterschrift höchstens nach den Mißhandlungen im Zustand getrübten Bewußtseins abgenommen worden sein könnte. Daraufhin Staatsanwalt Castellano sarkastisch in deutsch: "Wie geht es Ihnen, haben Sie Schläge bekommen?" Meine Anwort: "Ja, schauen Sie her", und ich zeigte ihm, weil am einfachsten, die von den Schlägen mit dem Lineal herrührenden Schwellungen an meinem Kopf, die vielleicht 1½ cm hoch waren. Castellano: "Ich sehe nichts, ich sehe gar nichts! Sie haben noch zu wenig bekommen, Sie können gehen!"

Zurück in den 4. Stock. Um halb 4 Uhr wurde ich wieder geholt und in ein anderes Zimmer als das erste Vernehmungszimmer gebracht, wo ich zunächst nur 7 bis 8 Carabinieri, darunter einen Major und 2 Hauptleute sah. Die Dienstgrade ergaben sich für mich aus der Anrede seitens der Untergebenen. Der Major fragte mich, ob ich von den Anwesenden jemand kenne. Ich konnte dies für einige der Anwesenden zugeben, die mich bisher verhört und behandelt hatten. In diesem Zimmer soll ich, wie mir später gesagt wurde, woran ich mich aber nicht erinnern kann, die Bekanntschaft mit dem Südtiroler Oberhofer aus Goldrain zugegeben haben, den man bei meinem Eintritt hinter dem Rücken der Carabinieri zunächst verborgengehalten hat. Ich muß erwähnen, daß sämtliche Carabinieri, die mich in Meran verhörten und behandelten, in Zivilkleidung amtiert haben. Hier versagt allerdings mein Erinnerungsvermögen.

Am Sonntag hatte ich tagsüber dann Ruhe, bis auf die Tatsache, daß ich ebenso wie alle anderen Mithäftlinge auch weiterhin stehen mußte. Zu essen und zu trinken gab es die ganze Zeit nichts, für mich bis zu meiner Einlieferung ins Bozner Untersuchungsgefängnis am Dienstag morgen, für andere noch länger als 3 Tage.

In der Nacht von Sonntag auf Montag wurde ich zweimal verhört. Bei dem ersten Verhör wurde mir von einem Carabinierihauptmann ein Protokoll in italienisch vorgehalten und inhaltlich bekanntgemacht, das angeblich ein Südtiroler unterzeichnet hätte. Die darin enthaltenen Belastungen für meine Person waren so unmöglich und widerspruchsvoll, sachlich wie zeitlich, daß ich es sofort als unterschoben erkannte. Ich unterschrieb schließlich, um meine Ruhe zu haben und in der, wie sich später herausgestellt hat, richtigen Einschätzung, daß ich Punkt für Punkt mit Leichtigkeit widerrufen und widerlegen könnte. Es ist dann später auch tatsächlich im Untersuchungsgefängnis Bozen Gegenstand meines einzigen Verhörs durch den Untersuchungsrichter gewesen, wobei ich die in ihm enthaltenen Anschuldigungen restlos entkräftigen konnte. Diesem Umstand verdanke ich meine überraschende Freilassung am 26.08.1961. Das Protokoll, zu dessen Anerkennung mich zuerst in Meran und später noch einmal in Bozen Staatsanwalt Castellano zwingen wollte, ist entweder übersehen oder nach Art seines Zustandekommens als unglaubwürdig verworfen worden. Übrigens hat mich Staatsanwalt Castellano in Bozen zu dem Eingeständnis bringen wollen, wenn nicht schon in dem ersten erpreßten Protokoll, so doch ihm persönlich gegenüber eine Auffassung "Los von Italien" zum Ausdruck gebracht zu haben, um damit den berüchtigten Gummiparagraphen 241 des italienischen Strafgesetzbuches in Anwendung bringen zu können. Ist Anschuldigung nach diesem Paragraphen erhoben, gibt es keine provisorische Freilassung aus der Untersuchungshaft.

Martin Koch, Bozen: **28.8.61**

Herrn
Dr. S. Magnago
Bozen

Sehr geehrter Herr Dr. Magnago!
Verzeihen Sie bitte, wenn ich Sie heute in Ihrer mühevollen und verantwortungsreichen Arbeit für die gerechte Sache unserer Heimat mit einem Anliegen stören muß.

Es handelt sich um die von mir erlittenen Mißhandlungen anläßlich meiner Verhaftung durch die Carabinieri am 17.7.1961 in Eppan. Ich möchte Sie bitten, diese Tatsachen, welche ich, noch immer unter dem Eindruck des Erlebten, nachstehend niederschreiben will, freundlichst zu verwenden und gegebenenfalls zu veröffentlichen. Ohne jeglichen Auftrag von Seiten des Staatsanwaltes wurde ich von den Offizieren und Mannschaften der Carabinieri kurz nach Mitternacht des 16.7.1961 aus meiner Wohnung geholt und aufgefordert, zu einer kurzen Gegenüberstellung Obgenannten nach Eppan zu folgen. Ich weigerte mich zuerst, da ich keine schriftliche Aufforderung von den zustehenden Gerichtsbehörden von den Carabinieri vorgewiesen erhielt. Es wurde ausdrücklich versichert, es dauere nur einige Minuten, und ich könne sofort wieder heimkehren, würde ich mich aber weigern, wären sie gezwungen, Gewalt anzuwenden und außer den hier anwesenden acht Leuten stünden noch andere unten, welche das Haus umzingelt hätten. (Woran ich nicht zweifelte).

Ich willigte schließlich ein, da ich mich ja keines Vergehens schuldig fühlte und stand kurz darauf einem Forum einiger Offiziere der Carabinieri gegenüber. Ein Herr Leutnant Vilardo riet mir, sofort auf alle Vorhaltungen einzugehen, das heißt, dieselben zuzugeben, ansonsten hätte er seine eigenen Methoden, ein Geständnis zu erlangen, und im übrigen könnte er mit mir nach Belieben verfahren, er hätte einen Freibrief! (Carta bianca oder mani libere.) Wie ich hier nun im Gefängnis erfahre, sagte er einer Gruppe Traminern, dieser Freibrief stamme vom Innenminister Scelba, und dieser persönlich hätte anläßlich seines Besuches hier (nachdem er zu den Bürgermeistern gesprochen hatte) ihnen gesagt: "Wenn ihr einmal einige von diesen Dinamitardi erwischt, könnt ihr damit nach Belieben verfahren!" Es hat sich um eine geheime Besprechung zwischen dem Minister und den zur Aufklärung der Sprengstoffanschläge eingesetzten Offizieren der Carabinieri gehandelt.

Daß dies von dem Carabinierileutnant gesagt wurde, sind die hier ebenfalls Inhaftierten Gutmann Alois, Zwerger Albin, Kofler Oswald und Steinegger Lois, alles Traminer, jederzeit bereit zu bestätigen! Diese so offensichtlich zur Erreichung eines Geständnisses vorgebrachte Drohung allein schon würde alles sagen, wenn ihr nicht, nach entschiedener Ablehnung aller Anschuldigungen, haßerfüllte, bestialische, handfeste Bekräftigungen zuteilgeworden wären. Sofort in ein anliegendes Büro geschoben, erschienen dort plötzlich fünf Carabinieri, teils in Zivil, teils uniformiert, ließen mich die Arme hochheben und strammstehen und deckten mich zur Introduktion gleich einmal mit einer Salve von Faust- und Handschlägen, auf den ganzen Körper verteilt, ein. Das war gegen 1 Uhr früh des 17.7.1961. Sofort darauf zog man mir die Hosen und Unterhosen ab, schlug mich und zerrte mir Penis und Hoden in brutalster Weise.

Unflätigste Redensarten wie: "Euch müßte man dieses Gewächs abschneiden, angefangen bei allen hohen Tieren von der SVP, dann hätte die Welt endlich Ruhe!" begleiteten diese, in jeder Einzelheit nicht zu schildernden Handlungen. Ich war mir zu dieser Zeit noch nicht bewußt, welche tiefstehenden, zu entmenschten Bestien gewordenen Individuen vor mir stehen. Nach sich immer wiederholenden Hieben und Tricküberfällen, teils zu dritt, von hinten und vorne, Treten auf Zehen, Schienbeine, Oberschenkel, Oberkörper und speziell auf Unterkopf, Nacken, Hals und Gesicht, sollte meine Widerstandskraft gebrochen werden. Nicht nur ich schwitzte am ganzen Körper, auch die "Geber" mit aufgekrempelten Hemdärmeln.

Es erschien so zum erstenmal der Herr Leutnant, zu fragen, höflichst lächelnd, ob ich mich nun an etwas erinnern würde! Nachdem ich ja nichts sagen konnte, ging es weiter. "Ich würde mich schon erinnern", sagte er noch und ging wieder, nicht ohne den beinahe ebenso erschöpften Helfern aufmunternd zugelächelt zu haben. Es wunderte mich auch nicht, denn abwechselnd hatten sie in anliegenden "Gemächern" mit sogenannten mir Gleichgesinnten kräftigst "zu tun". Dumpfe Schläge und teils Schreie waren deutlich vernehmbar, und nicht einmal das zur Übertönung in jedem Lokal eingeschal-

Leutnant Luigi Vilardo mit seinem Anwalt, dem neofaschistischen Landessekretär Andrea Mitolo (links) und Rechtsanwalt Corradino.

tete Lokal-(Nacht-)Programm konnte das verhindern. Mit nur ganz kurzen Unterbrechungen und nachdem die Mannschaft des öfteren ausgewechselt wurde, schlug und schrie man immer wieder auf mich ein, langsam sanken mir die Arme herab, die Augen begannen zu brennen vor Schweiß (ich konnte ihn ja nicht wegwischen) und von den immer wieder vorgehaltenen starken Taschenlampen gereizt. Nun schlug man mich, mitunter auch mit einem vierkantigen Lineal (mit Eisenkanten versehen), auf die Oberarme, daß ich sie gerne wieder hochstreckte, soweit es noch immer ging. Gegen Tagesbeginn erschien wieder der Herr Leutnant, und es wiederholte sich obig Geschildertes.

So ging es eben wieder weiter, ich wiederhole, immer wieder Schläge, Drohungen in Wort und Gesten, auf den Kopf usw. Es war am frühen Morgen, als ich endlich nicht mehr konnte und bewußtlos hinfiel. Es muß eine Erfrischung mit Wasser stattgefunden haben. Es war noch nicht ganz Mittag, da stand ich wieder, und wieder erschien unter Wiederholung des Vorherigen der Herr Leutnant.

Gleich darauf konnte es ja wieder weitergehen, ununterbrochen stehend - Schlagen. Anleuchten - Schloß ich die Augen, so zog man sie mir an den Wimpern auf. So ging es den ganzen Nachmittag bis zum Abend, auch der Herr Leutnant war noch einige Male gekommen und ich schüttelte noch den Kopf. Reden konnte ich kaum noch und stehen auch fast nicht mehr.

Nach jeder "Watschen", und sie hatten an Vehemenz noch nicht nachgelassen, torkelte ich hin beziehungsweise wieder her. Inzwischen hob man mich noch mehrere Male vom Boden auf.

Inzwischen war es wieder Nacht geworden, auch in mir, man hatte mich in diesem 24stündigen Verhör regelrecht und systematisch zusammengeschlagen. Eindeutig stellte sich heraus, daß man nicht mit jedem in gleicher Weise verfuhr, an anderen Kameraden wurden wieder verschiedenartige Teufeleien und sadistische Foltermethoden angewandt.

Unter anderem trat man mir mindestens an die zwanzigmal ununterbrochen und mit voller Gewalt das Gesäß. Einmal rann mir, nach einer Reihe von Hieben ins Gesicht, das Blut nur so von der Nase, zum Stillen verwendete man mein Taschentuch, welches ich natürlich nicht mehr bekam. Schlimm waren besonders die Hiebe auf Nacken und Hinterkopf, da sie ja unerwartet kamen. Willenlos geschlagen, schleppte man mich wieder ins Zimmer der Offiziere, wo ein Protokoll verfertigt wurde, welches ich, weiß Gott wie, bedenkenlos unterzeichnete. Dann war für einige Zeit Ruhe, und ich durfte in der Wachstube sitzen, bis es mitten in der Nacht plötzlich nach Bozen fahren hieß, nur ist mir heute nicht mehr klar, was man mit mir dort alles anstellte. Gegen Mittag war ich jedenfalls wieder in Eppan und erhielt etwas Kaffee. Nachmittags erschien plötzlich der

Stellvertretende Staatsanwalt und ich unterschrieb, immer noch im Unterbewußtsein, auch dieses Protokoll.

Dann mußte ich wieder in der Wachstube, teils nur sitzend, die Nacht verbringen. — Es ging pausenlos mit neuen Ankömmlingen weiter; Schreie, dumpfe Schläge hörte ich die ganze Nacht hindurch, und langsam füllte sich die Wachstube mit sogenannten Abgefertigten. Alle mit aufgeschwollenen Gesichtern, kaum fähig, etwas zu sagen, stand man, wortlos solchem Tun gegenüber, herum. Einmal frühmorgens trug man einen in eine Decke gehüllten Kameraden aus der Wachstube ins Freie und ich hörte nur noch einen Kraftwagen abfahren. Immer wieder wurde ich nun mit mir Unbekannten aufgestellt, von irgend jemandem im Verborgenen (durch kleine Öffnungen in der Zimmerwand) betrachtet. Dann wieder von Zivilbeamten mit umgehängten Maschinenpistolen (wie Partisanen aussehend) verhört und bedroht.

Sie seien von der Mordkommission (squadra omicidi) und würden mir Finger- und Zehennägel ausreißen, wenn ich nicht nun wieder neue Anschuldigungen zugebe. Gegen Abend des Mittwoch bekam ich das erstemal einen Imbiß, dann durften wir von unseren Angehörigen Lebensmittel senden lassen. An Schlaf war

Schauplatz schwerer Mißhandlungen und Übergriffe: die Carabinieri-Kaserne von Neumarkt.

nicht zu denken, es war ja keine Möglichkeit dazu vorhanden außer einer Pritsche in der Wachstube, auf welcher wir abwechselnd rasteten. Bis zum Freitag ging es nun so weiter. Verhöre, neue Ankömmlinge, derselbe beklemmende Lärm, tags- und nachtsüber, und in der Früh wurden von den Carabinieri fleißig die Böden gespült. Meistens wurden wir dann in die vor Dreck starrenden Dunkelzellen geführt. Dann durften wir uns an einem primitiven Brunnen waschen. Die Gesichter nahmen langsam wieder die ursprüngliche Form an. Besonders hervorgetan hat sich bei den Schlägereien ein Brigadier namens Pozzer, von den anderen Beteiligten hörte ich wohl Namen, konnte sie aber nicht behalten. Erkennen würde ich jeden einzelnen. Samstag abend wurden dann die meisten, so auch ich, in das Bozner Gefängnis eingeliefert. Die nach etlichen Tagen hier prozedurelle ärztliche Untersuchung verlief sonderbar. Der Arzt nahm sich nicht einmal die Mühe, mich entkleiden zu lassen. Die "blauen Augen" sah er auch nicht, und immer noch unter dem Eindruck des Erlebten, war ich auch noch nicht reaktionsfähig genug, darauf hinzuweisen und zu bestehen, daß es eingetragen beziehungsweise protokolliert würde. Nun, es gibt so manchen Mißhandelten hier, welcher nicht einmal zum Arzt gerufen wurde, das heißt, ganz einfach übersehen wurde. Ich hatte den Eindruck, man macht mit uns wirklich, was man wollte, und zog auch keinen Unterschied gewöhnlichen Delinquenten gegenüber!

Seien Sie nun, geehrter Herr Dr. Magnago, bitte nicht ungehalten über die Länge und Ausführlichkeit dieses Berichtes, ich erachte es jedoch als meine Pflicht, gerade Sie darüber aufzuklären. Ich wünschte, Sie könnten damit dazu beitragen, der Öffentlichkeit Klarheit über diese Vorfälle zu vermitteln und so manchen endlich einmal darüber die Augen zu öffnen, was wir ja einmal zu erwarten haben, als bestbehandelte Minderheit in einem zu einigenden Europa! Die Gesinnung uns gegenüber hat sich so eindeutig in den Fratzen dieser niedrigen Elemente widergespiegelt, daß es mir niemals mehr aus dem Gedächtnis entschwinden wird. Leider muß ich, dadurch nur noch bestärkt, den Schluß ziehen, daß auch in anderen Kreisen, wenn auch nach außen hin milder, kein besserer Geist zu erwarten ist. Ihr Ziel wird immer dasselbe bleiben, und nach über 40jähriger Herrschaft, Leute zu Verbrechern zu stempeln, die sich für die so geringen Forderungen unseres Volkes noch einzusetzen vermögen, ist von den eigenen Leuten Verrat am eigenen Volke.

Gebe Ihnen, Herr Dr. Magnago, unser Herrgott Kraft, dereinst unser Volk zu einer Einheit zusammenzuführen, die unbedingt erforderlich ist, so wir weiter bestehen wollen. Unserer Treue können Sie versichert sein, mögen auch die Wankenden und Gestrauchelten wieder auf den richtigen Weg finden!
Ich grüße Sie mit Hochachtung!

gez. Martin Koch

Die große Verhaftungswelle und die damit verbundenen Mißhandlungen begannen nicht unmittelbar nach der Feuernacht, deren Attentatsserie die Bevölkerung am 12. Juni 61 aufgeschreckt hatte. Die Polizei tappte bei der Suche nach den Tätern zunächst im Dunkeln und nahm meist Unbeteiligte fest. Am 9. Juli wurde im Auto des Meraner "Alto-Adige"-Journalisten Benno Steiner eine Sprengladung gefunden. Steiner hatte ursprünglich mit der Bewegung sympathisiert, war jedoch dann abgesprungen und galt bei den BAS-Aktivisten als Spitzel. Er war es, der den Carabinieri erste Namen im Vinschgau und im Burggrafenamt nannte.

Als dann am 11. Juli Anschläge auf Eisenbahn-Oberleitungsmasten den Urlaubsverkehr auf der Brenner-, Simplon- und Gotthard-Strecke vorübergehend lahmlegten, reagierte Rom mit einer Reihe repressiver Maßnahmen: für Österreich wurde mit sofortiger Wirkung der Paß- und Visumszwang eingeführt. Weitere 10.000 Soldaten wurden nach Südtirol verlegt. Zu ihrer Unterbringung wurden Hotels- und Gasthöfe beschlagnahmt. Alle Schutzhütten im Grenzgebiet wurden vom Militär besetzt. Eine der Hauptzielscheiben der italienischen Behörden war die Tageszeitung "Dolomiten". Chefredakteur Friedl Volgger wurde wegen "Verbreitung falscher Meldungen" zu 20 Tagen Arrest verurteilt. Die "Dolomiten"-Mitarbeiter Franz Hieronymus Riedl, Otto Gross, Nikolaus Maximof und Otto Brandstätter wurden als österreichische Staatsbürger ausgewiesen.

Eine nächtliche Ausgangssperre verbot jede Annäherung an öffentliche Gebäude. Die Sicherheitskräfte hatten Weisung, auf jeden zu schießen, der sich nach der Abenddämmerung einer Eisenbahnlinie, einer Brücke, einem Stausee, einer Fabrik oder einer militärischen Einrichtung näherte. Zwei junge Südtiroler verloren auf diese Weise das Leben. Auf einer Materialseilbahn im Durnholzer Tal wurde der 21jährige Josef Locher erschossen, als er abends in der Nähe des dortigen Staubeckens auf seinen Hof fahren wollte. In Mals erschossen Soldaten den 25jährigen Maurer Hubert Sprenger, als er mit einem Freund in der Nähe der staatlichen INCIS-Häuser zwei Mädchen nachstieg. Der Ratschinger Jagdaufseher Walter Haller wurde am Sarntaler Weißhorn von einem Militärhubschrauber aus beschossen und schwer verletzt. Ihm mußte ein Bein amputiert werden.

Zu den Opfern gehörte auch der 21jährige Brixner Soldat Peter Thaler, der unter nie ganz geklärten Umständen bei Welsberg von seinem italienischen Kommilitonen Alessandro Voltolini erschossen wurde. Auch unter den italienischen Soldaten, die in völliger Unkenntnis der Lage nach Südtirol versetzt worden waren, gab es mehrere Opfer. Einige wurden beim Hantieren mit der eigenen Waffe getötet, andere wurden in der Dunkelheit von nervösen und unerfahrenen Kollegen erschossen, die sie für Terroristen hielten.

Soldat von einem Soldaten erschossen

Ein schwerer Unfall ereignete sich gestern bei Mals im Vinschgau. Der 22jährige Pionier Luciano Valinotti aus Settimo Torinese wurde vom Obergefreiten Franco Maranzano erschossen. Valinotti stand vor dem Maranzano, als sich unversehens ein Schuß aus dessen Gewehr löste und ihn tödlich traf. Eine Untersuchung ist angeordnet worden.

Dolomiten, 20.7.61

Die restriktiven Maßnahmen der Polizei und die alarmierenden Presseberichte führten im Südtiroler Fremdenverkehr zu schweren Einbußen. Ein großer Teil der italienischen Urlauber wagte sich nicht mehr ins Land, auch die Zahl der ausländischen Touristen sank erheblich. Manche Orte hatten Einbußen von über 50 Prozent zu verkraften.

In diesem nervösen und aufgeheizten Klima, das einem Ausnahmezustand ähnlich war, kam es oft zu schwerwiegenden Übergriffen der Polizei. War bereits Anfang des Jahres am Bozner SVP-Sitz in Gries eine Hausdurchsuchung durchgeführt worden, so ging man bald einen Schritt weiter: am 16. Juli 1961 wurde SVP-Generalsekretär Hans Stanek in seiner Brixner Wohnung verhaftet. Die bei ihm beschlagnahmten Flugblätter waren vorher von Agenten in seiner Wohnung versteckt worden. Auch der Brixner SVP-Bezirksobmann und Stadtrat Rudolf Oberhuber mußte ins Gefängnis.

Mit dem Beginn der ersten Anschläge auf Carabinieri und Militärs wurde der Druck weiter verstärkt. Höhepunkt dieser Repression war die beispiellose Razzia von mehreren Hundert Soldaten in Tesselberg bei Gais, wo im September 1964 alle Bewohner des Dorfes zusammengetrieben und alle Häuser buchstäblich auf den Kopf gestellt wurden. Die Männer wurden gefesselt und auf den Boden gelegt, die Bewohner eingeschüchtert und massiv bedroht. Mehrere Stadel gingen in Flammen auf. Die Soldaten schossen durch Fenster und Türen in die Häuser.

Hundertschaften von Polizei und Militär durchkämmten ganze Täler, Patrouillen nahmen ständig Ausweiskontrollen vor.

25.000 Carabinieri und Soldaten waren in Südtirol im Einsatz. Man muß sich das Ausmaß des polizeistaatlichen Apparats und dessen Vorgangsweise vergegenwärtigen, um die Ereignisse der frühen Sechziger Jahre zu begreifen. Es waren zwei Welten, die sich da begegneten. Soldaten, für die der Begriff Südtirol ein Fremdwort war, wurden zu Einsätzen gegen eine Bevölkerung abkommandiert, deren Sprache und Kultur ihnen fremd war und die in ihnen naturgemäß eine Besatzungsmacht sah.

Die Beerdigung des von Soldaten erschossenen 21jährigen Sarners Josef Locher in Durnholz

Das Militär wiederum erblickte in jedem Südtiroler Bauern einen potentiellen Terroristen. Angst, Einschüchterung und Sprachlosigkeit führten auf beiden Seiten zu einer Atmosphäre allgemeinen Mißtrauens.

Claus Gatterer hat dieses Dilemma in einer Reportage der Wiener Tageszeitung "Die Presse" anschaulich geschildert:

"Sie sind aus dem Süden gekommen, die Polizisten in den knallroten Camions, als Verstärkung - sie frieren (sogar in der Sonne), sie haben keinen freien Sonntag und dürfen nicht Skilaufen, auch wenn sie's könnten, und sie begreifen sehr vieles nicht. Sie fahren von Dorf zu Dorf, als "Geleitschutz" für die örtlichen Carabinieri, welche die Häuser der verdächtigen 'austriacanti' nach Waffen, Flugblättern, 'Plöschpulver' und anderem staatsgefährlichem Zeug durchsuchen. Sie wissen von den 'austriacanti' nicht viel mehr, als daß sie deutsch reden und das viel langsamer als sie, die Polizisten, italienisch - daß sie angeblich nicht bei Italien sein wollen - daß sie Denkmäler in die Luft sprengen und freundlich 'Guten Morgen' sagen. Die Dörfer sind anders, die Kirchtürme sind anders, die Menschen sind anders... Und kommt man mit einem einmal ins Gespräch, mit einem von den anderen da, so ist sehr viel von Autono-

mie die Rede und man versteht, obwohl der andere Italienisch kann, erst recht kein Wort mehr.[1]"

Häufig ging die Polizei bei ihren Aktionen völlig planlos vor. Der sozialistische Abgeordnete Renato Ballardini hatte dieses Vorgehen schon vor der Feuernacht im Parlament scharf kritisiert: "Alles ist derart unüberlegt, daß die unausbleibliche Folge eine neue Verschärfung der Lage sein wird".

Für jene, die die Repression steuerten, war die Warnung Ballardinis lediglich staatsfeindliche Propaganda. Angeordnet wurden die täglichen Hausdurchsuchungen, Festnahmen und Verhaftungen vor allem vom Bozner Staatsanwalt Gaetano Rocco, einem treuen Parteigänger der Faschisten, der zwar nie ein Wort deutsch gelernt hatte, aber die Verhöre persönlich führte. Ihm stand der stellvertretende Staatsanwalt Paolo Castellano zur Seite, ein kompromißloser Verfechter staatlichen Obrigkeitsdenkens.

Fast täglich wurden die in der Verfassung verankerten Grundrechte mißachtet, so daß die SVP sich gezwungen sah, in den "Dolomiten" über Rechte und Pflichten bei Hausdurchsuchungen zu informieren. Dieser de-facto-Ausnahmezustand wurde in Italien nur von wenigen Zeitungen kritisiert. Dazu gehörte das kommunistische Tagblatt "L'Unità":

Auf diese Weise wird kein Problem gelöst, sondern die Lage nur noch erschwert. Denn der italienische Staat zeigt sich mit fast der gesamten Südtiroler Bevölkerung in einer Konfliktsituation und schafft dabei noch jenes Minimum an Bürgerrechten ab, das auch unter dem Ausnahmezustand beibehalten werden muß. Man hat ganz Südtirol in einen latenten Kriegszustand versetzt und durch den Einsatz des Heeres ein Klima extremer Spannungen erzeugt.[2]

Die meisten italienischen Massenmedien spendeten den Ordnungshütern pflichtbewußt Beifall und schwelgten in nationalen Gefühlen. Der römische "Tempo" beschrieb die Anschläge als "nazistische Aktionen, die

Keine Einwände gegen Mißhandlungen: die Staatsanwälte Paolo Castellano (mit Bart) und rechts neben ihm Gaetano Rocco (im dunklen Anzug) vor gesprengtem Neubau in Bozen

nicht nur der Aggression gegen Italien, sondern der Wiederaufstehung des Nazismus dienten''.

Claus Gatterer hat dieses Klima der Verständnislosigkeit sehr treffend beschrieben:

"Die massiven Repressionsmaßnahmen der Polizei im Sommer 61 und ihre Begleiterscheinungen offenbarten in dramatischer Weise, wie wenig Südtirol in das italienische Staatsgefüge und in das Bewußtsein der Mehrheit der Italiener integriert war. Bozen glich der ersten Etappenstadt an einem kritischen Frontabschnitt auf fremdem Territorium. Neben dem militärischen Hauptquartier bestand das journalistische: alle Zeitungen der Halbinsel hatten ihre Sonderkorrespondenten nach Südtirol entsandt und diese verarbeiteten die Erfolgskommuniquès des militärischen Oberkommandos beziehungsweise des Regierungskommissärs zu dramatischen Frontberichten. Nur wenige bemühten sich um sachliche Motivenforschung und um einen Blick hinter die Kulissen der Repression. Die Polizei setzte deutsche Kriminelle, die aus der Bundesrepublik nach Italien geflohen waren (einer war ein ehemaliger SS-Unteroffizier) als Spitzel und agents provocateurs ein - mit dem Auftrag, Terrorgruppen unter den Südtirolern zu gründen und diese dann auszuliefern. Die meisten italienischen Blätter fanden daran nichts auszusetzen.[3]"

Der überwiegende Teil der italienischen Öffentlichkeit reagierte wie der neofaschistische Rechtsanwalt Andrea Mitolo, der sich beim Mailänder Prozeß über seinen Kollegen und späteren Präsidenten des Verfassungsgerichts Ettore Gallo empörte: "Ti scandalizzi per quattro schiaffi, quattro sberle, una piccola lezione da parte dei Carabinieri? E non ti scandalizzi degli atti dinamitardi di costoro?"

Zwischen Österreich und Italien wurde ein regelrechter Pressekrieg geführt, in dem es an nationalistischen Aufwallungen und bedeutungsschwangeren Erklärungen nicht fehlte. Vorurteile wurden geschürt, mit Genugtuung registrierten die meisten Zeitungen die scharfen Protestnoten, die Rom und Wien unter sich austauschten. Der italienische UNO-Delegationsführer Gaetano Martino machte Österreich für die Attentate verantwortlich und drohte mit einer Beschwerde beim Weltsicherheitsrat. Zwischen Österreich und Italien herrschte Eiszeit. Die gehässigen Karikaturen jener Zeit sind ein deutlicher Spiegel dieses Klimas.

Der tägliche Pressekrieg gipfelte in einer Anzeige der italienischen Gerichtsbehörden gegen die österreichischen Journalisten Georg Nowotny und Herbert Lucht, denen "Schmähung der italienischen Nation" vorgeworfen wurde.

Schmerzerfüllt geben wir die traurige Nachricht, daß unser hoffnungsvoller, ältester Sohn und Bruder,

Peter Wieland

Pfarrmesnersohn

im 18. Lebensjahr, am Samstag abends, um 21.30 Uhr, von einer Wachpatrouille erschossen wurde. Er befand sich 200 Meter vom Heimatort Niederolang entfernt — allein — auf offener Straße. Auf dem Weg zum nahegelegenen Gasthof „Waldruhe", wo er sich mit anderen Burschen unterhalten wollte. Die Wachpatrouille setzte nicht nur diesem Vorhaben, sondern auch seinem jungen Leben ein jähes Ende.

Wir empfehlen unseren Sohn und Bruder dem Gebet aller Verwandten und der ganzen Bevölkerung.

Die Beerdigung erfolgt am Mittwoch, den 28. September, um 8.30 Uhr, vom elterlichen Hof „Obermair" aus im Ortsfriedhof. Anschließend wird der heilige Sterbegottesdienst abgehalten.

Niederolang, den 26. September 1966.

In tiefster Trauer:

Franz und Maria Wieland, als Eltern;
Maria, Johann, Theresia, Agnes, Annelies und Hildegard
als Geschwister;
auch im Namen aller übrigen Verwandten.

Eines von vielen unschuldigen Opfern des militärischen Großaufmarsches war der 18-jährige Olanger Peter Wieland, der am 25. September 1966 in der Dunkelheit von Soldaten erschossen wurde.

"Da gibt man sein Bestes für diese Südtiroler- und dann kommen in Milano ein paar große Herren und lassen sie einfach frei..."
(Tiroler AZ)

In den Karikaturen österreichischer und italienischer Zeitungen spiegelte sich die aggressive Stimmung zu Beginn der Sechziger Jahre wider.

"Und diese Blumen schickt Ihnen der Minister Kreisky..."
("Corriere Lombardo, Milano)

Besonders gereizt reagierten die italienischen Zeitungen auf die Folterberichte der internationalen Presse, von der "Times" bis zum "Spiegel":

Die nächtlichen Schreie aus den Polizeigefängnissen vermittelten auch deutschen Touristen, so etwa den Gästen in Eppans "Pension Etschland" akustische Eindrücke von den Verhörsitten Italiens. Erinnert sich ein Ehepaar in Neumarkt, das unweit der dortigen Polizeikaserne wohnt: "Am Dienstag, dem 18. Juli, sind wir gegen 2.30 Uhr aufgewacht und konnten bis vier Uhr wegen des Gebrülls nicht mehr einschlafen.

(Der Spiegel 34/1961)

Derartige Berichte waren für einen Großteil der italienischen Presse lediglich Bestandteile einer "gut koordinierten Verleumdungskampagne gegen die Ordnungshüter".

Nel coro della propaganda austriaca si è inserito anche «Der Spiegel»

Racconti romanzeschi sulle torture dei terroristi

La rivista germanica ha pubblicato un «pot pourri» delle speculazioni già lanciate dalla «Die Presse» - Come in effetti si svolsero gli interrogatori nella caserma di Appiano

Für Diskussionen sorgte im Ausland vor allem ein Bericht des bekannten Nationalökonomen und späteren Nobelpreisträgers Friedrich August Hajek von der Universität Chicago. Hajek schilderte in der angesehenen Londoner Tageszeitung "The Times" die Vorgangsweise der Polizei in Südtirol:

"Einer unter der Bevölkerung weitverbreiteten Meinung zufolge unterscheiden sich die Polizeimethoden in keiner Weise von den nach dem Aufstand in Ungarn angewandten. Besondere Empörung muß eine Antwort erwecken, die Herr Scelba einer Abordnung von Südtiroler Parlamentariern gegeben hat, die gegen diese Vorgangsweise protestierten. Er soll erklärt haben, daß solche Methoden von der Polizei in aller Welt angewandt würden. Das Gedächtnis der Südtiroler ist gut genug, um zu wissen, daß dies nicht wahr ist.[4]".

Obwohl die Beweise für die Mißhandlungen immer massiver wurden, stellte sich die italienische Regierung taub. Anfragen der Südtiroler Parlamentarier blieben unbeantwortet. Telegramme wurden ignoriert. Der Vizeregierungskommissär bezeichnete alle diesbezüglichen Berichte als "absolut unwahr".

Innenminister Mario Scelba gestand immerhin zu, daß

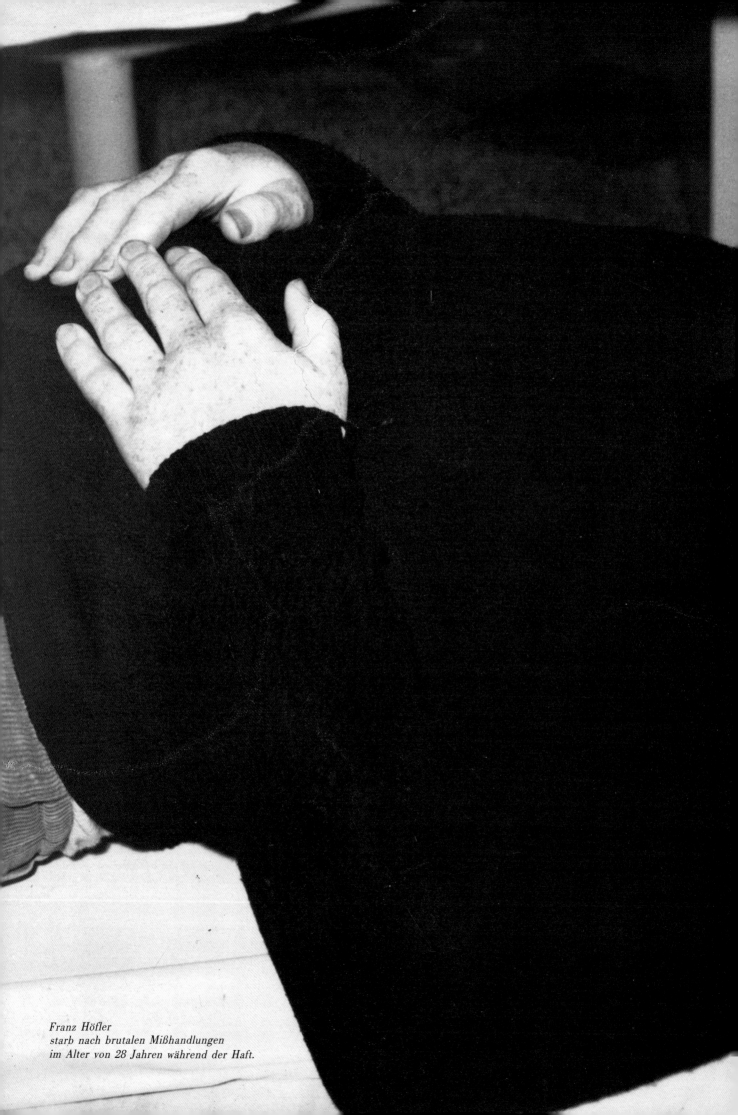

Franz Höfler
starb nach brutalen Mißhandlungen
im Alter von 28 Jahren während der Haft.

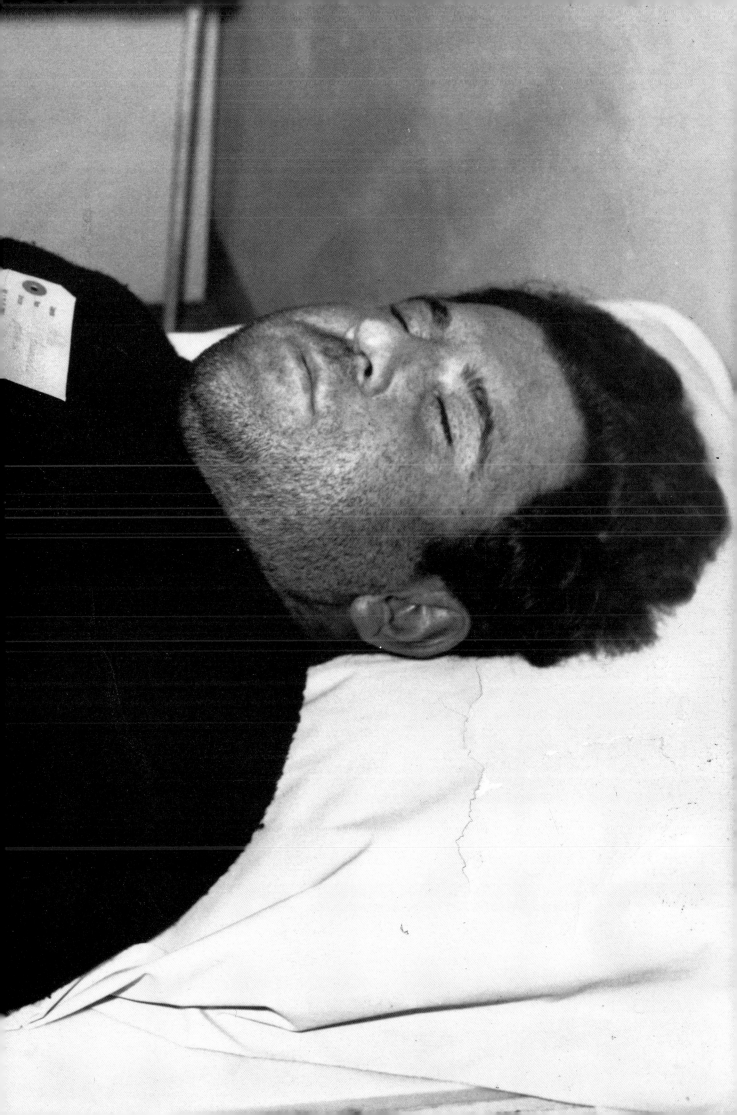

die Polizei auf der ganzen Welt sich oft ungesetzlicher Methoden bediene. Eine Untersuchung lehnte er jedoch ab.

Am 30. August 1961 protestierten 20 österreichische Intellektuelle, darunter Karl Rahner, Paul Flora und Gertrud Fussenegger gegen die Folterungen:

Die Unterzeichneten sind entsetzt, daß Methoden, die in totalitären Staaten geübt werden, Methoden, gegen die die freie Welt ins Feld gezogen ist und gegen die sie sich heute verteidigt, mitten im freien Europa wieder auftreten. Und das in einem Staat, der die Konvention zum Schutze der Menschenrechte unterzeichnet hat. Was verhafteten Südtirolern jetzt widerfährt, geht alle an, alle, die für die Freiheit, für den Rechtsstaat und für die Menschenwürde eintreten. Die Unterzeichneten fordern daher, daß die Vorgänge bei den polizeilichen Vernehmungen in Südtirol unparteiisch überprüft und sofort geeignete Maßnahmen ergriffen werden, um die Fortsetzung solcher Methoden zu verhindern und die Schuldigen zur Verantwortung zu ziehen. Die Unterzeichneten hoffen, daß darüber hinaus das Übel an der Wurzel beseitigt und die Frage Südtirol im Einklang mit den Grundsätzen der freien Welt mit friedlichen Mitteln gerecht gelöst werde.[5]''

Dieser Appell verhallte ungehört. Auch alle politischen Vorstöße blieben ergebnislos. Landeshauptmann Silvius Magnago hatte den für die Polizei zuständigen Vizeregierungskommissär Francesco Puglisi in einem Schreiben vom 20. Juli 1961 auf die Mißhandlungen aufmerksam gemacht und versprochen, die Angelegenheit nicht öffentlich auszuschlachten, falls die Übergriffe der Carabinieri abgestellt würden:

"Ich habe - zumindest vorerst - nicht die Absicht, dieses Thema in die Öffentlichkeit zu bringen, weil ich die Lage nicht zusätzlich anheizen will. Ich bin aber sicher, daß Sie in geeigneter Form eingreifen werden, um in Zukunft die von mir beklagten Mißstände abzustellen''.

Magnagos Intervention blieb allerdings ohne Folgen.

Aufgeschreckt wurde die Öffentlichkeit erst wieder Ende November, als der 28jährige Franz Höfler aus Lana an den Folgen der erlittenen Mißhandlungen starb. Als bei ihm Lähmungserscheinungen aufgetreten waren, hatte man ihn vom Bozner Gefängnis ins Krankenhaus gebracht. Auch dort durften ihn die Angehörigen nicht besuchen. "Wir konnten ihm lediglich einmal vom Gang aus zuwinken'', erzählt der Bruder Karl Höfler, "ins Zimmer ließ man uns nicht''. Die Nachricht vom Tode Franz Höflers erfuhr die Familie von einem Nachbarn, der sie im Radio gehört hatte.

Dem Antrag der Mutter auf Obduktion der Leiche wurde stattgegeben. Den Obduktionsbefund, in dem von Embolie die Rede war, bekam die Familie nie zu sehen.

Franz Höfler war Zeit seines Lebens keinen einzigen Tag krank gewesen. Nach seiner Verhaftung wurde er in die berüchtigte Polizeikaserne in der Meraner Speckbacher-

straße gebracht, wo die Mißhandlungen sofort begannen. Einer der Carabinieri schlug ihm mit dem Gewehrkolben auf die Zehen. Höfler, der groß und ungemein kräftig war, setzte sich vehement zur Wehr, so daß mehrere Carabinieri aus den benachbarten Räumen zur Verstärkung anrücken mußten. Schließlich konnte er nach einem Hieb mit dem Gewehrkolben überwältigt werden. Daraufhin wurde er so mißhandelt, daß er noch zwei Monate später keine Schuhe tragen konnte, da seine Füße offen waren. Ein Ohr war ihm fast abgerissen worden.

Die Beerdigung Höflers in Lana war ein schweigender Massenprotest gegen die polizeistaatlichen Methoden. Die Politiker hielten sich dabei allerdings auffällig zurück. Im endlosen Trauerzug waren nur die SVP-Landtagsabgeordneten Friedl Volgger, Hans Plaikner und Franz Wahlmüller zu sehen.

Einen Tag nach Höflers Tod bestritt der italienische Aussenminister Antonio Segni empört alle Anschuldigungen seines österreichischen Kollegen Bruno Kreisky. Dieser hatte im UNO-Sonderausschuß eine Untersuchung gefordert und Italien vorgeworfen, Methoden anzuwenden, "wie sie bei Nazis und Faschisten üblich'' seien.

Kurz darauf erschien in der italienischen Presse, die bis dahin fast einstimmig die offizielle Version der Polizei übernommen hatte, der erste anderslautende Artikel. "Wurden die verhafteten Attentäter in Südtirol gefoltert?'', fragte der Regionalratsabgeordnete Sandro Canestrini in der KPI-Tageszeitung "L'Unità'':

"Trotz polemischer Töne in der Lokalpresse und eines Hinweises vor der UNO-Vollversammlung bleibt das Thema tabu: wurden die der Anschläge Verdächtigten brutal mißhandelt, um Geständnisse zu erpressen?[6]''

Schon allein diese Fragestellung wirkte auf den Großteil der öffentlichen Meinung Italiens wie eine Provokation. Die Forderung der KPI nach einer parlamentarischen Untersuchungskommission kam für den "Alto Adige'' einer Untergrabung des Rechtsstaats gleich: *"Daß eine marxistische Partei derartige Thesen vertritt, wun-*

Franz Höfler
aus Lana

dert uns nicht. Im Gegenteil, sie decken sich geradezu perfekt mit der marxistischen Rechtsauffassung und Philosophie.''

Als am 7. Jänner 1962 in einer Zelle des Bozner Gefängnisses der 42-jährige Häftling Anton Gostner aus St. Andrä bei Brixen starb, wurde die Lage für die hartnäckig leugnenden Behörden schwieriger. Der herzkranke Vater von fünf Kindern hatte in den Carabinieri-Kasernen von Brixen und Eppan schwere Mißhandlungen erdulden müssen. Man hatte ihm brennende Zigaretten in die Nasenlöcher gesteckt, Käfer auf seinen nackten Körper angesetzt und ihm stundenlang Salzwasser in Mund und Nase geschüttet. Besonders schwerwiegend war im Fall Gostner, daß dieser - obwohl bereits in Untersuchungshaft - erneut den Carabinieri übergeben und mißhandelt wurde. Ungesetzlichkeiten dieser Art waren an der Tagesordnung. Der Bozner Staatsanwalt Paolo Castellano beispielsweise verhörte Häftlinge oft zwischen einer Folterung und der nächsten, ohne daß ihn diese Mißhandlungen auch nur im entferntesten irritierten.

Anton Gostner hatte in der Carabinieri-Kaserne von Brixen seine Kinder zu sich gerufen und ihnen seinen letzten Willen mitgeteilt. Lebend werde er hier nicht mehr herauskommen, hatte er dabei gesagt. Als Gostner schließlich im Gefängnis einen Herzanfall erlitt, forderten seine Mitgefangenen, darunter der Ultner Gemeindearzt Josef Sullmann, dringend entsprechende Medikamente und die Einlieferung ins Krankenhaus.

Vergeblich. Der Häftling starb in seiner Zelle. Der Tod Gostners rief unter der Bevölkerung Bestürzung und Verbitterung hervor.

Die Carabinieri aber wiesen weiterhin alle Beschuldigungen entrüstet von sich. Mit theatralischen Gesten versuchten sie, ihre Unschuld zu beweisen. So fuhr der zahlreicher Folterungen beschuldigte Hauptmann Luigi Vilardo mit einem Militärlastwagen am Hauptplatz von Tramin vor und forderte den Häftling Luis Gutmann zum Aussteigen auf. Dann beorderte er dessen Freund, den Gemeindebediensteten Otto Thaler herbei, um ihm zu beweisen, daß das Gerede von den Folterungen aus der Luft gegriffen sei. Beim überfüllten Löwenwirt mußte Gutmann vor aller Augen bestätigen, daß er nie geschlagen worden sei. Dann zahlte ihm Vilardo ein Glas Wein. Doch die Spuren der Mißhandlungen waren ihm noch deutlich anzusehen und keiner der Anwesenden fiel auf das schlecht inszenierte Spektakel herein.

Einer der ersten, die nach Gostners Tod volle Klarheit forderten, war Bischof Josef Gargitter, der am 10. Jänner Vizeregierungskommissär Puglisi zu einer raschen Intervention aufforderte:

"Die Tatsache, daß innerhalb kurzer Zeit zwei von den im Gefängnis in Bozen befindlichen politischen Häftlingen plötzlich gestorben sind, hat in der Bevölkerung größte Besorgnis hervorgerufen und die Meinung entstehen lassen, daß Gerüchte, die schon seit Monaten im Umlauf waren über Mißhandlungen politischer Häft-

Höflers Beerdigung am 29. November 1961 war ein schweigender Massenprotest gegen Folter und polizeistaatliche Übergriffe.

Der 42-jährige Anton Gostner aus St. Andrä bei Brixen starb im Jänner 1962 im Bozner Gefängnis.

linge durch Sicherheitsorgane begründet sind. Wie ein Alpdruck liegt auf den Herzen vieler die Befürchtung, daß in diesem Grenzgebiet nicht allen Bürgern der Rechtsschutz des Staates in genügender Weise gesichert sei. Wo das Vertrauen in den Rechtsschutz des Staates in den Bürgern erschüttert ist, ist einer unheilvollen Entwicklung Tor und Tür geöffnet.

Es liegt deshalb gleicherweise im Interesse des Staates wie im Interesse der Bevölkerung, daß die zuständigen Behörden in der Angelegenheit der Klagen über erfolgte Mißhandlungen der politischen Häftlinge umgehend völlige Klarheit schaffen, den wahren Sachverhalt feststellen und die Öffentlichkeit darüber unterrichten. Das Volk muß die Sicherheit haben, daß alle Bürger ohne Ausnahme, auch die in Untersuchungshaft befindlichen Personen, den Rechtsschutz des Gesetzes genießen, in ihren Rechten und in ihrer Würde als menschliche Personen geachtet werden und vor aller Willkür geschützt sind.''

Nur zwei Tage später forderten die SVP-Parlamentarier in Kammer und Senat die Einsetzung einer parlamentarischen Untersuchungskommission. Diese Forderung wurde auch vom Landtag unterstützt. Dort verlas der Abgeordnete Hans Dietl einen Brief, in dem Sepp Innerhofer aus Schenna seine Mißhandlungen schilderte.

Doch bereits wenige Tage später lehnte Innenminister Mario Scelba eine Untersuchungskommission erneut ab. Die Zuständigkeit liege bei der Gerichtsbehörde.

Am 14. Jänner begannen die Südtiroler Häftlinge in den Gefängnissen von Bozen und Trient mit einem Hungerstreik und forderten die Einsetzung einer internationalen Untersuchungskommission. Einige von ihnen wurden daraufhin nach Verona und Vicenza strafversetzt.

Ende Jänner wandten sich die Frauen und Mütter der politischen Gefangenen mit einem Appell an die Öffentlichkeit:

"Wir rufen Italien! Nicht jene Kreise, die ja keine Zeit haben und unsere Stimme nicht hören wollen. Wir rufen das italienische Volk, vor allem die italienischen Frauen, in der Überzeugung, daß diese den guten Namen ihres Landes nicht mit Schmutz beflecken lassen durch die Untaten einzelner und durch die Taubheit der Behörden. Wir rufen die Frauen und Mütter Italiens, die durch die Schandtaten der Diktatoren großes Leid erlitten haben. Wir wissen um das viele unschuldige Blut, das auch in Italien geflossen, um die Wunden und Tränen, die diesen Unmenschlichkeiten folgten.

Wir rufen Europa! Wir können an dieses Europa aber

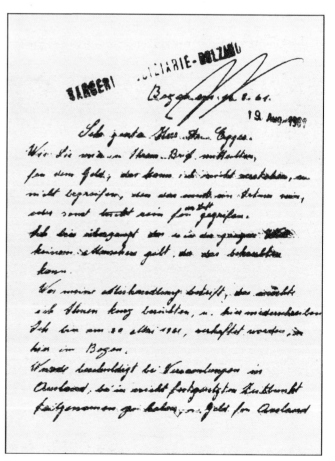

In einem Brief an seinen Rechtsanwalt Fritz Egger berichtete Anton Gostner aus dem Gefängnis über die erlittenen Mißhandlungen.

*Über 10.000 Menschen aus ganz Südtirol machten
Gostners Beerdigung zu einer beeindruckenden
politischen Kundgebung.*

niemals glauben, solange im Herzen dieses Kontinents, in einem uralten Kulturland, noch Folterungen und Maßnahmen geschehen, die an die Zeit des barbarischen Mittelalters erinnern.

Im Ringen um das Schicksal unserer Männer sagen wir hiermit den offenen Kampf allen Personen und Behörden an, die vor dem Schicksal unserer Lieben taub und blind bleiben. Es ist nur ein Kampf um Gerechtigkeit und Menschlichkeit. Unsere Waffen sind das Gebet und der nimmer ermüdende Mahnruf an das christliche Gewissen des Abendlandes. Wir werden, wenn es not tut, geschlossen auf die Straßen und Plätze treten, diszipliniert und friedlich, und nimmer aufhören zu mahnen:
Laßt ab vom Haß,
schafft Abhilfe dem Leid
laßt siegen die Gerechtigkeit.
Wir fordern in tausend Stimmen:
Sofortige Bereitstellung von Vertrauensärzten, die, ihrer edlen Sendung bewußt, unseren Gefangenen schnelle und beste Hilfe angedeihen lassen, damit ihr bisheriges Leiden gelindert und vor allem weitere Schäden vermieden werden.

Die sofortige Ernennung einer parlamentarischen Kommission, die ohne die berühmten bürokratischen Verzögerungen über die Folterungen zu befinden und für die sofortige entsprechende Bestrafung der Schuldigen und vor allem der Verantwortlichen Sorge zu tragen hat. Wir sprechen hier als Frauen und Mütter, absolut unbeeinflußt von Parteien und Politik. Wir fühlen bei dieser Gelegenheit auch das Bedürfnis, einen herzlichen Dank auszusprechen allen, die durch ein Liebeszeichen dieser oder jener Art uns beistehen in diesen schweren Stunden.''

Die immer eindringlicheren Appelle und vor allem die wachsende Aufmerksamkeit der europäischen Presse führten schließlich dazu, daß die Staatsanwaltschaft in Trient Ermittlungen über die Folterungen einleitete.

Der belgische Senatspräsident Paul Struye, der eine vom politischen Ausschuß des Europarates eingesetzte Untersuchungskommission leitete, hatte bei Innenminister Scelba auf ein Gerichtsverfahren gedrängt. Mit den Ermittlungen wurde der Untersuchungsrichter De Baggis betraut, der die meisten Betroffenen aufforderte, ihre Anzeigen zurückzuziehen und ihnen dafür die Anwendung der Amnestie in Aussicht stellte. Die Verschleppung des Verfahrens veranlaßte die politischen Häftlinge im Juni 1962, erneut eine internationale Untersuchungskommission zu fordern:

Das von der Gerichtsbehörde eingeleitete Untersuchungsverfahren über die Folterungen und die damit zusammenhängenden Verhöre und Gegenüberstellungen mit Carabinieri haben eindeutig bewiesen, daß es den italienischen Gerichten nicht um Wahrheitsfindung, sondern darum geht, uns durch Drohungen, Versprechungen und Schikanen zu zwingen, unsere Anzeigen

gegen die Folterknechte zurückzunehmen. Wie diese Untersuchung geführt wird, spottet dem primitivsten Rechtsempfinden! Sämtliche Folterknechte leugnen heute und Richter und Polizei machen sich bei den Verhören über uns lustig, genau wie es bei den Folterungen der Fall war.

Wir klagen daher vor aller Welt an: die italienische Regierung, die trotz genauer Kenntnis der Tatsachen, immer noch die Folterungen abzuleugnen versucht, die Folterknechte nicht nur deckt, sondern sie noch auszeichnet und mit gekünstelter Entrüstung gegen Foltermeldungen im Ausland protestiert. Wir klagen an: den ehemaligen Innenminister Scelba als Hauptverantwortlichen. Scelba hat persönlich die Folterungen in Südtirol angeordnet. Wir haben die Beweise dafür: Offiziere haben während der Folterung sich auf Scelbas ''Freibrief'' berufen. In einem sogenannten demokratischen Land, welches die Konvention der Menschenrechte mitunterzeichnete, wurden und werden heute noch Polizisten zu Folterknechten ausgebildet. Unter anderen folgende Namen: Die Carabinierioffiziere Marzolla und De Rosa (Meran), Hauptmann Silvestro Boracci, Oberst Francesco Marasco, Leutnant Fulvio Esposito, Leutnant Vittorio Rotellini, Leutnant Luigi Vilardo und die Mannschaften Vizebrigadier Rodolfo Schgör, Brigadier Paolo Girolami, Maresciallo Giuseppe Mazzea, Maresciallo Paolo Rainer, Carabinieri Giovanni Marras und Pozzer usw.

Wir klagen an die Gefängnisärzte von Bozen und Trient, die unsere Häftlinge bei der Einlieferung in das Gerichtsgefängnis überhaupt nicht oder einige nur oberflächlich untersuchten, darüber keine Eintragungen machten. Im besonderen den Gefängnisarzt von Bozen, Dr. Piazza, der durch gröblichste Verletzung seines Berufseides mitverantwortlich ist am Tode von zwei Häftlingen.

Wir klagen an die italienische Justiz, die den Staatsanwalt Dr. Castellano beauftragte, blutiggeschlagene Häftlinge zu vernehmen, der sie, wenn sie noch nicht 'geständnisreif' waren, für weitere Folterungen der Polizei übergab und der sich schließlich weigerte, die Anzeigen über Mißhandlungen zu Protokoll zu geben.

Wir klagen an den Untersuchungsrichter im Sprengstoffprozeß Dr. Martin, der nach kommunistischem Beispiel die Dinge auf den Kopf stellt und gegen uns Anklagen erhoben hat, an die er selbst am wenigsten glaubt und die von abgrundtiefem Haß gegen Angehörige einer wehrlosen Minderheit diktiert sind: als Terroristen, Mörder, Gemeinverbrecher sollen wir vor italienische Richter gezerrt und der Willkür und Terrorjustiz ausgeliefert werden. Dabei besteht das 'Hauptverbrechen' der meisten Inhaftierten ausschließlich darin, daß sie sich gegen die Vernichtung unseres Volkes zur Wehr setzten.
Wir appellieren damit noch einmal an die Weltöffentlichkeit, nicht tatenlos zuzusehen, wie heute noch in einem westlichen, sogenannten demokratischen 'Rechtsstaat' das Recht und die Menschenwürde mit Füßen ge-

treten werden. Helft und veranlaßt, daß eine interna-
tionale Kommission diese Schande im Herzen Europas
untersucht und schnelle Abhilfe schafft!
Die politischen Südtiroler Häftlinge in den Gefängnis-
sen von Bozen, Trient und Verona"

Daß es schließlich doch zu einem Verfahren gegen die
beschuldigten Carabinieri kam, war in erster Linie einem Vorfall zu verdanken, der sich am 18. Juni 1961
ereignet hatte. An diesem Tag hatte die Polizei in La-
vis den 38jährigen Kaufmann Livio Pergol und den
42jährigen Frächter Agostino Castelli verhaftet.

Sie wurden unter dem Verdacht der Beteiligung an Anschlägen in die Carabinierikaserne nach Neumarkt gebracht und dort zusammen mit anderen Festgenommenen mißhandelt. Der Bezirksrichter von Neumarkt, Luciano Cicciarelli, stellte bei der Einvernahme deutliche
Folterspuren fest und ließ alle Verletzungen von einem
Gerichtsmediziner genau registrieren. Außerdem informierte er die Staatsanwaltschaft in Trient. Livio Pergol, der wenige Monate später freigelassen wurde,
erstattete ebenso Anzeige. Der Trienter Untersuchungsrichter Fabio Deluca, der zahlreiche Zeugen anhörte,
plädierte für die Eröffnung eines Verfahrens. Aus Gründen der Zivilisation, der Würde und der menschlichen
Ehre seien diese Vorfälle scharf zu verurteilen. Die Carabinieri hätten jene Gesetze verletzt, deren Diener sie
eigentlich sein müßten. Obwohl fast 50 Anzeigen vorlagen, wurden schließlich nur 10 Carabinieri vor Gericht
gestellt. Die anderen Anzeigen seien zu spät eingelangt,
unbegründet oder nicht ausreichend belegt, hieß es.

Am 20. August 1963 begann schließlich vor dem Landesgericht Trient der Prozeß gegen die Carabinieri Vittorio Rotellini, Luigi D'Andrea, Giovanni Demontis, Biagio Armao, Giovanni Marras, Angelo Pasquali, Giovanni Lagnese, Giuseppe Grendene, Amazio Pozzer und
Luigi Vilardo.

"Die Stimmung im Gerichtssaal war denkbar schlecht",
erinnert sich der Schlanderser Rechtsanwalt Karl Gart-
ner. Auf der Publikumstribüne befanden sich fast ausschließlich Polizisten in Zivil, die den Angeklagten
immer wieder Beifall spendeten. Während die Kläger
in Ketten vorgeführt wurden, gaben sich die Angeklagten lässig und siegessicher.

Trotz des feindlichen Klimas war Gerichtspräsident Giuseppe Giacomelli redlich um eine Wahrheitsfindung bemüht. Diesem Ziel diente auch ein Lokalaugenschein
des Gerichts in der Carabinieri-Kaserne von Neumarkt.
Ein großer Teil der italienischen Öffentlichkeit reagierte
auf den Prozeß mit Verständnislosigkeit und Empörung.
Die Redaktionen vieler Zeitungen wurden mit Briefen
erregter Leser überhäuft. Noch bevor das Urteil gesprochen war, jubelte die römische Tageszeitung "Il tempo": "Die Anklagen gegen die Carabinieri fallen ins
Leere!" Im "Messaggero" war von "Staatsbankrott"
und "Selbstmord der staatlichen Einrichtungen" die
Rede.

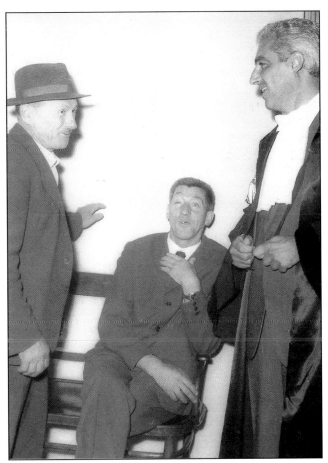

Der damalige Untersuchungsrichter und heutige Oberstaasanwalt Ma-
rio Martin gehört zu den umstrittensten Terror-Fahndern in Südtirol.

Der nach seiner Festnahme mißhandelte Trentiner Kaufmann Li-
vio Pergol (Mitte) mit Verteidiger Sandro Canestrini.

Der Prozeß von Trient brachte Italien in eine wenig beneidenswerte Lage. Außenpolitisch versuchte man, vor den aufmerksamen Augen der gesamten europäischen Öffentlichkeit Italiens Ruf als Rechtsstaat zu retten, innenpolitisch mußte man der Stimmung in der Bevölkerung Rechnung tragen, die das Verfahren als Nestbeschmutzung und unzulässige Nachgiebigkeit gegenüber jenen Terroristen empfand, die Italien den Kampf angesagt hatten.

"Zwar hatte sich Italien längst vom Faschismus befreit, die autoritären Denk- und Verhaltensmuster waren aber noch da", erinnert sich Umberto Gandini, der diese Jahre als junger Journalist beim Alto Adige miterlebte: "Wenn ein Straßenpolizist während des Dienstes mit seinem Motorrad verunglückte, dann schrieben wir darüber nichts. Ein Polizist durfte im Dienst nicht verunglücken. Das war undenkbar."

Aggressionen bekamen vor allem die italienischen Rechtsanwälte zu spüren, die die Verteidigung der Südtiroler übernommen hatten. Der KPI ging dieser Schritt ihres Regionalratsabgeordneten Sandro Canestrini zu weit. Er wurde bei den nächsten Wahlen nicht mehr auf die Liste gesetzt. Und mit offener Mißbilligung hörte das Publikum in Trient dem Plädoyer des späteren Verfassungsgerichts-Präsidenten Ettore Gallo zu: *"Jede Volkserhebung beginnt mit einer Ungerechtigkeit des Systems. War es gestern das Verprügeln eines begeisterten Irredentisten, weil er die Tiroler Fahne gehißt hatte, so ist es heute die Ohrfeige für den Attentäter und morgen die Mißhandlung dessen, der nicht für die Mehrheitspartei ist. Übermorgen dann der Fußtritt für den, der nicht die Meinung der Polizei teilt. Heute mißhandelt man den Südtirol-Terroristen, morgen den Normalbürger."*

Doch angesichts der Begleitumstände war es fast unausbleiblich, daß der Prozeß in Trient mit einem Frei-

Die zehn der Folter angeklagten Carabinieri beim Prozeß in Trient. Ganz links Amazio Pozzer, ganz rechts Luigi Vilardo und Vittorio Rotellini.

Mißhandelte Südtiroler als Zeugen: von links Luis Hauser, Hans Clementi, Anton Waid, Arnold Dibiasi und Josef Sullmann.

Am 29. August 1963 verkündete Gerichtspräsident Giuseppe Giacomelli den Freispruch für die Angeklagten. Zwei von ihnen wurden amnestiert.

spruch endete. Am 29. August verkündete Gerichtspräsident Giuseppe Giacomelli nach dreizehnstündiger Beratung das Urteil: Freispruch für acht Carabinieri, weil die ihnen angelastete Tat kein Vergehen darstellt, Anwendung der Amnestie für Vittorio Rotellini und Luigi D'Andrea.

Das Urteil wurde mit frenetischem Beifall und Jubel aufgenommen. Lieder wurden gesungen und Faschisten hoben die Hand zum römischen Gruß. Ein Trienter Jurist und enger Freund des wenig später verstorbenen Gerichtspräsidenten Giacomelli erzählt, das Gericht habe sich bereits für eine Verurteilung entschieden gehabt, als von höchster römischer Stelle massiver Druck ausgeübt worden sei.

Der Freispruch machte sich allerdings für Italien nicht bezahlt. Das Urteil wurde in der internationalen Presse hart kritisiert. In Italien stieß es lediglich im linken Lager auf Kritik. Der Sozialist Mauro Ferri bezeichnete es in der Abgeordnetenkammer als "in vieler Hinsicht kritisierbar, vielleicht sogar bestürzend". Ganz anders die Christdemokraten. Im Trentiner DC-Blatt "L'Adige" spendete Flaminio Piccoli Beifall:

"Die Ordnungshüter, die in Südtirol gewirkt haben, verdienen Anerkennung. Der Prozeß stellt schon an und für sich einen Wert dar. Er zeigt die ganze Bandbreite des Freiheitsspektrums, das sich aus der Verfassung entwickelt hat. Es zeigt, welche Garantien den einzelnen Bürger schützen und es beweist deutlicher als je zuvor, daß die ethnische Minderheit über alle Mittel verfügt, um das Recht des Individuums zu schützen."

("L'Adige" 31.8.63)

Er habe nie den geringsten Zweifel an einem Freispruch gehegt, schrieb Starjournalist Indro Montanelli und fügte hinzu:

"Je öfter die Terroristen das Gesetz brechen, desto strenger müssen wir es halten. Je verrückter sie werden, desto klüger müssen wir sein. Je mehr Schande sie auf sich laden, desto schneller wachsen unser Ansehen und un-

Unbefangene Stimmung vor dem Gerichtssaal: Vittorio Rotellini (links) im Gespräch mit Luigi Vilardo (Mitte) und Luigi D'Andrea.

sere Würde. Es wäre fatal, auf dieselbe Ebene von Gewalt und Willkür hinabzusteigen wie sie: das ist es nämlich was sie wollen!"   *("Domenica del Corriere" 18.9.63)*

Angesichts des Urteils von Trient verloren auch einige österreichische Zeitungen völlig das Gefühl für das rechte Maß. Das Gericht habe mit seinem Freispruch "allen Österreichern mitten ins Gesicht geschlagen", schürte die "Tiroler Tageszeitung" antiitalienische Ressentiments.

Während die "Dolomiten" von einem "Fehlurteil" sprachen, "das in ganz Südtirol nur mit Empörung aufgenommen werden kann" fragte der "Alto Adige" auf seiner deutschen Seite gereizt: "Wie hoch sollten die Strafen für die Carabinieri denn ausfallen, damit das Urteil für die "Dolomiten" faßbar würde?"

Was allerdings dem Freispruch von Trient folgte, empfanden auch durchaus gemäßigte italienische Zeitungen als eher peinlich: Wenige Tage nach ihrem Freispruch wurden die 10 Carabinieri in Rom vom späteren Putsch-General Giovanni De Lorenzo empfangen und ausgezeichnet. Einige von ihnen wurden wegen "beispielhafter Pflichterfüllung" befördert. Der Journalist Vittorio Lajocono fragte in seinem Buch "Alto-Adige-Südtirol":

"Natürlich nahmen die Terroristen dieses Ereignis zum Anlaß, um wie üblich Polizei und Carabinieri in den Dreck zu ziehen. Aber wäre es nicht besser gewesen, ihnen dafür keinen Vorwand zu liefern?"

Nur ein halbes Jahr später sorgte in Italien ein Fall für Schlagzeilen, der fatal an die Ereignisse in Trient erinnerte. In Romanengo bei Bergamo verhafteten die Carabinieri 27 Mitglieder einer Bande, die acht Banküberfälle und weitere Delikte gestanden. Die Presse zollte den Sicherheitskräften Beifall und die Zeitschrift "Il Carabiniere" rückte die beispielhafte Aktion auf ihre Titelseite.

Doch schon bald stellte sich heraus, daß die als vermeintliche Bankräuber Verhafteten durchaus friedliche Bürger waren, deren Geständnisse durch Mißhandlungen erpreßt worden waren. Verantwortlich für die gesamte Aktion waren der Carabinierimajor Carlo Siani und der durch die Folterungen in der Kaserne von Neumarkt bestens bekannte Oberleutnant Vittorio Rotellini, der nach dem Prozeß von Trient befördert und nach Bergamo versetzt worden war. Die Vorgänge in Bergamo erregten in der italienischen Öffentlichkeit großes Aufsehen.

> **Un racconto allucinante che apre un caso d'estrema**
>
> **gravità: trenta cittadini arrestati dai carabinieri**
>
> **di Bergamo spiegano perché si confessarono auto-**
>
> **ri di clamorose rapine che non avevano commesso**

"L'Espresso" 3.5.1964

il Carabiniere

N. 2 - 29 Febbraio 1964 - Anno XVII - Sped. in Abb. Postale - Gr. III

DA BERGAMO

REQUIEM

PER UNA BANDA

DI RAPINATORI

SERVIZIO ALLE PAGG. 7 - 15

"Requiem für eine Räuberbande" triumphierte die Zeitschrift "Il Carabiniere" im Februar 1964. Doch die Bande gab es gar nicht. Alle Geständnisse waren durch Mißhandlungen erpreßt worden. Mit dabei: der nach dem Freispruch von Trient beförderte Oberleutnant Vittorio Rotellini.

Eine Bestrafung erfolgte nicht. Siani und Rotellini wurden lediglich versetzt und verließen am 11. Mai 1964 Bergamo. Der mit einer Südtirolerin verheiratete Hauptmann Vittorio Rotellini war bis zu seiner Pensionierung als Carabiniere tätig.

Das Kapitel der Mißhandlungen und der Repression in Südtirol ist ein verdrängtes Stück Geschichte, das in seiner Gesamtheit noch nie durchleuchtet wurde. Jetzt, 30 Jahre später, ist es höchst an der Zeit, darüber zu sprechen, auch wenn die Wunden noch nicht verheilt sind. Sicher ist, daß die Mißhandelten von damals - wie auch immer sie gedacht und gehandelt haben mögen - ein Recht auf moralische Wiedergutmachung haben. Viele von ihnen haben am meisten unter dem Schweigen gelitten, das über die Ereignisse jener Jahre gebreitet wurde.

Es war unser Ziel, dieses Schweigen zu brechen, das Gespräch mit den Betroffenen von damals zu suchen und damit ein Stück unserer eigenen Geschichte loszueisen aus der Vergangenheit.

Denn: "Man entkommt der eigenen Vergangenheit nicht auf Schleichwegen. Die Geschichte ist die einzige Mauer, durch die man mit dem Kopf hindurch muß: aber denkend" (Claus Gatterer).

Befreiendes Lachen nach dem Freispruch: Vittorio Rotellini.

Erich Walter aus Neumarkt wird in den Gerichtssaal von Trient gebracht.

HANS MAYR

"...BIS ZUR ÄUSSERSTEN KONSEQUENZ"

WIE DER KATHOLISCHE FUNDAMENTALIST SEPP KERSCHBAUMER ZUM BOMBENLEGER WURDE

EINE POLITISCHE BIOGRAPHIE

Was die Zeitzeugen sagen

Vittorio Lojacono, Korrespondent der Mailänder Wochenzeitung "Domenica del Corriere" in seinem 1968 im Mailänder Mursia-Verlag erschienenen Buch "Alto Adige - Südtirol" über Sepp Kerschbaumer:[1]

"Der interessanteste unter den Angeklagten ist ohne Zweifel Josef Kerschbaumer, ein Bergler aus Frangart, ein Idealist vor allem. Er hat ein kleines Geschäft, sechs Kinder; er ist leutselig, vor allem hilfsbereit und spendenfreudig. Auch 15 italienische Familien werden von ihm unterstützt. Ein eigenartiger Typ, dieser Kerschbaumer, aber durch und durch konsequent. Wegen einer Fahnengeschichte wird er zu zehn Tagen Gefängnis verurteilt und erklärt dem Richter: "Mir scheint nicht, daß ich etwas Ungesetzliches mache, handelt es sich doch um die Tiroler Fahne." Die zehn Tage sind bedingt verhängt worden. Doch Kerschbaumer legt Berufung ein, er will die Strafe absitzen. In Trient wird er zufriedengestellt und beginnt im dortigen Gefängnis einen zehntägigen Hungerstreik. Er wird noch einen weiteren Hungerstreik von 21 Tagen aus Protest gegen die Langsamkeit der Justizmaschinerie nach der Feuernacht durchführen. Ein wirklich eigenartiger Mensch, dieser Kerschbaumer. Seinen Mitstreiter Felderer aus dem Sarntal, dem die Polizei auf der Spur ist, ruft er auf, er soll aufhören, den Helden zu spielen und sich ergeben, denn "so wie wir den Mut gehabt haben, anzufangen, müssen wir auch den Mut haben aufzuhören und die Wahrheit zu sagen". Als sein Rechtsanwalt Nicolussi-Leck ihm rät, er soll Entlastungszeugen anfordern, antwortet er: 'Wenn ich meinen italienischen Nachbarn geholfen habe, dann deshalb, weil es meine Pflicht als Christmensch ist, jenen zu helfen, die es nötig haben." Aber daß sie als Zeugen geladen werden und zu seinen Gunsten aussagen, davon will er nichts wissen, denn "die Rechte darf nicht wissen, was die Linke getan hat". Über Jahre hinweg glaubt dieser Kerschbaumer an eine friedliche Lösung des Südtirolkonfliktes. Er schreibt immer wieder Briefe, aber niemand hört auf ihn. Parteiobmann Silvius Magnago läßt ihn rufen und wirft ihm vor, lästig zu sein: "Kerschbaumer, du schreibst zuviel". Doch Kerschbaumer antwortet ihm: "Ein freier Mensch in einem demokratischen Regime hat doch das Recht, Briefe an die Bürgermeister, die Pfarrer, die Spitzen der Verwaltung und des Militärs zu schreiben und seinen Sorgen und Klagen über die politische Situation Ausdruck zu verleihen." Als sie ihn dann verhören, versucht er nicht etwa seine Verantwortung abzuschwächen, nein, er rühmt sich der Attentate. Wahrscheinlich haben die Ermittlungsbehörden angesichts des eigenartigen Menschen, mit dem sie es zu tun hatten, ihn glauben lassen, daß er sich wirklich so etwas wie militärische Ehren verdiene für die Art, in der er für seine Ideen gekämpft hat. Sicher ist, daß dieser Träumer nicht nur alles zugibt, was ihn persönlich betrifft bei den Anschlägen. Bei der Gegenüberstellung mit seinen Komplizen fordert er diese sogar auf, sich im Namen der soldatischen Ehre so zu verhalten, wie er es getan hat."

Josef Fontana, Historiker, Kerschbaumers Vertrauensmann in der Neumarkter BAS-Gruppe und Wegbegleiter in den Jahren der Haft:

"Sepp Kerschbaumer war kein Führer im parteipolitischen Sinne, aber er war ein Mann von großer Überzeugungskraft, einer, der die politischen Zusammenhänge durchschaut hat, der wußte, wie dosieren. Was mich an Kerschbaumer besonders beeindruckt hat, war diese vollkommene Übereinstimmung von Religiosität und Lebensführung. Bescheidenheit, Demut und klares politisches Denken kennzeichneten Sepp Kerschbaumer. Er war ein großer politischer Kopf, der wirklich klar denken konnte. Er hat jahrelang mit einem Redakteur der Schweizer Wochenzeitschrift "Weltwoche" korrespondiert, die italienische Innenpolitik genauestens verfolgt. Der Kerschbaumer war kein Einfaltspinsel, der von Büro zu Büro gehatscht ist. Dazu kam sein außergewöhnliches soziales Engagement. Sogar italienischen Zuwanderern, die in Not waren, hat Kerschbaumer weitergeholfen. Er hat da streng unterschieden zwischen der großen Politik und einem Einzelschicksal.

Sepp Kerschbaumer aus Frangart war die führende Persönlichkeit des BAS in Südtirol.

Beeindruckend auch seine Spontaneität, sein Mut, seine Zivilcourage und seine Fähigkeit, in brenzligen Situationen schnell und richtig zu entscheiden. Zwei Beispiele: Bevor 1959 die Feiern zum 150-Jährigen des Tiroler Aufstandes von 1809 losgingen, gab es einen Streit darüber, ob man es wagen sollte, nur die Tiroler- und die Schützenfahne auszuhängen und auf die Tricolore zu verzichten. Oder sollte man sich dem Wunsch der Behörden beugen, die unbedingt auch die italienische Fahne im Winde mitflattern sehen wollten? Bei der Volkspartei war man zur Auffassung gelangt, daß es besser sei, die Staatsgewalt nicht zu provozieren und auch die Tricolore auszuhängen. Das ist dem Kerschbaumer zu Ohren gekommen, der saust in die Partei hinein und sagt den Herren: "Diesen Frevel laß ich nicht zu, wenn ihr die italienische Fahne aufhängts, reiß ich sie euch eigenhändig herunter." Das Ergebnis: Man hat bei der Eröffnung der Feierlichkeiten auf Fahnen überhaupt verzichtet und später dann sind nur die Tiroler- und die Schützenfahne ausgehangen. Das zeigt doch, daß auch ein Mensch allein im richtigen Moment etwas erreichen kann."

Josef Fontana fällt noch eine weitere Episode ein: "Nach dem Tod von Franz Höfler und Anton Gostner ist ein Brief zirkuliert, der hat so ausgeschaut, wie wenn wir politische Gefangene ihn verfaßt hätten, obwohl er nicht von uns stammte. In diesem Brief wurden auch die Folterungen geschildert und darüberhinaus hat man die Einsetzung einer internationalen Untersuchungskommission verlangt. Daraufhin ist der Staatsanwalt Corrias im Gefängnis erschienen, hat uns alle verhört und wollte unbedingt wissen, wer von uns diesen Brief geschrieben hat. Doch wir wußten ja nichts von der ganzen Aktion. Trotzdem waren wir nicht zufrieden mit dieser Antwort. Da fragt der Staatsanwalt den Kerschbaumer; der sagt, nein, ich weiß nichts von dem Brief, bestätige aber voll den Inhalt. Er war der einzige von uns, der richtig reagiert hat und das hat uns ungeheuer imponiert. Das war bei ihm öfters der Fall. Ich vergleiche ihn da ein bißchen mit dem früheren Tiroler Landeshauptmann Eduard Wallnöfer. Der war auch kein intellektueller Analytiker und hat trotzdem oft Sprüche getan, mit denen er alle überrumpelt hat. Der Kerschbaumer hat in heiklen Momenten von innen heraus richtig entschieden."

Viktoria Stadlmayer, langjährige Leiterin des Referats 'S' in der Tiroler Landesregierung und in der österreichischen Südtirolpolitik von der Stunde Null an mit dabei:

"Sepp Kerschbaumer war ein großartiger Charakter, ein absolut untadeliger, lauterer Mensch; aber ein großer Politiker, das war er bestimmt nicht. Ein Mann, der zu hundert Prozent zu dem gestanden ist, was er getan hat. Im Februar 1961 hat er bei mir in Innsbruck vorbeige-

schaut und wollte eine moralische Unterstützung für Anschläge, die reinen Demonstrationscharakter haben sollten. Da habe ich gesagt, das bringt nichts, laßt die Finger davon. Man wird euch verhaften und was dann? Wenn aber 10.000 hinter den Aktionen stehen und gewaltfrei auf ihre Anliegen aufmerksam machen, dann hat das eine ganz andere Wirkung. Wenn man eine härtere Politik machen will, ist es zwar richtig voranzugehen, aber man darf sich nie zu weit von der Truppe entfernen. Und genau das ist passiert. Die Menschen waren dann nach der Verhaftungswelle und den Folterungen völlig verstört, die SVP ist politisch weit zurückgefallen. Italien hatte harte Konsequenzen gezogen und Südtirol de facto in ein Heerlager verwandelt."

Sepp Innerhofer, Goyenbauer in Schenna, 1961 an den Sprengstoffanschlägen im Meraner Raum beteiligt:

"Sein Wort, das war uns zwar nicht Befehl, aber es war uns trotzdem alles. Seinem Wort haben wir vertraut. Er war tief religiös, ein einfacher Mann wie wir alle, grundehrlich. Er war der Mann, der zu führen verstand durch seine Ehrlichkeit und Gradlinigkeit. Diese Gradlinigkeit hat ihn zu einer außerordentlichen Führungspersönlichkeit gemacht. Ohne ihn wäre ich wohl nie Mitglied des BAS geworden. Viel hat er mit dem Rosenkranz in der Hand erreicht. Der Rosenkranz hat ihm die Kraft gegeben, das alles zu meistern, auch die Last, an der er dann zugrunde gegangen ist, weil er das alles zu schwer, zu ehrlich genommen hat. Die Jugend könnte auch heute noch stolz sein, wenn sie einem so gradlinigen Mann vertrauen könnte, wenn sie einen Sepp Kerschbaumer zum Leitbild hätte."

Oskar Niedermair, mit 17 Jahren der jüngste der 61-er; er hat Sepp Kerschbaumer erst im Gefängnis kennengelernt:

"Der Sepp war immer für alle da, er war wie ein Vater für uns alle."

Heinrich Klier, einer der führenden Nordtiroler BAS-Leute in Innsbruck:

"Der Kerschbaumer war ein sehr liebenswerter Mensch, aber völlig ungeeignet."

Wolfgang Pfaundler, damals Chef des BAS in Innsbruck:

"Ich habe große Meinungsverschiedenheiten mit dem Kerschbaumer gehabt. Ich hab ihn in Vahrn bei Brixen kennengelernt. Er war ja ein sehr tapferer Mann und auch so intelligent, zu sehen, daß man nach außen hin Verbindungen braucht. Die Schwierigkeiten zwischen uns bestanden darin, daß ich von Anfang an für den großen Schlag war, Kerschbaumer hingegen mehr für eine Strategie der kleinen Stiche, die meiner Meinung nach viel zu viele Opfer gekostet hätte. Wir wollten beide keinen Guerillakrieg, doch wollten wir in Innsbruck die Carabinieri nicht unbedingt schonen. Er ist damals mit einem grauenvollen Sprengstoff dahergekommen, den man zum Sprengen von Bäumen verwendet hat. Da hätt ein Mast keinen Naggler gemacht. Aber warum soll der Kerschbaumer nicht in die Legende eingehen, hat er doch nichts mit der Feuernacht zu tun. Überhaupt eignen sich die Südtiroler nicht als Verschwörer. Dazu sind sie viel zu romantisch veranlagt. Wenn da einer daherkommt und irgendwelche Vorschläge macht, wie man das Land befreien könnte, dann bekommen die feuchte Augen und fallen drauf hinein. Unter solchen Umständen ist es besonders leicht, irgendwelche Leute einzuschmuggeln.''

Nationalrat Rupert Zechtl, langjähriger Abgeordneter der SPÖ im Wiener Parlament und Landesrat, in seinem Sommerfrischhaus in Igls:

''Hier an diesem Tisch sind sie oft gesessen, der Kerschbaumer, der Pircher Jörg, der Dietl und die anderen. Der Kerschbaumer war einfach felsenfest davon überzeugt, daß man zu diesen Mitteln greifen muß. Er ist ein großer Mann gewesen, ohne im politischen Sinn ein großer Mann zu sein. Er war ein Charaktermensch, ein gewinnender Idealist, aber eine politische Führungspersönlichkeit, das war er nicht. Zum Landeshauptmann hätte es wohl nicht gereicht. Kerschbaumer hatte nicht Generalstabsqualitäten im politischen und militärischen Sinne. Trotzdem tu ich dreimal den Hut vor ihm herunter. Er war überzeugt, daß in diesem Moment Gewalt als Mittel der Politik angebracht ist, auch wenn er sich im Gegensatz zum Amplatz und zum Pircher gegen jede Individualgewalt ausgesprochen hat. Kerschbaumer hat auch verstanden, daß man in Österreich mit beiden Seiten reden muß, den Schwarzen und den Roten. Mit einem Amplatz oder Klotz wäre keine Gemeinschaft möglich gewesen. Amplatz z.B. war ein gehässiger Gegner der Sozialisten. Aber die Leute, die befanden sich ja damals allesamt in einer Traumwelt. Das war eine allgemeine Aufbruchstimmung. Die hätten sich durch nichts stoppen lassen. Auch nicht der Kerschbaumer. Da war nichts mehr zu machen. Ich hab sie ja gewarnt, die wollten aber kamikazemäßig weitermarschieren. Um das zu verdeutlichen: Da hab ich z.B. den Klotz, das muß noch 1961 gewesen sein, auf der Maria-Theresienstraße hier in Innsbruck getroffen und da hat der mir allen Ernstes erklärt: 'Wir beherrschen Südtirol bei Nacht.' Die haben allen Ernstes geglaubt, die Italiener, die haben die Hosen voll und laufen davon.''

Franz Berger, Journalist der Tageszeitung Dolomiten:

''So tiefreligiöse und heimatliebende Leute wie den Sepp Kerschbaumer, die gibt es heute nicht mehr. Würde es so einen noch geben, so würde man ihn in unserer satten, vielfach nur auf Gewinn ausgerichteten Wohlstandszeit wahrscheinlich für einen Psychopathen halten. Ich weiß, der Sepp ist damals oft in die Redaktion der 'Dolomiten' gekommen und hat dort seine Probleme vorgebracht, auch wenn die Zeitung, bzw. deren Direktion, ihm gegenüber sehr zugeknöpft war.''

War Kerschbaumer ein politischer Kopf? Franz Berger zögert: ''Kerschbaumer war vor allem ein Idealist, ein grundehrlicher, herzensguter Mensch; doch für einen Politiker war er einfach zu naiv, zu gradlinig und wahrheitsliebend. In seiner Sorge um die Heimat hat er den Politikern die Türen eingerannt, hat sie immerfort mit Schreiben bombardiert und, als er schließlich enttäuscht zur Erkenntnis kam, daß alle seine Bemühungen umsonst waren, hat er keinen anderen Ausweg mehr gesehen als diese Untergrundbewegung ins Leben zu rufen. Doch das hat er nicht sehr fachmännisch gemacht. Der Kerschbaumer ist ja ganz offen zu den Leuten hingegangen und hat ihnen seine Ansicht dargelegt, so daß einer den anderen kannte. Schon bevor die Sprengungen anfingen, haben es die Spatzen von den Dächern gepfiffen, daß da etwas im Anzug ist. Wenn der Pimpelhuber in Frangart den Pimpelhuber im Vinschgau kennt, dann muß ja die Lawine ins Rollen kommen. Die Untergrundbewegung ist dann nach dem ersten Schlag auch bald einmal aufgeflogen. Das war nicht zu vermeiden, denn wir wissen ja, welche Methoden damals angewandt wurden.

Sepp Kerschbaumer war in seinem Einsatz für die Heimat sicher auch zu vertrauensvoll und glaubensselig. Viele der Aktionen, die er gestartet hat, hat er aus der eigenen Tasche finanziert. Seine Frau hat oft lautstark gejammert. Man kann sich ja vorstellen: das meiste, das im Laden eingenommen wurde, ist in Fahnenstoffe und im Pulver aufgegangen. Ein Kuriosum am Rande: Sepp Kerschbaumer war damals auch schon ökologisch unterwegs; viele Plakatwände, die zu Werbezwecken den Straßen entlang aufgestellt worden waren, hat er zu Fall gebracht; er hat der Landschaft und vielen Naturfreunden einen guten Dienst erwiesen.

Gewiß, das Opfer, das Sepp Kerschbaumer und seine Mitstreiter gebracht haben, war zu groß. Man hat sie das ganze Gewicht der staatlichen Allmacht und der italienischen Justiz spüren lassen. Viele haben heute noch daran schwer zu tragen. Jene Landespolitiker aber, die damals von einer Schändung der Herz-Jesu-Nacht sprachen und nicht müde wurden, die rein nur auf Sachschaden ausgerichteten Demonstrationsanschläge zu verurteilen, dürften inzwischen zur Erkenntnis gekommen sein, daß vieles, das sich inzwischen in unserem Lande zum Besseren gewendet hat, dem mannhaften Wollen und Wagen dieser Männer zu verdanken ist.''

Luis Gutmann, Vertrauensmann Kerschbaumers in Tramin und langjähriger politischer Häftling:

"Wir haben den Kerschbaumer vor allem bewundert für die Courage, die er immer wieder gezeigt hat. Denn damals war es nicht so leicht, die Wahrheit zu sagen. Für Schmähung der Nation, fürs Fahnenhissen oder ähnliche Delikte hat man schon gleich einmal ein paar Wochen Kerker riskiert. Der Sepp war für mich ein Mensch, zu dem man aufgeschaut hat, auch im Kerker. Er war nicht einer, der weiß Gott was dargestellt hat. Er war auch kein Genie, aber er hat einen so feinen menschlichen Charakter gehabt. Er war ein hundertprozentig überzeugter Christ und Tiroler, er war absolut gegen Menschenopfer. Aber ohne Gewalt geht es nicht, auch wenn wir nicht die richtigen Leute dafür sind, hat er gesagt.

Wir haben schon ab 57/58 hier in Tramin ein bißchen Krawall gemacht mit Schwarzpulver, das wir mit einem 'Schmatz' angeglüht haben. Es hat dann auch Hausdurchsuchungen gegeben. Erst später haben wir auf Größeres hingearbeitet. Daß der Kerschbaumer zu mehr imstande ist, als eine Fahne aufzuhängen und daß er Schneid hat, hat er Ende der 50er Jahre bewiesen als das nationale Alpinitreffen in Bozen stattfinden sollte. Das war schon so gut wie ausgemacht und die SVP hatte auch schon zugestimmt. Da ist der Kerschbaumer zum Magnago hin und hat gesagt: Wenn dieses Treffen stattfindet, übernehmen Sie die Verantwortung für das, was dann passiert. Das Alpinitreffen wurde daraufhin abgesagt."

Soweit die Aussagen einiger Zeitzeugen, die mit Sepp Kerschbaumer über Jahre hinweg in der Untergrundbewegung und später dann im Gefängnis beisammen waren oder ihn von anderen Begegnungen her gut kannten. Sie entwerfen das Bild eines aufrechten, tiefreligiösen, liebenswerten, aber auch naiven Menschen, der gerade für seine Zeit mit viel Zivilcourage ausgestattet, seinem Volk jene Rechte erstreiten wollte, die er für natur- und gottgewollt hielt. Generalstabsqualitäten im politischen und vor allem im militärischen Sinne besaß Kerschbaumer bestimmt nicht. Er verfügte über ganz andere Qualitäten. Kraft seiner moralischen Autorität, seines integren Charakters, seiner in verschiedenen zunächst gewaltfreien Aktionen bewiesenen Zivilcourage war ihm von Anfang an eine unbestrittene Führungsrolle in dem von ihm gegründeten Befreiungsauschuß Südtirol (BAS) zugekommen. Daß Sepp Kerschbaumer für militärische Aktionen nicht in Frage kam, daß ein Masten bei ihm "keinen Naggler gemacht hätte", wie Wolfgang Pfaundler das so schön sagt und er fürs Sprengen nicht taugte, das war all seinen Mitstreitern klar. Trotzdem schaute man zu ihm auf, war er für den Südtiroler Teil des BAS so etwas wie die charismatische Führungsfigur der Untergrundbewegung. Kerschbaumer selbst wußte gut genug und das belegen

die Aussagen von Luis Gutmann und Josef Fontana, daß er und seine Mitstreiter sich nicht unbedingt geeignet hielten für einen großen Gewaltakt. Trotzdem erachteten sie ihn nach langem Zögern für notwendig und unausweichlich. Nur so, meinten sie, wäre Rom zur Räson zu bringen. Daß sich die Südtiroler als Verschwörer nicht recht eignen wollen, daß ihnen - Gott sei Dank, muß man sagen - die Brutalität einer IRA, einer ETA oder wie es damals war, der algerischen Freiheitsbewegung und des französischen Gegenstücks dazu, der OAS, abging, daß sie schließlich in einem Schlag fast nach der Feuernacht von den Carabinieri gefaßt wurden, das tut ihrer Glaubwürdigkeit keinen Abbruch. Im Gegenteil, sie waren nicht wie die großen Terrororganisationen unserer Zeit mit einem ausgeklügelten und kaum zu knackenden System der Geheimhaltung in Aktion getreten. Ihrem Auftreten haftete noch irgendwie das bäuerlich offene, ehrliche Aufbegehren an. Das alles roch mehr nach Andreas Hofer als nach modernen Terrorkommandos. Vor allem Menschenleben durften bei den Anschlägen nicht aufs Spiel gesetzt werden. Die Handschrift von Sepp Kerschbaumer war bei all dem unverkennbar. Er hat die großen Leitlinien vorgegeben. Ohne ihn - das kann heute mit Sicherheit angenommen werden - hätte dieser Kampf um Südtirol eine viel blutigere Spur hinterlassen.

Wer war dieser Mann, wo kommt er her?

Sepp Kerschbaumer ist am 9. November 1913 in Frangart bei Bozen geboren. Der Vater, der 1917 an der Dolomitenfront gefallen ist, stammte vom Ritten, die Mutter aus Aldein. Die Familie Kerschbaumer hatte es zu bescheidenem Wohlstand und Ansehen gebracht. Als Angestellter der Firma Amonn war es dem Vater möglich, das Gemischtwarengeschäft in Frangart aufzubauen, das Sepp Kerschbaumer später übernehmen sollte. Aber nachdem er den Vater bereits mit fünf und die Mutter mit neun Jahren verloren hatte, begannen für den kleinen Sepp zunächst einmal lange Jahre der Heimerziehung. Zuerst im Rainerum in Bozen und dann bei den Chorherren in Neustift, wo er bis zum 14. Lebensjahr die kaufmännische Vorbereitungsschule besuchte. Sepp Kerschbaumer hat zwar keine höhere Schule besucht, doch dürfte er in Bozen und Neustift eine recht solide Grundausbildung erfahren haben. Nach Neustift beginnt er in einem Brixner Porzellangeschäft die Kaufmannslehre und übernimmt dann mit 21 Jahren vom Vormund das vom Vater in Frangart ererbte Gemischtwarengeschäft.

Mit 23, wir schreiben inzwischen das Jahr 1936, hat Sepp Kerschbaumer seine Verlobte Maria Spitaler[2] aus Eppan geheiratet, die sich dann im Laufe der Jahrzehnte als tüchtige Mutter, Geschäftsfrau und Geldgeberin erweisen sollte. Darüberhinaus ist sie ihrem Mann, der mit weit weniger Realitätssinn ausgestattet ist, vor allem in den turbulenten Zeiten bis hin zum Ende des II. Weltkriegs immer wieder zur Seite gestanden und hat auch zu verhindern gewußt, daß seine patriotische Haltung, seine Liebe zur Heimat und zum Deutschtum, die ja schon recht früh ausgeprägt waren, sich zu einer Gefahr für ihn selbst und die Familie auswachsen konnten.

Zu diesem Zeitpunkt hatte Sepp Kerschbaumer bereits seine erste politische Mutprobe hinter sich gebracht. Im Herbst 1934 war nämlich bekannt geworden, daß die besetzte Saar[3] sich im Rahmen einer Volksabstimmung zwischen Deutschland oder Frankreich entscheiden könne. Diese Nachricht hat natürlich gar manchen Südtiroler mit Freude erfüllt und bei vielen auch den Kamm etwas schwellen lassen. So auch bei Sepp Kerschbaumer und seinen Freunden, die schon jubilierten: "Übers Jahr wie die Saar". Sie eilten, eine ganze Gruppe stark, auf das Herbstfest nach St. Pauls und ließen dort ihrer Freude über die frohe Kunde aus dem Reich freien Lauf.

Die Rückkehr der Saar wurde schon im voraus mit damals verbotenen deutschen Liedern lautstark gefeiert und auch den Führer ließ man entsprechend hochleben. Doch die Lieder und die "Heil Hitler"-Rufe störten die Faschisten mächtig und damit der Gedanke schon im Keime erstickt werde, der Fall Südtirol könnte sich zu einer noch nicht erlösten Saar auswachsen, ließ der faschistische Präfekt Mastromattei hart durchgreifen. Fünfzehn Sänger wurden verhaftet und 12 von ihnen in Ketten in die Verbannung nach Süditalien geschickt, darunter auch der 21-jährige Sepp Kerschbaumer, der besonders fleißig mitgesungen haben soll. Mit dabei war auch der Bruder seiner zukünftigen Frau, die sich in dieser Sache zum ersten Mal für ihren Sepp schlagen durfte.

Sie eilte auch auf Geheiß ihres Vaters sofort hinein nach Bozen zum Präfekten Mastromattei, um das Schlimmste zu verhüten. "Ich muß sie einfach bestrafen, hat der Präfekt zu mir gesagt," weiß sie heute zu erzählen. "Das kann ich nicht durchgehen lassen," habe er immer wieder betont. "Er hat mir aber versprochen," so Maria Kerschbaumer, "daß er sie in einem Privathaus gut unterbringen wird und daß sie sonst nichts zu befürchten hätten."

Präfekt Mastromattei hat Wort gehalten und so haben ihr Mann und ihr Bruder bei Potenza "die schönsten vier Monate ihres Lebens verbracht."

Heim ins Reich

Dieser Vorfall dokumentiert auch, daß die damals beginnende und unaufhaltsam scheinende nationalsozialistische Bewegung ihre große Anziehungskraft auf die deutschen Volksgruppen außerhalb der Grenzen

Sepp Kerschbaumer (2. Reihe von oben, fünfter von links) 1934 als Klarinettist der Musikkapelle Frangart.

Kerschbaumer mit Freunden auf dem Tonalepaß

Deutschlands auszuüben begann. Angezogen vor allem von der wirkungsvollen Propaganda des Vereins für das Deutschtum im Ausland und den Parolen des allmählich erstarkenden Völkischen Kampfrings (VKS), der der nationalsozialistischen Bewegung nahestand, ließen sich viele Jugendliche in Südtirol, die die faschistischen Entnationalisierungs- und Unterdrückungsbestrebungen zunehmend als unerträglich empfanden, mehr und mehr durch eine große Begeisterung für Deutschland ergreifen. Denn niemand anderer als Deutschland und Hitler konnten in Betracht gezogen werden und niemals das kleine Mussolini-hörige Österreich, damit die Schmach von Saint Germain und Versailles eines Tages vielleicht doch noch beseitigt und Südtirol befreit werde. Eine demokratische Alternative zu suchen, das entsprach damals nicht dem Zeitgeist. Das wäre etwas für schwache Gemüter gewesen.

Für den Schwiegervater von Sepp Kerschbaumer jedenfalls war die ganze Geschichte ein Warnschuß vor den Bug. Das Familienschiff seiner Tochter sah er bei den heftigen politischen Leidenschaften seines künftigen Schwiegersohns in großer Gefahr. Er verlangte deshalb, daß Haus und Geschäft in Frangart noch vor der Heirat an seine Tochter überschrieben werden müßten, ansonsten könne er sein Einverständnis zu dieser Ehe nicht geben. Sepp Kerschbaumer ist dieser Verzicht wohl nicht schwergefallen. Denn zum ersten wußte er den Besitz bei seiner Frau in guten Händen und zum zweiten lag ihm als franziskanischem Menschen nicht viel an irdischen Gütern.

Option: "Die Bremse bin ich"

Daß der Schritt des Schwiegervaters eine gewisse Berechtigung hatte und als weise Vorsichtsmaßnahme einzustufen ist, sollte sich spätestens im Jahr 1939 erweisen, als die Option den Südtiroler Himmel verdunkelte und viele Familien entzweite. Das Südtirolproblem sollte durch das zwischen Mussolini und Hitler vereinbarte Umsiedlungsabkommen endgültig bereinigt werden. Auch in der Familie Kerschbaumer tobte ein stiller Kampf. Sepp Kerschbaumer, der laut Aussagen seines Schwiegersohns Peter Kerschbaumer[4] ein "recht heftiger Hitlerschreier" gewesen ist und damals mit großer Wahrscheinlichkeit dem Völkischen Kampfring nahestand, wollte unbedingt auswandern.

Kerschbaumer mit einem Freund Anfang der Dreißiger Jahre bei einer Radtour nach Rom.

"Er hat auch Propaganda gemacht für das Auswandern und viele Familien unterstützt, die ausgewandert sind," weiß seine Frau zu berichten. "Selbst aber sind wir nicht gegangen, da habe ich ihm nicht mitgetan. Ich habe ihm schön getan. Hätt ich ihm nicht schön getan, wären wir schon längst über der Grenze gewesen. Er hat immer gesagt, wir müssen was für die Heimat tun, doch das war entschieden zuviel. Er hatte auch schon um die vordringliche Auswanderung angesucht. Ich hab mir gedacht, na Mandl wart und bin selbst zur Auswanderungsstelle hingegangen. Dort sagt mir der Beamte: Wenn man einen Wagen anschiebt, dann rollt er. Daraufhin hab ich gesagt, jeder Wagen hat eine Bremse und die bin ich. Dann haben mir diese Teufel gesagt, ich soll eine Spende geben für die Partei, dann brauchen wir nicht zu gehen. Zwei schöne Zimmereinrichtungen hätt ich mir dafür kaufen können,'' grämt sich Maria Kerschbaumer noch heute. "Der Graf Kuen, der auch im Auswanderungsbüro saß, hat mir immer wieder geflüstert, unterschreibens ja nicht und auch der Sepp war dann auch für 14 Tage glücklich und einverstanden, daß wir nicht gegangen sind; denn ganz wohl ist ihm ja auch nicht gewesen bei der Angelegenheit.''

Doch die 14 Tage waren bald um, der Krieg hatte inzwischen angefangen und Sepp Kerschbaumer wollte das Vaterland auf Dauer nicht im Stich lassen. "Vor lauter Deutschtum im Kopf'', erzählt seine Frau, "hat er gesagt: ich muß für die Heimat etwas tun. Ich seh nicht ein, daß die anderen alle einrücken müssen und wir sitzen bequem daheim. Er wollte ins Feld und hatte sich mit anderen Eppanern auch schon freiwillig gemeldet. Da hab ich gesagt, Sepp, denkst du nicht, daß du Familie hast. Ja, wenn alle so denken täten, hat er gesagt; das war nämlich die Zeit, in der sich so viele freiwillig gemeldet haben. Nun, ich bin in aller Herrgottsfrüh am nächsten Tag nach Eppan und hab dort den hohen Herren gesagt, daß der Sepp Familie hat und daß der Sepp nicht will. Im allerletzten Augenblick also ist es mir gelungen, ihn vor dem Einrücken zu bewahren. Die anderen sechs Eppaner, die sich gemeldet hatten, sind alle gefallen. Er selbst war dann sehr glücklich über diese Entscheidung und hat die Politik für ein paar Wochen gelassen. Allerdings nur, bis die nächste Welle gekommen ist.''

Und die nächste Welle brach 1943 über ihn herein, als die Deutsche Wehrmacht Südtirol und Italien besetzte. Wie für die meisten Südtiroler war dieser Tag ein Festtag auch für Sepp Kerschbaumer. Jahrzehnte der Demütigung und Erniedrigung, der gewaltsamen Entnationalisierung schienen wie weggeblasen. Man war allgemein der Auffassung, das nunmehr von Deutschen besetzte Land werde nie mehr unter italienische Oberhoheit kommen. Kurzum, die Südtiroler fühlten sich wieder als Herren im eigenen Lande. Daß aber nur Beelzebub den Teufel verjagt hatte, das sahen die allerwenigsten.

Sepp Kerschbaumer wurde zum Polizeiregiment Bozen[5] eingezogen, einem von vier Polizeiregimentern, die die Wehrmacht in Südtirol aufgestellt hatte und in die alle wehrfähigen Männer gepreßt wurden. "Die Ausbildung war knallhart,'' weiß Maria Kerschbaumer zu erzählen, "der Sepp ist fast ohnmächtig geworden, bis

ich gesagt hab, lad doch den Hauptmann einmal ein und gib ihm a Flaschl Wein. Der Hauptmann ist gekommen, er hat die vielköpfige Familie gesehen, hat sein Flaschl getrunken und von da an hat Sepp Kerschbaumer zu Hause Funkgeräte gewartet und mußte nur mehr die Nacht in der Kaserne verbringen.''

Das Verhältnis zum Hauptmann wurde so gut, daß von Seiten der Wehrmacht auch sonstige Dienstleistungen für die Familie erbracht wurden. Vor allem aber konnte Sepp Kerschbaumer in Bozen bleiben, als seine Kompanie nach Rom verlegt wurde. Es war eine jener Kompanien, auf die dann von Partisanen am 23. März 1944 in der Via Rasella[6] in Rom ein mörderischer Bombenanschlag verübt wurde, bei dem 32 Südtiroler Kameraden von Sepp Kerschbaumer ums Leben kamen und 56 zum Teil schwer verletzt wurden.

So überstand Kerschbaumer mit Hilfe seiner Frau die gefährlichen Kriegszeiten, er, der immer das Gegenteil eines soldatischen, kriegerischen Menschen gewesen ist und trotzdem gemeint hatte, er müsse seine Pflicht als Soldat wie alle anderen auch erfüllen. Sein patriotischen Gefühlen leicht zugängliches Herz hatte ihm da manchen Streich gespielt.

Doch seine Begeisterung fürs Reich war schon vor dem Kriegsende im Abklingen begriffen. Sie ist auch nur aus der Situation faschistischer Unterdrückungspolitik in Südtirol zu begreifen. Einen ersten Dämpfer hatte dieser Enthusiasmus bereits während der Kriegszeit erhalten, als Kerschbaumer einmal Gelegenheit erhielt, einen landwirtschaftlichen Lehrgang im damals nationalsozialistischen Österreich zu besuchen. Davon soll er recht bedrückt zurückgekommen sein, erzählen einige Familienangehörige. Die Versorgung mit Nahrungsmitteln war schon nicht mehr die allerbeste im Reich und Sepp Kerschbaumer war sichtlich froh, wieder zu Hause zu sein, wo an Kartoffeln noch nicht gespart werden mußte.

Die große Verweigerung?

Endgültig auf Distanz zu den Nazis dürfte Sepp Kerschbaumer dann im Laufe seiner Soldatenzeit beim Polizeiregiment Bozen gegangen sein. In diesem Zusammenhang ist uns ein wichtiges Ereignis zu Ohren gekommen, das wir aber leider nicht endgültig abzuklären vermochten. Sepp Kerschbaumer soll laut Aussage seines Schwiegersohns Peter Kerschbaumer[4] im Laufe seiner Dienstzeit beim Polizeiregiment Bozen zu einer Hinrichtung abkommandiert worden sein, soll dann aber Gewissensgründe geltend gemacht und die Teilnahme an der Erschießung verweigert haben.

Eine höchst gefährliche Situation, die Kerschbaumer anscheinend nur deshalb unbeschadet überstand, weil er die engen Beziehungen zu nutzen wußte, die sich zwischen seinem Kommandanten und seiner Familie ergeben hatten. Dies habe ihm der Bursche des Komandanten, ein gewisser Ernst Deisinger aus Roßdorf bei Darmstadt erzählt, berichtet Peter Kerschbaumer. Deisinger war mit seiner Familie nach dem Krieg immer wieder bei Sepp Kerschbaumer in Frangart zu Gast, unter anderem auch in den Tagen der Verhaftung. Leider ist er vor einem halben Jahr gestorben, weshalb es uns nicht mehr möglich war, diese wichtige Aussage zu überprüfen.

Daß eine so große Verweigerung möglich ist, haben Sepp Kerschbaumers Kameraden vom Polizeiregiment Bozen bewiesen, auf die von Partisanen in der Via Rasella in Rom ein mörderischer Bombenanschlag verübt worden war. In der Folge davon wurden als Vergeltung 365 Geiseln bei den Fosse Ardeatine in der Nähe von Rom hingerichtet. Die Erschießung der Geiseln hätten laut Weisung der Wehrmachtsführung die übriggebliebenen Südtiroler Soldaten vornehmen sollen. Sie haben sich aber geweigert und Gewissensgründe dafür geltend gemacht.

Daß Kerschbaumer selbst in der Familie nicht über die Episode gesprochen hat, entspräche durchaus seinem Verhalten. Er war nämlich in allen Dingen, die ihn selbst betrafen, ein außergewöhnlich verschlossener Mensch. Selbst in den schweren Jahren der Haft habe er nie über persönliche Dinge gesprochen, weiß sein Mitstreiter Josef Fontana zu berichten. Es könnte deshalb durchaus sein, daß Kerschbaumer diesen Vorfall in seiner Bescheidenheit einfach verschwiegen hat.

Eines jedenfalls scheint sicher zu sein: der Charaktermensch Sepp Kerschbaumer, dem später dann als Angeklagter vor Gericht selbst die Richter und Staatsanwälte Respekt bekundet haben, scheint in diesen beiden letzten Kriegsjahren seine endgültige Lebenslinie gefunden zu haben.

Das Ringen um die Autonomie beginnt

Nach dem Krieg betätigte sich Sepp Kerschbaumer von der ersten Stunde an in der Südtiroler Volkspartei, zu deren Ortsobmann er in Frangart bestellt wurde. Die Hoffnung, die Alliierten würden die Selbstbestimmung gewähren, hatte sich als Illusion herausgestellt, obwohl die übergroße Mehrheit der Südtiroler damals den Selbstbestimmungsgedanken unterstützte. So begann das Ringen mit dem Zentralstaat um die Verwirklichung des Pariser Vertrages, um die Durchführung einer angemessenen Autonomie für Südtirol. Ein Ringen, in das der kleine Ortsobmann aus Frangart zunächst größte Hoffnungen setzte. Hoffnungen, die aber letztendlich bitter enttäuscht wurden.

Statt der allseits erwarteten Landesautonomie wurde praktisch nur eine Regionalautonomie gewährt, in der die Trentiner das Sagen hatten und die Italiener insgesamt über eine Zwei-Drittel-Mehrheit verfügten. Daß eine von Christdemokraten geführte Regierung die Politik

Kerschbaumer mit seiner Frau Maria Spitaler kurz vor der Hochzeit in Weißenstein.

der Entnationalisierung und Unterwanderung der Faschisten fortsetzte, das war für den katholischen Fundamentalisten Sepp Kerschbaumer wohl eine der größten Enttäuschungen seines Lebens. Denn für ihn war es nicht nur eine Selbstverständlichkeit, daß sich die Politik an christlichen Grundsätzen zu orientieren hatte. Ein ebenso selbstverständliches Gebot war es ihm, Religion und Lebensführung grundsätzlich in Einklang zu bringen, im großen wie im kleinen. Wie kann die freie Welt ihrem Hauptfeind, dem Weltkommunismus, offen entgegentreten, wenn in ihrem Innern grundsätzliche Freiheitsrechte mißachtet werden, fragte er sich immer wieder.

Daß selbst christliche Demokraten nur Machtpolitik betreiben und nur die Interessen ihres Staates sehen, das machte einen Sepp Kerschbaumer schier fassungslos. Aus dieser Konstellation heraus wurde ab 1955, als Rom zunehmend auf stur schaltete und große Volkswohnbauprogramme die Zuwanderung weiter fördern sollten, der Widerstand von Sepp Kerschbaumer geboren. Die grosse Kundgebung von Sigmundskron 1957, bei der er fest mitorganisiert hat, mag ein Hoffnungsschimmer dafür gewesen sein, daß Rom vielleicht doch noch einlenkt.

Mehr nicht. Als die Zentralregierung auch dieses eindeutige Warnsignal übersieht, geht die ganze Entwicklung hin auf den großen Schlag, der sich dann in jener Feuernacht von 1961 entlud, für die Kerschbaumer die geistige, nicht aber die materielle Verantwortung zu tragen hat.

Halt in der Familie

Doch wenden wir uns zunächst dem Menschen und Familienvater Sepp Kerschbaumer zu. Da ist einmal die bereits mehrmals angedeutete Religiosität, die sein Denken und Handeln vor allem anderen bestimmte. Für die Tochter Helga sind die Wurzeln hierfür wahrscheinlich im Heim gelegt worden. Disziplin und Strenge vor allem zu sich selbst sind für ihn immer selbstverständliche Leitlinien gewesen; auch das wahrscheinlich ein Erbe dieser Jahre der Kindheit im Heim.

"Früh aufstehen und hart arbeiten, das war das Motto seines Lebens. Er hat gerne hart gearbeitet," erinnert sich die Tochter und vor allem die Obstwiesen, die zum Familienbesitz gehörten, hatten es ihm angetan. Doch ein Bauer sei aus ihm nie geworden: "dem Vater haftete einfach eine gewisse Ungeschicklichkeit an, er konnte besser mit der Feder als mit der Sense umgehen."

"Ein eher zarter, kleiner Mann," taucht vor uns auf, der in leicht gebückter Haltung vom Typus her eher einem Grübler als einem Tatmenschen gleichkam. Prägender war da das Bild vom Vater, der jede freie Minute nutzte, um zu lesen oder zu schreiben. "Die Sonntage vor allem, da war er den ganzen Tag zu Hause und hat geschrieben." Politiker, aber auch andere wichtige Persönlichkeiten in der Kirche, in den katholischen Organisationen bekamen die Gedanken, die Sorgen zu hören, die sich Sepp Kerschbaumer um die Heimat machte. Und immer wieder bis zum "Geht-nicht-mehr" wurden sie vom vielschreibenden Dorfkaufmann aus Frangart aufgefordert: Tut endlich etwas!

Kerschbaumer, der selbst keine höhere Schulbildung genoss, hat seine Kinder immer mit guter Lektüre versorgt. "Er hat uns Bücher gekauft und ist auch in die Bücherei gegangen, um sie auszuleihen," erzählt Helga Kerschbaumer. Das sei damals in den Fünfziger Jahren nicht üblich gewesen bei den Familien der Umgebung. Auch ein Grammophon hat es bei den Kerschbaumers gegeben und das hatte zur Folge, daß die Familie automatisch der Treffpunkt für die Dorfjugend von Frangart wurde. "Vielleicht wollte er uns unter Kontrolle haben," deutet die Tochter die Großzügigkeit ihres Vaters.

Dem disziplinierten, zurückgezogenen, ernsthaften Men-

Mit Freunden während eines Urlaubs am Meer.

schen bedeutete die Familie alles. Die Familie war ihm vielleicht auch deshalb so wichtig, weil er die eigene so früh verloren hatte. "Er war immer daheim," erinnert sich die Tochter. Die Erziehung der sechs Kinder habe eindeutig der Vater bestimmt, wobei die Strenge, die er sich selbst zugemutet hat, auch für die Familie zur Richtschnur wurde. Ebenso hat Sepp Kerschbaumer die Geschäftsführung nie abgegeben, selbst in den Zeiten nicht, als die Politik und die Vorbereitung des Kampfes im Untergrund ihm praktisch kaum mehr Zeit für das Geschäft ließen. Doch wußte er immer, daß die Frau und die Töchter den Laden schon schmeißen.

Kerschbaumer und die Italiener

Eigenartigerweise hat die Politik in der Familie Kerschbaumer absolut keine Rolle gespielt. Kerschbaumer, der so leidenschaftlich gern diskutierte und sich stunden- und nächtelang mit Freunden und Bekannten über die Landes- und Weltpolitik streiten konnte, hatte in der Familie keinen einzigen Ansprechpartner, was seine bevorzugte Neigung anging. "Wir waren alle absolut unpolitisch und sind es auch heute noch," betont Helga Kerschbaumer.

Was das Verhältnis zu den Italienern angeht, hat Sepp Kerschbaumer immer streng zwischen den Menschen und der Politik unterschieden. Das wird von allen, die ihn kannten, herausgestellt. Obwohl der ständige Zuzug von Neueinwanderern einer der Hauptgründe für die Radikalisierung innerhalb der deutschen Volksgruppe war und das Verhältnis zwischen den Sprachgruppen schwer belastete, hat dies Sepp Kerschbaumer nicht daran gehindert, den einen oder anderen italienischen Industriearbeiter, der in Not geraten war, tatkräftig zu unterstützen.

Einige von ihnen hatten sich auf der Suche nach billigem Wohnraum Ende der Fünfziger Jahre auch in Frangart niedergelassen und so mit dem wohltätigen Menschen Sepp Kerschbaumer Bekanntschaft und auch

Kerschbaumer bei der Arbeit in seinen Obstwiesen.

roler Untergrundbewegung war aber, auch das muß gesagt werden, im damaligen Südtirol gewiß nicht die Regel und hätte auch heute noch Vorbildcharakter. Die Haltung Kerschbaumers mag vielleicht auch ein bißchen damit zusammenhängen, daß er sein Tirolertum trotz aller Einschränkungen stets in aller Offenheit bekannte, dementsprechend zur Schau trug und deshalb auch keine versteckten Aggressionen zu entwickeln brauchte. Ein besonderes Vergnügen zum Beispiel bereitete es ihm, die Carabinieri zum Hissen der damals verbotenen Tiroler Fahne einzuladen.

Und weil wir gerade darüber gesprochen haben, wie Kerschbaumer italienische Industriearbeiter unterstützt hat, die bei ihm im Geschäft immer tüchtig aufschreiben durften, kommen wir zu einem weiteren Wesenszug, der ihm zutiefst zu eigen war: der tätigen Nächstenliebe. "Manchmal hat es uns schon gestört, daß er so großzügig war," erzählt Helga Kerschbaumer. "Er hat immer alles verschenkt für wohltätige Zwecke und selbst aus dem Gefängnis hat er immer wieder geschrieben, daß die Mamma ja fleißig spenden soll."

In der Tat hat Kerschbaumer mehr als den berühmten Zehnten für Arme und Hilfsbedürftige zur Verfügung gestellt. "Einmal," so Tochter Helga, "da ist es sogar dem Pfarrer zuviel geworden". Sepp Kerschbaumer hatte nämlich im Gefängnis vernommen, daß der Pfarrer das Kirchendach in Frangart neu decken will und seiner Frau mitgeteilt, daß er die Einnahmen aus der Jahresernte seiner Obstwiese für die angemessene Spende halte. Sepp Kerschbaumer schreibt:

"Helga hat mir gestern auch erzählt, daß der Herr Pfarrer das Kirchendach reparieren lassen muß. Mit dieser Arbeit sind freilich große Auslagen verbunden und wo soll er das Geld auch hernehmen, als von den Dorfleuten. Und schließlich ist es eine heilige Pflicht eines jeden Christen, im Dorfe mitzuhelfen, daß das Gotteshaus gut und fest dastehe. Diese Ausbesserung soll anscheinend einige Millionen Lire kosten. Gut, es wird nicht gerade von alleine gehen, aber wenn überall, besonders bei den Besitzern und Gutstehenden der gute und christliche Wille vorherrscht, dann darf es keine großen Schwierigkeiten machen. Auch ich möchte mich dieser Hilfeleistung gerne anschließen. Es ist also mein Wunsch und Wille, daß der Franz dem Hochw. Herrn Pfarrer als Spesenbeitrag 250.000 Lire übergibt. Ich hoffe, daß Ihr als meine Kinder auch dafür seid. Wenn schon, ist es nur zu unser aller Segen und den brauchen wir notwendiger als manche andere."

Doch dem Pfarrer ging diese Spende zu weit und er erinnerte seine Frangarter Schäfchen daran, daß es ja nicht nur den Kerschbaumer gebe. Und so wie er vom Gefängnis aus die Familie immer wieder angehalten hat, "tut, wenn es die Stunde verlangt, ein gutes Werk an armen Menschen", hat er auch im Gefängnis gehandelt. "Ob Schwerverbrecher oder nicht, vom Kerschbaumer

Freundschaft geschlossen. Ein Industriearbeiter und ein Angestellter bei der Post haben ihm das auch vergolten, indem sie dann beim Mailänder Prozeß für ihn ausgesagt haben, obwohl er das selbst nicht wollte, denn "was die Rechte getan hat, darf die Linke ja nicht wissen."

"Der Einzelne kann ja nichts dafür," lautete stets der Leitspruch des Christmenschen Sepp Kerschbaumer. Die Politiker und die Regierung waren für ihn allein verantwortlich für die gespannte Situation in Südtirol.

"Mein Vater war mit mehreren Italienern regelrecht befreundet", weiß Helga Kerschbaumer zu berichten. Ein Bekannter aus Süditalien, mit dem der BAS-Chef in Kriegszeiten Bekanntschaft geschlossen hatte, sei immer wieder auf Besuch gekommen. "Es hat bei uns kein fanatisches Klima gegeben," betont sie, "denn das wäre schon aus religiösen Gründen niemals möglich gewesen." Ein Klima selbstverständlicher Toleranz und das in einer Zeit größter Spannungen, in der der BAS-Chef schon konkret ans Bombenlegen dachte. Daß das möglich war, hat mit der religiösen Geistigkeit von Sepp Kerschbaumer zu tun.

Diese tolerante Haltung im Hause des Chefs der Südti-

hat ein jeder seinen Teil erhalten," bezeugt Luis Gutmann. Daß Sepp Kerschbaumer auch die Tätigkeit des BAS, soweit es nur irgendwie ging, mit gar einigen Millionen Lire aus der eigenen Tasche mitfinanziert hat, wollen wir aber doch nicht unbedingt unter der Rubrik Nächstenliebe laufen lassen. Von einem gewissen Hang zum Altruismus zeugt aber auch diese Haltung.

Die Fünfziger Jahre

Nun zur zweiten Hälfte der Fünfziger Jahre, in der sich die politische Situation in Südtirol bedrohlich zuzuspitzen begann und in der der kleine Frangarter Dorfkaufmann Sepp Kerschbaumer, wenn auch im Untergrund, zu einer Hauptfigur des politischen Geschehens avancieren sollte. In jenen Jahren wurden die Weichen gestellt, die die Südtirolpolitik ab 1961 dann auf völlig neue Geleise verschieben sollten.

Vom ersten Autonomiestatut[8] und vor allem auch von der kompromißbereiten Haltung der damaligen SVP-Führung schwer enttäuscht, legte Sepp Kerschbaumer 1955 das Amt des Ortsobmannes von Frangart nieder und begann mehr und mehr, einen Kreis Gleichgesinnter um sich zu scharen, dessen vordringliches Ziel es war, die SVP zu einer Kursänderung, zu einer radikaleren Haltung gegenüber Rom und Trient zu zwingen. Erst in einem zweiten Moment dann gelangte Kerschbaumer zur Überzeugung, daß nur mehr Gewaltmethoden die Entnationalisierungspolitik Roms stoppen konnten. Er und seine Leute waren davon überzeugt, daß die Zentralregierung auf Biegen und Brechen die Südtirolfrage durch Assimilierung lösen wollte, daß sich die deutsche Volksgruppe, wie es damals hieß, auf dem "Todesmarsch" befand.

Es begannen die Jahre des zunächst gewaltfreien Kampfes, wobei Kerschbaumer das Hissen der verbotenen Tiroler Fahne mit Hungerstreiks abwechselte. Es waren Jahre der rastlosen Tätigkeit, in denen er immer wieder Appelle an die führenden Männer in Politik und Kirche verfaßte und ihnen meist vergeblich die Türen einrannte. Es ist die Zeit, in der der Frangarter Dorfkaufmann in seinen Rundschreiben seine "Theologie der Befreiung für Südtirol" entwickelte, wie wir seine um das Südtirolproblem kreisenden Gedanken bezeichnen wollen.

Der Todesmarsch und das "Los von Trient"

Doch lassen wir zunächst einen Zeitzeugen zu Wort kommen. Der Bozner Unternehmer und Landwirt Franz Widmann war einer jener Männer, die seit Mitte der Fünfziger Jahre die Ablösung der alten Führungsriege in der SVP betrieben und das geflügelte Wort vom "Los von Trient" in die Welt gesetzt haben. Sepp Kersch-

baumer hat bis zum Schluß immer wieder bei ihm vorbeigeschaut und war mit ihm befreundet.

"Zu Beginn der Fünfziger Jahre," erzählt er, "da haben wir noch aus der Faschistenzeit diese Angst in den Knochen gehabt, diese kolonialistischen Minderwertigkeitskomplexe. Wir hatten uns noch nicht losgesagt von dieser Hypothek. Wir haben ja alle nach dem Krieg unter diesem deutschen Komplex gelitten. Auch aus dieser Situation heraus läßt es sich erklären, warum wir nicht die Forderung nach Selbstbestimmung beibehalten haben, warum die Politik der Volkspartei so konziliant war. Alles Deutsche befand sich ja praktisch in einem halbkriminellen Raum. Österreich war noch nicht handlungsfähig, ein besetztes Land, Südtirol auf sich allein gestellt. Die Menschen hatten die Hoffnung und den Glauben an die Durchführbarkeit einer Landesautonomie für Südtirol verloren. Jeder hat gespürt, daß wir uns auf einem Schiff im Nebel bewegen, daß sich unser Volk auf dem Todesmarsch befand."

"Die höchst aktuelle Frage," so Widmann, "war die systematisch betriebene Unterwanderung einerseits und andererseits die Zentralisierung aller Befugnisse bei der Region in Trient. Italien wollte vollendete Tatsachen schaffen, und das hat das Volk gespürt. Nehmen wir z.B. die 2,5 Milliarden Lire, die Minister Togni im Oktober 1957 für den Volkswohnbau ausgeschüttet hat und mit denen in Bozen ein neuer Stadtteil mit 5.000 Wohnungen hätte errichtet werden sollen. Die haben wirklich geglaubt, sie können uns fertigmachen. Die alte Parteiführung unter Erich Amonn (Toni Ebner war nur Übergangsobmann), die sich ja große Verdienste erworben hatte, war nicht bereit, diese Auseinandersetzung auf sich zu nehmen. Sie repräsentierte die dünne, liberale, wirtschaftlich ausgerichtete Oberschicht, die für normale Zeiten durchaus die berufene Führungsschicht gewesen wäre. Doch damals, als es um Sein oder Nichtsein ging, da haben sie volkstumspolitisch versagt, da haben sie keine Kraft mehr gehabt. Deshalb mußte die alte Führung ausgewechselt werden, deshalb,' so Widmann, 'haben wir auf Magnago und das 'Los von Trient' gesetzt."

Während die alte Garde der SVP einfach zu optimistisch war in der Einschätzung der Regionalautonomie und vor allem eine gewisse Scheu vor einer harten Auseinandersetzung mit dem Staat an den Tag legte, kurzum die Gefährlichkeit der Entwicklungen nicht erkannte, die eine derart praktizierte Autonomie von Trentiner Gnaden heraufbeschwören mußte, hat der damalige Bozner Quästor Renato Mazzoni[9], der höchste Polizeibeamte Südtirols also, durchaus begriffen, in welche Richtung die Post abging. In einem außergewöhnlichen und als prophetisch zu bezeichnenden Schreiben an den damaligen Innenminister Fernando Tambroni vom 17. März 1957, also kurz nachdem Silvius Magnago Obmann geworden war, aber noch vor der Kundgebung in Sigmundskron, macht Mazzoni den Innenminister in seinem Lagebericht auf die gefährliche und höchst

Der Bozner Quästor Angelo Mazzoni war in den Fünfziger Jahren einer der aufgeschlossensten Vertreter des Staates in Südtirol. Er wurde vom autoritären Innenminister Tambroni nach Treviso versetzt und nahm sich dort 1959 das Leben.

krisenhafte Situation in Südtirol aufmerksam und rechnet mit der Politik der regierenden Trentiner Kreise scharf ab.

Mazzoni wirft ihnen "schweren Bildungsmangel und politische Kurzsichtigkeit" vor. Sie hätten eine historische Gelegenheit versäumt und nicht verstanden, welch ein Instrument vor allem kultureller und verwaltungsmäßiger Art das Autonomiestatut darstelle, um vor den Augen Europas zu beweisen, daß das freie, zivile und demokratische Zusammenleben von verschiedenen Volksgruppen möglich sei.

Besorgt äußert sich der hohe Polizeibeamte bereits im fernen Jahre 1957 darüber, daß die italienische Jugend nicht nur ihre Gleichaltrigen deutscher Muttersprache nicht verstehen, sondern nicht einmal konkurrenzfähig sein werde bei der Arbeitsplatzsuche in der Verwaltung und in allen anderen Bereichen. "Derzeit," so Mazzoni in seinem Lagebericht, "wächst in Südtirol eine Generation heran, die die deutsche Sprache nicht beherrscht und auch in Zukunft nicht in der Lage sein wird, sie zu erlernen. Der Staat," rät er dem Innenminister, "müßte unverzüglich ernsthafte Maßnahmen zur Behebung dieser Situation treffen." Er selbst habe es als wichtigen Teil seines Wirkens erachtet, die deutsche Sprache zu erlernen, als Schlüssel zum Verstehen der Südtiroler Wesensart. Er habe dadurch die Achtung und das Vertrauen nicht nur der Politiker, sondern auch der Bevölkerung gewinnen können.

Mazzoni schlägt Tambroni vor, bei der Region die rein legislativen Aufgaben zu belassen und jegliche verwaltungsmäßige Kompetenz an die beiden Provinzen zu delegieren. Auch sei es ein Fehler, von der italienischen Volksgruppe in Südtirol als ethnischer Minderheit zu sprechen, "denn die Italiener in Südtirol bilden einen integrierenden Bestandteil der italienischen Nation".

Der Quästor nimmt sich kein Blatt vor den Mund. Er kritisiert, daß die Region ganz auf den Präsidenten Tul-

lio Odorizzi zugeschnitten sei und spricht von der Arroganz jener, die von der angeblichen Überlegenheit der lateinischen Kultur im Vergleich zu jeder anderen Lebensart faseln.

"Die systematische Ablehnung der Verständigungsbereitschaft, die Unkenntnis der deutschen Sprache seitens der Politiker, Justizbeamten und hohen Staatsfunktionäre hat eine unüberwindliche Barriere zum Verständnis der ethnischen Bedürfnisse der Minderheit errichtet," läßt Mazzoni den Innenminister wissen. Die Verantwortlichen dafür, die leitenden Trentiner Kreise, hätten in dieser antikulturellen und antihistorischen Handlungsweise mächtige Bundesgenossen in den nationalistischen Kreisen der Provinz Bozen gefunden, die sich in allen Parteien, insbesondere aber in der Democrazia Cristiana und im bürokratischen Apparat des Staates eingenistet hätten.

Auch das zerstörerische Werk der Presse verschweigt Quästor Mazzoni nicht. Dem "Alto Adige" sei es der römischen Subventionen und des Absatzes wegen nicht schwer gefallen, die nationalistische Werbetrommel zu rühren.

Die deutsche Volksgruppe, die sich in ihren Bestrebungen verraten fühlte, habe nicht das "Los von Rom", sondern nur ein "Los von Trient" erklingen lassen, führt der Quästor fort. Darin sieht er eine Chance, "wenn man mit großer politischer Intelligenz den Dialog wieder anknüpfen und auf seinen natürlichen Stand zurückführen möchte." Das hieße, auf die politische Wirklichkeit übertragen, "eine grundlegende Revision des Statutes vornehmen".

"Es drängt mich," schreibt Mazzoni dem Minister abschließend, "Ihnen meine tiefe Besorgnis darüber auszusprechen, daß unter dem Druck der Ereignisse sich die Lage weiter verschlechtern wird." Die Gründe dafür sieht er "in der Internationalisierung des Südtirolproblems, in der fehlenden Koordinierung der verschiedenen Staatsgremien und ihren Eifersüchteleien, in der nationalistischen Erpressung gegenüber Rom durch genau bekannte Trentiner und italienische Kreise in Südtirol, in den Fehlern der SVP und den stets mißlungenen Versuchen, diese Partei durch Zuwendungen an diskreditierte Personen und Institutionen zu spalten".

"Wenn die geschichtsbildenden Ereignisse den Staat zum 'redde rationem' zwingen werden," warnt Mazzoni den Minister eindringlich, "dann wird man von der Gerechtigkeit abweichen und den ethnischen Bedürfnissen mehr als das Gebührende gewähren müssen." Zum Schaden für die italienische Volksgruppe, wie er meint, die man schlauerweise durch juridische Ausflüchte schützen wollte. "Leider wird nicht unsere Generation dafür büßen müssen, sondern jene, die nach uns kommen wird."

Soweit der Bozner Quästor Renato Mazzoni in diesem

ungeschminkten Lagebericht zur Situation in Südtirol in den Fünfziger Jahren, ein Mann, von dem Claus Gatterer später sagen wird, er sei der intelligenteste und gewichtigste Vertreter des Staates in Südtirol gewesen, dem er begegnet sei.

Hätte Rom auf seinen Quästor gehört

Allerdings ist Mazzoni nicht viel Erfolg beschieden gewesen mit seinem Bericht, denn Innenminister Tambroni, der es zu Beginn der 60er Jahre dann für kurze Zeit mit Hilfe der Neofaschisten sogar zum Ministerpräsidenten bringen wird, träumte noch davon, in Südtirol "wunderbare neue Stadtteile" zu errichten. Hätte Rom auf seinen Quästor in Bozen gehört, der immerhin zehn Jahre Erfahrung mit Südtirol auf dem Buckel hatte, wäre es mit großer Wahrscheinlichkeit nicht zur Feuernacht gekommen, wären uns all die Bomben und später dann die Toten erspart geblieben und hätte es auch nicht der vielen hundert Jahre Kerker bedurft, die dann in den Prozessen der 60er Jahre gegen die Südtiroler Irredentisten ausgesprochen wurden. Doch Renato Mazzoni hat nie eine Antwort aus Rom erhalten. Er stieß bei Tambroni, der am äußersten rechten Rand der DC angesiedelt war, auf taube Ohren.

Ein halbes Jahr später dann gibt der Quästor auf Drängen des damals mächtigen DC-Abgeordneten Facchin die Genehmigung für die Kundgebung in Sigmundskron, nachdem ihm Landeshauptmann Silvius Magnago in die Hand verspricht, er werde dafür sorgen, daß nichts passiert.

Der Quästor fällt nach dieser Kundgebung in Rom endgültig in Ungnade. Ein kleiner Zwischenfall bei einer Gegenkundgebung des MSI eine Woche nach Sigmundskron, bei der die italienischen Schüler auf den Sitz der Volkspartei marschieren wollen, genügt und Mazzoni ist seinen Job in Bozen los. Er wird nach Treviso versetzt. Aber für den aus Venedig stammenden Staatsbeamten alten Stils, der seine delikate Aufgabe in Südtirol seit 1947 mit Herz, Verstand und Verständnis für die Minderheit versehen hatte, ist dies eine Strafversetzung, eine Demütigung, die er nicht zu ertragen bereit ist. Depressionen stellen sich ein.

Zu Beginn des Jahres 1959 scheidet der frühere Bozner Quästor freiwillig aus dem Leben. Er wollte der Vernunft und der Gerechtigkeit eine Gasse bahnen in Südtirol, den Konflikten vorbeugen, deren Wetterleuchten er bereits am Horizont sah. Doch politische Vernunft war in den Fünfziger Jahren nicht gefragt in dem sich anbahnenden Konflikt um Südtirol. Renato Mazzoni, der treue Diener seines Staates, war gewissermaßen das erste einer langen Reihe Opfer der von ihm frühzeitig als verfehlt erkannten Politik des Staates in Südtirol. Es hat noch Jahre gedauert und noch vieler Opfer bedurft, bis

die Vernunft im Sinne Mazzonis sich eine Gasse bahnen konnte.

Das ist also die Zeit, in der Sepp Kerschbaumer aktiv wird und über Frangart hinauszublicken beginnt. Zuerst setzt er alle Hoffnung auf seinen politischen Freund Hans Dietl, der 1955 als erster Regionalassessor der SVP aus Protest gegen die Regionalautonomie zurücktritt und mit diesem Schritt Jahre im voraus, lange bevor die Partei sich entschließt, sein persönliches "Los von Trient" einleitet und das unter größten Anfeindungen führender SVP-Politiker. Die Hoffnung, daß auch die anderen Assessoren der SVP demissionieren, bewahrheitet sich nicht. Dietl wird erst auf den neuen Obmann Silvius Magnago warten müssen, bis die Wende in der Partei kommt. Doch in den Dörfern draußen sind die Leute inzwischen ungeduldig, die Stimmung ist gereizt. "Das Vertrauen in die Partei," so Franz Widmann, "war geschwunden."

Die Menschen wollen eine härtere politische Gangart. Sepp Kerschbaumer kennt die Stimmung in der Basis und er heizt sie kräftig an. Man trifft sich bereits in den Kellern des Überetsch und des Unterlandes. Dort hatte bereits Mitte der 50er Jahre eine Gruppe um Luis Hauser Vorformen der Untergrundtätigkeit erprobt, die dann dem BAS zugute kamen. In einer Nacht z.B. wurden in einer Flurbereinigungsaktion alle Plakatwände, die man zu Werbezwecken überall den Straßen entlang aufgestellt hatte, abgesägt und in die Etsch geworfen. Vierzig Mann waren da schon im Einsatz, wobei die Aktion des öfteren wiederholt wurde.

Auch am 4. November 1956, dem Tag der Streitkräfte, war Luis Hauser unterwegs, diesmal nicht mit einer Säge, sondern mit Pfeil und Bogen. Auf einem italienischen Gut in den Neumarkter Mösern war die Hissung der Tricolore an diesem Staatsfeiertag nämlich schon Tradition geworden, was den späteren Kurtatscher BAS-Mann schwer störte. Hauser nahm seine Vespa, fuhr in die Möser und unterbrach die Zeremonie mit seinem Feuerpfeil, der die Fahne einäscherte und 40 Italiener erstarren ließ, die angetreten waren, um den Sieg über Österreich zu feiern und darüberhinaus aus vollen Kehlen des Duces Lieblingslied "Giovinezza" durch die feuchten Wiesen schmetterten. Solche Aktionen haben dann regelmäßig große Polizeirazzien und noch größere Titel in der italienischen Lokalpresse zur Folge gehabt.

"Die Politik der SVP war uns einfach zu weich," sagt Luis Gutmann, der spätere noch blutjunge Vertrauensmann Kerschbaumers in Tramin. Der Befreiungsausschuß Südtirol, der unter dem Kürzel BAS Berühmtheit erlangen wird, beginnt sich ab 1955 als lockere Gesinnungsgemeinschaft zu formieren. Von straffer Organisation kann aber noch überhaupt keine Rede sein.

"Das war halt nicht von oben her organisiert, sondern ist aus den einfachen Bevölkerungskreisen herausgewachsen," erinnert sich Josef Fontana. Und der Chef

Die Gerichtsverhandlung gegen die ''Pfunderer Buam'' hatte deutliche Züge eines Schauprozesses. Für viele Südtirol-Aktivisten war die-
ser Prozeß ein Schlüsselerlebnis auf dem Weg zum gewaltsamen Widerstand. Auf internationale Kritik an dieser Justizfarce antwortete
Italiens Justizminister Guido Gonella, es handle sich um einen ''Akt klarer Gerechtigkeit, der der vornehmen Tradition der italienischen
Justiz durchaus würdig'' sei.

war kraft seiner natürlichen Autorität von der ersten Minute an der Kerschbaumer. "Da hat es keine Diskussion gegeben. Das war so selbstverständlich wie eine Hofübergabe an den ältesten Sohn." Kerschbaumer ist aufgrund seiner Zivilcourage, seines offenen, ehrlichen Charakters, seiner Fähigkeit, auch in Schrift und Wort seinen Mann zu stellen, die selbstverständliche und auch charismatische Autorität von Anbeginn an.

Ein Stimmungsbild, das für die Situation ab 1956/57 kennzeichnend ist, liefert eines der ersten Flugblätter des BAS, das im November 1957 auf der Los-von-Trient-Kundgebung auf Sigmundskron zur Verteilung gelangt und das mit Sicherheit aus der Feder von Sepp Kerschbaumer stammt:

"Noch nie in den fast 40 Jahren italienischer Herrschaft hat sich unser Volk in einer so gefährlichen Lage befunden wie heute," heißt es in dem Aufruf an die Landsleute. *"Was dem Faschismus in nahezu 20 Jahren mit gewaltsamsten Unterdrückungsmethoden nicht gelungen ist, hat das demokratische Italien in 10 Jahren beinahe erreicht. Trotz des Pariser Vertrages! Noch 10 Jahre "christlich-demokratische Herrschaft" in Südtirol und sie haben es erreicht, was sie sich vom Anfang an zum Ziel gesetzt haben: Die Südtiroler im eigenen Lande in die Minderheit zu drängen und sie dann auf "demokratische Weise" auszurotten, sie zu verwelschen!...*

Landsleute! Es ist fünf vor zwölf! Wir rufen daher alle echten Tiroler auf, sich endlich zu besinnen und zu handeln, ehe es zu spät ist! Es ist das letzte Aufgebot! Die Welt weiß es, der alte echte Tiroler Geist, er ist noch nicht tot, er kann nicht tot sein! Er schläft, er glimmt im Verborgenen, in Dörfern und Städten. Hört unseren Ruf!

Südtirol erwache! Rüstet euch zum Kampf! Zum Kampf um unsere Existenz! Es geht um Sein oder Nichtsein unseres Volkes! Es geht um den Bestand unserer Kinder und Kindeskinder[10]!"

Der Pfunderer Prozeß und Kerschbaumers erster Hungerstreik

In dieser bereits aufgeheizten Situation begehen die italienischen Behörden einen ganz entscheidenden Fehler. In Pfunders kommt in Folge einer Gasthausgeschichte 1956 ein Soldat der Finanzwache zu Tode. Daraufhin werden einige Bauernburschen verhaftet und in einem Indizienprozeß, in dem unverhüllt die Züge ethnischen Hasses zum Ausdruck kommen, wegen angeblichen Mordes zu Höchststrafen verurteilt. Fast alle, die dann später in der Feuernacht tätig geworden sind, bezeichnen diesen Prozeß als eine Art Schlüsselerlebnis, das sehr stark zu ihrer weiteren Radikalisierung beige-

tragen hat. Auch für Sepp Kerschbaumer ist dieser Justizskandal, der international Aufsehen erregt, ein zentrales Erlebnis.

Aus Protest gegen die Prozeßführung und die harten Urteile begibt er sich 1957 nach Pfunders in den Pfarrwidum und beginnt dort einen 14-tägigen Hungerstreik. Das erste Flugblatt, mit dem der BAS sich in der Südtiroler Öffentlichkeit vorstellt, ist diesem Thema gewidmet. Dort heißt es:

"Selbst das unabhängige italienische Gerichtswesen ist von diesem Nationalismus verseucht. Den krassesten und augenfälligsten Beweis dafür liefert uns der Pfunderer Prozeß. Dieses Schandurteil hat der Weltöffentlichkeit ein für allemal bewiesen, daß die ständigen Klagen der Südtiroler nur zu berechtigt sind und daß wir heute noch als Kolonialvolk behandelt werden. In ihrem blinden Nationalismus haben sich die Welschen gerade durch dieses Haßurteil selbst den größten Schaden zugefügt. Ganz Europa blickt heute auf Südtirol und zeigt für die Not unserer Heimat größeres Interesse denn je."

In fast allen Rundschreiben, die Kerschbaumer ab 1957 zur politischen Situation in Südtirol verfaßt und an alle führenden Persönlichkeiten verschickt, wird immer wieder auf diesen Justizskandal hingewiesen. So schreibt Kerschbaumer am 19. April 1960 in seinem Beitrag "Der Weg zum Frieden":

'Wir haben es im Pfunderer Prozeß mit Schaudern erlebt, daß sogar das Gericht, dem die Gerechtigkeit in besonderer Weise anhaften sollte, in drei Instanzen einen fast einmalig dastehenden Betrug und ein Gewaltverbrechen an einfachen Bergsöhnen und ihren bedauernswerten Familien begangen hat. Und was mich am meisten entsetzt hat, ist die Tatsache, daß dies unter Anrufung des Höchsten als Zeugen von den Richtern und Geschworenen begangen wurde, im Zeichen von Gerechtigkeit, Wahrheit und Liebe. Wir waren solche Justizverbrechen bei allen Gewaltsystemen, beim Kommunismus, Faschismus und Nationalsozialismus und bei den Kolonialmächten gewohnt. Aber daß wir diese Schande auch unter einer sogenannten christlichen Regierung erleben müssen, verschlägt einem die Stimme. Nicht nur uns haben diese Urteile empört, die ganze Weltöffentlichkeit war sprachlos und entsetzt.

Aber, so frage ich, wo unter unserem Volke, denn uns geht es am meisten an, findet sich derjenige, der wie ein Johannes vor Herodes hinzutreten wagt, um zu sagen: "Es ist dir verboten!?" Oder ist es unseren Verantwortlichen wirklich gleichgültig, wenn diese armen Burschen jahrelang unter Verbrechern im Zuchthaus sitzen müssen? Und ist ihnen nicht zum Bewußtsein gekommen, daß sie mit ihrem Stillschweigen mitverantwortlich vor dem Herrgott und den Mitmenschen sind? Hier muß es sich endlich zeigen, ob sie bereit sind, bis zum Äußersten konsequent zu sein und für das einzustehen, was ihnen das Gewissen und der Herrgott vorschreibt. Ich weiß, sie haben in den Verbrechern (den Richterinstanzen von Bozen, Trient, Rom) harte Gegner, denen christliche und moralische Grundsätze nichts mehr sind. Dennoch, warum blieb bisher alles umsonst? Weil unsere verantwortlichen christlichen Männer bis jetzt nicht den Mut aufgebracht haben, ihre Stimme zu erheben.''

Soweit diese Stellungnahme von Sepp Kerschbaumer im April 1960, die in ihrer Tonlage bereits verrät, daß dieser Mann bereit war, bis zur äußersten Konsequenz zu gehen. Doch zurück ins Jahr 1957, als Kerschbaumer sich entschließt, nach Pfunders zu gehen, um dort einen Hungerstreik durchzuführen. Franz Berger, Journalist der Tageszeitung ''Dolomiten'' erzählt:

''Einmal, da ist er in der Redaktion vorbeigekommen und hat die Absicht geäußert, nach Pfunders zu gehen und einen Hungerstreik zu machen, und zwar so lange, bis sie die Pfunderer Burschen freigelassen haben. Ich habe zu ihm gesagt: Sepp, wenn du hineingehst und glaubst, du kannst so lange hungerstreiken, bis sie die freilassen, dann kommst du nicht mehr lebend zurück. Er hat mich sehr verwundert angeschaut und gefragt: ja wieso denn? Da hab ich geantwortet: Du mußt schon ein bißchen wirklichkeitsnäher sein. Der Staat oder die Gerichtsbehörde wird sich einen derartigen Erlaß nie abtrotzen lassen. Kerschbaumer ist dann tatsächlich nach Pfunders hinein und war richtiggehend empört darüber, weil ich beim Abschied zu ihm gesagt hab: Sepp, geh ruhig hinein und ruf von mir aus den Hungerstreik aus, aber iß das doppelte wie zu Hause, denn du hast es bitter notwendig. Damals,'' so Berger, ''hat er noch geglaubt, daß man mit gewaltfreien Methoden etwas durchsetzen kann.''

Auch wenn diese Aktionen nicht das gebracht haben, was sich Kerschbaumer erhofft hatte, weil jedes Verständnis dafür fehlte und nach den gewalttätigen Jahrzehnten von Faschismus und Krieg auch im demokratischen Staat das allgemeine Bewußtsein noch ganz von den autoritären Vorstellungen aus jenen Zeiten geprägt war, so ist Sepp Kerschbaumer durch Unternehmungen dieser Art erstmals ins Blickfeld einer breiteren Öffentlichkeit gerückt. Und weil es an Männern mit Zivilcourage fehlte, hat vor allem der kleine Mann in Südtirol diese Aktionen des Dorfkaufmanns aus Frangart sehr zu schätzen gewußt. Kerschbaumers BAS-Leute, die sich in der Zwischenzeit nach der Gründung verschiedener Ortsgruppen vermehrt hatten, hatten von da an noch mehr Grund, zu ihrem Chef aufzuschauen.

Von den Carabinieri verhinderte Fahnen-Hissung in Frangart. Die Ordnungshüter beschlagnahmen die Fahne. Kerschbaumer wurde dafür zu zehn Tagen Haft verurteilt.

Die verbotene Tiroler Fahne

Doch nicht nur im Justizbereich wagte es Sepp Kerschbaumer, dem Staate zu trotzen. Einer Beschäftigung zum Beispiel ging er mit besonderer Vorliebe nach, und das war das Hissen der damals verbotenen Tiroler Fahne. Es war ja nicht nur die Fahne verboten, selbst rot-weiß gestrichene Fensterläden wurden zum Stein polizeilichen Anstoßes. Franz Berger erzählt:

"In den Jahren vor der Feuernacht hat sich der Kerschbaumer auf das Hissen von Tiroler Fahnen verlegt. Da hat er ja große Summen ausgegeben für den Stoff und hat sie dann durch ein paar Getreue überall aushängen lassen. Einmal weiß ich sogar, daß er die Fahne vor der Frangarter Kirche offiziell ausgehängt und dies vorher unserer Redaktion bekanntgegeben hat. Ich bin dann vorher hinausgefahren und hab mich mit dem Fotoapparat im Kirchturm versteckt. Als der Sepp dann die Fahne zwischen zwei Zypressenbäume gespannt hatte, dauerte es nicht lange, bis die Carabinieri dahergekommen sind und sich daran machten, die Fahne zu entfernen, sehr zum Mißfallen vom Sepp Kerschbaumer, der darunter stand und sich zu seiner Aktion bekannte. Diese Fahne, sagte er zu den Carabinieri, habe ich mit gutem Recht aufgehängt. Ihr hängt's ja auch eure Fahnen auf und wir müssen doch das gleiche Recht haben wie ihr! Ich seh nicht ein, warum das verboten sein soll. Wenn das anders ist, dann ist es nicht weit her mit der Freiheit für Südtirol, dann sind wir höchstens eine Kolonie Italiens. So Sepp Kerschbaumer. Ich habe indessen durch die Schallfenster des Kirchturms die ganze Szene fotografiert. Mich hat niemand gesehen, sonst hätten sie mir vermutlich den Apparat abgenommen. Das Bild ist am nächsten Tag in der Zeitung veröffentlicht worden."

Sepp Kerschbaumer ist daraufhin zu zehn Tagen Haft verurteilt worden, die er im Hungerstreik verbracht hat. Hermann Nicolussi Leck, Kerschbaumers Anwalt seit der Fahnenhissung 1957, erzählt: "Nachdem er die Tiroler Fahne am Hofertag gehißt hatte, haben sie ihn hierher nach Kaltern auf das Bezirksgericht gebracht und dem Richter vorgeführt, der ihn zu zehn Tagen Haft verurteilt hat. Kerschbaumer hat dann sofort mit einem unbefristeten Hungerstreik begonnen und der Richter, der recht besorgt war, ließ bald einmal den Gemeindearzt kommen. Als der Kerschbaumer mit dem Hungern nicht aufhören wollte, hat es der Richter regelrecht mit der Angst zu tun gekriegt und sie haben ihn dann ins Gefängnis nach Bozen überstellt, wo er die restlichen Tage abgehungert hat. Kaum aus der Haft entlassen, hat es einen großen Empfang auf Schloß Sigmundskron gegeben, für sich Kerschbaumer im folgenden Brief an seine Freunde mit bewegten Worten bedankt:

"An alle Landsleute, denen ich Dank schulde!
Noch ganz im Banne der gestern Abends auf Schloß Sigmundskron stattgefundenen so schlichten aber umso ein-

Die von Sepp Kerschbaumer gehisste Tiroler Fahne an der Kirche von Frangart. Wenig später wurde die Fahne von der Polizei entfernt.

drucksvolleren Feier zur Ehrung unserer uns so teueren Tiroler Fahne "weißrot" und durch die mir, nach den so kernigen Worten von unserem Landsmann und meinem Dorfnachbar, Herrn Otto Petermeier an uns alle Versammelten gerichtet, von demselben übermittelte einmalige Widmung, die für mich einen wirklichen Tirolerischen Schatz darstellt, kann ich nicht anders, als all jenen, die einerseits zur so schönen Widmung und andererseits zu der erhebenden Feier beigetragen haben, auf die einfachste Tirolerische Art zu danken mit einem recht herzlichen Vergelts Gott! Möge der hohe Bundesherr Euch alles durch seinen Segen vergelten.

Ergebenst
Sepp Kerschbaumer

Aber nicht nur in Frangart hat man die Staatsmacht mit solchen Aktionen herausgefordert und auf Trab gebracht. Auch in Tramin z.B. haben die Gebrüder Gutmann ihren Spaß daran gehabt, zusammen mit dem BAS-Anhang und der rebellischen Traminer Dorfjugend Tiroler Fahnen sowohl auf Hochspannungs- als auch auf gewöhnlichen Elektroleitungen aufzuhängen und dann abzuwarten, wie die Carabinieri mit solchen Situationen fertigwerden. Um die Fahnen aufzuziehen, hat Luis Hauser eigene Roll-Wägelchen konstruiert, die über die Leitungsdrähte gezogen werden konnten. Einmal fixiert, ließen sie sich kaum mehr entfernen. Die Carabinieri hatten also ihre liebe Not mit den Fahnen und haben manches unternehmen müssen, um ihrer Herr zu werden. Ein solches Wägelchen hängt heute noch an symbolträchtiger Stelle in Trient am Leitungsdraht, der über das Battistidenkmal hinweg den Berg hinauf führt. Die Fahne selbst hat den Wetterunbilden nicht standgehalten. Luis Hauser erzählt, am längsten habe eine Fahne im Brandental bei Leifers den Angriffen der Carabinieri standgehalten. Zwei Monate sei sie gehangen. "Aufgehängt haben wir sie im Laufe einer Wallfahrt nach Weißenstein."

Kerschbaumer nimmt zu diesen Fahnenfragen dann auch in seinem Rundschreiben vom 26. Jänner 1959 Stellung, das den Titel trägt "Mander von 1959 - es ist Zeit!" Er meint: *"Auch im Falle der Landesfahnen hat es sich gezeigt, daß die Führung nicht hinter dem Volke steht, und das Volk im Kampf um die Fahne bis heute allein gelassen hat. Mir ist sogar zu Ohren gekommen, daß anläßlich der Eröffnungsfeier des Gedenkjahres am 19. Februar am Reichrieglerhof neben der Tiroler Fahne auch die italienische Fahne gehißt werden soll. Auch in diesem Falle hat es sich gezeigt, daß man in erster Linie besorgt ist, die italienischen Freunde zufrieden zu stellen. Dies kommt obendrein einer Belobigung der Italiener gleich für die Schmähungen unserer Landesfarben, die sie sich auch nur leisten konnten, da es unsere Verantwortlichen nicht der Mühe wert gefunden haben, dagegen Stellung zu nehmen. Unter solchen Voraussetzungen (Hissung der Fahne unserer Unterdrücker) die Gedenkfeier von 1809 zu beginnen, heißt das Andenken der Helden von 1809 schänden."*

Erste Kontakte in Richtung Innsbruck.

Als Kerschbaumer im Juli 1957 wegen seiner Frangarter Fahnenaktion vor Gericht stand, machte er eine folgenreiche Bekanntschaft. Der Innsbrucker Journalist und Schriftsteller Wolfgang Pfaundler, der sich im Widerstand gegen die Nazis einen Namen gemacht hatte, tritt an ihn heran. Zunächst einmal nur eines Interviews und eines Berichtes wegen.

Der Artikel ist dann am 20. Juli 1957 im Innsbrucker Volksboten unter dem Titel "Tiroler Fahne - ein gefährlicher Fetzen - Ein interessanter Prozeß um die Landesfahne in Südtirol" erschienen. Hier einige Auszüge:

"Bisher," schreibt Pfaundler *"erfolgten die zahlreichen Fahnenhissungen in Südtirol anonym, es gab meistens nur unbekannte Täter oder Freisprüche wegen Mangels an Beweisen. Kerschbaumer aber steht auf dem Standpunkt, daß er 'so wie es immer Brauch war', die Tiro-*

ler Fahne hissen will, wenn es die Tradition des Tages verlangt. "Wenn man in ganz Italien die rote Kommunistenfahne aufstecken darf", sagt er, *"die soviel Unglück in die Welt gebracht hat, werden wir wohl auch unsere Fahne hissen dürfen."*

Am 5. Juli fand vor dem Kreisgericht in Bozen die Strafverhandlung gegen Sepp Kerschbaumer statt. Bei dieser Verhandlung gibt es erstmals einen Täter, der sich zu seiner Tat bekennt, deshalb kommt dem Urteilsspruch eine besondere Bedeutung zu.

Der Staatsanwalt Dr. Martin erklärte in seiner Anklage, daß man in der Aufziehung von Tiroler Fahnen eine "aufhetzende Kritik" am italienischen Staate wie auch eine "Erregung der Staatsbürger italienischer Zunge" feststellen müsse, so daß rechtlich der Tatbestand der "aufhetzenden Kundgebung" im Handeln des Angeklagten gegeben sei.

Der Verteidiger Dr. Nicolussi warf dagegen ein, man könne in der Tat des Angeklagten keine Kritik am Staate finden, da die Fahnen Tirols anläßlich der Totenfeier des Freiheitshelden Andreas Hofer gehißt wurden, der niemals gegen Italien kämpfte. Es könnten sich bestenfalls die Anhänger Napoleons betroffen fühlen, aber niemals der italienische Staat.

Im übrigen hätten alle Provinzen, Regionen und Städte Italiens ihre eigenen traditionellen Fahnen, die sie ungehindert hissen dürften. Keinem Polizeiorgan würde es jemals einfallen, z.B. das Lilienbanner der Medicäer in Florenz zu verbieten oder in der Hissung des Lilienbanners eine separatistische Kundgebung der Medicäer gegen die Integrität des Staates zu sehen. Was in Florenz billig sei, müsse folglich auch in Südtirol recht sein.

Kerschbaumer bat, daß die Verhandlung in deutscher Sprache geführt werde. Dieser Bitte wurde vom italienischen Gericht nicht entsprochen! Der Staatsanwalt sprach von den Tiroler Fahnen nur als "Stracci", was etwa soviel wie "Fetzen" bedeutet."

Soweit einige Auszüge aus dem Artikel von Wolfgang Pfaundler, der sich in der Folge mit weitreichenden Folgen aktiv für den BAS zu interessieren beginnt. Der Innsbrucker Journalist verfügt über beste Beziehungen in Innsbruck und in Wien, die Türen zu den ersten Adressen des Landes stehen ihm offen, er ist einer der einflußreichsten Leute der Innsbrucker Kulturszene.

Und dieser Mann beginnt zusammen mit Kurt Welser und Heinrich Klier eine eigene BAS-Gruppe aufzubauen, wobei er so gewichtige Leute wie den Verleger und Presse-Chefredakteur Fritz Molden, den heutigen ORF-Generalintendanten Gerd Bacher, den Nordtiroler ÖVP-Landesrat Aloys Oberhammer, Bergiselbund-Obmann Eduard Widmoser u.a. für die Mitarbeit gewinnt. Wenn es dem BAS in der Folge möglich sein wird, über gelegentliche Anschläge hinaus den großen Schlag, wie ihn die Feuernacht darstellt, vorzubereiten und durchzuführen, ist das wohl fast ausschließlich auf die zentrale logistische Unterstützung durch die von Pfaundler und Welser geleitete Innsbrucker Gruppe zurückzuführen.

Zwei Welten

Seit er Pfaundler kennt, ist Kerschbaumer viel in Innsbruck unterwegs. Doch die beiden sind unterschiedliche Naturen. Zwei verschiedene Welten treffen da aufeinander. Kerschbaumer ist mehr dem bäuerlichen, dörflich-katholischen Milieu verhaftet, Pfaundler der urbane Intellektuelle. Der Südtiroler ist eine romantische Natur, ein Träumer voller Opferbereitschaft, zum Märtyrer fast vorbestimmt; Pfaundler hingegen mehr der kalte Analytiker, ein Mann mit strategischem Weitblick, der Beziehungen zum zypriotischen Widerstand herstellt, der weiß, wie man Waffen beschafft. Pfaundler ist dafür, von Anfang an alle Kraft auf einen Schlag zu konzentrieren, er hält eine Bomben-Politik der Nadelstiche, wie Kerschbaumer und seine Leute sie zunächst bevorzugen, weil sie eine sehr harte Reaktion der Italiener fürchten, für falsch und für zu gefährlich.

Auch weiß Pfaundler, der die Carabinieri nicht unbedingt schonen will, daß er dem Kerschbaumer mit Waffen gar nicht zu kommen braucht. Jedwedes Blutvergießen wird vom "humanen Terroristen", wie verschiedene italienische Zeitungen Kerschbaumer später bezeichnen werden, von vorneherein strikt abgelehnt. Deshalb werden die Waffen nicht nach Frangart, sondern nach Walten zum Jörg Klotz geliefert. Kerschbaumer macht den Innsbruckern gegenüber, die gerne den Ton angeben möchten, auch klar, daß das letzte Wort immer bei den Südtirolern selbst liegen muß. Es gab also Gründe zuhauf für Divergenzen zwischen den beiden, Divergenzen, die zeitweise sogar zum Abbruch der Beziehungen zwischen Frangart und Innsbruck führen, als die Innsbrucker über die Bozner BAS-Gruppe, die ihnen nahestand, Kerschbaumer an den Rand zu drängen versuchen.

Über Innsbruck stößt Kerschbaumer auch ins österreichische Außenministerium vor. Er lernt im Bergiselbund, dessen Ehrenmitglied auch Bruno Kreisky ist, nicht nur Eduard Widmoser und Aloys Oberhammer, sondern auch den sozialistischen Parlamentarier und Lokführer Rupert Zechtl kennen, bei dem die Südtiroler gerne vorbeischauen. Zwischen den beiden entwickelt sich ein freundschaftliches Verhältnis. Der sozialistische Lokführer und der Dorfkaufmann aus Frangart können gut miteinander, da ist das Gefälle nicht so groß wie zu den Innsbrucker und Wiener Intelligenzlern. Kerschbaumer weiß, daß er auch die Sozialisten braucht in seinem Kampf, sie sind kein rotes Tuch für ihn. Und Zechtl vermittelt schließlich ein Treffen mit Außenminister Bruno Kreisky, der schon Jörg Klotz empfangen hatte und

der den Chef des BAS auch kennenlernen möchte. Und so ist Sepp Kerschbaumer nach Wien gefahren, immer in derselben karierten und abgetragenen Joppe, die er auch sonst bei seinen verschiedenen Botengängen und Vorsprachen getragen hat.

Beim dritten Anlauf hat es schließlich geklappt. Das erste Mal ist Sepp Kerschbaumer am Ballhausplatz noch umgekehrt. Da hat er plötzlich weiche Knie gekriegt, weil es für ihn, den kleinen Kaufmann aus Frangart, einfach so unvorstellbar war, vom Außenminister persönlich empfangen zu werden, wie Josef Fontana berichtet. Das zweite Mal ist er dann bis zum Staatssekretär Gschnitzer vorgestoßen, bis es dann endlich am 27. November 1960 gelungen ist.

Josef Fontana, der sich im Gefängnis von Sepp Kerschbaumer berichten ließ, erzählt folgendes über die Begegnung mit Kreisky, bei der auch Nationalrat Rupert Zechtl zugegen war: Kreisky habe die Südtiroler Delegation gebeten - mit dabei waren noch Karl Titscher und Jörg Pircher - sie möchten die Motive darlegen für den Widerstand. Er habe sich ihre Argumente angehört und zum Schluß dann gesagt: "Ich sag euch nicht, tut's etwas und ich sag euch auch nicht tut's nix, ihr wißt selbst, was zu tun ist. Manche aber, die euch heute ermuntern, werden morgen über euch herfallen."

Laut Fontana hat Kerschbaumer die Begegnung mit Kreisky als Ermunterung aufgefaßt. "Aber auch wenn der Kreisky gesagt hätte, um Himmels willen, laßt die Hände davon, ihr schadet Südtirol, hätte er die Sache höchstens um ein paar Wochen gebremst. Die Anschläge hätte nur noch Italien verhindern können, indem es seine Politik um 180 Grad geändert hätte."

Luis Gutmann zufolge hat Kreisky den Südtirolern klargemacht, daß es nur um die Erfüllung des Pariser Vertrages gehe. Mehr sei nicht drin. Und Nationalrat Rupert Zechtl will überhaupt keine Ermunterung für Anschläge aus den Worten des Außenministers herausgehört haben. "Der Kreisky hat keinen Freibrief ausgestellt." Er habe eine meisterhafte Art gehabt, auf die Leute einzugehen und das habe sie stark beeindruckt. Er habe Verständnis dafür gezeigt, daß diese Sachen passieren in Südtirol oder passieren könnten. "Aber dieses Verständnis war kein Freibrief. Das haben sie mißverstanden." Beeindruckt, so Zechtl, sei Kreisky vor allem von Kerschbaumer gewesen; die Ernsthaftigkeit dieser Männer habe ihn berührt.

Das Recht auf Widerstand

Von der Politik zur Religion und umgekehrt war es bei Kerschbaumer ein kurzer Schritt. Beides ist bei ihm ganz selbstverständlich Hand in Hand gegangen. Alles bei ihm war religiös begründet, auch das Widerstandsrecht gegen den italienischen Staat. Denn dieser hatte den theologischen Auffassungen des BAS-Chefs zufolge Natur-

Sepp Kerschbaumer als Familienvater

und Gottesrecht schwer mißachtet, indem er die Minderheit bedrängte und ihre Grundrechte in Frage stellte. Da war Kerschbaumer von alttestamentarischer moralischer Strenge, einem Thomas Münzer oder Michael Gaismair gar nicht unähnlich. Der Widerstand, der dann in der Feuernacht zum Ausdruck kam, war für ihn demnach eine fast zwingende Folge der Schändung dieser gottgewollten Grundrechte durch den italienischen Staat.

Dies vorausgeschickt, kommt dem Verhältnis Kerschbaumers zur damaligen Amtskirche und zur Religion größte Bedeutung zu. Er war ein Mensch, der naivste Formen der Volksfrömmigkeit durchaus mit theologischer Tiefe zu vereinen wußte.

"Kerschbaumer ist immer wieder nach Maria Trens hinausgepilgert und hat dort seine Fürbitten vorgebracht, weil er glaubte, daß er erhört wird," erinnert sich Franz Berger. Als das Südtirolproblem vor die UNO kam oder andere wichtige politische Entscheidungen anstanden, dann ist er immer hinaus nach Maria Trens. Dort hat er der Gottesmutter all seine politischen Probleme dargelegt. Ich weiß auch, daß er fünf, sechs Mal beim Bischof Gargitter in Brixen vorsprechen wollte. Vielleicht, wenn er ihn empfangen hätte, wär's gar nie zu diesen Anschlägen gekommen. Aber er ist jedes Mal abgewiesen worden, und dann ist der Kerschbaumer eigene Wege gegangen."

Wege, bei denen direkt oder indirekt der Segen der Kirche trotzdem irgendwie immer mit dabei war. Denn wie der Traminer BAS-Mann Luis Steinegger erzählt, hat Kerschbaumer vor jeder Aktion des BAS das Einverständnis seines Beichtvaters eingeholt. Die einzige Be-

dingung, die dieser Kirchenmann gestellt haben soll: "Menschen dürfen keine zu Schaden kommen." Daran hat man sich dann auch strikt gehalten.

Überhaupt ist viel gebetet worden in jenen Zeiten. Der tägliche Rosenkranz in der Familie Kerschbaumer z.B. war ebenso eine Selbstverständlichkeit, wie er dann auch im Gefängnis für die politischen Häftlinge zu einem Muß wurde. Vorbeter: Sepp Kerschbaumer. Luis Gutmann gibt zu, manchmal sei es für ihn auch ganz schön streng gewesen. Selbst noch aus der Haft erinnerte Sepp Kerschbaumer die Seinen daheim eindringlich, den Brauch des Rosenkranzbetens ja nicht abkommen zu lassen, und jedesmal, wenn es Mai wurde, hat ein Marienaltar die Zelle des großen Marienverehrers Kerschbaumer geschmückt. Im Gefängnis hat Kerschbaumer dann seinen Mitstreitern das Versprechen abgenommen, daß sie alle gemeinsam nach Maria Trens pilgern werden, wenn das alles überstanden ist. Zum 30jährigen der Feuernacht ist dieses Versprechen nachgeholt worden.

Doch dieser durch und durch katholische Mensch, dessen Leben selbst in den Zeiten der Untergrundtätigkeit und des Gefängnisses ganz in den Rhythmen des Glaubens eingebettet war, hatte seine Schwierigkeiten mit der damaligen Amtskirche in Südtirol. Abgesehen davon, daß die Kirche die Anschläge niemals gutheißen und auch nur die geringste Spur von Verständnis für die Anwendung von Gewalt aufbringen konnte, hat es innerhalb der katholischen Welt Südtirols zwei Richtungen gegeben, die gewissermaßen im Widerstreit zueinander standen.

Kanonikus Gamper und Bischof Gargitter

Auf der einen Seite befand sich bis zu seinem Tod 1956 Kanonikus Michael Gamper, der der deutschen Volksgruppe das Überleben gesichert hatte und als Retter des Vaterlandes höchstes Ansehen genoß; auf der anderen der junge Brixner Bischof Josef Gargitter, der von Anfang der Bischof aller Volksgruppen sein wollte[11] und dem es vor allem darum ging, die tiefen Gräben, die Faschismus und Krieg hinterlassen hatten, zuzuschütten und die Narben verheilen zu lassen. Gargitter, der sich im Laufe seiner Amtszeit dann als durchaus politischer Bischof entpuppt hat, wollte nicht direkt in die Politik eingreifen und sich auch nicht der Gefahr der Vereinnahmung aussetzen, wobei ihm sein Vorgänger Bischof Geisler durchaus ein warnendes Beispiel gewesen sein mag. Gargitter, dem immer ein guter Draht in Richtung Vatikan nachgesagt wurde, meinte, den ethnischen Spannungen durch das Festhalten am politischen Status quo, der Regionalautonomie also, begegnen zu können, wobei die Hoffnung, die DC werde ihre Vormachtstellung in der Region nicht allzusehr mißbrauchen, durchaus in Rechnung gestellt werden kann.

Gamper hingegen, der sich im Klerus und Volk seines Anhangs gewiß war und als verantwortlicher Schriftleiter der "Dolomiten" weiterhin großen Einfluß ausübte, war - wie viele Südtiroler auch - mit der von den Trentinern beherrschten Regionalautonomie alles andere als glücklich. Er war es, der bereits im Oktober 1953 in der Tageszeitung "Dolomiten" die Parole vom "Todesmarsch" der Volksgruppe prägte, ein mitreißendes Wort, das genau jene Stimmung beschreibt, die dann ab Mitte der Fünfziger Jahre Sepp Kerschbaumer und seine BAS-Leute dazu animieren wird, nur mehr in gewaltsamen Methoden einen Ausweg zu suchen. Um Jahre früher als alle anderen hatte der Kanonikus die Regionalautonomie als Betrug gebrandmarkt, die der Entnationalisierung weiterhin Tür und Tor öffnete. Mit solchen Reden aber zog er sich den heftigen Zorn des jungen Bischofs zu.

Zwei Lager in Kirche und Partei

Dieser Spaltung des katholischen Lagers in der nationalen Frage stand eine ähnliche Zweiteilung der Gemüter in der SVP gegenüber, auch wenn diese erst etwas später virulent geworden ist. Die sich vor allem auf die liberale Bozner Oberschicht gründende und Rom und Trient gegenüber kompromißbereite Führungsriege der damaligen SVP um Erich Amonn sah sich ab Mitte der Fünfziger Jahre verstärkt durch volkstumsbewußte Politiker vom Schlage eines Hans Dietl in Frage gestellt, der mit seinem Rücktritt 1955 aus der Regionalregierung schon früh dazu bereit war, das "Los von Trient" zum Kampfruf der Partei zu machen.

Kleine Parteifunktionäre wie Sepp Kerschbaumer, der im selben Jahr sein Amt als Ortsobmann der SVP in Frangart zur Verfügung stellte, weil er die Politik der weichen Knie gegenüber Trient und Rom nicht mehr mitmachen wollte, waren ein klares Anzeichen dafür, wie viele an der Basis dachten. Die war nämlich radikal unzufrieden, denn die Zuwanderung hatte nicht aufgehört, die Wohnungen wurden weiterhin einseitig zugeteilt, die Staatsstellen ebenso einseitig vergeben. Vor allem viele junge Südtiroler sahen keine Perspektive mehr. Wirtschaftlich und ethnisch fühlten sie sich an den Rand gedrängt. Gampers Todesmarschparole war zum alles beherrschenden Schlagwort geworden.

Der Streit um die richtige Linie in der nationalen Frage war also zuerst in der Kirche und erst um Jahre später in der Partei offen zum Ausbruch gekommen. Der junge Bischof sah sich in diesem Streit von allem Anfang an mit der alten, in ethnischen Fragen kompromißbereiten Führung der SVP verbündet. Die katholischen Organisationen wurden zum Hauptträger der Verständigungsbereitschaft zwischen den Volksgruppen, sie sollten den Damm bilden, der ein Überschwappen der

nationalen Leidenschaften verhindert, ein Beziehungsgeflecht herstellt zwischen Italienern und Deutschen. Hätten die Grundlagen gestimmt, so wie das heute im großen und ganzen der Fall ist, wäre das sicherlich gelungen. Doch diese Grundlagen der Gleichberechtigung waren damals nicht vorhanden, und so wurden diese katholischen Organisationen von Sepp Kerschbaumer und den volkstumspolitisch radikalen Kreisen mehr und mehr aufs Korn genommen. Kerschbaumer warf ihnen in aller Härte vor, die Grundrechte, die der Minderheit zustehen, preiszugeben und willfährig mit den Italienern zusammenzuarbeiten.

Während also der Bischof und die alte SVP-Führung die nationale Frage nicht als so vordringlich empfanden, haben zuerst der Kanonikus und später dann seine politischen Erben von Dietl bis hin zu Magnago erkannt, daß das Südtiroler Volk sich in nationaler Bedrängnis befand und dementsprechend reagiert. In dieser Auseinandersetzung war es der junge Bischof, der schon früh den ersten Stein warf.

In einem Schreiben an Kanonikus Michael Gamper vom 12. März 1953, das der Eucharistinerpater Dr. Walter Marzari in seinem Buch über Kanonikus Gamper[12] wiedergibt, rechnet Bischof Gargitter mit dessen volkstumspolitischer Einstellung in einem Ton ab, der praktisch einem Vertrauensentzug und der Aufforderung gleichkommt, sich in solche Fragen künftig nicht mehr einzumischen. Gamper hatte einem der Kirche nahestehenden Parlamentskandidaten in der Tageszeitung "Dolomiten" nicht die erwartete publizistische Unterstützung zukommen lassen. Der Bischof schreibt:

"Durch den oben erwähnten Artikel hat sich der schon seit Jahren gehabte Eindruck wesentlich verstärkt, daß Sie das christliche Anliegen zu sehr hinter das nationale zurückstellen. Indem ich Ihnen hiermit mein Bedauern ausspreche, muß ich mit Nachdruck betonen, daß ich diese Haltung unmöglich hinnehmen kann und daß bei Beibehaltung dieser Haltung die Distanzierung des Bischofs und des Klerus von Ihrem Blatte unausbleiblich ist."

Eine gewaltige Ohrfeige, die der Bischof da nicht nur seinem untergebenen Priester, sondern als einflußreicher Mitbesitzer der Verlagsgesellschaft "Athesia" auch dem Chefredakteur erteilte.

Kanonikus Gamper antwortet tief getroffen: "So wie der Priester sich auch um die soziale Not seiner Schutzbefohlenen zu kümmern hat, so muß er auch um die nationale Not seiner Schutzbefohlenen bekümmert sein um der Gerechtigkeit und christlichen Liebe willen." Gerade weil die Kirche in Zeiten schwerster nationaler Bedrängnis im Lande die Ruferin gewesen sei für die Rechte der Muttersprache in Schule und Öffentlichkeit, habe die Kirche an Ansehen im Volke gewonnen.

In der Volkspartei wird diese Auseinandersetzung erst 1957 in aller Härte entbrennen, als Magnago die alte

Am 18. Juni 1961 traf sich Innenminister Mario Scelba mit Bischof Josef Gargitter zu einem Gespräch in der Brixner Hofburg. Dabei pochte Gargitter auf die Einhaltung rechtsstaatlicher Grundsätze durch die Polizei.

schofs haderte. "Er hat dann zu mir auch gesagt, als ich aus dem Gefängnis zurückkam und um ein klärendes Gespräch ersuchte, das bereitwillig gewährt wurde, er sehe das inzwischen alles etwas anders als früher."

Flugblätter

Auch ein so katholischer und in der nationalen Frage so sensibler Mensch wie Sepp Kerschbaumer spürte diese Auseinandersetzungen zutiefst. Er fühlte sich ganz der vom Kanonikus geprägten Haltung verbunden, derzufolge Unnachgiebigkeit in Volkstumsfragen und Religiosität sich absolut nicht auszuschließen brauchten. Ganz im Gegenteil, das eine baute auf dem Fundament des anderen auf. Dies bedeutete aber nicht, daß man die Rechte der Italiener schmälern wollte. Man wollte nur gleichberechtigt leben wie sie.

Wie es seinem Charakter entsprach, bezog Kerschbaumer klar Partei und sagte den Häuptern der katholischen Organisationen, der SVP und den Christdemokraten ab 1957 immer wieder in aller Klarheit, wie ein katholischer Christmensch in Südtirol sich seiner Auffassung nach in der nationalen Frage zu verhalten habe.

Einige Wochen nach der Kundgebung auf Sigmundskron wendet sich der BAS wieder an die Öffentlichkeit:

"Überall hat man sich eine entschlossene Inangriffnahme unserer brennenden Probleme erwartet. Und aus Rom kam dann auch bald eine frohe Kunde: Giuseppe Raffeiner und sein Mitläufer Karlo de Braitenberg distanzierten sich feierlich von dem Geiste der Volkskundgebung vor Schloß Sigmundskron und somit auch vom Südtiroler Volke. Die beiden Volksverräter wurden von uns mittels Schreiben aufgefordert, sofort zurückzutreten.

Vierzig Jahre italienische Besatzung brachte Südtirol mit Hilfe einiger Volksverräter an den Rand des Abgrundes. Das Südtiroler Volk ist nicht mehr länger gewillt den Todesmarsch mitzumarschieren!

"Los von Trient" hieß die Forderung aller Südtiroler auf Schloß Sigmundskron. Seit einigen Monaten spricht man im ganzen Lande von berufener Seite, den Gesetzesantrag zur Schaffung der Landesautonomie innerhalb des Jahres 1957 im Parlament einzubringen. Bei der Kundgebung war für das Südtiroler Volk das deutsche Wort bindend. Ist für unsere Parlamentarier dieses deutsche Wort nicht bindend?"

Ein Flugblatt, das an Härte nichts schuldig bleibt und das die beiden SVP-Senatoren, die noch zur alten Führungsgarde gehören, als Kompromißler in der nationalen Frage ganz bewußt verunglimpfen und brandmarken soll. Carl von Braitenberg und Josef Raffeiner, der sich als Dableiber in den Zeiten der Option große Verdienste erworben hatte, hatten sich im Parlament in aller Form vom Geiste der Kundgebung in Sigmundskron di-

Parteigarde ablöst und das "Los von Trient" verkündet. Doch unbeschadet dessen läßt dieser frühe Brief an den Kanonikus den Schluß zu, daß der Bischof der Brisanz der sich immer drängender stellenden nationalen Frage zu wenig Bedeutung beigemessen und ihr Gefahrenpotential unterschätzt hat. Wollte er nicht sehen, daß diese Form der Regionalautonomie, die die Hegemonie der Trentiner Christdemokraten festschrieb, von weiten Teilen der SVP und der Südtiroler Bevölkerung nicht akzeptiert und als Betrug empfunden wurde? Ist er wie viele andere auch erst beim großen Schlag aufgewacht am Herz-Jesu-Sonntag 1961?

Wahrscheinlich ist der Bischof, der von Anfang an der Oberhirte aller drei Volksgruppen sein wollte und dem die Befriedungsmission über alles ging, der Illusion erlegen, in einem so katholischen Land wie Südtirol könne allein die Kirche die Menschen und Volksgruppen zusammenführen. Aber leider haben in den fünfziger Jahren elementare Voraussetzungen für einen wirklichen Frieden zwischen den Volksgruppen gefehlt. Sie sind erst später geschaffen worden.

Erst das Vatikanische Konzil habe den Bischof vollkommen umgekrempelt, meint Josef Fontana, der, wie viele andere BAS-Aktivisten auch, mit der Haltung des Bi-

stanziert und auch den detailliert ausgearbeiteten Gesetzesantrag zur Errichtung einer Landesautonomie[12],
der nach den Vorstellungen der neuen SVP-Führung
dem Parlament vorgelegt worden war, nur halbherzig
unterstützt. Den Gesetzesvorschlag zur Errichtung einer autonomen Region Südtirol haben die Abgeordneten Tinzl, Guggenberg und Ebner am 4. Februar 1958
in die Abgeordnetenkammer eingebracht. Er ist nie diskutiert worden.

Das erste Rundschreiben

Im ersten Rundschreiben Kerschbaumers vom 30. März
1958, das an Franz Fuchs, Johann Pan, Franz Kemenater, Leo von Pretz und die Leitung des Katholischen Lehrerbundes gerichtet ist, nimmt Kerschbaumer zum
Versuch Stellung, die im BAS-Flugblatt frontal ange-
griffenen SVP-Parlamentarier, die sich im Wahlkampf
befinden, mittels einer gut inszenierten Pressekampagne
zu rehabilitieren.

Kerschbaumer kritisiert, daß die großen Organisationen Südtirols den Volkstumskampf nur mehr als wirtschaftlichen Interessenskampf sehen und fragt sich, ob
es unter diesen Voraussetzungen überhaupt noch eine
Partei brauche. Da könne man sich gleich mit der gegenwärtigen Lage so gut als möglich abfinden, indem
man sich mit den Italienern in jeglicher Hinsicht ver-
brüdert. Auch würde es unter diesen Voraussetzungen
vollauf genügen, den besten Wirtschaftsmännern die
Vertretung in Rom und im Lande zu überlassen.

Für Kerschbaumer aber ist die Auseinandersetzung vor
allem eine "politisch-völkische", die er auf die einfache Formel "Recht gegen Unrecht" bringt. *Sie alle
wissen,"* schreibt er, *"daß unserem Volke von Italien
schwerstes Unrecht zugefügt worden ist und dauernd
zugefügt wird. Die letzte Landesversammlung und die
Kundgebung von Sigmundskron haben gezeigt, daß unser Volk nicht ihrer Meinung ist. Wenn deshalb unser
Volk bei den kommenden Wahlen gewissen Herrn nicht
mehr das Vertrauen schenkt, so aus dem einfachen Grunde, weil sie die völkischen Interessen Südtirols nicht zu-
friedenstellend vertreten haben, ja sogar gegen den
Willen des Volkes in Rom gesprochen haben."*

Kerschbaumer nimmt auch noch Bezug auf den Parlamentarier und Parlamentskandidaten Dr. Toni Ebner:
*"In Bezug auf Dr. Ebner muß ich bemerken, daß sein
Platz als Nachfolger des hochverehrten Kanonikus Gamper einzig und allein bei unserer Presse wäre, wo er,
wenn er seinen Posten für unsere Heimat richtig aus-
füllen würde, sehr segensreich wirken könnte."*

In seinem nächsten Rundschreiben, das im Juni 1958
erscheint, wendet sich Kerschbaumer an die katholischen
Organisationen Südtirols. Es handelt sich dabei um eine schonungslose und in ihrer Härte wohl einmalige Ab-
rechnung mit der Politik dieser Organisationen, denen

er vorwirft, massiv in den Wahlkampf eingegriffen zu
haben. Anstatt gegen die "um sich greifende Sonntags-
entheiligung, den schlechten Film, die unsittliche Presse, die Nachtlokale, das asoziale Verhalten christlicher
Unternehmer... etwas zu unternehmen oder sich eltern-
loser Kinder anzunehmen, sind diese Kreise, die die Ka-
tholizität auf ihre Fahnen geschrieben haben, in der
skrupellosesten und rücksichtslosesten Weise über ihre politischen Gegner hergefallen," kritisiert der BAS-
Chef. "Er wirft den katholischen Organisationen vor,
'mit unfairen Mitteln' in den Wahlkampf zum Parlament eingegriffen und "die religiösen Gefühle unseres
Volkes pharisäisch und selbstsüchtig mißbraucht zu haben."

*"In engster Zusammenarbeit mit den italienischen Lo-
kalzeitungen,"* so Kerschbaumer weiter, *"wetteiferte
man in der Verleumdung einzelner Südtiroler Politiker
und es mußte jeden Südtiroler bedenklich stimmen, daß
die italienische Presse sich so geschlossen hinter die Katholischen Organisationen stellte. Diesmal war es ausgerechnet die katholische Bewegung, die für die italienische Südtirolpolitik den "utile idiota" spielte. Ja die
katholische Bewegung kam den Italienern dabei soweit
entgegen, daß sie die plumpesten Verleumdungsschla-
ger der italienischen Nationalisten für ihre Zwecke aus-
grub und das Südtiroler Volk zu verkappten Nazis,
Kommunisten und christenfeindlichen Nationalisten
stempelte, das noch immer nicht begreifen will, daß es
die bestbehandelte Minderheit der Welt sei und Rufe
wie "Los von Trient" oder gar nach "Selbstbestimmung" und "Volksabstimmung" erhebe. Und die Stimme der Katholischen Bewegung "Der Weg" wundert
sich noch darüber, daß das Südtiroler Volk nicht schon
längst feierlich die von "Gott gewollte Grenze am Brenner" anerkannt habe!*

Kerschbaumer ist der Auffassung, daß die Katholischen
Organisationen mit ihrer Handlungsweise "unser Volk
nicht nur um die Heimat bringen, sondern auch im Glauben wankend machen werden". *"Mit ihrem Vorgehen,"*
schreibt er weiter, *"haben Sie sich ganz offen auf die
Seite des Unrechts gestellt. Denn Sie wissen genau, daß
unserem Volke von italienischer Seite schwerstes Unrecht widerfahren ist. Und Unrecht verjährt sich nicht.
Deshalb stellt sich jeder, der die Italiener in diesem Unrecht bestärkt und unterstützt, ebenfalls auf die Seite
des Unrechts, das heißt er handelt gegen die christlichen Grundsätze."*

Daß Bischof Gargitter nach dieser Sonntagspredigt keine
Lust mehr zeigte, den Dorfkaufmann aus Frangart zu
empfangen, wen wundert's. So hart war mit der katholischen Welt im heiligen Land Tirol wohl schon lange
nicht mehr umgegangen worden und das in den Fünfziger Jahren, als die geistlichen Herrn einen solchen Tonfall nun wirklich nicht gewohnt waren.

Doch Kerschbaumer ließ sich nicht entmutigen. Zur 150.

LANDSLEUTE!

Die Stunde der Bewährung ist da!

40 Jahre lang hat Südtirol alle Leiden erduldet und immer wieder auf die Einsicht Italiens, auf die Hilfe der Mächtigen und auf Gerechtigkeit gehofft. Obwohl wir keine Italiener sind, waren wir 40 Jahre lang anständige Bürger des italienischen Staates. Vergeblich!

1919 und 1946 hat man uns das natürliche Recht auf Selbstbestimmung vorenthalten und dafür Versprechungen gemacht. 15 Jahre lang warten wir nun vergeblich auf die Einlösung dieser Versprechungen. Jeder vernünftige Mensch aber muß nach all den ergebnislosen Verhandlungen erkennen, daß die italienischen Regierungen uns nicht einmal eine bescheidene Autonomie gewähren wollen.

Das „demokratische" Italien setzt in Südtirol die Methoden der faschistischen Gewaltherrscher fort und überbietet sie noch: Willkürliche Verhaftungen, das Verbot der Schützen, Beschlagnahme von Privateigentum, wahllose Hausdurchsuchungen, Störung religiöser Bräuche.

Täglich wächst die soziale Not: Zu Tausenden müssen junge Südtiroler auswandern, weil italienische Zuzügler die Volkswohnungen und die Arbeitsplätze zugeteilt bekommen. Obwohl sie oft nicht lesen und schreiben können, erklären die italienischen Arbeitsamter diese Zuwanderer zu Fachkräften. Unsere Söhne aber müssen mit Hungerlöhnen vorlieb nehmen.

1918 lebten 7000 Italiener in Südtirol, heute sind es 130.000! Wohin das Zögern und Verhandeln geführt hat, zeigen auch die letzten Bozner Gemeindewahlen. 1920: kein einziger Italiener im Gemeinderat! 1961: 31 Italiener und nur noch 9 Südtiroler! Und welche Parteien haben seit 1957 Stimmen gewonnen? Einzig und allein die Neufaschisten und die Kommunisten! Das ist das Ergebnis unserer Geduld!

Rom beschließt eben jetzt ein Gesetz, das jedem Südtiroler nach Belieben die Staatsbürgerschaft entziehen kann. Dieses Gesetz öffnet der Willkür Tür und Tor: Man kann uns wie Verbrecher aus der Heimat vertreiben. Aus dem Unrecht, das Hitler unserem Land zugefügt hat, versucht Rom sein Recht abzuleiten. Italien erniedrigt das alte Kulturland an Etsch und Eisack zu einer Kolonie.

Hat man in Rom noch nicht gemerkt, daß wir im Zeitalter der Selbstbestimmung der Völker leben? Wir sind sicher, daß alle Gegner des Kolonialismus unsere Bundesgenossen sind.

WIR FORDERN FÜR SÜDTIROL DAS SELBSTBESTIMMUNGSRECHT!

Landsleute! Unser Vertrauen zum italienischen Staat ist zerstört. Er hat kein Versprechen und keinen Vertrag gehalten. Er mißbraucht seine Kräfte dazu, das vom Faschismus begonnene Vernichtungswerk fortzusetzen und unsere Volksgruppe auszulöschen.

In dieser Stunde erheben sich die treuesten Söhne unserer Heimat gegen die Gewalt und schreiten schweren Herzens — so wie anno 1809 — zur Tat. Nicht der Haß gegenüber Menschen einer anderen Sprache leitet uns: Unsere Erhebung ist Notwehr gegen einen Staat, der uns unseres Volkstums wegen verfolgt und uns geistig und physisch vernichten will.

Europa und die Welt werden unseren Notschrei hören und erkennen, daß der Freiheitskampf der Südtiroler ein Kampf für Europa ist und gegen die Tyrannei.

Landsleute! Unterstützt den Freiheitkampf! Es geht um unsere Heimat! Wir ziehen in den Kampf mit einem Wort unseres Kanonikus Gamper: „Ein Volk, das um nichts anderes kämpft, als um sein natürliches und verbrieftes Recht, wird den Herrgott zum Bundesgenossen haben!"

BAS-Flugblatt zur Feuernacht

Wiederkehr des Heldenjahres 1809 verfaßt er abermals ein Rundschreiben unter dem Titel "Mander von 1959 - es ist Zeit!" In diesem Zusammenhang fällt ihm der seiner Meinung nach krasse Unterschied zwischen dem Verhalten der Heldengeneration von 1809 und den Verantwortlichen von heute auf: *"Unverständlich aber ist es, daß unsere verantwortliche Führung seit der Zeit nach dem 2. Weltkriege, wo sie die Möglichkeit gehabt hätte, sich für Recht und Freiheit einzusetzen, alles eher als im Sinne der Männer von 1809 gehandelt hat. Im Gegenteil, es hat sich bis heute im Laufe von 12 Jahren immer mehr gezeigt, daß dieser angebliche Volkstumskampf zu einer Phrase geworden ist. Wenn Italien es sich leisten konnte, die Grundsätze der katholischen Religion, Freiheit und Recht, bis zum heutigen Tage mit Füßen zu treten, dann sind daran auch unsere verantwortlichen Männer schuld, welche durch ihr weiches, leider auch in grundsätzlichen Fragen zu kompromißbereites Verhalten im Geiste der sogenannten Realpolitik gehandelt haben. Ja, man kann sogar sagen, daß diese die Italiener ermuntert haben, die Italianisierung unserer lieben Heimat fortzusetzen. Jeder der Verantwortlichen, der noch einen Funken Ehrgefühl im Leibe hat, muß eingestehen, daß die vollständige Italianisierung Südtirols heute noch das Um und Auf der italienischen Politik in Südtirol ist und daß hierin alle Italiener eines Sinnes sind. Dies hat sich gerade in letzter Zeit wieder einmal gezeigt, als alle Italiener gegen die nur zu berechtigten Forderungen unseres Volkes für die Durchführungsbestimmungen des Volkswohnbaues demonstrierten und protestierten - und das mit Erfolg!"*

Kerschbaumer rät der politischen Führung und dem Volke, wieder in die Fußstapfen der glaubensstarken Männer von 1809 zu treten und sich an ihnen aufzurichten. "Dann braucht uns nicht bange zu sein um Glaube und Heimat."

"Theologie der Befreiung" für Südtirol

Am 19. April 1960 nimmt Kerschbaumer dann grundsätzlich dazu Stellung, warum es seiner Meinung nach in Südtirol keinen Frieden geben könne. Seine Antwort ist und bleibt trotz aller Variationen in allen Rundschreiben dieselbe: Weil fundamentale christliche Grundsätze wie Gerechtigkeit und Wahrheit in der Politik von christdemokratischen Politikern mit Füßen getreten werden. Kerschbaumer bezieht sich nicht auf Verfassungsrechte, die verletzt werden, er zitiert auch nicht Menschenrechtskonventionen, UNO-Richtlinien... Er verweist auf christliche Grundsätze.

Er schreibt: *"Die geschichtliche Erfahrung lehrt, daß ohne Gerechtigkeit und Wahrheit sowohl im Großen wie im Kleinen kein echter Friede unter den Menschen zustande kommen kann. Diese Gedanken drängen sich mir auf, wenn ich die heutigen Bemühungen der großen*

Nach seiner Verhaftung wegen illegaler Fahnenhissung wird Kerschbaumer in Frangart ein großer Empfang bereitet.

Weltmächte sehe zur Herstellung eines dauerhaften Friedens. Aber, so frage ich mich immer wieder, wie will man auf großer Ebene zu einem wirklichen Frieden gelangen, wenn man dies nicht einmal im kleinsten Rahmen imstande ist? Ich meine damit unser schweres Heimatproblem.

Ganz allgemein und in unserem besonderen Falle liegt die Ursache, daß kein Frieden zustande kommen kann, eben darin, daß die fundamentalsten christlichen Grundsätze von Gerechtigkeit und Wahrheit einfach nicht mehr als Grundlage dienen. Im Gegenteil, man möchte, und das erleben wir schon seit über 40 Jahren, mit der nackten Gewalt und der gemeinen Zwecklüge, dem größten Feind des Friedens überhaupt, den Frieden bei uns erzwingen. Nun so einfach geht das nicht. Es gibt eben für die Menschheit schlechthin und nicht nur in unserem besonderen Falle nur mehr ein ENTWEDER - ODER: Entweder man bekennt sich zu den christlichen Grundsätzen, zu Gerechtigkeit und Wahrheit - Grundsätze, die allein Gewähr bieten, daß der Friede unter den Menschen gesichert und verankert wird - oder man tut das Gegenteil davon - wie es in Südtirol nun schon seit Jahrzehnten der Fall ist - nämlich man öffnet der Ungerechtigkeit Tür und Tor und schließt somit den Frieden aus.

Was man hier in unserer Heimat, an unserem Volke und den Einzelnen unseres Volkes tut, ist ein Verbrechen gegen den Frieden schlechthin. Es handelt sich dabei um dieselben Verbrechen, Methoden und Praktiken wie sie vom Kommunismus zur Erreichung seiner Praktiken angewandt werden, nämlich um Gewalt, Betrug und

Lüge. Wenn Italien von Kommunisten regiert würde, wäre dies alles gar nicht verwunderlich. Aber das ist das Seltsame, daß gerade diejenigen italienischen Staatsmänner, die schon seit Kriegsende, also seit 15 Jahren an der Macht sind, sogenannte christliche Männer (z.B. De Gasperi, Odorizzi), mit Lug und Betrug, im Gegensatz zum Kommunismus höchstens mit raffinierteren Methoden, gegen uns Südtiroler zu Felde ziehen. Oder wer von unserem Volke zweifelt noch daran, daß es diese christlichen Regierungsmänner nicht alle letzten Endes auf die Vernichtung unserer Volksgruppe abgesehen haben?

Seit wir bei Italien sind, hat man uns gegenüber alle rechtlichen und moralischen Grundsätze über Bord geworfen, wir sind für sie vogelfrei, minderwertig, mit denen man nach Belieben verfahren kann und denen man weder rechtliche noch menschliche Rücksicht schuldig ist. Daher die gemeinste Diskriminierung unsres Volkes...''
"Wie kann man der Weltmacht des Unrechts, dem Kommunismus, die Stirne bieten," fragt sich Sepp Kerschbaumer weiter *"wenn man nicht einmal imstande ist, diesem Unrecht und Verbrechen in den eigenen christlichen Reihen, die Stirn zu bieten, wo es keine Gewalt und kein Blutvergießen kosten würde."*
"Italien", schreibt er weiter, hätte nach dem letzten Weltkriege die Möglichkeit gehabt, durch die Gewährung einer gerechten Autonomie das himmelschreiende Unrecht des Faschismus an Südtirol wieder auszugleichen und gutzumachen. Und was hat das christliche Italien wirklich getan? Es hat die durch den Faschismus gewonnenen Positionen nicht nur gehalten, sondern noch weiter ausgebaut. Nach all den bitteren Erfahrungen und schweren Enttäuschungen," schließt Kerschbaumer dieses Rundschreiben, *"muß nun auch der letzte Tiroler, der bis jetzt noch an eine Verständigung, an eine Wendung zum Guten geglaubt und darauf gehofft und gebaut hat, eines Besseren belehrt worden sein. So stehen wir jetzt an einem Scheideweg; entweder wir finden uns damit ab, daß unsere Heimat auch weiterhin eine italienische Kolonie bleibt, bis zur gänzlichen Aufsaugung unseres Volkes durch das italienische Element und wirken somit direkt oder indirekt als Totengräber unserer Tirolerischen Freiheit mit, oder wir alle, vor allem unsere verantwortlichen Männer müssen sich endlich entscheiden, voll und ganz zu unseren überkommenen Verpflichtungen und zur Verantwortung bis zur äußersten Konsequenz zu stehen.*

Die Feuernacht kündigt sich bereits in diesem Rundschreiben an. Wer hören wollte, der hörte. Nicht die Spatzen, Sepp Kerschbaumer pfiff es selbst vom Dach.

Existenzrecht der Minderheiten eine Folge des Naturrechts

In seinem letzten Rundschreiben vor der Feuernacht vom Februar 1961, das wiederum an die Verantwortlichen im Lande gerichtet ist, geht es Kerschbaumer noch einmal darum, das Konzept zu vertiefen, daß es ihm nicht nur um Südtirol, sondern um Grundsätze geht, *"ohne die die Menschheit nicht in Frieden und Ruhe leben kann. Es geht hier nicht bloß darum, ob unser Problem gut oder schlecht gelöst wird, sondern vielmehr geht es um fundamentale Grundsätze im allgemeinen."* Ob die Grundsätze im Großen oder im Kleinen mißachtet werden, das sei einerlei.

Kerschbaumer schreibt: *"Es scheint ein kleines Problem zu sein dieses Südtirolproblem gemessen an den großen Weltproblemen; und die internationale Presse möchte es mit einem Achselzucken abtun. Ja man glaubt noch im guten Glauben zu handeln, wenn man nach diesem einfachen Maßstabe mißt, handelt und ein Volk verhandelt; nur vergißt man dabei, daß es auch hier, bei diesem anscheinend so kleinen Problem um Grundsätze geht, ohne die die menschliche Gesellschaft überhaupt nicht im Frieden existieren kann.*

Hier wie drüben im Osten wird der Grundsatz befolgt: "Gewalt geht vor Recht." Nun frage ich Sie, ist das Recht teilbar, gibt es vielleicht verschiedene Arten von Recht. Die Antwort gebe ich Ihnen, wenn ich auch nur ein paar Jahre Volksschule besucht habe. Der freie Wille, den uns der liebe Herrgott mit in die Wiege gegeben hat, ist wohl eines der höchsten Güter, mit dem der Mensch ausgestattet ist. Solange sich nun der Mensch oder eine Gemeinschaft von Menschen, seinem bzw. ihrem freien Willen gehorchend, eine Lebensart, religiöse Ausrichtung, Sprache, Kultur, Gemeinschaft mit Gleichgestellten und Gleichgesinnten sucht, die aber in keinem Widerspruch zu den allgemeinen Natur-und Sittengesetzen stehen und keiner anderen Menschengemeinschaft Schaden zufügen, hat niemand das Recht, dieser Gemeinschaft von freien Menschen dies zu nehmen, was ihr vom Schöpfer und der Natur gegeben ist. Derjenige, der eben dieses Recht auf die Freiheit schmälert, der begeht nicht nur ein Unrecht schlechthin, sondern im wahrsten Sinne des Wortes ein großes Verbrechen."

Soweit dieses letzte Rundschreiben Kerschbaumers, in dem er das Existenz- und Grundrecht von Minderheiten philosophisch-theologisch begründet. Er stellt sich auch noch die Frage, wie man dem großen Feind der Freiheit, dem Weltkommunismus als freie Welt entgegentreten kann, wenn die Freiheit wie im Falle Südtirols mitten in der freien Welt mit Füßen getreten wird. Denn "wer nicht den Mut aufbringt, sich gegen die Gewalt im kleinen Rahmen zu wehren, der wird es im Großen überhaupt nicht imstande sein". Südtirol werde für alle, die glauben, für das Recht der Freiheit zu kämpfen, ein Prüfstein sein. Davon war Sepp Kerschbaumer felsenfest überzeugt.

Dies sind nur einige Zitate aus einem insgesamt reichen Schrifttum, von dem einiges verlorengegangen sein dürfte, auch weil sich viele Adressaten der Schriften Kerschbaumers so bald als möglich entledigt haben. Es genügte nämlich, im Besitze eines solchen Schriftstückes angetroffen zu werden, um im Gefängnis zu landen. Die angeführten Ausschnitte und Zitate aus den Rundschreiben und den Flugblättern genügen allerdings, um mit der Gedankenwelt Sepp Kerschbaumers Bekanntschaft zu schließen. Von einer leichtfertigen Hinwendung zum Terrorismus kann wohl keine Rede sein.

Bei der Abfassung dieser Rundschreiben, die zum Teil wohl auch im Rahmen der Sitzungen des Leitungsausschusses des BAS besprochen wurden, soll es auch Helfer gegeben haben. Sepp Innerhofer sagt, Kerschbaumer habe gedacht und andere hätten mitgeschrieben, darunter auch Hans Dietl, und vor allem der langjährige Dolomiten-Redakteur Bernhard Wurzer. Josef Fontana und Luis Steinegger hingegen sind der Meinung, daß diese von Sepp Kerschbaumer unterzeichneten Rundschreiben allein aus seiner Feder stammen. Er habe keiner Schreibkräfte bedurft.

Wie hat die Familie all die Jahre erlebt, in denen der Mann, der Vater von anderen Dingen außerhalb des Familienlebens so stark in Anspruch genommen wurde? Daß Kerschbaumer soviel Zeit dem Aufbau des BAS, den vielen Reisen nach Österreich und dem Schreiben widmen konnte, hängt vor allem auch damit zusammen, daß er eine geschäftstüchtige Frau im Hause wußte, von der er annehmen konnte, daß sie den Laden schon schmeißt.

"Das Geschäft hab ich geführt," erzählt Maria Kerschbaumer. "Bis 9 Uhr in der Früh hat er mir geholfen, dann hatte er zu laufen, immer in politischen Sachen. In der Politik, da war er groß. Ende der 50er Jahre ist er dann oft nach Österreich gefahren. Ich hab gesagt, Sepp, paß auf. Ich hab mir schon gedacht, daß er draußen die gewissen politischen Herren hat. Er hat mir aber kaum etwas erzählt. Wenn ich ihn gefragt habe, hat er gesagt, ich soll mit ihm beten. Ich hab gesagt, du bist dein Geld wert. Daß was los ist, das hab ich schon gemerkt, da hätt ich ja blind sein müssen. Aber wenn du mir nichts sagen willst, hab ich gesagt. Er war der Meinung, daß Frauen von Politik nichts verstehen und so sind wir betend eingeschlafen. Er war ja so stark religiös und hat viele Messen lesen lassen."

Maria Kerschbaumer erinnert sich auch, daß "so viele Mander vorbeigeschaut haben". Oft, sagt sie, habe sie einen Zorn gehabt. "Der Hofmann-Jörg aus Lana (Jörg Pircher) war ständig da und die Unterlandler, der Fontana, der Gutmann.... Getroffen haben sie sich da bei uns und verschwunden sind sie wie der Blitz. Mit den gewissen Leuten hat er hier im Haus geredet, mit anderen hat er sich in versteckten Orten getroffen. Ich hätt ja dumm sein müssen, wenn ich nicht geahnt hätt, daß da was los ist. Aber ich hab mir gedacht, die Mander werden schon wissen, was sie tun. Mit der Zeit sind mir

aber einfach zuviele gekommen. Der Stanek ist dagewesen und hat geraucht wie ein Kamin und hat oft einen mitgebracht.

Dadurch, daß er das Geschäft mir überlassen hat", fährt Maria Kerschbaumer fort, "war er frei für die Politik. Nur das Geld, das hat er immer geholt und gebraucht hat er viel. Immer wenn er das gewisse Geld gesehen hat, ist er glücklich marschiert. Das Geld hat er alles für das Pulver gebraucht," da ist sich Maria Kerschbaumer sicher.

In der Zwischenzeit - die Sechziger Jahre beginnen - war schon recht viel Pulver zusammengekommen. Der Kurt Welser hat tonnenweise über den Brenner herein geliefert. "Wir haben eingetragen wie die Hamster," erinnert sich Luis Gutmann sichtlich vergnügt an das Leben im Untergrund und bläht die Backen. "Jeder hat sein Paktl ghobt und hot a schon gwußt wohin." Es geht schon auf den Herz-Jesu-Sonntag 1961 zu. Die Zielpunkte sind zum Großteil schon fixiert. Da ordnet Sepp Kerschbaumer noch einmal an, die Masten genau zu überprüfen. Abseits der Siedlungen sollen sie sein, das war auch berücksichtigt worden. Aber auch kein Steig sollte daran vorbeiführen. "Menschenleben darf auf keinen Fall gefährdet werden." Sepp Innerhofer und der Martl Koch gehen alle Masten von Meran über den Salten bis nach Bozen ab.

Die Feuernacht

Am Herz-Jesu-Sonntag 1961, es ist der 11. Juni, trifft Alfons Benedikter seinen Frangarter Mitbürger Sepp Kerschbaumer beim Kirchgang. Benedikter ist gerade von Verhandlungen zurückgekehrt, wo Italien und Österreich wieder einmal umsonst das Südtirolproblem beraten haben. "Des wird a schöne Gschicht," verabschiedet sich Sepp Kerschbaumer gedankenvoll vom SVP-Politiker.

Den Tag und den Abend verbringt Kerschbaumer wie immer an solchen Festtagen in der Familie. Das Sprengen überläßt er den Jungen. "Dazu wär er nicht imstande gewesen," sagt Josef Fontana. "Man kann nicht eine Uhr reparieren, wenn man nichts davon versteht." Am Abend schaut er kurz bei seinem Freund Karl Masoner in Sigmundskron vorbei. "Vielleicht, um ein Alibi zu haben," meint Masoner heute. "Jedenfalls gesagt hat er kein Sterbenswörtchen. Erst später dann ist mir aufgefallen, daß ich ihn immer wieder mit dem Radl hab durchs Oberland fahren sehen. Wahrscheinlich ist er zum Pircher Jörg hinauf. Ich hatte nämlich eine Wiese in Gargazon und da hab ich mir oft gedacht, wie der Kerschbaumer vorbeigeradelt ist, was tut der so häufig hier heroben?"

Nach Mitternacht geht es dann los. Maria Kerschbaumer bemerkt, daß ihr Mann diese Nacht kein Auge zumacht, daß er eine Zigarette nach der anderen raucht.

Das ist ungewöhnlich. Normalerweise nämlich wird im Hause Kerschbaumer vom Abend bis zum nächsten Morgen keine mehr angezündet. Sepp Kerschbaumer ist nervös. Wahrscheinlich auch deshalb, weil der Mast, der oberhalb von Frangart geladen wurde, nicht fallen will. Er wird erst um sieben Uhr früh explodieren. Doch das ist auch alles. Als am nächsten Morgen die Leute die Anschläge kommentieren und einer mutmaßt, das sind wahrscheinlich die Kommunisten gewesen, wird der Kerschbaumer fuchsteufelswild.

Die Polizeibehörden tappen im Dunkeln

Nach der Feuernacht tappen die Polizeibehörden zunächst im Dunkeln. Sepp Kerschbaumer kommt für sie zunächst nicht in Frage. Sie halten ihn eher für einen Spinner, der gerne Fahnen hißt und Hungerstreiks durchführt. Eine so groß angelegte Aktion geplant zu haben, das trauen sie ihm einfach nicht zu. Und so bleibt Sepp Kerschbaumer noch eine Gnadenfrist von einem Monat, die aber ausreicht, um die nächste Runde in die Wege zu leiten.

Man hatte sich vorher gegenseitig versprochen, daß diejenigen, die übrig bleiben, auf jeden Fall weitermachen. "Das muß zehn Tage nach der Feuernacht gewesen sein, da ist der Kerschbaumer nach Innsbruck gefahren, um sich mit den BAS-Leuten draußen zu beraten wie es weitergehen soll," erinnert sich Josef Fontana. Da haben die gesagt, "jetzt ist es schon geschehen, jetzt braucht ihr nichts mehr zu tun". Der Kerschbaumer aber war der Meinung, daß jetzt noch gar nichts getan ist mit dem großen Schlag.

"Da war er schon schwer enttäuscht, daß die Herrengruppe draußen zurückgetreten ist und dann rechtsradikale Randgruppen rund um den Burger sich breitmachen konnten," meint Fontana. Am meisten habe ihn geärgert, daß wir zuerst den Innsbruckern viel zu wenig radikal waren, weil wir nicht gleich für den großen Schlag waren. Wir haben nämlich nicht zu Unrecht eine sehr harte Reaktion Italiens befürchtet. Dann haben wir nachgegeben, die Feuernacht durchgezogen und da war die Sache für sie auf einmal erledigt. Damit aber war nur eine Tat gesetzt und nicht mehr. Wir hatten nämlich vorher vereinbart, daß die, die übrigbleiben, weitermachen. Das war das oberste Gebot. Aber ausgerechnet die, die es leichter gehabt hätten, wollten nicht mehr."

Dafür aber wollte Kerschbaumer beweisen, daß der BAS noch existiert. Handlungsbedarf war schon allein deshalb gegeben, weil das italienisch-österreichische Außenministertreffen Ende Juni in Zürich ergebnislos verlaufen war. Zuerst gibt es eine Versammlung in Frangart, in der die sogenannte Kleine Feuernacht beschlossen wird, bei der dann die Traminer BAS-Gruppe rund um Luis Steinegger, Oswald Kofler und den Gebrüdern

Gutmann ihre Feuerkraft unter Beweis stellen wird. Einen Vorschlag, die Carabinieri direkt anzugreifen, lehnt Kerschbaumer kategorisch ab.

Drei Wochen später, unmittelbar vor der großen Verhaftungswelle, trifft man sich dann bei Sepp Mitterhofer in der Sommerfrische oberhalb von Schenna und dort wird der nächste große Schlag ausgemacht: die großen Kommunikationslinien zwischen Nord und Süd sollen angegriffen werden, wenn die bisherigen Aktionen keine Wirkung zeigen sollten. Die Brennerstraße und die Eisenbahn sollen unterbrochen werden. Kerschbaumer beklagt sich noch, daß es in der Feuernacht auch etliche Versager gegeben hat, die er sich nicht erklären kann, so z.B. im Vinschgau, wo praktisch nichts passiert ist. Dann geht man zum letzten Mal auseinander.

Instandsetzungsarbeiten nach der Feuernacht

Alle Schuld auf sich nehmen

Sepp Kerschbaumer wird nach seiner Verhaftung zwar vom berüchtigten Carabinierileutnant Vilardo in Empfang genommen, der es als Folterknecht zu trauriger Berühmtheit bringen wird, doch dürften sich bei ihm die Mißhandlungen einigermaßen in Grenzen gehalten haben, auch wenn er seiner Frau gegenüber immer wieder betont hat, "in der Höll kann's net so zuagian". Kerschbaumer ist der Auffassung, daß man vor den Behörden alles zugeben soll. Genauso, wie wir den Mut gehabt haben anzufangen, müssen wir jetzt die Schneid haben, alles zuzugeben, lautet seine Devise. Und das bedeutet für ihn vor allem eines: alle Schuld auf sich zu nehmen, auch wenn er einige Namen angeben muß, was ihm manche bitter ankreiden. Auf eines aber ist Kerschbaumer von Anfang an bedacht: die Volkspartei darf nicht mit hineingezogen werden. "Alles ist schief gegangen," wird er später zu Luis Steinegger und anderen Häftlingen sagen, "aber die Partei, die haben wir gerettet." Hat er deshalb so schnell und viel geredet?

Was hat die Partei gewußt?

Eine Feststellung, die natürlich die Frage aufwirft, inwieweit Querverbindungen zwischen dem BAS und der SVP-Spitze bestanden haben. Der Obermaiser BAS-Mann Sepp Mitterhofer sagt, ohne Absprache mit der politischen Führung hier in Südtirol und in Österreich hätte der BAS nie gehandelt. Vor allem Kerschbaumer und Pircher seien die Verbindungsleute gewesen. Und in der Tat haben die Bomben, wenn man heute zurückblickt, eindeutig der Interessenlage der SVP und der damaligen Südtirolpolitik Österreichs entsprochen.

Josef Fontana ist da völlig anderer Auffassung. "Auf die Kontakte zur Volkspartei," sagt er, "sind die Carabinieri besonders scharf gewesen. Wenn da was dran wär, wäre das bei den Folterungen mit Sicherheit herausgekommen." Für den Magnago hatten die schon eine Einzelzelle hergerichtet", erinnert er sich an die Aussagen eines Wachmannes zur Zeit der großen Verhaftungswelle. "Ich weiß sicher vieles, wenn auch nicht alles über den BAS," fährt er fort, "aber Verbindungen BAS-SVP sind mir nicht bekannt. Was bisher an Gegenteiligem gesagt wurde, ist über ein paar vage und konfuse Andeutungen nicht hinausgekommen."
Trotzdem, die SVP-Spitze dürfte bestens darüber informiert gewesen sein, was im BAS so alles vor sich ging. Der Nordtiroler Landesrat Aloys Oberhammer war führendes BAS-Mitglied und dürfte den Freunden von der SVP das eine oder andere schon geflüstert haben. Außerdem hat der damalige Assessor für Landwirtschaft und spätere Senator Peter Brugger mit Ernst Villgrattner frühzeitig einen Getreuen in der Nähe von Sepp Kerschbaumer sitzen gehabt. Brugger soll darüberhinaus laut Aussagen von Rosa Klotz, der Gattin von Jörg Klotz, ihren Mann aufgefordert haben, doch einmal in der sowjetischen Botschaft in Wien vorbeizuschauen, um zu eruieren, was die Russen anzubieten haben. Jörg Klotz hatte sich das nicht zweimal sagen lassen.

Doch zurück zu Sepp Kerschbaumer und zu seinen ersten schweren Tagen der Haft. Josef Fontana erzählt: "Kerschbaumer ist nicht so schwer mißhandelt worden, doch das Schicksal der anderen hat ihn fertig gemacht. Ich hatte eine Gegenüberstellung mit ihm und was ich da sah, das hat mich zutiefst erschüttert. Kerschbaumer war total verändert, nur mehr ein Häufchen Elend, gebrochen durch und durch. Er hat vielleicht das eine oder andere gesagt, was er nicht hätte sagen sollen. Aber von dem Moment an habe ich ihm alles verziehen, hat es zwischen uns nicht die geringsten Differenzen gegeben. Im Gegenteil, das Gefängnis hat uns noch enger zusammengeführt. Das war überhaupt einmalig bei uns, bei diesem Riesenhaufen, daß sich keiner auf Kosten des anderen freizuschwimmen versucht hat. Da war sicher auch das Beispiel vom Kerschbaumer ausschlaggebend. Er ist für alles grad gestanden, da war ihm keine Sache zu schwer oder zu groß. Er hat gesagt, ich habe alles in Gang gebracht und bin folgedessen auch dafür verantwortlich."

Der erste Brief Sepp Kerschbaumers an seine Frau Maria und die Familie aus dem Bozner Gefängnis trägt das Datum vom 31. Juli 1961. *"Ich kann mir vorstellen,"* heißt es da, *"daß Du mich in dieser Angelegenheit, in welcher ich verwickelt bin, nicht so richtig verstehen wirst, aber eines kann ich mit ruhigem Gewissen sagen, daß ich all das, weswegen ich mit vielen anderen Landsleuten hier bin, vor Gott und den Mitmenschen verantworten kann. Ich, wie wir alle, haben uns nur für eine ehrliche Sache, nämlich für das Recht unserer Volksgruppe eingesetzt, und deswegen hat man keinen Grund, uns als Verbrecher hinzustellen. Wenn es ein Verbrechen ist, sich für ein Ideal einzusetzen, dann weiß ich aber keine Antwort mehr drauf. Schau Maria, Du wirst mich vielleicht nicht ganz verstehen und wenn ich Euch, meiner lieben Familie, Dir und unseren Kindern mit meinen Handlungen vielleicht das Leben erschwert habe, so verzeiht mir und es tut mir leid, wenn Ihr alle wegen mir Unannehmlichkeiten hinnehmen müßt. Eines könnt Ihr Euch immer vergewissern, daß Ihr Euch wegen mir nicht schämen braucht, weil ich nichts Schlechtes getan habe."*

Sepp Kerschbaumer machte sich da umsonst Sorgen, denn die Familie war eingebettet in die Solidarität des ganzen Dorfes Frangart.

Daß der an Ereignissen reiche Sommer 1961 weiter spannend blieb, dafür sorgten dann zwei Ereignisse, die in den Zellen der politischen Häftlinge in Bozen für große Aufregung sorgten. Da ist einmal der Hirtenbrief von Bischof Gargitter, der im August im Sonntagsblatt erschien und zum anderen die Aufbaubewegung in der Volkspartei.

Nicht die Verurteilung der Attentate durch den Bischof, die sie sich ja erwartet hatten und erwarten mußten, verbitterte viele Häftlinge und unter ihnen auch Sepp Kerschbaumer. Es war ein bestimmter Passus in seinem Hirtenbrief, der sie in hellste Aufregung versetzte. Nachdem der Bischof die politischen Verantwortlichen aufgefordert hatte, dringend etwas für die Verwirklichung einer gerechten Ordnung in Südtirol zu tun, schreibt er: "Es geht in dieser Stunde in diesem Lande um viel mehr als um gute oder schlechte Politik. Hier will vor allem auch der Kommunismus einen Unruheherd im Herzen Europas, hier geht es um den Kampf des Gottlosentums gegen die freie christliche Welt. Es ist hohe Zeit, daß die christlichen Kräfte auf beiden Seiten sich zusammentun", folgert der Bischof angesichts der Attentate. Da Kerschbaumer im Roten Reich das absolut Böse erblickte, war er dem Bischof für diesen Tiefschlag

Kerschbaumer im Kreise seiner Familie

besonders gram. Denn er und seine Leute hätten sich in ihrem Kampf um Südtirol ja durchaus auch auf die Sowjets stützen können, die natürlich alles Interesse hatten - das hat der Bischof richtig gesehen -, im Nato-Land Italien einen Unruheherd zu schaffen. Die Sowjets haben damals im Sommer 1961 Jörg Klotz in ihrer Wiener Botschaft, wie Eva Klotz bestätigte, ein "sehr interessantes Angebot"[14] unterbreitet, doch nicht einmal der Schmied aus Walten, der ein Waffennarr war, wagte es, auf die Kalaschnikow zurückzugreifen. Bei Kerschbaumer wäre nicht einmal ein Angebot möglich gewesen, so sehr war ihm der Kommunismus ein rotes Tuch. Deshalb hat ihn der Hirtenbrief des Bischofs zutiefst getroffen. Er sah durch diesen Hirtenbrief seine ganzen Ideale in den Schmutz gezogen und hat aus Protest dann für eine ganze Weile nicht mehr an den religiösen Funktionen teilgenommen.

Josef Fontana sieht das Verhältnis zum Bischof heute so: "Wir haben bei Gargitter immer das Gefühl gehabt, er will uns wie ungeliebte, ungehorsame Kinder bestrafen. Deshalb hat er die Keule Kommunismus geschwungen, weil er wußte, daß die am schwersten trifft. Später hat er mir dann gesagt, daß er das alles inzwischen etwas anders sieht."

Als zweiter Tiefschlag dieses Sommers trifft die Häftlinge die Aufbaubewegung in der SVP. Die Volkspartei war nach den Anschlägen unter Druck geraten, und diesen Augenblick der Schwäche wollte eine Gruppe wirtschaftsorientierter Parteileute, die ihre Sprecher in Toni Ebner, Roland Riz und Erich Amonn hatten, nutzen, um die Führung an sich zu reißen und um Parteiobmann Silvius Magnago im Schnellverfahren abzulösen. "Die haben praktisch einen Putsch versucht und gleichzeitig die Parole ausgegeben, Italiener verhandelt's mit uns, wir geben's billiger". So sieht das Josef Fontana. Sepp Kerschbaumer habe die Aufbaugeschichte, die dann ja bald in sich selbst zusammengebrochen ist, beim Rundgang im Gefängnishof folgendermaßen kommentiert: "Das wird wahrscheinlich der schmutzigste Fleck in der Geschichte Tirols bleiben."

"Wenn man sich erinnert, wie die überfallartig dahergekommen sind, in einem Moment, in dem alles am Boden war," erregt sich Fontana noch heute. "Die Partei war in großen Schwierigkeiten und da wissen die nichts Besseres zu tun, als herzugehen und Unterschriften zu sammeln unter der Vorspiegelung falscher Tatsachen, denn auch die Unterschriften der Bürgermeister und anderer Persönlichkeiten sind ja später dementiert worden. Das hat uns damals am tiefsten getroffen, daß da die eigenen Leute der politischen Führung in den Rücken gefallen sind unter dem Motto "Wir geben's billiger".

Auf dem Gefängnis weht die Tiroler Fahne

Eine recht lustige Episode gibt es dann vom Herz-Jesu-Sonntag 1962 zu berichten, als sich die Feuernacht zum ersten Mal jährte. "Der Kerschbaumer war's natürlich gewöhnt, am Herz-Jesu-Sonntag die Tiroler Fahne zu hissen," erzählt Josef Fontana und "auch im Gefängnis konnte er nicht so tun, als wär's ein normaler Tag". Aber dort hatte das Hissen so seine Tücken, denn woher z.B. eine Tiroler Fahne nehmen und so hat er wieder einmal eine seiner typischen Aktionen gestartet.

Damals verfügte man noch über ziemlich große Schneuztücher und davon hat er ein weißes und ein rotes genommen, sie zusammengenäht und zum vergitterten Fenster hinausgehängt. Die Tiroler Fahne wehte zur Tageszeitung "Alto Adige" hinüber, die gegenüber ihren Sitz hatte. Dort faßte man diese Schneuztuchfahne natürlich als Provokation auf. "Wir merkten," erzählt Fontana weiter, "daß die beim 'Alto Adige' drüben verrückt werden. Da hat es einen regelrechten Auflauf gegeben. Am nächsten Tag hat der 'Alto Adige'[15] dann seinen Lokalteil mit der Geschichte aufgemacht. Unsere Wachen sind herumgesaust wie die Wespen und den Kerschbaumer haben sie ins Gefängnis nach Venedig verlegt, das damals eines der miesesten war in Italien." Es war natürlich eine Niederlage für den Staat. Den ganzen Herz-Jesu-Sonntag über waren die Hubschrauber im Einsatz, um das Land nach Fahnen und Feuern abzusuchen und ausgerechnet im Gefängnis wird die Tiroler Fahne gehißt.

Am Herz-Jesu-Sonntag 1962 sorgte Sepp Kerschbaumer für Entrüstung in der italienischen Presse, weil er eine aus Taschentüchern zusammengenähte rot-weiße Fahne an die Gitter seiner Zelle im Bozner Gefängnis hängte. Er hatte seine Frau gebeten, sechs rote und sechs weiße Taschentücher ins Gefängnis zu bringen - die einen für die Wochentage, die anderen für die Sonntage.

Nach einigen Monaten dann wird Kerschbaumer von Venedig nach Verona verlegt, wo er sich besonders wohl fühlt, weil er dort arbeiten kann. Darüberhinaus sitzen in Verona eine ganze Reihe seiner Kameraden ein. In den Stunden der Muse wird gelesen, gebetet, geschrieben... Am 11. November 1962 schreibt Sepp Kerschbaumer der Basl Moidl, die gerade ihren achtzigsten Geburtstag gefeiert hat. Die Basl war die gute Seele im Hause Kerschbaumer, sie hat über Jahrzehnte hinweg Haushalt und Familie versorgt, während Maria Kerschbaumer das Geschäft über hatte und so nebenbei hat sie für Sepp Kerschbaumer ganze Kilometer Tiroler Fahnen genäht. Fahnen, die er dann für seine Aktionen verwendet hat. Sepp Kerschbaumer schreibt: *"Ich finde nicht die Worte des wohlverdienten Dankes, wenn ich mir vor Augen halte, wie Ihr bei Tag und Nacht (bei den Kindern) Euch für das Wohl meiner lieben Familie geopfert habt. Wie oft habe ich mich gefragt, was täten wir ohne die Basl Moidl? Eure Arbeitsumsicht war so vielfältig, daß es hart ist zu sagen, was Ihr nicht getan habt. Ihr habt Freud und Leid, gute und böse Tage mit und im engsten Kreise meiner lieben Familie geteilt und seid so ein Bestandteil dieser kleinen Gemeinschaft geworden. Denke ich heim an meine Lieben, so kann dies nicht geschehen ohne auch dankbaren Herzens an Euch zu denken. Ich bin außerstande, Euch den verdienten Dank und Lohn zu geben, den Ihr verdienen würdet und deshalb kann ich nicht anders, als den lieben Gott bitten, er möge Euch zum verdienten Lohn noch viele gesunde und frohe Jahre schenken und Euch einst mit den ewigen Freuden im Himmel belohnen."*

Hungerstreik

Das Jahr 1963 geht ins Land. Kerschbaumer ist bereits eineinhalb Jahre in Haft. Das politische Leben draußen wird aufmerksam verfolgt. "Wir waren erstaunlich gut informiert," weiß Josef Fontana zu berichten "und das, obwohl alle Artikel, die Südtirol und uns betrafen, fleißig von den Zensoren ausgeschnitten wurden. Wir hatten natürlich von den Kreisky-Saragat-Verhandlungen[16] gehört, aber nicht viel davon gehalten. Nach den jahrelangen Verhandlungen vorher, die ja alle ohne Ergebnis geblieben waren, schien uns das wie ein dauerndes Strohdreschen. Allerdings hat Kerschbaumer nie die Zuversicht verloren, daß es eine politische Einigung geben wird. Das zeigt schon seine immer wieder geäußerte Zuversicht, daß auch die politischen Gefangenen von dieser Regelung profitieren könnten. Große Hoffnungen setzte er auf Aldo Moro, den er besonders schätzte."

Ende Juli 1963 beginnt Sepp Kerschbaumer im Kerker von Verona einen Hungerstreik, um gegen die weitere Verschleppung des Prozesses zu protestieren, auf den die Angeklagten nun seit zwei Jahren warten. Schon etwas entkräftet von der Hungerkur begibt er sich trotzdem zur Arbeit an der Presse und gerät mit der Hand

in die Maschine. Die Folgen dieses Unfalls: obwohl er sofort ins Spital gebracht wird, verliert Kerschbaumer vier Finger an der linken Hand. Den Hungerstreik setzt er aus.

Die italienische Justizmaschinerie war noch immer nicht zum großen Prozeß bereit. Im August 1963 findet dann in Trient der sogenannte Carabinieriprozeß statt, wo gegen die der Folterungen bezichtigten Carabinieri verhandelt wird. Der Prozeß wird zum Spießrutenlauf für die Südtiroler Häftlinge, unter denen sich auch Sepp Kerschbaumer befindet, der als Zeuge geladen ist. Sie werden in Ketten vorgeführt, während sich ihre Peiniger, die angeklagten Carabinieri, im Wohlwollen der öffentlichen Meinung und der Gerichtsbehörden sonnen.

Im Herbst setzt Kerschbaumer dann im Kerker von Verona seinen Hungerstreik fort, den er des Unfalls wegen hatte unterbrechen müssen. 23 Tage hat er diesmal gefastet, bis zum 7. November. Josef Fontana: "Wir haben uns schon Sorgen gemacht, er würde so schwach werden, daß er den inzwischen angesetzen Prozeß in Mailand nicht mehr derpackt." Doch Kerschbaumer ist guten Mutes und bestellt daheim den guten Anzug, ein paar weiße Hemden, einen passenden Anorak und einen Lederfäustling, um die verletzte Hand verbergen zu können. Er freut sich auch darauf, alle Kameraden wiederzusehen, die in den verschiedensten Gefängnissen verstreut sind.

Der große Prozeß und der "Terrorista umanitario"

Am 7. Dezember 1963 beginnt dann endlich der große Prozeß in Mailand, der die Aufmerksamkeit von halb Europa wieder auf das Südtirolproblem lenkt. Die nationale und internationale Presse sind stark vertreten. Von Mailand kann ein Zeichen der Entspannung ausgehen, der Prozeß kann aber auch dazu beitragen, daß

Kerschbaumer als Zeuge beim Folterprozeß in Trient. Bei einem Arbeitsunfall im Gefängnis von Verona hatte er sich kurz vorher einige Finger abgetrennt.

sich der Konflikt um Südtirol weiter verschärft. Viel wird dabei von der Haltung der Häftlinge abhängen, wobei von vornherein klar ist, daß Sepp Kerschbaumer, dem bereits der Ruf vorauseilt, ein "terrorista umanitario" zu sein, unbestritten die Hauptrolle zukommt.

Im Schwurgericht Mailand, dessen Präsident Gustavo Simonetti die Prozeßführung übernommen hat, herrscht ein ganz anderes Klima als noch wenige Monate vorher beim Carabinieriprozeß in Trient. Es ist von jener Sachlichkeit gekennzeichnet, die diese Weltstadt auszeichnet. Eine gute Voraussetzung also, damit Recht gesprochen werden kann, eine gute Voraussetzung auch dafür, daß Sepp Kerschbaumer seine Eigenschaften zur Geltung bringen kann.

Der Signor Kappa trägt ein Hitlerbärtchen

In Mailand bekommt der Chef des BAS sofort einen Übernamen verpaßt. Kerschbaumer, dieser teutonische Zungenbrecher, will den Mailändern nicht über die Lippen, sie nennen ihn schlicht und einfach für die nächsten sieben Monate, die der Prozeß dauert, den "Signor Kappa".

Die Erwartungen sind also groß. Ein Teil der italienischen Presse, darunter auch der "Corriere della Sera", berichten zumindest zu Beginn des Prozesses in einem Tonfall, der mit antideutschen Ressentiments nur so gespickt ist. Manche Journalisten scheinen ausgezogen zu sein, als gelte es einer um 15 Jahre verspäteten Nachhut der SS den Garaus zu machen. Der "Führer" ist natürlich Sepp Kerschbaumer, dem man, so weiß es dessen Anwalt Hermann Nikolussi-Leck zu erzählen, "nur allzugerne ein Hitlerbärtchen unter den wirren Haarschopf klebt".

Doch von Anfang an tut man sich vor allem bei Sepp Kerschbaumer schwer, diese Linie durchzuhalten. Er eignet sich einfach nicht als blutrünstige Schreckensfigur. Auf die Dauer gibt das nichts her. Deshalb sind auch gleich recht differenzierte Stimmen zu hören. So schreibt zum Beispiel Umberto Gandini in seinem Bericht für die Tageszeitung "Alto Adige" am 15. November aus Mailand, in dem er Sepp Kerschbaumer auch als "Theoretiker eines humanen Terrorismus" bezeichnet:

"Kerschbaumer hat auch nach seiner Gefangennahme innerhalb der Geschichte des Terrorismus ein Kapitel für sich dargestellt. Für eine gewisse Zeit hat er im Kerker nicht mehr den Gottesdienst besucht, weil der Bischof in seinem Hirtenbrief die Attentäter zu sehr in die Nähe des Kommunismus gerückt hat. Am Jahrestag der Feuernacht hat er eine weißrote Fahne aus dem Kerkerfenster gehängt und so die Wärter bloßgestellt. Dann hat er mit den Hungerstreiks begonnen und zwar aus Protest dagegen, daß so viele festgehalten werden, die er für unschuldig hält. Beinahe hätte er seine Fa-

milie ruiniert, weil er soviel Geld für seine Sprenger-Organisation ausgegeben hat. Auch im Kerker verteilt er fast alles, was sie ihm von zu Hause schicken. Wenn es unter den Terroristen einen Idealisten gibt, dann vor allem Josef Kerschbaumer. Morgen wird ihn Präsident Simonetti verhören. Diese Einvernahme wird einer der Höhepunkte dieses Prozesses sein."

Sepp Kerschbaumer ist sich der Bedeutung dieser Einvernahme bewußt. Zwei Tage lang sind die Scheinwerfer auf ihn gerichtet. Präsident Simonetti gibt Kerschbaumer die Chance, auch weit auszuholen; er nutzt sie. Mario Cervi schreibt über den Dialog zwischen dem Präsidenten des Gerichts und dem Chef des BAS im "Corriere della Sera" am 17. Dezember: *"Die anderen 67 Angeklagten waren fast wie bezaubert. Die Korrespondenten der österreichischen Zeitungen wollten ihre Zufriedenheit darüber, wie perfekt Kerschbaumer seine Ausführungen zu propagandistischen Zwecken zu nutzen wußte, nicht verbergen. Es wäre ungerecht und falsch, diesem Mann einen starken Sinn für Würde abzusprechen. Man kann ein Nazi sein und ein Rassist und das mit einer gewissen Kohärenz und Respektabilität."*

Ein faszinierender Nazi also, dieser Kerschbaumer, aber auch Mario Cervi wird noch dazulernen.

Mit mehr Distanz und Ironie nimmt Carlo Gigli die Ausführungen des "Signor Kappa" auf. "Sieh da, der Schmerzensschrei, der heute im Saal des Schwurgerichts von Mailand vom Chef der Südtiroler Terroristen ausgestoßen wurde," schreibt Gigli ebenfalls am 17. 12., um dann ernster fortzufahren: *"Wir wissen nicht, inwieweit er ehrlich und auch befugt ist, für seine Landsleute zu sprechen. Doch wecken die Worte, die wir vernommen haben, Gefühle unter denjenigen unter uns, die über ein reines Gewissen verfügen. Denn es handelt sich um den Widerhall ähnlicher Themen, denen die Italiener ihre vaterländische Geschichte weihten. Damals befanden sie sich allerdings auf der anderen Seite der Barrikade, die sie heute besetzten."* Ein interessanter Verweis auf die große Geschichte des Risorgimento und des italienischen Irredentismus, als die italienischen Patrioten für die Freiheit ihres Landes kämpften. Gigli zitiert dann aus den Aussagen von Sepp Kerschbaumer: *"Wenn Italien uns 1947 die Autonomie zugestanden hätte, wäre das alles nicht passiert, dann wären wir jetzt zu Hause bei unseren Familien. Das macht unsere Tragödie aus. Die Schuld an allem, was geschehen ist, liegt bei Italien, das unsere Bestrebungen nicht akzeptiert hat. Die Autonomie, die man uns gewährt hat, ist nur eine Scheinautonomie, ein Betrug zum Schaden der Südtiroler; auch steht sie im Gegensatz zum Degasperi-Gruber-Vertrag"*

Sehr geschickt umdribbelt Kerschbaumer alle Fragen des Präsidenten, die sich auf die Annexion durch Österreich und die Selbstbestimmungsfrage beziehen. Es geht um nichts weniger als um den Strafbestand Hochverrat. Und darauf steht lebenslänglich.

Er habe nur die Landesautonomie gewollt, präzisiert Kerschbaumer. Er habe seine Gesprächspartner in Innsbruck darauf aufmerksam gemacht, daß die Annexion nicht möglich ist, weil Österreich ein neutraler Staat ist, der unter der Garantie der vier Siegermächte steht, während Italien zur Nato gehört. Was Kerschbaumer da in Sachen Selbstbestimmung sagte, muß natürlich als Schutzbehauptung interpretiert werden. Er wollte sich ja nicht das eigene Grab schaufeln. Josef Fontana meint in diesem Zusammenhang, das Gericht habe sich nur dafür interessiert, ob in den Flugblättern des BAS z.B. das Wort "Selbstbestimmung" oder "Abtrennung" vorkommt. Mit den Gedanken, die darin zum Ausdruck gebracht wurden, habe man sich nicht auseinandergesetzt.

Die Selbstbestimmungslektion

Nach dieser goldenen Lektion in Fragen der internationalen Politik, so Gigli, und einem langen Exkurs über die Geschichte Tirols, wobei er bei den Freiheitsrechten des Landlibells anfing, kam Kerschbaumer dann auf das Selbstbestimmungsrecht zu sprechen, wie man es in Italien versteht. Alle hörten natürlich gespannt zu: "Im Jahr 1953 hat Ministerpräsident Giuseppe Pella die Selbstbestimmung für Triest gefordert. Zur gleichen Zeit haben zwei Studenten in Bruneck folgenden Satz auf die Mauern ihrer Stadt geschrieben: "Selbstbestimmung auch für Südtirol." Sie wurden angezeigt, einer floh nach Österreich, der andere wurde verhaftet und zu acht Monaten Kerker verurteilt. Ich möchte jetzt fragen," so Kerschbaumer, "weshalb das Recht auf Selbstbestimmung in Italien unter Strafe gestellt werden kann?" Diese Frage hat selbst dem Präsidenten Simonetti die Stimme verschlagen. Die Antwort blieb aus.

So hat sich Sepp Kerschbaumer recht wacker geschla-

Kerschbaumer bei seiner Aussage vor dem Mailänder Schwurgericht.

gen in Mailand und so viele Sprengstoffanschläge auf sich genommen, daß es selbst dem Präsidenten und den Geschworenen zuviel wurde. Vor allem aber hat er mit großer Überzeugung die politische Dimension, die dem Mailänder Prozeß ja zugrunde lag, ins Spiel gebracht. Selbst Staatsanwalt Gresti hat zugegeben, daß Italien viele Fehler gemacht hat und Sepp Kerschbaumer "hohen Idealismus, lautere Motive und tiefe Überzeugung" bescheinigt. Die Plädoyers der Verteidiger waren dann auch vielfach brillante Vorlesungen über die geschichtlichen Fehlentwicklungen in Südtirol. Alles in allem wurde so der politische Akzent dieses Prozesses in die Öffentlichkeit gerückt.

"Überhaupt hat der Kerschbaumer bei Gericht ein derartiges Ansehen genossen," erinnert sich Josef Fontana an den Mailänder Prozeß. "Das hat man gesehen, wie dann die von den Zivilparteien, allen voran natürlich der Mitolo, versucht haben, auf ihn einzuhacken. Da haben die auf der Richterbank regelrecht versteinerte Gesichter bekommen." Auch Verteidiger Hermann Nicolussi-Leck bestätigt diesen Umstand.

Dem bereits verstorbenen Bozner Rechtsanwalt Andrea Mitolo, der damals auch Parteisekretär des neofaschistischen MSI in Südtirol war, wird z.B. zugeschrieben, ein unfreiwilliger Helfer der Südtiroler Häftlinge in Mailand gewesen zu sein. Durch seinen militanten Geist habe er einen Hauch von Faschismus in die ehrwürdigen Gemäuer des Schwurgerichts von Mailand gebracht. Ein Geist, der aber zu diesem Gericht nicht paßte und gegen den es auch immun war.

Im Laufe des siebenmonatigen Mailänder Prozeßes hat es noch einige Episoden rund um Sepp Kerschbaumer gegeben, die ein bezeichnendes Licht auf ihn werfen. Sein Anwalt Hermann Nicolussi-Leck erzählt: "Es haben sich auch einige Italiener aus Frangart gemeldet und erklärt, daß sie gerne für den Sepp Kerschbaumer aussagen und ihn entlasten würden, weil er ihnen verschiedentlich weitergeholfen hatte. Doch Kerschbaumer wollte davon partout nichts wissen, als ich ihm diesen Vorschlag unterbreitete und riet, er solle doch darauf zurückgreifen, denn das würde ja nur ein gutes Licht auf ihn werfen. Er aber sagte nur: "Wenn ich jemandem geholfen habe, dann nur deshalb, weil das meine Pflicht als Christmensch ist." Damit war der Fall für ihn erledigt.

Doch da war noch sein Freund und Mitstreiter Otto Petermeier, ebenfalls aus Frangart, und der war um einen der Entlastungszeugen froh, die Kerschbaumer abgelehnt hatte, einen aus dem Süden zugezogenen Industriearbeiter." Wie dieser Mensch," so Nicolussi Leck, "den Gerichtssaal betrat und den Kerschbaumer im Käfig sitzen sah, war er ganz erschüttert. Daraufhin fragt der Präsident: Kennen Sie den Kerschbaumer? Dieser italienische Industriearbeiter erzählt vor den Richtern und den Geschworenen, daß der Kerschbaumer ihm verschiedentlich weitergeholfen hat."

Solche Episoden haben natürlich ihre Wirkung nicht verfehlt. "Die Position Kerschbaumers bei Gericht," so Nicolussi-Leck, "wurde immer stärker." Staatsanwalt Gresti habe ihn als einen Michael Kohlhaas hingestellt und auch die italienische Presse, die ihm ja zu Beginn alles andere als gewogen war, habe zu abgeklärteren Formen der Darstellung gefunden. Das Hitlerbärtchen war wie weggeblasen.

Das Urteil

Nach siebenmonatiger Dauer geht dieser erste große Sprengstoffprozeß zu Ende. Staatsanwalt Gresti fordert für die 91 Angeklagten insgesamt 837 Jahre Kerker. Doch die Richter sind anderer Meinung. 431 Jahre halten sie für ausreichend. Die Pauschalanklage des Hochverrates wird fallengelassen. Die Hauptangeklagten hingegen werden für schuldig befunden, durch politische Verschwörung (Art. 305) und durch Sprengstoffanschläge die Lostrennung Südtirols von Italien (Art. 241) oder zumindest eine Änderung der italienischen Verfassung mit illegalen Mitteln angestrebt (Art. 283) zu haben. Am 16. Juli um 21 Uhr verkündete der Präsident des Schwurgerichtshofes Gustavo Simonetti nach 35 Stunden Beratung das Urteil. Für Sepp Kerschbaumer ist es ein harter Spruch. Hans Bauer schreibt in der Wiener Tageszeitung "Die Presse": *"Als dann das Urteil verlesen war, in vollkommener Stille aufgenommen, auch von jenen, die es hart traf, kam wieder Bewegung in die erstarrte Atmosphäre. Josef Kerschbaumer, der in letzter Zeit stark abgemagert ist, drückte beherrscht seine Enttäuschung über die Strenge der ihm zugeteilten Strafe aus. 15 Jahre und elf Monate! Es zitterte in seinen Mundwinkeln. Doch der Staatsanwalt Gresti hatte 24 Jahre für ihn gefordert. In den Augen von Andreas Schwingshackl standen Tränen: er hatte auf einen Freispruch gehofft..."*

Für die 46, die nach Hause entlassen wurden, begann das Fest des Wiedersehens um 14 Uhr am Tag darauf. Josef Riedler in der Wiener "Arbeiterzeitung": *"Tappeiner war der allererste. Er rannte über die Straße seiner Frau entgegen, und die zwei fielen einander um den Hals. Tappeiner drehte sich um, schaute auf das Gefängnis, breitete die Arme weit aus, lachte und schrie: "Oh mei liabr Gott". Die ersten fünf werden von den Wartenden umringt, begrüßt und abgeküßt. Nur fünf Frauen stehen weit abseits. Unter ihnen Frau Pircher und Frau Kofler. Wie die beiden die Freude der Freigelassenen sehen, brechen sie wieder in Tränen aus."*

Laut Meinung des "Volksboten", des Organs der Südtiroler Volkspartei, sind die Strafen für die 22 im Gefängnis Verbliebenen unbedingt zu hoch. Doch wird auch eines gesehen und anerkannt: "In Mailand wurde auch das Verhalten des italienischen Staates in Südtirol kritisch unter die Lupe genommen."

Die Tiroler Tageszeitung schreibt: "Das Urteil ist hart, aber ein ersters inneres Verstehen Italiens für den Standpunkt der Südtiroler ist spürbar geworden."

In den "Südtiroler Nachrichten", die der Landtagsabgeordnete Hans Plaikner herausgegeben hat, wird betont, daß jede Unmenschlichkeit vermieden wurde. Man dürfe dem Gerichtshof und vor allem dessen Präsidenten, der als nobler Mensch bezeichnet wird, einen Sinn für echte Fairneß und für Menschlichkeit nicht absprechen: "Das Schwert der Justiz wurde in Mailand nicht - wie viele befürchteten - einseitig gehandhabt....In dem erregenden Verfahren, das ohne Präzedenzfälle ist, standen nicht nur über ein halbes hundert Südtiroler, sondern auch die zahlreichen Fehler und Unterlassungssünden des Staates auf der Anklagebank. Über beide wurde gerichtet." Für die "Südtiroler Nachrichten" stellt das Mailänder Urteil auch eine schwere Schlappe für die Bozner Gerichtsbarkeit dar, die gegen alle Südtiroler Häftlinge die Pauschalanklage des Hochverrates erhoben hatte. "Durch diese überspitzte und ungerechtfertigte Anklage wurde die provisorische Enthaftung vieler Häftlinge verhindert," heißt es weiter. Daß der Gerichtshof einen Teil der Angeklagten für schuldig befand, sie hätten mit ungesetzlichen Mitteln die Verfassung ändern wollen, finden die "Südtiroler Nachrichten" wenig verständlich. Dies hat nämlich viele Jahre zusätzlichen Kerker gekostet: "Ein Kerschbaumer, ein Pircher, ein Koch und Muther usw., wollten nicht die Verfassung ändern! Sie handelten nicht aus Haß gegen Italien, sondern aus Liebe zur Heimat. Was sie taten, geschah aus Auflehnung gegen langes Unrecht."

Am trefflichsten hat wahrscheinlich der Präsident des Gerichtes, Gustavo Simonetti, die Atmosphäre beschrieben, die diesen Prozeß gekennzeichnet hat: "Wir wollen die Dinge nicht mehr dramatisieren, als sie es von Natur aus schon sind. Sehen wir sie doch als das an, was sie sind: eine menschliche Tragödie," zitiert ihn Herbert Godler in den "Salzburger Nachrichten".

Hoffen auf eine politische Lösung

Sepp Kerschbaumer mag im Moment von der Härte des Urteils tief betroffen gewesen sein. Doch gleichzeitig bedeutet das Ende des Prozesses auch eine große Erleichterung für ihn. Am 20. Juli schreibt er aus dem Gefängnis San Vittore an die Familie: *"Gott sei Dank, der Prozeß ist hinter uns und so bin ich wieder aufgelegt zu schreiben. Ich kann Euch, meine Lieben, nicht sagen, um wieviel leichter mir jetzt ist. Wenn ich wie auch meine Kameraden viele Jahre Gefängnis aufdiktiert bekommen habe und man nach dem Urteil zu schließen alles eher als guter Stimmung sein kann, so kann ich Euch trotzdem versichern, daß ich lange nicht so schwarz sehe, wie es aussieht, denn letzten Endes ist unsere Angelegenheit eine politische und in einem solchen Falle wird in*

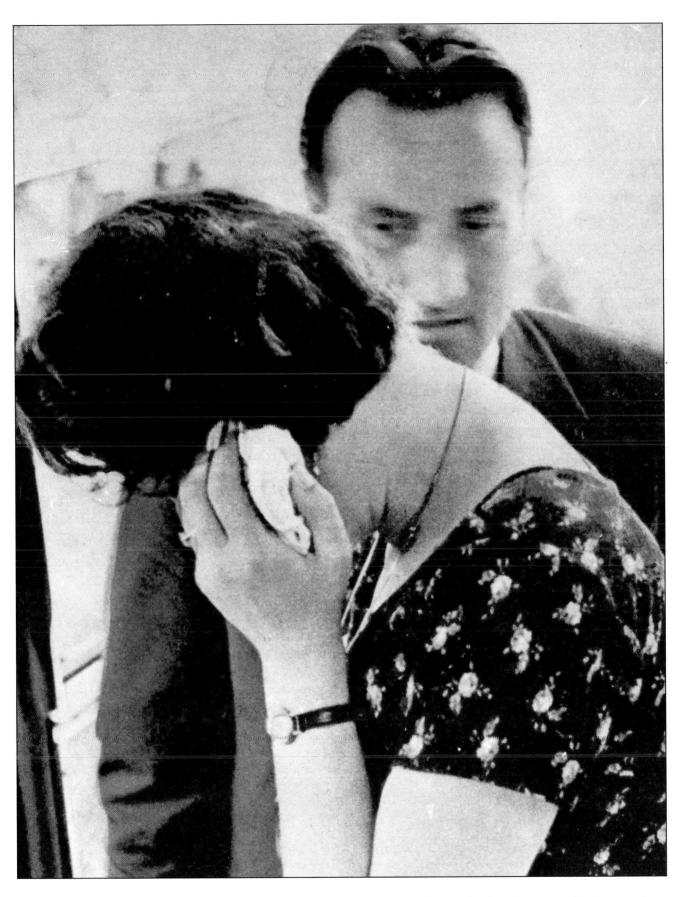

Nach dem Mailänder Prozeß verläßt Sepp Innerhofer das Gefängnis. Die Frau Jörg Pirchers bricht in Tränen aus. Ihr Mann wurde zu 15 Jahren Haft verurteilt.

keinem Staat der Welt die Suppe so heiß gegessen wie sie gekocht wird. Es wird für Euch wie für mich noch viel Gottvertrauen brauchen, aber letzten Endes wird doch noch das Recht obenauf kommen. In diesem Sinne hoffe ich auch, Euch, meinen Lieben, einen berechtigten Trost und eine Hoffnung zu geben. Auch ein großer Trost für uns alle war und ist, daß 46 unserer Kameraden zu ihren Lieben heimgehen durften, was auch nur recht und billig war nach dreijähriger Gefängnishaft. Der Tag der Urteilsverkündung und besonders der nächste Tag, an dem 46 Landsleute die goldene Freiheit wiedererlangten, wird wohl jedem von uns 68 Gefangenen Zeit seines Lebens in guter Erinnerung bleiben. Und es war wohl so, daß es jeden von uns beim Abschied im Gefühl der Freude einerseits, aber andererseits der Wehmut bis ins Innerste ergriffen hat. Mit Freude sah man die Kameraden nacheinander händewinkend das Gefängnis verlassen und diese Glücklichen wiederum sahen mit Wehmut uns zurückbleiben. Ich war für jeden einzelnen glücklich, der gehen konnte, in der festen Hoffnung, daß auch uns eines Tages die Freiheit wieder winken wird, und gebe es der hohe Gott, in absehbarer Zeit. Abends um 6 -7 Uhr kam unser hochw. Herr Kaplan und brachte uns Erfrischungen und Jause, und so konnten wir diesen aufregenden Tag so gut es ging in einer gemütlichen Stunde mit dem hl. Segen des Herrn Kaplan abschließen und das Leben nimmt für uns wieder seinen Gang in der Hoffnung, bald nach Trient versetzt zu werden, damit wenigstens für Euch der Besuch erleichtert wird.

Bitte seid so gut und grüßt mir alle recht herzlich für die vielen und liebevollen Besuche bei der Verhandlung und es freut mich, daß meine lieben Frangartner sich besonders ausgezeichnet haben.''

Wie Sepp Kerschbaumer in diesem Brief zum Ausdruck bringt, hat er stark darauf gehofft, daß es zwischen Österreich und Italien bald einmal eine politische Lösung geben wird und daß dabei auch das Häftlingsproblem gelöst wird. ''Daß die Kreisky-Saragat-Verhandlungen dann letztendlich doch nichts gebracht haben, das hat ihn nach dem Mailänder Prozeß sicherlich schwer belastet,'' meint Josef Fontana. ''Ich war da immer pessimistisch, aber er hat immer gemeint, einen solchen Konfliktherd im Herzen Europas könnten sich die zwei Staaten auf Dauer nicht leisten. Da war er einfach zu optimistisch.''

Von San Vittore in Mailand ging es dann wieder zurück nach Trient. Weil es aber dort mit der Arbeitsmöglichkeit nicht so gut bestellt war, beantragte Kerschbaumer wieder die Versetzung nach Verona, wo er sich besonders wohl fühlte.

Vor seiner Abreise nach Verona hat Kerschbaumer am 6. November 1964 noch einen Abschiedsbrief an seine Kameraden geschrieben und sie gebeten, sie sollten sein Ansuchen um Versetzung nicht mißverstehen. Er wolle

sich keineswegs von ihnen distanzieren, auch gebe es keine Meinungsverschiedenheiten, es gehe einzig und allein darum, daß er in Verona eine ständige Arbeitsmöglichkeit habe. Kerschbaumer schreibt: *''Mit schweren Sorgen und Gedanken, da die Zukunft alles eher als rosig aussieht, nehme ich Abschied von Euch allen, die Ihr alle für ein großes Ideal gestritten und nun seit Jahren gelitten habt und noch weiter auf unbestimmte Zeit dulden müßt. Vielleicht drängt sich dem einen oder anderen die große Frage auf, ob dieses Opfer letzten Endes früher oder später eine sichtbare, dauerhafte Frucht für unser Volk bringen wird. Gewiß, zeitweise Umstände und Begebenheiten sind oft dazu angetan, daß einem das gute Hoffen schwerfällt. Und doch, trotz allem, trotz des ganzen Widerstandes, der sich unserem Recht und unserem Freiheitswillen entgegenstellt, ist gute Hoffnung berechtigt. Und so wie auch im täglichen Leben das Hoffen auf dies und jenes besonders endzeitlich gerichtet den weitesten Raum im Leben des Menschen im Einzelnen, in der Familie und im Volksganzen einnimmt, so darf und kann es in unserem besonderen Falle nicht anders sein.*

Nun werdet Ihr mir die große Frage stellen, wie wir würdige Nachfolger unserer Väter sein wollen. Unser Land und unser Volk wurde von unseren Vätern in höchster Not dem heiligen Herzen Jesu geweiht im feierlichen Schwur und mit gläubigem Herzen und wir alle, ihre Nachkommen haben die heilige Pflicht, diesen Schwur weiterzupflanzen an die kommenden Geschlechter. Und wenn wir wollen, daß dies so sei, dann müssen wir alle Anstrengungen unternehmen und diesen Schwur nach bestem Wissen und Gewissen leben. Ich hoffe, daß diese meine Worte, die mir vom Herzen kommen, auch von Euren tirolerischen Herzen richtig verstanden werden. Nur in diesem Sinne sehe ich mit Hoffnung der Zukunft unserer geliebten Heimat entgegen.

Nun will ich schließen mit der Bitte, sollte ich jemanden von Euch je beleidigt oder etwas Ungutes angetan haben, mir zu verzeihen, und so verbleibe ich in treuer Tiroler Verbundenheit
Euer Sepp Kerschbaumer''

In Verona bestand zwischen ihm und dem Direktor des Kerkers ein regelrechtes Vertrauensverhältnis. Rechtsanwalt Hermann Nicolussi Leck erzählt: ''Ich bin ihn ja noch öfters besuchen gegangen im Gefängnis in Verona und abgesehen davon, daß er überall herumgehen konnte und manchmal schwer zu finden war, hat ihm der Direktor derart vertraut, daß er mit mir ins Café außerhalb vom Gefängnis auf einen Plausch mitkommen konnte. Die Gefängnisverwaltung dachte nicht im Traum daran, daß der Kerschbaumer vielleicht abhauen könnte. Der Direktor sagte: ''Der haut nicht ab, das ist gegen seinen Charakter.'' Das muß sich Kollege De Mutis in Trient gedacht haben.''

Kerschbaumer stirbt

Doch der Aufenthalt Kerschbaumers in Verona und hinter Kerkermauern sollte nicht mehr von langer Dauer sein. Einen Monat nach seiner Verlegung, am 7. Dezember, erleidet er einen Herzanfall, an dessen Folgen er kurz darauf stirbt. In der Früh befiel ihn plötzlich Unwohlsein. Man brachte ihn ins Krankenrevier des Gefängnisses, wo ihm ein Arzt ein herzstärkendes Mittel verabreichte - leider umsonst. Die Jahre im Gefängnis, die große Belastung, der sich Kerschbaumer ausgesetzt sah, weil er sich verantwortlich fühlte für all das, was geschehen war, auch für das Unglück, das über so viele Familien hereingebrochen war, und nicht zuletzt vielleicht eine falsche Ernährungsweise, auf die Sepp Mitterhofer, einer von Kerschbaumers Wegbegleitern in der Haft, verweist, könnten diesen Infarkt ausgelöst haben.

Maria Kerschbaumer war an jenem 7. Dezember nach Bozen gefahren, um die Weihnachtseinkäufe zu erledigen. Wie sie heimkommt, merkt sie, daß die Stimmung umgeschlagen ist. Aufgeräumt fragt sie, was los ist. "Na Mamma woasch", hat die Mali immer wieder gesagt "und als ich dann halbs herinnen war im Geschäft, hat sie gesagt, der Tata isch gschtorbn". "Des glab i net, hab ich gesagt, doch dann hab ich schon den Pfarrer und den Bürgermeister gesehen..."

Maria Kerschbaumer bittet die Behörden, die sich anfangs wehren, eine Autopsie vornehmen zu lassen. "Es ist besser für uns alle," sagt sie in der ihr eigenen Bestimmtheit. "Jeder Zweifel soll ausgeräumt werden." Denn es kursierten damals Gerüchte, Sepp Kerschbaumer wäre beseitigt worden. Der Forderung von Maria Kerschbaumer wird stattgegeben. Mit der Obduktion, an der der Vertrauensarzt der Familie Kerschbaumer Dr. Roland Köllensperger teilnimmt, werden diese Zweifel endgültig ausgeräumt. Sepp Kerschbaumer ist eines natürlichen Todes gestorben.

Bei der Autopsie mitanwesend war auch Kerschbaumers Rechtsanwalt Hermann Nicolussi-Leck. "Ich hab dann auch seine privaten Sachen mitgenommen," erzählt er, "und wie ich diese paar Dinge einpacke, da ist der Gefängnisdirektor hergekommen und hat mich gefragt, ob er nicht einen der Rosenkränze haben dürfe, die der Kerschbaumer selbst gemacht hat. Sie waren aus Spagat hergestellt. Metall dürfte ja nicht verwendet werden. Ich hab ihm einen gegeben und er hat ihn tiefbewegt zu sich genommen."

Die Nachricht von seinem Tod verbreitet sich in Windeseile im ganzen Lande. Es ist ein Schock für die Familie, für die Mithäftlinge, aber auch für sehr viele Menschen in Südtirol, für die Sepp Kerschbaumer aufgrund seiner Gradlinigkeit, seines Opfermutes und seiner Heimatliebe, trotz des Scheiterns seiner Untergrundbewegung, jener Mann geworden war, in dem das nationale Gewissen seines Volkes aufgehoben schien. In ihm hatte es sich in einer Aufrichtigkeit und Offenheit geäußert, wie man sie schon nicht mehr kannte. Wie sagt Josef Fontana, für den sich erst fünf Jahre nach dem frühen Tode Kerschbaumers die Gefängnistore öffnen sollten: "Er hat uns vor allem eines beigebracht, was wir schon fast verlernt hatten: den aufrechten Gang."

Das Begräbnis, ein zweites Sigmundskron

Das Volk jedenfalls, vor allem die einfachen Leute, dankten es Sepp Kerschbaumer. Sein Begräbnis wurde zu einem zweiten Sigmundskron, zu einer Demonstration ganz besonderer Art, die ihre Wirkung nicht verfehlt hat. 20.000 Menschen aus allen Landesteilen, darunter auch Landeshauptmann Silvius Magnago, haben ihm das letzte Geleit gegeben. Kaum einmal in der Geschichte Tirols dürfte es ein solches Begräbnis gegeben haben.

Franz Berger schreibt am 14. Dezember in der Tageszeitung "Dolomiten": "*Unter den Klängen der Musikkapelle bewegte sich der Trauerzug auf der Eppaner Straße in Richtung St. Pauls. Tausende von Personen standen längs der Straße und schlossen sich allmählich dem Begräbnis an, das zu einem wahren Menschenstrom anschwoll. Viele waren nach St. Pauls vorausgefahren und erwarteten dort die Ankunft des toten Sepp Kerschbaumer. Bis weit in die Paulsner Höhle herunter standen sie Kopf an Kopf. Der mit rotweißen Nelken geschmückte Sarg des Verstorbenen wurde über die gesamte vier Kilometer lange Strecke von ehemaligen politischen Häftlingen in Tracht abwechselnd getragen und von sechs Schützen aus Kaltern flankiert. Das Totenlicht trug ebenfalls ein politischer Mithäftling Kerschbaumers. Hinter dem Sarg folgten die Angehörigen des Verstorbenen: die von Schmerz gebeugte Witwe, die sechs Kinder (das jüngste ist erst sechs Jahre alt) und die nächsten Verwandten. Es ist schwer zu sagen, wie viele Menschen dem Sarg folgten und ihm vorangingen. So weit das Auge reichte, sah man nur eine wogende Menschenmenge....*

Als schließlich die Musikkapelle die Weise vom guten Kameraden und das Andreas-Hofer-Lied spielte, stimmten die vielen Tausende von Trauergästen mit ein. Viele Menschen sah man weinen. Weihwassersprengend nahmen sie Abschied von Sepp Kerschbaumer, der am Fuße des Mendelzuges, in seiner geliebten Heimaterde, nach einem opfervollen und tragischen Leben die letzte Ruhe gefunden hat. Indessen war längst schon die Nacht angebrochen, aber immer noch staute sich eine unübersehbare Menschenmenge vor dem Friedhofseingang, die erst nach und nach den Weg zum Grabe Kerschbaumers freibekommen konnte. Später, als längst schon die fahle Sichel des Mondes am Himmel stand, legten einige Begräbnisteilnehmer eine große Fahne mit den rotweißen Landesfarben auf das Grab Kerschbaumers."

Über 20.000 Menschen erwiesen Sepp Kerschbaumer die letzte Ehre.

Die Beisetzungsfeier für Sepp Kerschbaumer vor der Kirche von St. Pauls.

So ist Sepp Kerschbaumer zu Grabe getragen worden, diese einzigartige, auch innerhalb des BAS durch und durch singuläre Figur, die mehr den Charakteristiken einer großen Seele denn jenen eines Bombenlegers entsprach. Heute hat sich allgemein die Auffassung durchgesetzt, daß er und seine Leute es waren, die die Wende in der Südtirolpolitik hin zu einer akzeptablen Landesautonomie[17] letztendlich herbeigeführt haben.

Kerschbaumer hat in einer Zeit, in der der Konflikt mit dem Staat schon nicht mehr aufzuhalten war, auch weil Rom keinen Millimeter Bereitschaft zeigte, einzulenken und die BAS-Leute von niemandem zu bremsen gewesen wären, einen Weg der Gewalt gefunden, der einen Ausweg in Richtung Arrangement immer offen ließ.

Auf jeden Fall hat der damalige Innenminister Mario Scelba, der dafür bekannt war, daß er mit harter Hand durchzugreifen verstand und dies italienweit mit seiner Bereitschaftspolizei auch praktiziert hat, nach der Feuernacht nicht nur einige tausend Soldaten in Richtung Brenner in Bewegung gesetzt, sondern zwei Monate nach dem großen Schlag, auch die 19er-Kommission[18] ins Leben gerufen, die dann die Vorbereitungsarbeiten für das zweite Autonomiestatut leisten sollte. Damit erwies es sich dann, daß die Botschaft, die von der Feuernacht ausging, von den Verantwortlichen in Rom und auch anderwo durchaus verstanden wurde.

Darüberhinaus waren Sepp Kerschbaumer und seine Mitstreiter die ersten, die nach dem Krieg in Europa unmißverständlich darauf hingewiesen haben, daß es nur dann Frieden geben wird, wenn die Rechte der Minderheiten geachtet werden. Sie waren es, die vor allen anderen diese Rechte konkret eingefordert haben, die den offenen Konflikt mit dem Nationalstaat, den Kampf um Gleichberechtigung und Selbstverwaltung gewagt haben. Der Kleine hat dem Großen im Namen der Grundrechte die Stirn geboten. Heute, nach dem Zusammenbruch der kommunistischen Regimes in Osteuropa, ist die Minderheitenfrage zu einer zentralen Frage, zur Frage des Friedens in Europa geworden. Eine Frage, die sich erst lösen lassen wird, wenn - wie Kerschbaumer es in seinen Schriften so intensiv anmahnt, - Frieden, Gerechtigkeit und Gleichberechtigung auch im Kleinen Verwirklichung finden, wenn Minderheitenrechte als wesentlicher Teil der Menschenrechte und des Naturrechts Achtung und Anerkennung finden.

Mit am Anfang beim Kampf um die Verwirklichung dieser Grundrechte im Nachkriegseuropa war auch ein kleiner Kaufmann aus Frangart bei Bozen dabei: Sepp Kerschbaumer.

JOSEF FONTANA

OHNE ANSCHLÄGE KEINE NEUNZEHNERKOMMISSION, OHNE NEUNZEHNERKOMMISSION KEIN PAKET?

Die Lage um 1960/61

30 Jahre Feuernacht geben Anlaß, Bilanz zu ziehen. Was haben die Anschläge für Südtirol gebracht? Haben sie genützt oder haben sie geschadet? Will man zu diesen Fragen eine Antwort finden, so muß man sich die damalige Lage vergegenwärtigen.

Wie war also die Lage um 1960/61? Um das Wesentliche gleich vorwegzunehmen: Sie war so, daß sich ein politisch denkender Mensch um die Zukunft des Landes Sorgen machen mußte. Das Pariser Abkommen hatte in Rom eine Auslegung erfahren, die seinen Sinn und Zweck in das Gegenteil verkehrte. Anstelle einer Region Südtirol war die Doppelregion Trentino-Tiroler Etschland mit je einem Landtag in Trient und Bozen und einem übergeordneten Regionalrat geschaffen worden. Im Regionalrat waren die Südtiroler im Verhältnis zwei zu fünf vertreten. Praktisch bestimmten dort die Trenti-

Die anhaltende, starke Einwanderung aus dem Süden hatte bereits in den Fünfziger Jahren das Schlagwort vom "Todesmarsch der Südtiroler" entstehen lassen.

ner, was zu geschehen hatte. Mit ihrem Übergewicht konnten sie auch jedes Jahr den Hauptanteil des Budgets in ihre Provinz verlagern. In Südtirol kam daher bald der Spruch auf: "Wir füttern die Kuh, und die Trentiner melken sie."

Zwar sah das Autonomiestatut die Möglichkeit vor, daß die Südtiroler Abgeordneten gegen das Regionalbudget Einspruch erheben konnten. Aber immer, wenn sie von diesem Recht Gebrauch machten, genehmigte der Innenminister den Haushalt so, wie ihn die Trentiner erstellt hatten.[1] Ähnlich war es mit Artikel 14 im Regionalstatut. Die Region konnte auf die Provinz, auf die Gemeinden und auf andere Körperschaften bestimmte Verwaltungsbefugnisse übertragen.[2] Aber sie tat es nicht. Bis 1960 blieb dieser Artikel toter Buchstabe; später wurde er nur in Ausnahmefällen angewandt.[3]

Zur Enttäuschung über die verweigerte Autonomie kam die Sorge über die Zuwanderung, die bereits 1945/46 massiv eingesetzt hatte und in den frühen Fünfziger Jahren beängstigende Ausmaße annahm.[4] Dieser Zustrom aus dem Süden folgte nicht einem Naturgesetz, sondern war gelenkt. System steckte auch hinter der Tatsache, daß den Südtirolern der Zugang zu den staatlichen und halbstaatlichen Stellen versperrt blieb. Um 1958 verließen jährlich rund 7000 Südtiroler ihre Heimat, um im Ausland Arbeit zu suchen.[5] Nur ein kleiner Prozentsatz davon kehrte zurück; die meisten blieben für immer weg. Potenziert wurde diese Verdrängungs- und Überfremdungstendenz durch eine gezielte Wohnbaupolitik. In den Fünfziger und Sechziger Jahren war es für einen Südtiroler fast unmöglich, eine Sozialwohnung zu bekommen. Von 1945 bis 1956 wurden in der Provinz Bozen 4100 Volkswohnungen errichtet, aber nur 246 davon gingen an Südtiroler. Dies sind ganze sechs Prozent.[6]

Nicht genug damit, beschloß im Oktober 1957 der Ministerrat auf Antrag des Arbeitsministers Giuseppe Togni ein Sonderwohnbauprogramm für Bozen, das die Errichtung von einigen tausend Wohnungen für zuziehende Italiener zum Ziel hatte.[7] Kanonikus Michael Gamper hatte schon im Oktober 1953 auf die Gefahr hingewiesen, die im Verzug war: *"Zu vielen Zehntausenden sind nach 1945 und nach Abschluß des Pariser Vertrages Italiener aus den südlichen Provinzen in unser Land eingewandert, während zur gleichen Zeit die Rückkehr von einigen Zehntausenden unserer umgesiedelten Landsleute unterbunden wurde. Von Jahr zu Jahr sinkt der Prozentsatz der einheimischen Bevölkerung steil ab, gegenüber dem unheimlichen Anschwellen der Einwanderer. Fast mit mathematischer Sicherheit können wir den Zeitpunkt errechnen, zu dem wir nicht bloß innerhalb der zu unserer Majorisierung geschaffenen Region, sondern auch innerhalb der engeren Landesgrenzen eine wehrlose Minderheit bilden werden. Dies in einem Raume, in dem noch vor kurzem die Italiener nur 3% der Gesamtbevölkerung ausgemacht hatten. Es ist ein Todesmarsch, auf dem wir Südtiroler seit 1945 uns befin-*

den, wenn nicht noch in letzter Stunde Rettung kommt."[8]

Polizei, Justiz und Bürokratie nahmen oft eine Haltung ein, die unschwer vorausahnen ließ, wie es sein werde, wenn das Ziel der Majorisierung einmal tatsächlich erreicht sei. Von einer Polizei als Freund und Helfer konnte nur selten die Rede sein; sie war in der Regel ein Gegner. Reine Lappalien gaben Anlaß für Anzeigen, umständliche Untersuchungen und Verurteilungen. Jede Schwurgerichtssession hatte eine Reihe von Vilipendio-Prozessen im Programm, reine Grotesken im modernen Nachkriegseuropa, in Südtirol aber harte Wirklichkeit. Die Erbitterung über diese Verfahren steigerte sich von Mal zu Mal, weil sich die Italiener den Südtirolern gegenüber alles leisten konnten - Verhöhnung und Diffamierungen[9], Störaktionen, Überfälle und Verprügelungen[10] -, ohne daß sie von Polizei und Justiz zur Rechenschaft gezogen worden wären.

Das im Pariser Abkommen zugesicherte Recht auf den Gebrauch der Muttersprache bei Polizei, Gericht und öffentlichen Ämtern blieb eine Illusion. Versuche, vor den Behörden deutsch zu reden, erfuhren meist eine barsche Abfuhr: "Parli italiano, siamo in Italia!" war eine oft gehörte Reaktion. Die Südtiroler Vertreter versäumten es nicht, die Regierung auf diese Zustände hinzuweisen und auf Abhilfe zu drängen. Aber Rom zeigte ihnen immer nur die kalte Schulter. So trug das eine zum anderen bei, daß um 1960/61 in Südtirol das Maß voll wurde.

Entstehung und Ziele des BAS

Zunächst: Was ist unter BAS zu verstehen? BAS heißt Befreiungsausschuß Südtirol. Hat es einen solchen Ausschuß gegeben? Einen Ausschuß im wahren Sinn des Wortes hat es nicht gegeben. Der Vater des Unternehmens war Sepp Kerschbaumer; ohne ihn ist der Widerstand von 1961 nicht denkbar. Er hat das Markenzeichen BAS in die Welt gesetzt, um der Operation einen Namen zu geben. Von Sepp Kerschbaumer aus bildeten sich in den verschiedenen Landesteilen Zellen und Widerstandsnester. Und um ihn herum bewegte sich ein engerer, jedoch nicht geschlossener Kreis von Gleichgesinnten. So etwas wie einen Planungsstab oder eine Kommandozentrale hat es nicht gegeben. Je nach Vorhaben sprach sich Kerschbaumer mit den einzelnen Gruppen oder mit seinen engeren Vertrauensleuten von Fall zu Fall ab. Oberstes, wenn auch unausgesprochenes Prinzip war die Freiwilligkeit. Zwang zum Mitmachen hat es keinen gegeben. Parallel, aber weitgehend unabhängig zur Kerschbaumer-Gruppe bildeten sich ähnliche Gruppierungen in Nordtirol.

Am Anfang des BAS stand nicht die Gewalt. Sepp Kerschbaumer wollte zunächst mit demonstrativen Aktionen auf das politische Geschehen Einfluß nehmen.

Er mußte aber bald zur Überzeugung kommen, daß mit dieser sanften Tour keine durchschlagenden Erfolge zu erzielen waren. Um weiterzukommen, brauchte es etwas Schärferes: nämlich Dynamit. Dabei stand bei ihm und seinen Gesinnungsfreunden fest, daß sich die Gewalt nur gegen Sachen richten dürfe. Menschen sollten nicht zu Schaden kommen. Um 1958 begann die Aufrüstung des BAS mit Sprengstoff und allem Drum und Dran.

Die Idee, mit Sprengstoff in das politische Geschehen einzugreifen, war in Südtirol nicht neu. Vereinzelt hatte es im Lande schon vorher gekracht: 1946 in Auer, Kaltern, Atzwang und Kampenn; 1947 in Gargazon, Nals, Waidbruck und Montan; 1955 in Waidbruck; 1956 in Siebeneich, Sigmundskron, Bozen, Brixen, Meran, St. Walburg in Ulten; 1957 in Vahrn, Bozen, Marling, Goldrain und Montan.[11] Die Urheber der Attentate von 1946/47 waren Einzelgänger; die Anschläge von 1956/57 gehen auf eine Gruppe zurück, die sich um die Brüder Hans und Sepp Stieler in Bozen gebildet hatte. Neu war aber Kerschbaumers Konzept, eine Organisation aufzubauen, die sich über das ganze Land erstreckte. Im ganzen und großen ist es ihm gelungen, dieses Vorhaben in die Tat umzusetzen.

Welche Ziele verfolgte nun der BAS genau? Sein vordringlichstes Anliegen war, den italienischen Verdrängungs- und Majorisierungsprozeß zum Stillstand zu bringen. Hier schien Eile geboten. Im BAS war man allgemein überzeugt, daß der Widerstand nicht auf die nächste Generation abgeschoben werden könne; denn da käme jede Aktion zu spät. Und man würde sich dann dem Vorwurf aussetzen, in einer ganz bestimmten historischen Situation vor einer ganz bestimmten Aufgabe versagt zu haben. Diese Überlegungen drängten auf ein rasches und energisches Handeln.

Nicht so einfach ist es, über die Endziele des BAS Aufschluß zu geben, ohne nachträglichen Umdeutungen und Zurechtlegungen zu verfallen. Ging es um die Selbstbestimmung oder ging es um die Autonomie? Es dürfte im BAS - nördlich und südlich des Brenners - kaum jemanden gegeben haben, der nicht die Selbstbestimmung oder - noch genauer - die Rückkehr Südtirols zu Österreich gewünscht hätte. Aber eines war Wunsch, und etwas anderes waren die realen Möglichkeiten. Es fiel schon dem Gericht in Mailand auf, daß Sepp Kerschbaumer in seinen Flugzetteln von den Begriffen Autonomie und Selbstbestimmung selten Gebrauch gemacht hatte. Ein Zufall? Gewiß nicht! Bei unseren Rundgängen im Gefängnishof von Mailand fragte ich ihn einmal nach dem Grund für diese Zurückhaltung. Er gab mir zur Antwort, daß es ihm widerstrebt habe, politische Ziele vorzugeben, die man vielleicht nicht erreiche. Damit deutete er ein zweites Moment an, das er bei anderer Gelegenheit deutlich aussprach: Seiner Auffassung nach konnte der BAS nur jene Politik unterstützen, die auf der Schiene Bozen-Innsbruck-Wien vertreten wurde.

Dies wirft eine andere Frage auf: Hätte sich der BAS um Sepp Kerschbaumer für die Selbstbestimmung entschieden, wenn Bozen, Innsbruck und Wien auf diese Linie eingeschwenkt wären? Diese Frage kann eindeutig mit Ja beantwortet werden. Hier war sicher die außerordentliche Landesversammlung vom 7. Mai 1960 von großer Bedeutung. Schon Wochen vorher versuchte der BAS, SVP-Leute auf Selbstbestimmungslinie zu bringen.

Sepp Kerschbaumer spricht auf der außerordentlichen Landesversammlung der SVP im Mai 1960.

Aber als Geheimorganisation waren seinen Möglichkeiten sehr enge Grenzen gesetzt. Massiver griff hier der Bergisel-Bund ein, der Ortsobmänner nach Innsbruck einlud und auf die Selbstbestimmung einschwor. Bei der Landesversammlung dürfte die Mehrheit der Delegierten für die Selbstbestimmung gewesen sein. Parteiobmann Silvius Magnago gelang es aber mit einer Rücktrittsdrohung, die Autonomieforderung zu behaupten. Dabei kam ihm der Umstand zugute, daß die Befürworter der Selbstbestimmung keinen Wortführer von Rang hatten. Sogar die Hardliner in den Führungsgremien, wie Hans Dietl und Hanskarl Neuhauser, traten für die Autonomie ein.[12] Einen Selbstbestimmungsflügel scheint es damals weder in der Parteileitung noch im Parteiausschuß gegeben zu haben.

Sepp Kerschbaumer sprach als Mann des Volkes, nicht als Vertreter der Südtiroler Volkspartei, als er auf der Landesversammlung das Wort ergriff:

Landsleute! Ich glaube, wir sind noch nie vor so einer Entscheidung gestanden wie heute. Und wenn, dann ist es nicht so tragisch gewesen, denn es hat sich jetzt erwiesen, daß die Partei regelrecht uns, dem Volk, den Willen aufzwingen will... Das Volk will die Selbstbestimmung, und die Partei muß dem Willen des Volkes Rechnung tragen! (Beifall)

Wer heute für die Resolution der Partei stimmt, begeht für das Volk Selbstmord.

Was bei unserer Führung bisher gefehlt hat, ob bewußt oder unbewußt, ist die Konsequenz. Konsequenz heißt bis zum Letzten gehen, und wenn man dabei Opfer bringen muß! Wenn wir Opfer bringen, dann werden wir auch die Heimat erretten, und die müssen wir retten, so oder anders. Es wird von allen, auch von unseren Bischöfen, oft auch hingewiesen, ja nur keine Gewalt. Wenn unsere Herren Vertreter bis zur letzten Konsequenz gehen, dann braucht es keine Gewalt, und sonst ist es nur mehr gleich, dann setzen wir uns selber dafür ein (Beifall).[12]

Nach diesem Rückschlag trat die Diskussion über die Ziele in den Hintergrund; die Kerschbaumer-Gruppe konzentrierte sich auf die Aufrustung und den weiteren Ausbau der Organisation. Beim Zusammenbruch des BAS im Juli 1961 - noch in der Carabinieri-Kaserne von

Eppan - legte sich Sepp Kerschbaumer bei einem Verhör durch den Staatsanwalt Paolo Castellano auf die Autonomie fest, überzeugt, daß er damit der Sache Südtirols am besten diene. Die Mithäftlinge sind ihm auf diesem Weg ohne Widerspruch gefolgt. Die Rechtsanwälte kamen erst zehn, zwölf Tage später in die Lage, den Häftlingen zu raten, die Autonomie als Ziel der Anschläge anzugeben.[13]

Kerschbaumer suchte auch - mehr durch sein Beispiel als durch Worte - seine Mithäftlinge zu überzeugen, daß man vor dem Richter zu seinen Taten stehen müsse. Nur dann sei es möglich, die Motive vor dem Schwurgericht und damit vor aller Welt darzulegen. Und so könne man der Heimat nochmals einen Dienst erweisen. Auch in dieser Sache hat sich der Weitblick Kerschbaumers bestätigt. Die Aussagen im Mailänder Prozeß haben ihren Eindruck auf die Öffentlichkeit nicht verfehlt, namentlich die italienische Öffentlichkeit hat so erstmals eine Ahnung vom Südtirol-Problem bekommen.

Der Weg zur Feuernacht

Um 1959/60 kam es innerhalb des BAS zu schweren Differenzen. Der Streit drehte sich um den Führungsanspruch und um die Taktik. Es trat immer deutlicher zutage, daß die Nordtiroler Gruppe die Absicht hatte, die Führung an sich zu reißen. Die Gruppe um Sepp Kerschbaumer aber wollte das Gesetz des Handelns in

Das Scheitern der österreichisch-italienischen Konferenz von Klagenfurt im Mai 1961 war ein Signal zur Feuernacht. Rechts (mit verschränkten Händen) Außenminister Antonio Segni, links Ludwig Steiner, Bruno Kreisky und Franz Gschnitzer.

der Hand behalten. Sie war für die Hilfe aus Nordtirol sehr dankbar - aus eigener Kraft hätte sie eine Aktion großen Stils nicht über die Bühne gebracht -, doch bestimmen wollte sie, was wann wie zu geschehen habe.

Unterschiedliche Auffassungen traten auch in der Frage der Taktik zutage. Die Nordtiroler Gruppe arbeitete auf einen großen Schlag am Tag X hin. Die Kerschbaumer-Gruppe trat für Einzelaktionen ein, die zu überlegt ausgewählten Zeitpunkten und möglichst an Objekten mit Symbolcharakter durchgeführt werden sollten. Beides hatte sein Für und Wider. Mit einem großen Schlag konnte man sicher die Weltöffentlichkeit besser auf Südtirol aufmerksam machen und eher einen Durchbruch erzielen als mit Einzelaktionen. Gegen die Taktik des großen Schlags sprach, daß Italien mit einem Übermaß an Gegengewalt reagieren werde. Bei Einzelaktionen konnte man annehmen, daß man länger durchhalten werde, daß einem der Atem nicht vor der Zeit ausgehe. Aus diesen Überlegungen heraus beschloß die Kerschbaumer-Gruppe im Jänner 1961, mit Einzelaktionen zu beginnen. Doch setzte sich im Laufe von einigen Monaten auch bei ihr die Ansicht durch, daß nur mit einem massiven Schlag Bewegung in die Südtirol-Politik gebracht werden könne.

Die österreichisch-italienische Außenministerkonferenz vom 27./28. Jänner 1961 in Mailand war ergebnislos verlaufen. Für den 24. Mai 1961 war in Klagenfurt das nächste Außenministertreffen angesagt. Sollte auch diese Zusammenkunft kein Resultat erbringen, so müßte man mit ganzer Kraft zuschlagen. Diese Ansicht führte wieder beide Gruppen zusammen. Es kam dann auch so, wie man es vermutet hatte. Italien war in Klagenfurt zu keinem Zugeständnis bereit. Und so explodierten in der Herz-Jesu-Nacht vom 11. auf den 12. Juni 1961 rund um den Bozner Talkessel und in anderen Gegenden 47 Sprengladungen.[14]

Italien verwandelte Südtirol sofort in ein Heerlager. Doch damit konnte es den Widerstand nur erschweren, nicht verhindern. Am 24. Juni 1961 fand in Zürich ein drittes österreichisch-italienisches Außenministertreffen statt. Und wiederum - Resultat gleich null. Die Kerschbaumer-Gruppe reagierte auf diese Ergebnislosigkeit mit Anschlägen auf sieben Elektromasten im Überetsch und im Unterland, auf zwei Elektromasten in Petersberg und weitere zwei in der Nähe von Schlanders.[15] Zu dieser Zeit waren aber bereits die ersten Verhaftungen im Gang, die dem BAS die Substanz entzogen.

Die Einsetzung der Neunzehnerkommission

In den ersten Monaten nach den Verhaftungen sah es - zumindest aus der Gefängnisperspektive - so aus, als ob mit einem Wiederaufleben des Widerstandes in absehbarer Zeit nicht zu rechnen sei. Im Gegenteil, es hatte ganz den Anschein, als ob die Schlacht endgültig verlo-

ren wäre. Viele Häftlinge mußten zudem sehen, wie sie mit dem Trauma der Folterung fertig wurden. Nicht gerade erhebend waren auch die Verurteilungen, die allmählich die Form von Ritualen und Unterwerfungsfloskeln annahmen. Bischof Joseph Gargitter richtete zwar mit seinem Hirtenbrief vom 4. August 1961 ''an die zuständigen Organe der öffentlichen Sicherheit die Bitte, daß sie bei den notwendigen Untersuchungen auf ein korrektes und menschlich rücksichtsvolles Vorgehen der ihnen untergebenen Polizeikräfte sehen'', stellte aber im gleichen Atemzug den BAS in ein schiefes Licht. Seiner Ansicht nach ging es ''um viel mehr als um gute oder schlechte Politik'': ''Hier sucht vor allem auch der Kommunismus einen Unruheherd im Herzen Europas, hier geht es um den Kampf des Gottlosentums gegen die freie, christliche Welt.'' Es sei Zeit, daß sich die christlichen Kräfte auf beiden Seiten zusammentäten, um in mutiger und rascher Arbeit die bestehenden Gegensätze zu überwinden. ''Nur so kann man verhindern, daß gottlose und totalitäre Kräfte, die schon seit geraumer Zeit am Werke sind, verschiedene Leute zu weiteren verwerflichen Gewaltakten verleiten und schließlich unser gutes, katholisches Volk an den Rand des Abgrundes bringen.''[16] Auch die Ordinariate Brixen und Trient, sonst sprach- und wortlos, wenn es um die Belange Südtirols ging, sahen sich veranlaßt, ''öffentlich zu erklären, daß diese Anschläge nicht bloß vor dem weltlichen Gesetz, sondern auch vor Gott und dem Gewissen schwere Verbrechen und darum schärfstens zu verurteilen sind.''[17]

Dies alles war weit überzogen und überzeugte nur jene, die nichts anderes hören wollten. Die Mehrheit der Bevölkerung stand ohne Zweifel hinter den Anschlägen.[18] Das große Wort aber führten jetzt die Bedenklichkeitsmänner und die Italophilen, die bei der Verurteilung der Attentate einen Eifer an den Tag legten, der an Würdelosigkeit grenzte.[19] Zu allem Überfluß trat Ende September überraschend die Richtung Aufbau auf den Plan, eine Gruppe von Altpolitikern, Wirtschaftsleuten und Quertreibern, die die Macht in der SVP an sich reißen, Österreich abhängen und mit Rom direkt verhandeln wollte.[20] Es ist eine unbestreitbare Tatsache, daß das überfallsartige Auftreten der Richtung Aufbau in diesem kritischen Moment Südtirol schwer geschadet und das politische Klima in der Volksgruppe auf Jahre vergiftet hat.

Diese Zeit tiefer Depression war aber doch auch eine Zeit des Umschwungs. Ein Erfolg stellte sich schon mit der Feuernacht ein: Die Weltöffentlichkeit bekam mit, daß mit Südtirol etwas nicht in Ordnung war. Italien geriet in die Defensive. Am 5. September 1961 beschloß der politische Ausschuß des Europarates, einen Unterausschuß zu bilden, der sich mit der Südtirolfrage befassen sollte. Wenig später trat dieses Gremium dann auch tatsächlich ins Leben. Italien stand nun von internationaler Warte aus unter Beobachtung. Spätestens seit dem Bekanntwerden der an Südtirolern angewendeten Foltermethoden konnte es auch nicht mehr mit der Behauptung auf dem Erdball hausieren gehen, daß die Südtiroler die bestbehandelte Minderheit der Welt seien. Der Tod von Franz Höfler und Anton Gostner im Gefängnis von Bozen, der Carabinieri-Prozeß in Trient, das schrille Gezeter der italienischen Medien taten ein übriges, um die Reputation Italiens nahezu auf den Nullpunkt herabsinken zu lassen.

Das Spaltungswerk der Richtung Aufbau zerbrach nach wenigen Wochen am Zusammenhalt der Bevölkerung. Damit zerschlugen sich auch die Hoffnungen italienischer Politiker, mit einer Partei in Verhandlungen treten zu können, die es billiger geben würde. Unter dem Druck der Feuernacht und des internationalen Meinungsumschwungs trat auch in der italienischen Innenpolitik eine Wende ein. Innenminister Mario Scelba setzte am 1. September 1961 im Einverständnis mit dem Ministerrat die sogenannte Neunzehnerkommission ein, die die Aufgabe hatte, das Südtirolproblem zu studieren und Lösungsvorschläge auszuarbeiten. Freilich waren in dieser Kommission die Südtiroler nicht paritätisch vertreten, sondern nur im Verhältnis acht zu elf, genauer sieben zu elf, denn der Repräsentant der Ladiner, ein DC-Mann, trat durch keinen originellen Beitrag hervor und erfüllte nur eine Alibifunktion. Nicht ermutigend war auch, daß Scelba den Leuten bei der Eröffnungssitzung die Auflage mit auf den Weg gab, den Rahmen der Region Trentino-Tiroler Etschland nicht anzutasten. Immerhin aber ließ sich Rom nun erstmals zu Verhandlungen mit den Südtirolern herbei. Das Eis war gebrochen.

Die erste Sitzung der Neunzehnerkommission im September 1964 im Bozner Merkantilgebäude. In der Mitte Präsident Paolo Rossi, rechts die Vertreter der SVP.

Ein knappes Jahr später gab Italien auch ein Axiom seiner Außenpolitik auf. Hatte Rom bisher die Südtirolfrage als eine rein interne Angelegenheit betrachtet, so erklärte Außenminister Attilio Piccioni auf der österreichisch-italienischen Konferenz vom 31. Juli 1962 in Venedig, daß Italien bereit sei, mit Österreich weiterzuverhandeln, sobald die Ergebnisse der Neunzehnerkommission vorlägen. Das war ein wichtiges Zugeständnis, denn "damit erhielt die 19er-Kommission den Charakter einer internen Vorarbeit für bilaterale Verhandlungen auf der Basis der UNO-Resolution."[21]

Den Zentralisten in Rom ging die Sache freilich entschieden zu weit. Gerade als die Neunzehnerkommission Vorschläge für die Ausgestaltung der Südtiroler Gesetzgebungs- und Verwaltungsautonomie hätte machen sollen, streute sie Sand ins Getriebe. Die Südtiroler Vertreter gewannen den Eindruck, daß Rom die Neunzehnerkommission "ohne Abschluß sterben lassen wollte."[22] Aber am 9. Jänner 1963 kam der belgische Senatspräsident Paul Struye in seiner Eigenschaft als Vorsitzender der Südtirol-Kommission des Europarates nach Rom, um über den Stand und den Verlauf der Verhandlungen Erkundigungen einzuholen. Kein angenehmer Besuch für die italienische Regierung. Unter den italienischen Politikern drängte Aldo Moro, damals Sekretär der Democrazia Cristiana, auf eine Fortführung der Arbeiten. So kamen die Verhandlungen wieder in Fluß. Am 10. April 1964 überreichte die Neunzehnerkommission dem Ministerpräsidenten ihren Abschlußbericht.[23]

Paket und Operationskalender

Vom Abschluß der Neunzehnerkommission bis zum Paket war es noch ein weiter Weg. Es vergingen fünf Jahre, bis ein diskutables Ergebnis auf den Tisch kam. Wie tief das Mißtrauen gegenüber dem Angebot war, zeigten die Debatte und die Abstimmung auf der Landesversammlung vom 22. November 1969 in Meran. Nur 52 Prozent der Delegierten stimmten für die Annahme, 48 Prozent waren dagegen. Wohl alle ehemaligen politischen Häftlinge lehnten damals das Paket und den Operationskalender ab. Unter einer Landesautonomie hatten sie sich etwas anderes vorgestellt als einen Maßnahmenkatalog mit halben Zugeständnissen und Zweideutigkeiten. Noch stärker waren in ihren Reihen die Vorbehalte gegen den Operationskalender, der für künftige Streitfälle die Befassung des Internationalen Gerichtshofs (IGH) in Den Haag vorsieht. Es liegt auf der Hand: Mit dem Auslaufen des Operationskalenders würde das Südtirol-Problem von der politischen Ebene in eine juridische Sackgasse umgeleitet. Die Bedenken, daß Südtirol nach Abgabe der Streitbeilegungserklärung mit gebundenen Händen dastehen könnte, werden heute auch von maßgebenden SVP-Politikern und von Kennern des Völkerrechts geteilt.[24]

Im Unterschied dazu ist das Paket damals sicher zu negativ eingeschätzt worden. Es war doch mehr als nur
die Verpflegung auf dem Todesmarsch. Allerdings war
das Paket von 1975 nicht das Paket von 1969. In den
kurzen "goldenen Jahren", die auf die Paketannahme
in Meran folgten, konnten so manche Zweideutigkeiten
ausgeräumt und autonome Befugnisse ausgeweitet werden.[25] Diese Verbesserungen am Pakettext waren freilich nur möglich, weil die weiteren Verhandlungen in
einem völlig neuen, gelösten Klima stattfanden.

Der Trend zum Besseren hielt aber leider nicht lange
an. Schon 1976/77 trat ein Umschlag ein: Die Haltung
der italienischen Parteien versteifte sich, die Meinung
der Medien drehte sich um 180 Grad, in Rom bekamen
wieder die Zentralisten Oberwind. Seit Anfang der acht-
ziger Jahre ist in der Südtirolpolitik nur mehr ein - von
der Öffentlichkeit kaum wahrgenommener - Krebsgang
zu verzeichnen. Zu erwähnen ist hier mehreres: die häu-
figen Zurückweisungen von Landesgesetzen durch Rom,
die autonomiefeindlichen Urteile des Verfassungsge-
richtshofes, der Erlaß der Ausrichtungs- und Koordinie-
rungsbefugnis im Jahre 1988, die Umtriebe der
Geheimdienste und der Unwille der Justiz, den Anschlägen der 80er Jahre auf den Grund zu gehen. In jüng-
ster Zeit ist wieder eine Wende zum Besseren
eingetreten. Wie lange dieses Tauwetter anhält, läßt sich
nicht voraussagen. Die Politik scheint Launen und Wech-
selfällen unterworfen zu sein, deren Ursachen oft schwer
zu ergründen sind.

Schlußfolgerungen

Welchen Anteil hatten nun die Anschläge am politischen
Geschehen Südtirols seit 1961? Dem Versuch, ein Re-
sümee aus dem Ganzen zu ziehen, muß eine wichtige
Präzisierung und Einschränkung vorangestellt werden:
Die Anschläge konnten in der Südtirolpolitik keine führende oder bestimmende, sondern nur eine unterstüt-
zende oder dienende Rolle einnehmen. Wer das
Gegenteil behauptet, verkennt die Realitäten und über-
schätzt die Möglichkeiten. Unter diesem Aspekt können
dann zweifellos mehrere positive Auswirkungen der Attentate auf die Südtirolfrage ausgemacht werden. Kurz
zusammengefaßt läßt sich folgendes sagen:
1. Die Anschläge haben die Absicht der italienischen Regierung, die Südtiroler in ihrem eigenen Land zu ma-
jorisieren, gründlich durchkreuzt.
2. Die Anschläge haben die Weltöffentlichkeit auf das

Südtirolproblem aufmerksam gemacht.
3. Die Anschläge haben die italienische Regierung be-
wogen, mit Vertretern Südtirols und mit der Schutz-
macht Österreich in Verhandlungen zu treten.
4. Der Mailänder Prozeß von 1963/64 hat in der öffentlichen Meinung Italiens ein Umdenken bewirkt. "Mit
diesem Prozeß zerbrach eine nationalistische Tradition im italienischen Staat: auf der Seite der deutschen Minderheit standen diesmal auch Italiener."[26]
5. Die Anschläge haben die italienische Arroganz in die
Schranken gewiesen. Jahrzehntelang hatten die Südtiroler Schläge kassiert. Die Attentate haben Italien
gezeigt, daß eine Minderheit auch zurückschlagen
kann.
6. Die Anschläge haben dazu beigetragen, daß die
Südtirol-Autonomie ausgebaut und erweitert wurde.
Seit den siebziger Jahren hat die deutsche und ladi-
nische Volksgruppe auf allen Ebenen aufgeholt - oftmals zu stürmisch sogar.
7. Die Anschläge haben das Interesse der Wissenschaft
an den Minderheitenfragen in Europa gefördert. Dieses Interesse fand in einer Reihe von grundlegenden
Werken seinen Niederschlag.[27] Mit der Entspannung in Südtirol ging die Anteilnahme der Wissenschaft an den Minderheitenfragen wieder zurück.

Kommentatoren in Süd- und Nordtirol scheinen sich immer noch schwer zu tun, den positiven Anteil der Anschläge an der Entwicklung der Südtirolfrage anzuerkennen. Günther Pallaver in Bozen bestreitet, daß die
Feuernacht die Verhandlungen vom Fleck gebracht habe. Für ihn gab die Bildung der Mitte-Links-Koalition
und der Beginn des II. Vatikanums den Ausschlag, daß
Italien endgültig den Weg in die europäische Demokratie einschlug. "Die 'Feuernacht' kam zu spät."[28]

Frau Hofrat Viktoria Stadlmayer in Innsbruck stellt
ebenfalls in Abrede, daß die Attentate für Südtirol politisch positive Folgen gehabt hätten. Wenn ich ihre Ausführung in einem RAI-Interview richtig verstehe, so
haben ihrer Meinung nach die Anschläge sogar den Weg
zur Selbstbestimmung verlegt. Die Südtiroler Volkspartei
sei in dieser Zeit politisch weit zurückgefallen. "Eine
vernünftige klare Linie wurde dann auf lange Jahre nicht
verfolgt."[29]

Siegfried Stuffer findet diese "Diskussion über die politische Wirkung des Widerstandes in Südtirol von klein-
lichem Krämergeist, Besserwisserei, Aufgeblasenheit und
akademischer Sterilität getragen."[30]

Dazu habe ich nur zu bemerken, daß ich das auch finde.

SANDRO CANESTRINI

VON CESARE BATTISTI ZUR FEUERNACHT

WIE ICH DIE SÜDTIROLER BEFREIUNGSBEWEGUNG VERSTEHEN LERNTE

Sandro Canestrini beim Folter-Prozeß in Trient im Gespräch mit Angehörigen Südtiroler Häftlinge

Es war der 30. März 1914, als im Teatro Maffei in Rovereto eine öffentliche Kundgebung stattfand. Thema der Veranstaltung: Die Trentiner Irredentisten fordern eine italienischsprachige Universität für Triest. Ein Zitat aus der Presse von damals: "Aufrührerische, feurige Reden hielten Dr. Pietro Pedrotti, der Student Luigi Canestrini, Dr. Gino Marzani, Dr. Antonio Piscel, Patrizio Bosetti; auch der Podestà Baron Valeriano Malfatti ergriff das Wort."

Wir entnehmen der Zeitung weiter, daß sich nach der Kundgebung ein großer Protestzug in Richtung Hauptplatz bewegte: "Patriotische Lieder werden gesungen. Hochrufe auf die italienische Universität und die Nation erklingen, Protestrufe werden ausgestoßen und steigen zu den Sternen empor... Der Präsident der Trentiner Hochschüler, Luigi Canestrini, löst die Kundgebung mit der Aufforderung an alle Bürger auf, nicht müde zu werden und den Glauben an die gerechte Sache nicht nur in einer Stunde der Begeisterung kundzutun, sondern stets für unser unsterbliches Recht zu kämpfen.''

Will man heute die Vorfälle von damals verstehen, dann muß daran erinnert werden, daß das alles in einer österreichisch-ungarischen Stadt getan, gesagt und geschrieben wurde und zwar von Irredentisten kurz vor Kriegsausbruch. Auf die Initiative der verschiedenen national ausgerichteten Vereinigungen hin - die vom Sport bis zur Kultur alles umfaßten - häuften sich die Gelegenheiten, um gegen die Regierung und den Staat zu protestieren.

Luigi Canestrini war mein Vater und ich erinnere mich bestens daran, wie er von grün-weiß-roten Fahnen erzählte, die plötzlich während der Protestveranstaltungen im Winde flatterten, von grün-weiß-roten Blumensträußen, die aus den Fenstern geworfen wurden und von unmißverständlichen Losungsworten. Ich erinnere mich der Aufgeregtheit, in der mir, dem neugierig lauschenden Kind, erzählt wurde, wie die beunruhigten Polizisten am Rande des Protestzugs sich abmühten und wie die Offiziere die Protestierenden immer wieder ermahnten, nicht zu übertreiben...

Diese nationalistischen Kundgebungen sind - soweit ich das mitbekommen habe - nur in den seltensten Fällen aufgelöst worden, auch hat es kaum Strafanzeigen gegeben. Man wollte den Schaden gering halten, normalerweise haben sich die politisch Verantwortlichen und die Polizei in Toleranz geübt und soweit als möglich Verständnis gezeigt. Sie sprachen ja alle unsere Sprache, das war gesetzlich so vorgeschrieben und im übrigen waren die meisten von ihnen ja selbst Trentiner. Der Objektivität halber muß gesagt werden, daß Luigi Canestrini, Cesare Battisti und Antonio Piscel nur von einer Minderheit der Intellektuellen und Handwerker unterstützt wurden. Praktisch niemand wollte etwas mit Ettore Tolomei zu tun haben, den Battisti voller Verachtung als Verrückten bezeichnete. Dann folgte der Krieg und die Annexion, die von diesen Personen so sehr herbeigesehnt worden war.

Einige Jahre später bin dann ich zur Welt gekommen und meine geistige Nahrung bestand aus diesen Geschichten, aus dieser Art von Literatur, aus den Erinnerungen meines Vaters. Eines aber möchte ich unterstreichen: Während Ettore Tolomei in der Zwischenzeit ein Erzfaschist und Senator des Regimes geworden war, hing mein Vater noch den Idealen des Risorgimento nach und blieb weiterhin bei seiner antifaschistischen Einstellung.

Für einen Jungen meines Alters war es damals nicht leicht zu begreifen, wie aus derselben nationalen Befreiungsbewegung zwei so verschiedene Sichtweisen hervorgehen konnten, so grundverschiedene Arten, die Welt, das Leben, die Geschichte zu sehen und zu interpretieren. Dies ging so weit, daß Tolomei zum Abgeordneten aufstieg, während mein Vater am 2. Dezember 1926 vom Sicherheitsamt des Bezirkes ermahnt wurde, sich ordentlich aufzuführen und nicht weiter mit seiner politischen Haltung Anlaß für Verweise zu geben. Sollte er sich weiterhin der nationalen Ordnung widersetzen, riskiere er eine formelle Verwarnung, was ungefähr so viel wie die Vorstufe zum berüchtigten ''Confino'' (Verbannung) bedeutete.

Wiederum tauchte also der Begriff ''nationale Ordnung'' auf. Was war geschehen mit dieser italienischen Nation, deretwegen man doch die österreichische Polizei herausgefordert hatte, während wenige Jahre später jene mit immer härteren Strafen rechnen mußten, die den Idealen von damals treu geblieben waren.

Dies waren Fragen, die nicht nur ich in meinem Inneren meinem Vater stellte; er selbst beschäftigte sich damit, wenn er manchmal in meiner Anwesenheit laute Selbstgespräche führte. Und ich bin sicher, daß ich ihn oft zwei Worte in unserem Dialekt sagen hörte (es ist das erste Mal, daß ich alles erzähle über diese Beziehung zu meinem Vater). Hier stehen sie und sie haben mit seinem Nachdenken über das Warum dieses Krieges zu tun; sie haben damit zu tun, warum er ohne Verzug über die Grenze nach Verona gegangen war, um sich als Kriegsfreiwilliger zu melden, von wo aus er dann in Richtung Piave an die Front abkommandiert worden war, den Decknamen Luciano Caccia angenommen und den Tod in der Schlacht oder den Galgen wie einer seiner Mitbrüder, Cesare Battisti, in Kauf genommen hatte...

Hier nun jene zwei Worte, die er so oft gesagt hat: ''Che monada'', was für ein Unsinn. Bedarf es einer weiteren Erklärung? Muß unterstrichen werden, daß hinter dieser bitter-scherzhaften Redewendung sich die Erkenntnis verbirgt, falsch und dumm entschieden zu haben? Sicher kann ich nicht mit Bestimmtheit sagen, wie weit mein Vater in diesen selbstkritischen Reflexionen gegangen ist, wie die 'monada' nun genau zu verstehen war; ich glaube jedoch und davon bin ich zutiefst überzeugt, daß er niemals seine Vergangenheit vollständig verleugnen wollte; es haben da in der Trauer dieser Erinnerung an die Vergangenheit mehrere Faktoren mitgespielt. Einmal, daß er erst nach dem Krieg erfahren hatte, daß im April 1915 im Rücken der Irredentisten, die im guten Glauben gekämpft hatten, der Geheimpakt von London geschlossen worden war, der das geschichtliche Unrecht der Annexion Südtirols besiegelte. So hat das mein Vater in Anlehnung an Battisti gesehen. Dazu kam die verwirrende Präpotenz, mit der sich die neuen Machthaber im befreiten oder besetzten Trentino aufgeführt haben. Das kann je nach Einstellung verschieden gesehen werden. Für alle aber spricht hier der kriegsfreiwillige Irredentist Ottone Brentari, der das abschreckende Beispiel der öffentlichen italienischen Verwaltung und den Verrat der Ideale in unvergeßlichen

Häftlingsfrauen begrüßen ihre Männer beim Folterprozeß in Trient. Vorne der von den Carabinieri mißhandelte Bruno Veronesi aus Neumarkt.

Zeilen beschrieben und zornig-beklemmende Anklagen hinterlassen hat.

Und schließlich kam noch hinzu, daß sich das liberal-demokratische Ideal eines "gerechten Krieges" zur Vereinigung der Nation als reine Illusion erwies - weggefegt und verhöhnt vom triumphierenden faschistischen Ungeist mit seinem nationalen Wahn. Vorbei die Zeiten der demokratischen Intervention, vorbei Wilson mit seinen 14 Punkten, vorbei die Tage der Freiheit.... Ich würde sagen, endgültig vorbei, weshalb wir meinen Vater unter seinen Zypressen belassen, wo er seit so vielen Jahren ruht und uns dem 18-jährigen Sohn zuwenden, für den sich 1940 die antifaschistische Erziehung als entscheidend erweisen sollte, um all die Widersprüche zu begreifen, mit dem so problematische Begriffe wie Vaterland, Nation, Nationalität, Kriegsbeute und mehr oder weniger heilige Grenzen beladen waren. Ich hatte damals die Überzeugung gewonnen, daß der Kompaß, der Wegweiser, der mir hilft, den rechten Weg zu finden und die richtigen Entscheidungen zu treffen, einzig und allein die antifaschistische Gesinnung sein kann, die Ablehnung der Diktatur und mit ihr auch der Diktatur jener, die seit jeher verantwortlich sind für Krieg und Vernichtung. Die Erfahrung im Widerstand habe ich gelebt als Befreiungsbewegung im ursprünglichen Sinne der Freiheit für alle, von der niemand ausgeschlossen wird und zwar im Namen jener Prinzipientreue, die in aller Tiefe durchlebt werden muß, wenn man an sie glaubt. Dann nach jener rasch auflodernden Liebe für den Partito d'Azione, jener faszinierenden Bewegung, die schon aufhörte, zu bestehen, kaum daß sie entstanden war, folgte die kämpferische Parteinahme für die Kommunisten. Sie habe ich gelebt im Sinne der Überwindung der Grenzen, der Völkerfreundschaft und der Ablehnung von Gewalt und Krieg.

Doch fast zwangsläufig mußte es früher oder später zum Zusammenstoß zwischen der sklerotischen politischen Bürokratie auf der einen und den jugendlichen Idealen auf der anderen Seite kommen. Die Gelegenheit dazu bot sich, als vor 30 Jahren in einer heißen und schönen Nacht in Südtirol die Hochspannungsmasten gleich dutzendweise in die Luft flogen. Als viele der verhafteten Südtiroler mich zu ihrem Anwalt erkoren in der Hoffnung auf eine sachgerechte Verteidigung, da kam es bei mir zum großen Qualitätssprung. Was eine sachgerechte Verteidigung hätte sein sollen, verwandelte sich unter dem Eindruck der historischen und juridischen Vertiefung der gesamten Problematik in ein tiefes Verständnis für die Südtiroler Befreiungsbewegung. Denn es handelte sich doch um eine Befreiungsbewegung im eigentlichen Sinn des Wortes mit den besten Eigenschaften, die man einem solchen Begriff abgewinnen kann: dazu zähle ich die praktizierte Gewaltfreiheit gegenüber Personen, das Bestehen auf das Recht, im eigenen Land respektiert zu werden, die Rebellion gegen die Lüge, den Betrug und die Versuche des römischen Zentralismus, den Pariser Vertrag zu umgehen. Die rücksichtslose Italianisierung der Zwanziger Jahre wurde gerade damals in Historikerkreisen und unter demokratisch gesinnten Wissenschaftlern endlich verstärkt diskutiert. Ich glaube, Paolo Alatri war hier der maßgebende Lehrer für uns alle. Und so kamen all die großen Ungerechtigkeiten und Schweinereien und das infame Werk Tolomeis ans Tageslicht: die erzwungenen Namensänderungen, die Übersetzungen und Pseudoübersetzungen der Ortsnamen, das Verbot, die eigene Sprache zu sprechen, die Namensänderungen auf den Grabsteinen... All das eben, was bis dahin nur im Flüsterton ausgesprochen worden war, wurde nun publik und durch historische Forschungen untermauert.

Der kommunistische Führungsstaff von Bozen, den ich als korrektes Parteimitglied über meinen Verteidigungsauftrag informiert hatte, wehrte wie eine Mauer ab. Man schickte sogar zwei Gesandte des Zentralkomitees zu mir, die auf die schlaue Tour das Nein umzudrehen verstanden; ich war glücklich, frei zu sein, ich selbst sein zu dürfen. Und das um jeden Preis, auch um den Preis einer verhinderten Wiederkandidatur für den Regionalrat und einer ausufernden Verleumdungskampagne mir gegenüber, die in einem gewissen Sinne einer faschistischen Logik entsprach, auch wenn sie von erklärten Antifaschisten vorangetrieben wurde. Man warf mir vor, in antiitalienischer Funktion als eine Art Geheimagent Österreichs zu fungieren. Um es mit Salvemini zu sagen: die nationalistischen Zikaden zirpten unaufhörlich weiter und der Verstand mußte ihnen den Vortritt lassen. Kurzum, ich war wie Andrea Chenier, "ein Feind des Vaterlandes".

Einige, die objektiv sein wollten und sich aufgeklärt gaben, flüsterten mir ins Ohr, ja, die Rebellion in Südtirol sei eine gerechte Sache, man habe sich aber in den Mitteln vergriffen mit den Bomben und den Hochspannungsmasten. Es war mir ein Leichtes, darauf zu antworten, daß gerade sie aus demselben Grund dann von tausend Straßen und Plätzen Italiens den Namen von Guglielmo Oberdan tilgen müßten, der ja auch mit Bomben Politik gemacht hat und in den Straßen von Triest Tote auf dem Gewissen hatte. Was für eine historische Objektivität ist das, wenn Oberdan als Held verehrt wird und die Südtiroler des Terrorismus angeklagt werden?

Der Mailänder Prozeß hatte eine Vorgeschichte, ein Vorspiel, das vielen Menschen guten Glaubens die Augen hätte öffnen müssen. Leider ist das nur zum Teil geschehen. Ich komme auf den Carabinieri-Prozeß in Trient zu sprechen, in dem ungefähr ein Dutzend Carabinieri un-

terschiedlichen Grades nach einer streng geführten Untersuchung angeklagt waren, jene Häftlinge schwer mißhandelt zu haben, die im Verdacht standen, mit den Anschlägen zu tun zu haben. Der Untersuchungsrichter hat in der Anklageschrift eine mehr als klare Sprache gegenüber jenen Militärs gesprochen, "die bewußt das Gesetz verletzt haben, dessen Sklaven sie hätten sein sollen".

Welchen Standpunkt hätte nun der Rechtsanwalt Sandro Canestrini einnehmen sollen, der Sohn des Luigi, des Freidenkers und Antifaschisten? Den einzig möglichen: den Verteidigungsauftrag der Opfer anzunehmen und in einem langen, dramatischen und leidvollen Prozeß die Verurteilung der Carabinieri zu verlangen, die das Gesetz verletzt hatten, dessen Sklaven sie hätten sein müssen. Die Dinge haben dann ihren Lauf genommen, aber dazu will ich nichts sagen.

Ich wollte Zeugnis ablegen, Zeugnis ablegen als Italiener, da ich an einem Punkt meines Lebens angelangt bin, an dem ich beginnen kann, Bilanz zu ziehen. Ich möchte unterstreichen, daß ich für mich persönlich sehr wichtige berufliche, politische und moralische Erfahrungen machen konnte, weil ich in diesem Land geboren bin. Ich hätte die Opfer in den Prozessen von Vajont und Stava, die Opfer unternehmerischer und industrieller Spekulation geworden waren, nicht verteidigen können, wenn ich nicht vorher mit Herz und Verstand die Rechte der ethnischen Minderheit verteidigt hätte, die in ihrem Land die Mehrheit darstellt; ich hätte nicht die Wehrdienst- und Kriegssteuerverweigerer verteidigen können, wenn ich vorher nicht begriffen hätte, wie sich der Zentralismus als Feind der Tiroler Autonomie auch im Gewand des Militarismus präsentiert. Und so hätte ich auch nicht die Zivilparteien vertreten können im Prozeß gegen die Nazi-Schlächter von der Risiera di San Sabba in Triest, wenn ich nicht zuvor gelernt hätte, zwischen dem Nazismus und dem deutschen Volk zu unterscheiden. Auch wäre ich nicht nach Palermo gegangen, um die Opfer der Mafia zu verteidigen, wenn mir nicht schon vorher klar geworden wäre, wie ein Netz unausgesprochener wirtschaftlicher und politischer Interessen dieses unglückliche Land umzingelt und gefangen hält.

Eine Schlußbemerkung noch, bevor ich mich vom Leser verabschiede. Die Ehrlichkeit zu sich selbst, der ehrliche Umgang mit der eigenen Geschichte und der aller anderen: unter diesen Voraussetzungen habe ich diese Zeilen geschrieben. Ein Versuch also, objektiv zu sein, jenseits verfänglicher Einflüsse und Eindrücke und immer in der Überzeugung, daß Demokratie vor allem eines bedeutet: für die Freiheit aller einzustehen, auch für die Freiheit jener, die zufällig nicht so denken wie du. Ich hatte darüberhinaus noch den außergewöhnlichen Vorteil, Rechtsanwalt zu sein. Ich sage a u c h, weil ich mich nicht als Rechtsanwalt im traditionellen Sinn des Wortes verstehe. Ich übernehme keine Fälle, die meiner Auffassung von Moral widersprechen. Mit Freude hingegen übernehme ich Aufträge, die mich innerlich wachsen lassen und die es mir erlauben, das auszusprechen, was ich nicht nur im Privaten denke, sondern auf einer größeren Bühne sagen möchte. Ich war und ich befinde mich dabei in guter Gesellschaft, weil ich mich trotz aller Widersprüche, in die man sich tagtäglich verstrickt, von leuchtenden Schattenbildern der Vergangenheit und freundschaftlichen Wegbegleitern in der Gegenwart umgeben fühle. Heute nämlich, wo alle sich eingestehen müssen, daß der Traum von der kollektiven Befreiung an der Wirklichkeit zerbrochen ist, habe ich von den Südtiroler

Freunden eines gelernt: daß die Wahrheit geduldig ist, daß sie keine Schleichwege duldet und sich im Alltäglichen bestätigen muß. Sie muß vor allem ursprünglicher (nicht importierter oder künstlicher) Ausdruck des Volkswillens in einem bestimmten geschichtlichen Kontext sein. Was kann ich dafür, wenn sich mein Herz Michael Gaismair nahe fühlt?

Übersetzung: Hans Mayr

Häftlinge auf dem Weg nach Mailand: von links Josef Spiess, Jörg Pircher, Engelbert Angerer und Franz Muther.

FRIEDL VOLGGER

DIE BEZEICHNUNG "TERROR" IST FEHL AM PLATZ

Nach meiner persönlichen Bewertung hat die Feuernacht vom Herz-Jesu-Sonntag 1961 einen neuen Abschnitt in der Südtirol-Politik eingeleitet. Rom entschloß sich endlich, der Frage die gebührende Aufmerksamkeit zu widmen. Ohne Anschläge hätte sich die Regierung nie zur Einsetzung einer Kommission aufgerafft, welche den Auftrag bekam, "die Südtirol-Frage unter all ihren Gesichtspunkten zu studieren und der Regierung Vorschläge zu unterbreiten". Die Arbeiten dieser Kommission, nach der Zahl der Mitglieder "19er Kommission" genannt, bildeten den Startschuß zum neuen Autonomiestatut. Sepp Kerschbaumer, der 1964 im Gefängnis starb, und seine Kameraden haben einen wesentlichen Beitrag zur Erreichung der neuen Autonomie geleistet.

Das Werk dieser Männer der ersten Stunde wurde später allerdings in ein schiefes Licht gerückt. Neben den Idealisten schalteten sich bei verschiedenen Aktionen immer mehr auch Rechtsextremisten aus Österreich und Deuschland ein. Sie kannten keine Rücksicht auf Menschenleben. Sie erschossen Finanzer und Carabinieri aus dem Hinterhalt, legten Tretminen gegen das Militär, verstauten Koffer mit Sprengstoff in Zügen und Gepäcksaufbewahrungen der Bahnhöfe, unterbrachen Bahnlinien. Mit dieser Art von Attentaten haben sie der Sache Südtirols schwer geschadet.

Im Sommer 1962 meldete sich bei mir Joseph Pikvance, Hochschulprofessor in Birmingham und führendes Mitglied der Quäker in England. Die Quäker sind eine kleine Religionsgemeinschaft, die zum größten Teil in den Vereinigten Staaten siedelt. Als ihre vornehmste Aufgabe betrachten sie Hilfeleistungen an den Mitmenschen und Eintreten für den Frieden.

Pikvance wollte sich über die Verhältnisse in Südtirol gründlich informieren. Vor allem legte er Wert darauf, einige Häftlingsfamilien kennenzulernen. Wir lotsten den Professor samt seiner Frau und seiner Tochter durch das Bozner Unterland. Wir besuchten die Familien Clementi in Pinzon, Fontana und Matuella in Neumarkt, Thaler in Tramin und noch andere. Auf der Rückfahrt hüllte sich Pikvance die längste Zeit in völliges Schweigen. Er war nicht ansprechbar. Schließlich äußerte er sich doch wieder und sagte, es tue ihm sehr, sehr leid,

für die Südtiroler Sprengstoffattentäter auch einmal den Ausdruck "Terroristen" gebraucht zu haben. Heute habe er sich überzeugt, daß für die Aktionen in Südtirol der Name "Terror" völlig fehl am Platz sei.

Pikvance kehrte im Winter 1968 an der Spitze einer vierköpfigen Quäker-Delegation wieder. Die Abordnung schlug im Hotel Mondschein in Bozen ihr Quartier auf. Sie hörte sich die Meinung aller politischen Parteien und Gruppen an. Dann fuhr sie nach Rom weiter. Dort gewährten alle für Südtirol zuständigen Stellen den Quäkern Audienz. Sie drängten Rom zum Einlenken. Sie vertraten mit strenger Sachlichkeit, aber auch mit größtem Nachdruck ihren Standpunkt, der sich nahezu völlig mit dem unseren deckte. Ich wußte es wohl zu würdigen, daß wir sie als Bundesgenossen gewonnen hatten.

Für den englischen Hochschulprofessor war der Name "Terroristen" für die Männer der "Feuernacht" also völlig fehl am Platz.

Um so erstaunlicher scheint es mir, daß auch heute noch in Medien des deutschsprachigen Raumes südlich und nördlich des Brenners für diese Menschen der Ausdruck "Terroristen" gebraucht wird. Sepp Kerschbaumer, ein Terrorist? Das wird doch niemand, der ein Mindestmaß an Kenntnissen über diese Anschläge besitzt, behaupten wollen. Der tiefgläubige und vorbildliche Katholik Kerschbaumer ein Schänder des Herz-Jesu-Festes? Auch dazu wurden er und seine Freunde einmal gestempelt.

Wie schrieb Dr. Toni Ebner in seinem Leitartikel vom 12. Juni 1961 mit der Überschrift "Geschändetes Herz-Jesu-Fest"?

Dort stand unter anderem zu lesen: "Dann (nach den üblichen Feiern an einem Herz-Jesu-Sonntag) kam kurz nach Mitternacht die Schändung des Herz-Hesu-Sonntages, des Festes des Bundesherrn unseres Volkes. Eine nicht abreißenwollende Kette von heftigen Explosionen erschütterte nicht nur das ganze Land, sondern noch mehr die Herzen des Volkes."

Mir wurde von ehemaligen Häftlingen und deren Familienangehörigen nicht nur einmal bestätigt, daß sie diese Verurteilung härter getroffen hätte als die Verurteilung im Mailänder Prozeß.

Die regelmäßigen Gefängnis- und Prozeßbesuche waren vor allem für die Angehörigen jener Häftlinge sehr aufwendig, die in Haftanstalten außerhalb der Region untergebracht waren.

UMBERTO GANDINI

WACHSENDES UNBEHAGEN

DIE ATTENTATE UND DIE ITALIENISCHE ÖFFENTLICHKEIT

An einem Winternachmittag zur Jahreswende 1963/64 - der Schwurgerichtssaal in Mailand war kaum besetzt und das Interesse am Prozeß gegen die Südtiroler Bombenleger um Sepp Kerschbaumer schon ziemlich abgeflaut - da hat der Vorsitzende des Gerichtes, Gustavo Simonetti, einen der Angeklagten gefragt, ob dieser neben den bereits dargelegten politischen Motiven auch persönliche Gründe benennen könne, die ihn veranlaßt haben, einige Hochspannungsmasten in die Luft zu jagen.

Ich weiß nicht mehr, welcher "Patriot" das war, aber ich habe noch genau die Antwort im Kopf, die er nach einigem Zögern zum besten gab: "Ja - sagte er - da ist zum Beispiel die Geschichte mit meiner Schwiegermutter, die seit ungefähr zwei Jahren darauf wartet, daß ihr die INPS (National-Institut für Sozialfürsorge) die Pension ausbezahlt..."

Simonetti hat ihn ziemlich fassungslos angeschaut und darauf folgende Antwort gegeben: "Ist Ihnen denn klar, daß wir zu wenig Hochspannungsmasten hätten, wenn jeder italienische Bürger, der Forderungen an die INPS zu stellen hat, sich so verhielte, wie Sie es getan haben." Man lachte im Gerichtssaal und damit hatte es sich schon.

Dennoch, fast 30 Jahre später erinnere ich mich sehr wohl an diesen Vorfall, weil er in einem gewissen Sinne mit vielen anderen größeren oder kleineren dieser Art dazu beigetragen hat, bei mir und auch bei anderen - nehme ich an - einen Gesinnungswandel über die "Dinamitardi" und die politische Situation in Südtirol herbeizuführen.

Der Prozeß hatte in einem ganz anderen Klima begonnen, das von einem frontalen deutsch-italienischen Gegensatz gekennzeichnet war. Einem Gegensatz, der nicht nur auf die Bombenanschläge in Südtirol zurückzuführen war, sondern mit einer weiter zurückliegenden Ver-

gangenheit zu tun hatte, deren Narben auch in Mailand noch nicht verheilt waren.

Allein die Tatsache, daß viele der Angeklagten während des Krieges in den Reihen der Wehrmacht gekämpft hatten, führte dazu, daß sie als Nazis angesehen wurden, mit dem vollen Beigeschmack, den eine solche Bezeichnung mit sich brachte. Die Atmosphäre während der ersten Phase des Mailänder Prozesses kann deshalb nicht gerade als unbeschwert bezeichnet werden.

Im allgemeinen bin ich dagegen, wenn ein Angeklagter seinem natürlichen Richter entzogen wird. Allzuoft nämlich steckt da der Versuch dahinter, die Wege der Justiz politisch zu beeinflussen. Prozesse werden oft verlegt, ohne daß Gefahren für die öffentliche Ordnung bestünden oder der Verdacht auf Befangenheit - und nur diese Gründe können die Verlegung eines Gerichtsverfahrens rechtfertigen.

Im Riesenprozeß gegen die "Dinamitardi" hat es sich dennoch als nützlich erwiesen, daß das gesamte Verfahren nach Mailand verlegt worden ist, auch wenn dies nicht aus Sicherheits- oder Befangenheitsgründen passierte oder weil in Südtirol ein faires Verfahren nicht möglich gewesen wäre.

In der grauen Stadt Mailand, die mit so vielen anderen Dingen beschäftigt war, erschienen Kerschbaumer und seine Leute, als sie sich dann leibhaftig präsentierten, so wie sie nun einmal waren, plötzlich sowohl uns, die wir uns von Berufs wegen mit ihnen zu beschäftigen hatten, als auch den Mailändern selbst, die das alles aus den Zeitungen erfahren hatten, nicht mehr als jene vom Vorurteil abgestempelten Gestalten, die die Gazetten aus ihnen gemacht hatten. Die vorherige Etikettierung ("Seht die Nazis: denen werden wir nun richtig einheizen und Saures geben") hörte nach und nach auf. Uns wurde sofort klar, daß das nicht arrogante Leute waren; vielmehr versuchten viele von ihnen verlegen und

Verhandlungspause beim Mailänder Prozeß: Links oben Rechtsanwalt Roland Riz im Gespräch mit SVP-Sekretär Hans Stanek.

unbeholfen, wie sie nun einmal waren, aber auch mit Würde und Geduld, dem lombardischen Publikum, das von Südtirol praktisch gar nichts wußte, verständlich zu machen, warum sie zu Bombenlegern geworden waren. Kurzum, das Bild, das sie von sich zu entwerfen wußten, hatte weder mit dem zu tun, was man sich unter einem Nazi vorstellte, noch mit dem nicht weniger stereotypen Bild vom romantisch-politischen Helden, wie wir ihn feurig und anmaßend nur zu gut aus der Geschichte Italiens kennen.

Kein Pathos sprach aus ihren Worten, und auch die politischen Rechtfertigungen wurden mit großer Sachlichkeit vorgetragen. Vor allem über eines waren die Mailänder erstaunt: daß sich unter ihnen nicht die üblichen "Intellektuellen" befanden, die sonst gewaltsame politische Aufstände anzuführen pflegen. Unter den "Bumsern" befanden sich zwar einige Studierte, doch die Führungsrolle hatten Bauern, Handwerker, Arbeiter inne. Es handelte sich also um einfache Leute, die nicht in die Schublade paßten, die man für sie bereitgehalten hatte.

Nun war Mailand eine Stadt, die nicht nur die traurigen Tage der deutschen Besetzung erlebt hatte, sie war auch mit Attentaten und Verschwörungen aus der Zeit der "Carbonari" vertraut. Mailand war somit sensibel

gegenüber gewissen Ausdrucksformen des Nationalbewußtseins und des Nationalstolzes; auch gegenüber der gewaltsam vorgebrachten Forderung, mit der die Rechte eines Volkes unterstrichen wurden. Ich sage damit nicht, daß die Stadt im Mitleid übergeflossen wäre. Sie blickte jedoch mit mehr Nachsicht und Verständnis auf jene unbeholfenen Bergler in ihren groben Anzügen, die sich - in anachronistischer und erniedrigender Weise aneinandergekettet - ganz offensichtlich unwohl fühlten außerhalb der eigenen Welt und verwirrt reagierten, aber immer stolz und voller Würde ihre Argumente und Rechtfertigungen vorbrachten.

Das Urteil, das weiß man, ist dann ziemlich hart ausgefallen, man folgte sozusagen dem Gesetz, jedoch ohne Rachegedanken und mit manchem Zweifel im Hinterkopf. Zweifel und Betroffenheit, die vor allem dann auftauchten waren, als einige Angeklagte glaubhaft erzählten, wie unmenschlich sie bei der Verhaftung und in den darauffolgenden Tagen behandelt worden waren. Leidensgeschichten, Geschichten über die Präpotenz der Ermittlungsbehörden, Geschichten, die die besten und sensibelsten unter den Italienern, die dem Machtmißbrauch des Staatsapparates und der Bürokraten immer schon skeptisch gegenüberstanden, stets dazu bringen, sich instinktiv auf die Seite des Schwächeren zu stellen

Angehörige der Häftlinge als Zuhörer beim Mailänder Prozeß.

und sich für die Rebellen zu schlagen, und das abgese- hen davon, ob deren Argumente nun stichhaltig sind oder nicht.

Ich habe gesagt, daß Kerschbaumer und seine Leute sich nicht wohl gefühlt und verlegen reagiert haben. Sie waren aus ihrer Umwelt gerissen und mit einer für sie fremden Situation konfrontiert worden, und das allei- ne sollte eigentlich genügen, um ihr Unbehagen zu er- klären. Doch ich glaube, daß auch viele von ihnen im Laufe des Prozesses gespürt haben in dieser ungewohn- ten Umgebung weitab von zuhause, daß die Südtirol- frage und der Streit auf einmal eine andere kleinere Dimension angenommen hatten. Nicht, daß die Beweg- gründe, die zu den Bombenanschlägen geführt hatten, plötzlich unwichtig oder belanglos geworden wären. Nein, das keineswegs. Vielmehr war es so, daß diese Be- weggründe außerhalb der Welt, in der sie herangereift waren, auf einmal kleiner, banaler, nicht mehr so wich- tig erschienen und somit jenen auch heftigen Ausbrü- chen des Protestes und gewaltsamen Aufständen ähnlich wurden, die es in Italien und auch anderswo gab und über die man sich mehr oder weniger aufregte. Ohne den Heiligenschein der Märtyrer und ohne als Subver-

sive abgestempelt zu sein (das wird je nach Standpunkt verschieden gesehen), wurden die Protagonisten des Auf- standes in Südtirol auf einmal menschlicher, verständ- licher und ihr Anliegen· auch irgendwie akzeptabler.

Der Blickwinkel hatte sich geändert. Wir waren aus dem Wald der Südtiroler Gegensätze, in dem wir uns ver- laufen hatten: sie die Bombenleger, und wir, die Bericht- erstatter und viele andere, die wir nur die Bäume sa- hen, auf die wir mit unseren Nasen stießen und nicht den Wald - wir alle waren aus diesem Wald herausge- zogen, herausgerissen worden und nun aus einiger Ent- fernung in der Lage, ihn in seiner ganzen Vielschichtig- keit, in den Zusammenhängen zu begreifen, die Beweg- gründe der einen, die protestierten und die der ande- ren, die reagierten, zu verstehen; kurzum, wir waren nun nicht mehr gezwungen, nur eine Seite der Medaille zu sehen und die andere zu ignorieren.

Wir begannen unsere Streitigkeiten mit mehr Distanz zu sehen, was mir in Bozen nur selten gelungen war; auf jeden Fall kann ich das von mir behaupten. Daß das selten gelungen ist, mag auch damit zusammenhängen, daß sich in Bozen die Ereignisse überschlagen hatten mit all den Anschlägen, den Toten und den damit ver-

Von einem großen Polizeiaufgebot begleitet, treffen die Häftlinge in Mailand ein. Von links: Rudolf Oberhuber, Alfons Obermair, Albin Zwerger, Herbert Hinteregger, Oskar Niedermair (verdeckt), Franz Gamper, Luis Dissertori, Walter Gruber.

bundenen Ängsten, den Unsicherheiten und Spekulationen. Auch war unser Blickfeld eingeengt durch die Arglist jener, die auf beiden Fronten die Anschläge und die Verunsicherung der italienischen Bevölkerung für ihre Zwecke auszunützen versuchten.

Vielleicht sah ich das alles mit mehr Weitblick, weil ich gerade dabei war, aus der Jugend einer reiferen Gesinnung entgegenzuwachsen. Es steht jedenfalls fest, daß ich, aus Mailand zurückgekehrt, von wo aus ich für meine Zeitung noch oft im üblichen einäugigen Jargon berichtet hatte, mich dabei ertappte, wie ich die Südtiroler Verstrickungen neu überdachte und mit größerem Abstand und mit mehr Dialektik betrachtete. Ich hatte begonnen, die Gründe der anderen besser zu verstehen und unsere weniger aufzubauschen.

Deshalb geschieht es auch heute noch, wenn wir verbohrt über unsere ewigen, gegenseitigen Ressentiments reden - die Deutschen hier, die Italiener dort, - daß ich dann die Notwendigkeit verspüre, auf Distanz zu gehen und mir von außerhalb alles anschaue, um besser urteilen zu können. Und ich rate all jenen, die sich so heftig ereifern, die sich von den Emotionen treiben lassen und von den eigenen, vielleicht auch richtigen Argumenten (die aber die Bedürfnisse und Beweggründe der anderen außer acht lassen): sie sollten eine Reise tun und

von außerhalb, von Mailand, von Berlin, von Tunesien oder Schweden auf unsere Konflikte schauen, um sie in der richtigen Dimension zu sehen, um sie mit anderen Konflikten vergleichen zu können, die die Welt bestürzen und erschüttern, um verstehen zu lernen, daß es in Bozen zwar einige Probleme gibt, die gelöst werden müssen, aber daß es nicht die einzigen und auch nicht die wichtigsten sind. Im Gegenteil, manchmal scheint mir unsere Problematik eine recht dürftige zu sein.

Die Gründe, weshalb wir eigentlich nach all dem, was geschehen ist, recht zufrieden sein können über das Erreichte, das durchaus verbessert werden kann, überwiegen bei weitem - unendlich würde ich sagen - all jene Beweggründe, die uns veranlassen könnten, uns mit derartigem Ingrimm zu bekämpfen, daß wir Gefahr laufen, all das zu verlieren (man braucht sich ja nur umzuschauen), was wir im Vergleich zu vielen anderen besitzen.

Abstand nehmen, um klarer denken zu können, um die Ansprüche der anderen besser zu verstehen und die eigenen zu überdenken: das habe ich damals in Mailand, in jenem Schwurgerichtssaal gelernt, als ich mit wachsendem Unbehagen auf die "Dinamitardi" blickte, die mir auf der Anklagebank gegenübersaßen.

Übersetzung: Hans Mayr

FRANZ VON WALTHER

JOURNALISMUS MIT ANTEILNAHME

ERINNERUNGEN EINES BERICHTERSTATTERS BEIM 1. MAILÄNDER SPRENGSTOFFPROZESS

Wenn man das Geschehen im nachhinein betrachtet, erscheint alles wie eine logische Verkettung von Ursache und Wirkung: Da war einmal der 1946 geschlossene Pariser Vertrag und dessen unzulängliche Erfüllung.

Als unzulänglich erwies sich das erste Autonomiestatut, als noch unzulänglicher dessen Verwirklichung durch den Staat und dessen Handhabung durch die italienische Mehrheit in der Region. Unerfüllt blieb auf weiten Strecken die Zweisprachigkeit im öffentlichen Bereich und die Besetzung der öffentlichen Stellen in einem - wie es im Pariser Vertrag steht - "angemesseneren Verhältnis" zur Konsistenz der Volksgruppen. Zugleich nahm in den fünfziger Jahren die Einwanderung aus Italien bedrohliche Ausmaße an. Die Spannung wuchs und die Proteste wurden immer lauter. Am lautesten in der Herz-Jesu-Nacht des Jahres 1961, als landesweit rund 40 Sprengladungen detonierten und fast ebenso viele Hochspannungsmasten in die Luft flogen.

Wurden erst jetzt von der italienischen und internationalen Öffentlichkeit die Proteste richtig vernommen?

Die UNO hatte schon im Vorjahr eine Resolution zu Südtirol gefaßt und Österreich und Italien zum Verhandeln aufgefordert. Wären ohne Attentate die Verhandlungen ergebnislos geblieben? Waren alle gewaltlosen Möglichkeiten erschöpft?

Der Gang der Dinge verfestigte den Eindruck, daß erst nach den Attentaten - wenn auch nicht unmittelbar darauf und erst nach Aufdeckung und Verhaftung des Großteils der Urheber - die Verhandlungen in eine konstruktive Phase eintraten, um schließlich acht Jahre später in die Vereinbarungen des Pakets, in das neue Autonomiestatut zu münden.

Es hätte freilich alles auch ganz anders kommen können. Die Erwartung und Hoffnung all jener, die sich zur Aktion der Herz-Jesu-Nacht entschlossen, war damals viel höher gesteckt als das, was schließlich mit dem Paket und mit dem neuen Autonomiestatut herauskam.

Alles hätte auch gänzlich außer Kontrolle geraten können. Beispiele völlig ungelöster ethnischer Konflikte, wo Haß und Gewalt, wo Terror und Gegenterror seit Jahrzehnten und neuerdings der Vernunft keinen Raum lassen, gibt es leider noch immer genug.

Ich sollte aber in meinem Beitrag für dieses Buch die Stimmung schildern, wie ich sie damals als Berichterstatter beim 1. Sprengstoffprozeß in Mailand erlebte: Als Berichterstatter für die "Dolomiten", für den Sender Bozen der RAI, für die Deutsche Presse-Agentur DPA, - aber auch für die eine oder andere österreichische Zeitung, wenn diese - zu besonders interessant erscheinenden Verhandlungstagungen - nicht gerade ihren hausinternen Redakteur nach Mailand schickte.

Die Übernahme dieser "plurimedialen" Berichterstattung ergab sich für mich auch aus dem Umstand, daß ich im Herbst 1963 plötzlich "freier Journalist" geworden war: Von den "Dolomiten" hatte ich gekündigt und zu einer festen Anstellung bei der RAI, wie sie mir angeboten wurde, wollte ich mich damals noch nicht entschließen. Viele redeten auf mich ein, ich sollte mit einem solchen Schritt nicht mein politisches Ansehen aufs Spiel setzen. So blieb es während der ganzen Prozeßzeit lediglich bei einer freien Mitarbeit, die ich jederzeit einstellen konnte, falls meine Berichte inhaltlich zensuriert worden wären.

Vom Direktor der "Dolomiten" Toni Ebner, mit dem ich - trotz Kündigung und Meinungsverschiedenheiten über organisatorische Probleme der Redaktion - weiterhin ein gutes persönliches Verhältnis unterhielt, kam dann der Vorschlag, ich sollte wenigstens als freier Mitarbeiter die Prozeßberichterstattung aus Mailand übernehmen. Wie in der letzten Phase des Carabinieri-Prozesses sollte Hans Gamper zur gemeinsamen Arbeit mit mir nach Mailand kommen. Schließlich erwartete man von uns eine sehr ausführliche und genaue Prozeßberichterstattung von täglich meist mehr als einer ganzen Zeitungsseite. So stieg ich ein.

Die Häftlinge werden in den Gerichtssaal geführt. Von links: Hubert Alessandri (Frangart), Viktor Thaler, Luis Steinegger und Oswald Kofler (Tramin).

Hier muß ich vielleicht kurz einblenden, mit welcher Einstellung, ja mit welchen Idealen ich mich an diese Aufgabe herangewagt habe. Den Hintergrund zu diesem Prozeß bildete die politische Vergangenheit und die politische Zukunft von ganz Südtirol. Bei allem Bemühen um journalistische Distanz war ich als Südtiroler zugleich auch ein Beteiligter an diesem Prozeß. Er berührte eben mein politisches Fühlen und Denken. Damals wie heute lehnte ich die Gewaltanwendung - auch wenn sie nur gegen Sachen gerichtet war - aus innerster Überzeugung ab. Ich war auch überzeugt, daß es noch genügend friedliche Mittel, friedliche Kampfmittel gab, um weiterzukommen. Ich war auch fest davon überzeugt, daß die Einbeziehung der Gewalt in die politische Berechnung auf kurz oder lang durch Steigerung der Spannung und des Hasses auf beiden Seiten zu völlig unberechenbaren Reaktionen von Gewalt und Gegengewalt eskalieren würde.

Wohl aber verstand ich die Beweggründe, die damals in Südtirol zur Überreaktion der Gewaltanwendung führten.

Diese Beweggründe galt es herauszuarbeiten: Im Interesse ganz Südtirols, vornehmlich aber zur Entlastung der Häftlinge. Eine Aufgabe, zu der auch die Presse ihren Beitrag leisten konnte.

Vor dem Beginn des Mailänder Prozesses waren ja die Spannungen noch sehr groß. Die lange Untersuchungshaft, die schlicht als Gegenterror zu bezeichnenden Polizeiaktionen wie etwa die wahllosen Hausdurchsuchungen und Festnahmen in Tesselberg, die Nachrichten über Folterungen und zwei Todesfälle im Gefängnis und noch mehr die empörenden Freisprüche im Prozeß gegen die der Folterung beschuldigten Carabinieri in Trient hatten die Emotionen immer wieder bis zur Zerreißprobe hochgehen lassen. Andererseits waren noch in der Woche vor Prozeßbeginn zwischen der österreichischen und der italienischen Presse heftige Polemiken ausgebrochen, die die Atmosphäre noch mehr zu vergiften drohten. In österreichischen Zeitungen war von einem bevorstehenden Monsterverfahren gegen "in Ketten vorgeführte Südtiroler" im "Stil der großen Säuberungsprozesse Stalins" die Rede. Im "Corriere della Sera" konterte Augusto Guerriero heftig in einem Leitartikel und forderte hartes Vorgehen gegen den Südtiroler "Terrorismus".

Für die "Dolomiten" vom 7. Dezember 1963 (der Prozeß sollte am 9. Dezember beginnen), schrieb ich einen Leitartikel im Bemühen um Entspannung. Mit einem Titel über drei Spalten erschien er ungezeichnet als Aufmacher auf der Titelseite der Zeitung als offizielle Stellungnahme der Redaktion. Ich schrieb u.a.:

"Es ist müßig, über den möglichen Ausgang des Verfahrens Betrachtungen anzustellen oder gar Prognosen zu stellen. Alles ist ungewiß und hängt vielfach von der Atmosphäre ab, in der das Verfahren zum Abschluß kommt, und vor allem von den Menschen, die die Aufgabe haben, ein Urteil zu fällen. In einer entspannten und entgifteten Atmosphäre, zu der die verantwortungsbewußte Presse (vor allem die italienische) und die politischen Vertreter Entscheidendes beitragen können, muß wohl die Möglichkeit bestehen, daß die Richter der Stimme der Vernunft, Gerechtigkeit und Menschlichkeit folgen und die ungeheuerlichen und absurden Anklagen des in sogenannter 'geistiger Mittäterschaft' verübten Landesverrates und gemeinsamen Mordes an Giovanni Postal fallen lassen. Und überall dort, wo keine eindeutigen Schuldbeweise erbracht werden können, sollen sie sich immer zu Freisprüchen entscheiden. Wir brauchen die Richter und Geschworenen hier nur an die Aufforderung der Bischöfe von Trient und Brixen zu erinnern, 'daß bei der besonders heiklen Gelegenheit der Prozesse infolge der schmerzlichen Lage in Südtirol die öffentliche Meinung beider Sprachgruppen in die Lage versetzt werde, die Beachtung der absoluten Objektivität und zugleich des Geistes verständnisvoller Einsicht und Gerechtigkeit festzustellen.'

Es geht bei diesem Prozeß vor allem um menschliche Schicksale, um das Schicksal vieler Südtiroler Familien, die schon schwer genug geprüft sind und die doch in nicht allzu ferner Zeit den Sohn, den Mann, den Vater oder den Bruder wieder daheim haben sollten. Neben diesem rein menschlichen Anliegen, dem der unbedingte Vorrang und dem auch die Anstrengungen unserer Zeitung in erster Linie gelten müssen, sollen die Richter auch die Möglichkeit wahrnehmen, durch eine einsichtsvolle Prozeßführung und durch ein gerechtes und menschliches Urteil nicht nur das zuletzt durch den Carabinieri-Prozeß besonders schwer erschütterte Vertrauen in die Justiz wiederherzustellen, sondern auch gleichzeitig den Anfang zu einer neuen, haßfreien und gerechten Entwicklung in Südtirol zu setzen. Von diesen Spalten aus wollen wir das Unsere dazu beitragen und alles mit Entschiedenheit bekämpfen, was den Geist des Hasses neu heraufbeschwören kann."

Ich hatte den Artikel auch mit Bedacht auf die italienische Presse geschrieben. Noch am Abend vor seinem Erscheinen in den "Dolomiten" gab ich den Text meinem Kollegen Gobetti, dem damaligen Leiter des ANSA-Büros in Bozen, mit der Bitte, vor allem jene Passagen, die zu einer Verbesserung der Stimmung in der italienischen Presse beitragen sollten, durch seine Nachrichtenagentur zu verbreiten. Dies geschah auch. Und am Sonntag, dem 8. Dezember, wurden in vielen italienischen Zeitungen die "Dolomiten" positiv zitiert.

Unbemerkt von der italienischen Presse blieb Gott sei

Der 1. Mailänder Prozeß war damals der größte Prozeß der italienischen Nachkriegsgeschichte. Die Sicherheitskontrollen waren rigoros. Jeder Zuhörer wurde durchsucht.

Dank der im Innenteil derselben "Dolomiten"-Ausgabe erschienene ganzseitige Aufsatz, in dem unter großen Schlagzeilen den Südtiroler Lesern der "faschistische Geist" in der italienischen Justiz drastisch vor Augen geführt wurde. Zum Ausgang des Carabinieri-Prozesses in Trient mit den "faschistischen Umarmungen"*) zwischen den freigesprochenen Carabinieri und dem Verteidiger Andrea Mitolo vom MSI hätte dieser Artikel sicher bestens gepaßt. Als Auftakt zum Mailänder Schwurgerichtsprozeß stand er freilich in krassem Gegensatz zu meinem Leitartikel, durch welchen ich im Namen der "Dolomiten"-Redaktion Geschworene und Berufsrichter zwar nicht mit einem Vorschuß an Vertrauen zu bedenken gedachte, wohl aber zur Schaffung einer vertrauensvolleren Atmosphäre beitragen wollte. Den Richtern "faschistischen Geist" zu unterstellen, noch bevor sie ihre Arbeit begonnen hatten, war bestimmt nicht zu einer Vertrauensstiftung geeignet! Wie man sieht, fehlte es nicht an Pannen in der redaktionellen Koordination!

Einem verantwortungsvollen Zusammenwirken des Großteils der in- und ausländischen Presse, der führenden

*) so in meinem damaligen Titel in der "Dolomiten".

Zuhörer aus Südtirol warten auf den Einlaß in den Gerichtssaal

Politiker, der Verteidiger und vor allem der korrekten Prozeßführung des Präsidenten des Schwurgerichtshofes Gustavo Simonetti ist es zu verdanken, daß fast durchwegs das ganze Verfahren in einer entspannten Atmosphäre ablief, wenn man von ein paar nationalistischen Ausfälligkeiten des Staatsadvokaten und der Nebenklagevertreter absieht. Einen wesentlichen Beitrag zu dieser entspannten Atmosphäre haben die Häftlinge selber geleistet. Es beeindruckte ihr meist sehr gefaßtes und würdiges Auftreten ohne Anzeichen von Fanatismus oder Haß.

Erwähnenswert ist vielleicht, wie umständlich gegenüber heute die Übermittlung der Berichte damals noch war. Das Telefax lag noch in weiter Ferne. In der ersten Zeit mußten wir nicht nur für APA und RAI, sondern auch unsere langen Berichte für die "Dolomiten" telefonisch durchgeben, nachdem wir sie in Mailand getippt hatten. Dabei konnten wir nicht einfach vom Hotelzimmer aus, das auch unser Arbeitszimmer war, direkt nach Bozen durchwählen. Oft mußte man lange warten, bis man durchkam. In der Redaktion in Bozen wurde dann alles auf Tonband aufgenommen und anschließend vom Band abgeschrieben. Dann erst kam der Bericht in die

Setzerei. Erst später wurden die Berichte für die "Dolomiten" über den Fernschreiber der Nachrichtenagentur ANSA übermittelt: Nach Fertigstellung der Berichte fuhren wir jeden Tag gegen 20 Uhr mit einem Taxi zum ANSA-Sitz in Mailand, wo wir unsere Manuskripte einem Schreiber übergaben. Dieser verstand kein Wort deutsch. Er hatte sich aber bald so gut eingeübt, daß er unsere Berichte mit immer weniger Fehlern nach Bozen tippen konnte.

Nach Abschluß der Einvernahme der Angeklagten schrieb ich in einer Zwischenbilanz für die "Dolomiten" vom 29. Februar 1964:

"Alles wartet voll Ungeduld auf den Ausgang (des Prozesses), mit Hoffnung und Besorgnis zugleich. Mit Hoffnung, weil die absolut korrekte Prozeßführung Dr. Simonettis und das sachliche Verhalten des Staatsanwaltes Dr. Gresti allgemein den Eindruck erwecken, daß sie alles gewissenhaft vermerken, was auch zur Entlastung der Angeklagten dient. Mit Besorgnis, weil das Urteil des Schwurgerichtes auch anders ausfallen könnte, als es die korrekte Prozeßführung verspräche: Zu vieles hängt nämlich von den politischen Begleitumständen und anderen Erwägungen ab, die die Entscheidung

Die Angeklagten im 1. Mailänder Prozeß

1 Hubert Alessandri
2 Sepp Kerschbaumer
3 Sigmund Roner
4 Otto Petermaier
5 Karl Titscher
6 Luis Hauser
7 Norbert Gallmetzer
8 Luis Dissertori
9 Sepp Huber
10 Jakob Scherer
11 Franz Egger
12 Hans Clementi
13 Josef Fontana
14 Hermann Anrather
15 Ernst Villgratner
16 Karl Thaler, links davon (halb
    verdeckt) sein Bruder Viktor.
17 Konrad Matuella (z.T. ver-
    deckt durch Rechtsanwalt
    Hugo Gamper)

18 Oswald Kofler
19 Luis Steinegger
20 Luis Gutmann
21 Albin Zwerger
22 Sepp Verdorfer
23 Anton Waid
24 Arnold Dibiasi
25 Herbert Hinteregger
26 Josef Sullmann
27 Bernhard Unterholzner
28 Luis Egger
29 Karl Wallnöfer
30 Walter Gruber
31 Franz Ungerank
32 Fritz Mandl
33 Hans Thaler
34 Toni Felderer
35 Vigil Schwienbacher
    (halb verdeckt)
36 Engelbert Angerer

37 Franz Tappeiner
38 Josef Tschenett
39 Josef Fabi
40 Viktor Steck
41 Martl Koch
42 Hans Stampfl
43 Andreas Schwingshackl
44 Engelbert Piock
45 Engelbert Gostner
46 Hans Oberhofer (verdeckt)
47 Josef Spiess
48 Eduard Tanzer
49 Oskar Niedermair
50 Matthias Parth
51 Sepp Matscher (z.T. verdeckt)

der Geschworenen im guten oder schlechten Sinne beeinflussen können. Wir haben uns bisher um nichts anderes bemüht, als durch eine sachlich und möglichst vollständige Berichterstattung das günstige Klima, das das Verfahren eingeleitet hat, nach unserer Möglichkeit zu halten und so am besten den Angeklagten zu helfen. Jeder Fehltritt, jede nur geringfügige Entgleisung in einem 'scharfmachenden Sinne' könnte den Prozeßgang negativ beeinflussen.''

Nach Abschluß der Zeugeneinvernahme, bei der auch die wichtigsten Südtiroler Politiker gehört wurden, bemerkte ich in den ''Dolomiten'' vom 14. Mai 1963:

''Wie es nicht anders zu erwarten war, ist dieser Prozeß zu einem Politikum geworden oder - besser gesagt - er ist ein Politikum geblieben, wozu er ja von Anfang an bestimmt war. Im Verlaufe der Beweisaufnahme wurden wohl die meisten Aspekte der Südtiroler Problematik berührt und von der einen wie von der anderen Seite beleuchtet. In kaum einem anderen Strafverfahren mit politischem Hintergrund ist jemals so weit ausgeholt worden, um die Beweggründe, die einige der Angeklagten zu Gewaltmitteln greifen ließen, so übersichtlich als möglich herauszukristallisieren.

Man muß vorbehaltlos anerkennen, daß Dr. Simonetti bei der Zulassung von Beweismaterial - seien dies nun Zeugenaussagen, Dokumente, Gutachten usw. - größte Großzügigkeit hat walten lassen. Ein Urteil über jene Angeklagten, die als schuldig erkannt werden sollten, darf nur unter gewissenhafter Berücksichtigung der genannten Beweggründe erfolgen. Neben der Feststellung, ob ein Angeklagter die spezifische ihm zur Last gelegte Tat begangen hat oder nicht, geht es hier um die Beantwortung der Frage: welche subjektiven und objektiven Gründe waren vorhanden, daß einige Südtiroler sich berechtigt fühlten, zu Gewaltmitteln zu greifen?

Eines ist deutlich in Erscheinung getreten: Die tatsächliche Schuld der Angeklagten, denen eine direkte oder indirekte Beteiligung an Anschlägen nachgewiesen werden sollte, und die überzeugt waren, daß die Lage aussichtslos war, verblaßt gegenüber der moralischen Verantwortung jener, die es soweit kommen ließen.

An erster Stelle ist hier das Versagen des Staates zu nennen, der die Macht gehabt hätte, die berechtigten Gründe der Unzufriedenheit zum Großteil zu beseitigen.(...) Es wäre aber falsch, ausschließlich auf den Staat die ganze Verantwortung abzuwälzen, um eigenes Versagen zu überdecken. Während der Beweisaufnahme in Mailand wurden viele Gründe der Unzufriedenheit genannt, was sicherlich auch die demokratische Presse Italiens beeindrucken mußte. In dieser Richtung könnte der Prozeß nur gute Früchte zeigen. Die Gründe der Unzufriedenheit sind sehr zahlreich, unsere Beschwerdenliste ist sehr lang. In Mailand wurde mehr oder weniger alles erwähnt: Einerseits das Unrecht von Saint Germain, die brutale Entnationalisierungspolitik des Faschismus und der Schandvertrag zwischen Hitler und Mussolini

über die Optionen; andererseits die heute noch bestehenden Mißstände.''

Im Abstand von bald 30 Jahren kann man wohl sagen: Der 1. Mailänder Sprengstoffprozeß entwickelte sich zu einer großen öffentlichen Anklage nicht nur gegen die Südtirol-Politik des Faschismus, sondern auch gegen die schweren Versäumnisse des demokratischen Italiens. Erstmals war eine breitere italienische Öffentlichkeit darüber aufgeklärt worden. Die ganze Geschichte unseres Landes wurde aufgerollt. Die Südtiroler erfüllte diese Offenlegung des ihnen zugefügten Unrechts mit Genugtuung. Daß auch der bisher sehr zurückhaltende Sender Bozen der RAI meist mehrmals am Tage und immer sehr offen und ausführlich aus Mailand berichtete, war damals für viele Südtiroler etwas ganz Neues. Ich erinnere mich noch, wie ein Karl Felderer beim Stammtisch seinem freudigen Erstaunen darüber Ausdruck gab.

Dank der geschickten Strategie der Verteidigung und wohl auch dank der Einsicht des Gerichtspräsidenten Simonetti und des Staatsanwaltes Gresti, daß ein als Racheakt erscheinendes Urteil auf jeden Fall zu vermeiden sei, wurde für die Häftlinge in Mailand schon während des Prozeßverlaufs die Anklage des ''Anschlags auf die Einheit des Staates'', der mit Zuchthaus auf Lebenszeit bestraft wird, auf die Anklage des ''Anschlags auf die Verfassung'' heruntergesetzt. Im Unterschied zum Bozner Untersuchungsrichter Mario Martin, der generell die Anklage des ''Anschlags auf die Einheit des Staates'' (gewaltsame Lostrennung Südtirols von Italien) einschließlich der Anklage des gemeinsamen Mordes am Straßenwärter Giovanni Postal erhoben hatte, ging Staatsanwalt Mauro Gresti von der Annahme aus, daß jedenfalls die Häftlinge durch ihre demonstrativen Sprengstoffanschläge auf Sachen nur eine Änderung der Staatsverfassung im Sinne einer ''Autonomie für Südtirol allein'' herbeiführen wollten.

Bevor sich der Gerichtshof am Vormittag des 15. Juli 1964 zur Urteilsberatung zurückzog, machten noch drei Häftlinge vom Recht auf Abgabe einer letzten Erklärung Gebrauch. Ich möchte jene des damals 42 Jahre alten, inzwischen verstorbenen Elektrikers Franz Muther aus Laas im Vinschgau herausgreifen, weil sie durch ihre Schlichtheit und Würde besonders stark wirkte. *''Als Letzter''* - so in unserem *''Dolomiten''*-Bericht vom 17. Juli 1964 - *''trat Franz Muther vor den Richtertisch. In seiner gewohnt ruhigen und sachlichen Art, die schon bei seiner Einvernahme angenehm aufgefallen war, gab er seine Erklärung ab, die sicherlich einen sehr guten Eindruck auf den Gerichtshof gemacht haben dürfte (...)*

'Es wurde vieles gesagt, aber vieles wäre noch zu sagen. Ich habe aber nicht die Fähigkeit und die Kenntnis, es vorzubringen. Außerdem möchte ich nicht die kostbare Zeit des Gerichtshofes zu sehr in Anspruch nehmen. Jedoch möchte ich den Präsidenten bitten, mich ein paar Worte sagen zu lassen.'' Dr. Simonetti nickte

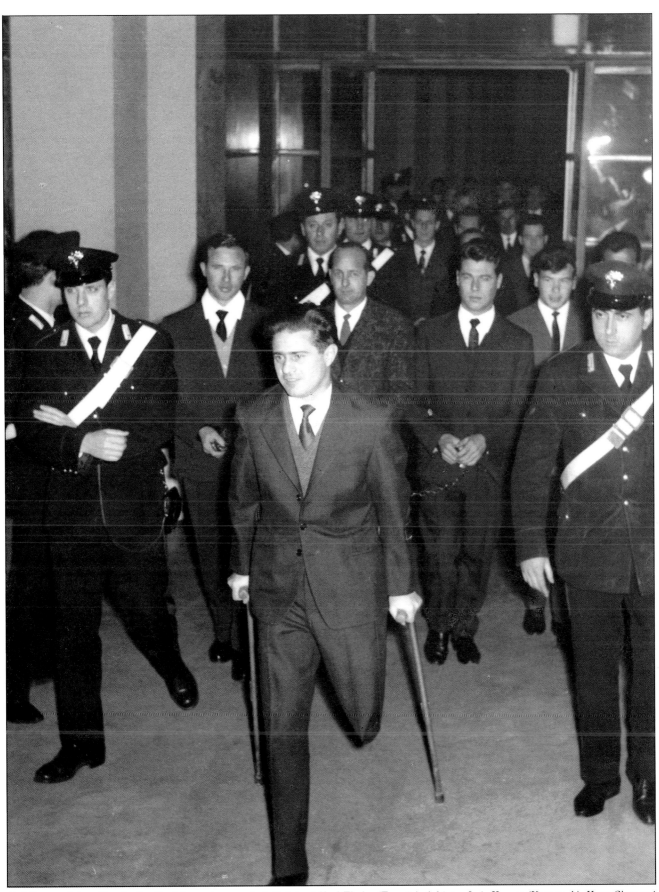

Häftlinge auf dem Weg in den Gerichtssaal: vorne (mit Krücken) Karl Thaler (Tramin), dahinter Luis Hauser (Kurtatsch), Hans Clementi (Pinzon), Anton Waid (Tramin), Arnold Dibiasi (Tramin), hinten in der Bildmitte Josef Fontana (Neumarkt).

zustimmend und Muther fuhr fort: "Der Gerichtshof hat die Möglichkeit, aus einem schwergeprüften und betrogenen Volk ein glückliches und zufriedenes Volk zu machen. Wir sind keine Italiener, wie dies oft in diesem Prozeß gesagt wurde, aber doch gute Staatsbürger, die immer dem Staate gegenüber ihre Schuldigkeit getan haben. Leider hat man von uns wohl die Pflichten abverlangt, aber die Rechte hat man uns vorenthalten. Auch in dieser Hinsicht hat das Hohe Gericht die Möglichkeit, uns den Glauben und das Vertrauen wieder zurückzugeben. Ich hoffe und vertraue, daß diese meine wenigen und bescheidenen Worte, die aus tiefstem Herzen kommen, offene Herzen und Verständnis finden mögen'. 'Eine Europabrücke aus Beton', sagte Muther abschließend, 'wird ihren Zweck nie erfüllen können, wenn die Herzensbrücke zwischen Nord und Süd fehlt. Diese Brücke aber führt notwendigerweise über Südtirol. Auch hier hat das Hohe Gericht die Möglichkeit, den Grundstein zu dieser Herzensbrücke zu legen, die zum Wohle der Völker von hüben und drüben erstehen soll. Ich habe nichts anderes mehr zu sagen. Vergelt's Gott, Herr Präsident!"

Am 16. Juli 1964 um 21 Uhr, nach fast siebenmonatiger Prozeßdauer und nach über 35stündiger Urteilsberatung wurde dann endlich die Entscheidung verkündet.

teilsverkündigung warteten, überlegten Hans Gamper und ich mögliche Titel. Daß ziemlich einige Häftlinge freigehen würden, war irgendwie durchgesickert. Wir wollten im Titel hervorheben, was zur Entspannung und Hoffnung beitragen konnte, ohne jedoch die Härten und das Bittere, das zurückblieb, zu verkleinern.

Immerhin konnten mehr als zwei Drittel der Häftlinge, (sie hatten allerdings schon 3 Jahre Untersuchungshaft mitgemacht!) wieder frei in die Heimat zurück. Unleugbar war eine große Erleichterung im Gerichtssaal zu spüren. Das Gefühl, daß auch wir durch unsere Arbeit zu dieser Erleichterung etwas beigetragen haben, erfüllte uns mit Genugtuung. Wir hatten ja nicht nur für die "Dolomiten" und den Sender Bozen der RAI berichtet: Durch unsere täglichen Gespräche mit den italienischen und ausländischen Kollegen und durch die Auskünfte, um die sie uns als "Südtirol-Experten" immer wieder baten, hatten wir auch auf die italienische und ausländische Berichterstattung eingewirkt. Auch die täglichen Durchgaben für die Deutsche Presse-Agentur waren kein unwesentlicher Beitrag. Wir schieden von Mailand mit dem Empfinden, daß unser Bemühen um eine sachliche und möglichst vollständige Berichterstattung, welches aber stets getragen war von einer Anteilnahme am Los der Häftlinge und an der weiteren

Unter diesem Titel über alle vier Spalten der Titelseite erschien tags darauf unser Bericht in den "Dolomiten". Schon während des ganzen Tages, da wir auf die Ur-

Entwicklung der Südtirol-Politik, nicht erfolglos geblieben ist. Nicht erfolglos auch deshalb, weil unser Bemühen - so empfanden es wir - stets redlich war.

Den "Dolomiten"-Bericht über die Urteilsverkündigung schloß ich mit folgender Bemerkung:
"Alle, denen das Urteil des Mailänder Schwurgerichtshofes die Freiheit wiedergegeben hat, verbargen ihre Freude nicht. Jene Häftlinge, die zu schweren Strafen verurteilt wurden, nahmen den Schuldspruch mit Fassung entgegen. Unter den Angehörigen sah man viele freudige Gesichter: Man sah aber auch Tränen. Die Freude, die alle Südtiroler mit jenen mitempfinden, die heute zu ihren Familien zurückkehren werden, ist freilich getrübt durch das Los jener anderen Südtiroler, denen sich die Gefängnistore heute nicht öffnen.
Es wurden auch sehr harte Strafen verhängt. Die Tragödie, die im Juni 1961 begann, ist noch nicht zu Ende. Aber auch die Hoffnung ist nicht zu Ende. Abgesehen von der Möglichkeit einer vorzeitigen Haftentlassung wegen guter Führung usw., sowie einer Revision im Berufungsverfahren, dürfte ein Gnadenakt für jene Fälle, die am schwierigsten sind, nicht allzulange auf sich warten lassen, wenn das Klima der Entspannung, das den Mailänder Prozeß gekennzeichnet hat, weiterhin gefördert wird. In einer vergifteten und gespannten Atmosphäre wäre das Urteil wohl kaum von der unterschiedslos auf lebenslang hinauslaufenden Anklageschrift soweit abgewichen, wie dies trotz vieler Härten geschehen ist. Trotz vieler unbegreiflich erscheinender Härten berechtigt das Klima von Mailand zu weiteren Hoffnungen. Man darf nicht am Glauben an eine Gerechtigkeit verzweifeln, die vor allem Versöhnung ist."

Seither sind bald 30 Jahre vergangen. Nicht für alle Verurteilten öffneten sich die Gefängnistore so schnell, wie ich es in dem obigen Kommentar erhofft hatte.

Ich selbst war erst 30 Jahre alt, als der Prozeß begann. Wie stehe ich heute zu meiner Arbeit und zu den Ereignissen von damals? Das Gefühl, daß wir uns durch unser Schreiben um die Aufklärung über das Südtirol-Problem, um die allgemeine Entspannung und um die Entlastung der Häftlinge redlich bemüht haben, ist mir auf jeden Fall geblieben.

Meinem Glauben, daß sich der moralische Anspruch und somit das Recht einer Volksgruppe durch die Macht der Vernunft allein durchzusetzen vermöge, fehlte freilich die rechte Einschätzung der Macht des Emotionalen. In jugendlicher Besserwisserei glaubte ich, alles heftig verurteilen zu müssen, was mir als eine zu starke Rücksichtnahme auf das Emotionale erschien. Der rechte Umgang mit dem Emotionalen und dessen Einbindung in die Vernunft erscheint mir aber heute als eine der Hauptaufgaben verantwortungsbewußter Politik.

Nach den dramatischen Ereignissen der Sechziger Jahre gelang es der Politik auf beiden Seiten, die bedrohliche Steigerung emotionsgeladener Ungeduld abzufangen durch vernünftiges Verhandeln. Aus einer äußerst kritischen Situation haben ein Magnago, Moro und

Vorne Franz Egger, dahinter Engelbert Piock, Rudolf Oberhuber, Engelbert Gostner und Franz Gamper.

Kreisky - um nur die Spitzenvertreter zu nennen - das Beste zu machen verstanden. Die späteren, oftmals auch bewußt blutigen Attentate hatten keinen Rückhalt mehr in der Südtiroler Bevölkerung und konnten den Fortgang der Verhandlungen wohl stören, aber nicht mehr. Dasselbe gilt auch für die nicht oder nur halb aufgeklärten späteren Attentate, von denen man endlich die Hintermänner samt Verwicklung von Geheimdiensten kennen möchte.

Im Kampf um die Autonomie ließ sich Südtirol vom gewaltfreien und friedlichen Weg nicht mehr abbringen. Es ist nicht so sehr unsere gewiß nicht schlechte, aber bei Gott nicht vollkommene Autonomie, die als angeblich kaum überbietbares Modell für die Regelung von Volksgruppenfragen hingestellt werden kann. Es ist vielmehr der erfolgreiche friedliche Weg, der Modellcharakter besitzt angesichts des Ausbruchs haßgeladener und auch blutiger Volksgruppenkonflikte in Europa.

Die dramatischen Ereignisse der sechziger Jahre - so scheint es mir im Rückblick - haben allen Beteiligten die gemeinsame Zuwendung zu den Geboten der Vernunft als einzigen Ausweg aus der emotionalen Sackgasse drastisch vor Augen geführt.

Der Mailänder Sprengstoffprozeß hat erstmals einer breiteren italienischen Öffentlichkeit auch das Unrecht bewußt gemacht, das den Südtirolern von Italien angetan worden ist. Dies hat den aufgeschlossenen italienischen Politikern das Einlenken auf echtes Entgegenkommen erleichtert. Das Opfer, das die Südtiroler, die in Mailand vor Gericht standen, auf sich nehmen mußten, war nicht umsonst.

HANS   MAYR

"DIE HELDEN WAREN DIE FRAUEN"

DIE PROBLEME DER HÄFTLINGSFAMILIEN

Nicht wir, die wir hinter Kerkermauern verschwanden, haben etwas Besonderes geleistet. Die wahren Heldinnen, das waren unsere Frauen. Sie mußten die Höfe, die Familien, die Betriebe vielfach allein auf sich gestellt weiterbringen. Ich wußte, daß ich mich auf meine Frau total verlassen kann, sonst hätte ich da nie mitgemacht. Vielleicht verleihen die Politiker die Verdienstkreuze des Landes Tirol einmal nicht den Wirtschaftsleuten und Politikern, sondern diesen Frauen."

Sepp Innerhofer, Goyenbauer in Schenna

Als Mitte Juli 1961 die große Verhaftungswelle rollte und innerhalb weniger Tage gut hundert Aktivisten des BAS oder solche, die verdächtigt wurden, es zu sein, hinter Kerkermauern verschwanden, waren viele Familien über Nacht vor eine Extremsituation ohnegleichen gestellt. Der Mann, der Vater, der Sohn, der Bruder wurde mitten in der Nacht abgeholt, das Haus von oben bis unten durchsucht, alles durchwühlt und eine verstörte Familie zurückgelassen, die meist gar nicht wußte, weshalb dieser Orkan der Staatsgewalt über sie hereingebrochen war.

Mit diesem Schock in den Knochen mußten viele Frauen erst in Erfahrung bringen, weshalb der Mann in die Carabinierikaserne gebracht wurde, mußten gänzlich ungewohnte Dinge in Angriff genommen werden: z.B. sich einen Rechtsanwalt suchen, den Kontakt zur Staatsgewalt herstellen, den Hof und Betrieb weiterführen, eine Antwort wissen auf die Fragen und Ängste der Kinder und die eigene Angst hinunterschlucken.

Die größte Angst aber war die um den Mann, den Vater, den Gefährten, der meist eine Woche lang den Carabinieri überlassen blieb, ohne daß man etwas über ihn in Erfahrung bringen konnte. Schneller war da, was sich in Windeseile über Land und Tal verbreitete: daß man sie stunden- und tagelang habe schreien hören in den Kasernen.

Wenn es dann nach Wochen den ersten Besuch gab, waren die Narben noch sichtbar, stand den Männern

der Schock über das, was ihnen widerfahren war, noch ins Gesicht geschrieben, fanden die Frauen nicht den Mann, den Bruder, den Sohn, den sie kannten, vor, sondern einen ganz anderen, allzuoft einen gebrochenen, einen durch und durch gedemütigten Menschen, der manchmal zeitlebens schwer daran zu tragen hatte, was ihm damals in den Carabinierikasernen widerfahren war. Sie, die in vielen Fällen selbst aufzurichten gewesen wären, hatten nun diese zusätzliche schwere Last noch mitzutragen und damit fertig zu werden. Anstatt sich selbst getröstet zu sehen, waren sie als Tröstende gefragt.

Auch war es nicht überall so wie z.B. bei der Familie Kerschbaumer in Frangart oder etwa in Tramin, wo sich die Dorfgemeinschaft in Solidaritätsbekundungen überbot. "Selbst die Wände wackelten damals vor Angst," beschreibt Karl Masoner, der sich von der ersten Stunde an um die Häftlinge gekümmert hat, die Situation. Da schauten manche Leute schon gerne weg, wenn so eine daherkam.

Und doch, es hat auch sehr viel Solidarität gegeben von der ersten Stunde an. Einige Frauen haben sich der Häftlingsfamilien besonders angenommen und waren über Jahre hinweg praktisch im Dauereinsatz: Midl von Sölder, Gretl Koch, deren Mann selbst inhaftiert war und zu den führenden BAS-Leuten gehörte, sowie Maria Egger, die damals Sekretärin der SVP war. Viele andere haben mitgeholfen, viele haben von sich aus Häftlingsfamilien unterstützt, Pakete geschickt. Das sei alles nicht so organisiert gewesen, erinnert sich Midl von Sölder.

Gretl Kochs Geschäft in der zentral gelegenen Bindergasse in Bozen wurde so etwas wie Anlaufstelle und Treffpunkt zugleich für viele Frauen, wie Friedl Volgger in seinem Buch "Mit Südtirol am Scheideweg" schreibt. Hier waren sie willkommen, wurde ihnen zugehört, konnten sie sich aussprechen, ihre Klagen vorbringen, wurden Hilfsmaßnahmen in die Wege geleitet. Hier schaute man gerne vorbei, bevor man sich ins Gefängnis aufmachte zum Besuch. Und Gretl Koch war die richtige Anlaufstelle. Einmal, weil sie selbst mitten drinnen steck-

Sepp Innerhofer aus Schenna (links) gehörte zum Führungskreis des BAS. Er wurde nach seiner Verhaftung schwer mißhandelt. Rechts neben ihm Alfons Obermair, Jakob Scherer und Engelbert Angerer. Ganz links Bruno Veronesi.

te in der ganzen Geschichte und zum andern, weil diese kleine, freundliche, aber zähe Person, im Gegensatz zu vielen Frauen vom Lande als Geschäftsfrau den Umgang mit den Behörden gewohnt war und auch die Vorsprache bei den sogenannten hohen Tieren nicht scheute. Mit verlegenem Stolz erinnert sie sich daran, wie Landeshauptmann Magnago zu ihrer Schwester, die auch stark engagiert war in der Gefangenenhilfe, einmal halb scherzhaft sagte: 'Ach, sie sind die Schwester von der, die mir so viele Schwierigkeiten macht.''

"Ich hab halt dauernd versucht, Druck zu machen,'' sagt Gretl Koch. "Es hat ja so viele schwierige Fälle gegeben.'' Aber immerhin sei es möglich gewesen, vieles in die Wege zu leiten über Franz Wahlmüller vor allem und auch über Landeshauptmann Magnago, Friedl Volgger, den Landtagsabgeordneten Hans Plaikner u.a. Vielen Familien habe man so eine kontinuierliche Hilfeleistung bieten können.

"Ich war so richtig stolz auf unsere Leute"

Midl von Sölder, die damals Sekretärin beim Südtiroler Kulturinstitut war, hatte weder direkt noch indirekt mit den Anschlägen zu tun. "Ich habe niemanden gekannt von denen,'' sagt sie und "einfach aus Eigeninitiative gehandelt. Aber ich muß schon sagen, daß ich so richtig stolz war auf unsere Leute wegen der Feuernacht. Das hätt ich ihnen nie zugetraut. In der Industriezone war ein Riesenkugelblitz zu sehen. Zuerst hab ich gemeint, das ist ein besonders heftiges Gewitter, doch das hat einfach zu lang gedauert. Und dann hab ich begriffen, daß das Detonationen sind. Es ist ja auch schon geredet worden, daß da was kommen soll und so hab ich voller Stolz zum Fenster hinausgeschaut.''

Der Stolz aber hatte seinen Preis. Und so war es für Midl von Sölder eine Selbstverständlichkeit, sich der Familien anzunehmen, denen der Mann, der Vater abhanden gekommen war. "Ich hab Gelder gekriegt und dann hab ich ein Konto aufgemacht und davon monatlich behoben und so gezielt für die einzelnen Familien spenden können, die in Schwierigkeiten gekommen sind. Ich bin von einem Ort zum anderen, ich habe die Leute ja erst kennenlernen müssen. Die Gelder waren von hier, zum Großteil aber offizielle Gelder aus Österreich und zum Teil auch aus Deutschland. Die schäbigsten beim Spenden waren allerdings die Südtiroler selbst, das muß ich sagen.''

Zwanzig- bis siebzigtausend Lire pro Familie im Monat, so Midl von Sölder, konnten so aufgebracht werden, auch wenn sie oft bei weitem nicht ausreichten. Die Hilfe wurde allerdings nur an jene ausbezahlt, die ihrer auch wirklich bedurften. Wer es nur irgendwie schaffte, alleine zurecht zu kommen, mußte darauf verzichten. Auch die Häftlinge haben jeden Monat eine Kleinigkeit

Gretl Koch aus Bozen (mit Rechtsanwalt Migliucci) als Zeugin vor Gericht. Bei ihr liefen die Fäden für die Häftlingsbetreuung zusammen.

überwiesen bekommen.

Ingesamt aber waren die Mittel knapp bemessen. Die Familie Kerschbaumer zum Beispiel, die trotz der sechs Kinder als wohlhabend eingestuft wurde und es im Vergleich zu anderen auch war, hat nichts abbekommen und so ist es auch manch anderen ergangen, die es irgendwie schafften, alleine durchzukommen.

Irene Steinegger aus Söll bei Tramin, deren Mann Luis über fünf Jahre in Haft war und die mit drei kleinen Kindern alleine dastand, konnte sich auf die Solidarität der Traminer verlassen. Jeder von der Traminer BAS-Gruppe, der nicht verhaftet worden war, gab 1.000 Lire im Monat, das machte schon mal 7.000 Lire im Monat aus. Der Vinzenzverein gab 3.000 Lire, und 15.000 Lire kamen über die Gefangenenhilfe herein. So viel, daß Frau Steinegger über die Runden kam, auch wenn es hart war, weil zusätzlich zu allen Problemen auch noch Schulden die Familie bedrückten. Zur Erntezeit war es für die Kollegen ihres Mannes eine Ehrensache, mitanzupacken und die Ernte einzubringen und zu Weihnachten kam schon einmal Sophia Magnago vorbei und legte einen großen Schein auf den Stubentisch. Die Steineggers erinnern sich all dessen mit großer Dankbarkeit.

Hart sei es vor allem zu Weihnachten gewesen, meint Irene Steinegger oder am Muttertag und nach dem Urteilsspruch in Mailand, weil sie doch irgendwie gehofft hatte, ihren Mann mit heimnehmen zu können. Doch stattdessen waren noch zweieinhalb lange Jahre abzuwarten, bis Luis Steinegger entlassen wurde. Sonst aber habe man den Kindern ja nicht vorjammern können, sagt sie. Es sei ja so schon schwer genug gewesen.

Eine große Genugtuung war dann die Heimkehr, der Empfang mit der Musikkapelle in Tramin; die Dorfgemeinschaft, die es sich nicht nehmen ließ, Luis Steinegger mit einer Begrüßungsfeier zu ehren. Frau Irene hatte zum Anlaß für ihren Mann einen Andreas Hofer mit Tiroler Fahne schnitzen lassen. Für die Steineggers ist es der schönste Hofer, den Künstlerhand je gehauen hat.

Die psychische Belastung

In vielen Fällen aber waren es nicht so sehr die finanziellen Schwierigkeiten, die Sorgen bereiteten. Es war die psychische Belastung, die manche Frau einfach fertig gemacht hat, der sie nicht gewachsen war. "Es hat keine gegeben, die nicht zu ihrem Mann gestanden wäre," sagt Midl von Sölder, "aber einzelne haben es einfach nicht verkraftet. Und da bin ich hin und hab ihnen gezeigt, ich bin auch da und das war ihnen oft wichtiger als eine Spende. Nie hat eine gefragt, haben Sie mir etwas mitgebracht?"

Meist ist es wieder gelungen, die Frauen zu stabilisieren. "Das haben am besten die anderen Häftlingsfrauen gekonnt, weil die ja das gleiche Schicksal zu tragen hatten. Da waren ein paar ganz Starke und Stabile, zu denen konnte ich sagen: wenn Du einmal hingingst. Das haben die dann auch getan und das hat sie wieder gehoben. Sie haben die Zusammengehörigkeit, die Solidarität gespürt, und das hat geholfen."

Gemeinsam ist man auch auf Gefängnisbesuch gefahren. Wie die Häftlinge dann von Bozen nach Trient und Verona und später dann nach Mailand verlegt worden sind, haben in Bozen meist Busse auf sie gewartet, die von Midl von Sölder und ihrem Helferkreis organisiert wurden oder man ist gemeinsam mit dem Zug gefahren. Auch dies waren wichtige Momente des Zusammenseins, wo man sich miteinander besprechen, die Sorgen austauschen, gegenseitig unter die Arme greifen, Mut und Trost zusprechen konnte.

Zu besonderen Anlässen wie Weihnachten hat man dann fleißig Pakete geschnürt. Midl von Sölder erzählt, sie habe einmal 140 Lederhosen unter Mithilfe eines Hustenanfalls, mit dem sie das Mitleid des Zöllners erregt habe, über die Grenze gebracht. Für den Prozeß dann in Mailand habe sie in einer ähnlichen Aktion die Nylonhemden aus München bekommen, die im Ruf standen, besonders gut zu sitzen und die dem Mann von damals zu schweißtreibenden Erlebnissen verhalfen. Aber die Südtiroler Häftlinge sollten ja gute Figur machen vor der Weltöffentlichkeit, und da war auch ein steifer Kragen von Bedeutung.

Und so wurde jahrein, jahraus gepaktelt "zuerst bei der Volkspartei und als sie uns zu verstehen gaben, daß es dort nicht mehr geht, bei mir zu Hause," berichtet Midl von Sölder. "Es muß 1963 zur Weihnachtszeit gewesen sein, da ist der Hans Rubner daher gekommen; wir

Momente des Glücks: die Entlassung aus dem Gefängnis. Im Bild die Passeirer Häftlinge Albin Auer und Rufolf Marth am 21.12.1968.

haben gerade Weihnachtspakete gemacht und da hat er gesagt, das geht nicht mehr und so sind wir umgezogen zu mir." Die Grieser Bauern haben dann fleißig Weihnachtspakete geschnürt.

Auf diesen ersten Mißtrauensbeweis ist dann ein zweiter erfolgt. Auch die Verteilung der Gelder wurde Midl von Sölder entzogen. "Wahrscheinlich war ich ihnen nicht mehr glaubwürdig genug," sagt sie. "Auf jeden Fall hat das dann der Atz gemacht." Diese Form der regelmäßigen Unterstützung ist dann weiter gegangen, bis die Männer aus dem Gefängnis zurückgekommen sind und teilweise auch noch darüber hinaus.

Die Gelder für die Rechtsanwälte, die zum Großteil von der österreichischen Bundesregierung zur Verfügung gestellt wurden, sind laut Midl von Sölder "über die Rechtsanwaltskanzlei Riz in Bozen gelaufen". Sofort nach der ersten Verhaftungswelle hatte sich der damalige Außenminister Bruno Kreisky stark dafür gemacht, daß Österreich da großzügig tätig wird und die Verhafteten nicht ihrem Schicksal überlassen bleiben.

Über die humanitären Aktionen hinaus haben die Frauen auch einige politische Akzente gesetzt, die von Bedeutung sind. Nachdem die schweren Mißhandlungen zum Großteil über sie in die Öffentlichkeit gelangt waren und sich in der Angelegenheit nichts tat, verfaßten die Frauen der Häftlinge Ende Jänner 1962 einen dramatischen Appell an das italienische Volk, die italienischen Frauen, an die europäische Öffentlichkeit. Gefordert wurde die Bereitstellung von Vertrauensärzten und die sofortige Ernennung einer parlamentarischen Untersuchungskommission, um über die Folterungen zu befinden und die Bestrafung der Schuldigen in die Wege zu leiten.

Den letzten Tag seiner Haft im damals noch bestehenden Bezirksgefängnis von Neumarkt durfte Luis Hauser mit seiner Frau verbringen.

Als am 7. Jänner 1962 mit Anton Gostner der zweite Häftling an den Folgen der Mißhandlungen starb, nahmen auch sehr viele der Häftlingsfrauen am Begräbnis des Familienvaters aus St. Andrä bei Brixen teil. Nach dem Begräbnis regte Rosa Klotz dann an, Bischof Gargitter in Brixen die Aufwartung zu machen. Die Frauen taten sich zusammen und marschierten auf die Hofburg los. Doch der Gemeinschaftsaktion war kein Erfolg beschieden. Abgesehen von einem aufgeregten Monsignore, den die Entschlossenheit der Frauen, zum Bischof vorzudringen, ins Schwitzen brachte, war in der Hofburg nichts zu holen. Der Bischof ließ sich nicht finden.

So gingen die Jahre ins Land. Meist zweimal im Monat traf man sich zum Gefangenenbesuch, vollbepackt mit Nahrungsmitteln, Zigaretten, Wäsche. Die meisten der Frauen hatten sich inzwischen an den neuen Lebensrhythmus gewöhnt, der ihnen so viel abverlangte. Die Höfe wurden weiter bearbeitet, die Betriebe irgendwie weiter betrieben.

Doch nicht alle werden mit der Belastung fertig. In Lichtenberg im Vinschgau bricht Maria Tschenett unter der Belastung zusammen. Der Mann ist in Haft, der Betrieb verschuldet und zusätzliche familiäre Schwierigkeiten in der Ehe, die am Zerbrechen ist, treiben die vierfache Mutter in eine Sackgasse. Die 38-jährige Frau wird

am 13. Juni 1963 tot aus dem Suldenbach geborgen. Eine Tragödie, die alle zutiefst erschüttert.

Den leeren Bus nicht umsonst mitgebracht

Nach drei Jahren, nach dem Prozeß in Mailand, der im Juli 1964 zu Ende geht, öffnen sich für 46 Häftlinge die Gefängnistore. Der leere Bus, den die Frauen und Verwandten damals mit nach Mailand genommen haben, war nicht umsonst mitgekommen. Die Begrüßungsfeierlichkeiten daheim waren in einigen Orten wie in Salurn, Neumarkt, Tramin und Schenna recht zünftig und nur unter großen Schwierigkeiten konnten Auseinandersetzungen mit der massiv anwesenden Staatsgewalt vermieden werden.

In Neumarkt z.B. war es Josef Fontana zufolge nur Rechtsanwalt Sandro Canestrini zu verdanken, daß die Heimkehr halbwegs friedlich über die Bühne ging. Er habe die Polizeikräfte, die sich von der aggressiven Seite zeigten, in die Schranken gewiesen.

Für die vielen Haftentlassenen begann wieder der Alltag; der Versuch, Fuß zu fassen im bürgerlichen Leben, aus dem man ja drei volle Jahre herausgerissen war, war nicht so leicht. "Wer nach Jahren aus dem Gefängnis heimkam," sagt Hans Stieler, "der hat eine andere Frau und sie einen anderen Mann vorgefunden. Wer so lange drinnen war, der fühlt sich wie einer, der vom Mond in diese Welt kommt.''

Es mag da auch das unterschiedliche Naturell eine Rolle spielen. Luis Gutmann z.B., der immerhin sechs Jahre in Haft war, hat, kaum war die Gefängnisschwelle überschritten, ''sich sofort frei gefühlt wie ein Vögele'' und seitdem das Zwitschern auch nicht mehr aufgegeben. Auch Luis Steinegger hat die Zeit der Haft gut überstanden. Auch er zählt zum Typus derer, die sich durch nichts unterkriegen lassen. Doch vielen sind die Gefängnisjahre lange nachgegangen und einige sind doch für ihr Leben davon geprägt. Vor allem jene, die nach dem Mailänder Prozeß noch lange Jahre der Haft auf sich nehmen mußten.

Der Verlust des Vaters über so lange Jahre hinweg hat die ganze Familie in eine Extremsituation gebracht und nicht zuletzt waren es die Kinder, die unter diesem Verlust oft am schwersten gelitten haben. Jörg Klotz z.B. ist zwar noch rechtzeitig über die Berge nach Österreich dem Zugriff der Polizeiorgane entkommen, aber ein glückliches, unbeschwertes Familienleben hat es für die Familie Klotz dann nie mehr gegeben.

''Ich habe diese Abwesenheit des Vaters immer schmerzlicher empfunden,'' sagt Eva Klotz. ''Ein paar Mal ist er heimlich über die Berge herein, das habe ich ganz tief mitempfunden, denn es hat sich bei meinem Vater ja um einen gehetzten und gejagten Menschen gehandelt; das hat sich in mir wahnsinnig festgekrallt, diese Empfindung. Schlimmer war's dann im ersten Winter zu Weihnachten, das war schon elend vor dem Christbaum, da haben wir alle geheult. Die ersten beiden Jahre haben wir ihn ein- bis zweimal im Jahr gesehen.

Einmal, das muß 1963 im Frühjahr gewesen sein, da sind wir nach Innsbruck gefahren und haben uns in einem Gasthaus getroffen. Ich habe die zwei Tage nur geweint, ich war nicht fähig, etwas zu sagen. Daraus kann ich heute ermessen, wie nahe mir das damals alles gegangen ist.''

''Auch wenn er im Sommer über die Berge gekommen ist und sich nachts an unser Haus herangeschlichen hat,''

erzählt Eva Klotz weiter, ''war das mit einer so wahnsinnigen Unruhe verbunden. Das haben wir nicht richtig genießen können vor lauter Angst, jetzt werden sie kommen...''. Die Carabinieri haben ja mit allen Mitteln versucht, seiner habhaft zu werden.

In Erinnerung geblieben sind die vielen Hausdurchsuchungen, die Carabinieri, die den aus dem Schlaf aufgeschreckten Kindern erzählen, ''jetzt haben wir ihn'', die Mutter, die einem der Soldaten bei einer Hausdurchsuchung das Kind in den Arm drückt, um nachzuschauen, ''ob die mir nicht etwas unterschieben'' und die Meldung in den Abendnachrichten im Sender Bozen nach dem Mord an Luis Amplatz und dem Mordanschlag auf Jörg Klotz:....''seine Blutspur verliert sich im Abgrund''.

''Die Familie ist von all dem nicht zerstört, sondern sie ist im Gegenteil noch mehr zusammengeschweißt worden,'' sagt Eva Klotz und fügt hinzu: ''Wenn es um wichtige Dinge geht, sind wir eine ganz eiserne Front. Wir haben immer zum Vater gehalten, auch wenn manches oft schwer zu verstehen war.'' Mittelpunkt der Familie Klotz war eine resolute, starke Frau, die die Familie zusammenhielt, die sechs Kinder erzog, sie studieren schickte, das Wesentliche zum Familienunterhalt beitrug und politisch voll hinter ihrem Mann stand. ''Ohne diese Frau, die dann selbst 13 Monate im Gefängnis verbrachte, hätte mein Vater das nie machen können, das hätte er auch psychisch nie durchgehalten.''

Wie unter Drogeneinfluß

Elmar Steinegger war sieben Jahre alt, als sein Vater Luis abgeholt wurde. Von der Verhaftung selbst hat er nichts gemerkt. Die Mutter habe das ungewöhnliche Wegbleiben des Vaters damit begründet, daß er in Bozen was zu erledigen habe. ''Doch acht Tage danach haben sie ihn plötzlich gebracht, es müssen sieben oder acht Carabinieri gewesen sein.'' Das sei ein ganz schlimmes Ereignis für ihn gewesen, erinnert sich Elmar Steinegger. Wie wenn er unter Drogeneinfluß gestanden wäre, habe sich der Vater verhalten. ''Der Mamma hat er gesagt, sie soll Schnaps aufschenken, denn das sind ja meine Kollegen. Vielleicht hat er sich nur so verhalten, weil wir Kinder alle dabei waren''.

Luis Steinegger war nach Hause gebracht worden, um bei der Suche nach einem Sprengstoffdepot behilflich zu sein. Doch als er die Carabinieri immer tiefer in eine steile Schlucht hinunterführen wollte, in die man sich auch noch hätte abseilen müssen, haben sie Lunte gerochen und die Fluchtgefahr erkannt. Die Aktion wurde abgebrochen. Lieber war ihnen der Mann als der Sprengstoff.

Elmar Steinegger erinnert sich noch daran, daß die Mutter in den ersten Wochen darüber geklagt habe, daß die Unterleibchen vom Vater ganz fleckig vom Jod sind. Luis

Der aus der Haft entlassene Traminer Luis Steinegger wird von der Musikkapelle empfangen

Geschenk für den Heimkehrer: Andreas Hofer aus Holz

Steinegger war auch geschlagen worden, wenn auch nicht so brutal wie manch anderer.

Am schlimmsten sei es zu Weihnachten gewesen ohne Vater, sonst sei das Leben verlaufen wie immer. Von den Gefängnisbesuchen ist der in Mailand in Erinnerung geblieben, "wo eine Mauer und ein engmaschiger Drahtzaun jeden Sichtkontakt unmöglich gemacht haben". Nur an den Stimmen habe man die einzelnen Häftlinge unterscheiden können. Das sei furchtbar gewesen und habe auch die Mutter sehr hergenommen. Der Vater habe aber immer versucht, sie alle aufzumuntern.

Die Hilfsbereitschaft in Tramin sei großartig gewesen.

"So schnell wie damals haben wir die Ernte nie wieder eingebracht. In zwei Stunden war alles drinnen; sonst haben wir einen ganzen Tag gebraucht."

Die Heimkehr des Vaters mit der Musikkapelle war dann natürlich der schönste Augenblick. "Die Mutter hat ihm einen Andreas Hofer und ich eine rote Kerze mit einem Tiroler Adler überreicht." An die Anwesenheit des Vaters habe er sich erst gewöhnen müssen, erzählt Elmar Steinegger. 'Das hängt vielleicht auch damit zusammen, daß ich in seiner Abwesenheit ein bißchen die Rolle des Vaters übernehmen mußte, wenn die Mutter ins Gefängnis nach Trient gefahren ist."

HANS MAYR

WEIN, WÜRSCHT UND ANGUILOTTI

GESCHICHTEN AUS DEM GEFÄNGNISALLTAG

Nach den schweren Tagen in den Carabinierikasernen wurden die Häftlinge in das Bozner Gefängnis überstellt, das den meisten von ihnen zunächst einmal wie eine Oase der Ruhe und der Erholung erschien. Dieser Eindruck wurde auch dadurch verstärkt, daß es von außen gleich Zuspruch und Unterstützung gab. Waren für die Frauen und Familien Midl von Sölder, Gretl Koch und Maria Egger die helfenden Geister, so konnten sich die Häftlinge von den ersten Tagen an auf den von ihnen hochverehrten Gefängnisgeistlichen Don Giovanni Nicolli aus Riva am Gardasee und den Sigmundskroner Landwirt Karl Masoner verlassen, die zusammen ein Gespann bildeten, das im sprichwörtlichen Sinn für die Gefangenen durch dick und dünn ging.

Karl Masoner aus Sigmundskron betreute jahrelang selbstlos die Häftlinge.

"Sie waren wirklich großzügig drinnen, mit dem Zeug hineinbringen," sagt Karl Masoner anerkennend über die Gefängnisverwaltung. "Das muß einfach gesagt werden. Ich bin jede Woche mit 60 Liter Wein hinein; die großen Korbflaschen hab ich in den Kellereien bekommen."

Doch über den Rebensaft hinaus konnte Karl Masoner noch mit anderen Köstlichkeiten aus der Südtiroler Küche aufwarten. Die Bauern und Metzger machten fleißig Würste. "Ja wenn's für den Kerschbaumer ist," sagten sie. "Der Lang", erinnert sich Masoner "hat Hühner zur Verfügung gestellt, die hab ich dann braten lassen. Woche für Woche hab ich so hineingeliefert; in einem Milchkessel war das Kraut, im anderen die Würscht. Die Oberhauserwirtin draußn, die Seebacher, die war ja Tag und Nacht beim Kochn. Und da war noch der Oberrauch Buggl, der hat gesagt: "Ich geb ja gern, aber wenn sie's erfahren?" "Wenn du nochmal gibst, dann sag ich niemanden nix," hab ich geantwortet. Er hat noch oft was gegeben.

Einmal, so Masoner, da hat ein Gönner den Vorschlag gemacht, Anguilotti täten nicht schaden. "Ich darauf: aufgepaßt, ich muß ja die Kriminellen mitversorgen. Doch er ließ sich nicht davon abbringen und so hab ich mit Hilfe von Don Nicolli 142 Anguilotti hineingeliefert."

Selbst Richter und Staatsanwälte haben von Masoners Tätigkeit profitiert. "Wie ich eines Tages hineinkam, da waren der Staatsanwalt Corrias und der Untersuchungsrichter Mario Martin noch da. Sie sehen die Kessel und fragen: was ist da drinnen? Ich hab aufgemacht, bluff, hat es gemacht, und es steigt der gute Gruch von die Würscht auf und der Martin sagt: Ist das ein köstlicher Geruch. Wolln's kosten? frag ich. Taller außer und Bschteck und gessn habns. Der Kommentar :"Herrlich". Fragt der Martin: "Wo haben sie die her?" "Ja, unsere Bauern, sag ich."

"Ja, gern haben sie gegeben, die Leut," blickt Karl Masoner dankbar zurück. "Wos des lei hoaßt jedes mol vierzig Würscht," staunt er heute noch. Doch selbst die Tatsache, daß er höchstrichterlichen Persönlichkeiten

Der von den Häftlingen verehrte Gefängnisgeistliche Don Nicolli 1959 mit dem damaligen Patriarchen von Venedig und späteren Papst Johannes XXIII

zu kulinarischen Genüssen verholfen hatte, schützte auf die Dauer vor Schwierigkeiten nicht.

Einmal hat Karl Masoner zusammen mit Franz Berger Journalisten ins Sarntal begleitet, weil da ein paar Brüder eingesperrt waren und die Journalisten mit den Familien reden wollten. Doch schon beim Meierwirt in Astfeld kündigt sich das Unheil an. Fragt der Wirt: "Wieweit geht's denn heut, Masoner?" Doch wie der antwortet, das geht dich gar nichts an, sieht er zwei Carabinieri, die sich unter der Treppe ducken.

"Wie wir dann herausgefahren sind beim vorletzten Tunnel, haben sie schon gewartet mit den Maschinenpistolen im Anschlag. Man hat mir vorgeworfen, ich hätte die Gefängniswärter bestochen, weil ich jedem zu Weihnachten ein paar Paktln Zigaretten und a Flaschl Wein gegeben hab. Daß auch der Gefängnisdirektor einen Korb Obst gekriegt hat, davon aber haben sie nichts gesagt."

"Ich hab gesagt, das ist so Brauch bei uns, daß man auf die Amtspersonen zu Weihnachten nicht vergißt und der Direktor hat den Korb Obst auch nicht zurückgegeben! Darauf haben sie auf die Geschichte von 1939

verwiesen, als ich des Landes verwiesen wurde. Frag ich: "Sind die Faschisten immer noch da?"

Einen Monat haben sie ihn dann im Gefängnis behalten und die Wärter haben zu mir gesagt: "Das waren noch großartige Zeiten, wie du noch geliefert hast, Masoner!"

In der Zelle dann, in der er untergebracht war, hat er eine interessante Entdeckung gemacht. Auf dem Spind fand er folgenden Text eingraviert: "Ihr Walschen könnt uns die Hände ketten, aber unsere Herzen nicht. Hoch Tirol! Luis Amplatz." Der flüchtige Amplatz, der ja ein Angestellter von Masoner gewesen war, hatte sich während seiner kurzen Haftzeit auf diesem Metallspind verewigt. So traf man sich wieder.

Don Nicolli richtet's schon

Doch kaum war der Masoner wieder draußen, hat er weiter gemacht mit der Gefangenenhilfe, wie immer unterstützt vom Don Nicolli, den er sogar beim Beichtabhören in der Bozner Pfarrkirche stören durfte, wenn es wieder einmal Schwierigkeiten gab. Ein schneller Segen und beide eilten sie in Richtung Gefängnis, wo der Monsignore wieder alles in Ordnung brachte und dafür sorgte, daß der Lieferstopp sofort aufgehoben wurde.

"Einmal mußte der Don Nicolli auf Druck der Staatsanwaltschaft sogar die Beziehungen zu mir abbrechen," erzählt Masoner. "Nach acht Tagen aber hat er schon telefoniert und gesagt, so geht's auch nicht und gleichzeitig hat er gefragt, ob ich den Politiker Dalsass kenne, weil der kennt den Staatsanwalt. Ich bin hin zum Dalsass und der hat gesagt, du hast Schneid. Ich hab geantwortet, es ist ja nicht verboten. Wir sind beide hin zum Staatsanwalt und die Gefängnistore standen für eine Weile wieder einmal weit offen."

"Wir haben das ja nicht nur des Essens wegen getan," kommt Masoner auf das Grundmotiv seiner Lieferungen zu sprechen. "Es war einfach ein Zeichen dafür, daß die drinnen sich nicht vergessen fühlen. Ich wußte, das stärkt sie und macht Freude. Drei Jahre hab ich das gemacht."

Im Laufe dieser Jahre hat es auch ein paar größere Gefangenentransporte gegeben. Ein Teil der Häftlinge wurde nach Trient, ein anderer nach Verona verlegt. Über Gretl Koch, die ja ihren Mann im Gefängnis hatte, hat Midl von Sölder meist in Erfahrung bringen können, wann diese Transporte über die Bühne gehen und deshalb am Bahnhof Posten bezogen.

"Ich bin dann mit einem Korb voller Zigaretten auf- und niedergegangen und habe natürlich die Aufmerksamkeit der Wachen erregt," erzählt Midl von Sölder. "Haben Sie Verwandte dabei?" fragte mich ein Offizier. "Sie sind alle meine Verwandten," hab ich geantwortet. Dann sind schon die Wagen mit den Gefangenen gekommen. Die Wärter haben mich alle schon gekannt und irgendwie ist es mir immer gelungen, die Zigaretten den Häftlingen zukommen zu lassen. Es war ja nur ein kleines Zeichen, aber sie haben gewußt, daß jemand da ist."

Karl Masoner war nicht nur ein zäher Wurst- und Krautlieferant, der sich durch gar nichts einschüchtern ließ, wenn es um die Labung seiner Freunde ging; er ist von seinem Freund und Verbündeten, dem Don Nicolli, auch ein paar mal bei recht heiklen Missionen eingesetzt worden. "Als der Anton Gostner im Bozner Gefängnis im Jänner 1962 gestorben ist," erzählt er, "da ist der Don Nicolli zu mir gekommen und hat mich gefragt, ob ich das nicht übernehmen könnte und die Familie benachrichtigen würde. Die Carabinieri getrauen sich nämlich nicht hinaus, das gibt ein Elend ab. Ich bin dann hinaus zur Familie und habe das gemacht."

"Ein anderes Mal," erzählt Karl Masoner weiter, "das war während der großen Verhaftungswelle, da sagt der Monsignore, ob ich nicht Schneid hätte, mit ihm nach Brixen zum Bischof zu fahren. Da sag ich, der ist ja auch nur ein Mensch. Dann sind wir hinaus und bald einmal zum Bischof vorgelassen worden, doch der Don Nicolli

hat auf einmal den Latterer gekriegt und so mußte ich mit dem Bischof reden. Ich hab ihm erzählt von dem ganzen Fuhrwerk da und den vielen Kindern und den Frauen, die jetzt allein auf sich gestellt sind und hab gesagt, das ist einfach eine Katastrophe, wenn man sieht, was da für ein Elend herauskommt." "Wissen Sie," hat der Bischof kühl geantwortet, "diese Leute haben sich vergangen." Darauf ich: 'Dann gibt's da keine Verzeihung mehr?' Der Bischof: "Ich glaube, ich habe alles gesagt." Der Monsignore war schwer enttäuscht, erinnert sich Karl Masoner an diese Begegnung. "Er war stark und tapfer bei anderen Menschen, aber bei der geistlichen Obrigkeit, da hat er sich nicht mehr getraut."

Daß das Verhältnis zwischen Bischof Gargitter und den Häftlingen schwer gestört war, darauf deutet eine Episode im Gefängnis in Bozen hin und zwar anläßlich eines Häftlingsbesuches. "Denn als der Bischof kam," so der Traminer BAS-Mann Luis Steinegger, "da eilte Don Nicolli durch die Korridore." Antreten zur Messe, hieß die Devise. Doch die Häftlinge wollten zuerst vom Bischof eine Entschuldigung dafür haben, daß er sie im Hirtenbrief gleich nach der Feuernacht mit den Kommunisten in Verbindung gebracht hatte. Ansonsten, kün-

Der Direktor des Gefängnisses von Trient, Mario de Mutis, war ein großer Freund der Südtiroler Häftlinge.

digten sie an, wollten sie die Messe boykottieren. "Auch wenn er nur gesagt hätte, das war nicht so gemeint, hätte uns das ja genügt," sagt Luis Steinegger. Doch der Bischof blieb stumm und Don Nicolli weinte und raste, weil seine sonst so frommen Musterknaben nicht zur Messe erscheinen wollten. Als es schließlich hieß, wer nicht geht, wird in den Süden versetzt, sind von zehn Beleidigten schließlich doch noch sieben zur Bischofsmesse erschienen. "Ich nicht," sagt Luis Steinegger und lacht.

Mit Bischof Gargitter hat es später dann in Trient noch einmal eine Havarie gegeben. Ebenfalls im Rahmen eines Gefängnisbesuches hat Gargitter die Kriminellen, nicht aber die politischen Gefangenen besucht, die mit dieser Begegnung schon fest gerechnet hatten. Daß der Bischof nicht vorbeigeschaut hat, hat wie ein Schock auf sie gewirkt und die Beziehung vieler politischer Gefangener zu ihm bis zu seinem Tode belastet.

Drei Jahre lang war das Gespann Don Nicolli und Karl Masoner gemeinsam unterwegs; von den ersten Zeiten gleich nach der Verhaftungswelle, als sich niemand traute und selbst die Wände wackelten vor Angst, wie Karl Masoner das damalige Klima beschreibt, bis hin zum Prozeß in Mailand.

Als letzter der "1961er" wird am 11. November 1969 Jörg Pircher aus der Haft entlassen. Zehn Tage später findet in Meran die entscheidende Paket-Abstimmung statt. Rechts im Bild: Polizeichef Marcomeni.

Ein außergewöhnlicher Gefängnisdirektor

Neben diesen beiden gleichermaßen couragierten und zutiefst menschlichen Persönlichkeiten soll noch der von den Häftlingen hochverehrte Direktor des Gefängnisses von Trient, Mario De Mutis, genannt werden. "Ein Mann, der sich eine Auszeichnung verdient hätte," meint Karl Masoner im Brustton der Überzeugung. Der Pircher Jörg aus Lana, so Luis Steinegger, der ja ein ganz harter Brocken gewesen sei, habe über De Mutis gesagt: "Das ist mein zweiter Vater". Zwischen dem Gefängnisdirektor und den politischen Häftlingen, sagt er, habe ein absolutes Vertrauensverhältnis bestanden. "Der ist für uns sogar nach Rom gefahren."

Zusammen mit dem Jörg Pircher hat Luis Steinegger den Garten im Gefängnis von Trient betreut. "Wir hätten problemlos über die Mauer klettern können," erinnert er sich; "wir waren in diesem Teil des Gefängnisses praktisch unbewacht, doch hatten wir dem Direktor unser Ehrenwort gegeben." Mario De Mutis sei oft zu ihnen in den großen Garten gekommen und habe nachgefragt, ob sie etwas bräuchten. "Wir haben auch ein Treibhaus gehabt," erzählt Steinegger weiter, "und wunderbare Blumenstöcke gezogen. Sogar meine Frau durfte anläßlich eines Besuches in den Garten hinein und so konnte ich ihr die schönsten Blumen verehren."

Manchmal haben Steinegger und Pircher auch der Frau Direktor Blumen gebracht und dann hat es Kaffee und Kuchen gegeben. Und als De Mutis einmal bemerkte, daß immer ein Posten mitging, da hat er angeordnet, daß "wir künftig freien Zugang zu seiner Wohnung haben." Ohne einen Hektoliter Blauburgunder und Gewürztraminer aus Söll konnte dieses Verhältnis zwischen den Häftlingen und ihrem Gefängnisdirektor, der ein großer Weinliebhaber war, auf Dauer natürlich nicht Bestand haben.

Wie weit das Verständnis dieses Gefängnisdirektors gegangen ist, verdeutlicht eine andere Episode. Luis Hauser, der die Gelegenheit beim Schopf ergriff, um im Gefängnis das Schmiedehandwerk zu erlernen, war nichts Besseres eingefallen als einige Tiroler Adler mit der Aufschrift "Ein Tirol" zu schmieden und aus dem Gefängnis schmuggeln zu lassen. Man kam ihm auf die Schliche. Doch anstatt den in der Gefängnisschmiede praktizierten Hochverrat zu ahnden, nahm De Mutis den Hauser Luis beiseite und gab ihm den guten Rat, aus dem "Ein Tirol" ein "Mein Tirol" zu schmieden. Hauser tat, wie ihm geheißen. Der Adler "Mein Tirol" ziert heute die Stube des Paul Pichler in Schenna.
Das Gefängnis in Trient stand bei den Häftlingen hoch im Kurs schon wegen dieses außergewöhnlichen Gefängnisdirektors. Und wer darüberhinaus noch das Glück hatte, den beinahe einen halben Hektar großen Garten betreuen zu dürfen, der befand sich schon fast im Gefängnishimmelreich auf Erden.

Der Knast, eine Schnapsbrennerei

Und weil wir uns schon im Gefängnishimmelreich befinden, kurz noch zu einer Vorstufe davon. Schnaps im Knast zählen wir dazu. Dafür, daß die Stamperlen nicht ausgehen, hat ebenfalls das Allroundgenie Luis Hauser gesorgt. Aus einem alten Elektroherd, der in der Schmiede herumstand, hat er in geduldiger und heimlicher Arbeit zwei Heizplatten herausgeschraubt und dann die zwei Hälften einer Gasflasche draufgeschweißt. So entstand die Destillieranlage, das Gefängnis von Trient wurde zur Schnapsbrennerei. Als Rohstoff dienten der Gefängniswein und Trauben aus dem Südtiroler Unterland, die die Verwandten kistenweise mitbrachten. Drei Nonstaler, die gerade wegen Schwarzbrennerei einsaßen, trauten ihren Nasen nicht, als eines Morgens ein ihnen wohlbekannter Geruch zwischen den Gefängnismauern zu zirkulieren begann. Sie wurden mit einer Extraration Treber getröstet.

Es hat natürlich auch sehr harte, demütigende Momente im Leben der Gefangenen gegeben. Die Verfrachtung der Häftlinge nach Mailand zum Prozeß, das sei ein hartes Stück gewesen, sagt Luis Steinegger. Aneinandergekettet und mit Handschellen zusätzlich gefesselt sei man sich vorgekommen wie ein Stück Vieh, das auf Transport geschickt werde. Der Zug sei den ganzen Tag unterwegs gewesen. In Mailand dann habe sie eine heiße Zelle ohne Fenster, ein Kübel für die Notdurft und 20 Zentimeter Staub auf den Bettgestellen erwartet. "Da ist manchem von uns übel geworden." Doch auch in Mailand ist die Behandlung besser geworden. Sogar das deutsche Generalkonsulat habe sich bemüht und Kulturfilme zur Verfügung gestellt, die in der allgemeinen Langeweile sehr willkommen waren.

Der Traum vom Ausbruch

Die Aussicht, für Jahre und teilweise auch für Jahrzehnte hinter Kerkermauern zu verschwinden, hat ganz natürlich dem Gedanken an einen Ausbruchsversuch Nahrung gegeben. Allein der Hochverratsparagraph samt Anschlag auf die Verfassung und die Integrität des Staates versprach viele Jahre Kerker. In Trient, so Luis Hauser, habe man über Monate hinweg konkret an einem Ausbruchsversuch gearbeitet und herumgeplant. Die Idee stammte von Jörg Pircher. Vor allem die sogenannten Schweren, die viele Jahre Kerker zu erwarten hatten, sollten befreit werden. Es sei auch gelungen, sie alle in einer Zelle zusammenzubringen. Für die technische Seite war selbstverständlich Luis Hauser zuständig, der in der Gefängnisschmiede schon fleißig Schlüssel nachmachte. Acht Stück habe er schon beisammengehabt, da sei die Aktion dann abgeblasen worden, weil einer nicht mehr mitmachen wollte und damit drohte, er werde die Sache hochgehen lassen. Es war geplant gewesen, vom Trentino aus den Durchbruch bis ins Un-

terland zu versuchen, um von dort dann über die Berge nach Österreich zu gelangen. "Da hab ich mich ja ausgekannt wie in meiner Westentasche," sagt Hauser. "Wäre dieser Ausbruchsversuch geglückt, würden wir heute wahrscheinlich nicht mehr leben," gibt er aber zu bedenken." Denn hätten wir es geschafft, hinauszukommen, hätten wir bestimmt die Feuergruppen draußen rund um Jörg Klotz und die Pusterer verstärkt." Eine Radikalisierung des Kampfes wäre die Folge gewesen.

Noch einmal zu Don Nicolli und Gefängnisdirektor De Mutis zurück: Als die beiden starben, haben sich die Häftlinge auf ihre Weise bedankt. Ein großer Kranz mit weißroter Schleife legte Zeugnis ab für den Dank und die Verehrung, die sie diesen beiden Männern gegenüber empfanden, die ihnen in harten Zeiten das Leben erleichtert und die die Mauern, hinter denen sie lange Jahre verschwunden waren, durchlässig gemacht haben. Auf ihre Art und Weise haben diese beiden auch friedensstiftend gewirkt und sich große Verdienste erworben.

In der Abgeschiedenheit des Gefängnisses hätte es eigentlich recht schwer sein müssen, zu genauen Informationen über die politische Lage zu kommen. Die Gefangenen waren ja abgeschnitten von jeder direkten Information und mit den Verwandten hätten ja auch nur persönliche Dinge besprochen werden dürfen. Die Zeitungen wurden streng zensuriert, die Häftlinge bekamen nur unpolitische Zeitungskost vorgesetzt. Wenn sie aber trotz dieser düsteren Ausgangslage bestens Bescheid wußten, was sich draußen vor den Gefängnistoren tat, dann hat das einfach auch damit zu tun, daß in Italien jedes Gesetz sein Schlupfloch hat; und warum sollte das im Gefängnis anders sein, wo die Phantasie der Menschen besonders gefordert ist.

Die Tageszeitung "Dolomiten", erzählt Luis Steinegger von der Untersuchungshaft, die er in dem im Vergleich zu Trient und Verona recht streng geführten

Luis Hauser im Bezirksgefängnis von Neumarkt

Bozner Kerker abgesessen hat, habe ihnen immer eine Wärterin aus dem Frauentrakt überlassen. ''Darüber-hinaus hab ich auch ein Radio besessen,' erzählt er stolz, und so hat die Zelle Steineggers als Nachrichtenzentrale fungiert. Doch irgendwie müssen die Aufseher Lunte gerochen haben, denn immer wieder sei die Zelle genauestens durchsucht worden, wobei sogar die Matratzen Opfer dieser Inspektionen wurden. Und doch, so Steinegger, ''ist es ihnen nie gelungen, des Radios habhaft zu werden''. Nicht einmal die Aktion mit dem Selm sei erfolgreich gewesen. Dieser Selm, ein Neffe von Jörg Klotz, der über Jahre hinweg für die Polizei gearbeitet hat, war in den Kerker eingeschleust worden, um die Gefangenen auszuhorchen und sollte auch mithelfen, das Radio zu finden. Umsonst. Luis Steinegger hatte es geschickt in der Ummantelung der Abflußrohre versteckt. ''Vielleicht hängt es heute noch dort,'' sagt er, ''denn mitnehmen konnte ich es ja nicht.''

Auch Luis Hauser aus Kurtatsch, unter den Häftlingen als Tausendsassa und Mitarbeiter der Gefängnisschmiede für alle technischen Probleme zuständig, war es gelungen, Bestandteile für ein Radio in die Zelle zu schmuggeln und dort zusammenzusetzen. Um das Hörgerät zu tarnen, wurde es in einem Stück Waschseife mustergültig versteckt. Nur zwei winzig kleine Löcher, um die Kopfhörer anschließen zu können, die man aber mit normalem Auge nicht erkennen konnte, führten ins Seifeninnere. Hauser hat später dann auch eine Lochkamera aus Papier und Kleister konstruiert, die er dann allerdings in Mailand lassen mußte.

1.000 Lire für einen Brief

Um Nachrichten hinauszubringen und um die Zensur zu umgehen, hat man sich zum Teil auch der Verwandten bedient, die auf Besuch kamen. Der Bozner Jurist Norbert Mumelter, der damals in Untersuchungshaft saß, mit den Anschlägen aber nichts zu tun hatte, hat seine Anmerkungen und Anweisungen an die Familie meterweise auf Klopapierrollen niedergeschrieben und seinen Kindern dann beim Besuch in den Ärmel geschoben, wobei der eine oder andere Wärter auch gerne mal ein Auge zugedrückt hat, vor allem, wenn dabei auch für ihn etwas herausschaute. ''Ein Wärter hat sich regelrecht als Kurier zur Verfügung gestellt,'' erzählt Luis Steinegger. 1.000 Lire für den Brief habe er verlangt und so sein mageres Gehalt recht kräftig aufgebessert.

Norbert Mumelter war es zum Erstaunen seiner Mithäftlinge gelungen, einen Spatz zu zähmen, der ihn jeden Tag besuchen kam. Er hat ihn Piepmatz getauft und er erschien ihm und den anderen wie ein Bote, der in die vergitterte Welt der Unfreiheit einen Hauch von Freiheit brachte. In einem Gedicht, das in der Kulturzeitschrift ''Der Schlern'' aus dem Jahre 1961 abgedruckt wurde, hat Norbert Mumelter den Piepmatz verewigt und seiner Sehnsucht nach Freiheit Ausdruck verliehen:

Die Gedanken eines Häftlings

Auf meines Kerkerfensters Gittereisen
neugierig-kecken Blicks ein Piepmatz hockt -
Ein wenig Brot, das ich aufs Fenster streute,
hat hungrig, frierend ihn herbeigelockt.

Piep, Piep! ruft er und mag vielleicht sich wundern,
Daß Menschen hier nicht seinesgleichen nur,
Nein, ihresgleichen hinter Gitter sperren;
Der Freiheitsdrang ist doch ein Stück Natur!

Nein, Piepmatz, nicht um diese Tatsach' geht es,
Es dreht sich Fall für Fall um das Warum,
Und beim Warum, da scheiden sich die Geister:
Tat Unrecht wer, gebührt ihm Strafe drum,

So kann man wohl nach seiner Freiheit greifen,
Doch andernfalls, wer einsperrt, Unrecht hat. -
Ach kleiner Piepmatz, ach wie gerne flög' ich
Mit dir hoch ob den Dächern meiner Stadt!

Josef Fontana hat zusammen mit Jörg Pircher, Oswald Kofler und Sepp Mitterhofer acht Jahre Haft verbüßt, wobei die anderen drei einige Monate länger hinter Gittern verbringen mußten. Er gehört somit zu jenen, die am längsten gesessen sind. Seine Führungsrolle in der Neumarkter BAS-Gruppe, die Anschläge auf das Haus von Ettore Tolomei in Montan und auf sich im Bau befindende Volkswohnhäuser in Bozen sind ihm teuer zu stehen gekommen. Doch der Rückblick auf die Jahre der Haft ist ohne Bitterkeit. Josef Fontana steht voll zu dem, was er getan hat und er ist auch überzeugt davon, daß die Anschläge notwendig und nützlich waren, daß die Südtirolautonomie, die für uns heute so selbstverständlich ist, sehr viel mit der Feuernacht zu tun hat.

''Jede Zeit braucht ihre Mittel,'' sagt er. Mahatma Gandhi sei imstande gewesen, mit Hungerstreiks das britische Imperium in die Knie zu zwingen, einen Sepp Kerschbaumer aber, der ja auch immer wieder zur Waffe des Hungerstreiks gegriffen habe, ''den hätte man sterben lassen'', da ist sich Fontana sicher. Denn diese gewaltfreie Form des Protestes habe nicht zur politischen Kultur der Fünfziger Jahre gehört.

Acht Jahre Kerker verändern das Leben eines jeden Menschen ganz entscheidend. Das von Josef Fontana ist regelrecht umgekrempelt worden, wohl mehr als das der meisten anderen politischen Häftlinge. Schwere Krankheiten auf Leben und Tod auch in den Jahren der Haft, das Wagnis, sich auf ein Studium einzulassen, das aus dem bei der Inhaftierung 25-jährigen Neumarkter Anstreicher dann im Laufe der Jahre einen renommierten Historiker gemacht hat. All das und die jahrelange, des Studiums wegen freiwillig beantragte Einzelhaft machen aus Fontana gewissermaßen einen Sonderfall, einen, dessen Sehweise vielleicht geschärfter ist als die anderer.

''Wie ich nach der Haft zum Studium nach Innsbruck kam, da konnte ich es beim Aufwachen in der Früh nicht glauben, daß die Fenster keine Gitter haben,'' schildert Fon-

Die letzten vier Südtiroler Häftlinge im Gefängnis von Trient. In einem Geräteschuppen im Gefängnisgarten hatten sie sich eine Art Stube gezimmert. Von links: Sepp Mitterhofer, Jörg Pircher, Oswald Kofler und Josef Fontana.

tana den Versuch, sich von der Welt hinter Gittern, die zu der seinen geworden war, zu lösen. Jahrelang sei ihm das nachgegangen, über zehn Jahre hat sich die Kerkerwelt immer wieder in der Traumwelt Fontanas zurückgemeldet, ihm zu verstehen gegeben, daß man so was nicht einfach abstreifen kann.

"Ich habe geträumt, daß ich verfolgt und verhaftet werde und eigenartigerweise immer wieder auch für Sachen, die ich nicht getan habe." Es sei da in ihm wie bei Kafka zugegangen, sagt Josef Fontana. Es sei eine Situation der Ausweglosigkeit, des Ausgeliefertseins gewesen.

Josef Fontana hat die acht Jahre seiner Haft in vier verschiedenen Gefängnisanstalten abgesessen. Bis zum Sommer 1963, also volle zwei Jahre, war das Gefängnis in der Bozner Dantestraße sein Zuhause. Trotz der Würscht und dem Wein von Karl Masoner ist es vor allem die "furchtbare Enge", die in der Erinnerung haften geblieben ist und die einfach mit der Anlage dieser Anstalt zu tun hat. Wenn man bedenkt, daß im Spätsommer 1961 allein über 100 Untersuchungshäftlinge, denen vorgeworfen wurde, mit den Anschlägen zu tun zu haben, hier untergebracht waren und darüberhinaus ja auch den Kriminellen aus dem Einzugsbereich Bozen eine Unterkunft zustand, kann man

ermessen, wie eng es in der Dantestraße zugegangen sein muß. Auch fehlten hier weitgehend Möglichkeiten zu arbeiten. Dazu kommt, daß während der Untersuchungshaft, die immerhin drei Jahre währte, der Aufenthalt in der Zelle obligatorisch war und nur die zwei Stunden Hofgang eine Abwechslung mit sich brachten.

Deshalb waren im Grunde genommen alle froh, als nach einer Hungerstreikaktion im Sommer 1963 gegen die ständige Verschleppung des Prozeßtermins die große Verlegungsaktion in andere Haftanstalten begann. Josef Fontana wurde nach Parma in das dortige Gefangenenhaus überstellt. Es sei ein sehr rückständiges Gefängnis gewesen, erzählt er, wo noch der Kübel im Gebrauch war. Doch der Mensch sei Gott sei Dank ein überaus anpassungsfreudiges Wesen und schon nach ein paar Tagen habe der Drang, den die Natur ausübt, sich den Hofgangzeiten perfekt angepaßt gehabt. Überhaupt passe sich der Mensch im allgemeinen dem Rhythmus der Gefängniszeiten perfekt an, findet Fontana. "Da fehlt einem dann fast etwas, wenn diese Ordnung gestört wird."

Wenn man in ein neues Gefängnis kommt, "wird man am Anfang immer recht streng behandelt". Und so sei es auch in Parma gewesen. "Der Ruf, der uns vorauseilte, war ein recht schlechter." Da habe schon die Presse entsprechend vorgesorgt gehabt. Doch nach und nach hätten sich die strengen Regeln überall gelockert.

Von Parma ging es dann weiter nach Mailand in das Gefängnis San Vittore. Dort trafen sich alle Südtiroler Häftlinge wieder, denn im Dezember 1963 begann nach jahrelanger Wartezeit der Mailänder Prozeß, der sich über acht Monate hinzog und bei dem Josef Fontana dann den Gerichtspräsidenten Simonetti erzürnen sollte, weil er meinte, ein bißchen Dachau habe sich der Ettore Tolomei schon verdient.

Doch das wurde dann alles wieder gut gemacht mit detaillierten Schilderungen von Strafexpeditionen, für die die Faschisten in den späten Fünfziger Jahren mit Vorliebe die Dörfer des Unterlandes ausgesucht haben, wobei sie neben Tramin, wo es fast zu einem Volksaufstand kam, auch Neumarkt heimgesucht und im zornig-jungen Josef Fontana die Neigung verstärkt haben dürften, daß diesen Nachfahren Mussolinis, die immer noch gerne mit dem Schlagstock operierten und den Sicherheitskräften, die nicht etwa die Bevölkerung, sondern diese Banden schützten, wenn nötig auch mit scharfen Mitteln entgegenzutreten sei.

Das Urteil ist mit zehneinhalb Jahren Kerker hart ausgefallen. Josef Fontana hatte sich aufgrund des fairen Klimas, das den Mailänder Prozeß gekennzeichnet hat, ein milderes Urteil erwartet. "Ein bißchen weniger," sagt er, "hätte es schon sein können." Doch die auch ihm zuerkannte Straftat des Anschlags auf die Verfassung schraubte das Strafmaß wesentlich nach oben. Die Anwendung dieses Artikels, meint Fontana, sei eine reine Haarspalterei gewesen. Denn wenn schon, hätten sie dem in der Verfassung verankerten Grundsatz des Minderheitenschutzes zum Durchbruch verhelfen wollen und nicht einen Anschlag auf die Verfassung vorgehabt.

Der Traum vom Studium wird wahr

Nach der Verurteilung zu langjähriger Kerkerhaft wurde Fontana in das Gefängnis nach Trient überstellt, das bis zur Entlassung 1969 sein Domizil bleiben sollte. Hier begann der inzwischen 28jährige sein Fernstudium, zu Beginn "mißtrauisch beobachtet, weil die glaubten, das sei nur eine Marotte". Doch Josef Fontana war es ernst mit der großen Aufgabe, die er sich gesetzt hatte. "Ich hätte schon als Bub so gerne studiert," gesteht er. "Doch meine Leute haben sich blutig hart getan und hatten nicht die Mittel, um mir ein Studium zu finanzieren." Aus den Kriegszeiten seien nur eine Kuh und eine Henne übriggeblieben, die uns das Leben gerettet haben, wie meine Mutter immer sagte. Unter diesen Umständen gab es für Josef Fontana nur eine Chance und die bestand darin, ein Handwerk zu erlernen.

Im Gefängnis hat er dann damit begonnen, seinen Jugendtraum zu verwirklichen. "Von 5 bis 7 Uhr in der Früh,

da war es noch ruhig und da habe ich mit Vorliebe studiert und meine Aufgaben gemacht." Fünf Jahre hat Josef Fontana durchgehalten und des Studiums wegen die Einzelhaft beantragt, die für ihn, den zur Reflexion, Stille und Vereinzelung neigenden Menschen keine Belastung darstellte. Im Jahre 1970 schließlich, ein Jahr nach der Entlassung aus der Haft, hat er dann in Salzburg maturiert und daran anschließend sein Hochschulstudium begonnen.

Seine Haftentlassung und Heimkehr am 20. Februar 1969 haben die Neumarkter Landsleute zum Anlaß genommen, um ihm einen großen Empfang zu bereiten. Die Tageszeitung "Dolomiten" berichtet am 21. Februar 1969: "Die Neumarkter Schützen und die Musikkapelle in Tracht hatten vor dem Heimathause des Heimkehrers Aufstellung genommen, eine zahlreiche Menschenmenge hatte sich eingefunden, darunter alle SVP-Gemeinderäte von Neumarkt sowie auch einige Vertreter aus der Umgebung... Fontana war von Luis Walter, Mitglied der SVP-Bezirksleitung des Unterlandes, in Trient abgeholt und zu dessen Heimathaus gebracht worden. Unter den Klängen der Musikkapelle schritt der Heimgekehrte - verwirrt und zu Tränen gerührt über den festlichen Empfang - zwischen

Festlicher Empfang für Josef Fontana bei seiner Rückkehr nach Neumarkt. Links der damalige SVP-Landtagsabgeordnete Karl Vaja.

einem Spalier von Schützen seinem Heimathause zu, wo ihn seine alte Mutter erwartete. Bevor er diese begrüßen konnte, mußte er noch zahlreiche Hände von Freunden und Bekannten schütteln. Zwei Schulkinder begrüßten Fontana mit Versen und überreichten ihm zwei Blumensträuße. Auch von einem Mädchen in Tracht erhielt der Heimgekehrte Blumen. Der SVP-Landtagsabgeordnete Karl Vaja entbot dem Heimgekehrten den Willkommensgruß und sagte dabei, er sei glücklich darüber, einen Mann wie Fontana daheim begrüßen zu dürfen, "der für seine Ideale und die Heimat so viele Opfer gebracht hat".

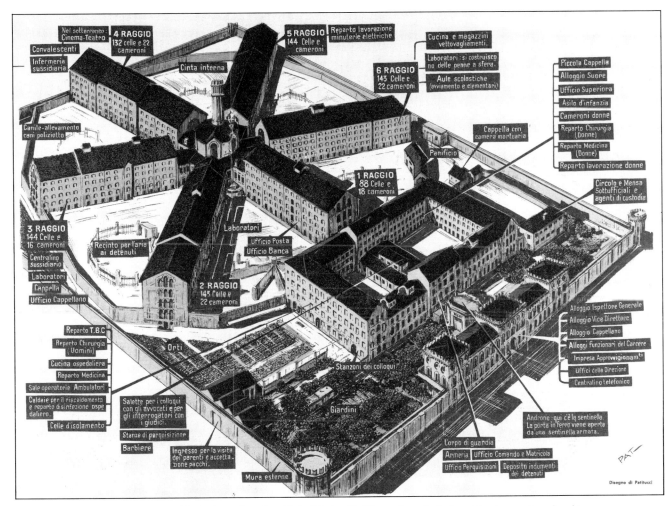

Das Gefängnis von San Vittore in Mailand, in dem fast 70 Südtiroler Häftlinge über ein halbes Jahr lang untergebracht waren.

UNRUHIGE ZEITEN...

Südtirol-Kundgebung in Wien am 15. Oktober 1956

...UNRUHIGE GEISTER

Anti-Südtirol-Kundgebung in Rom am 24. Februar 1959.

Der Bozner "Knüppelsonntag" am 21. Februar 1961. Ein Großaufgebot der Polizei verhindert die Einweihung des Peter Mayr-Denkmals neben dem Hauptportal des Doms.

Nach dem Andreas Hofer-Festgottesdienst schlagen Polizisten mit Gummiknüppeln auf die vor dem Dom versammelte Menge ein.

Polizeiaufmarsch in Bozen (21.2.1961)...

...und in Rom: Absperrung der österreichischen Botschaft zum Schutz vor südtirolfeindlichen Demonstranten am 31. Jänner 1961.

Die Großkundgebung von Sigmundskron am 17. November 1957.

Ein Großaufgebot bewaffneter Sicherheitskräfte am Bozner Hadriansplatz sollte nach der Kundgebung von Sigmundskron einen Marsch auf Bozen verhindern.

SVP-Obmann Silvius Magnago spricht auf der Kundgebung von Sigmundskron.

Italienische Protestkundgebung gegen die Sprengung des "Aluminium-Duce" in Brixen.

Kundgebung italienischer Studenten nach dem Anschlag auf der Steinalm 1966.

ELISABETH BAUMGARTNER — FELIX MITTERER

"...VIELLEICHT RENNT MAN GEGEN DIE ZEIT AN..."

DER MUSIKER GÜNTHER ANDERGASSEN ÜBER SEINE TRAGISCHE ROLLE ALS LETZTER NORDTIROLER ORGANISATOR DES SÜDTIROLER FREIHEITSKAMPFES

Der Innsbrucker Musiker Günther Andergassen gehörte zum Führungskreis des BAS in Nordtirol.

Die Angst vor dem Aufruhr in Südtirol war damals wirklich groß! Heute kann man das vielleicht nicht mehr verstehen. In Italien war ich eine Zeitlang der Staatsfeind Nummer eins. Persönlich habe ich gegen die Italiener gar nichts gehabt. Nur die faschistische Einstellung der Italiener in Südtirol hat mich auf die Barrikaden gebracht. Entschieden habe ich mich selber ganz aus eigener Überzeugung, denn ich habe keinen anderen Weg mehr gesehen. Die Folterungen der Südtiroler Häftlinge nach der "Feuernacht", das hat viele von uns gepackt. Diese unbeschreibliche Brutalität ! Das war der Hauptgrund, um verstärkt mitzumachen, nachdem der

Südtiroler Befreiungsausschuß BAS weitgehend zerschlagen war durch die Massenverhaftungen. Der österreichische Außenminister Bruno Kreisky hat die Folterberichte mitgehabt in New York, bei der UNO-Südtiroldebatte im Herbst 1961. Wenn Kreisky herausgerückt wäre mit all diesen Briefen, die aus Südtirol nach Österreich geschmuggelt worden sind! Davor hatte Italien Angst. Rückblickend bin ich mit vielen anderen einer Meinung: Mit diesem "Folterpaket" hat Kreisky die Italiener gezwungen, über eine Lösung des Südtirolpakets zu verhandeln.

Meine Eltern stammen beide aus Margreid an der Weinstraße im Südtiroler Unterland. Hier wurde ich 1930 geboren. Gelebt haben wir in Bozen, mein Vater hat als Goldschmied gearbeitet, beim Mumelter unter den Bozner Lauben. Meine Eltern haben 1939 optiert. 1940 sind wir ausgewandert, am 24. September. Den Tag werde ich nie vergessen: die vielen Menschen am Bahnhof, alle mit Tränen in den Augen. Im Sommer 1940 war ich zum letzten Mal als Hüterbub auf der Seiser Alm: wie immer, seit meinem sechsten Lebensjahr, zwei Monate lang. Es war ein kleiner Viehbestand, etwa zehn Kühe und eine Geiß. Irgendwie hat sich das ins Bewußtsein eingeprägt: die Menschen dort oben auf ihren Höfen und Schwaigen, so nennt man diese Almhütten, waren wie Könige. Das war so ziemlich der einzige Platz, wo man noch deutsch singen hat können, ansonst war's ja verboten.

Meinen Onkel in Margreid haben sie fünf Jahre lang auf die Insel verbannt, weil er sich ein bißl beschäftigt hat mit deutschen Liedern. Meine ersten vier Volksschuljahre unter dem Faschismus waren rein italienisch, erst im Optionsjahr 1939 war auch deutschsprachiger Schulunterricht erlaubt. Meine italienische Volksschullehrerin hat meiner Mutter Vorhaltungen gemacht: Ihr Sohn schreibt so spitz, nimmt er am Ende Deutschstunden? Die damals noch gebräuchliche deutsche Kurrentschrift hatte ja ein eigenes markantes Schriftbild. Mit'n Heftl unterm Hemd bin ich heimlich in die "Katakomben-Schule" gegangen. Uns Kindern in Südtirol war der Unterricht in unserer Muttersprache strengstens verboten, den Lehrern drohten strengste Strafen. Das war ein ganz wichtiges Kindheitserlebnis, die Angst, daß so was wiederkommt!

Diese Gefahr hab' ich gesehen. Deshalb habe ich mich für Südtirol eingesetzt. Was hätte ich sonst schon persönlich gewinnen können? Ich hatte meinen Beruf und herrliche Chancen. Wenn's beruflich so weitergelaufen wäre, dann wäre ich heute emeritierter Hochschulprofessor oder nahe dran. Am Salzburger Mozarteum habe ich seit 1958 unterrichtet, und seit 1961 gleichzeitig auch am Konservatorium in Innsbruck. Für Musik interessiert habe ich mich schon mit 15 Jahren. Ich habe Klarinette spielen gelernt und Unterricht bekommen bei einem bekannten Professor für Harmonielehre. Meine Eltern waren für einen sogenannten "anständigen" Be-

ruf. Neben dem Studium der Musikwissenschaft habe ich daher an der Universität auch meine Lehrerausbildung abgeschlossen für Romanistik und Anglistik. Musiziert und komponiert habe ich schon immer. Die ersten Kammermusik-Auftritte beim Bozner Sender in den Jahren 1949-50 waren ein aufregender Anfang. Konzertmitschnitte hat es damals noch nicht gegeben, sobald das Licht aufgeleuchtet hat, war man live in Sendung. Nach dem Doktorat im Jahr 1955 erhielt ich ein Staatsstipendium für einen einjährigen Studienaufenthalt in Rom.

Italienische Ressentiments gegen Südtirol, haben sich die schon damals ausgewirkt? Nein. Ich muß da jetzt wirklich ganz deutlich unterscheiden, was die italienische Justiz überhaupt nicht unterscheiden konnte: meine große Zuneigung zur italienischen Kultur, ganz besonders zu Michelangelo, zu Florenz, überhaupt zur Toscana. Kunstgeschichte war für mich schon an der Universität ein Lieblingsfach. Giacomo Puccini habe ich mir ausgesucht für meine musikwissenschaftliche Doktorarbeit. Und mit'n Heftl unterm Hemd, als Kind, zur Deutschstunde! Ein Irrsinn! Ich bin für Gleichberechtigung von Kulturen und gegen jede Intoleranz. Das Bozner Siegesdenkmal sagt doch alles, mit seinen Mussolini-Köpfen und den faschistischen Inschriften. Bis heute hat man diese beleidigenden Sprüche stehen gelassen. Südtirol, einem so alten Kulturland, soll Italien Sprache, Kunst und Kultur gebracht haben? Man müßte sich einmal vorstellen, wenn bei uns so ein Nazi-Denkmal herumstehen würde, mit lauter Hakenkreuzen und Hitler-Köpfen!

Also Annäherung an die Südtirol-Aktivisten in Innsbruck, wie und ab wann? Ende 1960, zum Teil haben Zufälle mitgespielt. Daß da eine Protestbewegung entstanden ist, das hat man natürlich schon mitbekommen. Ich war vor allem mit Kurt Welser zusammen. Er war ja gewissermaßen der Sepp Kerschbaumer Nordtirols. Kennengelernt hab' ich ihn mehr auf Umwegen, ohne direkten Zusammenhang mit den Aktivitäten, die sich im weiteren ergeben haben. Bei der "Feuernacht" war ich dabei. Ich habe keinen der Südtiroler gekannt, also bis dahin keine Beziehung gehabt zu einem der Aktivisten in Südtirol. Damals hatte ich noch nichts zu tun mit der eigentlichen Organisation. *Und die Busreise der Nordtiroler Verbündeten zur "Feuernacht", die haben Sie doch organisiert?* Nein, keineswegs. Ich will da sicher nicht kneifen. Ich habe das Programm zusammengestellt für diese Kunstreise unter dem Motto "Pro Arte et Musica". Wir sind über Meran nach Deutschnonsberg gefahren und durch das Trentiner Nonstal zurück nach Bozen. Ich habe seit 1952 ein englisches Reisebüro mitaufgebaut, die "Tyrolean Travel", zuerst in Innsbruck, dann mit einer Zweigstelle in Italien. Ausländer herumgeführt hab' ich in Innsbruck schon seit 1949, manchmal viersprachig. So ist der Kontakt entstanden zu diesem Reisebüro, das es inzwischen nicht mehr gibt. Mein Aufgabengebiet war vor allem der Italienverkehr,

Verhandlungspause im zweiten Mailänder Sprengstoffprozeß 1966. Auf der Anklagebank links oben Günther Andergassen. Vorne links die Verteidiger Riz und Brandstätter.

wir haben viele Sonderzüge organisiert. Mir hat das einfach Freude gemacht, auch neben meiner Lehrtätigkeit am Mozarteum und am Konservatorium.

Die Busfahrt zur "Feuernacht" war also getarnt als Kunstreise? Das hat aber nichts zu tun gehabt mit meiner Tätigkeit für dieses Reisebüro. Einige andere sind damals außerdem mit dem PKW von Innsbruck nach Südtirol gefahren. Soweit ich mich erinnere, waren mehr als dreißig Leute im Bus, aber keiner direkt auf der "schwarzen Liste". An der Grenze hat es keine Probleme gegeben, weder bei der Hinfahrt noch bei der Rückfahrt über den Brenner kurz vor Mitternacht, wenig später hat's schon gekracht. Ich kann mich noch erinnern, daß wir in Bozen auf zwei unserer Gruppe gewartet haben, die nicht pünktlich zurück waren. Nordtiroler haben in Bozen geholfen beim Laden der Masten. Wichtig ist, daß da kein falscher Eindruck entsteht wie teilweise beim Mailänder Prozeß. Einzelne Verteidiger haben es so hinzustellen versucht, als ob die "Feuernacht" von Innsbruck aus organisiert worden wäre. Das wäre total daneben! *Haben die italienischen Grenzer den Nordtiroler Bus wirklich völlig ahnungslos passieren lassen?* Daß irgendwas im Gange ist, haben sie offenbar

gewußt. Damals ist ja auch der Verdacht aufgekommen, für Italien sei die "Feuernacht" ein willkommener Anlaß gewesen für die darauffolgende Verhaftungswelle. *Wolfgang Pfaundler sagt, nach dem Auffliegen seines Waffen- und Sprengstoffdepots am Innsbrucker Haydn-Platz im März 1961 habe er die Innsbrucker BAS-Führung abgegeben, zuerst an Heinrich Klier, dessen Nachfolger seien dann Sie geworden.* Das ist so eine Sache. Entweder wollen wir Tatsachen, dann ist Pfaundler sicherlich nicht im Führungsstab gewesen, oder wir wollen es ein bißchen verschleiern. Pfaundler war als Persönlichkeit im Hintergrund führend mit dabei. *Und die eigentlichen Führungspersönlichkeiten - Heinrich Klier, Kurt Welser, Helmuth Heuberger?* Kurt Welser spielte unbedingt eine führende Rolle, andere Namen möchte ich zur Zeit nicht bestätigen.

Warum haben Sie die Innsbrucker BAS-Führung übernommen und ab wann? Ab Herbst 1961, aber was heißt da "Führung"? Ich leg' überhaupt keinen Wert auf solche Hierarchien. Es war einfach keiner mehr da. In Südtirol war die Organisation nahezu aufgerieben, durch die nach der "Feuernacht" einsetzende Verhaftungswelle. Heinrich Klier hat auch nicht mehr nach Südti-

Der zweite Mailänder Prozeß gegen 58 Angeklagte begann am 12. Jänner 1966. 33 Angeklagte waren abwesend. Die Urteilsverkündung erfolgte am 20. April 1966. Günther Andergassen wurde zu 30 Jahren Haft verurteilt.

rol fahren können. *Was hat ihn daran gehindert?* Er hat sich nicht mehr getraut. Ich glaube, er hatte schon bei der "Feuernacht" fürchten müssen, er sei auf der "schwarzen Liste". Irgendwie hatte ich das Bewußtsein, jemand muß doch jetzt noch etwas tun. Niemand hat mich zum "Führer" erklärt. Ich bin einfach mit meinem Auto losgefahren, den Sprengstoff im Ersatzreifen, und hab' die wenigen aufgesucht, die nach den Verhaftungen noch übrig geblieben sind. Diese Fahrten habe ich aus eigener Tasche finanziert.

Es war mir klar, daß das ein irrsinniger Kampf sein würde, zunächst einmal vollkommen ohne praktisches Resultat. Denn was konnten wir schon ausrichten gegen einen 50-Millionen-Staat? Noch dazu haben wir ja bewußt milde gekämpft, mit dem erklärten Ziel, keine Menschenleben zu gefährden! Die Masten haben wir so ausgewählt, daß sie möglichst weit abgelegen waren in den Feldern. Bei den Anschlägen auf die Bahnen in der Nacht vom 10. auf den 11. Juli 1961 hat man ebenfalls versucht, die Oberleitungsmasten zu sprengen, nicht die Gleise. Also auch da, nur ja keine Zugentgleisungen, keinen Angriff auf Menschenleben ! Wir wollten nichts anderes als einen Protest, um die Weltöffentlichkeit aufmerksam zu machen auf das Südtirolproblem, um es wachzuhalten.

Die italienische Öffentlichkeit hat das lange nicht verstanden. Zunächst wurden wir abgestempelt zu Kriminellen und Mördern. Zum Beispiel, ein persönliches Erlebnis. Das furchtbare Attentat mit 16 Toten vom 12. Dezember 1969 in Mailand auf der Piazza Fontana. Ich war noch in Parma im Gefängnis. Einige Mithäftlinge wollten mich damals umbringen. Es waren Neo-Faschisten, die meinten, hinter dem Mailänder Anschlag stecken die Altoatesini. Was sie mit mir vorhatten und warum sie sicherheitshalber versetzt wurden, habe ich erst im nachhinein erfahren. Viel später hat sich herausgestellt, der Anschlag auf der Piazza Fontana ging in Wirklichkeit auf das Konto der Faschisten. Damals hingegen hieß es in den Zeitungen, es würde nach allen Richtungen gefahndet: gegen die "Brigate Rosse", die waren um diese Zeit ja auch schon aktiv, und in Richtung Altoatesini. Der Mailänder "Corriere della Sera" hat allerdings damals schon geschrieben: dieses blutige Attentat trage nicht die Handschrift der Südtiroler.

Allmählich hat also auch die italienische Öffentlichkeit begonnen, Unterschiede zu sehen, zwischen blutigem Terror und Sabotageakten zur Lösung eines politischen Problems. Ich erinnere mich vor allem an das Berufungsverfahren in Mailand: die öffentliche Anklage wollte hinaus auf eine Wiedergutmachung der angerichteten

Schäden, wir wurden angeprangert als hochgradig Kriminelle. Da ist der Generalstaatsanwalt aufgestanden und hat gesagt: also ich bin mit vielem einverstanden, aber in einem Punkt kann ich der Staatsadvokatur nicht recht geben. In diesem Fall dreht es sich nämlich um ausgesprochen politische Vergehen! Daß der Generalstaatsanwalt das sagt - für uns war das ein großer Augenblick, denn da hat man doch eine Wende gespürt.

Das Ausscheiden von Persönlichkeiten wie Wolfgang Pfaundler oder Fritz Molden als Exponenten und Sympathisanten des Innsbrucker BAS hat aber doch auch dazu geführt, daß die Bewegung in Österreich abgerutscht ist ins Lager der nationalistisch-militanten Rechten? So ist den Südtiroler Aktivisten die Anschlagserie auf die drei größten internationalen Bahnverbindungen Italiens im Juli 1961 wenige Tage vorher angekündigt worden, von einem Österreicher, nämlich Helmuth Heuberger: in Verbindung gebracht werden diese Bahn-Attentate aber mit dem als rechtslastig verschrieenen Norbert Burger. Wenn Sie den Namen Heuberger nennen, also der war Widerständler und bestimmt nicht rechts! Mit Burger hatte ich persönlich keine besondere Beziehung. Ich will nicht bestreiten, daß Burger immer wieder irgendwie mitbeteiligt war. Ich halte ihn nach wie vor für einen Idealisten, denn auch er hatte nur zu verlieren, wenn er sich für Südtirol eingesetzt hat. Aber die italienische Seite hat das eben sehr ausgenützt. Durch dieses Mitmischen-Wollen von Leuten wie Norbert Burger oder Peter Kienesberger wurde die gesamte Bewegung in der öffentlichen Meinung nach rechts gerückt und braun eingefärbt, objektiv besehen, total zu Unrecht!

Konnten Sie nach den Massenverhaftungen in Südtirol denn von Innsbruck aus überhaupt noch etwas tun? Es war äußerst schwierig. Von Südtiroler Seite gab es da großes Mißtrauen. Manche waren unverdächtig geblieben. Von denen, die ich aufgesucht habe, wollten einige aber überhaupt nichts mehr wissen. Ich habe dann schon Kontakt bekommen zu kleineren Gruppen und versucht, den Widerstand zu reaktivieren, also aufmerksam zu machen durch Sprengungen. Sehr viel ist natürlich nicht mehr gelungen. Schon allein Material zu bringen, war inzwischen sehr umständlich und sehr riskant. *Waren Sie schon verheiratet?* Ich habe 1956 geheiratet, im Jahr, als ich begonnen habe, am Mozarteum zu studieren. Damals war ich 26, mein Sohn ist 1959 geboren. *Sie mußten also bereits Rücksicht nehmen auf Ihre Familie?* Ja. Aber, um ehrlich zu sein, habe ich wohl wenig Rücksicht genommen. *Versuchten Sie Ihre Frau zu schützen?* Ich habe ihr so wenig wie möglich gesagt. Mein Vater hat mehr gewußt.

Ihre Verhaftung am 2. April 1964 in Venedig, heißt es, hätten Sie sich selbst eingebrockt, weil Sie sich beim italienischen Kulturinstitut in Innsbruck erkundigten, ob in Italien etwas gegen Sie vorliegt. Die österreichische Nachrichtenagentur APA meldete bei Ihrer Ver- *haftung, Sie seien mit einem Empfehlungsschreiben dieses Kulturinstituts eingereist.* Nein, so war das absolut nicht! Wie in früheren Jahren hatte ich einen Ausweis geholt zum freien Besuch der italienischen Staatsmuseen für meine Salzburger Studenten. Amerikaner waren das, ich habe am Mozarteum auch Fine Arts unterrichtet, also Kunstgeschichte, in englischer Sprache. Einmal im Jahr führte ich die Studenten durch Italien. Erste Station war meist Venedig, dann ging es über Florenz nach Rom. Bei so einer Reise hatte ich zum Beispiel im vorhergehenden Jahr dem Papst eine Komposition überreicht, meine "Heilig-Geist-Messe". *Warum haben Sie sich dann 1964 aber von einem Südtiroler heimlich über die Grenze führen lassen, bis nach Cortina, dem Treffpunkt mit Ihren Studenten?* Ich hatte den Verdacht, daß ich in Italien auf der "schwarzen Liste" bin und wollte unbehelligt bleiben.

Ein solches Risiko für eine Kunstreise mit Studenten? Das Risiko war mir in dem Maß nicht klar. Ich bin ja immer wieder nach Südtirol gefahren und habe mit der italienischen Staatspolizei Katz und Maus gespielt. Bei meinen Gängen in Bozen habe ich nicht nur das Gefühl gehabt, sondern ich hab' richtig zuschauen können, wie die Polizei hinter mir her war, wie mir die Streife im roten Alfa Romeo nachgefahren ist, um mich zu beschatten. Ich kenne mich in Bozen sehr gut aus, es war die Stadt meiner Kindheit. In den engen Gassen ist es mir daher immer wieder irgendwie gelungen, meine Verfolger abzuhängen - zum Teil über große Umwege, zu Fuß, über Hügel und Berge, um keine Kontaktperson zu belasten. So hatte ich die Erfahrung gemacht, sie verhaften dich nicht, aber ich habe doch annehmen müssen, daß ich auf einer Liste bin. Deshalb habe ich mich schwarz über die Grenze bringen lassen.

Wie erklärt es sich dann aber, daß Sie in Venedig offenbar selbst die Spur auf sich gelenkt haben - es heißt, Sie selbst hätten sich angeblich gemeldet bei den venezianischen Sicherheitsbehörden? So ein Unsinn! Da hätte ich doch erst gar nicht über die "grüne Grenze" zu gehen brauchen, das wäre allein deshalb absolut unlogisch. Ich bin natürlich mit dem Ausweis, der uns zum freien Eintritt berechtigt hat, in die Staatsmuseen gegangen. Am Abend vor der Abfahrt von Venedig nach Ravenna haben wir in der Pension am Lido noch zusammen abendgegessen. Da kommt einer herein, geht durch den ganzen Saal, macht kehrt, geht auf mich zu und fragt, ob ich der und der sei? Ja. Könnten Sie einen Augenblick mitkommen? Dieser "Augenblick" hat dann sieben Jahre gedauert!

Fürs erste sind wir durch die Hotelhalle gegangen in einen Privatraum des Hoteliers mit sehr schönen antiken Möbeln. Daß die Pension von Polizisten umstellt und abgeriegelt war mit MPs im Anschlag, habe ich erst viel später erfahren. Sie haben ja gewußt, wer ich bin. Ich war völlig ahnungslos. Zunächst hat man mir die Brille abgenommen. Ich wurde abgetastet und ziemlich brutal angegriffen. Einer war besonders rabiat, den habe ich spontan zurückgestoßen, mehr konnte ich im Moment nicht tun. Danach wurden sie etwas zurückhaltender. Ich bin auch nicht gleich gefesselt worden. Erst nach etwa einer Stunde haben sie mir Handschellen angelegt, für die Fahrt zur nächsten Polizeistation am Lido. Dort hat man mir Fragen gestellt, ich hab' mich nicht zu erkennen gegeben. Ich war gar nicht einmal sonderlich eingeschüchtert, freilich war es ein beklemmendes Gefühl. Noch in der gleichen Nacht sind wir losgefahren durch die Valsugana herauf. Um drei Uhr nachts hat das Boot abgelegt vom Lido. Durch meine kunsthistorischen Reisen kenne ich Venedig sehr gut. Die Fahrt ging außen herum, der Giudecca entlang. Diese Irrlichter draußen am Wasser, die werd' ich nie vergessen!

In Bozen hat man mich dann sofort abwechselnd in der Polizeikaserne verhört und ins Gefängnis zurückgebracht. Das waren zwei oder drei Nächte mit Verhören, ich habe also nie schlafen können. Das Gefängnis in der Dantestraße befindet sich in nächster Nähe des Polizeihauptquartiers. Eigenartig ist, daß ich keinerlei Erinnerung behalten habe, wie ich in das Gefängnis zurückgekommen bin, mich aber genau erinnere, wie sie mich wieder geholt haben. *Führen Sie diese Gedächtnislücken nur darauf zurück, daß Sie nach den Verhören jedes Mal physisch und psychisch fertig waren?* Ich hatte wohl den Verdacht, daß man mir in die Milch etwas hineingetan hat. Aber wer kann das beweisen? Ich weiß auch nichts mehr vom Unterschreiben des Protokolls. Die Verteidigung hat dann wohl versucht, die Fragwürdigkeit meiner Unterschrift nachzuweisen durch ein Schweizer Gutachten. Im Vergleich zu meiner normalen Unterschrift war ich offensichtlich geistig sehr verwirrt. Nur konkret, wie ließe sich so ein Verdacht eindeutig beweisen?

Von Südtiroler Seite, aber auch in Presseberichten und in der einschlägigen Literatur wirft man Ihnen vor, Sie hätten durch Ihre Geständnisse bzw. sogar durch Kooperation mit der italienischen Justiz Südtiroler belastet: vor allem den SVP-Parlamentarier Hans Dietl, dem es aber im Gegensatz zu anderen gelungen ist, einen Freispruch zu erlangen? Ich habe Hans Dietl entlastet. *Bei der Gegenüberstellung?* Ja, bei der Gegenüberstellung im Gefängnis von Trient, dorthin bin ich von Bozen verlegt worden. *Unter dem Druck der Verhöre hatten Sie auch Hans Dietl belastet?* Ja, - ihn im entscheidenden Augenblick aber auch entlastet.

Wie kam es überhaupt zum Verdacht, Sie hätten mit Hans Dietl über Vorbereitung und Durchführung von Anschlägen verhandelt und beraten? Waren Sie denn in Südtirol überhaupt unter Ihrem Namen bekannt? Für meine Identifizierung brauchte die Justiz natürlich einen letzten eindeutigen Beweis, und den hat man sich offenbar beschafft mit Hilfe eines inhaftierten Südtirolers. Wie sich das abgespielt hat, davon weiß ich allerdings nur, was mir andere später erzählt haben. Rudolf

Kofler aus Eppan war bereits vor mir in Haft. Er hatte Luis Amplatz nach Südtirol begleitet, der lebte damals in Innsbruck im Exil. Die beiden planten eine Aktion, versteckt hielten sie sich in einer Höhle. Amplatz konnte entkommen, Kofler wurde verhaftet. Im Sommer 1963 muß das gewesen sein.

Nach meiner Einlieferung ins Bozner Gefängnis soll dieser Kofler an meine Zellentüre gebracht worden sein. Man hat mir das so erzählt, denn von innen konnte ich es nicht sehen: durch den "spioncino", also durch das kleine Guckloch, hätte Kofler von außen festgestellt, das ist er! Ich sei der mit dem Decknamen "Ludwig", anders kannte er mich ja nicht. *Sie haben in Südtirol bei Ihren Kontakten und Aktionen grundsätzlich einen Decknamen benützt?* Ja, das war ziemlich professionell organisiert. Aber durch diese Zeugenaussage hatte man den Beweis, daß ich es war, dieser "Ludwig".

Rudl Kofler - bei seiner Verhaftung war er übrigens erst 21 Jahre alt - schildert es rückblickend anders: er sagt, bei seinen Einvernahmen hätte er gesagt, er kenne keinen Andergassen. Der entscheidende Fehler, meint Kofler, sei passiert bei der Gegenüberstellung vor dem Bozner Staatsanwalt Antonio Corrias, der wollte wissen, ob Sie nun dieser "Ludwig" wären oder nicht. Als Kofler vorgeführt wurde, sagt er, hatten Sie ihm spontan die Hand geschüttelt mit den Worten "Grüaß di Rudl". Nun hätte es keinen Sinn mehr gehabt, zu leugnen, daß Sie sich kennen. Ich kann mich an diese Gegenüberstellung vor dem Staatsanwalt ehrlich gestanden nicht mehr erinnern. Davon weiß ich nichts mehr.

In Kreisen der ehemaligen Südtiroler Attentäter wird Ihnen zum Teil bis heute vorgeworfen, Sie seien den Polizeimethoden nicht gewachsen gewesen, also immer wieder umgefallen bei den Verhören. Diese Methoden bestanden aber auch darin, Beteiligte gegeneinander auszuspielen: so wurde zum Beispiel ein Tonband eingesetzt, mit der Stimme Peter Kienesbergers, wann? Das war viel später, im Gefängnis von Volterra, also zu einem Zeitpunkt, als die Beweisaufnahme bereits vollständig abgeschlossen war. Ich war damals bereits im ersten Verfahren verurteilt. *Was wurde Ihnen gesagt, als man das Tonband vorspielte?* Man hat mich gefragt, ob ich die Stimme kenne. Ich habe geantwortet: Ja, es ist Peter Kienesberger. *Konnten Sie seine Stimme eindeutig erkennen?* Ja, absolut. Ich war auch verärgert, über das, was Kienesberger da der Polizei erzählt hat. *Kienesberger selbst hat diese Kontakte mit der italienischen Polizei ja immer so hingestellt, als ob er sich nur einschleichen wollte, um den Geheimdienst auszuhorchen?* Es war jedenfalls eindeutig seine Stimme, auf Band gesprochen bei einem Treffen mit italienischen Geheimen im Engadin. *Hat man Ihnen denn gesagt, wie die Polizei zu der Bandaufnahme kam?* Nein, an sich nicht, aber es ist der Name Engadin gefallen und der Name Kienesberger.

"Die Folterungen nach der Feuernacht, das hat jeden von uns ge-
packt": BAS-Flugblatt vom November 1962.

"Ich war der versuchten Loslösung eines Teils des italienischen
Staatsgebietes angeklagt. Da fehlte wirklich jede Proportion."

Wenige Tage nach der Verurteilung Günther Andergassens wurde der von ihm zunächst belastete SVP-Abgeordnete Hans Dietl von einem
Mailänder Schwurgericht freigesprochen. Das Bild zeigt Dietl mit seinen Töchtern unmittelbar nach dem Freispruch.

Ein Blick auf die Anklagebank des zweiten Mailänder Prozesses: obere Reihe von links: Joachim Lothar Dunkel (Stuttgart), Franz Ebner (Mühlen), Günther Andergassen (Innsbruck), Pepi Laner (Mühlen), Richard Gutmann (Tramin), Franz Fischer (Meran), Andreas Ladurner (Meran), Josef Alber (Meran), Rudl Kofler (Eppan), Hugo Knoll (Kiefersfelden).

Könnte es auch in Ihrem Fall so gewesen sein, daß man Sie nicht aushorchen, sondern nur verunsichern wollte? Als man mir das Tonband zum ersten Mal vorgespielt hat, habe ich gar nichts gesagt, außer, daß ich die Stimme erkenne. Man hat es dann noch ein zweites Mal versucht, mit dem gleichen Resultat. Dann erst ist meine totale Isolationshaft aufgehoben worden, also erst, nachdem man zur Kenntnis nehmen mußte, aus mir sei wirklich nichts herauszubringen. So wie sich das Tonband angehört hat, waren einzelne Stellen herausgeschnitten, mit Sicherheit der Name von Hans Dietl. Meine Wege in Bozen waren aber so eindeutig beschrieben als Gänge zu Politikern, daß nur Dietl gemeint sein konnte. Ich habe das jedenfalls als große Belastung empfunden für Dietl, offenbar wollte man, daß ich diese Besuche bestätige. Das habe ich natürlich nicht getan.

Warum haben Sie sich bei Ihren Darstellungen immer wieder in Widersprüche verwickelt: der Südtirolhistoriker Felix Ermacora schreibt zum Beispiel, Sie hätten eine Darlegung vom 22. April 1964 schon tags darauf am 23. April widerrufen, um am 31. Mai 1964 auch diesen Widerruf zurückzunehmen? Daran kann ich mich im einzelnen jetzt nicht mehr so genau erinnern. Die ersten nächtlichen Verhöre, die Protokolle und meine Unterschriften, wie gesagt, das alles ist für mich jetzt

noch sehr nebulös. Ich habe aber die Folgen gesehen, daß Südtiroler zu Verhören geholt und verhaftet wurden. Die Protokolle, also meine Aussagen, waren aber nicht allein ausschlaggebend. Man hat mich bei meinen Südtirolbesuchen vorher eben doch ziemlich intensiv beschattet. Einige sind auf diese Weise - wie man sagt - zum Handkuß gekommen. Viele hat man zwar schon nach dem ersten Verhör entlassen. Andere mußten jedoch ins Gefängnis, zum Teil bis zu unserem ersten Prozeß. Von den Häftlingen, die in diesem sogenannten zweiten Mailänder Prozeß mit mir vor Gericht gestanden haben, waren vier Südtiroler durch mich belastet: Josef Alber, Franz Fischer und Andreas Ladurner aus Meran, sowie Richard Gutmann aus Tramin. Nach dem Berufungsverfahren blieb jedenfalls nur noch ich alleine weiter in Haft. Meine Strafe ist ja deshalb so hoch ausgefallen, weil man mich von vornherein hingestellt hat als Zentrum einer Verschwörung.

Aus der Anklageschrift haben Sie aber ersehen müssen, was Sie eben doch auch in Bezug auf andere gestanden haben? Da war schon sehr viel drinnen, das muß ich leider zugeben, auch wenn ich mich kaum erinnern kann an die Umstände, unter denen ich diese Geständnisse abgelegt habe. Es hat aber auch eine ganze Reihe von Menschen gegeben, die nie bekannt geworden sind, obwohl ich mit ihnen in Kontakt war. Das beweist doch, daß man mir bei den Verhören im wesentlichen bereits Bekanntes suggeriert hat, also Verbindungen, die der Polizei ohnehin schon bekannt waren, seit dem Zeitpunkt meiner Beschattung. Wann diese Verfolgung angefangen hat, ab welchem Augenblick genau, kann ich nicht mehr rekonstruieren. Eine Zeitlang hatte man gegen mich offensichtlich keinerlei Verdacht, zumindest anfangs habe ich Kontakte aufbauen können, die nie aufgeflogen sind.

Hätte man Ihnen tatsächlich heimlich etwas eingeflößt, um sie geständig zu machen, dann hätte man Sie doch beliebig ausquetschen können? Unter dem Einfluß von sogenannten bewußtseinsverändernden Substanzen erzählt man nicht spontan von sich aus. Man wird aber manipulierbar, also weitgehend wehrlos gegenüber gezielten Fragen. Das heißt, man sagt, was der andere vermutet oder bereits weiß. Auch mein Anwalt Dr. Hugo Gamper hat mir das bestätigt. Aber konkrete Beweise habe ich keine für meinen Verdacht, daß ich nur begrenzt zurechnungsfähig war bei meinen Einvernahmen. *Müßten Sie es sich denn zum Vorwurf machen, wenn Sie bei den Verhören unter zweifelhaften Umständen und großem Druck auch Namen preisgegeben haben?* Es belastet mich trotz allem sehr. Vor mir selbst, vor meinem Inneren, hat mich das sehr betroffen gemacht.

Eines möchte ich vielleicht noch dazu sagen: ich habe nie jemanden ins Feuer geschickt, ohne daß ich nicht auch selber hineingegangen wäre. Sollte je der Verdacht aufkommen, ich hätte nur angeordnet, so wäre das völlig verkehrt! Ich bin einmal in eine fürchterliche Situation gekommen.... *Sie meinen, auch Sie quälten sich mit einem Verdacht?* Ich wollte einen Mast sprengen, den Sprengstoff habe ich in Südtirol übernommen. Es könnte manipuliertes Material gewesen sein. Zum Glück hatte ich erst den Glühzünder mit der Uhr hergerichtet, aber noch keine Zündkapsel angebracht. Der Glühzünder ist ziemlich harmlos, aber die Kapsel hätte die Wirkung um ein Vielfaches verstärkt, zumindest wäre ich schwer verletzt worden. Der Glühzünder ist plötzlich explodiert. *Könnte das nicht bloß eine Panne gewesen sein?* Zunächst hatte ich auch gar keinen Verdacht. Erst nach meiner Verhaftung habe ich begonnen, darüber nachzudenken. Bei einiger technischer Erfahrung ist es nahezu unmöglich, daß der Glühzünder vorzeitig explodiert. Außerdem gab es da mehrere merkwürdige Zufälle, die haben sich summiert.

In jeder Untergrundszene lebt man mit einer solchen Doppelbelastung, also mit der Angst, verraten zu werden, aber auch mit unkontrollierbaren Verdächtigungen, falls etwas schief läuft. Ihre Innsbrucker Freunde wollten ja in einem bestimmten Fall sogar ein Wahrheitsserum anwenden? Dazu ist es nicht gekommen. *Warum?* Ein endgültiges Urteil will ich darüber nicht abgeben. Ich war zu dieser Zeit in Haft. *Könnte die haftbedingte Kommunikationslosigkeit eine Rolle gespielt*

haben für Ihre Schreckensvision, mit dem Sprengstoff sei etwas nicht in Ordnung gewesen? Als Gefangener ist man immer nur über drei Ecken informiert, und man ist sicher sehr sensibel. In dieser Einsamkeit bekommt alles ein anderes Gewicht. *Und heute, nüchtern betrachtet?* Bleibt es für mich ein dunkles Kapitel!

Sie rätseln ja auch noch immer an Ihrer Verhaftung. Es gibt dafür aber doch auch eine recht plausible Erklärung: durch den Gratis-Ausweis für die italienischen Staatsmuseen wußte man von Ihren Reiseplänen, und die damaligen österreichischen Zeitungen schrieben offen, daß das italienische Kulturinstitut in Innsbruck auch Informantendienste leistete? Der Museums-Ausweis war sicher ein Risiko, in der Pension mußte ich natürlich auch den Paß abgeben. *Dieses Risiko wirft man Ihnen von Südtiroler Seite bis heute vor: warum Sie so viel aufs Spiel gesetzt haben, mit allen Folgen, auch für Ihre Südtiroler Kontaktleute?* Ich möchte mich jetzt nicht aufspielen als Held, rückblickend müßte ich mir wohl sagen, der Krug geht solange zum Brunnen, bis er bricht. Hinterher kann man es auch so sehen, als Dummheit oder Leichtsinn. Aber solange man mitten drin steckt, lebt man dauernd mit dem Risiko. Da gehörte auch Mut dazu. Ich wollte noch einmal mit meinen Studenten nach Italien, nur im Unterbewußtsein hatte ich vielleicht schon die Ahnung, es ist das letzte Mal.

Die Polizei hatte Sie ja schon vorher einmal in der Nähe von Bozen gestellt? Ich wurde gestoppt, man sagte, in Brixen sei ein Einbruch verübt worden und da sei ein Volkswagen gesehen worden. Mein Auto wurde von oben bis unten durchsucht, daß man den BAS-Stempel nicht gefunden hat, war ein reiner Zufall: ich hatte ihn in der Hosentasche. *Das war doch ein sehr deutliches Warnsignal?* Ich hatte nicht gerechnet mit so extremen Folgen. Ich dachte, sollte ich einmal geschnappt werden, so wird man mich halt einvernehmen. Ganz sicherlich war ich nicht gefaßt auf eine Verhaftung, schon gar nicht auf dreißig Jahre Gefängnis! Vor dem Prozeß hat mein Anwalt Hugo Gamper sogar gefürchtet, ich bekäme lebenslänglich.

Sepp Kerschbaumer - meint zum Beispiel dessen Freund Josef Fontana - hat sich konsequent eingestellt auf die Verantwortung, sprich eine hohe Strafe für seine Anführerrolle. Sie dagegen hätten unterschätzt, daß Sie als sogenannter Intellektueller aus Innsbruck von vornherein in der Rolle des Verführers angeklagt würden, unabhängig von den gegen Sie vorliegenden, gar nicht einmal so gravierenden Fakten. Mit Ihrer widersprüchlichen Darstellung, also mit abwechselnden Geständnissen und Entlastungsversuchen, hätten Sie sich und den anderen am meisten geschadet, weil man Ihnen am Ende eben nichts mehr geglaubt hat. War Ihnen das damals nicht bewußt? Nein, ganz sicher nicht. Natürlich stand ich selbst unter großem Druck, aber ich wollte doch auch immer wieder den anderen helfen und wollte sie entlasten. Der Gegensatz zwischen Südtirolern und

Österreichern wurde auch von einzelnen Rechtsanwälten forciert. Die Italiener hätten natürlich auch gerne einen Anführer gehabt, von dem man sagen konnte, seht her, der hat die anderen aufgehetzt!

Das Mailänder Gericht hat Sie zu dreißig Jahren Haft verurteilt, also zum höchsten Strafausmaß für die Ihnen zur Last gelegten Vergehen, unter anderem Hochverrat. Dieser faschistische Hochverrats-Paragraph im "Codice Rocco" aus den Zwanzigerjahren, den noch Mussolini unterzeichnet hat, war überhaupt ein Irrsinn. Ich habe dem italienischen Staat ja niemals einen Eid geleistet. Als Hauptdelikt hat man mir "Bandenbildung" vorgeworfen: zur Anrichtung eines Blutbades, wegen eines Attentatsversuches auf eine Patrouille bei Meran, dieser Anklagepunkt wurde dann fallengelassen im Berufungsverfahren. Ich war aber weiter angeklagt wegen Verschwörung gegen den italienischen Staat. Ein Unding, selbst wenn ich eine ganze Division aufgestellt hätte. Aber mit zwei Dutzend Leuten oder wieviel wir halt waren - "versuchte Loslösung eines Teiles des italienischen Staatsgebietes"? Da fehlt wirklich jede Proportion! Zwei Jahre lang habe ich gewartet auf meinen ersten Prozeß in Mailand. Solange bin ich in Untersuchungshaft gesessen, zuerst in Bozen, dann in Trient. Zum Prozeß hat man mich nach Mailand überstellt. Nach dem Urteil bin ich nach Florenz gekommen, von 1966 bis zum Frühjahr 1967. Da ist die Geschichte passiert mit der Überschwemmung und dem Hubschrauber, man fürchtete, es könnte mich jemand per Hubschrauber herausholen aus dem Gefängnis.

In Florenz war am 4. November 1966 eine riesige Hochwasserkatastrophe. Das Gefängnis stand fast dreieinhalb Meter unter Wasser. Damals hätte es wirklich Möglichkeiten gegeben, um abzuhauen. Ich habe es nicht getan, irgendwo habe ich noch geglaubt an Gerechtigkeit auf legalem Weg. Untergebracht war die Haftanstalt in einem ehemaligen Florentiner Kloster. Da gab es auch eine architektonisch sehr schöne michelangioleske Kapelle. Die Krypta war vom Hochwasser total überflutet. Das Gewölbe drohte einzustürzen. Ich hatte einen Trupp von Mitgefangenen organisiert. *Politische Häftlinge? Südtiroler?* Nein, Italiener, die waren verurteilt wegen Betrügereien und ähnlichen Vergehen. Der einzige Südtiroler mit mir in Florenz war Georg Knollseisen, einer der "Pfunderer Buam", der hat in der Gefängnistischlerei gearbeitet. Dreizehn Häftlinge haben mir also geholfen. Wir haben tagelang Hunderte um Hunderte Kübel Schlamm und ausgelaufenen Diesel aus dieser Krypta heraufgeschleppt. Die anderen wurden dafür begnadigt. *Und Sie?* Ich habe es nicht deshalb getan. Es war mir ein Anliegen, die Kapelle zu retten. *Hatte diese Rettungsaktion für Sie denn gar keine positive Auswirkung?* Im Gegenteil. Einige Wochen später bin ich plötzlich aus heiterem Himmel nach Volterra versetzt worden, in ein sogenanntes Hochsicherheitsgefängnis.

Volterra ist wirklich ein furchtbares Gefängnis! Schon im Spätmittelalter haben sich hier die "Pazzi" und die politisch verstrittenen Familienclans gegenseitig eingesperrt. Es ist ein mittelalterliches Bauwerk, hoch oben am Berg, innen mit einem riesig langen Gang, 150 Meter ungefähr. Dort ist ein Maschinengewehr postiert, das ist immer frisch geölt. Eine Wache steht dabei. Links und rechts hat man noch die Einschüsse gesehen, von Häftlingsrevolten nach dem Krieg. Ich bin in ein Verlies gekommen, mit einem Bett, das verankert war in der Erde, also richtig unterirdisch. In diese Zelle hat man ganz schwere Fälle gebracht, Gefangene, die angebunden worden sind. Ich bin nicht gebunden worden, aber die Isolation war wirklich total. Ja, heute kann ich darüber auch lachen. Ich kann mir diese totale Isolationshaft nur so erklären: man hat eben doch noch versucht, etwas aus mir herauszubekommen, mit den erwähnten Kienesberger-Tonbändern.

In Volterra war auch erstmals immer ein Dolmetscher dabei, wenn ich Besuch hatte, der sollte alle Gespräche reportieren, die ich führte mit meiner Frau und mit meinen Angehörigen. Sogar eine Wanze wollte man ihm zustecken, das hat er abgelehnt. Dieser Dolmetscher wurde dann mein Freund, es war der italienische Schriftsteller Saverio Perrone, seine Mutter stammte aus Kärnten. Ich habe ihm übrigens in der Gefangenschaft ein Buch ins Deutsche übersetzt, wie ich vorher in Florenz japanische Haikugedichte mit einem italienischen Schriftsteller ins Italienische übertragen hatte.

Im Gefängnis habe ich auch andere gute Menschen getroffen. In Volterra zum Beispiel dreh' ich gerade meine Runden im Hof. Man geht ja immer gegen den Uhrzeigersinn. Ich weiß nicht, warum das so ist. Vielleicht rennt man gegen die Zeit an. Ich drehe also meine einsamen Runden. Da kommt ein Häftling auf mich zu und sagt, das heißt, er flüstert mir zu: möchten Sie Kaffee? Das werd' ich nie vergessen, nie! Es war einer, der mehrfach lebenslänglich verurteilt war, ich weiß nicht warum, ein Zigeuner. Der hat mir dann immer Kaffee gebracht. In meiner Isolation hätte ich keinerlei Möglichkeit gehabt, selber welchen zu machen. Oder der Kaplan von Florenz, der hat mir seinen Raum zur Verfügung gestellt. Zwei Stunden am Tag konnte ich da Klavierspielen. Er war ausgebildeter Geiger, Konservatorist. Auch gedichtet hat er, gemalt, Hörspiele verfaßt, ein wunderbarer Mensch. In dieser Zeit ist mein Vater gestorben. Ich weiß nicht, was ich getan hätte, wenn nicht dieser Kaplan es gewesen wäre, der mir die Todesnachricht überbracht hat.

Der Tod meines Vaters, das war ein furchtbarer Augenblick für mich! Zum letzten Mal hatte ich meinen Vater gesehen nach dem Mailänder Prozeß, mir gegenüber, in Tränen aufgelöst. Er hat zwar gewußt, was ich getan habe. Aber über dieses Urteil ist er nie hinweggekommen. Wenige Wochen später ist er gestorben. Am 24. September 1964, da war ich schon in Florenz. Ich bin an meinem Vater sehr gehangen. Ein paar Mal war ich

Günther Andergassen im Gespräch mit seinem Verteidiger Hugo Gamper.

schon wahnsinnig ausgesetzt. Einer der schlimmsten Augenblicke war der Transfer von Mailand nach Florenz. Schon diese Begleitmusik da hinunter, in dem Polizeiwagen: ich gefesselt zwischen zwei Carabinieri, hinten eine Patrouille, vorne eine Patrouille. Das war beeindruckend. Ich hab' net gewußt, wo's hingeht. Ich habe nur diesen Gedanken gehabt: jetzt weiß kein Mensch auf der Welt, wo ich bin. Weder ich noch sonst wer war im mindesten darauf gefaßt, daß ich nach dem Mailänder Urteil wegkomme. Alle haben erwartet, daß ich nach Trient zurücküberstellt werde.

Vor dem Mittagessen bin ich in die "Matricola" gebracht worden, also ins Einschreibungsbüro. Dort hat man mir erklärt: Sie sind versetzt. Erst im Laufe der Fahrt habe ich herausbekommen, daß ich nach Florenz versetzt bin. Dort bin ich abends angekommen. Ich hab' kein Essen mehr bekommen, es war schon zu spät. Den ganzen Tag lang war ich ohne Essen. Man hat mir meine Sachen nicht gegeben. Ich bin direkt in eine Zelle gekommen, die war unheimlich schmal: ein Tonnengewölbe, mit einem ganz engen Fenster und das natürlich auch noch vergittert. Da kommt dann die Phantasie, die ganzen Umstände dieser Fahrt haben gearbeitet im Unterbewußtsein. Ich höre ein zischendes Geräusch. Heute lachen wir drüber. Aber damals habe ich gemeint: so, jetzt führen sie Gas ein! Es wär' ja eine gute Methode gewesen. Kein Mensch hat gewußt, wo ich bin, meine Anwälte nicht, meine Angehörigen nicht. Ich war so gut wie sicher, jetzt bringen sie dich um! Mir ist der Schweiß herunter geronnen. Dann habe ich mich konzentriert auf meine Yoga-Übungen, wie ich sie von Trient gewohnt war. Diese Atemübungen haben mich total beruhigt. Furchtbar war vor allem der Gedanke, ich werde wahnsinnig! Zu sterben wäre noch irgendwie eine Erleichterung gewesen. Freilich, die Familie, die Angehörigen... Das Aufsperren meiner Zelle am nächsten Tag, das war dann ganz normal.

Vom Gefängnis in Florenz also abrupte Versetzung ins Hochsicherheitsgefängnis nach Volterra, wegen Fluchtgefahr - wie kamen die überhaupt auf diese angebliche Hubschrauber-Entführungsaktion? Keine Ahnung, ich habe wirklich keine Ahnung. Vielleicht hat man nur irgendein Motiv gebraucht, um mich abzuschieben in die Isolationshaft. Herausgeholt haben mich die beiden Hauptverteidiger in den Mailänder Prozessen, Pietro Nuvolone und Ettore Gallo, zwei Strafrechtler ersten Ranges. Dank ihrer Intervention beim italienischen Justizminister bin ich nach einigen Wochen von Volterra versetzt worden nach Parma. Das war eine Haft-anstalt für Körperbehinderte, es gab ein Geschäft, man durfte kochen im Gefängnis. Der Direktor hat mich ge-schätzt. Und mit dem Gefängnislehrer verstand ich mich sehr gut, der hat verstanden, wer ich wirklich bin. In Parma habe ich für meine Mithäftlinge Sprachkurse ge-halten, englisch, französisch, und kleine kunstgeschicht-liche Vorträge mit meinen Dias. Es waren einfache Menschen, aber sie waren dankbar für Abwechslung. In Parma war ich bis zu meiner Enthaftung.

Der spätere Bundeskanzler Bruno Kreisky hat sich sehr bemüht um meine Entlassung. Die italienischen Vertei-diger haben meine extrem hohe Strafe als solche Unge-rechtigkeit empfunden, daß sie von sich aus ein Gnadengesuch verfaßt haben an Staatspräsident Giu-seppe Saragat. Ich selbst habe nie ein Gnadengesuch unterschrieben. Der Dolmetscher in Volterra, der mich eigentlich aushorchen sollte, hat ebenfalls Petitionen ge-richtet an das italienische Staatsoberhaupt. Auch hohe Vertreter des italienischen Klerus haben sich für mich eingesetzt, Kardinal Florit in Florenz hatte erfahren von meiner Rettungsaktion für die Kapelle im Gefängnis. Trotz all dieser Bemühungen endete es zunächst mit ei-ner Enttäuschung. Der Justizausschuß hat das Gnaden-gesuch abgelehnt. Später habe ich erfahren, der Staatspräsident selbst soll sich darüber die Entscheidung vorbehalten haben. Der negative Bescheid ist aber zu-nächst direkt weitergeleitet worden an die Generalstaats-anwaltschaft in Mailand. Das war im September 1970. Entscheidend waren schließlich die politischen Initia-tiven, Österreich hat sich da auch auf diplomatischer Ebene sehr eingesetzt.

Der Tag meiner Entlassung war der 19. Dezember 1970. Im Gefängnis von Parma hat mich der Verantwortliche mittags zu sich gerufen und gesagt, Sie können dem ita-lienischen Staatspräsidenten auf Knien danken. Weil ich bei einer so hohen Freiheitsstrafe nach nicht einmal ganz sieben Jahren entlassen würde. Meine Antwort hat er als ziemlich arrogant empfunden. Ich hatte nämlich ent-gegnet, niederknien würde ich nur vor dem lieben Gott. Von der Polizeistation aus habe ich mit meinem Anwalt telefonieren können. Hugo Gamper war meiner Meinung nach einer der besten Anwälte im Mailänder Prozeß. Vor allem politisch hat er unser Anliegen vor der italieni-schen Öffentlichkeit so überzeugend dargestellt wie sonst keiner. Gamper wollte mich abholen. Wegen des star-ken Nebels meinte er dann aber, versuch' doch, mit dem Zug heraufzukommen. Er ist in Bozen dazugestoßen. Während der Fahrt von Parma bis zum Brenner bin ich begleitet worden von zwei Beamten in Zivil.

Am Bahnsteig in Bozen haben ein paar Journalisten ge-wartet, die wollten Interviews. Die stürmische Paket-Abstimmung vom November 1969, die Zustimmung zu-erst des römischen Parlaments und dann des österrei-chischen Nationalrates, all das lag damals ja kaum ein Jahr zurück. Also Fragen der Journalisten, was ich hal-te von der Autonomie? Ich habe geantwortet: "È il mi-nimo che l'Italia doveva concedere", also das Allermindeste, was Italien hätte geben müssen. Gamper ist mir auf die Zehen getreten und hat gesagt, sei still! Weitergefahren sind wir im Zug. Am Brenner bin ich offiziell übergeben worden. Der hochrangige italienische Offizier hat noch höflich salutiert.

Auf der österreichischen Seite hat man mich am Bren-ner erwartet. Abgeholt wurde ich vom damaligen Landeshauptmann-Stellvertreter Herbert Salcher. Er war aber nicht als Politiker da, sondern als Freund. Salcher hatte sehr viel für mich getan, besonders als Vermittler gegenüber Kreisky. Österreichischer Außenminister war damals Rudolf Kirchschläger, der hatte dringend abge-raten von einem offiziellen Bahnhof. Landeshauptmann Eduard Wallnöfer schickte als Vertreter seinen Presse-chef Hubert Senn. Ins Auto eingestiegen bin ich natür-lich bei Salcher. Durch all seine Bemühungen für meine Freilassung war er für mich ein echter Freund, obwohl ich ihn bis zu dieser Begegnung am Brenner nicht persönlich gekannt hatte. Unsere Heimfahrt nach Innsbruck hatte übrigens noch eine Art politisches Nach-spiel. Ich war ja sonst eher auf Seite der Volkspartei. *Also hat man es Ihnen übel genommen, daß Sie statt im "ÖVP-Auto" im "SPÖ-Auto" mitgefahren sind?* Das Pech war, Salcher hatte mit seinem Privatwagen irgend-wo im Unterinntal eine Panne. Daher kam er im Dienst-wagen, also gewissermaßen halboffiziell, um mich am Brenner abzuholen.

Landeshauptmann Wallnöfer hat mich dann doch emp-fangen, wenige Tage später, am 23. Dezember 1970. Es ist mir nahegelegt worden, mich politisch nicht mehr zu betätigen. *Haben Sie sich daran gehalten?* Absolut. *Sie sind also mit keinem Südtirolaktivisten mehr zusam-mengetroffen?* Nein, ich habe keine Beziehung mehr ge-sucht. Vielleicht klingt es unbescheiden, aber offenbar hat man zeitweise doch vergessen, daß ich wirklich al-les riskiert hatte. Die Strafen sind ja in keinem Verhältnis gestanden zu den Aktionen. Es hat mir sehr viel bedeu-tet, daß mir Landeshauptmann Wallnöfer nach meiner Entlassung bei diesem Empfang gesagt hat, mit einem kräftigen Händedruck, "....wenn ös net gewesen wart's, hätt'ma koa Paket!"

HEINRICH KLIER

"IN TAUSEND FETZEN..."

ZUM WIE UND WARUM DER SPRENGUNG DES ALUMINIUM-DUCE

Heinrich Klier (rechts) im September 1965 vor dem Schwurgericht Graz. Zwischen Klier und seinem Mitangeklagen Günther Schweinber-ger liegt ein Blumenstrauß zur Erinnerung an den drei Wochen vorher abgestürzten Kurt Welser.

Das Interview mit Heinrich Klier führte Elisabeth Baum-gartner.
F: Was war Ihre persönliche Motivation, sich für Südti-rol zu engagieren?
H. KLIER: Meine Eltern hatten Freunde in Bozen und Moritzing. Als Kinder waren wir zwischen 1934 und 1938

einige Male in Moritzing Sommerfrische. Bei dieser Ge-legenheit haben wir den ersten Anschauungsunterricht in faschistischen Methoden in Südtirol erlebt. Ich weiß noch gut, wie die Älteren am Abend sozusagen hinter verschlossenen Türen über die Faschisten geschimpft haben. Was damals so alles gelaufen ist, können

Sie der einschlägigen Literatur entnehmen. Das hat sich in allen Orten Südtirols in Variationen abgespielt.

Krieg und Nachkriegszeit erzwangen eine zehnjährige Pause. 1948 fuhr ich zum ersten Mal mit Hermann Buhl nach Kolfuschg und Corvara zum Klettern. Von allen Touren erinnere ich mich an eine neue Route durch die Ciampac-Südwand mit Hermann Buhl. Auch da gab es am Abend mit dem Wirt in Kolfuschg, der ein Ladiner war, aber sich voll zum großen alten Tirol bekannte, politische Gespräche. Die Hoffnung war groß, daß im Rahmen des Gruber-Degasperi-Abkommens die Südtirolfrage im europäischen Geist gelöst werden könnte.

In den folgenden Jahren war ich viel in den Dolomiten klettern und habe dort mehrere der großen Wände, vor allem in den Sextner Bergen und an den Drei Zinnen gemacht. Ich lernte da eine ganze Reihe von Bergsteigern kennen (Erich Abram, Toni Egger, Martl Koch), mit denen ich vor allem übers Bergsteigen sprach. Lediglich bei Martl Koch kam immer wieder einmal der Zorn darüber zum Ausdruck, wie die Italiener mit allen möglichen Finten das Gruber-Degasperi-Abkommen unterliefen; auch darüber, daß so viele alte Faschisten auf ihre alten Posten zurückgekehrt waren.

Anfang der 50 er Jahre übernahm ich bei Radio Tirol zusammen mit Fritz Bieler die Bergsteigersendung und Mitte der 50-er die Sendung "Heimat an Etsch und Eisack". Im Zuge dieser Arbeit lernte ich Südtirol von Innichen bis Glurns und vom Brenner bis Salurn kennen und schätzen. Meine Gesprächspartner waren vor allem Bürgermeister, Pfarrer, Feuerwehrhauptleute usw. In dieser Zeit war die Verärgerung über die Nichteinhaltung des Pariser Abkommens schon weit verbreitet und zum Teil sehr heftig.

Die Pfunderer Prozesse mit ihren Schandurteilen brachten dann das Faß zum Überlaufen. Hier wurde politische Justiz übelster Sorte vorgeführt. Wir stammten alle aus einer Generation, die noch im Krieg gewesen war und gehofft hatte, daß mit Ende des Krieges wirklich ein Zeitalter von Freiheit, Frieden und Demokratie angebrochen wäre. Ich konnte den Tag von Sigmundskron miterleben, einerseits den Volkszorn der Südtiroler, andererseits die beschwörenden Worte von Silvius Magnago, der noch immer daran glaubte, daß man auch mit friedlichen Mitteln die Italiener zur Erfüllung des Pariser Abkommens bringen könnte.

Nachdem sich aber auch nach Sigmundskron in der hohen Politik nichts bewegte, kamen die ersten Anschläge (Stieler-Gruppe; dazu Anm. d. V.: deren Anschläge waren allerdings schon vor der Sigmundskroner Kundgebung erfolgt), die wir für richtig hielten. Gleichzeitig erlaubte mir der österreichische Rundfunk, die Südtirol-Sendung etwas zeitnäher und problembewußter zu gestalten. In der italienischen Politik und Presse wurde immer mehr der Vorwurf laut, die Autonomiebestrebun-

gen und die Forderung nach Selbstbestimmung wären nazistische Umtriebe von einigen Unbelehrbaren.

F: Wie kam es dann zu Ihrer aktiven Unterstützung des Südtiroler Freiheitskampfes?

H. KLIER: Martl Koch und seine Freunde hielten diese Argumentation für gefährlich, weil dadurch auch viele Südtiroler irritiert wurden. Deshalb kamen wir überein, ein Signal zu setzen, das zeigen sollte, wo der Faschismus zu Hause wäre: die Sprengung des Aluminium-Duce von Waidbruck, auf dem ja bis zum Zweiten Weltkrieg die Aufschrift "Al Genio del Fascismo" angebracht war.

F: Wolfgang Pfaundler betont, die Innsbrucker Gruppe legte Wert auf einen "großen Schlag", der gut vorbereitet werden sollte. Man habe daher die Südtiroler Aktivisten um Sepp Kerschbaumer immer wieder zurückgehalten von vorzeitigen Einzelaktionen. Aus welchen Gründen entschied man sich trotzdem für den Anschlag auf den Aluminium-Duce bereits im Jänner 1961, ohne Rücksprache mit den Südtirolern? Josef Fontana, der wenige Tage später den Anschlag auf das Haus von Ettore Tolomei verübte, war zum Beispiel trotz vorheriger Rücksprache mit Sepp Kerschbaumer nicht informiert über die Waidbrucker Aktion?

H. KLIER: Die Bozner Gruppe um Martl Koch blieb von Anfang an auf Distanz zur Gruppe Kerschbaumer, weil es dort mit der Geheimhaltung sehr haperte. Viele der Grundregeln von Untergrundarbeit waren nicht befolgt worden, was aber aus historischen Gründen verzeihlich war. Sehr viele kannten einander persönlich aus dem Tiroler Schützenbund. Die Verhaftungswelle nach der "Feuernacht" zeigte ja dann auch die großen Mängel dieser Organisation.

F: Anhand welcher Unterlagen war es möglich, den Sprengplan zu erstellen, der - wie Prof. Pfaundler bestätigt - in einem der Koffer im Depot am Haydn-Platz gefunden wurde?

H. KLIER: Der Aluminium-Duce von Waidbruck war für mich und viele andere, was der Gessler-Hut im Wilhelm Tell ist: eine ständige Provokation der einheimischen Bevölkerung. Offenbar sollte den Südtirolern auch nach 1945 demonstriert werden, wer der Herr im Hause war und in welchem Geist diese Herrschaft aufrechterhalten würde.

Im November 1960 nahm ich zusammen mit einem Südtiroler Freund, der mir die Räuberleiter machte, den ersten Lokalaugenschein vor und maß den Durchmesser des Pferdefußes, auf dem statisch das ganze Denkmal ruhte. Über die Dicke des Materials (Aluminiumguß) konnten wir allerdings nichts in Erfahrung bringen. Martl Koch kundschaftete die Art der Bewachung des Denkmales (= Kraftwerksportal) aus. Es wurde von zwei Carabinieri mit Schnellfeuergewehren bewacht.

Bei einem Treffen Ende Jänner 1961, an dem neben Landesrat Oberhammer auch Luis Amplatz und Martl Koch

Gesprengter Aluminium-Duce, Denkmalsockel: "Al Genio del Fascismo".

beteiligt waren, wurde noch einmal der Zorn darüber laut, daß die italienischen Partner bei den laufenden Verhandlungen die Österreicher praktisch an der Nase herumführten. Die Vorbehalte von Silvius Magnago und Alfons Benedikter, die von wachsendem Unmut in der Bevölkerung berichteten, wischten sie einfach vom Tisch und versteckten sich hinter juridischen Spitzfindigkeiten.

Alle Anwesenden waren der Meinung, es wäre Zeit, durch eine spektakuläre Aktion die italienischen Verhandler zur Vernunft zu bringen. Der Aluminium-Duce erschien allen als das richtige Objekt, zumal diese Aktion hohen

Symbolwert hätte, gleichzeitig aber mit großer Sicherheit keine Menschenleben gefährden würde. Ich erklärte mich bereit, zusammen mit Kurt Welser die Sprengung durchzuführen. Der Zeitpunkt blieb uns überlassen, um größtmögliche Geheimhaltung zu sichern. Am 28. Jänner traf ich mich mit Martl Koch im "Kalten Keller" und besprach die letzten Einzelheiten. Ich übernachtete auch dort. Die Schwester von Martl Koch war damals Wirtin vom "Kalten Keller".

F: Wie konnten die Schwierigkeiten überwunden werden, nämlich Höhe des Denkmalsockels, Anfahrt auf der

Brennerstraße trotz Polizeistreifen und Nähe von Wachen? Und wurde der Anschlag gemeinsam mit Südtirolern ausgeführt?

Am 29. Jänner traf ich noch einmal Luis Amplatz, der gerne mitgetan hätte, aber einsah, daß es nicht notwendig war, daß zu viele Leute beteiligt wären (zumal Luis Amplatz zu den stärksten und wichtigsten Leuten des Freiheitskampfes zählte). Am Abend des 29. stieß Kurt Welser im "Kalten Keller" zu uns, zusammen mit vier jungen Nord- und Südtirolern, deren Namen bis heute unbekannt geblieben sind. Im ersten Auto, gesteuert von einer Frau, fuhren Kurt, Martl und ich mit dem Sprengstoff. Dicht darauf folgte das zweite Auto, das den Geleitschutz bildete, damit wir nicht im Scheinwerferlicht eines nachkommenden Autos beim Aussteigen und Aufpacken des Sprengstoffes von den Bewachern gesehen würden. Beim ersten Anfahren funktionierte es nicht; wir mußten an der vereinbarten Stelle vorbeifahren und das Ganze dann noch einmal wiederholen, weil gerade da in beiden Fahrtrichtungen zu viele Autos unterwegs waren. Beim zweiten Mal klappte es (allerdings auch mit dem Regiefehler, daß Kurt und ich mit den Sprengmaterialien vor dem Auto, also im Scheinwerferlicht, zum Abhang hinüberliefen und erst dort im Dunkel untertauchten, keine 30 Schritte von den beiden Bewachern entfernt).

Beide Autos fuhren dann weg und hatten den Auftrag, nach 15 Minuten wieder an der Stelle zu sein. Kurt und ich stiegen durch das Gebüsch hinauf zum Sockel. Kurt Welser war ein sehr großer Mann. Er machte mir auf der Rückseite des Denkmals die Räuberleiter. Mit seiner Hilfe kam ich so leicht auf den Sockel hinauf. Dann zog ich die Sprengladung (40 kg) in zwei Paketen hoch und umwickelte den Fuß des Reiters dicht mit Sprengstoff.

Wie sich später herausstellte, war das Aluminium dünner als wir gedacht hatten; wir wollten aber jedenfalls sicher gehen, daß der Reiter verläßlich zerstört würde. Die Aktion fand irgendwann zwischen 20.00 und 21.00 Uhr statt, den Zünder stellten wir auf 24.00 Uhr, weil wir annahmen, daß da am wenigsten Verkehr auf der Straße sein würde. (Ich weiß nicht genau, wann die Zündung dann tatsächlich erfolgt ist).

Wir stiegen wieder hinunter zur Straße. Die beiden Autos kamen planmäßig an den Straßenrand. Wir fuhren zurück zum "Kalten Keller", kehrten dort aber nicht mehr zu, sondern die Südtiroler stiegen in das Auto von Martl Koch und wir fuhren in meinem Auto über den Brenner heimwärts. Am nächsten Morgen rief mich Martl Koch vom "Kalten Keller" aus mit großer Begeisterung an: "In tausend Fetzen hat's ihn derrissen!"

F: Zum Hergang der Sprengung gibt es eine Südtiroler Gegenthese: drei Südtiroler hätten demnach die letzten Handgriffe ausgeführt, um Kurt Welser Zeit zu geben, über den Brenner zu entkommen. Zum Beweis für diese Gegendarstellung wird von Südtiroler Seite auch ein technisches Detail angeführt: der Denkmalsockel sei für die "Räuberleiter" zu hoch gewesen, das Seil mit dem Sprengstoff hätte von unten hinaufgeschleudert werden müssen...

H. KLIER: Ich habe Ihnen geschildert, wie es an diesem Abend zugegangen ist. Als Schriftsteller habe ich ein sehr gutes Gedächtnis, zumal ich ja in einem früheren Buch schon über diese Sprengung andeutungsweise berichtet habe. Ich saß mit Martl Koch im "Kalten Keller", Kurt Welser ist dann zu uns gestoßen. Alle anderen Personen waren nicht von Belang.

F: Fritz Molden hat einen Denkmal-Splitter aufbewahrt, er hat erneut bestätigt, Kurt Welser und Sie hätten diese "Souvenirs" nach dem Anschlag mitgebracht. Auch Außenminister Bruno Kreisky sei in Begleitung Moldens ein solches Andenken überreicht worden. Stammten diese Splitter tatsächlich von dem gesprengten Denkmal? Von mehreren Seiten wird nämlich eingewendet, es sei unmöglich, solche Splitter einzusammeln, weil sich Attentäter ja auf schnellstem Weg in Sicherheit bringen, bevor die Sprengung durch einen Zeitzünder ausgelöst wird. Nach dem Anschlag sei das Denkmal aber so streng bewacht worden, daß ein unbemerktes Auflesen von Splittern nicht möglich gewesen wäre.

H. KLIER: Am Freitag, den 10. Feber 1961, fand im Hotel "Europa" in Innsbruck ein Treffen mit mehreren Südtirolern statt. Dabei übergab mir Martl Koch drei oder vier Bruchstücke vom Aluminium-Duce, sozusagen als Dank des Vaterlandes. Einer hatte auch eine Zeitung mit (ich glaube, es waren die "Dolomiten"), auf der der gesprengte Duce abgebildet war. Die Scherben vom Duce lagen aber weitum in der Gegend. Allein Martl Koch hatte eine ganze Hand voll Scherben eingesammelt und sie an Freunde weitergegeben, sozusagen als Verpflichtung, daß jeder für die Freiheit Südtirols seinen Beitrag leisten sollte.

F: Was war dann Ihr Beitrag zur Taktik und Strategie der "Feuernacht"? Wolfgang Pfaundler bezeichnet Sie ja als seinen Nachfolger an der Spitze des Innsbrucker BAS, nachdem er selbst wegen der Differenzen mit der Südtiroler Gruppe um Sepp Kerschbaumer diese Führungsrolle abgegeben hatte?

H. KLIER: Teile der Antworten finden Sie in der Anklageschrift und im Urteil, die Ihnen sicher leichter zugänglich sind als mir. Mir wurde ja seinerzeit, im Gegensatz zu den internationalen Rechtsnormen, weder eine Anklageschrift zugestellt noch das Urteil. Mit den Tirolern ist man in Italien ja nie besonders zimperlich umgegangen. Da ich, wie meine Verhaftung in Budapest (am Freitag, 7. Juni 1991) gezeigt hat, noch immer auf den italienischen Fahndungslisten stehe, werden Sie verstehen, daß ich derzeit eine Reihe von Fragen nicht beantworten will. Die italienische Justiz jagt mich mit immer neuen Haftbefehlen in der ganzen Welt - dabei könnte sie durchaus auch einmal erfolgreich sein.

F: Wann und aus welchen Gründen sind Sie dann als Aktivist ausgeschieden ? Haben Sie zum Beispiel mit den im österreichischen Exil lebenden Südtiroler Aktivisten Luis Amplatz und Georg Klotz in den Jahren nach der "Feuernacht" noch zusammengearbeitet ?

H. KLIER: Ich kam am 7. Oktober 1961 von einer Reise durch Spanien und Frankreich zurück nach Innsbruck. Meine Freunde fingen mich am Bahnhof ab und teilten mir mit, daß seit einigen Tagen ein Haftbefehl der österreichischen Justiz gegen mich vorliege. Ich übernachtete also vom 7. auf 8. Oktober bei Freunden in Innsbruck. In der Nacht vom 8. auf den 9. Oktober ging ich über die grüne Grenze nach Bayern und lebte dort mehrere Jahre als U-Boot.

Der österreichische Rundfunk ließ mich wie eine heiße Kartoffel fallen. Das war mein einziges fixes Einkommen gewesen. Meine Frau mit drei kleinen Kindern stand praktisch über Nacht mittellos da. Ich hatte alle Hände voll zu tun, um unter diesen schwierigen Bedingungen meine Familie ernähren zu können.

Um am ersten Grazer Südtirol-Prozeß im Mai 1965 teilnehmen zu können, erhielt ich freies Geleit und konnte wieder nach Österreich reisen. Inzwischen war Luis Amplatz ermordet und Georg Klotz schwer verwundet worden. Günther Andergassen war in Italien verhaftet und zu einer hohen Kerkerstrafe verurteilt worden. Martl Koch verbüßte ebenfalls eine mehrjährige Kerkerstrafe. Der erste Grazer Prozeß dauerte vom 4. bis 22. Mai 1965. Am 20. September jenes Jahres begann der Schwurgerichtsprozeß in Graz, der am 14. Oktober 1965 mit einem Freispruch für alle Angeklagten endete. Erst danach konnte ich wieder daran gehen, mir eine neue Existenz aufzubauen.

Gesprengter Duce: Kopf ohne Reiter

GERHARD MUMELTER

DIE ATTENTÄTER IM SPIEGEL DER PRESSE

DIE SÜDTIROL-BERICHTE UND -REPORTAGEN DER IN- UND AUS-
LÄNDISCHEN PRESSE AUS DEN SECHZIGER JAHREN FÜLLEN
GANZE REGALE. DIE HIER VORGENOMMENE UND AUS PLATZ-
GRÜNDEN SEHR BESCHRÄNKTE AUSWAHL BERÜCKSICHTIGT
DAHER AUSSCHLIESSLICH MEDIENBERICHTE, DIE ERHEBLICHES
AUFSEHEN ERREGTEN ODER DIE IN IRGENDEINER WEISE
TYPISCH SIND FÜR DEN STIL DER BERICHTERSTATTUNG JENER
JAHRE. EIN REPRÄSENTATIVER QUERSCHNITT DURCH DIE
WICHTIGSTEN ZEITUNGSBERICHTE WÜRDE EINEN
EIGENEN BAND ERFORDERN.

Die 'Europeo' - Story

Zu den Presseberichten, die in den Sechziger Jahren das größte Echo auslösten, gehört das von der Wochenzeitung "Europeo" im Februar 1964 veröffentlichte Gespräch mit Georg Klotz. Unter dem Titel "Im Unterschlupf der Terroristen" brachte die Zeitung eine 16-Seiten-Reportage mit Fotos von Gianfranco Moroldo, die wir hier in Auszügen wiedergeben. Moroldo hatte in Südtirol schon mehrere Foto-Reportagen gemacht und zeigte sich daran interessiert, mit Klotz Kontakt aufzunehmen. Ohne sein Wissen zog dabei allerdings der Geheimdienst die Fäden. Moroldo, der heute noch in Mailand als Fotograf arbeitet, schildert die ersten Kontakte: "Ich hatte eine junge Österreicherin kennengelernt, die sich bereit erklärte, eine Verbindung herzustellen. Wir vereinbarten ein erstes Treffen mit einem Verbindungsmann, von dem ich erst später erfuhr, daß es der Agent Christian Kerbler war. Wir trafen uns nachts in einem Nachtlokal in der Bozner Museumstraße. Dabei legten wir Einzelheiten des geplanten Treffens mit Klotz fest. Ein Problem war dabei, daß Kerbler für seine Vermittlungsdienste 300.000 Lire forderte. Das war damals eine erhebliche Summe, die erst aufgebracht werden mußte. Der Verleger war uns dabei behilflich. Klotz war später wütend, als er erfuhr, daß Kerbler für das Interview Geld kassiert hatte. Als ich von der Begegnung mit Kerbler in mein Bozner Hotel zurückkehrte, merkte ich gleich, daß mein Zimmer durchsucht worden war. Mein Verdacht fiel natürlich sofort auf den Geheimdienst der mir prompt wenig später eine Zusammenarbeit anbot. Das lehnte ich kategorisch ab."

Als journalistischen Begleiter wählte Moroldo den angesehenen 'Europeo'-Redakteur Gianni Roghi aus, der einigermaßen gut deutsch sprach. Roghi ist später bei einer Reportage in Afrika tödlich verunglückt.

Als Treffpunkt war ein Kaffeehaus in Innsbruck vereinbart. "Wir bestellten Bier und legten als vereinbartes Zeichen eine Ausgabe des 'Europeo' auf den Tisch", erzählt Moroldo.

Alles weitere schildert die groß aufgemachte Reportage von Gianni Roghi: Den mehrmaligen Auto-Wechsel und die Fahrt mit verbundenen Augen in ein vermeintliches Terroristen-Ausbildungszentrum, wo Georg Klotz die italienischen Gäste erwartete. Mit dabei: Christian Kerbler, der spätere Mörder von Luis Amplatz.

Moroldo und Roghi konnten zu diesem Zeitpunkt nicht wissen, daß sie Akteure in einem Spiel waren, dessen Drehbuch andere geschrieben hatten. Die Terroristen wollten ihnen vor Augen führen, man verfüge über genügend Nachwuchs, sei bestens ausgebildet und generalstabsmäßig organisiert. Ein "Riesenulk", wie die "Bunte Illustrierte" fand. Was allerdings auch Klotz und seine Freunde nicht wissen konnten, war die Tatsache, daß an diesem Spiel in der Person Kerblers auch der italienische Geheimdienst beteiligt war.

Auf der Fahrt mit verbundenen Augen, die sich nur in der Umgebung Innsbrucks abspielte, unterlief Roghi ein erster folgenschwerer Fehler: er glaubte, die 45-Minuten-Fahrt mit kurzem Fußmarsch habe über einen abgelegenen Grenzübergang nach Bayern geführt. Dort, in der Ab-geschiedenheit der bayerischen Berge, befinde sich die "Terroristenschule".

Diese Behauptung des "Europeo" zog diplomatische Schritte nach sich. Der deutsche Außenminister Gerhard Schröder dementierte die Meldung im Bundestag kategorisch und beauftragte den Botschafter in Rom, die italienische Regierung von der Haltlosigkeit derartiger Behauptungen zu überzeugen. Auch das bayerische Innenministerium dementierte die "abenteuerliche Darstellung".

Der zweite Fehler unterlief Roghi, als er das nächtliche Theater, das man ihm nach dem Klotz-Interview vorspielte, für Wirklichkeit hielt: schwerbewaffnete Männer, die durch den Wald marschierten, Losungsworte, Schießübungen. Klotz später in der "Bunten Illustrierten: "Daß sie auf einen so plumpen Schwindel hereinfallen würden, war nicht vorauszusehen. Ich verstehe es eigentlich auch heute noch nicht, obwohl ich sagen muß, daß wir ihnen perfektes Theater lieferten".

Gianfranco Moroldo schoß jedenfalls ein Foto nach dem anderen: die Geschichte schien aus jenem Stoff, von dem Journalisten träumen.

Die Ernüchterung kam einige Wochen später. Die ganze Aufregung über das Klotz-Interview war schon fast verebbt, da brachte der "Alto Adige" in großer Aufmachung die Enthüllung: das Haus, in dem Klotz wohnte, stand in Absam bei Innsbruck, die Bilder der bewaffneten Terroristen waren in dessen unmittelbarer Umgebung entstanden. "Wir haben Klotz in seinem Unterschlupf in Österreich fotografiert", triumphierte das Blatt. Ein Bild zeigte Klotz beim Verlassen des Hauses. Nur naive Leser konnten glauben, der "Alto Adige" habe die ganze Geschichte selbst recherchiert. Denn neben Klotz war auf dem Foto jener Mann zu erkennen, der den meistgesuchten Südtirol-Attentäter so aus dem Haus geführt hatte, daß ihn der "Alto Adige"-Fotograf gut ins Bild bekam: Christian Kerbler, der bezahlte Agent. Der Geheimdienst wollte mit dieser Aktion der gesamten Öffentlichkeit vor Augen führen, daß Österreich die Umtriebe bewaffneter Terroristen auf seinem Staatsgebiet wohlwollend dulde. Doch der Hintergrund der groß aufgemachten "Alto Adige"-Enthüllungen war für viele Redaktionen leicht durchschaubar. Das erhoffte Echo blieb aus, was die Zeitung sogar zu einer ungewohnten Kritik an der Haltung Roms verleitete: "Lo stato di cronica indifferenza e di approssimativa conoscenza del problema altoatesino rende gli ambienti romani perplessi, esitanti e disorientati di fronte anche alle situazioni più chiare".

Damit bestätigte die Zeitung unfreiwillig einen Umstand, den die Südtiroler bereits seit Jahren kritisieren.

In Österreich gab es keine offiziellen Reaktionen. Für Georg Klotz aber blieb die "Europeo-Story" nicht ohne Konsequenzen. Er mußte Innsbruck verlassen und bekam von der Staatspolizei Wien als Aufenthaltsort zugewiesen. Dort mußte er sich täglich bei der Polizei melden.

Seine österreichischen Freunde, die im nächtlichen Terror-Theater als Komparsen aufgetreten waren, wurden am Brenner verhaftet, als sie wenig später nach Italien einreisen wollten.

L'EUROPEO

955 · ANNO XX · N. 6 · SPED. IN ABB. POST. · GR. 2°   SETTIMANALE POLITICO D'ATTUALITÀ   L. 150 · 9 FEBBRAIO 1964

Per la prima volta due giornalisti italiani entrano in contatto con la centrale dei dinamitardi altoatesini

I NOSTRI INVIATI TRA I TERRORISTI

I DUE ATTI DI MILLER CHE SVELANO IL SEGRETO DI MARILYN

NEL COVO DEI

I nostri inviati Gianni Roghi e Gianfranco Moroldo sono riusciti a mettersi in contatto con la centrale dei terroristi altoatesini. Dopo lunghe trattative hanno ottenuto di trascorrere una notte nel loro quartier generale, sulle Alpi bavaresi, interrogando, incidendo su magnetofono, fotografando quanto possibile. In particolare, i nostri inviati hanno avuto un lungo colloquio con Georg Klotz, il fabbro altoatesino che è considerato il capo del movimento indipendentista. Questa è la prima intervista che Klotz abbia mai concesso. I nostri inviati hanno ascoltato inoltre il giovane capo della « scuola di terrorismo » che sta preparando uomini, armi e divise per una prossima offensiva bellica in Alto Adige. Pubblichiamo queste interviste, le osservazioni e le fotografie eseguite nell'intento di offrire al pubblico un documento di eccezionale importanza sulla situazione in Alto Adige. È una testimonianza che aiuta a conoscere chi sono gli uomini che con il sabotaggio e il fanatismo vogliono imporre una soluzione di forza a un complesso problema etnico

liani si sono incontrati con i terroristi altoatesini,
ugi e hanno potuto intervistarne i capi

TERRORISTI

Georg Klotz e il nostro inviato Gianni Roghi a colloquio nel rifugio segreto. Klotz è nato a Passeiertal, vicino a Bolzano.

Ci portano bendati a incontrare Klotz

INNSBRUCK, *febbraio*

L'APPUNTAMENTO è alle cinque della sera al caffè Centrale, alle cinque in punto noi mettiamo vicino alla birra una copia del nostro giornale e dalla folla emerge un giovanotto, viene vicino, ci riconosce per quelli giusti, fa un cenno, emerge un altro giovanotto. Breve presentazione. Ah, lei è Herr B.? Sì, sono io, risponde il secondo giovanotto. Possiamo andare. Fuori è già buio, le montagne salgono limpide sopra i tetti di Innsbruck. Per ora, sulla nostra automobile, i due seduti dietro: a destra, a sinistra, adesso avanti dritti. Prendiamo la statale orientale, la strada per Vienna. I due non parlano. E adesso alt, davanti a un'osteria. Siamo già arrivati? Oh no, sorride B., è che siamo in anticipo. Nell'osteria va giù un'altra birra, B. consulta l'orologio, si alza, va a telefonare, ritorna. Tutto bene, dice. Vuole vedere i nostri documenti, è soddisfatto. D'improvviso mi chiede ciò che penso sull'Alto Adige; gli rispondo che sono qui per ascoltare, non per discutere; va bene, risponde, ma si accende e mi fa una filippica sulle ragioni del Südtirol, con la voce dura, gli occhi chiari che lampeggiano guardandomi fisso. Poi si alza e scompare ancora nei locali interni. B. dev'essere uno dei fanatici, dico al suo compagno. Sì, risponde, lui sì, vive di questo. B. torna e annuncia che si può ripartire. Venti chilometri ancora e riconosciamo Jenbach, ci dicono di lasciare la statale e di attraversare la ferrovia, parcheggiamo a un Gasthof, la locanda è piena di tirolesi che bevono e giocano a carte. Ci guardano curiosi. Se volete, dice B., possiamo mangiare qualcosa: dopo non sarà più possibile, fino a domattina. Arrivano i würstel e lui continua a sparire, forse a telefonare. Finalmente, dopo mezz'ora, fa un segno al compagno, ci alziamo, usciamo e ci incamminiamo a piedi. Il compagno prende sottobraccio il nostro fotografo, B. prende me, ci guidano verso un viale oscuro, dicono di non parlare. Dal fondo del viale si muovono adagio due automobili, ci incrociano lentamente, tornano indietro, si fermano, spengono i fari. Nella prima c'è soltanto l'autista, nella seconda sono in due. Ci bendano stretti con sciarpe, il fotografo è fatto salire sulla prima vettura e io sulla seconda, ciascuno col suo custode a fianco. Con me rimane B., chiede scusa per la benda: «Ma lei capisce».

Così comincia un viaggio di tre quarti d'ora, nel buio e nel silenzio. Sento che riattraversiamo la ferrovia, che si volta a sinistra sull'asfalto asciutto della statale, ma dopo un lungo tratto ancora a sinistra per una strada secondaria innevata. E si comincia a salire.

A questo punto dirò che nonostante le precauzioni dei nostri accompagnatori crediamo di aver riconosciuto in modo abbastanza preciso la zona nella quale siamo stati condotti. La regione è nelle Mangfall Gebirge, in Baviera, subito oltre la frontiera austriaca.

L'unica occhiata panoramica che ci viene concessa è durante la traversata clandestina della frontiera austro-germanica. Le automobili si fermano su un rettilineo di mezza costa, attendiamo lunghi minuti, sempre bendati, sento che B. parlotta fuori dell'auto. Ci fanno scendere, ci sciolgono la sciarpa. Siamo in una zona deserta di montagna (non si scorge un lume per trecentosessanta gradi), sul fianco di un costone coperto di boschi. A giudicare dall'innevamento siamo prossimi ai mille metri d'altezza. Uno sguardo alle stelle per capire che lì sotto è la valle dell'Inn e che noi marciamo verso nord. B. sparisce nel bosco, le automobili si avviano adagio senza di noi, rimaniamo col compagno di B. a battere i piedi nella neve per un quarto d'ora. Fa molto freddo. Ecco B. uscire dagli abeti, fa un segno: andiamo, sussurra, e zitti. Lo seguiamo in fila indiana nel bosco, nel buio. Per fortuna siamo esposti a meridione e la neve non è alta. Dopo duecento metri di salita sbuchiamo improvviso su un tornante della strada. Qualche minuto, poi le automobili ricompaiono, ci

superano, si fermano più in là. Abbiamo attraversato la frontiera?, chiedo a B. Sì, risponde. Ci bendano di nuovo, saliamo nelle vetture, via come prima. Qualche chilometro, una deviazione, ci siamo. I miei compagni di viaggio sono adesso un poco agitati, qualcuno scende, parlano un tirolese stretto che non capisco, andirivieni. Ecco venga, mi dice finalmente B., mi dia il braccio. Faccio con lui alcuni metri, poi dei gradini, sento che c'è altra gente intorno, scalpiccio di scarponi sulla neve, il caldo improvviso di una porta che si apre, il legno di un pavimento. Mi tolgono la benda e sono davanti a Georg Klotz.

Che sia lui, il primo a destra seduto a un tavolo, lo capisco a istinto. Non avevo mai potuto averne una fotografia. Sono seduti in tre a un tavolo d'angolo in una specie di baita confortevole, arredata in legno chiaro, la classica Stube tirolese-bavarese con un gran crocifisso scolpito nel tronco nell'angolo opposto. Sono tre uomini dai quaranta ai cinquanta, con le mani sul tavolo, si

Georg Klotz nel suo rifugio segreto. Klotz è fabbro artigiano. Durante l'ultima guerra ha militato nei cacciatori delle Alpi della Wehrmacht.

guardano fissi le mani, non si alzano. Il fotografo e io ci stropicciamo gli occhi per l'improvvisa luce, una lampada illumina il centro del tavolo, il resto della stanza è buio ma pieno di uomini, in piedi, che non apriranno mai bocca. Finalmente i tre ci guardano, senza sorridere, il primo si alza, tende la mano e dice: «Klotz». Gli altri due non dicono il nome, anch'essi non apriranno mai bocca. Io guardo Klotz. Una faccia forte, caprigna, gli occhi verdi e chiari, la barbetta bionda, la mascella dura, il naso aquilino; statura media e mani grosse, alla destra manca un dito. È visibilmente emozionato e sospettoso, quasi ostile. Per un'ora e mezzo non lo vedrò mai sorridere. Gli chiedo in quale lingua preferisce rispondere alle mie domande: italiana o tedesca. Tedesco, dice secco. E allora ecco il colloquio, parola per parola, che riferiamo senza commenti.

Signor Klotz, gli dico, vorrei che lei mi parlasse del movimento cui fanno capo i terroristi altoatesini. Questo movimento, questa organizzazione esiste? Klotz risponde subito con brevità e sicurezza, con un tono leggermente lapidario. È un uomo che ha idee delimitate e precise. Sa molto bene, inoltre, le cose che vuole dire e le cose che preferisce non dire. «Un movimento come tale», dice, «non esiste davvero. Non c'è una vera e propria organizzazione. C'è piuttosto una generale insoddisfazione del popolo sudtirolese. Veramente generale. Potremmo forse parlare delle ragioni di questa insoddisfazione, ma ormai è una storia piuttosto vecchia, e la sanno tutti».

Signor Klotz, insisto, si parla ormai da tempo di questa organizzazione, e persino di un suo capo. «Per quanto ne so io», risponde, «non esiste un vero capo. La ribellione è nata contemporaneamente in più luoghi del Sudtirolo senza sobillamenti e senza alcuna guida, per il semplice fatto che ovunque nel Sudtirolo si è sentita l'amarezza della slealtà italiana. È una amarezza sentita da tutte le classi di età e di censo, nell'Hinterland come nell'Oberland e nel Pusterland».

Lei sa che in Italia si afferma che Georg Klotz è il capo dei terroristi altoatesini? «Certo che lo so. Ma è un onore che mi fanno gli italiani. Per la verità, non è vero».

Si dice anche che questa organizzazione si stia componendo in una struttura di tipo militare, con ufficiali, sottufficiali e così via. È vero? «Per niente. Non esiste niente del genere. Non abbiamo né ufficiali né sottufficiali né truppe. C'è soltanto della gente che pensa che qualche cosa debba essere fatto».

Ma le operazioni di sabotaggio dovranno ben essere organizzate, preparate, guidate. Come fate? «Ognuno cammina per il suo sentiero. I sabotaggi non sono affatto organizzati dall'alto come intende lei. Ognuno prende le decisioni per conto suo, magari accordandosi con due o tre camerati».

Tempo fa, signor Klotz, io raccol-

continua alla pagina 22

Due momenti dei tre terroristi in esercitazione. L'istruttore è il giovane in giaccavento che nella fotografia qui sopra cammina in testa. Le armi in dotazione sono mitragliatori, pistole, fucili, bombe a mano di vario tipo e bazooka.

«Con gli italiani non ci capiremo mai»

continuazione dalla pagina 14

si voci a Monaco di Baviera secondo le quali il movimento in Alto Adige veniva sorretto, se non addirittura suggerito, da elementi locali, configurati in certe società segrete a carattere nazista. Feci anche il nome della principale tra queste, « Die Spinne », il ragno. Che cosa c'è di vero in tutto ciò?

«Che io sappia, collegamenti di questo genere non ce ne sono. D'altra parte io ho ben pochi contatti con certi ambienti. Non si può avere contatti con tutti. Secondo me, in ogni caso, si tratta di una leggenda. Le voci di un preteso nazismo da parte dei patrioti sudtirolesi o tirolesi provengono notoriamente da ben evidenti direzioni. I tirolesi sono antinazisti e lo sono sempre stati, sia per la loro particolare cultura di gente di montagna, sia per la loro mentalità di uomini legati alla terra: ma soprattutto perché non dimenticano di essere stati venduti dai nazisti ai fascisti nel 1939. Dunque il nazismo non c'entra, e non è nemmeno vero, per quanto sappia, che la causa del Sudtirolo abbia ottenuto appoggi dalla Germania. Ciò non implica, naturalmente, che qualcuno di noi non possa aver trovato in Germania accoglienza e rifugio ».

Lei ha ripetuto che non si può parlare di un'organizzazione, di un movimento. Va bene. Ma nel complesso di uomini che agiscono a mano armata, oltre agli altoatesini vi sono anche austriaci e tedeschi?

« No. Si tratta esclusivamente di sudtirolesi ».

E quanti sono, all'incirca?

« Non posso rispondere. Ma se anche lo sapessi non lo direi. Comunque, l'amarezza è ormai così diffusa che si può dire impegnata, più o meno attivamente, la maggioranza della popolazione. Per essere più precisi, diciamo che la maggioranza della popolazione è d'accordo, è favorevole alle soluzioni prese dai suoi esponenti attivi ».

Tra gli elementi attivi, cioè tra i terroristi e sabotatori, sono più numerosi i giovani o gli anziani? « Non esistono differenze di età per questo aspetto. Dallo stesso processo di Milano vediamo che ci sono ragazzi di vent'anni e uomini di oltre sessanta. Così è sempre stato e così continuerà a essere ». E le donne? « Non abbiamo donne attive, perché questo sarebbe contrario alla mentalità tirolese ».

Mi consenta, signor Klotz, un breve ritorno alla questione nazista. Lei diceva che non c'è nazismo tra i vostri uomini. Si potrebbe forse obbiettare che c'è l'inizio di un neonazismo nella vostra ideologia. « No assolutamente. Siamo tirolesi e vogliamo rimanere tirolesi. L'unica cosa che abbiamo in comune con i tedeschi è la lingua, ma noi non siamo altro che tirolesi, vogliamo rimanere tirolesi come ci dànno diritto ottocento anni di storia. E siccome gli italiani non ce lo permettono, noi combattiamo ».

La questione dell'Alto Adige è certamente importante, ma forse non al punto, mi sembra, signor Klotz, da chiedere sacrifici di vite umane. Lei la pensa diversamente, e crede per esempio che essa meriti persino la morte di persone innocenti? « La questione del Sudtirolo è importante per noi tirolesi. Per noi è una questione vitale. Gli italiani non sono in grado di capire, noi e gli italiani non ci capiremo mai. Quanto al sacrificio di vite umane, noi cerchiamo e abbiamo sempre cercato di evitarlo. E cercheremo di evitarlo anche in futuro. Ma sono cose sulle quali non si può mai essere sicuri. Se un combattente si trova in pericolo, è logico che tenti di non farsi prendere, e spara ».

Lei ha accennato prima che la maggioranza degli altoatesini di lingua tedesca è favorevole, oggi, alle soluzioni radicali. In Italia si continua invece a ritenere che l'agitazione dell'Alto Adige sia una faccenda di minoranze, mentre la grande maggioranza della popolazione prenda scarso interesse alla questione, e che tutto sommato sia soddisfatta della prosperità in cui vive, compatibilmente con le condizioni economiche di una regione montana. Lei che cosa risponde? « Primo. Diventa sempre più evidente che il movimento non è sostenuto da dei singoli, da degli isolati, bensì dalla maggioranza della popolazione. L'ho già detto e lo ripeto, e bisogna esser ciechi per non vederlo. Secondo. Né in Francia, né in Germania, né in Austria, né in Svizzera esistono popolazioni contadine di montagna che si trovino in condizioni economiche così difficili come i sudtirolesi. Ovunque le famiglie dei contadini di montagna ricevono sovvenzioni, ma non in Italia. In Italia non se ne sente nemmeno parlare. Ovunque si costruiscono strade che portano alle singole fattorie, e in Italia no. Lo sa che nel Sudtirolo sono state già chiuse più di diecimila fattorie? E non ne sono state costruite di nuove. Anch'io abito in una fattoria di campagna nel Sudtirolo, e perciò parlo per esperienza di migliori.

Gli italiani non hanno alcuna antipatia né per i tirolesi né per gli austriaci, e tra l'altro lo dimostra il fatto che gli austriaci venuti in vacanza in Italia in questi ultimi anni hanno continuato a trovarsi in un'atmosfera di cordialità. Da parte vostra c'è invece odio verso gli italiani? « Io non odio gli italiani. Sono un buon amico degli italiani. Odio piuttosto questo spirito fascista e calvinista, e i suoi sistemi di repressione. Noi cerchiamo semplicemente di difenderci da questo ». Spirito calvinista, dice Klotz. Così risulta inequivocabilmente dalla registrazione magnetica, e viene ripetuto altre volte. Nella conversazione diretta, io ho creduto d'intendere « spirito sciovinistico » (in tedesco le due locuzioni sono foneticamente simili). A conti fatti, devo riconoscere di non capire bene il senso di questo « calvinismo » italiano in Alto Adige.

Lei è di nazionalità italiana, signor Klotz. Conosce l'Italia anche al di fuori dell'Alto Adige? « Sì, abbastanza ». Ha amici italiani? « Sì, in diverse città, Roma, Torino, Milano. O meglio, li avevo. Adesso forse non li ho più ».

Senta, signor Klotz, lei non pensa che i continui sabotaggi, con l'uccisione di innocenti, rischino di condurre a un definitivo irrigidimento anche l'opinione pubblica italiana, che oggi continua a rimanere piuttosto indifferente al problema? Oppure è proprio questo che volete, per esasperare le parti e render impossibile un accordo sullo status quo? « Ma niente affatto. Noi vogliamo semplicemente che l'Italia ci restituisca la nostra libertà. Noi non abbiamo mai voluto esasperare la situazione, ci siamo stati tirati per forza. Da quarantacinque anni abbiamo portato una pazienza da pecore. Nel periodo fascista dei sudtirolesi sono stati deportati alle isole Lipari, e alcuni di loro furono bastonati a morte. E adesso? Nel 1963 sta avvenendo la medesima cosa. In nessun paese civile del mondo si usa picchiare la gente prima di un processo. La vostra polizia ne ha picchiata tanta, e non leggermente. Lei ci deve credere, una volta in persona ho visto uscire di caserma dei sudtirolesi malamente conciati. Ora, con quel ch'è successo negli ultimi tre anni, non sarà più possibile una convivenza pacifica se da parte italiana non ci saranno profondi ripensamenti e mutamenti di atteggiamento sostanziali. Non mi posso davvero immaginare che gli italiani e i nostri contadini, così bistrattati, possano ancora stare insieme senza prendersi per i capelli. La prima cosa da fare, per esempio, sarebbe di sostituire totalmente le vostre forze di polizia nel Sudtirolo, perché non dubito che in Italia ne esistano di migliori ».

Dell'attuale processo di Milano, che cosa pensa? « Non posso ancora farmene un'opinione. Per il momento sembra ch'esso sia condotto abbastanza obiettivamente. Questo però non esclude che a un bel momento si faccia strada lo spirito di un tempo e che esso porti a un verdetto duro. Bisogna stare a vedere ».

Lei vorrebbe dire che la giustizia italiana è fascista? « Per lo meno è calvinista. La giustizia in Italia prevede la possibilità di attenuanti anche per delitto dimostrato. So con sicurezza che in media il delitto di omicidio riceve una pena di quattro o cinque anni. Bene, a Bolzano sono stati giudicati un italiano per omicidio e alcuni tirolesi per questioni ipotecarie. L'italiano si è preso quattro anni e i tirolesi centotredici. Questa la ritengo una giustizia politica ».

Non riesco a trattenere un sorriso, e dico: ma guarda come va il mondo, noi diciamo che certi tribunali tedeschi sono ancora nazisti per quelle assoluzioni, quei condoni o quelle pene miti per gli aguzzini dei lager, e voi dite che tribunali fascisti sono i nostri... Georg Klotz non apprezza, e risponde sempre secco, con la sua voce aspra: « Come siano le cose in Germania, io non lo so. Ma in Austria la giustizia non è certamente politica ».

Passeiertal (San Leonardo in Passiria). La signora Rosl Klotz

Georg Klotz in una recente fotografia che si è fatto scattare in Italia. Anche se ricercato, afferma di venire spesso a visitare la sua famiglia.

...glie del ricercato Georg, con cinque dei sei figli. La signora Rosi fa la maestra elementare. I Klotz sono cattolici osservanti. Il 18 settembre scorso ...une pattuglie di carabinieri scoprirono l'arsenale bellico di Klotz in una grotta sulle montagne vicino a casa. C'era anche una mitragliatrice pesante.

...signor Klotz, al processo di Mila- vi sono alcuni rei confessi di at- ...tati, e altri che negano ogni ad- ...bito. Lei conosce qualcuno di que- ...imputati? « Qualcuno sì, non di- chi. Posso dire però che alcuni ...putati non hanno mai fatto nien- ... Se qualcun altro ha fatto qual- ...sa e ha confessato, io dico ugual- ...nte che non sarà lui il colpevo- ... colpevoli sono le forze di occu- ...zione italiane, colpevole è il com- ...rtamento degli italiani. Perché ...ando gente onesta e tranquilla co- ... contadini, operai, impiegati del ...dtirolo, tutti bravi cattolici, si ri- ...lge a mezzi violenti, significa ve- ...nente che c'è qualcosa che non ...ziona ».

Tutto il mondo, signor Klotz, ha ...plorato l'uso del tritolo per risol- ...re una questione come quella del- ...lto Adige, tanto più oggi che si ...era e lavora per un'Europa unita. ...e cos'è che v'impedisce di ascolta- ...questa generale disapprovazione? ...rima di tutto non è vero che tut- ...ci condannino, e poi forse il mondo ...n ci capisce. Ogni popolazione ...itto alla sua lingua, alla sua cul- ...ra. Noi vogliamo quella libertà ... nella nostra storia abbiamo di- ...ostrato di amare. E solamente do- ... aver restituito questa libertà al ...polo tirolese si potrà pretendere ...'esso rivolga lo sguardo anche ad ...ri problemi più generali, al- ...uropa unita eccetera. Che l'Italia ...minci a restituirci la nostra liber- ... e poi parleremo anche noi vo- ...ntieri di Europa unita ».

Lei vedrebbe volentieri una revi- ...ne della frontiera italo-austriaca? ...ì, certamente. Ma in ogni caso,

finché il Tirolo non tornerà unito, noi saremo sempre infelici. L'anno scorso abbiamo festeggiato il nostro seicentesimo anniversario, e abbia- mo avvertito più amaramente la con- dizione in cui ci troviamo. Saremo sempre infelici, finché il Tirolo sarà spezzato in due. E con l'Italia non ci capiremo mai perché abbiamo una mentalità completamente diversa. Semplicemente, non ci capiremo mai. Se non ci siamo riusciti in quaran- tacinque anni, se per tutto questo tempo non ci siamo mescolati, e an- zi abbiamo sentito sempre più pro- fondo il fosso che ci divide, vuol dire che non c'è niente da fare. E se queste cose si vogliono fare per forza, allora si finisce nel peggio. Vedrà infatti quello che succederà, nel prossimo futuro ».

Cioè? « Vedrà ».

Pensate di riprendere l'attività ter- roristica in primavera? « Quando e come ricominceremo non lo sappia- mo neanche noi. Primavera o autun- no per noi fa lo stesso, tecnicamen- te parlando. Ci va bene anche d'in- verno, quando le valli sono piene di neve: i tirolesi resistono molto me- glio al freddo dei carabinieri calabre- si e siciliani. Ma noi speriamo sem- pre che gli italiani si facciano più realistici, speriamo sempre che in Italia si plachi questo spirito calvi- nista e che si aprano finalmente le orecchie al problema dell'autode- terminazione del Sudtirolo ».

Il vostro fine ultimo è sempre quello di ottenere l'autodetermina- zione? « Sì, certo ».

Nel vostro movimento la pensate tutti nello stesso modo, oppure ave-

te contrasti, almeno per quanto ri- guarda la linea di condotta? « Tra di noi ci sono i moderati e i ra- dicali, come in tutto il mondo ».

In Italia si dice che, nonostante la sua attività armata, lei sarebbe tra i moderati. « Io sono un sempli- ce cittadino tirolese che non si è mai occupato di politica, e non ca- pisce come mai gli vengano attri- buite certe cose ».

Per noi sarebbe interessante co- noscere un po' meglio la sua figura. Da qualche parte abbiamo persino sentito dire che lei sarebbe un nuo- vo Andreas Hofer. « Ripeto che gli italiani mi attribuiscono troppo ono- re. In ogni caso, l'interessante per me è di non dire niente della mia persona ».

Lei ha partecipato a sabotaggi? « Poiché agli italiani non riesce di dimostrarlo, dirò di no ».

Lei sconfina tuttora in Italia? « Certamente. Nessuno riuscirà a impedirmi di andare a trovare la mia famiglia, mia moglie e i miei sei figli, quando io lo voglia. In Italia mi dànno la caccia migliaia di uomini, e tutto questo è abbastan- za ridicolo. D'altra parte, si sa che non mi lascerei pigliare tranquilla- mente ».

Lei ha fatto l'ultima guerra, si- gnor Klotz? « Sì, nei cacciatori delle Alpi della Wehrmacht ».

Vorrebbe dire qualcosa d'altro? « No, io non ho niente da dire. Ho soltanto risposto alle sue domande. Ci sarebbe forse da ribadire che noi non abbiamo organizzazioni terrori- stiche, che tutto quello che succe- de nasce spontaneamente dal popo-

lo. E ci sarebbe infine da augurarsi che l'opinione pubblica italiana si ac- corga una buona volta del nostro problema, perché la gente non si fa un'idea di quello che sta succeden- do, e di quello che succederà in un prossimo futuro ».

La conversazione è finita, chiudo il magnetofono. Dalle spalle arrivano tre bicchierini di grappa, due per noi e uno per Klotz. Lui accetta di po- sare per qualche fotografia, e allora i suoi due camerati, che hanno ascol- tato impassibili seduti al medesimo tavolo e sulla medesima panca, si alzano e si mettono al buio con gli altri. Klotz si accende la pipa. Su- bito dopo, il congedo. Klotz mi guar- da freddo. « Speriamo », dice, « che sul suo giornale lei non cambi le co- se ». Lei ha davvero poca stima de- gli italiani, rispondo, peccato. Ci llia- mo la mano, mi rimettono la ben- da, mi fanno uscire, mi ritrovo con il fotografo, bendato anche lui, in una sola automobile. E adesso? chie- do. Risponde la voce di B.: « Adesso andiamo dagli altri ». Chi sono gli altri? « Quelli che non la pensano proprio come Klotz ». La notte è al- ta, il freddo più acuto. La porta del- la capanna di Georg Klotz si chiude, scorre un catenaccio, attraverso la sciarpa vedo spegnersi ogni luce, il motore si avvia, le ruote slittano un poco sulla neve, andiamo. « Vi siete comportati bene », dice ancora la vo- ce di B., « ma adesso per piacere state ancora più attenti, lasciatevi guidare tranquilli e non parlate ». Allora andiamo da quelli pericolosi? chiedo. « Sì. Herr Klotz è un mode- rato. Adesso zitti per piacere ».

Das SPIEGEL-Gespräch mit Luis Amplatz

Am 2. März 1964 veröffentlichte das Nachrichtenmagazin DER SPIEGEL ein Interview mit dem Südtiroler "Partisanenführer" Luis Amplatz, das vor allem in der italienischen Öffentlichkeit für Aufsehen sorgte. Darin schilderte Amplatz Details aus der Attentäter-Szene ("... ein Kilo Donarit kostet 800 Lire") und kündigte eine Fortsetzung des Kampfes gegen Italien an ("... uns bleibt nicht anderes übrig, als für unser Land weiterzukämpfen".)

Von der italienischen Presse wurden die Amplatz-Äußerungen mit Empörung aufgenommen. Besonders die Forderung nach freiem Geleit, um beim Mailänder Sprengstoffprozeß auszusagen, erregte die Gemüter. Die Tageszeitung 'Alto Adige' sah darin den "Gipfel der Unverfrorenheit". Aufgezeichnet wurde das Interview in Nordtirol. Wie das Gespräch zustandekam, schilderte DER SPIEGEL in seiner Hausmitteilung:

SPIEGEL-VERLAG / HAUSMITTEILUNG

Datum: 2. 3. 1964   Betr.: SPIEGEL-Gespräche

Im Wirtshaus einer Tiroler Ortschaft wurden die SPIE-GEL-Redakteure Dr. Jochen Becher und Peter Neuhauser von Südtiroler Dinamiteros erwartet, sodann mit einem Wagen (wenn es nach dem Wunsch der Gastgeber gegangen wäre: mit verbundenen Augen) zu einem auf einsamer Hügelhöhe stehenden Haus gebracht. Der Mann, der sich eine halbe Stunde später dort einschlich, heisst Luis Amplatz und ist den italienischen Carabinieri schon mehrmals nur mit Not entsprungen. Auf seinen Kopf kommen eine Reihe von Sprengstoff-Anschlägen, auf seinen Kopf stehen als Prämie acht Millionen Lire. Was er zur Erläuterung seiner Aktivität mitteilt, ist auf der Seite 79 („Die Italiener haben uns das Land gestohlen") zu lesen – als SPIEGEL-Interview. In diesem Heft sind also zwei Formen journalistischer Fragetechnik enthalten: Gespräch und Interview.
Über Dynamit als Mittel der Politik ist nicht zu diskutieren. Wohl aber kann es informierend sein zu erfahren, wie einer argumentiert und was einer erlebt, der mit Donarit-Detonationen und Eierhandgranaten die Aufmerksamkeit der Welt auf seine Probleme lenken will.

Das Interview war auch den österreichischen Behörden unangenehm und blieb für Amplatz nicht ohne Folgen. Er wurde vorübergehend festgenommen und durfte sich nach seiner Freilassung nur mehr in Niederösterreich aufhalten. Außerdem mußte er sich regelmäßig bei der Wiener Polizei melden. In der Presse distanzierte sich Amplatz von den im SPIEGEL veröffentlichten Aussagen: "Wir waren damals etwa zehn Mann. Als ich interviewt wurde, haben alle durcheinander gesprochen. Das wurde alles auf ein Tonband aufgenommen und dann mir allein in den Mund gelegt. Es wurden Dinge geschrieben, die ich nie gesagt habe," erklärte er im "Neuen Österreich" vom 20.6.1964. Diese Version wird allerdings durch zwei Fotos widerlegt, die Amplatz nur mit den zwei Interviewern zeigen. "Ich will Ruhe, sonst nichts. Ich will arbeiten und über das Ganze hinwegkommen. Südtirol - das ist nun vorbei. Ich will nicht mehr darüber sprechen. Die Wahrheit will ohnedies niemand hören", wird Amplatz vom Journalisten Kuno Knöbl zitiert, den er allerdings mit der Warnung verabschiedet: "Ich stehe zu keinem Wort, das ich Ihnen gesagt habe". ("Neues Österreich", 20.6.1964). Die Zeitung liefert auch gleich ein Portrait des "müden Helden" mit:

"Der Mann, der einst Bomben legte, um die Welt auf Südtirol aufmerksam zu machen, ist heute Schankbursche bei einem Heurigen in Grinzing. Eine makabre Ironie. Einst hatte er zu den Waffen gegriffen, um sich das Recht zu nehmen, um das er sich betrogen glaubte. Nun serviert er jenen, die nichts weniger interessiert als die Probleme der Menschen südlich des Brenners, Wein. Ein gebrochener Fanatiker, ein ehemaliger Attentäter, zweifellos auch ein Idealist, inmitten eines verqueren Heurigengedudels weinseliger Wohlstandsbürger."

Wenige Monate nach diesem Zeitungsbericht war Luis Amplatz nicht mehr am Leben.

„DIE ITALIENER HABEN UNS DAS LAND GESTOHLEN"

Interview mit dem Südtiroler Partisanenführer Luis Amplatz

Der 38jährige Südtiroler Landwirt Luis Amplatz zählt zu den 17 flüchtigen Angeklagten im Mailänder Sprengstoff-Prozeß, in dem seit dem 9. Dezember vergangenen Jahres gegen 95 Südtiroler und sechs Österreicher verhandelt wird. Den Angeklagten werden Hochverrat, 77 Anschläge auf Hochspannungsmasten, 14 Anschläge auf Bahnstrecken, acht Anschläge auf private Wohnhäuser, ein Mord und zwei Mordversuche angelastet. Amplatz war von Anfang an einer der Führer der terroristischen Bewegung, die mit Bombenanschlägen das Selbstbestimmungsrecht für die Bewohner Südtirols erzwingen wollen. Er wurde von der italienischen Polizei dreimal verhaftet und dreißigmal verhört.

SPIEGEL: Herr Amplatz, auf Ihren Kopf haben die Italiener eine Prämie von acht Millionen Lire, also rund 50 000 Mark, ausgesetzt. Sie sind einer der führenden Leute der Südtiroler Freiheitskämpfer. Warum betreiben Sie dieses lebensgefährliche Spiel?

AMPLATZ: Das ist in wenigen Worten gesagt. Wir haben in der Faschistenzeit genug mitgemacht, um zu wissen, was Italiener können. Das sind ganz schmutzige Brüder ...

SPIEGEL: Sie verallgemeinern ebenso, wie es die Italiener oft tun ...

AMPLATZ: ... sie haben uns zuerst das Land gestohlen. Bald sind sie in der Mehrzahl. Unseren Kindern könnte es dann genauso gehen wie uns unter den Faschisten. Wenn wir das Land schon nicht zurückgewinnen können, so wollen wir wenigstens unsere Sprache und unsere Bräuche weiterbehalten und unser Land selber verwalten.

SPIEGEL: Was wollen Sie mit Ihren Sprengstoffanschlägen jetzt konkret erreichen?

AMPLATZ: Wir wollen die Welt darauf aufmerksam machen, wie es in Südtirol wirklich ist. Jährlich fahren Hunderttausende deutscher Urlauber durch Südtirol, trinken ein Glas Wein bei fröhlichen Wirten, wie Wirte, die ein Geschäft machen, immer fröhlich sind. So ist die Meinung aufgekommen, in Südtirol wäre alles beim besten. Die Italiener sind aber in der Nichteinhaltung des Pariser Vertrages immer weiter gegangen**.

SPIEGEL: Ihr Ziel ist also die Einhaltung des Pariser Abkommens durch die Italiener?

AMPLATZ: Wer, wie die Italiener, jetzt fast zwanzig Jahre lang einen Vertrag nicht eingehalten oder verfälscht hat, mit dem kann man keinen zweiseitigen Vertrag schließen. Daher muß man uns das Selbstbestimmungsrecht geben, damit das Volk endlich über seine Zukunft entscheiden kann. Man kann uns nicht das Selbstbestimmungsrecht verweigern, das man jedem Negerstamm in Afrika gewährt. In der UNO-Satzung ist es allen Völkern zugesichert.

SPIEGEL: Sie glauben, daß die Mehrheit des Südtiroler Volkes den „Anschluß" an Österreich will?

AMPLATZ: Ja, wenn man es wirklich nach seinem Willen fragt. 1945/46 haben 155 000 Südtiroler ihre Unterschrift für die Wiedervereinigung mit Nord- und Osttirol gegeben. 1960 hat das Demoskopische Institut von Allensbach, Sie kennen es sicher vom Hörensagen, eine Umfrage in Südtirol durchgeführt. 82 Prozent der Befragten sprachen sich für eine Rückgliederung an Österreich aus.

SPIEGEL: Sind Sie da ganz sicher?

AMPLATZ: Ja. Dazu kommt noch: Der Tiroler war seit Jahrhunderten die freie Selbstverwaltung gewöhnt. Seit wir bei Italien sind, behandeln sie uns wie eine Kolonie.

SPIEGEL: In der ausländischen Presse und speziell von den Italienern werden Sie und Ihre Freunde häufig als rechtsradikale Volksdeutsche bezeichnet. Stimmt das?

AMPLATZ: Das ist immer eine bequeme Verleumdung. Darum reden die Italiener und die Kommunisten die ganze Zeit davon. Die Faschisten haben uns Südtiroler gepeinigt, und Hitler hat 1939 mit der Umsiedlung unsere Heimat an Mussolini verschachern wollen. Und da sollen wir dann Rechtsradikale sein? Ich bin es am allerwenigsten, denn meinen Vater haben schließlich die Nazis de-

Bombenwerfer **Amplatz** (M.), SPIEGEL-Redakteure*: „Sprengen ist eine Frage ...

... des gesunden Hausverstandes": **Südtiroler Partisanen** im Versteck

* Beim SPIEGEL-Interview in Tirol. Links: SPIEGEL-Redakteur Peter Neuhauser, rechts: SPIEGEL-Redakteur Dr. Jochen Becher.

** Am 5. September 1946 schlossen der italienische Ministerpräsident Alcide de Gasperi und der österreichische Außenminister Dr. Karl Gruber in Paris einen Vertrag, in dem Österreich auf die Rückgliederung des vor 1919 österreichischen Südtirols verzichtete, Italien dagegen Südtirol eine Provinzialautonomie versprach.

portiert. Mich wundert grad, daß sie den Andreas Hofer nicht auch schon einen Nazi genannt haben, weil auch er die Freiheit wollen hat.

SPIEGEL: Sie wollen also sagen, daß die Freiheitskämpfer im Grunde unpolitisch sind?

AMPLATZ: Ganz unpolitisch!

SPIEGEL: Aber in Ihrer Bewegung gibt es doch Angehörige der verschiedensten politischen Lager.

AMPLATZ: Ja, klar. Wo es um die Heimat geht, tun alle mit. Um rechtsradikale Helfer haben wir uns nie bemüht. Wenn es aber auch solche Leute gibt, die etwas für Südtirol tun, so können wir sie daran nicht hindern. Wir haben nur eines gemeinsam: Wir sind alle katholisch. Unsere Einstellung haben wir gleich am Anfang des Kampfes gezeigt, als wir das Reiterstandbild des Aluminium-Duce bei Waidbruck in die Luft gelassen haben. Das gibt es nur in Südtirol, daß faschistische Denkmäler erhalten geblieben sind und in der letzten Zeit sogar neue dazu gebaut wurden.

SPIEGEL: Sie haben an dem Anschlag auf das Duce-Denkmal teilgenommen?

AMPLATZ: Nein, das waren andere.

SPIEGEL: Wie sind Ihre Freunde dabei vorgegangen?

AMPLATZ: Ganz einfach. Man schaut sich das Denkmal zuerst einmal an, mißt die Durchmesser seiner faschistischen Pferdefüße, klopft das Material ab ...

SPIEGEL: Was war das für Material?

AMPLATZ: Das konnte man nicht feststellen. Aber die Sprengstoffmenge haben sie so berechnet, daß es auch für Molybdänstahl gereicht hätte.

SPIEGEL: Welcher Sprengstoff wurde verwendet?

AMPLATZ: Gewöhnliches Donarit.

SPIEGEL: Wieviel Kilogramm?

AMPLATZ: Zehn für jeden Fuß. Meine Freunde sind in Begleitung von Mädchen vorgefahren ...

SPIEGEL: Was haben Mädchen mit Sprengstoffanschlägen zu tun?

AMPLATZ: Damals waren dauernd Fahrzeugkontrollen, und da wird zuerst immer der Fahrer kontrolliert. Das Mädchen kann also unter Umständen den Sprengstoff, der unter dem Rücksitz verborgen liegt, hinwegklächeln.

SPIEGEL: Wurde der Sprengtrupp angehalten?

AMPLATZ: Nein, es war so schwierig genug. Das Denkmal wurde von Scheinwerfern angestrahlt, der Wächter war damals freilich grad auf Urlaub. Gegenüber steht eine Carabinieri-Kaserne.

SPIEGEL: Gab es keine Patrouillen?

AMPLATZ: Nein. Als die Unsrigen grade anhielten und aussteigen wollten, wurde das Kommando von einem vorbeifahrenden Auto angestrahlt, so daß sie weiterfahren und noch einmal aus der Gegenrichtung heranfahren mußten. Dadurch kam der ganze Fahrplan durcheinander. Aber sie haben es dann doch noch fertiggebracht.

SPIEGEL: Wie wurde der Sprengstoff befestigt?

AMPLATZ: Das ist eine Frage des gesunden Hausverstandes, die Sie auch lösen können, wenn Sie vor die Aufgabe gestellt werden, ein Säckchen an einem Mast anzubringen.

SPIEGEL: Hat Hausverstand etwas mit Sprengstoff zu tun?

AMPLATZ: Ja, und schließlich waren ja viele von uns beim Barras und haben Stoßtruppunternehmen ausgeführt. Der in Säckchen verpackte Sprengstoff muß möglichst eng am Objekt liegen, die Knallzündschnüre müssen die Ladung gleichzeitig auslösen, da sonst die zu spät gezündeten Ladungen weggeschleudert werden.

SPIEGEL: Woher haben Sie Ihre Kenntnisse im Umgang mit Sprengstoff? Oft hat doch Ihr Wissen nicht ausgereicht.

AMPLATZ: Über Sabotagesprengung ist nicht viel geschrieben worden, aber es gibt Bücher über das Sprengen, die billig zu kaufen sind. Und dann haben wir das Lehrbuch für Schweizer Unteroffiziere: „Der totale Widerstand"; sehr lehrreich, sag' ich Ihnen!

SPIEGEL: Haben Sie daraus gelernt, wieviel Kilo Sprengstoff Sie für einen Mast brauchen?

AMPLATZ: Wir haben daraus viel gelernt, viel aus eigener Erfahrung ist dazugekommen. Der eine Mast braucht nur vier Kilo, ein anderer vielleicht 20 Kilo Sprengstoff. Trotzdem klappte es nicht immer, wir müssen ja sehr viel improvisieren.

Duce-Denkmal bei Waidbruck
Faschistische Pferdefüße gemessen

SPIEGEL: Der Staatsanwalt im Mailänder Prozeß behauptet, daß einige der 95 angeklagten Südtiroler an diesem Anschlag beteiligt gewesen sind.

AMPLATZ: Sind sie aber nicht. Es ließe sich beweisen, wenn wir ...

SPIEGEL: ... freies Geleit ...

AMPLATZ: ... ja, freies Geleit nach Mailand bekämen, daß diese Angeklagten an der Liquidation des Duce-Denkmals nicht beteiligt waren. Genauso war keiner der Angeklagten in Mailand an dem Anschlag beteiligt, bei dem der italienische Straßenarbeiter Giovanni Postal unglücklicherweise ums Leben kam.

SPIEGEL: Bei Salurn ...

AMPLATZ: Ja, dort sollte ein Baum so über die Straße gesprengt werden, daß er genau die Sprach- und eigentliche Landesgrenze bei Salurn markiert.

SPIEGEL: Das gefährdete — entgegen den wiederholten Beteuerungen Ihrer Leute — Menschenleben.

AMPLATZ: Nein, die drei Leute, die für die Ladung verantwortlich waren,

haben den ursprünglichen Plan abgeändert und den Sprengstoff so angebracht, daß der Baum nicht über die Straße, sondern in den Wald stürzen sollte. Ihnen war klargeworden, es könnte ja ein Auto vorbeifahren und ein Unglück passieren. Postal entdeckte die Ladung, bei der wohl der Zünder versagt hatte, und brachte sie durch Berühren zur Detonation.

SPIEGEL: Inzwischen ist Ihre Arbeit aber wesentlich schwieriger geworden, die Kontrollen der italienischen Behörden sind gründlicher. Wie arbeiten Sie jetzt? Befördern Sie Ihren Sprengstoff weiterhin mit Autos und Mädchen nach Südtirol?

AMPLATZ: Ja. Aber ich möchte sagen, daß dies nur zu einem geringen Teil geschieht. Das meiste an Waffen, Munition und Sprengstoff erwerben wir in Italien.

SPIEGEL: Im Nato-Nachschubhafen Livorno?

AMPLATZ: Na ja, das möchte ich nicht so genau sagen. Sie wissen, daß es im Zweiten Weltkrieg oft italienische Waffenmeister waren, die italienische und auch jugoslawische Partisanen gegen gutes Geld versorgt haben. Gott sei Dank sind sie auch heute noch nicht ausgestorben.

SPIEGEL: Wieviel bezahlen Sie für ein Kilo Donarit?

AMPLATZ: Ungefähr 800 Lire, also in deutschem Geld etwa 5 Mark. Genau wie mit den Waffen und dem Sprengstoff ist es auch mit den Leuten, die die Anschläge machen. Die Führung und der Großteil der Leute sind Südtiroler. Von außen wird nur mitgeholfen.

SPIEGEL: Wie viele Einsätze haben Sie bis jetzt durchgeführt? Sie verzeichnen sie ja genau in einem Taschenbuch.

AMPLATZ: Es waren so an die zweihundert, davon ist viel danebengegangen. Oft mußten wir den Sprengstoff vom Objekt wieder herunterholen. Aber wir können den Italienern versichern, daß wir besser geworden sind. Bis jetzt kamen auf fünfzig gesprengte Hochspannungsmasten fast hundert Einsätze. Das nächste Mal werden wesentlich weniger nötig sein.

SPIEGEL: Als Sie im Juni 1961 in der Herz-Jesu-Nacht als spektakulären Beginn Ihrer Anschläge 42 Leitungsmaste in die Luft jagten, wunderten sich die Italiener über Ihre genaue Kenntnis des Südtiroler Elektrizitäts-Systems. Denn Sie verfolgten doch den Plan, die Industrie-Zone Bozen lahmzulegen. Haben Sie Spitzel in den italienischen Reihen?

AMPLATZ: Ja, wir bekommen auch von dort Informationen. Aber das war viel einfacher, als man glaubt. Gewöhnliche Bauern wie ich sind einfach allen Leitungen nachgegangen und schauten, zu welcher Industrieanlage sie führten. Nach unseren Skizzen suchten wir dann die Masten aus ...

SPIEGEL: ... deren Sprengung die Aluminium- und Stahlhochöfen des italienischen Industriegebietes in Bozen außer Betrieb setzen und damit ruinieren sollten?

AMPLATZ: Ja, wenn die Öfen plötzlich außer Betrieb gesetzt werden, erstarrt die Schmelzmasse, und die Öfen sind schwer beschädigt oder kaputt.

SPIEGEL: Ganz ist Ihnen dieser Plan nicht gelungen.

AMPLATZ: Nein, einige wichtige Masten flogen nicht in die Luft, meist war technisches Versagen der Auslösevorrichtungen schuld.

SPIEGEL: Wieviel Leute sind in der Regel an einem Einsatz beteiligt?

AMPLATZ: So ein bis vier Mann; wieviel für den Feuerschutz mitgehen, das wechselt, wie wir's grad brauchen.

SPIEGEL: Sie sprechen von Feuerschutz. Ursprünglich machten Sie Ihre Einsätze doch unbewaffnet?

AMPLATZ: Ja, aber seit wir wissen, daß im angeblich europäischen Italien der zweiten Hälfte des 20. Jahrhunderts gefoltert wird, und uns viele der Gefolterten erzählt haben, daß es leichter ist zu sterben, als diese Prozedur zu überstehen, sind wir bereit, uns bis aufs Messer, bis auf die Haut zu verteidigen. Besser selber schießen, als von den Carabinieri langsam umgebracht zu werden.

SPIEGEL: Welche Waffen stehen Ihnen für einen Feuerschutz zur Verfügung?

AMPLATZ: Alle alpin tragbaren Waffen.

SPIEGEL: Tragbar wären noch Maschinengewehre und Panzerfäuste, nicht mehr tragbar wären ...

AMPLATZ: ... Kanonen.

SPIEGEL: Wir haben erfahren, daß Sie in der Ruhepause während des Winters nicht nur Ihre Bewaffnung, sondern auch die Ausbildung und die Absicherung Ihrer Bewegung verbessert haben?

AMPLATZ: Nachdem es früher genügte, einen Mann zu erwischen, um mit Foltermethoden die Namen von vielen anderen zu erfahren, sind die Gruppen jetzt fast ohne Verbindung untereinander. Durch die bessere Absicherung haben die Italiener letztes Jahr, in dem wir 42 Masten gesprengt haben, nur einen Mann erwischt, den Kofler Rudl.

SPIEGEL: Es gibt jeweils nur einen Verbindungsmann zur Führung?

AMPLATZ: Mehr nicht. Die einzelnen Gruppen arbeiten oft ganz selbständig und schlagen zu, wie es sich am besten ergibt, ohne voneinander zu wissen.

SPIEGEL: Überschneiden sich da die Aktionen nicht?

AMPLATZ: Nein, das wird schon vorher festgelegt.

SPIEGEL: Die Führung der Freiheitskämpfer hat also Südtirol in Operationsgebiete aufgeteilt?

AMPLATZ: Ja, das kann man sagen. Unter Führung stellen Sie sich vielleicht nicht das Richtige vor. Es gibt bei uns keine Strategen am grünen Tisch. Je mehr Einsätze einer erfolgreich durchführt, desto mehr hat er zu reden.

SPIEGEL: Bilden Sie den Attentäter-Nachwuchs in Lehrgängen aus?

AMPLATZ: Die Leute werden ausgebildet, aber jeder einzeln. Wenn ein Bauer das erstemal mit Sprengstoff zu tun hat, muß man ihn genau unterweisen, um Fehler zu vermeiden.

SPIEGEL: Also jeder Südtiroler Bauer ein Sprengstoff-Spezialist?

AMPLATZ: Das ist ein bißchen übertrieben.

SPIEGEL: Wurden Sie bei Ihrer Tätigkeit oft von Italienern gestört?

AMPLATZ: Nein, nicht oft. Die Italiener trauen sich, zumindest bei Nacht, nicht weit von ihren Kasernen weg, und wenn sie es tun, dann kommen sie in großen Gruppen, und man hört sie schon einen Kilometer vorher. Als der Aluminium-Duce gesprengt wurde, wagten sie sich erst bei Tagesanbruch aus der Kaserne. Es ist schon passiert, daß am Abend ein Mast flog und die Polizei sofort alarmiert wurde, jedoch erst bei Tagesanbruch ausrückte.

SPIEGEL: Aber, Herr Amplatz, Sie selbst sind doch bei Ihrer Flucht den Italienern mehrmals nur mit Mühe entgangen.

AMPLATZ: Ja, das schon. Am 20. Mai 1961 kam, wie schon so oft vorher, ein Beamter der staatspolizeilichen Abteilung in Bozen auf meinen Hof und wollte mich auf die Quästur holen. Ich sagte ihm, daß ich doch nicht in Hemd und Gummistiefeln kommen könne, und ging ins Haus zurück, mich umzuziehen. Meiner Frau sagte ich: „Du, der hat so süß geredet, wenn ich da mitgehe, sehe ich lange keine Sonne mehr." Dann sprang ich aus dem Schlafzimmerfenster ...

SPIEGEL: Ihr Haus war doch umstellt?

AMPLATZ: Das habe ich erst gemerkt, als ich einem Staatspolizisten fast in die Hände lief. Fünf Meter vorher habe ich ihn gesehen, und da bin ich in den Eisack-Fluß hinuntergesprungen. Meine Frau ging eine halbe Stunde später aus dem Haus und fragte den Polizisten, auf wen er wohl warte. Da merkten die Italiener, was los war. Und die Jagd begann.

SPIEGEL: Dabei haben Sie sich schwer verletzt?

AMPLATZ: Nein, das war erst später ...

SPIEGEL: ... als Sie — wie auch im Juni 1961 — zu einem Einsatz von Österreich nach Italien kamen?

AMPLATZ: Nach Südtirol. Ich ging mit meinem Freund Kofler. Wir hatten nur Pistolen bei uns, mit Maschinenpistolen kann man am Tag nicht gehen. Da stießen wir auf vier Carabinieri, die uns den Weg abschneiden wollten. Einer erwischte uns, hob die Maschinenpistole und schrie: „Halt!" Ich sagte ihm auf italienisch, daß wir friedliche Leute wären, die nichts anderes im Sinn hätten, als Pilze zu suchen. Im nächsten Moment ließen wir uns einen Abhang hinunterfallen.

SPIEGEL: Wurde Ihnen nachgeschossen?

AMPLATZ: Nein, nur ein paar andere Male, aber das ging immer weit daneben. Wir verkrochen uns dann unter Rosenbüschen, um die Nacht abzuwarten.

SPIEGEL: Und die Carabinieri ...

AMPLATZ: ... haben uns nicht gefunden. Aber als ich aufstehen wollte, merkte ich, daß ich nicht mehr gehen konnte. Mein rechtes Knie war sehr geschwollen. Es war eine Meniskusverletzung. Für den sonst dreiviertel Stunden langen Weg zum Stützpunkt ...

SPIEGEL: ... eine Ihrer ausgebauten Höhlen, in denen Sie seit Ihrer Flucht leben ...

AMPLATZ: ... brauchte ich siebeneinhalb Stunden. Ich mußte auf allen vieren kriechen. Dort lag ich drei Tage lang mit Fieber und nahm Morphiumtabletten. Dann wurde ich verliefert.

SPIEGEL: Mit verliefert meinen Sie, Sie wurden in ein Krankenhaus nach Österreich gebracht?

AMPLATZ: Nein, ich wurde zu befreundeten Südtirolern in Privatpflege gebracht.

SPIEGEL: Sie waren dann längere Zeit außer Gefecht?

AMPLATZ: Nach acht Tagen bin ich über einen Gletscher nach Österreich gegangen. Statt eines Eispickels hatte ich einen Spatenstiel, zum Essen nur noch ein Stück Brot. Es ging ein fürchterlicher Sturm. Vor den Gletscherspalten habe ich mich mehr gefürchtet als vor zehn Carabinieri.

SPIEGEL: Das war Ihr aufregendstes Abenteuer?

AMPLATZ: Mich regt jetzt nichts mehr auf.

SPIEGEL: Und als es Sie noch aufregte?

AMPLATZ: Im September 1961 ging ich über den Brenner.

SPIEGEL: Von Österreich nach Italien?

AMPLATZ: Sagen wir von Nordtirol nach Südtirol.

SPIEGEL: Mit oder ohne Sprengstoff?

AMPLATZ: Ohne. Am Damm der Brennerbahn sah ich plötzlich mehrere Uniformierte stehen. Sie sahen mich auch. Ich rannte — es war fünf Uhr früh — durch eine Bahnunterführung, da kamen auf der anderen Seite drei Carabinieri mit aufgezogener MP auf mich zu. Ich rannte zurück, auf eine Wiese hinaus, auf der nicht ein einziger Strauch Deckung bot. Da versuchten drei Carabinieri, mir von der anderen Seite den Weg abzuriegeln. Ich sprang in einen Wasserschacht und kletterte durch das eiskalte Wasser zum Waldrand hinauf. Dort legte ich mich in ein Gebüsch. Bis auf fünf Meter kamen die Carabinieri heran und zielten mit ihren MPs auf die Unterführung. Leise bin ich dann über die Grenze zurückgeschlichen.

SPIEGEL: Sprengstoff und Waffen kosten viel Geld. Wie finanzieren Sie Ihre Bewegung?

AMPLATZ: Das ist nicht immer leicht. Denn nirgends dürfen wir uns offen zeigen. Manchmal haben wir uns mit lächerlich kleinen Mitteln durchschlagen und fast von der Hand in den Mund leben müssen.

SPIEGEL: Wieviel bekommen Sie im Jahr zusammen?

AMPLATZ: Das kann ich Ihnen nicht sagen. Wir bekommen hauptsächlich privates Geld aus Südtirol, aber auch einiges aus Deutschland, der Schweiz, Österreich und den USA, von ausgewanderten Südtirolern.

SPIEGEL: Sie machen so etwas wie gemeinnützige Haussammlungen für Sprengstoff?

AMPLATZ: Ja, sozusagen. Die kleinen Leute geben oft mehr als die reichen. Das meiste Geld kommt aus dem Land selbst. Und wer sonst für unsere Sache etwas geben will, der findet schon einen Weg zu uns.

SPIEGEL: Wann wollen Sie Ihre Aktion fortsetzen?

AMPLATZ: Das hängt ganz von Italien ab. Wir wissen, daß wieder Untersuchungshäftlinge mißhandelt wurden. Wir wollen jedoch weder sagen, daß wir diesen Monat nichts unternehmen, noch, daß unsere Aktionen vom Ausgang des Mailänder Prozesses abhängig sind.

SPIEGEL: Es steht jedoch fest, daß Sie Ihre Anschläge nicht aufgeben werden?

AMPLATZ: Beim gegenwärtigen Stand der Dinge bleibt uns nichts anderes übrig, als für unser Land weiterzukämpfen.

Der umstrittene Auftritt Burgers und Kienesbergers im deutschen Fernsehen

Am 29. Juni 1966 strahlte die aktuelle ARD-Sendung "Monitor" ein Gespräch mit den beiden Südtirol-Extremisten Norbert Burger und Peter Kienesberger aus, das zu einer Verstimmung zwischen Italien und Deutschland führte. Das in den Bergen um Salzburg aufgezeichnete Gespräch offenbarte in beeindruckender Weise, wie wenig vertraut die beiden Terroristen mit der Südtiroler Wirklichkeit waren. So behaupteten sie im Verlaufe des Gesprächs, es gebe in Südtirol kaum deutsche Schulen und die Landesregierung bestehe zu 70 Prozent aus Italienern. Den von italienischen Soldaten in Durnholz erschossenen Sarner Josef Locher bezeichneten sie als "Herbert".

Auf die Frage, wann die nächsten Anschläge stattfinden würden, antwortete Kienesberger: "Hoffentlich bald". Diese Aussagen waren um so provokanter, als sie nur wenige Tage nach der Erschießung zweier Carabinieri in Gsies erfolgten. Der tödliche Hinterhalt wurde von Burger gerechtfertigt, weil er "edlen und hohen Zielen diene". Die Aussagen der beiden Terroristen wurden in Italien mit Empörung aufgenommen. Im Auftrag von Außenminister Amintore Fanfani überreichte der italienische Botschafter Mario Luccioli im Bonner Auswärtigen Amt eine geharnischte Protestnote. Auch Roms Botschafter in Wien Enrico Martino wurde im Aussenministerium vorstellig und forderte konkrete Polizeimaßnahmen. Auch die österreichische Presse äußerte sich kritisch: "In Österreich laufen zwei Männer frei herum, die sich in einem Interview im deutschen Fernsehen offen zu heimtückischem Mord bekannt haben", kritisierte die Wiener "Presse".

Die "Provokation gegen Italien" (Gazzetta del Popolo) hatte auch in Deutschland Folgen. Das Auswärtige Amt machte den verantwortlichen ARD-Koordinator Helmut Hammerschmidt darauf aufmerksam, daß derartige Sendungen den Beziehungen beider Länder abträglich seien. Der Fernseh-Chef des Bayerischen Rundfunks Clemens Münster protestierte in Köln dagegen, daß man "Mördern und Mordgehilfen nicht nur eine abscheuliche Reklame gemacht", sondern ihnen sogar Gelegenheit gegeben habe, "für ihren Terrorismus Propaganda zu machen."

Auch die "Süddeutsche Zeitung" äußerte sich verwundert: "Das Unheil wäre groß, wenn es den Mördern und Bombenlegern gelänge, den diplomatischen Weg zu einem Fortschritt in der Südtirol-Frage unbrauchbar zu machen. Zollbeamte meuchlings niederzustrecken, kann nur ein mißgebildetes, allenfalls mißleitetes Gehirn anders denn als Mord bezeichnen. Norbert Burger aber hält den Mord für eine 'ideale Geste'. Man kann sich den Schrecken der Südtiroler über Burger vorstellen und braucht sich über den Aufruhr in italienischen Gemütern, den er verursacht hat, nicht übermäßig zu wundern. Erstaunt sein kann man freilich darüber, daß Burger damit in einer deutschen Fernsehsendung zu Wort kam."

Peter Kienesberger

Norbert Burger

Das ARD-Interview im vollen Wortlaut

Reporter: Herr Dr. Burger und Herr Kienesberger, Sie sind beide im Grazer Sprengstoffprozeß vor Gericht gewesen und haben beide zugegeben, an Attentaten teilgenommen zu haben. Stehen Sie jetzt auch in Verbindung mit dem Attentat vom letzten Sonntag?

Burger: Dazu können wir keine konkrete Antwort geben.

Reporter: Weshalb nicht?

Burger: Das Urteil im ersten Grazer Sprengstoffprozeß ist noch nicht rechtskräftig, d.h. wir werden in Linz nochmals vor Gericht gestellt und solange die Frage nicht eindeutig geklärt ist, ob vom österreichischen Staat aus die Möglichkeit besteht, uns überhaupt zu verfolgen, wegen unserer Teilnahme am Freiheitskampf in Südtirol, solange können wir uns zu konkreten Aktionen nicht äußern.

Reporter: Sie sind aber der Ansicht, daß die Untergrundbewegung "Befreiungsausschuß für Südtirol" etwas mit dem Mord vom Sonntag zu tun hat?

Burger: Das Wort Mord möchte ich sofort zurückweisen! Sollte es sich bei der Aktion vom Sonntag um eine solche der Freiheitskämpfer handeln, so ist das Wort "Mord" sicher nicht angebracht.

Reporter: Aber es ist doch von hinten geschossen worden auf drei Leute mit zwei Schnellfeuergewehren.

Burger: Unter Mord versteht man bekanntlich die Tötung aus gemeinen, niedrigen Motiven. Und das kann man den Aktionen der Freiheitskämpfer ja nicht unterstellen, daß sie solche verfolgen. Denn das Ziel, das sie haben, ist ein sehr edles und hohes, und daß es dabei ohne Opfer nicht geht, ist selbstverständlich.

Reporter: Herr Dr. Burger, wenn Sie die Zeitung aufschlagen, die Sie in der Hand halten von heute, so wird berichtet, daß sich die Südtiroler Bevölkerung von diesem Mord größtenteils distanziert.

Kienesberger: Ich möchte dabei betonen, daß die Südtiroler Bevölkerung die letzte Aktion nicht so einhellig ablehnt, wie es hier in der Presse wiedergegeben ist. Und zwar sind das in allen Dingen nur die 'Dolomiten', die sich dabei auf die Südtiroler Bevölkerung berufen.

Reporter: Und die Südtiroler Landesregierung?

Kienesberger: Die Südtiroler Landesregierung besteht zu 70 Prozent aus italienischen Abgeordneten. Daß sich die davon distanzieren, ist ja wohl selbstverständlich.

Reporter: Aber die Südtiroler Volkspartei hat sich ebenfalls sehr scharf dagegen ausgesprochen!

Kienesberger: Die mußte sich ja wohl distanzieren, die kann sich ja nicht dazu bekennen, da sie ja sonst mit einem Verbot rechnen muß.

Reporter: Sie sind also der Meinung, daß diese Bekenntnisse nicht zu ernst genommen werden brauchen.

Kienesberger: Überhaupt nicht, überhaupt nicht! Vor allem die Bevölkerung steht nach wie vor zum Freiheitskampf und unterstützt die Freiheitskämpfer.

Reporter: Sie meinen auch zu solchen Attentaten?

Kienesberger: Auch zu solchen Attentaten!

Reporter: Meinen Sie, daß sich solche Attentate in Zukunft wieder häufen werden?

Burger: Dazu ist folgendes zu sagen. Die Freiheitskämpfer haben schon seit dem Jahre 1963 die uniformierten italienischen Beamten in Südtirol aufgefordert, das Land zu verlassen und nicht länger der italienischen Fremdherrschaft ihren Arm zur Unterdrückung leihen. Und auch im heurigen Frühjahr wurde ein letztes Ultimatum an die Carabinieri und die anderen Sicherheitskräfte gestellt, Südtirol zu verlassen, andernfalls auf sie geschossen werden wird.

Reporter: Aber rechtfertigt das solche Erschießungen - um es vorsichtig auszudrücken von Leuten, die in Zivil in einem Dorf an einer Feier teilgenommen haben? Der ermordete Gabitta soll bei der Bevölkerung sehr beliebt gewesen sein.

Kienesberger: Ob diese Leute beliebt waren und bei einer Feier teilgenommen haben, wird also von der italienischen Presse behauptet. Es ist sehr eigenartig...

Reporter: Das habe ich von der Österreichischen Presseagentur.

Kienesberger: Die es von der italienischen ANSA übernommen hat! Ich weiß z.B. selbst ein Beispiel, wo ich selbst bei einer Beschießung teilgenommen habe, im Januar 1961, wo das gleiche dann behauptet wurde. Es hat sich damals um Alpini und Carabinieri gehandelt, die also zwei Wochen, bevor wir sie beschossen haben, den Herbert Locher im Sarntal von einer Seilbahn heruntergeschossen haben. Und die haben wir dann also beschossen. Und nach der Beschießung wurde von der gesamten Presse und von der Regierung behauptet, daß diese Leute allseits beliebt waren und überhaupt nichts mit der Sache zu tun haben und erst seit einigen Monaten dort sind und also auch nur ihren Dienst machen mußten. Es ist also immer eine sehr zweischneidige Sache, was die Italiener behaupten und was wirklich ist.

Reporter: Das heißt, Sie würden also keinen Angriff auf einen Carabiniere starten, der Ihnen unbekannt ist. Sie würden also praktisch Rache nehmen an irgendeinem, der...

Kienesberger: Wir werden uns bemühen, wenn schon, so solche Leute zu erwischen, die also effektiv bei Folterungen oder Übergriffen beteiligt waren.

Reporter: Glauben Sie, daß es in diesem Fall so gewesen ist?

Kienesberger: Ja ich bin davon überzeugt, sofern ich, ich weiß es nicht, ich kann jetzt nicht darüber aussagen, ob es wirklich unsere Leute waren. Wenn es aber unsere Leute waren, so haben sie es sicher sehr gut überlegt und sie haben auch gewußt, wen sie dabei erwischen.

Reporter: Aber Sie wissen nicht genau, da Sie hier in Österreich leben, wie die Stimmung in der Bevölkerung ist. Ist es nicht möglich, daß die Bevölkerung wieder aufgewiegelt werden sollte durch solche Terrorakte?

Burger: Bitte, wir sind, auch wenn wir hier in Österreich leben, selbstverständlich mit Südtirolern, und zwar mit vielen Hunderten und zwar in ständigem und ununterbrochenem Kontakt. Und unsere eigene Erfahrung und unser eigenes Wissen bestätigen uns darin, daß die Südtiroler Bevölkerung in ihrer übergroßen Mehrheit hinter unseren Aktionen steht und auch wünscht und hofft, daß sie fortgesetzt werden, bis wir unser Ziel endgültig erreicht haben.

Reporter: Aber das Land wird rückständiger und unmoderner, Wirtschaft siedelt sich weniger an, die Südtiroler bodenständige Wirtschaft ist sehr schwach. Glauben Sie, man sollte eine Entwicklung dieses Landes zurückstellen, bis die völkische Schlacht gelöst sei?

Burger: Man darf vor allen Dingen nicht Maßnahmen ergreifen, die die Italianisierung fördern. Wir haben uns z.B. Ende der fünfziger Jahre bemüht, die Südtiroler Wirtschaft dadurch zu unterstützen, daß wir bundesdeutsche und österreichische Unternehmer dafür interessiert haben, sich in Südtirol niederzulassen und den Südtirolern Brot und Arbeit zu geben.

Reporter: Aber wenig erfolgreich!

Burger: Es hat einigen Erfolg gehabt, aber vor allen Dingen auch einen negativen. Denn es gibt in Italien ein Gesetz, das besagt, daß ein Unternehmer nur Arbeitskräfte beschäftigen darf, die über das Arbeitsamt zugewiesen sind. Und es ist dann der Fall eingetreten, daß ein von einem bundesdeutschen Unternehmer errichteter Betrieb, der zum Zweck errichtet wurde, um Südtiroler zu beschäftigen, dann keine Südtiroler beschäftigen konnte, weil ihm das italienische Arbeitsamt nur Italiener zugewiesen hat.

Reporter: Nur Italiener?

Burger: Ja, nur Italiener, und daher sind wir der Meinung, daß es keinen Sinn hat zu industrialisieren und alle diese Dinge, solange eben das Arbeitsamt, die Wohnungsvermittlung, das Kreditwesen, die Industrieverwaltung und alle diese Dinge nicht in der Hand der Südtiroler sind.

Reporter: Aber das wirtschaftliche Wachstum wird dadurch stagnieren? Außerdem wird durch Bombenanschläge der Tourismus wieder zurückgeworfen. Die Bevölkerung selbst leidet darunter, schließlich wird der Bildungsstand nicht besser. Haben Sie das Gefühl, daß der schlechte Bildungsstand eine gute Voraussetzung ist dafür, daß die Bevölkerung an alte, an reaktionäre Volkstumsparolen glaubt?

Kienesberger: Für den schlechten Bildungsstand sind ja vor allem die Italiener verantwortlich, die verhindern, daß deutsche Mittelschulen errichtet werden, und wenn

es deutsche...

Reporter: Es gibt deutsche Mittelschulen!

Kienesberger: Es gibt Mittelschulen wie z.B. in Bozen, wo 700 Italiener in die Schule gehen und 30 Südtiroler, die sich natürlich dort in einer Klasse, wo 30 Italiener sind und ein Südtiroler absolut unwohl fühlen und natürlich ungern hingehen.

Reporter: Es gibt auch Mittelschulen, in denen...

Kienesberger: Rein deutsche, glaube ich, nur einige sehr wenige.

Reporter: ...deutsche Schüler zumindest dominieren.

Kienesberger: Nein.

Reporter: Gibt es irgendwelche offizielle oder inoffizielle österreichische Stellen, die ihnen helfen?

Burger: Darüber kann man nicht Auskunft geben.

Reporter: Nun z.B. der Berg-Isel-Bund? Der ja z.B. als Heimatbund auftritt?

Burger: Auch darüber kann man keine Auskunft geben! Der Berg-Isel-Bund ist ein Schutzverband, der sich im wesentlichen um kulturelle Aufgaben bemüht und Kindergartenbau, Unterstützung der Schulen, Versorgung der Schulen mit Lehrmitteln und solche Dinge, aber nicht mit dem Problem des Freiheitskampfes.

Reporter: Sie glauben Bomben und Zündschnüre für die Freiheit zu legen. Aber verursacht das nicht Gegenterror?

Burger: Dem muß folgendes entgegengehalten werden: Unser Terror ist schon Gegenterror, nämlich Terror gegen den Terror, den die Italiener in Südtirol seit dem Jahre 1918 ausüben. Mit dem Terror begonnen haben nicht wir, sondern die Italiener. Und wir wehren uns nun nach 45 Jahren eben mit den gleichen Waffen, die die Italiener seit 45 Jahren gegen uns anwenden.

Reporter: Sie gehen also nicht ab von ihrer Ansicht, daß Terror das richtige Mittel ist?

Kienesberger: Glauben Sie, daß wir liebend gern darauf verzichten würden, unser Leben einzusetzen, wenn es andere Mittel geben würde und friedliche Mittel geben würde, die Selbstbestimmung und eine echte internationale Volksabstimmung in Südtirol zu erreichen.

Reporter: Wann, glauben Sie, werden die nächsten Anschläge stattfinden?

Kienesberger: Darauf kann ich Ihnen keine Antwort geben. Hoffentlich bald!

TV-Sprecher: Es ist unwahr, daß es keine Möglichkeit gibt, zu einer friedlichen Lösung des Südtirolproblems zu kommen. Österreich und Italien waren sich an einer Einigung noch nie so nahe wie heute. Alle diese Ansätze können natürlich durch Attentate, wie sie jetzt im Pustertal verübt worden sind, wieder zunichte gemacht werden.

Die großen Südtirol-Reportagen der "Bunten Illustrierten"

Zu den Zeitungen, die in den Sechziger Jahren am häufigsten über Südtirol berichteten, gehörte die "Bunte Illustrierte", für die das Thema eine Art Herzensangelegenheit darstellte. Die Reportagen trugen so klingende Titel wie "Dynamit im Rosengarten", "Die Mordnacht auf der Stieralm" oder "Der Tränenbus von Südtirol".

Das größte Aufsehen aber erregte die mehrteilige Serie mit dem Titel "Heiße Erde Südtirol" aus der Feder des Journalisten Wolfgang Willmann, deren ersten Teil wir hier wiedergeben. Er erschien am 14. Oktober 1964 in der Olympia-Ausgabe der Bunten, die eine Auflage von über eineinhalb Millionen Exemplaren hatte.

Willmann teilte dabei Hiebe in alle Richtungen aus: gegen die italienische Regierung, weil sie Südtirol keine Autonomie gewähre, gegen jene "Wichtigtuer, die statt einer vernünftigen Arbeit nachzugehen, die tapferen Freiheitshelden gespielt haben", gegen jene "Pseudo-Journalisten, die ihre selbstgemästeten Schäfchen ins Trockene bringen", gegen "skupellose Hetzer" auf der einen sowie "Söldner und kommunistische Störtrupps" auf der anderen Seite. Willmann spielte dabei auf beschäftigungslose OAS-Leute aus dem Algerien-Krieg und Geheimdienstleute aus dem Osten an.

Der Krieg in Südtirol sei "ein riesengroßer Bluff": "Tausende gutgläubiger Tiroler Patrioten wurden wissentlich jahrelang an der Nase herumgeführt", verkündete die "Bunte" und kündigte für die folgende Nummer wichtige Enthüllungen an: "Die Wahrheit soll heraus".

Willmanns Wahrheit sah dann so aus: Luis Amplatz sei "ein kleiner, schäbiger Ganove", Georg Klotz "ein Möchtegern-Held", Südtirols Widerstand habe "hauptsächlich in Wiener Kaffeehäusern und Innsbrucker Weinstuben" stattgefunden. Die Südtirol-Kämpfer seien "ein armseliger Haufen von bestenfalls zwei Dutzend halben Männern, gegen die das italienische Innenministerium zehntausend Karabinieri" einsetze, statt "sich einen Berater aus dem Sittendezernat kommen zu lassen". Die Helden seien "längst müde und ungefährlich". Willmann: "Die Gefahr kommt jetzt aus der Nervosität, der Hysterie". Schließlich warnte Willmann noch vor einer kommunistischen Einmischung in Südtirol.

Da die Olympia-Ausgabe der "Bunten" rund fünf Millionen Leser hatte, läßt sich leicht vorstellen, wie groß das Echo war, das Willmanns Reportage in der deutschsprachigen Öffentlichkeit auslöste.

Die beleidigenden Äußerungen Willmanns allerdings kosteten die "Bunte" vor Gericht eine erhebliche Summe.

Der "Südtiroler Tränenbus" (Bunte Illustrierte) auf der Fahrt zum Häftlingsbesuch nach Mailand.

Heiße Erde

Zwei Carabinieri spielen Krieg im schönen Land Tirol. Feind erkannt: Sind es die Dolomiten? Zwei von Zehntausenden. Wer hier „kämpft", bekommt drei-

**Ein Bericht
von Wolfgang Willmann**

Südtirol — ein Pulverfaß? Das Land politischer Morde, das Land nächtlicher Feuergefechte, das Land ewiger Unruhen? Die BUNTE ist den Dingen auf den Grund gegangen. Das Ergebnis der Recherchen ist eine Sensation: Der Krieg in Südtirol ist ein einziger riesengroßer Bluff, ein beispiel-

SÜDTIROL

che Gefahrenzulage. Bei „Feindberührung" — Sonderurlaub. Also wird drauflosgeballert. Im Fahrkarten-Schießen sind sie groß. Ein gefährliches Spiel.

...oser Betrug an den wahren Südtiroler Pa-
...rioten, eine Blamage für viele Genasführte.
...Die BUNTE wird den Lügen um Südtirol ein
...Ende machen. Selbst wenn das einigen ein-
...flußreichen Leuten den Posten kosten sollte.
...Die Südtiroler sollen endlich bekommen, was
...sie verdienen — Frieden und Gerechtigkeit.

Sie haben Angst, jene Männer, die für das Schicksal Südtirols verantwortlich sind. Fürchterliche Angst, ganz gleich, ob sie im italienischen Bozen oder im österreichischen Innsbruck, ob sie in Rom oder in Wien zu Hause sind. Es ist eine ganz neue Angst. Nicht mehr die Angst vor Terroristen, Partisanen, Freischärlern, vor gewalttätigen Patrioten oder gefährlichen Abenteuern, nein.

Sie haben Angst vor einer beispiellosen Blamage.

Noch spricht niemand darüber. Noch geistert die Legende vom Hel-

Bitte umblättern

Heiße Erde SÜDTIROL

Im Abort (Pfeil) der Carabinieri-Kaserne von Mühlen wurde Vittorio Tiralongo (rechts) von unbekannter Hand erschossen. Die italienische Öffentlichkeit schob den Mord den Südtirolern in die Schuhe, obwohl es nach Zeugenaussagen um die Ehre von Vittorios Braut ging.

Die Wahrheit im Fall Tiralongo

Sie kennen den Mörder und schweigen. Tiralongos Schwester (links), Mutter (Mitte) und Tante am Grab des jungen Carabiniere, dessen Tod kriegerische Aktionen in einem verstörten Lande auslösten, das nichts als ein friedliches Leben ohne Haß führen will.

Fortsetzung von Seite 21

denkampf einzelner Patrioten gegen ein Heer von über zehntausend Carabinieri in vielen Köpfen herum.

Aber die Tage dieser Legende sind gezählt.

Kaum sind die Kränze für den neuen Andreas Hofer in Innsbruck verwelkt, da welkt auch der Ruhm dahin.

Kaum sind drüben auf der anderen Seite, in Bozen, die feierlichen Reden zum Heldentod des Carabiniere Tiralongo im Wind verweht, da wünschen sich die Redner, sie wären zur Zeit des Begräbnisses in Urlaub gewesen.

Kaum sind die flammenden Proteste in Leitartikeln und Grabreden ausgesprochen, da bekommen die Verfasser vor Scham rote Ohren.

Weil sie einer winzigen Schar von Großmäulern auf den Leim gegangen sind.

Weil sie sich von einer Handvoll skrupelloser und sensationslüsterner Reporter haben nasführen lassen.

Weil sie blind waren und, drücken wir es rücksichtsvoll aus, in ihrer Urteilsfähigkeit offenbar getrübt.

Denn die Tatsachen dieser angeblichen neuen Terrorwelle in Südtirol, diese oft an eine Komödie erinnernden Ereignisse in den letzten Wochen hätten eigentlich klar und auf der Hand liegen müssen.

Man konnte sie zum Beispiel in der BUNTEN Illustrierten lesen.

Es begann mit einer lächerlichen Lüge, mit einem offenkundig auf Täuschung angelegten großen Bildbericht in der Mailänder Zeitschrift „L'Europeo". Da konnten die Leser das Gruseln lernen angesichts einer Reportage über eine geheimnisvolle Partisanenschule im wilden Bayern.

Phantastische Fotos waren zu sehen: von Männern mit Tirolerhüten und Rucksäcken, die des Nachts über die schneebedeckten Berge klettern, um das liebe Land Tirol mit Dynamit und Rehposten vom welschen Joch zu befreien. Zu besichtigen war auch der Partisanenhäuptling persönlich, ein blonder Hüne mit Bart, Georg Klotz mit Namen.

Georg Klotz.

Alptraum Zehntausender von sizilianischen Carabinieri. Wolf der Berge, Draufgänger und Patriot, ein Schmied wie weiland jener aus Kochel. Wann immer es in den letzten Wochen im Passeier- oder Pustertal krachte — die Sizilianer wollten ihn, den berüchtigten Klotz, gesehen haben.

Oder seinen Freund, den Amplatz, der um ein Haar zum zweiten Andreas Hofer geworden wäre. Bloß weil er erschossen wurde, und zwar unter höchst merkwürdigen Umständen.

Von diesen beiden also war die Rede, von den neuen Partisanen-

feldzügen, die sie planten, ni‹ nur drüben in Mailand bei „L'Eu‹ peo". Auch im Magazin „Spiege‹

„Beim gegenwärtigen Stand ‹ Dinge", zitierte der „Spiegel" d‹ Luis Amplatz im März dieses Ja‹ res, „bleibt uns nichts ande‹ übrig, als für unser Land weiter‹ kämpfen."

Um diesen markigen Satz zu u‹ termauern, empfing er auch and‹ re Presseleute, besonders ge‹ Fotografen, und führte in der U‹ gebung Innsbrucks in Halbschuh‹ und mit Pistole seine Kampfvo‹ bereitungen vor. Deshalb ersch‹ nen auch nach seinem unverho‹ ten Tod auf der Stieralm so v‹ blüffend schnell Bildreportag‹ über sein gefahrvolles Leben.

In Wahrheit war sein Leb‹ höchst alltäglich. Er war als Hil‹ arbeiter bei einer Weingroßhan‹ lung tätig, und die einzige A‹ wechslung boten ihm mitunter R‹ porter auf der Jagd nach ein‹ Neuigkeit.

Nicht anders Freund Klotz, d‹ so gern ein Held gewesen wä‹ und deshalb mit Hilfe zwei‹ Pseudo-Journalisten aus dem S‹ bad Hall bei Innsbruck die ital‹ nischen Reporter herbeilockte, s‹ ein paarmal um Innsbruck heru‹ fuhr, an einer Waldschneise b‹ hauptete, dies sei nun die bayrisc‹ Grenze, und vor dem Hinte‹ grund einer Villa, deren Besitz‹ im Urlaub waren, für die Kamer‹ „Bombenleger-Schule" spielte.

Als diese Reportagen im Frü‹ jahr erschienen, wurden die Sü‹ tirol-Strategen diesseits und je‹ seits des Brenner nervös.

Die Österreicher verfrachtet‹ beide Störenfriede nach Wie‹ hielten es aber nach einer Unte‹ suchung nicht für nötig, Gefängn‹ aufenthalt zu verordnen, sonde‹ begnügten sich mit einer Aufe‹ haltsbeschränkung für Wien u‹ das Burgenland.

An der Donau freilich gefiel‹ den Helden ganz und gar nicht. D‹ Amplatz zum Beispiel hatte imm‹ Ärger mit seiner resoluten Arbe‹ geberin, und weil er nun einm‹ kein zweiter Andreas Hofer w‹ folgte er dem Beispiel so viel‹ Wiener Gelegenheitsarbeiter u‹ trat in den Krankenstand über.

Der Klotz auch.

Sonst ist nichts Rühmliches v‹ den beiden zu berichten — es s‹ denn, daß sie immer wieder ga‹ laut und unüberhörbar drohte‹ zu fliehen. Heim ins Land Tirol. W‹ keine Heldentat war, denn s‹ brauchten nur in den nächsten E‹ zug zu steigen. Oder Anhalter ‹ spielen.

Und das taten sie denn auch ‹ nes Tages, genau gesagt am 2‹ August 1964.

Großalarm!

„Amplatz und Klotz entko‹ men!" meldeten die Gazetten, u‹ das römische Innenministerium e‹ zitterte.

Was man nicht wußte — od‹ nicht zu wissen vorgab, denn z‹ mindest in Innsbruck war e‹ höchst offiziellen Stellen bekan‹ —, war die Kleinigkeit, daß d‹ gleichen Pseudo-Journalisten, d‹ schon mit der falschen Bombenl‹ ger-Schule viel Geld verdient ha‹ ten, nun einen Partisanen-Fer‹ sehfilm für einen amerikanisch‹ Auftraggeber drehen wollten. U‹ sogar die Frechheit besaßen, vo‹ her die Tiroler Landesregierung u‹ Material zu bitten.

Bitte umblätte‹

ne Komödie mit Bart spielte Georg Klotz (oben) ita
~nischen Reportern vor, als er ihnen eine nicht existiende Bombenlegerschule in Bayern (!) für Südtiroler
~echts) zeigte. Die BUNTE deckte den Schwindel sofort
~f und ließ damit einen italienischen Wunschtraum
~m „bösen Südtiroler, der Bomben legt", platzen.

leiße Erde SÜDTIROL

ine Tragödie ohne Sinn spielte sich auf der Stieralm
~oben) im Passeiertal ab, wo sich die illegal nach Süd
~rol gekommenen Georg Klotz und Luis Amplatz ver
~teckten. Klotz behauptet, das Versteck wäre verraten,
~mplatz von Carabinieri erschossen worden. Was auf
~er Stieralm wirklich geschah, dürfte bald aufgeklärt
~ein. Waren es am Ende gar nicht Carabinieri, die Am
~latz töteten? War die Rivalität zweier Anführer das Mo
~v der blutigen Tat, die das gesamte Südtirol bestürzte?

Fortsetzung von Seite 22

Die fraglichen Herren hießen
Wagner und Kerbler.

Christian Kerbler!

Wer in den letzten Tagen Zeitung gelesen hat, der weiß, daß
dies der Mann ist, in dem die aufrechten Patrioten zwischen Innsbruck und Bozen einen Verräter,
einen Italienerknecht, einen Judas sehen möchten. Weil er zusammen mit seinem Bruder Franz dabei war, als der Mord auf der Stieralm im Passeiertal geschah.

Die erste Kunde von dieser Untat brachte der Bergheld Klotz
nach Österreich. Eine wildromantische Geschichte verzapfte er da,
und die Zeitungen waren voll davon. Wie er, der Klotz, mit dem
Freunde, dem Amplatz, ganz auf
sich allein gestellt, von einer
Menge Carabinieri umzingelt worden sei. Und grad gekracht hätte
es! Den armen Luis Amplatz hätte
es erwischt. In Unterhosen. Er
aber, der Klotz, der zähe, er habe
sich durchgeschlagen, durch ein
Meer von Feinden. Verwundet war
er auch, gar nicht so harmlos. Aber
ein Klotz schlägt sich durch, auch
wenn ihm die Italiener ganze Staffeln von Hubschraubern nachhetzen.

Sagte er.

Ein paar Tage später sagte er
schon sehr viel weniger.

Da stellte sich nämlich der Franz
Kerbler in Innsbruck den Behörden, und dieser Junge wußte eben
auch allerhand. Zum Beispiel, daß
gar keine Carabinieri dagewesen
waren.

Zu diesem Zeitpunkt freilich waren die Kränze für den „großen
Patrioten" Luis Amplatz schon an
allen markanten Punkten Innsbrucks, also im Landhaus, in der
Hofkirche und am Berg Isel, feierlich niedergelegt, kurz von der Polizei entfernt, aber auf Anweisung Wiens ganz schnell wieder
hingehängt worden.

Es war zu allem Unglück auch
einer vom stellvertretenden Landeshauptmann darunter.

Peinlich, sehr peinlich.

Der „Feind" im Süden hatte allerdings keinen Grund zur Schadenfreude. Denn dort war eine
noch viel dümmere Geschichte passiert.

„Allgemeine Entrüstung über
den Mord an dem Carabiniere
Tiralongo", hatte es dort schon
Anfang September geheißen. „Der
römische Ministerrat, das Abgeordnetenhaus, maßgebliche Persönlichkeiten und die gesamte
italienische Presse befaßten sich
ausführlich mit diesem tragischen
Fall."

Gewiß, tragisch war die Sache
schon, aber nur für den so jung dahingegangenen Carabiniere Tiralongo. Er hätte halt wissen müssen, daß es lebensgefährlich ist,
eine Sizilianerin zu verführen und
gar noch mit Folgen, sofern sie
Verwandte hat, die Wind von der
Sache bekommen.

Wie sagte damals der italienische Innenminister persönlich vor
der römischen Kammer?

„Wieder einmal ist italienisches
Blut auf italienischem Boden durch
kriminelle Terroristen vergossen
worden. Heute sind wir ausschließlich deshalb zusammengekommen, um des in Mühlwald in Südtirol bei der Erfüllung seiner hohen Pflicht gefallenen Carabiniere zu gedenken. Das Opfer die

Bitte umblättern

Neofaschisten demonstrieren vor Mussolinis Siegesdenkmal in Bozen. Die Inschrift über den protzigen Säulen lautet (übersetzt): "Hier an den Grenzen des Vaterlandes stehe und zeuge: Von hier aus haben wir die anderen durch Sprache, Gesetze und Künste veredelt..." Der Duce grüßt übrigens seit 1947 (!) vom Bozener Finanzamt herab (rechts).

Heiße Erde
SÜDTIROL

Dröhnende Paraden italienischer Panzerverbände (die auf den Bergen nicht operieren können) sind in Südtirol sinnlos, weil es trotz Bombenanschlägen hier keinen Feind zu bekämpfen gibt.

Fortsetzung von Seite 24

ses jungen Mitglieds einer W
fengattung, der heute noch e
mal die volle Anerkennung
italienischen Volkes zugeht, d
ses Opfer wird nicht umsonst
wesen sein, wenn es dazu die
daran zu erinnern, daß diese rü
sichtslosen Anschläge, wie sie i
den vergangenen Tagen begang
wurden, den Entschluß immer
ster und unabänderlicher mach
in diesem italienischen Gebiet
den Versuch zu verhindern, mit f
gen und zivilisierten Völkern
würdigen Handlungen ein ruhig
Zusammenleben der Sprachgr
pen unmöglich zu machen."

Anschließend äußerte sich
christlich-demokratische Abgeo
nete Elisabetta Conci folgend
maßen: Sie sei, so sagte sie, „
Demokratin, Christin und Italie
rin beleidigt" und in dem E
schluß bestärkt, in jener Regi
„um jeden Preis" das Gesetz u
die Rechte des italienischen Sta
tes zur Geltung zu bringen.

Schon Mussolini schrieb auf d
Siegesdenkmal in Bozen: „Hier
den Grenzen des Vaterlandes s
he und zeuge: Von hier aus hab
wir die anderen durch Sprach
Gesetze und Künste veredelt."

Veredelt.

Um jeden Preis, wie die Dem
kratin, Christin und Italienerin E
sabetta Conci so treffend form
lierte.

Weil ein Polizist, der einer L
besaffäre wegen ermordet wurd
zufällig nicht in Napoli, sondern
Mühlwald/Südtirol stationiert w

Weil seine Kameraden, als d
Mörder aus dem Süden eintraf, u
terwegs waren. Der eine be
Vino, der andere bei seiner Sign
rina, wer weiß es. Als sie jede
falls ihre Amtsräume verspätet
reichten, war der Kamerad Ti
longo tot. Schon länger. Und d
war natürlich sehr unangenehm.

Es sei denn, die Südtiroler h
ten's getan. Klar! War doch
allen Zeitungen zu lesen, daß d
Klotz wieder im Land war, d
Bluthund. Und der Amplatz, d
Draufgänger. Schließlich war
Kopfprämien, verdammt ho
Kopfprämien auf die beiden Supe
Partisanen ausgesetzt. Acht M
lionen Lire pro Kopf. 50 000 Mar

Also mußte der Tiralone
posthum den Heldentod sterbe
Fürs Vaterland.

Und Elisabetta Conci mußte si
im Ton vergreifen und das höch
unchristliche Wort „um jede
Preis" von sich geben.

Wie ihr jetzt wohl zumute se
wird?

Um jeden Preis — das bede
tete so etwas wie Belagerungsz
stand über Südtirol. Das bedeute
mehr als zehntausend feldmarsc
mäßig ausgerüstete Carabinie
und Soldaten der italienischen A
mee, Uniformen, Waffen, Frontz
lagen für Offiziere, ja fast d
Ausnahmezustand. Der stellvertr
tende Chef der italienischen Po
zei übernahm das Kommando, u
die armen, sonnengewohnten C
rabinieri aus Sizilien oder Ne
pel hatten Gefühle wie die Fra
zosen in Algerien oder die Am
rikaner in Vietnam. Man steiger
sich förmlich in die Hysterie hi
ein. Kein Wunder, daß tatsächli
da und dort eine Tellermine hoc
ging, daß ein regelrechter Fel
zug begann.

Ein Feldzug, dessen Hauptmer

Bitte umblätte

Andreas Hofer schaut betrübt von der Fahne auf seine aufrechten Tiroler Standschützen in ihrer schmucken Tracht herab. Beinahe wäre ein Falscher Andreas Hofer Nummer Zwei geworden — Georg Klotz. Es ist eine Schande, wie die gutgläubigen Patrioten aus den Südtiroler Dörfern an der Nase herumgeführt worden sind.

Heiße Erde SÜDTIROL

Fortsetzung von Seite 26

mal eine ans Lächerliche grenzende Nervosität ist.

Ein Beispiel:

Truppen durchkämmen ein Waldstück. Plötzlich Geräusche im Dickicht, das Blitzen eines Gewehrlaufes, schnelle Reaktion der Truppe, Schüsse, Totenstille.

Ergebnis?

Der Tote war ein Mitglied gleicher Waffengattung! Er war gestorben, weil er abseits des Weges seine Notdurft verrichten wollte und bei dem Versuch, die Truppe wieder zu erreichen, für den bösen Feind gehalten wurde.

Anderer Fall: Tesselberg.

Hier hörte die Komik auf. Irgendwo war wieder einmal geschossen worden. Der Himmel weiß, ob es Jäger, ob es Carabinieri waren. Jedenfalls keine Tesselberger.

Aber die Truppe handelte. Hunderte von Polizisten mit Maschinenpistolen rückten ein, trieben die Dorfbewohner auf eine Wiese, ließen die Männer aneinandergefesselt sich auf den Bauch legen. Stundenlang. Später mit den Frauen zusammenketten und zum Verhör fahren, unterdessen die leeren Häuser verwüsten und plündern, vor Betreten der Kellerräume sicherheitshalber Handgranaten hineinwerfen, sogar ein Kind anschießen und ärztliche Hilfe verweigern.

Wir wollen den Carabinieri hier nicht so ohne weiteres Unmenschlichkeit unterstellen. Sie haben auch Angst, die ahnungslosen Burschen aus dem Süden. Ihre Angst ist künstlich hochgeputscht worden. Mit Sätzen wie: „Das Opfer dieses Jungen ... wird nicht umsonst gewesen sein."

Wer will das schon: als Held sterben, und noch dazu in einem abgelegenen Südtiroler Bergbauernhof?

Diese bärtigen, urigen Bergbauern, bei denen immerfort Dynamit gefunden wird, sind den schwarzlockigen „Jungen" unheimlich. Jemand sollte ihnen endlich einmal sagen, daß die Bergbauern das Dynamit brauchen wie ihre Arbeitskollegen im Tiefland den Kunstdünger.

Zum Sprengen der Bäume auf den Steilhängen nämlich. Weil man da so schlecht mit der Axt 'ran kann.

In Tesselberg übrigens wurde ein Feldtelefon sichergestellt und eine Patronenhülse, von der sicher schwer zu sagen ist, ob sie nicht vielleicht ein Polizist verloren hat. Das Feldtelefon jedenfalls diente nicht zur Kontaktaufnahme mit Partisanen, sondern zur Bedienung eines Sessellifts.

Noch ganz andere, noch viel absurdere Dinge geschehen dort oben im schönen Land Tirol. Etwa, weil Truppen nach Feindberührung und Heldentaten mit Sonderurlaub rechnen dürfen. Und

weil es jetzt so kalt ist in den Bergen. Und doch noch so warm und so gemütlich zu Hause am Mittelmeer.

Da steht ein Soldat einsam auf Wache und ballert einmal kräftig in die Luft — schon sind die Urlaubsaussichten besser. Denn der Kamerad auf dem Nachbarhügel ballert sofort mit. Und die Kameraden jenseits des Tals eröffnen ebenfalls das Feuer. Unten im Tal sitzt der Korrespondent einer Zeitung und rennt zum Telefon.

Am nächsten Morgen liest der Oberkommandierende beim Frühstück von einem Gefecht zwischen italienischen Einheiten und „schätzungsweise zwanzig Partisanen, deren Anführer vermutlich der berühmt-berüchtigte Georg Klotz war". Der Kommandant schickt Verstärkung, die Helden der Nacht dürfen von dem scheußlichen Berg herunter, bekommen warmes Essen, einen Händedruck des herbeigeeilten Kommandanten und bald, sehr bald den langersehnten Urlaub.

Zu Hause erzählen sie dann, daß sie den Klotz erledigt hätten. Weil sie dem Klotz so ähnlich sind. So verteufelt ähnlich. Man muß dem Wesen und dem Lebenswandel der „Patrioten" Klotz und Amplatz auf den Grund gehen, um die ganze Tragikomödie der neuesten Südtirolkrise zu erfassen, jener scheinbaren Krise, die so falsch eingeschätzt wird, daß sogar der Papst dieses friedliche Land als sein Sorgenkind bezeichnete.

Die Südtiroler sind keine Sorgenkinder.

Es ist umgekehrt.

Sie haben Sorgen.

Weil sie nicht in Ruhe leben und arbeiten dürfen. Weil ihnen seit Jahren jeder Bubenstreich irgendwelcher undurchsichtiger Elemente als Kollektivschuld aufgebürdet wird. Weil sie selber getäuscht werden. Von Burschen wie Klotz und Amplatz genauso wie von den Kameraden des Carabiniere Tiralongo. Weil sie in den Zeitungen nicht lesen, was die Redakteure wissen, sondern was die Herren Redakteure für passend erachten. Passend für die Politik ihrer Partei, ihrer Interessengruppe.

Wir werden uns erlauben, ein für allemal mit dem Schwindel aufzuräumen.

Denn es ist ein Schwindel.

Ein beispielloser Betrug an den wahren Südtiroler Patrioten.

Eine Gemeinheit gegenüber jenen aufrechten Männern, die mit anständigen Mitteln seit Jahrzehnten um die in den Pariser Verträgen garantierten Rechte des deutschsprachigen Bevölkerungsteils kämpfen.

Es wird zuviel gelogen, wenn von Südtirol die Rede ist.

Wir wollen den Lügen ein Ende machen, und es interessiert uns nicht, wenn man uns warnt: Die Leser wollen das nicht hören, sie wollen ihren Andreas Hofer Nummer zwei.

Nein! Das glauben wir nicht. Sie wollen ihn nicht. Sie teilen die Meinung des österreichischen Außenministers, der uns versichert hat: „Wir wollen nicht, daß eine Legende entsteht um einen Mann, der es nicht wert ist. Wir sind allein an der Wahrheit interessiert."

Nun, die Wahrheit soll heraus.

Fortsetzung in der nächsten BUNTEN

Schreihälse auf beiden Seiten! Würden die Italiener endlich die Autonomie Südtirols verwirklichen, herrschte Ruhe im Land. Wann siegt die Einsicht in Rom?

Die Bombengeschichten der Boulevard-Presse

Für den Südtirol-Konflikt interessierten sich nicht nur seriöse Zeitungen. Für die Boulevard-Blätter war das Thema eine "Bombengeschichte" im wahrsten Sinne des Wortes. Ein typisches Beispiel sind die folgenden Auszüge aus einem Bildbericht der "Quick" vom 29. Dezember 1963. Bilder und Titel waren so reißerisch als möglich aufgemacht, der sachlichere Untertitel "Eine Handvoll Verirrter auf beiden Seiten zerstört die Hoffnung auf Verständigung" war so klein, daß ihn niemand zur Kenntnis nahm. Fünf Foto-Seiten stand ein nur dreispaltiger Text gegenüber, der in krassem Gegensatz zur Wirkung der Bilder stand: "Quick will die Bombenleger nicht verherrlichen. Quick meint im Gegenteil: was diese Leute treiben, ist Wahnsinn. Quick rät den Partisanen: Hört auf mit dem Terror!" Erfahrungsgemäß spielt in derartigen Bildgeschichten der Text eine völlig untergeordnete Rolle. Vergegenwärtigt man sich zudem die Tatsache, daß es damals nirgends in Europa politischen Terror oder bewaffnete Konflikte gab, so wird klar, wie groß der Eindruck war, den derartige Bilder in der öffentlichen Meinung hinterließen.

In einer Berghöhle,
irgendwo zwischen Tauferer- und Pustertal:
Die „Pusterer Buam" beim Biwak,
wohlversorgt mit einem Arsenal von Waffen
aus aller Herren Ländern.

Die tollen Bomber von Südtirol

Die Bilder auf diesen Seiten sind Dokumente eines sinnlosen Kampfes: Bilder vom Partisanenkrieg in Südtirol, aufgenommen von den „Pusterer Buam", einem Stoßtrupp der „Südtiroler Freiheitskämpfer". QUICK hat mit den „tollen Bombern" gesprochen — und mit den Frauen, deren Männer in den Bergen oder in italienischen Gefängnissen sitzen. Während in Mailand ein Massenprozeß gegen 71 Südtiroler begann, erklärten die Partisanen: „Unser Kampf geht weiter!" Ein Kampf, aberwitzig, hoffnungslos, verbohrt — so verbohrt wie vieles, was auch die Italiener tun. In Südtirol ist Europa noch nicht geboren . . . ➜

Diese Männer haben keine Namen. Ihre Lehrmeister sitzen in Österreich, aber sie finden Helfer in ganz Südtirol.

Ein Bericht von Johannes Leeb

„In den Bergen sind wir sicher."

Während tausende italienischer Soldaten die Täler kontrollieren, können sich die „Dinamitari" in den heimatlichen Bergen ungeniert bewegen. In vielen Hütten finden sie Obdach, bei vielen Bergbauern Unterstützung. Jetzt hat der Winter die Aktionen der Partisanen gestoppt. Der Schnee erleichtert die Spurensicherung der Carabinieri. Die Anschläge der Terroristen ließen nichts zurück als neue Zerstörungen und wachsende Erbitterung auf beiden Seiten.

„Niemand hat uns bisher verraten..."

Haarschneiden im Stützpunkt: Wochenlang dauern die „Ausflüge" der Partisanen, dann kehren sie nach Hause — oder über die Grenze nach Österreich zurück. „Sepp" (links) ist Sprengmeister der Gruppe. Ihre Ziele sind Starkstromleitungen und Polizeikasernen. In Taufers ließen die „Pusterer" vom Dach der Carabinieri-Station eine Sprengladung durch den Kamin. Verletzt wurden außer den Carabinieri auch zwei Südtiroler, die gerade verhört wurden.

„Unser Ziel ist die Selbstbestimmung Südtirols", sagen die Partisanen. Doch ihre Gewalttaten fordern neue Gewalt heraus. QUICK ging ihren Spuren nach — diesseits und jenseits der Brennergrenze.

„... niemand verweigert uns Nahrung."

Luis Amplatz (Mitte), Obstbauer aus Bozen, wird seit Jahren von der italienischen Polizei gesucht. Er gilt als „Terrorist Nr. 2", wenn er auch nicht zu den „Pusterer Buam" gehört. QUICK traf ihn in Innsbruck — und sprach mit seiner Frau in Südtirol.

HANS   MAYR

DIE BLUTIGEN NACHWEHEN DER FEUERNACHT

EINE ZUSAMMENFASSUNG DER WICHTIGSTEN ATTENTATE NACH 1961 BIS 1988

Die Feuernacht wird heute allgemein als große politische Zäsur im Südtirolkonflikt der vergangenen Jahrzehnte gesehen. Und zwar als eine Zäsur im doppelten Sinne. Zum ersten hat Rom sich unter dem Eindruck dieser massiven Bombennacht dazu entschlossen, die sogenannte 19er-Kommission ins Leben zu rufen. Das heißt, bereits im Herbst 1961 beginnen ernsthafte Verhandlungen zwischen der SVP und dem Staat über eine Landesautonomie, wie sie Rom bis dahin immer verweigert hatte. Verhandlungen, die nach der für Südtirol positiven UNO-Resolution im Herbst 1961 dann unter dem Außenminister-Duo Saragat/Kreisky bereits im Herbst 1964 ein positives Ende hätten finden können. Trotz der Ablehnung dieses Autonomieentwurfs durch die SVP war das Ende der Verhandlungen nur mehr aufgeschoben bis zur Annahme des Paketes 1969.

Wien und Rom waren also übereingekommen, die Südtirolfrage einvernehmlich zu lösen und mit Sicherheit hat es auch einen gewissen Druck aus den Staatskanzleien des Westens und auch von Seiten der Kirche gegeben, denn niemand konnte ein Interesse daran haben, daß da an einer strategisch sehr wichtigen Nahtstelle und Nachschublinie der Nato ein Krisenherd entsteht, der die Sowjets geradezu einladen mußte, ein bißchen mitzuzündeln. Außenminister Kreisky hat diese Taste bei den Verhandlungen vor der UNO auch heftig und erfolgreich gedrückt und vor allem im Rahmen seiner Verhandlungen mit den verschiedenen westlichen Staaten am Rande der UNO-Versammlung immer wieder darauf hingewiesen, was für ein unsicherer Kantonist für die Nato und das westliche Bündnis Italien mit seinen vielen Kommunisten ohnehin schon sei. Wenn da jetzt noch ein Partisanenkrieg in Südtirol hinzukommt.... Italien, so Kreisky, müsse an den Verhandlungstisch gezwungen, der Pariser Vertrag verwirklicht werden. Argumente, denen sich dann auch viele Freunde der italienischen Position nur schwer entziehen konnten.

Das alles bedeutet auch, daß die Anschläge, die bis in den Sommer 1961 hinein Wien und auch der SVP recht

gut ins Konzept gepaßt haben, auf einmal sehr störend wirkten, weil Rom inzwischen ja bereit war, über eine Landesautonomie zu verhandeln. Trotzdem, die Anschläge gingen weiter, sie wurden im Laufe der Jahre sogar zunehmend brutaler und härter. Die Folterungen und der Carabinieriprozeß von Trient mit seinen Freisprüchen werden das ihre dazu beigetragen haben; auch hatten nicht mehr die Südtiroler beim Ausführen der Anschläge das Heft in der Hand. Zunehmend traten vor allem ab 1965, als die alte Garde um Welser und Pfaundler endgültig ausgeschieden und Günther Andergassen bereits in Haft war, Gruppen und Leute wie jene um den rechtsradikal orientierten Norbert Burger verstärkt in Erscheinung, die zwar vorher auch präsent gewesen waren, die aber nun endgültig freie Hand hatten. Der Kampf um Südtirol wurde aus italienischer Sicht zu einem Abwehrkampf gegen den Neonazismus und den Pangermanismus, eine vom propagandistischen Standpunkt aus gesehen ungeheuer vorteilhafte Position. Auf jeden Fall handelte es sich nicht mehr um jenen genuinen, aus dem Volk herausgewachsenen Widerstand, der die Bewegung rund um Sepp Kerschbaumer gekennzeichnet hatte.

Doch trotz der Radikalisierung und obwohl es jetzt Tote gibt, wobei beide Seiten nicht gerade zimperlich waren, wird der Weg in Richtung zweites Autonomiestatut in Rom, in Wien und in Bozen konsequent weitergegangen. Die Anschläge sind jetzt nur mehr absurde Begleitmusik dazu, die sich allerdings so leicht nicht mehr abstellen läßt. Und das, obwohl die Zusammenarbeit zwischen den beiden Staatspolizeien in Wien und in Rom schon bald nach 1961 viel intensiver verlaufen sein dürfte als bislang gemeinhin angenommen wurde. Zwischen Bozen und Innsbruck mag der Draht gestört gewesen sein, zwischen Rom und Wien hat er mit Unterbrechungen und trotz mancher Störaktion sicher funktioniert.

Bereits in den Jahren nach der Feuernacht setzen diese Störaktionen ein, die klar darauf verweisen, daß Teile der Carabinieri und des italienischen Geheimdienstes

Beim Anschlag auf das Gebäude der Finanzwache auf der Steinalm im Brennergebiet wurden im September 1966 die Zollbeamten Herbert Volgger, Martino Cossu und Franco Petrucci getötet.

ganz eigene Ziele verfolgten. Es gab Interessen genug, um die Spannung in Südtirol aufrechtzuerhalten. Die einen, Jörg Klotz und seine Leute, wollten mehr als nur Verhandlungen für eine Autonomie; sie hofften immer noch auf den Volksaufstand und wollten die Selbstbestimmung erzwingen. Den anderen, gemeint sind Teile des Geheimdienstes und der Carabinieri, war das Exerzierfeld Südtirol gerade recht, um all jene Techniken und Taktiken auszuprobieren, die bei künftigen innenpolitischen Auseindersetzungen von Bedeutung sein konnten. Denn angesichts einer starken kommunistischen Linken im Lande mußte und wollte man auch für unorthodoxe Formen der Auseinandersetzung immer gerüstet sein. Der Mord an Luis Amplatz und der Mordversuch an Jörg Klotz waren wohl der Einstieg in die neue Phase. Ob da die Carabinieri geschossen haben, wie der frühere Leiter der politischen Polizei Giovanni Peternel behauptet oder Christian Kerbler ist nur ein Detail am Rande. Auch die Versuche, Burger und Kienesberger nach Italien zu entführen, die der damals für den Bereich Südtirol zuständige Geheimdienstoberst Renzo Monico dem venezianischen Untersuchungsrichter Claudio Mastelloni gegenüber zugegeben hat, stammen offensichtlich auch aus der Trickkiste unorthodoxer Kampfmethoden. Man ist sich gegenseitig nichts schuldig geblieben in diesen Jahren nach 1961.

Daß man gegen die zweite Generation der Südtirol-Attentäter auf der österreichischen Seite nicht schärfer vorgegangen ist, mag auch damit zusammenhängen, daß das Südtirolproblem in Österreich als ein Herzensproblem angesehen wurde und daß man damit in den 60er Jahren noch Wahlen gewinnen oder auch verlieren konnte. Kontrolliert hat man die Szene immer und viele der Protagonisten sind ja auch immer wieder verhaftet worden.

Ein Norbert Burger z.B. hat diese positive Grundstimmung in der österreichischen Bevölkerung bei seinen gutinszenierten Auftritten vor Gericht immer auszuschlachten gewußt. Die Geschworenen sind nach solchen Aufrufen an die nationale Seele nur allzuoft umgekippt und haben gerne ein Auge zugedrückt. Außerdem war es ja auch nicht so einfach, einem Jörg Klotz oder Luis Amplatz plötzlich begreiflich zu machen, daß sie von einem Tag zum anderen der Staatsräson wegen aufhören sollten, nachdem man sie vorher noch in den Wiener Ministerien herumgereicht hatte.

Braune Kräfte im BAS

Kurz nach der Feuernacht ist Sepp Kerschbaumer nach Innsbruck gefahren, um mit den BAS-Leuten draußen die nächsten Schritte zu beraten. Doch in Innsbruck, so der BAS-Mann Josef Fontana, sei ihm zu seinem Entsetzen bedeutet worden, daß es im Moment keiner weiteren Aktionen bedürfe. Man tat so, als habe die Feuernacht genügt. Die große Verhaftungswelle aber,

die mit einem fast totalen Triumph der Carabinieri endete, brachte den BAS schließlich unter Zugzwang, denn es galt ja zu beweisen, daß man trotz der Schläge, die man hatte hinnehmen müssen, noch feuertüchtig war.

In der BAS-Spitze war insofern eine Veränderung eingetreten, als die bisherigen Vertreter aus Südtirol inzwischen ja alle im Gefängnis saßen. Die Position der Nordtiroler und Österreicher im BAS wurde damit automatisch ausschlaggebend. Zu Wolfgang Pfaundler, Kurt Welser, Heinrich Klier, Helmuth Heuberger und dem Musikprofessor Günther Andergassen stießen zwar die nach Österreich geflüchteten Jörg Klotz und Luis Amplatz. Vor allem aber der dann mehr und mehr ins rechtsradikale Lager abdriftende Norbert Burger sollte im Vergleich zu früher eine viel aktivere Rolle spielen. Der in diesem Zusammenhang vor allem von der Südtiroler Seite erhobene Vorwurf der Verbraunung des BAS wird von Nordtiroler BAS-Leuten vehement zurückgewiesen. Günther Andergassen sagt, da sei absolut nichts dran, wer das behaupte, falle auf den Propagandatrick der italienischen Seite hinein. Mit Leuten wie Pfaundler und Heuberger, die aus dem antinazistischen Widerstand kamen, aber auch mit Welser und anderen wäre eine Anlehnung des BAS an rechtsradikale Positionen niemals möglich gewesen. Auch Peter Kienesberger bestreitet, daß es damals irgendwelche politischen Differenzen innerhalb des BAS gegeben habe. Der Umgang Burgers mit anderen Verantwortlichen sei ausgesprochen herzlich und vertraut gewesen.

Tatsache aber ist, daß sich ab Ende 1963 Auflösungstendenzen im BAS bemerkbar machten, eine einheitliche Führung nicht mehr gewährleistet scheint. Der BAS war praktisch in mehrere Gruppen zerfallen und wurde zugänglich für Provokateure jeder Art. Jörg Klotz zum Beispiel war schon seit seiner Zeit im Passeiertal ständig von Spitzeln umgeben. Er schien sie fast magisch anzuziehen. Nicht nur der italienische Geheimdienst konnte vor allem ab Ende 1963 seine Leute in bester Position plazieren, auch Rechtsradikale verschiedenster Herkunft fanden nach und nach in Innsbruck Unterschlupf. Es hat in der sich auflösenden Führungsstruktur des BAS, die sich laut Angaben von Peter Kienesberger im Zeitraum 1961 bis 1964 kaum verändert hat, zweifellos große Schwächen gegeben. Es schaut so aus, als hätte jede Gruppe für sich gearbeitet und als seien zum Schluß nur mehr Burger und Kienesberger übriggeblieben. Daß Burger eindeutig der rechtsextremen Szene in Österreich zugerechnet werden kann, hat er dann 1967 mit der Gründung der nationaldemokratischen Partei (NDP) bewiesen.

Die Innsbrucker BAS-Szene hatte in den Sommermonaten 1961 einen Neuzugang zu verzeichnen, der in der Geschichte des Südtirolterrorismus der nächsten Jahre dann eine große Rolle spielen sollte. Der damals erst 18-jährige Oberösterreicher Peter Kienesberger hatte sich schon empfohlen und brannte bereits voller Begeisterung darauf, die Feuertaufe zu erleben.

Norbert Burger (links) und Peter Kienesberger (rechts) im Oktober 1965 vor dem Schwurgericht in Graz.

Der "Kinderkreuzzug" und offene Mensuren

Er sollte schon bald zufriedengestellt werden. Denn am 21. August 1961 schlug der BAS zum ersten Mal nach der Feuernacht im Passeiertal zu und Kienesberger gehörte mit zum Kommando, das unter der Führung von Jörg Klotz agierte. Ein Mast bei St. Martin wurde gesprengt und eine Gruppe Soldaten und Carabinieri beschossen, darunter auch Hauptmann De Rosa, der sich bei den Mißhandlungen in Meran hervorgetan hatte. Nur der Zufall wollte, daß es nicht schon bei dieser Aktion Tote gegeben hat.

Bevor dieses Kommando dann im September zum zweiten Mal durch einen gewollt unblutig verlaufenen Feuerwechsel mit einer Pioniereinheit der Alpini beim Kraftwerk Rabenstein im Sarntal auf sich aufmerksam macht, startet immer von Innsbruck aus eine Aktion, die von Norbert Burger unter Mitwissen der BAS-Führung geplant wurde und die als 'Operation Panik' oder als 'Kinderkreuzzug' in die Geschichte eingegangen ist.

Die Operation gerät zur totalen Farce und der BAS geht daraus diskreditiert hervor. Studenten aus dem rechtslastigen Burschenschaftsmilieu sollten Molotow-Cocktails in die Gepäcksaufbewahrung verschiedener Bahnhöfe in Italien schmuggeln und dort mittels Säurezünder zur Explosion bringen.

Rechtsanwalt Hermann Nicolussi-Leck, der dann die bei dieser Aktion inhaftierten Studenten zu verteidigen hatte, kann auch jetzt, 30 Jahre danach, ein Kopfschütteln nicht verbergen angesichts dieser Jugendlichen, die ausgezogen waren, Italien das Fürchten zu lehren.

"Das waren alles schlagende Studenten und bei einigen, da war die Mensur noch offen, die schauten aus wie Piraten," erzählt Nicolussi Leck. Mit dem Säbel haben sie vielleicht umgehen können, die Studenten des Assistenten Norbert Burger, mit Molotowcocktails allerdings kaum. Das hat dann die Studentengeneration nach 1968 besser gemacht.

Drei Kommandos sind unterwegs und nur einem gelingt es, Sprengsätze in den Bahnhöfen von Rovereto, Verona und Rimini zu legen und Italien wieder zu verlassen. Die Explosionen richten geringen Sachschaden an. Einem anderen Kommando explodiert ein Zeitzünder während der Anfahrt auf den Bahnhof in Trient. In Panik, das ganze

Die Sprengung des Andreas-Hofer-Denkmals am Berg Isel am 3. Oktober 1961.

Auto samt den Flaschen könnte explodieren, verlassen die vier Insassen das Fahrzeug und werden verhaftet.

Das dritte Kommando agiert in Rom. Dort explodieren Molotowcocktails bei den Thermen des Diokletian, am Bahnhof, in zwei Restaurants, in Santa Maria Maggiore und in einem Bus, wo der Student Helmut Wintersberger aus Wien sich auf die explodierenden Cocktails wirft, die sich in der Sommerglut selbst entzündet haben und dabei schwere Verbrennungen erleidet. Seine beiden Komplizen werden nach einer Verfolgungsjagd verhaftet. In Innsbruck ist Jörg Klotz ungeheuer wütend auf Burger und auf seine Burschenschaftler, der BAS hat sich lächerlich gemacht.

Die Studenten werden zu einigen Jahren Gefängnis verurteilt. Hermann Nicolussi Leck schreibt dem damaligen deutschen Bundespräsidenten Lübke und bittet ihn, ein gutes Wort einzulegen, denn es waren auch einige Deutsche dabei. Als Lübke gut ein Jahr später dann auf Staatsbesuch nach Rom kommt, dürfen die Burschenschaftler großzügig begnadigt nach Hause fahren.

Bomben, die nicht vom BAS sind

Es gibt dann bis hinauf zum Carabinieriprozeß in Trient noch eine ganze Reihe Anschläge, wobei einige Vorkommnisse gesondert herausgestrichen werden sollen: Am 1. Oktober 1961 wird das Andreas-Hofer-Denkmal auf dem Berg

Vor einem Schwurgericht in Rom hatten sich im Februar 1962 vier österreichische und drei deutsche Studenten wegen verschiedener Anschläge in italienischen Städten zu verantworten. Auf der Anklagebank links der 21-jährige Österreicher Helmut Wintersberger, rechts sein 22-jähriger Landsmann Mauritz Rainer.

Isel in Innsbruck von Unbekannten gesprengt. Wahrscheinlich ein erster Wink mit dem Zaunpfahl von der italienischen Seite, daß die Anschläge nicht unbedingt auf Südtirol und Italien beschränkt bleiben müssen. Ein Jahr später, am 20. Oktober 1962, kommt es in den Bahnhöfen von Trient und Verona zu Anschlägen, bei denen der Bahnarbeiter Gaspare Erzen ums Leben kommt und mehrere Menschen verletzt werden. Der Anschlag wird nie aufgeklärt. Der BAS distanziert sich sofort und schreibt sogar an Bundespräsident Schärf. Wahrscheinlich ist es nicht mehr der BAS allein, der Bomben legt. Er hat Konkurrenz bekommen.

Am 17. Februar 1963 verhaftet die Gendarmerie am Brenner die drei Ahrntaler Siegfried Steger, Josef Forer und Heinrich Oberlechner, die in einem Auto voller Sprengstoff unterwegs sind. Sie werden aber bald wieder auf freien Fuß gesetzt.

"Zum Teufel mit diesem Terroristenpfarrer"

Im August 1963 bekommt dann erstmals ein Priester Schwierigkeiten mit den Sicherheitsbehörden. Es ist der Pfarrer von Laas, Georg Tumler, der am 29. August 1963 sogar eine Hausdurchsuchung über sich ergehen lassen muß. An jenem Tag war bei einem italienischen Volkswohnhaus in Laas eine Sprengladung entdeckt worden. Pfarrer Tumler hatte im Gasthaus darüber ein bißchen gewitzelt - wie er sagt - und als dann, so erzählt er, "gegen halb zwölf viele Frauen zu mir kamen und sagten, die Carabinieri holen unsere Männer ab, Herr Pfarrer greifen Sie ein", da war auch schon der Widum umstellt und der Pfarrer an der Reihe. Die Durchsuchung hat aber nichts ergeben. Siebzehn Zeitungen, so Pfarrer Tumler, haben über den Vorfall berichtet und viele in der Tonart "Zum Teufel mit diesem Terroristenpfarrer". Sogar der "Spiegel" habe die Geschichte aufgegriffen. Er habe auch haßerfüllte Briefe erhalten und aus dem bischöflichen Ordinariat in Trient sei ihm der gute Rat erteilt worden, er möge doch künftig Gasthäuser meiden. Über diesen Rat ist Pfarrer Tumler heute noch konsterniert, "denn damals war ich nach Jahren das erstemal wieder in einem Gasthaus".

Pfarrer Tumler gehört zu jenen Leuten, die eine gewisse Sympathie für die Männer von 1961 nicht verhehlen. Unter seinen Schäflein befanden sich auch einige, die damals mitgesprengt haben, darunter auch Franz Muther, der einer der führenden Männer des BAS war und den die Carabinieri als ersten geholt haben. Der Pfarrer erzählt, wie die Schwester von Franz Muther ihren Bruder nach der Feuernacht gefragt hat, "Franz, sind das die Unsrigen?" und wie Franz Muther dann geantwortet hat, "irgend jemand wird sich opfern müssen".

Auf jeden Fall ist Pfarrer Tumler 1967, als man den Franz Muther aus dem Gefängnis entlassen hat, in aller Früh noch auf die Jennwand oberhalb von Laas gestiegen und hat

ein paar Edelweiß gepflückt, um den Franz mit dem hei-
matlichsten aller Grüße willkommen zu heißen. Daß er den
Muther dann in der Kirche vor der versammelten Pfarr-
gemeinde so wie vorher schon den Engelbert Angerer und
den Franz Tappeiner empfangen hat, ist ihm vor allem von
der italienischen Presse schwer angekreidet worden. Für
Vittorio Lojacono ist das der endgültige Beweis dafür,
daß "diese Südtiroler niemals gute Italiener sein werden"
wie er in seinem Buch "Alto Adige - Südtirol" schreibt.
Doch läßt er Pfarrer Tumler immerhin auch folgendes sagen: "Zum Teufel mit der Politik. Ist es vielleicht Politik,
wenn ich einen der meinen empfange, der aus dem Kerker heimkehrt, nachdem er seine Strafe abgesessen hat?
Hätte ich ihm nicht den Willkommensgruß entbieten sollen, hätte ich ihm nicht sagen sollen, daß er für mich immer noch ein Schaf aus meiner Herde ist?"

Aber nicht nur der Pfarrer von Laas ist von den Sicherheitsbehörden mißtrauisch beobachtet worden. Es hat auch
noch andere Geistliche gegeben, die ihre Schwierigkeiten
hatten mit dem Staat. Einer davon ist der Pfarrer von St.
Martin in Gsies, Johann Weitlaner, der im Sommer 1967
sogar verhaftet wird. Man wirft ihm vor, die vier Pusterer
Buam vor dem mörderischen Anschlag auf zwei Finanzpolizisten im Pfarrwidum versteckt zu haben. Es ist Andreas Egger, der nach seiner Verhaftung und wahrscheinlich
einer gehörigen Tracht Prügel den Pfarrer bezichtigt, dann
aber die Anklage sofort wieder zurückzieht. Die Ermittlungsbehörden haben kein Glück und müssen den Pfarrer Weitlaner wieder laufen lassen.

Die Verhaftung des Gsieser Pfarrers Johann Weitlaner (links) im Sep-
tember 1967.

I Carabinieri non si toccano

In Ebensee nördlich des Salzkammergutes wird am 23. September 1963 erstmals ein tödlicher Anschlag in Österreich
verübt. Ein Gendarm wird bei der Entschärfung einer Bombe getötet und zwei weitere werden schwer verletzt. Obwohl zuerst vor allem in Richtung BAS ermittelt und Kurt
Welser in Haft genommen wird, deuten Ausweise der neofaschistischen Studentenvereinigung "Associazione di Azione Nazionale" mit dem gestempelten Aufdruck "I
Carabinieri non si toccano - Hände weg von den Carabinieri!", die man in Ebensee findet, von Anfang an auf einen italienischen Täterkreis hin. Am 17. Februar 1965
verhaftet die Mailänder Polizei dann den 27-jährigen Neofaschisten Giorgio Massara, der auch Beziehungen zu führenden Neofaschisten in Bozen hat, wegen eines Attenta-
tes, das er in Italien begangen haben soll, und findet bei
ihm Ausweise mit dem Stempel "I Carabinieri non si toccano". Durch Zufall also war man auf den Attentäter von
Ebensee gestoßen. Massara gesteht, der Anführer des Terrorkommandos von Ebensee zu sein. Man habe die Ehre
Italiens wiederherstellen wollen, wird er später vor dem
Richter sagen. Mit Massara wurden Sergio Poltronieri und
Luciano Rolando aus Verona sowie Maurizio Perito und
Franco Panizza festgenommen. Am 24. Februar, eine Woche nach der Verhaftung Massaras, wurde dann in der Nähe
von Genua eine Terrorschule ausgehoben und 200 Personen festgenommen. Anklage gegen die Attentäter von Ebensee wurde vorerst nicht erhoben, weil man sich im
Justizministerium Zeit ließ mit der Genehmigung, die notwendig war, weil die Straftat ja im Ausland begangen worden war. Als dann vier Jahre später im August 1967 der
Prozeß durchgeführt wurde, waren vier der fünf Angeklagten flüchtig. In Abwesenheit wurde Giorgio Massara zu neun
Jahren Haft verurteilt, Maurizio Perito erhielt sechs Jahre.

Die Fotos des Erich Oberleiter

Ende 1963 nimmt die Finanzpolizei dann bei einer Routi-
neüberprüfung im Ahrntal den unzensurierten Erich Oberleiter mit. Oberleiter gelingt es zu fliehen. Fotoapparat und
Filmrolle muß er aber zurücklassen. Als die Polizisten die
Filmrolle entwickeln, trauen sie ihren Augen nicht. Die Auf-
nahmen zeigen Oberleiter bei gemeinsamen Aktionen mit
den anderen drei Pusterer Buam. So wurde der vierte gefunden. Es handelt sich um jenes Kleeblatt, das acht Monate später den Konflikt mit dem Staat auf einen neuen
Höhepunkt zutreiben wird.

Am Gründonnerstag, den 7.April 1964 gelingt der italienischen Polizei ein großer Schlag. In Venedig wird der Musikprofessor Günther Andergassen verhaftet, der zum
engsten Führungskreis des BAS gehört. Er wird in Aussa-

Auf das Konto italienischer Faschisten ging am 23. September 1963 der Anschlag auf das Löwen-Denkmal in Ebensee im Salzkammergut

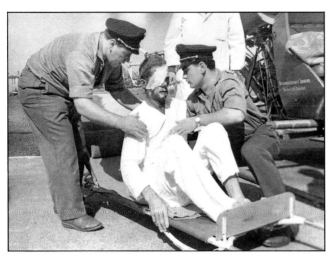

Beim Anschlag von Ebensee kam erstmals ein österreichischer Gendarm ums Leben. Zwei weitere wurden verletzt. Im Bild der Abtransport des verletzten Bezirksinspektors Rudolf Winkler.

gen, die er dann wieder zurückzieht, den SVP-Parlamentarier Hans Dietl schwer belasten. Am gleichen Tag wird Jörg Klotz in Österreich in Haft genommen. Nach ihm werden auch Amplatz, Burger und Kienesberger arretiert. Die Verhandlungen Saragat/Kreisky stehen vor dem Durchbruch. "Ist das alles zufällig?", fragt sich Vittorio Lojacono in seinem Buch "Alto Adige - Südtirol" und meint, Österreich und Italien hätten endlich zu einer gemeinsamen Sprache gefunden.

Die vier Ahrntaler schlagen zu

Doch die gemeinsame Sprache wird noch auf harte Proben gestellt. Denn 1964 steht noch ein heißer Herbst bevor. Nach dem Mailänder Prozeß, der in seiner fairen Verhandlungsweise auch Ausdruck des neuen Klimas ist und noch bevor Saragat und Kreisky ihre Verhandlungen beenden können, geht der BAS erneut in die Offensive. ganz offensichtlich mit dem Ziel, diese Verhandlungen zu sabotieren. Eine Gruppe unter der Führung von Jörg Klotz und Luis Amplatz rückt Ende August in das Passeiertal ein. Das Unternehmen endet mit dem Mord an Amplatz und dem Mordversuch an Klotz.

Der zweite Stoßtrupp, den die vier Pusterer Siegfried Steger, Josef Forer, Erich Oberleiter und Heinrich Oberlechner bilden, ist erfolgreicher. Wahrscheinlich sind sie es, die am 27. August mit einer Mine bei Percha einen Carabinierijeep in die Luft jagen. Vier Soldaten werden verletzt. Am 3. September wird der Carabiniere Vittorio Tiralongo in Mühlwald bei Taufers durch das Fenster der Kaserne heimtückisch erschossen. Auch dieser Mordanschlag wird den vieren zur Last gelegt. Von den Minenanschlägen haben sie sich nie distanziert, vom Mord an Tiralongo schon. Diesen Mord an Tiralongo wird der kommandierende General der Carabinieri, Giovanni De Lorenzo, zum Vorwand nehmen, um den Auftrag zu erteilen, einen oder auch zwei

Terroristen zu eliminieren.

Luis Amplatz und Jörg Klotz, die zur gleichen Zeit im Passeiertal operieren und die von den Mitarbeitern des italienischen Geheimdienstes Christian und Franz Kerbler begleitet werden, dürften Opfer dieses Befehls geworden sein. Falsch dürfte allerdings die These von Giovanni Peternel sein, die Carabinieri hätten Luis Amplatz erschossen. Denn wären die Carabinieri in jener Nacht mit auf der Passeirer Alm gewesen, wäre ihnen Jörg Klotz bestimmt nicht entkommen. Peternels These ist wahrscheinlich als Schutz- und Entlastungsbehauptung für den immer noch flüchtigen Christian Kerbler zu verstehen.

Zurück ins Pustertal: Am 9. September, eine Woche nach dem Mord an Tiralongo, kommt es zu einem weiteren Minenanschlag auf einen Carabinierijeep im Antholzer Tal. Ein dünner Draht wird über die Straße gespannt und mit der Zündvorrichtung einer Tretmine verbunden. Kaum berühren die Räder den Draht, explodiert die Mine und zerstört den Jeep. Diesmal werden fünf Carabinieri zum Teil schwer verletzt.

Die Antwort auf diese Anschläge ist eine riesige Fahndungsaktion, an der sich über tausend Carabinieri und Soldaten beteiligen, um der vier Ahrntaler habhaft zu werden. Auch Hubschrauber sind bei der Suchaktion im Einsatz. Es ist gegen Mittag, den 11. September, da nimmt eine Vierergruppe Carabinieri das Gebiet rund um den Bergweiler Tesselberg bei Gais unter die Lupe. Sie unterstehen dem Kommando des Oberstleutnants Giancarlo Giudici, der mit seinen bergunerfahrenen Leuten erst kurz vorher nach Südtirol verlegt worden ist.

Als die Carabinieri sich einem Heuschuppen nähern, werden sie plötzlich unter Beschuß genommen. Sie sind auf die gesuchten "Pusterer Buam" gestoßen. Ein Carabiniere wird angeschossen und während seine Kameraden mit der Bergung des Verletzten beschäftigt sind, gelingt den vier Guerilleros die Flucht. Es muß genau 12 Uhr sein, als es zu diesem Feuerwechsel kommt. Daß draußen geschossen wird und Explosionen zu hören sind, hindert den Mesner von Tesselberg allerdings nicht daran, die 12-Uhr-Glocken zu läuten. Mittag ist Mittag, wird er sich gedacht haben. Läuten ist schließlich Christenpflicht.

Ein Bergdorf wird gestürmt

Doch an diesem besonderen Tag wird sein Läuten falsch verstanden. Die Militärs sind der Meinung, die Tesselberger wollten die vier Pusterer warnen und wenige Stunden später bricht über sie ein Strafgericht herein. Die Einwohner werden zusammengetrieben, die Männer gefesselt, Frauen und Kinder im Dorfgasthaus kaserniert. Bei den Hausdurchsuchungen geht manches zu Bruch, in einige Häuser wird hineingeschossen, sogar Handgranaten werden hineingeworfen. Ein taubstummes, behindertes Mädchen, das die Befehle nicht versteht, wird angeschossen und überlebt wie durch ein Wunder, obwohl es stundenlang

Razzia-Beginn nach Anschlag auf einen Polizeijeep auf der Antholzer Straße: Auftakt zur "Aktion Tesselberg"

ohne Hilfe bleibt. Am Abend werden die Männer, die seit Stunden gefesselt auf einer Wiese liegen, zum Verhör ins Tal gebracht, die Frauen und Kinder müssen die Nacht im Gasthaus verbringen. Die ersten Tesselberger kommen am nächsten Tag zurück, vier von ihnen nach acht Tagen und ein Schwerhöriger wurde nach einem Monat aus dem Polizeigewahrsam entlassen. Die Behinderten und Schwerhörigen hat man allem Anschein nach als besonders gefährlich eingestuft damals in Tesselberg. Zehn Tesselberger erstatten Anzeige wegen Sachbeschädigung, doch wird die Anzeige niedergeschlagen.

Heute, 30 Jahre später, kann man sagen, daß die Tesselberger bei der Razzia aller Wahrscheinlichkeit nach noch einmal gut davongekommen sind. Denn am 18. Juli 1991 erzählt der Carabinierigeneral im Ruhestand Giancarlo Giudici, der damals als Oberstleutnant die Operation in Tesselberg geleitet hatte, in einem Interview höchst Erstaunliches darüber, was sich damals zugetragen hat.

Während die Razzia im Gang ist, kommt der Kommandant der Carabinierilegion Bozen, Oberst Franco Marasco, auf einem Hubschrauber eingeschwebt. "Hast du 15 Personen festgenommen?", fragt er Giudici. Dann folgt der Wahnsinnsbefehl: "Stell sie an die Wand und laß sie erschießen, dann brenn das Dorf nieder." Oberstleutnant Giudici weigert sich aber, diesen ungeheuerlichen Befehl auszuführen. Er sagt zu Marasco, so was hätten nicht einmal die Deutschen gemacht. Doch dieser droht ihm: "Ich zeige dich wegen Befehlsverweigerung an."

Giudici nimmt Marasco am Arm und bittet den Piloten, den Rasenden wegzubringen. Dann läßt er die Gefangenen von den Fesseln befreien, die ihnen Marasco an Füßen und Händen hatte anlegen lassen, bevor er sie in das kalte Wasser eines Baches werfen ließ. So jedenfalls hat es Oberstleutnant Giudici in dem Interview erzählt, das auch in der Tageszeitung "La Repubblica" erschienen ist. Doch der Oberstleutnant muß für seine Haltung büßen. Marasco setzt sich mit General De Lorenzo in Kontakt, und noch am gleichen Abend erreicht ihn der Marschbefehl nach Udine. Er ist mit sofortiger Wirkung versetzt worden. Einige Tage später holt er in Bozen seine Sachen ab. Dabei trifft er den kommandierenden General des IV. Armeekorps Ciglieri und erzählt ihm die ganze Geschichte. Dieser nimmt das Telefon und stellt De Lorenzo zur Rede. Es kommt zu einer heftigen Auseinandersetzung zwischen den beiden. Doch De Lorenzo gibt nicht nach. Er ist stärker als

Auf der Suche nach den "Pusterer Buam" durchkämmten Hundertschaften von Heer und Carabinieri ganze Täler.

Ciglieri, hat bessere Beziehungen. Giudici muß nach Udine. Seine Karriere ist damit praktisch am Ende.

Noch schlechter als Giudici ist es allerdings dem Kommandanten der Gruppe Bozen, Oberstleutnant Ferrari ergangen, wie General Manes in seinen Tagebüchern berichtet. Wie Giudici und ein weiterer Offizier wurde er nach Tesselberg seiner Funktion enthoben. Auch er will die Gangart Marascos nicht mehr mitgehen. Als er droht, er werde sich mit dem Staatsanwalt in Verbindung setzen, wird er von General De Lorenzo seiner Funktion enthoben. Ferrari protestiert; es wird ihm aber klargemacht, daß es günstiger für ihn ist, zu schweigen. Wenn nicht, wollte ihn De Lorenzo ins Irrenhaus sperren lassen.

600 Verhaftungen

Francesco Marasco, inzwischen ebenfalls pensionierter General der Carabinieri, reagiert am 6. August 1991 in der Bozner Tageszeitung "Alto Adige" auf die schweren Anschuldigungen von Giudici. Er weist sie entschieden zurück. Doch ist es nicht nur Giudici, der Marasco beschuldigt. Auch General Giorgio Manes bestätigt in seinen Tagebuchaufzeichnungen, daß der damalige Chef der Bozner Carabinierilegion zu Aktionen neigte, die nicht ganz stubenrein waren. Nach dem Mord am Carabiniere Vittorio Tiralongo in Mühlwald ungefähr eine Woche vor Tesselberg wollte Marasco laut Manes einfach willkürlich 600 Verhaftungen vornehmen lassen. Doch der damalige Bozner Oberstaatsanwalt Corrias war für ein solches Unternehmen nicht zu haben.

Marasco gibt zu, daß er nach dem Mordanschlag auf Tiralongo in Mühlen und Umgebung einige hundert Personen festsetzen ließ, um die "Omertá", die Mauer des Schweigens und den passiven Widerstand der Bevölkerung, der einen enormen Vorteil für die Terroristen darstellte, zu brechen. Doch Frauen und Kinder habe er keine festsetzen lassen. Und auch wenn die Männer stundenlang verhört wurden, sei das, so Marasco, keiner Massenverhaftung, sondern eher einer Meinungsbefragung gleichzusetzen gewesen.

Auf einer geheimen Sitzung in der Nacht nach dem Mordanschlag in Mühlwald schlägt Marasco auch vor, die Berge zu besetzen und die Bewohner ins Tal zu treiben und dort zu verhören. Doch stellt sich wiederum der streng auf

Die Carabinieri-Kaserne von Mühlwald

Durch dieses Fenster wurde der 24-jährige Vittorio Tiralongo erschossen. Er war das erste beabsichtigte Opfer politisch motivierter Gewalt in Südtirol.

20.000 Menschen beteiligten sich am 5. September 1964 in Bozen an der Beerdigung des in Mühlwald erschossenen Carabiniere Vittorio Tiralongo.

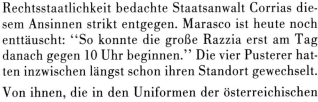

Die "Pusterer Buam" im Untergrund: eine zu allem entschlossene Gruppe

Die "Pusterer Buam" in einem ihrer Verstecke: von links Heinrich Oberleiter, Siegfried Steger und Josef Forer.

Rechtsstaatlichkeit bedachte Staatsanwalt Corrias diesem Ansinnen strikt entgegen. Marasco ist heute noch enttäuscht: "So konnte die große Razzia erst am Tag danach gegen 10 Uhr beginnen." Die vier Pusterer hatten inzwischen längst schon ihren Standort gewechselt.

Von ihnen, die in den Uniformen der österreichischen Gebirgsjäger antreten, hat General Marasco eine hohe Meinung: "Die waren auf Zack, intelligent," sagt er im "Alto Adige", "so etwas wie die Roten Brigaden Südtirols, auch wenn die politische Farbe eine ganz andere war. Die haben extrem schnell zugeschlagen und sind wieder über die Grenze hinaus verschwunden." In der Tat stellen die vier Pusterer eine große Bedrohung dar. Sie sind eine in sich geschlossene, zu allem entschlossene Gruppe, die niemanden an sich heranläßt und die deshalb auch vom Geheimdienst schwer zu kontrollieren ist.

Selbstmord nach der Trauung?

Einen interessanten Toten hat es, kurz bevor die Ahrntaler und Klotz in Richtung Südtirol ausgerückt sind, in Innsbruck gegeben. Dort wird am 27. August in einer Wohnung im Olympiadorf der Freund und Mitar-

beiter der beiden Gebrüder Kerbler Hans Wagner tot aufgefunden. Wagner war wie Christian und Franz Kerbler auch Mitarbeiter des italienischen Geheimdienstes. Offiziell hat sich Wagner wegen seiner Depressionen erschossen. Er hatte aber erst kurz vorher geheiratet und galt als glücklich. Wollte er sich vielleicht in einem zu delikaten Moment, in dem Klotz und Amplatz zu ihrer Passeirer Unglückstour aufbrechen, aus seiner geheimdienstlichen Tätigkeit zurückziehen? Laut "Tiroler Tageszeitung" vom 17. Februar 1965 hat sich der lebensmüde Wagner gleich drei Projektile in den eigenen Körper gejagt, von denen mindestens zwei tödlich gewesen sein sollen. Demnach hätte sich Wagner gleich mehrmals selbst erschossen.

Einen weiteren Toten gibt es in diesem heißen Herbst in der Nähe von Burgeis im Obervinschgau. Friedrich Rainer aus dem Passeiertal will am 10. Oktober 1964 das an der Staatsstraße über den Reschen gelegene Beinhaus sprengen. Einige Hirten finden einen Tag später unterhalb des Beinhauses eine zerfetzte Leiche. Wahrscheinlich ist Rainer die Bombe beim Scharfmachen in den Händen explodiert. Dies ist die offizielle These der Ermittlungsbehörden. Auch Josef Fabi, Gastwirt aus Burgeis und früheres BAS-Mitglied, neigt dieser These zu. Die Reste Rainers sind

Am 9. Oktober wird Friedrich Rainer am Beinhaus von Burgeis von einer Bombe zerrissen.

allerdings erst einen Tag nach der Explosion aufgefunden worden. Auch sind in der unmittelbaren Nähe weitere Bomben entdeckt worden, die nicht explodiert sind und auf eventuelle Mittäter hinweisen. Ein Bauer hatte Rainer mit einem schweren Rucksack beladen allein des Weges kommen sehen. Auch dürfte das Beinhaus in dieser extrem heißen Phase des Herbstes 1964 bewacht gewesen sein. Peter Kienesberger behauptet, Rainer habe diese Aktion nicht mit dem BAS abgesprochen. Er sei vielmehr von einem gewissen Alfred Schelly dazu gedrängt worden.

Schelly aber, ein aus Südtirol stammender Kellner, der in Innsbruck arbeitete, sei ein Mitarbeiter des italienischen Geheimdienstes gewesen. Es ist allgemein sehr schwierig, diese Phase der Auseinandersetzungen genau zu recherchieren. Rainer könnte z.B. durchaus Opfer der eigenen Ungeschicklichkeit geworden sein. Aber nur einen Monat vorher hatte Carabinierioberbefehlshaber De Lorenzo nach dem Mord an Tiralongo in Mühlwald den Befehl gegeben, ein paar Terroristen zu eliminieren. Könnte nicht auch Rainer Opfer dieses Befehls geworden sein? Vermutungen, Spekulationen und Halbwahrheiten bleiben Tür und Tor geöffnet, bis nicht die Archive der Geheimdienste zugänglich sind.

Der italienische Geheimdienst hat die Szene im Griff

Die Zentrale, von der aus fast alle Aktionen starten, ist das Haus des Schmieds Josef Felder in Absam bei Innsbruck. Dort wohnt Jörg Klotz, dort sind auch die Pusterer Buam untergebracht, dort verkehren all jene Gestalten, die sich im Schlepptau von Klotz und seinen Leuten ein gutes Zubrot verdienen. Mit ihrer Hilfe konnten die Südtirolkämpfer nach Belieben ausgehorcht werden.

Gerhard Neuhuber und Fred Borth, beide Mitglieder der faschistischen Europa-Legion mit guten Kontakten zu den Geheimdiensten, schleppen zwei Ausbildner der rechtsextremen französischen OAS an, die sich im Kampf gegen die Unabhängigkeit Algeriens einen blutigen Namen gemacht hat. Sie trainieren die Südtirolkämpfer. Verantwortlich für die Anwerbung der OAS-Leute soll Hermann Munk gewesen sein, eine von jenen Gestalten, die sich im Umkreis von Klotz eingenistet haben. Darüberhinaus sind noch Erich Baroch, der Kameramann Peter Knips, der angebliche Architekt Charles Joosten in Absam präsent. Sie alle belegen, wie glänzend der italienische und wahrscheinlich auch der österreichische Geheimdienst die Szene im Griff hatten. Schon bald nach der Feuernacht leisten Oberst Monico, der Chef des militärischen Abwehrdienstes und der damalige Verantwortliche der politischen Polizei in Bozen, Giovanni Peternel, ganze Arbeit. Sie haben praktisch fast ständig jemanden in der Zentrale in Innsbruck plaziert, sie treiben teilweise ihr Spiel mit den gutgläubigen Südtirolkämpfern. Die Gebrüder Kerbler sind nur der Anfang.

Einer, der sehr gut plaziert war, ein Prachtexemplar des italienischen Geheimdienstes, war der angebliche Architekt Charles Joosten, ein Freund des Absamer Schmieds Josef Felder. Von ihm schreibt der Südtirol-Terrorismusexperte Vittorio Lojacono, es sei auf einen Kilometer zu riechen gewesen, daß man es mit einem 007-Mann zu tun hatte. "Wie wenn er gerade einem Kriminalroman entstiegen wäre," charakterisiert Lojacono den gutaussehenden und gutangezogenen Mann, den er in Zürich trifft, wo Joosten mit blonder Freundin und Sportwagen zum Treffen mit dem Corriere-Journalisten vorfährt.

Die Bombe im Brennerexpreß

Aufgabe von Joosten ist es, zunächst einmal die gerade anstehenden Wahlen in Italien zu beeinflussen und zugleich den Jörg Klotz und die Pusterer Buam ein für allemal zu

Das Attentat auf den Brenner-Expreß am 14. 11. 1964. Mutmaßlicher Täter war der Belgier Charles Joosten, ein Mitarbeiter der italienischen Polizei.

diskreditieren. Drei Fliegen auf einen Streich also. Mit ihren Septemberaktionen im Pustertal vor allem hatten die vier Pusterer die Geduld der italienischen Sicherheitsorgane endgültig überstrapaziert. Joosten holt sich im Zimmer von Jörg Klotz im Haus des Absamer Schmieds Felder, wo er als dessen Freund seit Monaten residiert, einen Koffer, legt wahrscheinlich eine Bombe hinein und gibt die Sendung am 14. November 1964 am Bahnhof in Innsbruck auf. Er fährt gleich mit im Brennerexpreß, benachrichtigt die italienische Polizei. Der Gepäckwaggon wird vom überfüllten Zug abgekoppelt, die Bombe explodiert, ohne Menschen zu gefährden. Im letzten Augenblick ist es gerade noch gelungen, das Leben der Passagiere zu retten, werden die Zeitungen am nächsten Tag titeln. Die Südtiroler Terroristen wollten ein mörderisches Attentat durchführen.

Charles Joosten fährt weiter bis nach Mailand. Bei der Rückkehr wird er an der österreichischen Grenze verhaftet. Er hat einen ansehnlichen Lirebetrag bei sich. In Graz wird er dann zu 18 Monaten Haft verurteilt. In Italien werden für den Anschlag die "Pusterer Buabm" verurteilt.

Doch nicht nur Charles Joosten hat seinen Auftrag erfüllt. Die Liste der Namen ist lang, die mehr oder weniger erfolgreich für den Geheimdienst unterwegs waren. Peter Kienesberger, in jenen Jahren sicherlich einer der tüchtigsten Bombenleger, war vom Erfolg der italienischen Unterwanderungsversuche derart fasziniert, daß er selbst mit dem Geheimdienst und Oberst Monico Kontakt aufnahm. Die Treffen haben dann in der Schweiz stattgefunden. Kienesberger sagt, das habe er in Absprache mit der BAS-Führung getan, was Wolfgang Pfaundler entschieden bestreitet. Uns liegt auf jeden Fall ein Carabinieri-Protokoll vom 16. 6. 1967 vor, in dem Kienesberger ganz schön auspackt und detaillierte Angaben nicht nur über die Führungsstruktur des BAS macht. Vor allem im Pustertal sind in der Folge dann eine ganze Reihe Leute verhaftet und unter Anklage gestellt worden.

Allerdings ist auch in Zusammenhang mit diesem Carabinieri-Protokoll Vorsicht geboten. Es könnte nämlich durchaus sein, daß man darin Kienesberger Dinge sagen läßt, die er vielleicht gar nicht gesagt hat oder die die Ermittlungsbehörden ohnehin schon wußten. Es ist auch möglich, daß man Kienesberger mit dem Protokoll einfach in der Szene diskreditieren wollte. Vielleicht sollten auf diese Weise die wirklichen Informanten gedeckt werden. Wer weiß es? Erst, wenn die Akten aller Geheimdienste offenliegen, wird sich auch diese Geschichte klären lassen.

Nicht alle allerdings haben die Angaben Kienesbergers zu schätzen gewußt. Die "Dolomiten"-Journalisten Franz Berger und Bernhard Wurzer z.B. sind aufgrund der Angaben Kienesbergers in die Carabinierikaserne beordert und dort einem Kreuzverhör unterzogen worden. Verdacht auf Mitgliedschaft beim BAS hieß die Beschuldigung. Auch eine Hausdurchsuchung wurde vorgenommen.

Bombenopfer Helmut Immervoll. Plante er einen Anschlag auf das Bozner Gerichtsgebäude?

```
     Fa seguito ai R.G. preliminari nr.49-1-2-2 del Coman
do Compagnia CC. di Brunico ed ai R.G. preliminari nr.124-1 e se
guenti fino al nr.124-24-2 di questo Gruppo.


          Negli anni 1964-1965,in diverse località estere,il
Capitano dei Carabinieri Angelo PIGNATELLI,all'epoca effettivo
al Distaccamento R.U.S. di Bolzano,ha avuto contatti con il cit
tadino austriaco KIENESBERGER Peter,nato a Wels il 1° dicembre
1942 e domiciliato ad Innsbruck,il quale si era offerto di forni
re,dietro compenso,informazioni idonee a favorire la repressione
dell'attività terroristica connessa alla particolare situazione
altoatesina.-
          Nel corso di vari colloqui,il KIENESBERGER ha riferi
to,tra l'altro,che:
1.-il nucleo direttivo del B.A.S.era costituito,inizialmente,da
   KLIER Heinrich,PFAUNDLER Wolfgang,BURGER Norbert,WELSER Kurt,
   OBERHAMMER Alois e da tale BAUER.-
   Tale gruppo si riuniva periodicamente ad Innsbruck nelle abi-
   tazioni del PFAUNDLER Wolfgang e del BAUER od in un locale si
   to nei pressi della Adolf Pichlerplatz.-
```

Carabinieri-Protokoll über die Gespräche zwischen der italienischen Polizei und Peter Kienesberger. Die Gespräche, bei denen Kienesberger Einzelheiten über den BAS ausplauderte, fanden 1964 und 65 in der Schweiz statt.

Mörderische Anschläge

Im Zeitraum 1964 bis 1967 ist es dann noch zu einer ganzen Reihe weiterer schwerer Anschläge gekommen, bei denen es immer wieder auch Tote gegeben hat. Es

ist dies der Zeitraum, in dem rechtsradikale Kreise im Umfeld der Terroristenszene weiter an Einfluß gewinnen und der Geheimdienst eine intensive Tätigkeit entfaltet.

Am 16. Juli 1965 erfolgt in der Wohnung von Martl Koch in der Bozner Duca d'Aosta-Straße gegenüber dem Landesgericht eine Explosion, bei der Helmut Immervoll ums Leben kommt. Gretl Koch, die Frau des damals im Gefängnis einsitzenden Bozner BAS-Chefs erzählt, sie habe die Wohnung, die sie selbst seit der Verhaftung ihres Mannes nicht mehr bewohnte, "auf Anweisung ihres Mannes anläßlich eines Gefängnisbesuches einem fremden Wanderer mit Rucksack" zur Verfügung gestellt. Wenig später erfolgt die Explosion, die den Wanderer zerreißt. Wahrscheinlich wollte er die Bombe im gegenüberliegenden Gerichtsgebäude unterbringen und hat sie in der Wohnung scharf gemacht in der Meinung, die 50 Meter bis hin zum Gericht werde schon nichts mehr schiefgehen. In Nordtiroler BAS-Kreisen geht man allerdings von der Annahme aus, die Zündkapsel sei getürkt gewesen und Immervoll in eine Falle gelaufen.

Am 26. August 1965 wird die Carabinierikaserne in Sexten überfallen. Luigi De Gennaro und Palmero Ariu werden durch das Küchenfenster der Carabinieristation erschossen. Die Täter sind bis heute nicht ermittelt worden.

Am 20. April 1966 werden im zweiten Mailänder Prozeß die Urteile gesprochen. Der Musikprofessor Günther Andergassen, der frühere Nordtiroler Landesrat Aloys Oberhammer und der Dozent Helmut Heuberger werden zu je 30 Jahren Gefängnis verurteilt, Norbert Burger erhält 28 Jahre, die vier Pusterer Buam je 20 Jahre Gefängnis. Der Parlamentarier und Vizeobmann der SVP Hans Dietl, der

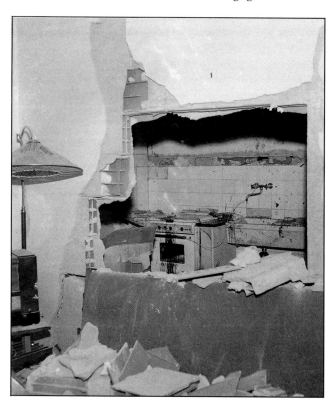

Eine Bombenexplosion verwüstet am 16. Juli 1965 eine Wohnung in der Nähe des Bozner Gerichts. Dabei kam der Österreicher Helmut Immervoll ums Leben.

Die Trauerfeier für die in Sexten erschossenen Carabinieri Luigi de Gennaro und Palmero Ariu vor dem Bozner Dom.

*Durch dieses Fenster der Carabinieri-Kaserne von Sexten wurden Pal-
mero Ariu und Luigi de Gennaro erschossen.*

Günther Andergassen schwer belastet worden war, wird freigesprochen. Dieser hatte ausgesagt, er habe für den BAS die
Kontakte zu Dietl gepflegt, diese Aussage dann aber widerrufen.

Superfallen

Der erste tödliche Anschlag des Jahres 1966 erfolgt am 24.
Juni auf dem Pfitscher Joch. Als der Finanzpolizist Bruno
Bolognesi die Tür der Schutzhütte aufmachen will, zerreißt
ihn eine Bombe. Die Täter dieses Anschlags sind nie ermittelt worden. Dieser Anschlag hat aber sehr viel böses
Blut gemacht und die Angeklagten im Berufungsverfahren des Mailänder Prozesses, das gerade begonnen hatte, haben das sehr zu spüren bekommen. Die Urteile wurden verschärft, es herrschte nicht mehr das sachliche Klima wie
beim ersten Mailänder Prozeß. Die Atmosphäre war vergiftet. "Das Gericht war fanatisiert," sagt Josef Fontana
und meint, das sei auf diesen Anschlag zurückzuführen gewesen. Sein Kommentar zum Anschlag: 'Da ist die Rech-

*Opfer sinnloser Gewalt: der Finanzer Bruno Bolognesi kam am Pfit-
scher Joch ums Leben, Giuseppe d'Ignoti wurde in Gsies erschossen.*

nung aufgegangen."

Allerdings muß betont werden, daß es eine Offensive des
BAS gegen die Schutzhütten gegeben hat, die von den italienischen Sicherheitskräften als Militärstützpunkte zur Si-
cherung der Grenzen genutzt wurden in ihrem Kampf
gegen die Freischärler. Diese Auffassung vertritt der
Südtiroler Terrorismusexperte Christoph Franceschini. Vor
allem Peter Kienesberger habe als einer gegolten, der "Su-
perfallen bauen konnte". Doch Franceschini will auch nicht
ausschließen, daß der Geheimdienst am Pfitscher Joch und
anderswo seine Finger mit im Spiele hatte. Denn Südtirol
war damals auch Exerzierfeld, in dem jene Methoden geübt werden konnten, die dann in den Jahren der "Strate-
gia della tensione", den Jahren der Spannung mit den
verbrecherischen Anschlägen und den nie aufgeklärten Blutbädern so erfolgreich zur Anwendung gekommen sind.
Wenn General Manes schreibt, in Südtirol seien viele Attentate vom Geheimdienst simuliert worden, dann kann angenommen werden, daß in der Zeit nach der Studentenrevolte 1968, als das Spannungsgebiet nicht mehr Südtirol
war, sondern die Auseinandersetzungen zwischen links und
rechts in Italien immer schärfer wurden und die KPI zu
einer gefährlichen Größe mit Chancen auf eine Machtübernahme heranwuchs, die bereits eingeübten Strategen
der Spannung dann dort weitergemacht haben, wo sie in
Südtirol aufgehört haben.

In Peteano im Friaul z.B. sind 1972 drei Carabinieri in
eine Falle gelockt und von Mitgliedern des neofaschistischen "Ordine Nuovo" in die Luft gesprengt worden, die
dann 1987 lebenslänglich erhalten haben, nachdem jahrelang in die falsche Richtung ermittelt worden war. Bei der
Vertuschungsaktion mit dabei war der Rechtsextremist Marco Morin, der dann 1987 im Prozeß gegen Dieter Sandrini und Franz Frick als Sprengstoffexperte eine recht
zweideutige Rolle spielen wird. Morin hat in seinem Spreng-
stoffgutachten von Peteano versucht, eine falsche Spur in
Richtung linksextreme Szene zu legen. Erst die Selbstan-
zeige eines Neofaschisten hat dann zu den wirklichen Tätern geführt.

Doch auch die Gegenseite ist nicht untätig. Als am 24. Juli 1966 in St. Martin in Gsies die zwei Finanzpolizisten Salvatore Gabitta und Giuseppe d'Ignoti von Unbekannten
erschossen werden, melden sich wenige Tage später Peter
Kienesberger und Norbert Burger in der Fernsehsendung
Monitor, die im ersten deutschen Kanal ausgestrahlt wird,
zu Wort. Die beiden hoffen, daß die nächsten Anschläge
möglichst bald stattfinden mögen, sind überzeugt, daß die
Bevölkerung hinter den mörderischen Anschlägen steht, daß
die Südtiroler Landesregierung zu 70 Prozent aus Italienern besteht und daß in den Klassen von Bozens Mittelschulen sich ein armer Südtiroler Schüler gleich mit 30
Italienern herumschlagen muß. Dieses recht aufschlußrei-
che Interview kann an anderer Stelle im vollen Wortlaut
nachgelesen werden.

Die Anschläge ließen dann nicht auf sich warten. Am 9.
September 1966 kommt es auf der Steinalm in der Nähe

Bei einem Anschlag auf das Pfitscher-Joch-Haus kam am 23. Mai 1966 der Finanzer Bruno Bolognesi ums Leben. Die Täter blieben unbekannt. Das hinterhältige Attentat erfolgte knapp zehn Tage vor der Urteilsverkündung im Berufungsprozeß von Mailand und verschlechterte das Verhandlungsklima massiv. In 15 Fällen wurden die Strafen erhöht, den bereits entlassenen Häftlingen drohte erneut das Gefängnis.

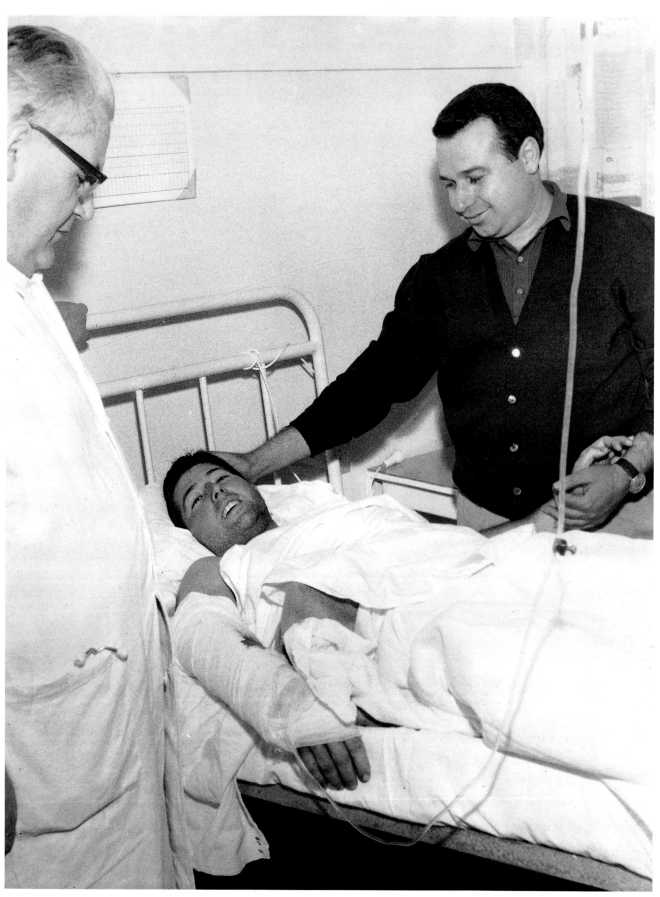

Der bei einem Feuerüberfall in Gsies im Juli 1966 verletzte Finanzer Giuseppe d'Ignoti (mit Bruder) im Krankenhaus von Innichen. D'Ignoti starb einen Tag nach dieser Aufnahme an unerwarteten Komplikationen.

des Brenners zu einer Explosion, bei der drei Finanzpolizisten getötet und eine Reihe weiterer verletzt werden. Eines der Opfer ist der 24-jährige Herbert Volgger aus Pfitsch. Angeklagt und zunächst freigesprochen werden Jörg Klotz, Richard Kofler, Alois Larch, Alois Rainer... In zweiter Instanz werden sie allerdings verurteilt, doch gibt es berechtigte Zweifel, ob nicht ein banaler Gasunfall zu dieser Tragödie geführt hat. Die Thesen der Gutachter sind gegensätzlich. Der als sehr seriös eingeschätzte österreichische Sprengstoffexperte Ing. Massak, der auch in Italien hohes Ansehen genoß, hat keinen Zweifel daran gelassen, daß er die Angeklagten für unschuldig hält. Die italienischen Militärgutachter geben der Anklage recht. Es setzt sich schließlich bei Gericht die recht abenteuerliche These durch, Jörg Klotz habe die Bombe plaziert. Er sei an Hunden und Wachmannschaften vorbeimarschiert und habe es angesichts der kartenspielenden Finanzpolizisten irgendwie doch geschafft, die Bombe neben dem Munitionsbehälter zu deponieren.

Auch Vittorio Lojacono schreibt in seinem Buch, es sei unverständlich, wie es die Terroristen geschafft hätten, an das streng bewachte und sowohl mit einem Zaun als auch mit Schäferhunden gesicherte Gebäude heranzukommen, das in leicht kontrollierbarem und überschaulichem Gelände liege und von Carabinieri, Finanzpolizei und Heer gleichzeitig genutzt wurde.

Vom Jahr 1966 gibt es noch von einem tragischen Vorfall zu berichten. Der 18-jährige Bauernbursch Peter Wieland aus Olang wird am 25. September zu abendlicher Stunde auf dem Weg ins Gasthaus von Soldaten erschossen.

Vier Tote auf der Porzescharte

Zwei grausame Anschläge machen das Jahr 1967 zu einem besonders blutigen in der Geschichte des Südtirol

Der Abtransport der Toten und Verletzten nach dem Anschlag auf der Steinalm. Die strategisch gelegene und von Hunden bewachte Kaserne der Finanzwache war gut einsehbar und für einen Attentäter praktisch unerreichbar.

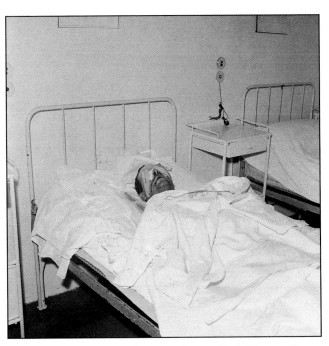

Der beim Anschlag auf der Steinalm schwer verletzte Finanzer Franco Petrucci starb zwei Wochen später im Sterzinger Krankenhaus.

Terrorismus. Auf der Porzescharte, einem Grenzübergang zwischen Osttirol und der Provinz Belluno hinter dem Kreuzbergpaß, wird in der Nacht zum 25. Juni ein Anschlag auf einen Hochspannungsmast verübt. Beim Kontrollgang tritt ein Alpinisoldat in der Nähe des Mastes auf eine Mine und wird so schwer verletzt, daß er kurze Zeit später im Krankenhaus Innichen stirbt. Daraufhin wird eine Spezialeinheit aus Bozen eingeflogen, um das offensichtlich verminte Gelände zu säubern. Beim Rückzug vom Gelände rund um den Mast löst die Gruppe auf dem Feldweg, der zur Scharte zurückführt, die Explosion einer weiteren Mine aus, die drei Soldaten tötet.

Peter Kienesberger, der Arzt Erhard Hartung und der Unteroffizier des österreichischen Bundesheeres Egon Kufner sind in jener Nacht in der Nähe der Porzescharte unterwegs. Kienesberger behauptet, sie seien mit einem anonymen Hinweis auf die Porzescharte gelockt worden, weil es scheinbar einen bei einem Feuerwechsel verletzten Südtirolkämpfer zu bergen galt. Als man keinen Kontakt zu dem angeblich Verletzten habe aufnehmen können und es offensichtlich wurde, daß es sich um eine Falle handelt, seien die drei sofort wieder ins Obertilliachtal nach Osttirol abgestiegen.

Die italienischen Soldaten seien Opfer einer geheimen Sprengfalle geworden, die vom italienischen Geheimdienst gegen die Südtiroler Freiheitskämpfer installiert worden sei, behauptet Kienesberger, der in Italien für den Anschlag auf der Porzescharte zu lebenslanger Haft verurteilt wurde. In Österreich ist Kienesberger in zweiter Instanz freigesprochen worden, nachdem er in erster Instanz verurteilt worden war.

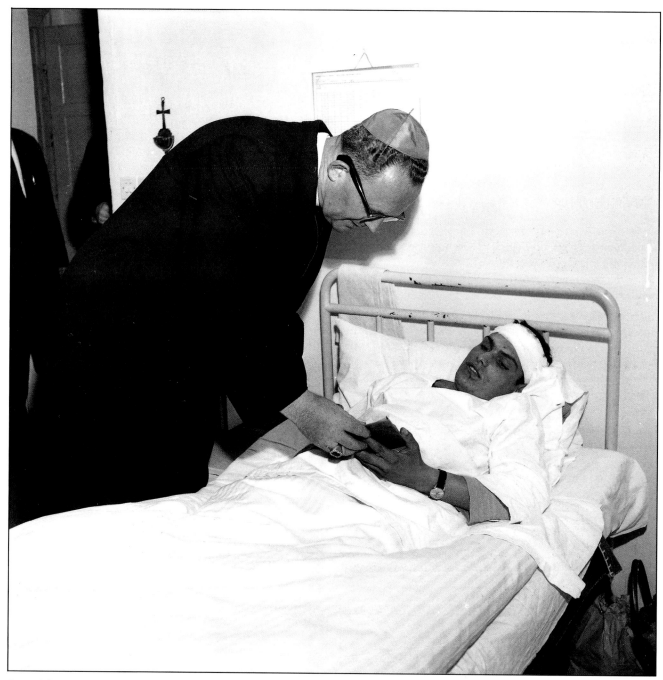

Bischof Josef Gargitter besucht den auf der Steinalm verletzten Finanzer Giovanni Flore.

Eigenartig ist die These, die Kienesberger auch in seinem 1971 erschienenen Buch "Sie nannten uns Terroristen" vertritt. Er sei aufgrund eines anonymen Schreibens in Richtung Porzescharte aufgebrochen, und zwar, um einen Verletzten zu bergen. Mußte er aber angesichts des weiten Anfahrtsweges von Innsbruck her, des beschwerlichen und langen Aufstieges in Richtung Porzescharte und der Tatsache, daß der Brief ja auch schon ein, zwei Tage unterwegs war, bevor er Kienesberger erreicht hat, nicht damit rechnen, daß für den offenbar schwerer verletzten Mann in der Zwischenzeit jede Hilfe zu spät kommen konnte?

Wenn man dem Verletzten unbedingt das Leben retten wollte, hätte man dann nicht sofort die österreichischen oder italienischen Behörden informieren müssen, auch auf das Risiko hin, daß er verhaftet würde? Und hätte im übrigen die Reaktion Kienesbergers auf ein anonymes Schreiben hin nicht all jenen Regeln widersprochen, die zu beachten für eine Geheimorganisation wie den BAS absolut grundlegend war? Kienesbergers Begründung für seinen Aufstieg auf die Porzescharte klingt unglaubwürdig.

Kienesberger meint dazu, eine solche Darstellung sei die absolute Spitze an Vereinfachung. Im zweiten Porzescharte-

Die Beerdigung der Porzescharte-Opfer Ende Juni 1967 in Belluno.

Prozeß, der in Österreich zum Freispruch führte, sei ein Weg-Zeit-Diagramm erstellt worden, und zwar von einem Bergsachverständigen und einem Alpingendarmen. "Bei objektiven Festpunkten durch Zeugen, Hirte, Tankstelle, Lebensmittelkauf, Glocknermautstelle u.a. war es uns gar nicht möglich," so Kienesberger, "den unterstellten Anschlag zu begehen. Es fehlten mehrere Stunden Zeit."
Am 30. September 1967 fährt der Alpenexpreß auf dem Bahnhof in Trient ein. In einem Abteil wird ein kleiner grüner Koffer gefunden, dessen Seitenteile mit Metalleisten verstärkt sind. Der Wachmann Edoardo Martini und der Brigadier Filippo Foti bringen den Koffer weg und versuchen ihn unvorsichtigerweise an einer etwas abseits gelegenen Stelle zu öffnen. Der Koffer explodiert und beide sind auf der Stelle tot. Auch dieser Anschlag ist nie aufgeklärt worden. Es ist der letzte tödliche Anschlag, der mit dem Südtirol-Terrorismus in Zusammenhang gebracht wird.

Am 30. September 1967 sterben die Sicherheitsbeamten Edoardo Martini und Filippo Foti am Bahnhof von Trient bei der Explosion eines Sprengstoffkoffers. Die Urheber dieses letzten tödlichen Anschlags blieben unbekannt.

"MIA' - Movimento Italiano Alto Adige

Für mehr als zehn Jahre herrscht dann relative Ruhe in Südtirol, ehe sich 1979, als die Paketmaßnahmen mit Proporz und Zweisprachigkeit sich auszuwirken beginnen, vor allem italienische Terrorgruppen durch Anschläge auf Seilbahnen und Tourismuseinrichtungen zu Wort melden. Unter dem Kennzeichen "MIA" bekennt sich der "Movimento Italiani Alto Adige" (Italienische Bewegung Südtirol) zu einer ganzen Serie von Anschlägen.

Das Phantom "Ein Tirol"

Am 24. Mai 1984 kommen Walter Gruber, der schon 1961 bei der Feuernacht dabei war, und Peter Paris in Lana beim Hantieren mit Sprengstoff ums Leben.

Im Zusammenhang mit einem Anschlag auf einen Mast oberhalb von Plars am 4. November 1984 taucht erstmals der Name Karl Zwischenbrugger in den Annalen des Südtirol-Terrorismus auf. Der gewöhnliche Kriminelle wird dann zusammen mit den Mitgliedern seiner Obermaiser Bande und dem Innsbrucker Tischler Karl Ausserer, einem fanatischen Ex-Südtirolkämpfer, in der Serie von Anschlägen, die sich von Ende 1986 bis Mitte 1988 erstrecken und un-

ter dem Kennzeichen "Ein Tirol" laufen, eine Hauptrolle spielen. Diese Anschläge, die vor allem in Bozen, Meran und Umgebung durchgeführt werden und bei denen immer wieder Bomben in Mülltonnen oder italienischen Volkswohnhäusern explodieren und mit Maschinenpistolen Carabinierikasernen und Wohnhäuser beschossen werden, verhelfen dem erstarkenden MSI zu einem neuen Höhenflug. Die neofaschistische Partei wird zur stärksten Partei in Bozen.

Diese eigenartige, außergewöhnliche und für den MSI sehr fruchtbringende Zusammenarbeit zwischen einigen Kriminellen und einem offensichtlich außerhalb der Realität lebenden Südtirol-Kämpfer alter Schule wie Karl Ausserer lassen den Schluß zu, daß ein großes Interesse an diesen Bomben bestanden haben muß. Vielleicht hat Altlandeshauptmann Silvius Magnago die beste Erklärung für diese eigenartige und zutiefst beunruhigende Bombenserie geliefert. Er meinte, daß da jemand auf dem Höhepunkt der MSI-Zustimmung wohl die Chance gesehen hat, mit Hilfe dieser perfekt plazierten und ungeheuer wirkungsvollen Bomben wesentliche Bestimmungen der Südtirolautonomie doch noch zu Fall zu bringen. Wer das war, das müssen erst die Gerichte klären.

ELISABETH   BAUMGARTNER

BERETTA, KALIBER NEUN

DIE ERMORDUNG VON LUIS AMPLATZ

*"Gedämpfter Optimismus bei den Genfer Südtirolver-
handlungen...", "Luis Amplatz in einer Almhütte tot
aufgefunden ? Polizei schweigt sich über Todesursache
aus, Widersprechende Gerüchte"*

Schlagzeilen auf der Titelseite der Südtiroler Tageszeitung "Dolomiten", Dienstag, 8. September 1964.

*"Meine Freundin isch kemmen um drei in der früah,
mit'n Reporter von der 'Dolomiten', mit'n Berger Franz.
Na, han i g'sagt, na, na, i glaub des net ! I sollt' ja am
Samstag aussi fahren nach Innsbruck, mit die Kinder.
So han i's mit'n Luis ausg'macht im August. I nimm
die zwoa Kloanen mit, han i g'sagt, weil der Ander
geaht danach Kindergarten und die Wally geaht Schual.
Des waren die letzten Worte !"*

Anna Amplatz, Witwe des ermordeten Südtirol-Aktivisten
Luis Amplatz.

*"I wollt' net, daß es die Frau aus der Zeitung erfährt.
Das offizielle Kommuniqué der Bozner Quästur ist erst
am Montagabend veröffentlicht worden, da war die Leiche angeblich noch nicht einmal eindeutig identifiziert..."*

Franz Berger, "Dolomiten"-Redakteur.

*"...die Blutspuren verloren sich im Abgrund", so hat's
damals g'hoaßen in die Radionachrichten. Zwoa Tag
und zwoa Nächt' haben mir gewartet und koan Aug zua-
getan, bis mir g'wißt haben, er isch in Sicherheit ! Des
hat der österreichische Radio gemeldet."*

Rosa Klotz, Witwe von Georg Klotz; er wurde bei dem
Feuerüberfall auf der Brunner Mahder schwer verletzt.

*"A Brigadier, der hat ins eigentlich guat leiden kön-
nen, also der Gefängniswärter, isch kemmen und hat's
mir erzählt. I han's net geglabt. N' Luis derschossen?
Des gibt's ja völlig net ! In Schlaf, hat's gehoaßen - nor
haben's ihn betäubt, han i g'sagt, mit an Schlafmittel
in Tee drein oder in a Supp' cini. Mir woren a suscht
oft teiflisch übermüadet. Mi hätt' er können zsamm-
packen in Rucksack eini und geahn, i hätt' g'schlafen,
i war damals ja no jung. Aber bei ihm han i probiert
zuizugiahn um zwoa oder drei in der früah, bald er
gschlafen hat -höchstens auf zehn Meter, nor isch er wach
g'wesen!"*

Rudl Kofler aus Unterrain, am 29. August 1963 verhaftet: nur wenige Tage vorher hatte er dem verletzten Luis
Amplatz zur Flucht verholfen, zurück ins österreichische
Exil. Rudl Kofler war erst 17 Jahre alt, als er sich in
der Gründer-Ära des BAS anschloß an Sepp Kerschbaumer und Luis Amplatz.

*"Die Todesnachricht war für alle Freunde in Innsbruck
ein totaler Schock ! Ich kann mich nicht mehr erinnern,
ob mein Mann auch nur ein Wort gesagt hat. Er war
wie versteinert..."*

Elisabeth Welser; ihr Mann Kurt Welser war die charismatische Führungspersönlichkeit des Innsbrucker
BAS.

*"Es war die niederschmetterndste Nachricht all dieser
Jahre. Luis Amplatz war unser bester Mann. Auch ich
habe mich damals sehr gewundert, daß er losziehen wollte mit Georg Klotz. Amplatz wußte, daß Klotz Leute an
sich heranläßt, die er selbst nie an sich herangelassen
hätte. Als er mich vor dem geplanten Einsatz aufsuch-*

Die Beerdigung des ermordeten Luis Amplatz am 10. September 1964 am Bozner Friedhof.

te, hat er erzählt, sie seien zu mehreren. Der Name Ker-
bler ist nicht gefallen...''

Prof. Helmuth Heuberger, eine "graue Eminenz" im
österreichischen Führungsstab des BAS.

"Il Kerbler era nostro confidente da un anno ed era
l'unico che aveva rapporti diretti con Amplatz e Klotz
e ricordo che nell'ultimo colloquio prima della sorpre-
sa eravamo presenti solo io e il Questore, ma io nun fui
presente quando si concordò la sorpresa che fu attuata
dal Questore con i Carabinieri...'' ''Der Kerbler war seit
einem Jahr unser Konfident, mit direkten Beziehungen
zu Amplatz und Klotz, und ich erinnere mich, nur ich
und der Quästor waren anwesend bei der letzten Aus-
sprache vor der 'Überraschung'. Ich war aber nicht da-
bei, als die Abmachungen getroffen wurden für die
'Überraschung', die der Quästor mit den Carabinieri
durchgeführt hat...''

Giovanni Peternel, Chef der Politischen Polizei in Bozen zum Zeitpunkt des Amplatz-Mordes, bei seiner Einvernahme durch den "Gladio"-Fahnder Carlo Mastelloni
in Venedig am 16. Juli 1991.

"Der Einfluß bestimmter neuer Freunde war nicht zu
übersehen. Luis Amplatz war ebenso wie Georg Klotz
seit Frühjahr 1964 nach Wien verbannt. Beide litten un-
ter Heimweh. Als der Sommer kam, sorgte sich ihr wohl-
meinender Wiener Freundeskreis. Denn die Versuchung
war natürlich groß für alle beide, nach Südtirol hinein-
zugehen. Luis Amplatz mußte sich dann aber in Wien
einer zweiten Meniskusoperation unterziehen, er war ge-
wissermaßen gefechtsunfähig. Während die Freunde also
beruhigt auf Urlaub fuhren, waren die beiden im Spät-
sommer nicht mehr abzubringen von ihrem Entschluß:
wir gehen hinein ! Dabei war schon damals ganz deut-
lich zu spüren - das geht schief.''

Harald Ofner, der spätere österreichische Justizminister,
war der Wiener Rechtsanwalt von Georg Klotz.

"Mit Gewißheit kann ich sagen, daß Luis Amplatz auch
mir ein Testament übergeben hat, in einem Gasthaus
in Simmering, wie ich meine, recht deprimiert, kurz vor
seinem Tod. Amplatz warf dem damaligen Außenmini-
ster Bruno Kreisky vor, Südtirol verraten zu haben, so
ungefähr. Diese testamentarische Feststellung des doch
recht prominenten Amplatz konnte natürlich politisch
einiges bewirken. Wie ich meinte und meine: Kerbler,
Klotz, Amplatz und Co waren nicht mehr als Spielfigu-
ren. Hinter ihnen kamen die Burgers, die Freys (von der
"Deutschen National - und Soldatenzeitung''), hinter
diesen wiederum "konservative Kräfte'' (OAS und so)
und dann recht bald, was Anhänger der Dominotheo-
rie war - man muß sich das Weltbild des "Kalten Krie-
ges'' vorstellen. Diese Szenarien habe ich in Sketches
übrigens recht deutlich beschrieben, was in der Zeitung
(ohne "Beweise'') natürlich nicht so möglich war. Ich spiel-
te damals ja auch täglich politisches Kabarett, Gerhard

Bronner hatte mein Kabarett 'Der Würfel' 1960 nach
Wien geholt.... Nicht dubiosen Verschwörungstheorien
hänge ich an, aber doch der klaren Wirklichkeit, daß
nichts so simpel ist, wie es sich der gute Biedermann
vorstellt''.

Kuno Knöbl, damals kritisch-engagierter Südtirol-
Reporter der Wiener Tageszeitung "Neues Österreich",
ist bis heute eine der schillerndsten Persönlichkeiten der
österreichischen Medienwelt, unter anderem als "Erfin-
der" der ORF-Erfolgssendung "Club zwei".

Luis Amplatz in Tracht. Die Aufnahme entstand 1960

Fast dreißig Jahre sind vergangen seit der Ermordung des Südtirol-Aktivisten Luis Amplatz in der Nacht auf Montag, 7. September 1964, in einer Heuhütte auf der Brunner-Mahder in den Passeirer Bergen. Georg Klotz wurde bei dem Schußwechsel verletzt, konnte jedoch entkommen. Auch er ist nun schon seit Jahren tot. Nur ein einziger namentlich bekannt gewordener Kronzeuge könnte noch schildern, was sich in jener Nacht abgespielt hat, falls er noch lebt. Es ist der Österreicher Christian Kerbler aus Hall in Tirol, nach bisherigem Ermittlungsstand der Täter. Ein Gericht in Perugia hatte ihn am 21. Juni 1971 schuldig gesprochen,[1] allerdings ohne den Angeklagten zu hören. Christian Kerbler, damals noch unter dem Decknamen "Peter Hoffmann", war der Polizei nämlich schon nach den ersten Verhören keine 24 Stunden nach der Tatzeit auf rätselhafte Weise "entkommen" und ist seither untergetaucht.[2]

Geklärt ist der Mord also keineswegs, im Gegenteil. Die jüngsten "Gladio"-Enthüllungen haben den Fall neu in Bewegung gebracht. Die Ermittlungen laufen noch, sie betreffen auch die fragwürdige Rolle der italienischen Sicherheitsbehörden. Erhärtet hat sich vorerst aber nur ein einziges Faktum, die Presse hatte es schon seinerzeit vermutet: Christian Kerbler und sein Bruder Franz waren italienische Agenten.[3]

In der Geschichte der Südtiroler Attentate ist der Amplatz-Mord nach wie vor das dunkelste Kapitel. Die menschliche und politische Dimension enthüllt ein erst jetzt im Zuge dieser Recherche entdecktes Schlüsseldokument. Es ist das letzte Lebenszeichen von Luis Amplatz, ein Brief an den Innsbrucker Anwalt Willy Steidl: Amplatz muß diese stenogrammhafte Lebensbilanz unmittelbar vor dem Aufbruch aus seinem Wiener Exil niedergeschrieben haben, äußerstenfalls beim kurzen Zwischenaufenthalt in Innsbruck, bevor er sich mit Georg Klotz zum letzten Mal heimlich auf den Weg gemacht hat über die Grenze nach Südtirol. Die Datierung ist eindeutig: "vor 14 Tagen"- schreibt Amplatz - habe er seine "Memoiren" bei einem Wiener Notar hinterlegt.[4] Das später bekannt gewordene Amplatz-Testament wurde am 14. August 1964 beglaubigt.[5]

So knapp vor dem Mord, war dieses politisch brisante Schriftstück bisher das zweite mysteriöse Kapitel. Der Brief liefert dazu nun einige ganz entscheidende Informationen, erstens und vor allem: Luis Amplatz identifizierte sich mit dem Dokument, und zwar mit dem Inhalt ebenso wie mit dem Anliegen, die Verwicklung österreichischer Spitzenpolitiker in den Hintergrund der Südtiroler Sprengstoffattentate offenzulegen. Wer immer ihm bei der Abfassung des Textes geholfen haben mochte - weder läßt sich das "Politische Testament" als Fälschung abtun noch sind Thesen haltbar, die von einer Art Erpressung ausgehen und dem Autor unterstellen, er könnte sich dubiosen Hintermännern blindlings ausgeliefert haben.[6] Eine andere Frage sind die auffälligen Datierungsfehler im Amplatz-Testament.[7] Die

zitierten Aussprachen mit Außenminister Bruno Kreisky hatten ja tatsächlich stattgefunden, belegt durch dessen Terminkalender, um so verwunderlicher sind die irrigen Angaben bezüglich Zeit und Umständen. Es scheint fraglich, daß einem Insider wie Luis Amplatz solche groben Verwechslungen nur passiert sind oder ob er damit etwas bezweckte, zum Beispiel einen Hinweis auf weitere Nicht-Südtiroler Autoren dieses Testaments.

Unmittelbar und spontan macht sein letzter Brief dagegen vor allem die menschliche Tragödie nachvollziehbar. In wenigen, hastig hingeworfenen Zeilen findet sich eine Antwort auf die Kernfrage: warum hat sich Amplatz überhaupt eingelassen auf das Abenteuer dieser Tour nach Südtirol, obwohl er sich offenbar keinen Illusionen hingab bezüglich des Risikos. Es war ein Fluchtversuch - er sah keinen anderen Ausweg: "Nach langer und reiflicher Überlegung bin ich zu dem Entschluß gekommen von Wien zu verschwinden. Es sind nicht 3-4 Wochen, wie mir versprochen wurde, vergangen, sondern 4 ½ Monate. Und was ist in dieser Zeit geschehen? Hat sich jemand, ausser Sie, um uns (Klotz und mich) gekümmert? Nein!"[8]

Das Wiener Exil hatte ihn tief gezeichnet: "Ob wir verdrecken, verlumpen oder verhungern ist diesen Verantwortlichen...Herren scheinbar egal." "..angefressenen Herren" hatte er eigentlich geschrieben. Das durchgestrichene Attribut steht für die Verbitterung des Freiheitskämpfers, der froh sein mußte, daß er sich dank Vermittlung von Freunden ein paar Schillinge verdienen konnte, bei einem Wiener Nobelheurigen. Die sprichwörtliche Wiener Gemütlichkeit zeigte sich dem sensiblen Luis Amplatz von ihrer kältesten Kehrseite, als Gleichgültigkeit.

Es war ein menschliches und politisches Schockerlebnis: "Die Hauptsache ist, vor den Italienern ein schö-

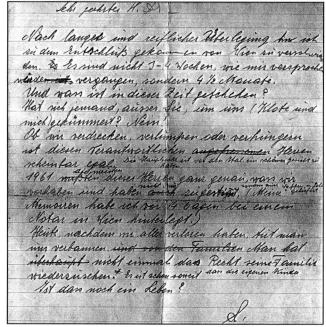

Letzter Amplatz-Brief: "Ist das noch ein Leben?"

nes Gesicht zu haben. 1961 wußten die meisten dieser Herren ganz genau, was wir vorhaben und haben nicht nur zugestimmt, sondern auch Waffen und Geld geliefert... Heute, nachdem wir alles verloren haben, tut man uns verbannen... Man hat nicht einmal das Recht seine Familie wiederzusehen..." Zwischen den Zeilen, das Schreckgespenst, den in Italien verurteilten Attentätern würde auch noch das Letzte weggenommen: sie riskierten die gerichtliche Pfändung ihrer bescheidenen Höfe, und damit die einzige Existenzbasis ihrer Frauen und Kinder. In halbangefangenen Sätzen, das Trauma der Trennung: "Es ist schon soweit, dass die eigenen Kinder...", ein stehengelassener Gedankenfetzen, aus Angst, die Folgen zu Ende zu denken? Und dann gewissermassen als gedanklicher Schlußstrich, ein Hilferuf in fünf Worten, mit einem Fragezeichen, das alles offen läßt: "Ist das noch ein Leben ?"

Ein Abschiedsbrief also, und doch mit einem letzten kleinen Funken Hoffnung. Luis Amplatz hatte Wien den Rücken gekehrt, krank vor Heimweh, und entschlossen, kein Weg führt ihn mehr hierher zurück. Das Rätselraten, warum ein 37-jähriger ein Testament macht, beantwortet er selbst: er war offensichtlich gefaßt auf seinen möglichen Tod. Ein Selbstmordkandidat war er trotzdem nicht. Der nüchtern überlegende Profi gab sich noch eine gewisse Chance. Im Testament ist ausdrücklich die Rede von zwei Möglichkeiten. Was im Todesfall seiner Rehabilitierung dienen sollte, war eindeutig als Rettungsanker gedacht für den Fall einer lebenslänglichen Verhaftung: zumindest etwas wollte er in der Hand haben, um sich zu schützen.

Bei aller Verzweiflung, der Brief an den Innsbrucker Anwalt Willy Steidl ist klar überlegt: mit Rücksicht auf den kompromittierenden Inhalt, keine namentliche Anrede, unterzeichnet nur mit den Initialen, doch mit einem klaren Hinweis auf die in Wien hinterlegten "Memoiren", als Beweis für sein rein politisches Motiv. Amplatz war realistisch genug, um einzuschätzen, was voraussichtlich auf ihn zukam: man würde versuchen, die Attentate abzutun als kriminellen Alleingang. Daher wohl der zusätzliche Brief zum Testament, mit Anspielungen auf jene "Herren", sprich: Mitwisser in der österreichischen Politiker-Spitze, bis hinauf zu Aussenminister Bruno Kreisky. Namen preiszugeben, daran dachte er aber offenbar nur im äußersten Notfall. Der Brief bestätigt das Testament zwar inhaltlich, aber anonym.

Ähnlich äußert sich der Wiener Notar Friedrich Stefan zur Vorgeschichte dieses bis heute umstrittenen Testaments. Er war damals noch Substitut in der Notariatskanzlei von Herbert Raudorf, die das Testament beglaubigt hatte. Ein gemeinsamer Bekannter von Amplatz und dem angehenden Notar Stefan hatte den Kontakt vermittelt. Amplatz habe ihn grundsätzlich informiert über sein Anliegen. Als Notar, also offiziell, habe er das politische Amplatz-Testament aber nicht gelesen. Es in Form einer eidesstattlichen Erklärung dem

beglaubigten eigentlichen Testament anzufügen, sagt Stefan, sei die einzig mögliche Form gewesen, die politischen Aussagen von Luis Amplatz durch eine notarielle Hinterlegung abzusichern. Genau dies war wohl auch der Hauptzweck, der Luis Amplatz, obwohl kaum vermögend, veranlaßt haben dürfte zu seinem privaten Testament.[9]

Luis Amplatz hatte längst leben gelernt mit kalkuliertem Risiko. Er galt als verwegenster Südtiroler Untergrundkämpfer, nicht nur sein Freundeskreis, auch das Medien-Image bescheinigte ihm diesen Nimbus. Immer wieder war es ihm gelungen, der Verhaftung in Italien zu entkommen. Politisch hatte sich freilich viel verändert in den nur drei Jahren seit der "Feuernacht" von 1961. Der heilsame Schock brachte Italien endlich an den Verhandlungstisch. Bei den Genfer Gesprächen zwischen Außenminister Bruno Kreisky und Giuseppe Saragat, also zwei Sozialdemokraten von europäischem Format, schien 1964 erstmals eine internationale Autonomielösung für Südtirol zum Greifen nahe.[10] Politisch standen die Zeichen auf Entspannung.

Stimmungsumschwung in Österreich

Der militante Widerstand war plötzlich Schnee von gestern. Das Südtiroler Potential hatte sich ohnehin drastisch reduziert, auf einzelne, die nach Österreich geflüchtet waren wie Luis Amplatz oder Georg Klotz. Ohne den heutigen Rückenwind des Selbstbestimmungsgedankens in Europa, waren sie damals noch potentielle Staatsfeinde, wenn sie sich als Kämpfernaturen nicht anfreunden konnten mit pragmatischen Lösungen. In diesem politischen Vakuum drohten ihre Anliegen zum Spielball zu werden für Einflüsse, die selbst im engsten Freundeskreis zunehmendes Mißtrauen aufkommen liessen gegen sogenannte "neue Freunde". Die Szene war anfällig geworden für politische Unterwanderung und radikale Elemente. Die von Klotz und Amplatz gleich schmerzhaft erlebte Konfinierung nach Wien war nur die Spitze des Eisbergs.

Begründet wurde die Maßnahme im Fall Amplatz mit dem "Spiegel"-Interview vom 4. März 1964. Den eigentlichen Grund dürfte er freilich bald durchschaut haben, und der hatte nicht allein zu tun mit seinem ungeschminkten Bekenntnis zu Guerilla-Strategien und dem im "Spiegel"-Titel programmatisch anklingenden Motiv: "Die Italiener haben uns das Land gestohlen..." Wie Georg Klotz fühlte sich auch Amplatz als Opfer des Stimmungsumschwungs in Österreich. Und wie dieser war auch jener entschlossen, sich auf seine Weise zu wehren. Eine gemeinsame Ausgangsbasis gab es also, auch wenn Peter Kienesberger es einem unglücklichen Zufall zuschreibt, daß Amplatz schließlich mit Georg Klotz losgezogen ist, in Begleitung der Brüder Kerbler. Kienesberger sagt, er habe Luis Amplatz in Wien besucht: ausgemacht gewesen sei die Tour allein zwischen

Luis Amplatz beim "Spiegel"-Interview mit den Redakteuren Jochen Becher und Peter Neuhauser im März 1964.

ihnen beiden, wäre Kienesberger nicht kurz vorher verhaftet worden.[11]

Seinem engsten Freundeskreis in Wien hatte Amplatz zwar nichts erzählt von dieser Abmachung.[12] Dennoch spricht manches dafür. Im Gegensatz zu Georg Klotz hat Luis Amplatz den Brüdern Kerbler nachweislich zutiefst mißtraut.[13] Wenn er das Risiko dieser zwei Begleiter trotzdem in Kauf genommen hat, mußte er einen triftigen Grund haben. Peter Kienesbergers Erklärung leuchtet ein: selbst auf die Gefahr, daß es schief gehen könnte, wollte Amplatz genauso wie Klotz zumindest eines erreichen, was dann nur Georg Klotz geschafft hat, unter großen Opfern, nach mehreren Verhaftungen und Hungerstreiks:[14] nämlich die schrittweise Lockerung des Exils, weg von Wien, zurück nach Tirol. Der riskante Fluchtplan ist auch durch Georg Klotz belegt, in einer schriftlichen Aufzeichnung:

"Im Jänner 1964 kamen eines Abends zwei Reporter von "L'Europeo" (Mailänder Illustrierte) zu mir, stellten eine Reihe von Fragen, die ich nach bestem Können beantwortete. (Das Interview wurde von allen Tiroler Politikern als hervorragend beurteilt). Auf Grund dessen aber wurde ich am 5. März verhaftet[15] und nach Wien abgeschoben, zwei Monate Schubhaft, anschließend Aufenthaltsgenehmigung nur für Wien, mit der Auflage, mich zwei mal täglich bei der STAPO zu melden. Ende August mit Amplatz Luis (dem es ähnlich ergangen ist), von Wien abgehauen, nach Tirol gefahren, von dort über die Berge nach Südtirol, nach 14 Tagen zurück (inzwischen Amplatz tot, ich schwer verwundet)..."[16]

Luis Amplatz und Georg Klotz: außerhalb Südtirols, in Österreich, Deutschland und Italien, waren sie die zwei bekanntesten Gestalten, die identifiziert wurden mit dem militanten Südtiroler Freiheitskampf. Mitbedingt durch die Flucht nach Österreich und den Verlust ihrer bodenständig-kleinbäuerlichen beziehungsweise kleingewerblichen Existenz waren sie beide gewissermaßen hauptberuflich engagiert im Untergrund. Was sich als Rückhalt anbot, war eine stark national gefärbte "Szene". Auf die von Italien so gerne propagierte "pangermanistische" Verschwörungstheorie macht sich der Innsbrucker Anwalt Willy Steidl seinen eigenen Reim.

Als einer der Staranwälte bei allen großen Südtirolprozessen in Österreich kannte er den gemischten Hintergrund des militanten Lagers: auf der Anklagebank - sagt er - saßen politisch zwielichtige Gestalten neben Idealisten wie Heinrich Klier oder der Leiter des Tiroler Lawinenwarndienstes Hofrat Schimpp.[17] Vor dem Hintergrund der Mailänder Südtirolprozesse waren diese Differenzierungen aber zweitrangig: es ging um Grundsätzliches, man fürchtete nämlich negative Konsequenzen für die in Mailand angeklagten Südtiroler, hätte auch Österreich die hier von den Verteidigern erfolgreich dargestellte Situation der "politischen Notwehr" als "Gewalt" verurteilt. Der Tiroler Landeshauptmann Eduard Wallnöfer habe daher größten Wert gelegt auf diese "politische" Verteidigungslinie durch ein starkes Juristenteam, angefangen vom prominentesten Wiener Strafrechtler Michael Stern.

Willy Steidl hatte entscheidenden Anteil am Erfolg, die Causa Südtirol vor den österreichischen Richtern wegzuholen von der Kriminalisierung auf eine völkerrechtlich-politisch vertretbare Ebene. Den Medieneffekt in Italien wertet er als Signal: die italienische Strategie sei nämlich stets darauf hinausgelaufen, den Südtiroler Widerstandskampf unter Vorschiebung mitbeteiligter Österreicher und Deutscher ins "pangermanistische", sprich neonazistische Eck abzudrängen und damit international zu diskreditieren. Luis Amplatz und Georg Klotz paßten nicht in dieses Klischee, allein deshalb hält Steidl sie für potentielle Opfer: als Südtiroler hatten nämlich beide eine Legitimation, sprich ein politisch glaubwürdiges Motiv.

Luis Amplatz war Kleinstbauer in der Bozner Kaiserau. Damit es zum Leben reichte, mußte er jede Arbeit annehmen. Die Auswahl war nicht groß. Er und seine Frau gehörten noch zu einer Generation, die sich mühsam über Wasser hielt, vor allem als landwirtschaftliche Gelegenheitsarbeiter in den Weinbergen und beim Obstklauben. Im Laden von Sepp Kerschbaumer kauften sie hin und wieder ihre bescheidene Jause, erinnert sich die Witwe Anna Amplatz. In Sichtweite, die qualmende Bozner Industriezone: "...wia oft han i die Papiere g'sehen", meint sie, in der Hoffnung auf ein festes Gehalt und ein Minimum an sozialer Absicherung für die Familie, habe sich ihr Mann immer wieder bemüht, "in oane von de Fabriken einizukemmen". Für Südtiroler, keine Chance.

Bei der großen Andreas-Hofer-Gedenkfeier vom 13. September 1959 in Innsbruck[18] stand Frau Amplatz an der Seite ihres Mannes in der begeisterten Menschenmenge. Miterleben wollten sie es unbedingt, dieses patriotische Ereignis: Freunde hatten sie mitgenommen, im kleinen Auto. Keine zwei Jahre später lebte Luis Amplatz von der Familie getrennt als "Terrorist" in Innsbruck im Exil. "Der Papa", erzählt Wally Amplatz, "hat ins mit'n Feldstecher zuag'schaug", wenn sie, damals vier, in der Sommerfrische bei einem Bauern im Sarntal mit ihrem dreijährigen Bruder Andreas spielte. Von Heimweh geplagt, konnte Luis Amplatz trotzdem kein Risiko eingehen. "Wenn die Polizei kemmen war, hätten mir Kinder logisch g'sag, der Papa war da..." Später in Wien habe sie ihren Mann nie mehr besucht, für die weite Reise fehlte das Geld. Bei den Besuchsfahrten nach Innsbruck waren die Kinder jedes Mal in Tränen aufgelöst beim Anblick der Polizei, die ihre Mama am Brenner zur Leibesvisite aus dem Zug holte.

"I woaß, was i meiner Frau zuamuaten kann...", konterte dagegen Georg Klotz, als man ihn unter Verweis auf seine familiäre Situation zurückzulocken versuchte nach Südtirol. Seine Witwe Rosa Klotz hat nichts eingebüßt von der einstigen "Pasionaria". Daheim ?, "vielleicht zwoa Sonntag im Jahr...", erinnert sie sich an den Schützenmajor Georg Klotz, der rastlos unterwegs war: Gründungsfeiern von Schützenkompanien und Fahnenweihen waren die sonntäglichen Höhepunkte. In mühseliger Kleinarbeit hatte sich der Kriegsheimkehrer gleich schon seit 1946 voll engagiert für den Wiederaufbau des Schützenwesens. Mit Böllerkrachen aus der Taufe gehoben, die erste Pseirer Kompanie im heimatlichen Walten. Wegen der Böller mußte ihr Jörg zwar erstmals hinter Gitter, er erlebte aber eine Welle der Solidarität: Rosa Klotz ist heute noch stolz auf die Wein-, Speck- und Knödel-Spenden, die der Wärter im Meraner Bezirksgefängnis für ihren Mann entgegennahm.

Der Schützenführer Georg Klotz knüpft auch seine ersten politischen Bande, so zum Beispiel mit Sepp Kerschbaumer. In farbigen persönlichen Eindrücken schildert Rosa Klotz diese Südtiroler Variante des "Rütli-Schwurs" aus der Perspektive der praktisch denkenden Hausfrau und Familienmutter. Die Männer hatten sich in der Stube versammelt. Eine Marende hatte sie ihnen bereits auf den Tisch gestellt. Eine Tiroler Fahne ? Leider, es war keine im Haus. "Eppes hatt i schun do, wenn enk des genügt...?" Ein selbstgenähtes Pölsterle konnte sie anbieten, mit einem aufgestickten roten Adler. Der Schwur erfolgte hinter verschlossener Stubentür. Im Landtagswahlkampf 1956 hatte es die Südtiroler Sammelpartei erstmals zu tun mit der politisch härteren Gruppierung um Georg Klotz und seiner im letzten Moment allerdings doch noch mit einigen Zugeständnissen verhinderten "Rote-Adler-Liste".[19]

Risse in der patriotischen Idylle

Die patriotische Idylle hielt nicht lang. In der um Sepp Kerschbaumer entstandenen Südtiroler Widerstandsbewegung ging Georg Klotz bald eigene Wege. Wie der Innsbrucker Wolfgang Pfaundler dachte auch Klotz an einen Partisanenkampf. Es gab zum Beispiel Pläne für eine "Transitblockade", an der Hauptdurchzugsstraße wollte man italienischen Fernlastern die Reifen kaputt schießen. Während sich die Kerschbaumer-Gruppe also vorbereitete aufs Mastensprengen, hatte Klotz im heimatlichen Passeiertal Waffenverstecke angelegt, gut getarnt im Wald und in selbstgebauten Bunkern. Die Kinder brachten dem "Tata" das Essen. Die Mama hatte Teller und Töpfe in Körben so verpackt, daß sie völlig harmlos aussahen, wie zum Beerenklauben oder Schwammerlsuchen.

Die Kerschbaumer-Anhänger hielten Georg Klotz ähnlich wie den als zu autoritär umstrittenen Wolfgang Pfaundler schon Monate vor der "Feuernacht" auf Distanz.[20] Weder war Klotz bis dahin beteiligt mit Aktionen noch war er im voraus eingeweiht, "wann's

Klotz-Familie mit Nachbarkindern im Passeier

schnöllen weard...'', bestätigt seine Frau Rosa, was auch andere Zeitzeugen sagen.[21]

Für die ''Herz-Jesu-Nacht'' hatte ihr Mann ein hieb- und stichfestes Alibi, er wurde gewarnt; soweit sich Frau Klotz erinnert, hatte der mit beiden befreundete Kerschbaumer-Vertraute Jörg Pircher gesorgt für diese Vorsichtsmaßnahme.[22] Aufgrund der Erfahrung mit brutalen Verhörmethoden habe ihr Mann schon damals gewarnt: ''des haltet es net durch ! Laßt enk net fangen, suscht fliagt all's zamm auf !'' Tatsächlich geflüchtet sind freilich nur einzelne, unter ihnen Georg Klotz, noch im gleichen Sommer 1961.[23] Der Brigadier läßt sich fürs erste vertrösten von Frau Klotz. Ihr Mann sei noch bei der Heuarbeit. Ihre warnende Botschaft erreicht ihn nicht. Der Carabiniere besteht darauf, er müsse ihn mitnehmen.

Abendessen müsse er ihn schon noch lassen, kann sich Frau Klotz ein zweites Mal durchsetzen, und die frischgestrichenen Küchenmöbel seien auch noch hereinzutragen vom Balkon. ''Tua du lei essen'', meinte sie, und sie weiß auch noch, was damals auf den Tisch kam: Röstkartoffel, Spiegeleier und Spinat. Ihr Schlachtplan stand fest - und funktionierte: bei der Möbelschlepperei, ist zwar ''der mit seiner Knarre allweil hinter ins herg'wesen..'', dennoch konnte sie ihrem Mann zuflü-

stern ''jetzt, Jörg, bald mir's Übergstell von der Kredenz innitragen, stell i mi hinter die Tür und du hausch ab !'' Mit lautstarkem Möbelrücken: ''ziach Jörg ! Da fahlt's no und dort stimmts no net....'', verbarrikadiert Frau Klotz die Küchentür, weder das Trommeln des Polizisten konnte sie erweichen noch die immer nervöseren Rufe ''Apra Signora !''

Die Kinderschar der Familie Klotz mit den rund ums Haus spielenden Sommerfrischkindern verfolgten die Szene schreiend. Nach gelungener Flucht konnte Frau Klotz zwar bohrende Fragen des geprellten Ordnungshüters abwimmeln, wo ihr Gatte denn sei? ''Deve sapere Lei...'', nicht sie, sondern er sei hier der Aufpasser. Aber sie wußte auch, ihr Mann hatte nur einen minimalen Vorsprung. Ins Versteck hatte sie ihm gerade noch das Notwendigste nachgetragen, einen warmen Rock, die geliebte Pfeife, Pfeffer, um die Hunde von der Spur abzulenken. ''Die Mama hat no g'schnauft'', erinnert sich Eva, mit zehn Jahren die Älteste. Schon war das Haus umlagert von Polizeieinheiten, die aufgefahren waren mit Jeeps und Scheinwerfern. Ein Nervenkrieg bis in die Früh. ''Ein richtiges Überfallskommando'', hat Eva diese Bilder heute noch vor Augen, stürmte das Haus. Im elterlichen Bett fand die Polizei statt ihres gesuchten Vaters allerdings nur ihre zwei kleineren schlafenden Brüder.

Eine Weile hielt sich Georg Klotz noch in seinem einsamen Versteck am Berg. Immer wieder packte seine Frau den Buckelkorb voll mit warmen Sachen, festen Stiefeln und Proviant samt einem Flaschl Wein und Schnaps. Georg Klotz lag indessen mit einem dazugestoßenen Freund unterm Felsen getarnt auf Beobachterposten: Hubschrauber am Himmel, eine Hundestaffel nach der anderen im Einsatz, auf Dauer war die Stellung nicht zu halten. Die Flucht nach Nordtirol ins Exil war schließlich der einzige Ausweg. Zurückblieb Rosa Klotz mit ihren sechs Kindern. Den Lebensunterhalt verdiente sie allein, als Hilfslehrerin, bis 1962 in ihrem Heimatort, danach schikaniert durch wiederholte Versetzungen. Es gab auch Leute, die nicht mehr grüßten.[24]

Ihre farbigen Vergangenheitsschilderungen zeigen vor allem eines: sie identifizierte sich voll mit dem Selbstverständnis ihres Mannes als Freiheitsheld, und zwar mit einer großen Portion weiblicher Zivilcourage, nicht nur bei den unzähligen Hausdurchsuchungen. ''Die Mama,'' ist Eva heute noch stolz, drückte dann den Größeren das Kleinste in den Arm, mit der Ermahnung, ''laß die Pappa net anbrennen!''. Wer Erfahrung hatte, war gewarnt. Der Alptraum jeder Hausdurchsuchung waren ''Beweisstücke'', von denen man fürchten mußte, sie seien von fremder Hand unterschoben. Auch richtige Belagerungen waren an der Tagesordnung. Im Sommer 1962 war es besonders schlimm. Mutter und Kinder lebten in Ulfas, ihrem zweiten Zuhause. Am Telefon meldet sich ein Freund aus dem heimatlichen Walten. Frau

Zum Unterschied vom Großteil der übrigen Südtiroler Attentäter war Georg Klotz im Umgang mit Waffen durchaus versiert.

Klotz wußte, was auf sie zukam, als sie sich eilends auf den Weg macht: das Haus, voll mit Carabinieri und Finanzern, die sich verbarrikadiert hatten im Heimathof von Georg Klotz, in der Erwartung, nun würde man den Flüchtigen endlich schnappen. Auf ihre Rufe rührt sich nichts. Nur die Mündungen der Gewehrläufe verraten: "wie sie bei die Fenster außergepaßt haben..." Eine alte Kriegslist beendet die Blockade. Im Schutz der Dunkelheit, erzählt FrauKlotz, hatte sie Verstärkung organisiert: ihren Bruder und zwei Nachbarsbuben. Mit Krawall beginnt man, an den Türen zu rütteln und Fenster einzuschlagen. "Nacher woll isch's lebendig worden drinnen, de haben g'moant, sie sein umzingelt!"

Für die Familie hatte dieser Polizeiüberfall einen besonders bitteren Nachgeschmack. Der eigene Bruder von Georg Klotz hatte ihm die Polizei an den Hals gehetzt. Verrat hat eine dramatische Rolle gespielt in der Familiengeschichte. Bereits der Neffe Josef Selm hatte sich anheuern lassen als italienischer Informant.[25] Die Klotz-Kinder wußten von klein auf, was "Spitzel" sind. Sommer 1963: Georg Klotz hatte sich wie in jedem Sommer vom Exil in Innsbruck durchgeschlagen zur Familie, ein letztes Mal. Nach dem Amplatz-Mord hat er sich dann nie mehr über die Grenze getraut. Doch schon vorher lebt er in seiner Heimat gefährlich. Sein fast fertiggebautes Waffenversteck fliegt wie von Geisterhand in die Luft. Klotz entkommt, in ein sicheres Versteck. Der Bergweiler Ulfas ist der Heimatort seiner Frau. Während es sich im Tal verbreitet wie ein Lauffeuer, diesmal hätte es den Jörg erwischt, darf sie beruhigt sein. Sein Fluchtweg führt ihn einmal mehr über die Berge.[26]

Unter den Südtirolern war Luis Amplatz schon von Anbeginn an der Seite seines Freundes Sepp Kerschbaumer die zweite herausragende Gestalt. Ihren Untergrundkampf führten sie zunächst politisch: der "Chefideologe" Sepp Kerschbaumer mit seinen Flugblättern und Luis Amplatz, als Naturtalent, mit originellen politischen Aktionen. Einige erhielten sich in mündlicher Überlieferung, vor allem die von Amplatz angefeuerten Sprechchöre auf Sigmundskron. Andere wurden aktenkundig. Einen dicken Faszikel füllt zum Beispiel ein verbales Duell mit einem italienischen Wehrdienstpflichtigen. Abgespielt hatte sich die Auseinandersetzung beim Frühlingskonzert am 30. Mai 1957 im vollbesetzten Garten des Bozner Gasthauses "Scharfeck". Die Folge war eine jener vielen "Vilipendio"-Anzeigen wegen Schmähung der Nation. Die Ermittlungen schleppten sich über Monate. Luis Amplatz bleibt dabei: nicht eine Beleidigung habe er dem jungen Italiener an den Kopf geworfen, sondern die Hand habe er ihm entgegengestreckt mit ein paar Brocken Erde und den Worten: "das ist die Erde unserer Väter, sie wurde uns vererbt wie unsere Muttersprache, wir haben ein Recht darauf!"[27] Und in diesem Punkt ist er beinhart. Mit Verweigerung seiner Unterschrift zwingt er den Bozner Untersuchungsrichter, auch seinen Protest gegen das nur-italienische Protokoll amtlich zur Kenntnis zu nehmen.[28] Noch Jah-

Luis Amplatz

re später, als er bereits im Innsbrucker Exil lebt, läßt er seinem italienischen Pflichtverteidiger ausrichten: ich lasse mich nicht von einem Feind verteidigen! Anlaß war ein Schreiben an die Bozner Tageszeitung "Alto Adige". Amplatz beteuert seinem damaligen Bozner Anwalt Fritz Egger: er sei nicht darauf gefaßt gewesen, daß sein politischer Denkanstoß ungefragt als Leserbrief publiziert würde. Ein Bozner Schwurgericht hatte ihn deshalb 1962 zu 14 Monaten Haft verdonnert, in Abwesenheit des Angeklagten. "Sowas kann ich mir doch nicht gefallen lassen"![29]

Als härtestes Kaliber eines Südtiroler Partisanen ist Luis Amplatz Legende geworden. Auf sein Konto gingen die meisten und viele der gewagtesten Aktionen. Schon vor der "Feuernacht"[30] war er einer der Aktivsten und blieb es noch jahrelang, auch nach seiner Flucht. Seine sprichwörtliche "Tarnkappe" half ihm immer wieder,[31] selbst den abenteuerlichsten Verfolgungsjagden zu entkommen. Schon das erste solche Bravourstück am Pfingstsamstag, 20. Mai 1961, war medienwirksam: mit der Ausrede, er müsse sich noch umziehen, rettet er sich durch einen Sprung aus dem Schlafzimmerfenster und schließlich als letztmöglichen Fluchtweg in den nahen Fluß. Die vor seinem Haus aufmarschierten Polizisten müssen wieder abziehen. Allerdings dürfte Amplatz nicht ganz unvorbereitet gewesen sein, auch wenn es im "Spiegel"-Interview so klingt.[32] Die Staatsanwaltschaft ermittelte nämlich schon seit Tagen über jene Spendengeld-Aktion, die der Bergisel-Bund so ungeschickt

Noi Sost. Procuratore della Repubblica

Visti gli atti del procedimento.

A tenore degli art. 253, 254, 293 del Cod. di proc. pen.;

Ordiniamo la cattura di *Amplatz Luigi,*

al delitto p.e.p. art 271/p. C.P. per avere contituito ed organizzato associazione al fine di svolgere attività diretta a sopprimere e distruggere il sentimento nazionale rivolato, occultando e di ... manifesti di propaganda antitaliana Accertato in Bolzano 1/2/61

reat contemplat da art._____ del Codice penale

A tale effetto richiediamo a tutti gli Ufficiali ed Agenti della Polizia Giudiziaria e della Forza pubblica di condurlo nelle locali Carceri Giudiziarie uniformandosi alle prescrizioni di legge

Bolzano, li _____ 8/2/61

Bollo

Il Procuratore della Repubblica

Il Segretario

Bozen 8/2/1961

Erster Amplatz-Haftbefehl vom Februar 1961

aufgezogen hatte über Südtiroler Bankkonten, daß erste Namen aufflogen. Amplatz mußte also vorgewarnt sein, denn auch er hatte bereits Tage vorher eine gerichtliche Vorladung erhalten, für den 4. Mai 1961.[33]

Seit seiner Flucht konnte Luis Amplatz nur mehr unter großen Risiken nach Südtirol zurückkommen. Um sein Talent, die Polizei auszutricksen, ranken sich zahlreiche Stories. Dem Obmann-Stellvertreter der Südtiroler Volkspartei Friedl Volgger zwinkert er zu, in einem Bozner Stadtautobus, als Pater verkleidet. Die deutsche Auslandspresse kolportiert besonders farbige Episoden: als "armer Landarbeiter" aus dem Süden, soll er zum Beispiel eine Carabinieri-Streife im Ahrntal derart gerührt haben, daß sie ihm noch Zigaretten schenkten.[34] Selbst der verwöhnte "Spiegel"-Leser kommt auf seine Rechnung bei der Amplatz-Schilderung, wie er im September 1961 am Brenner den Polizeisperren mit gezückten MPs durch eine Bahnunterführung und einen Wasserschacht in den nahen Wald entkommt. In Wirklichkeit war es etwas weniger rasant: eine kleine Ewigkeit stand Amplatz bis zur Brust im eiskalten Wasser, bis er sich hervorwagen konnte in ein weniger ungemütliches Versteck.[35]

Anvertraut hatte er dieses Detail seinem jungen Freund Rudl Kofler, der Amplatz begleitet hatte bei seinem letzten Südtiroleinsatz im Sommer 1963. Rudl Kofler aus Unterrain war mit seinem Onkel Richard am 9. Februar 1962 nach Innsbruck geflüchtet. An Luis Amplatz und Sepp Kerschbaumer hatte er sich angeschlossen - da war er erst siebzehn. Zum BAS fühlte er sich nur indirekt zugehörig: "mi hat lei der Sepp gekennt und der Luis..." Beide waren für ihn Vaterfiguren. "Der Luis isch a Mensch gewesen, sellene gib's nimmer mehr", meint er versonnen. Heute arbeitet Rudl Kofler als Chauffeur, zur Zeit der "Feuernacht" war er beschäftigt in einer italienischen Werkstatt: "auf mi war koaner kemmen". Unbewußt vermittelt Rudl Kofler eine für Luis Amplatz sehr charakteristische Atmosphäre. Wer Amplatz kannte, Peter Kienesberger zum Beispiel, bezeichnet ihn als Einzelkämpfer mit einem eigenen Feeling, wen er an sich heranließ. Kofler war einer von diesen, mochte er später unter seinen Mithäftlingen noch so umstritten sein als "Verräter".[36]

Luis Amplatz brauchte einen, auf den er sich verlassen konnte, als er im Juli 1963 startet zu einer Südtirolaktion, die für beide die letzte sein sollte. Rudl Kofler bestätigt dazu noch wichtige Details. In Österreich mußten alle Exilanten eine Erklärung unterschreiben, daß sie keine Aktionen gegen Italien planen, auch wenn sie sich "natürlich" nicht dran hielten. Aber sie hatten auch nicht etwa einen Freibrief. Amplatz und Kofler probierten es zunächst in Osttirol, bei Sillian. Die Grenze war selbst im Gebirge viel zu streng bewacht. Also zurück, ins Ötztal, nach Vent. Sechs Tage Fußmarsch: "mir haben ja meist lei die Nacht giahn gekennt". Über's Eisjoch und die Eishöfe ins Zieltal, Übernachtung in der Nassereith-Hütte, hoch am Berghang bis Vellau, nun erst Abstieg ins Tal nach Algund: und von dort nimmt sie ein deutscher Urlauber im Auto mit nach Bozen.

Für einen allein wäre diese relativ sichere, aber mühselige Route nicht zu bewältigen gewesen, vor allem wegen der Gletscherquerung - "übers Eisjoch braucht's a Soal!" Rudl Kofler kann es sich nur so erklären, warum sich Luis Amplatz im darauffolgenden Jahr den fragwürdigen Kerbler-Brüdern angeschlossen hat, noch heute kommt ihm dabei ein Fluch über die Lippen. Für Kofler selbst sollte diese letzte gemeinsame Tour schon wenig später im Gefängnis enden. Wie es in Innsbruck weiterging, erfuhr er nur indirekt. Seine Mama hätte ihm erzählt, daß sie "da jetzt so an Studenten haben", obwohl sich "der Luis mit solche Vögel ja suscht nia eingelassen hat..."

Rudl Kofler ist auch der einzige Südtiroler Zeitzeuge, der aus erster Hand bestätigt: die von Luis Amplatz im "Spiegel"-Interview erwähnten Schlupfwinkel in Höhlen und Felsenbunkern waren keine journalistische Übertreibung. Es gab sie wirklich, zum Beispiel am Tschögglberg oberhalb von Bozen bei Glaning. Dort hatten sich Amplatz und Kofler im Sommer 1963 verschanzt, gut getarnt im Berg und verborgen hinter

Felsformationen. Auszubauen brauchte man diese Stütz-
punkte nicht, man mußte sie nur wissen.[37]

"Seine" Höhle bei Unterrain am Fuße der Mendel kannte Rudl Kofler schon als Bub: hier hatte er sein Depot
angelegt, hier wurde er schließlich verhaftet, am 28. August 1964, um vier Uhr früh. Als er vom Polizeikomman-
do geweckt wurde, war er noch im Schlafsack. Irgendwer
hatte ihn verpfiffen.[38]

Luis Amplatz dagegen hatte mit Hilfe seines jungen
Freundes Rudl noch einmal die Flucht geschafft. Bei
der letzten Etappe war Kofler nicht mehr dabei: seinen
Alleinmarsch über den Gletscher, nur notdürftig verarz-
tet und mit letzter Kraft, schildert Amplatz den "Spiegel"-Reportern. Tage zuvor hatte die Tour ihre
unerwartet dramatische Wende genommen. Bei ihren
Querfeldeinmärschen stoppt sie plötzlich eine Polizei-
streife. Ihre Reaktion, als scheinbar harmlose Passan-
ten, in relativ gutem Italienisch, verwirrt die Polizei. Der
kurze Augenblick reicht, um blitzartig den Abhang hi-
nunterzurollen. Luis Amplatz findet sich wieder mit ste-
chenden Schmerzen. Sein Freund muß ihn mit einer
schweren Meniskusverletzung hinaufschleppen in ihre
Höhle. Drei Tage versucht es Amplatz mit Morphium-
spritzen, die er vorsorglich in den Rucksack gepackt hatte. Dann müssen sie aufgeben, es geht nicht ohne Arzt.

Nochmals packt sich Kofler seinen Gefährten "auf'n
Buckel". Eine private Pflegemöglichkeit war organisiert,
und "a Kolleg", der in Moritzing wartet, an der Ausfall-
straße von Bozen nach Meran. "...nar sein sie g'fahren damit", rettet sich Rudl Kofler über seine Betroffenheit, als
ich ihn frage nach seiner letzten Erinnerung an Luis Amplatz. Das Datum dieses Abschieds hat er nicht vergessen:
22. August 1963. "Wenn i ihn damals verraten hätt' ",
meint er nach längerem Schweigen, "nar war er heut da-
hoam...., aber in die Zukunft schaug'n kann man net, und
nar hoaßt's, du bisch a Schwein!"

Kerblers erster Auftritt

Innsbruck, Winter 1963-1964. Das politische Klima war angeheizt, die Stimmung gedrückt durch den ersten Mailänder Prozeß. Innsbrucker Anwälte hatten eine Informations-
veranstaltung organisiert. Die Südtirolexpertin Viktoria
Stadlmayer erinnert sich an einen Diskussionsbeitrag, der
sie auf Anhieb stutzig machte: ein Jüngling, demonstrativ
bemüht um einen rheinländischen Akzent, ohne seinen Tiroler Einschlag verleugnen zu können. Zu Wort gemeldet
hatte er sich mit einer Attacke: zu wenig Medien-Pro-
paganda für Südtirol, der Draht zur bundesdeutschen Presse, zu wenig gepflegt, er selbst sei Vertreter der Frankfur-
ter Allgemeinen Zeitung, die wisse gar nichts... Die Vorwürfe
waren leicht zu kontern. Die Pressestelle im Tiroler Landhaus war mit den Chefredakteuren aller großen deutschen
Blätter in Kontakt. Als Frau Stadlmayer beobachtet, mit
wem sich der Unbekannte in ein anschließendes Gespräch
vertieft, entschließt sie sich zu einem diskreten Wink: "Pas-

sen Sie auf, Herr Klotz, das ist nie im Leben ein FAZ-
Redakteur, das ist ein Spitzel!"

Es war Christian Kerbler. Der erschien nämlich wenige Wochen später im Südtirol-Referat der Tiroler Landesregierung, stellte sich höflich vor und präsentierte ein
Filmprojekt. Auftraggeber angeblich eine US-Fernsehge-
sellschaft, in anderen Erzählungen ist die Rede von einer kanadischen Fernsehstation. Angeklopft hatte Kerbler mit seinem gleichfalls als Fotoreporter auftretenden
Freund Hans Wagner nämlich nicht nur bei Frau Stadlmayer. Wie diese hat zum Beispiel auch Wolfgang Pfaundler die beiden hinauskomplimentiert und Klotz sofort
gewarnt. Auf die Ankündigung, die Südtiroler Sprenger-
Story sollte vor Ort live gedreht werden, reagierte die Süd-
tirolreferentin im Tiroler Landhaus mit einem dezidierten:
"dann bitte ich Sie, mein Büro zu verlassen !" Der einzige konkrete Hinweis auf effektiv angekurbelte Dreharbei-
ten kommt übrigens von Frau Rosa Klotz: ihre Rolle in
dieser Szene, Munition aus einem Haufen Sagmehl aufzu-
klauben, dann in Großeinstellung: scharfes "Zuig", in weiblicher Hand. Die Metapher war klar: "zu zoagen, wia's
in Südtirol zuageaht, wenn schon die Frauen mit solche
Sachen...."

In Innsbruck hat man den Brüdern Kerbler jedenfalls
mißtraut, Klotz wurde gewarnt, sagt auch sein Innsbrucker Anwalt Willy Steidl. Tatsache ist allerdings: der
Aktionsspielraum war enger geworden und hatte sich
verlagert. Nur im Sommer war es möglich, sich über die
Berge heimlich durchzuschlagen nach Südtirol. Luis Amplatz war verletzt, eingeliefert in die Universitätsklinik
Innsbruck, mit einer ersten Meniskusoperation. Mehr
denn je waren Klotz und Amplatz angewiesen auf die
Medien, wollten sie was bewirken. Erstmals widmet das
bekannteste und kritischste deutsche Nachrichten-
Magazin "Spiegel" einem Südtirol-Aktivisten ein mehrere Seiten langes Exklusiv-Interview. Prickelnde
Untergrund-Atmosphäre gehört dazu: von "Südtiroler
Dinamiteros" in einem Tiroler Wirtshaus erwartet, werden die zwei "Spiegel"-Redakteure in "einem Wagen
(wenn es nach dem Wunsch der Gastgeber gegangen wäre: mit verbundenen Augen) zu einem auf einsamer Hügelhöhe stehenden Haus gebracht. Der Mann, der sich
eine halbe Stunde später dort einschlich, heißt Luis
Amplatz..."[39]

Nur wenige Wochen zuvor hatten zwei italienische Reporter ein ähnliches Szenario erlebt. Gianni Roghi und
sein Fotograf Gianfranco Moroldo von der engagiert süd-
tirolfreundlichen Illustrierten "L'Europeo" hatten auch
eingewilligt, daß ihnen die Augen verbunden wurden,
angeblich sogar mit Damenbinden, wie sich die "Bunte" später in einer mit Fehlern gespickten Reportage
mokiert.[40] Für sehr viel Geld vermittelt wurde den Italienern die Story von Christian Kerbler. In die Geschichte der Südtirolberichterstattung eingegangen ist die
"Europeo"-Story als Flop. Weder stimmte die Insze-
nierung der in dramatischen Fotos festgehaltenen "Ter-

Bild aus der "Europeo"-Reportage: einer der Anführer des vermeintlichen Terrorkommandos war der Österreicher Albert Schafferer (rechts)

Er wurde im Frühjahr 1965 bei seiner Einreise nach Italien verhaftet und in Bozen vor Gericht gestellt. Dort schilderte er die für die "Europeo"-Reporter eigens erfundene "Terrorschule".

roristenschule", noch stimmte der angebliche Standort in Bayern. Der italienische Reporter hatte übrigens bezüglich der vorgetäuschten "Grenze" selber Zweifel und verschweigt sie nicht in seinem Bericht. Die aus Polizeiquellen für gewöhnlich gut versorgte italienische Bozner Tageszeitung "Alto Adige" läßt die Story jedenfalls schon wenig später mit Enthüllung des wahren Standortes bei Absam platzen.[41]

Dennoch dokumentiert die "Europeo"-Reportage rückblickend handfeste Wahrheiten. Ob es nun der zur rechtsradikalen "Legion Europa" von Fred Borth gerechnete Gert Neuhuber war, wie gemunkelt wurde,[42] der den italienischen Reporter in der Rolle des Terrorchefs vom Dienst mit markigen Sprüchen schockt oder ein anderer unbekannt gebliebener Name: die für Herbst 1964 angekündigte "harte" Welle blutiger Anschläge traf ein[43] und richtete sich tatsächlich gegen die in Südtirol stationierten Polizei- und Militäreinheiten. Vermutet werden dahinter zwar bis heute die "Pusterer Buam", die schon dabei waren bei der "Feuernacht". Der Hintergrund, vor dem sie agieren, ist jedoch eindeutig komplizierter geworden.

Herauslesen läßt sich dies auch aus weiteren Aussagen des fingierten Terrorchefs, zum Beispiel sein locker hingeworfenes "mit neonazistischen Kreisen" hätten sie nichts zu tun. Angedeutet finden sich darin tatsächlich bestehende Rivalitäten. Norbert Burger und Peter Kienesberger, also die Exponenten des gemeinhin mit "braun" identifizierten ultranationalen Lagers,[44] machen kein Geheimnis aus ihren nicht nur persönlichen Divergenzen mit Fred Borth, dessen "Legion Europa" paramilitärisch aufgezogen war, ganz im Stil der international organisierten extremen Rech-

ten.[45] Ebenso unbestritten ist die Isolierung von Georg Klotz in jenem neu hereindrängenden Terroruntergrund mit internationalen Verbindungen zu "Bayern, Franzosen, Flamen..."[46]

Der Italiener Gianni Roghi mit seiner menschlichen Einfühlungsgabe und dem unvoreingenommenen Reporter-Blick liefert das differenzierteste Bild von Georg Klotz. Es ist das Bild eines Einsamen. Die "Terroristenschule" mochte fingiert sein, die jungen radikalen Typen waren es nicht, da ist sich der "Europeo"-Journalist noch im nachhinein sicher. Mit Sensibilität registriert er, wie Klotz bestenfalls mitleidig abgetan wird als naiver "Idealist", der nichts zu melden hat. In vielen kleinen Nuancen hatte der politische Dogmatiker Klotz seinem Gesprächspartner vor allem eines vermittelt, nämlich Glaubwürdigkeit. Der "Hämmerer" mit den schweren Händen des gelernten Schmieds besaß Ausstrahlung. Das kritische Auge des Journalisten entdeckt aber auch,was diese Persönlichkeit offensichtlich verändert hat. Klotz erscheint ihm als Gezeichneter, überfordert durch seine Heroisierung. Zum Mythos hochstilisiert, meint Gianni Roghi, hätten ihn nicht zuletzt die italienischen Sicherheitsdienste mit ihrer vergeblichen Verfolgungsjagd.[47]

Der "Major" ist "ein ehrlicher Patriot, der einzige in der ganzen Bande...": Erinnerungen eines OAS-Mannes an Georg Klotz. Nach ihrem tragikomischen Tiroler Intermezzo hatte er die beiden französischen Untergrundkämpfer zur Bahn begleitet. Am Perron in Kufstein hatte man sich noch gegenseitig salutiert. Das Gastspiel der Franzosen im März 1964 fiel etwa in die gleiche Zeit wie der Wirbel um die "Terroristenschule. "Scarface" alias Claude Blaine hat sich seine Erlebnisse nachträglich von der Leber geschrieben.

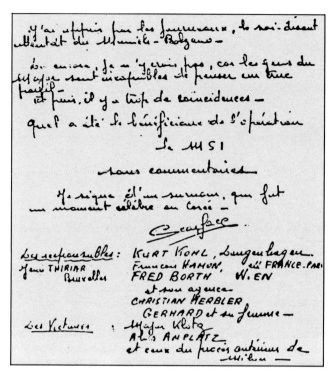

Französisches Gastspiel: Bericht des OAS-Untergrundkämpfers Claude Blaine alias "Scarface".

Der von mehreren Zeitungen in großer Aufmachung publizierte Enthüllungsbrief hielt kritischen Nachrecherchen - zum Beispiel der Tiroler Tageszeitung - erstaunlich gut stand. Die 1961 gegründete OAS war im Algerienkrieg aktiv mit Terroraktionen. Der Ex-OAS-Mann Claude war untergetaucht in Deutschland. Angeworben hatte ihn und seinen Kumpel Francois ein gewisser "Gerhard" (vermutet wurde Gert Neuhuber),[48] im Auftrag eines "Österreichers, der als Rechtsextremist bekannt" war. Blätter, die auch den Namen Fred Borth dazugeschrieben hatten, mußten Dementis abdrucken. Für eine Monatsgage von 1.500 DM sollten die beiden Partisanengruppen aufbauen für den Guerillakrieg in Südtirol. Erste Lokalaugenscheine waren bereits vorgenommen, mit der geliehenen Kamera von Christian Kerbler.[49]

Gescheitert ist die OAS-Mission schon nach wenigen Wochen, wegen totaler Desorganisation. Georg Klotz, für die beiden Franzosen "der Major", war in jeder Hinsicht überfordert. Die Aktion war offensichtlich über seinen Kopf hinweg eingefädelt worden. Klotz hielt die beiden für eine Art freiwillige Hilfstruppe, die Franzosen erwarteten ein lukratives Engagement. Schon die "Operettenausrüstung" versetzte die zwei Profis in schallendes Gelächter. Von einem Rollenangebot Kerblers im Zwanzigminutenstreifen "Die Männer von Major Klotz mit Waffen und Gepäck auf dem Marsch" wollten sie nichts wissen und schon gar nicht von einer Order ihres Auftraggebers in Wien: sprich Banküberfälle in Südtirol, um die "Kriegskasse" vorweg aufzufüllen.[50]

Zur OAS-"Mission" hat auch Peter Kienesberger persönliche Erinnerungen: "Die OAS-Franzosen wurden über den Innsbrucker Makler und Borth-Freund Hermann Munk nach Innsbruck gebracht, der dann später mit den Klientengeldern verschwand und in Zimmermanns 'XY' gesucht wurde. Daraufhin erschien in einigen österreichischen Zeitungen ein Bericht, daß die Fahndung nach Munk sehr eigenartig sei, wo man doch weiß, daß er der Bundesnachrichten-Resident in Innsbruck war. Die schwerbewaffneten beiden Franzosen wurden übrigens von Munk auch wieder aus Tirol weggeschafft, ich hatte ihm das Ultimatum von Polizisten übermittelt, daß die Polizei im Morgengrauen mit starken Einsatzkräften zugreifen werde, wenn sie bis Mitternacht nicht verschwunden sind. Munk hat die beiden dann in seinem Auto nach Kufstein gebracht und dort in den Zug gesetzt, wo sie unbehelligt ausreisen durften.[51] Borth, Neuhuber, Munk, Zimmerer und Co haben sich also keineswegs als 'Rechte' an Klotz herangemacht, sondern als gesteuerte Agenten, die dann wunschgemäß das Bild der pangermanistischen Verschwörung zeigten."

Seltsame Weggefährten

Der neue "Importterror" beunruhigt nicht nur die österreichische Presse.[52] Georg Klotz wird von der österreichischen Staatspolizei am 4. April 1964 in Innsbruck verhaftet wegen Mißbrauch des Asylrechts.[53] Luis Amplatz kam wenige Tage später, am 7. April, aus dem gleichen Grund ebenfalls in Schubhaft.[54] Beiden wurde vorgeworfen, sie hätten ausländischen Zeitungen Interviews gegeben, in denen sie sich aussprachen für eine Fortsetzung der Terroraktivitäten in Südtirol. Mit einem teilweisen Dementi seines "Spiegel"-Interviews versucht sich Amplatz herauszuwursteln, letztendlich mit Erfolg. Seine These: bei dem Interview hätten mehrere Anwesende durcheinandergeredet, zu Unrecht habe man ihm allein die Ankündigung von Bombenanschlägen in den Mund gelegt. Das Gegenteil war zumindest nicht beweisbar.[55]

Für Georg Klotz hatten die "Europeo"-Enthüllungen über die umstrittene "Terroristenschule" dagegen bereits vor der polizeilichen Maßnahme ein journalistisches Nachspiel. Er selbst versucht, die getürkte Story herunterzuspielen, auffallenderweise in der "Deutschen National-und Soldatenzeitung", also in einem ausgesprochenen Rechtsblatt. Für dieses Dementi entschuldigt er sich dann wiederum beim Autor der "Europeo"-Story mit dem spontanen Bekenntnis: "Ich kann nicht mehr...." Zum Zeitpunkt dieses Gespräches im Krankenhaus Wörgl war Klotz bereits gezeichnet durch den Amplatz-Mord. Er war verletzt und bewacht. Daß der "Europeo"-Reporter trotzdem zu diesem Interview kam, dafür sorgte Frau Rosa Klotz.[56] Der Tiroler Landeshauptmann Eduard Wallnöfer persönlich hatte erreicht, daß Klotz nicht gleich wieder nach Wien abgeschoben

Rosa Klotz und "Europeo"-Reporter Gianni Roghi besuchen den verletzten Georg Klotz im Krankenhaus in Wörgl.

wurde. Wolfgang Pfaundler hatte mit Klotz vereinbart, ihn nach beendeter Südtirol-Mission vom Ötztal per Auto wegzubringen, unter dem üblichen Losungswort: "Benedek will abgeholt werden...." Der Telefonanruf kam prompt, verletzt und erschöpft meldet sich Klotz aus Sölden. Pfaundler startet sofort, kurz vor der Ortschaft begegnet ihm bereits der Rettungswagen. Also Kehrtwende, Landeshauptmann Wallnöfer wird eiligst gesucht: beim Wiener Innenminister Olah setzt er sich schließlich durch, der Tiroler Landesvater, mit seinem unverkennbaren Akzent: "Hearrn Sie, Herr Ministarr, wenn der Klotz jetzt unterwegs nach Wien verbluatet, dann mecht i net in ihre Schuach steckn...!"[57]

Diese Widersprüche zeigen das Dilemma. In Wien hatten sich die Sympathien der ersten Stunde längst abgekühlt. Die Idee mit der "Terroristenschule" erklärte Georg Klotz seinem Anwalt Willy Steidl hinterher so: "Es konnte nicht schaden, in Italien den Eindruck zu erwecken, daß hinter dem Südtiroler Freiheitskampf eine Riesentruppe steht..." Gleichzeitig fiel es Klotz freilich ebenso schwer, den unerwartet korrekten italienischen Reporter aufs Kreuz zu legen, wie es ihm andererseits schwer fiel, sich abzugrenzen gegen dubiose Allianzen. "Auch Klotz hat darunter gelitten, daß manches passierte, was er nicht beeinflussen konnte. Aber der Sache zuliebe hat er sich oft gescheut, Leute zu brüskieren...", meint Steidl, denn: Das Gefühl des Alleingelassenseins hat schon damals eine Rolle gespielt. Das "Hirn" der militanten Bewegung für Südtirol war nicht mehr in Innsbruck. Die sogenannten Nationalen waren die Aktiveren. Norbert Burger zum Beispiel - in der Pfaundler-Ära zunächst in den BAS integriert - war schließlich selbst "der BAS".

Eingesetzt hatte der Aufsplitterungsprozeß schon seit der "Feuernacht". Die Gründergeneration des Innsbrucker BAS war vorwiegend getragen von Persönlichkeiten des österreichischen Widerstandes. Ihr Rückzug hinterließ ein Vakuum. Die Szene wurde durchlässig. Die Unterwanderung erfolgte schrittweise, die Grenzen waren fließend. Nachgerückt ist zunächst der Kreis um Norbert Burger und Peter Kienesberger: beide Exponenten des deutschnationalen Kreises, beide aber auch bereits 1961 mit dabei. Mit der alten Kerngruppe um den Widerständler Wolfgang Pfaundler wurden versteckte Kraftproben ausgetragen, zum Beispiel um den Untergrundsender "Radio Freies Tirol". Mitgewirkt am Aufbau dieses mobilen Geheimsenders hatte der gelernte Radiotechniker Peter Kienesberger.[58] Die Funkstation sendete aus versteckten Bauernstuben oder notfalls irgendwo aus dem Auto. Der Freiheitssender wurde dem Kienesberger-Team mit einem Handstreich abgejagt, Pfaundler und seine Freunde hatten sich verkleidet als "Gendarmen".[59] Nach diesem ideologischen eins zu null wurde aus Pfaundlers Wohnung gesendet: Georg Klotz sprach Aufrufe in den Äther, Kennmelodie: der Radetzkymarsch. Der "echten" Polizei ist es nie gelungen, den Sender zu beschlagnahmen, sagt Pfaundler stolz, allerdings zwingen die zunehmend strengeren Kontrollen schließlich zur Funkstille.[60]

Der schleichende Unterwanderungsprozeß war auch deshalb so verwirrend, weil im kleinen Innsbrucker Milieu scheinbar jeder jeden kannte. Claus Gatterer zum Beispiel schreibt 1966 rückblickend: "Der 'Kerschbaumer-Terrorismus' war gegen geheimdienstliche Unterwanderung nicht ganz, aber weitgehend immunisiert. Der neue Terrorismus steht allen Geheimdiensteinflüssen offen, da die rechtsradikalen Gruppen und Grüppchen, die ihn tragen (und denen Klotz als letztes tirolisches Aushängeschild dienen muß), von sowjetzonaler wie von italienischer Seite gleichermaßen unterwandert sind. Daß sie obendrein untereinander verfeindet sind, steht auf einem anderen Blatt..."[61] Peter Kienesberger betont zum Beispiel: obwohl er sich "dem deutschnationalen Lager zurechne", aber "nie der NPD angehört habe", hätte er sich gehütet vor den rechtsradikalen Kreisen um Fred Borth. Vergeblich habe er versucht, Klotz diese Zusammenarbeit auszureden. In den nationalen Kreisen Österreichs sei Borth aufgetreten als "nationaler Eisenfresser" (uniformiert, Schaftstiefel, zackig etc.). Kienesberger ("und nicht nur ich") hatte aber damals schon den Verdacht, Fred Borth sei geheimdienstlich tätig, und dies keineswegs nur für die Italiener.

Im Lichte von "Gladio" sieht Kienesberger seine Ahnungen bestätigt, vor allem durch die Enthüllungen des einstigen STAPO-Mannes Leo Frank, der mittlerweile erfolgreiche Krimi-Autor erklärte dem "Kurier": "Es gab bis 1970 in Westeuropa eine antikommunistische Organisation, die sich 'Legion Europa' nannte. Der österreichische 'Legionsführer' war Fred Borth. Bei unseren damaligen Nachforschungen haben wir oft Hinweise auf einen internationalen Nachrichtendienst bekommen, der mit dieser 'Legion' gegen den Kommunismus arbeitet und in Österreich einen Ableger hat''. Fred Borth, vom ''Kurier'' rückgefragt, wollte nicht als ''Gladiator'' gelten, der für seine Dementis berüchtigte ''Legionsführer'' wiegelt ab: ''..wir hatten keinerlei Geheimdienstverbindungen und waren militärisch nie aktiv''. Doch muß selbst Borth zugeben: ''Unsere Diktion deckte sich... mit 'Gladio' - es gab auch eine Verbindung nach Italien...''[62]

Die Szene hatte also ihre Eigendynamik. Professionelle Elemente mischten sich mit provinzieller Naivität. Selbst für Insider war es immer schwieriger durchzublicken, mochten sie nun als zu vertrauensselig gelten wie Georg Klotz oder als spröde Einzelgänger wie Luis Amplatz. Auch noch in einem zweiten Punkt stimmen alle Schilderungen überein, von der romanhaften Klotz-Saga aus der Feder Karl Springenschmieds oder den tagebuchartigen Kienesberger-Memoiren bis zu den Zeitungsrecherchen: Luis Amplatz hatte das bessere Feeling. Auf die veränderten Rahmenbedingungen reagiert er instinktiv, nicht nur politisch, auch menschlich war er längst auf Tauchstation. Seine Verhaftung in Innsbruck am 7. April 1964 gegen 13 Uhr schildert eine Zeitungsreportage: im ''Tiroler Landesproduktenhandel'' war Mittagspause, Amplatz wollte eben zum Essen aufbrechen. Die friedliche Alltagsidylle blieb ihm nicht vergönnt. Seine erste Reaktion, Zorn und Verbitterung: ein heftiger Wortwechsel ändert auch nichts. Er hat keine andere Wahl, als sein Fahrrad wieder an die Wand zu lehnen und umzusteigen in den Polizeiwagen. Böse Vorahnungen plagten ihn schon eine ganze Weile. Anvertraut hatte er sie seinen engsten Bekannten, einer von ihnen hatte ihm die Arbeit verschafft, der andere war sein Chef: aus dieser Quelle erfuhr der Reporter, daß Amplatz: ''...mit den Mitgliedern des 'BAS' - sofern eine solche Organisation tatsächlich existiert - nichts mehr zu tun haben wolle'', er betrachte ''dieses Kapitel seines Lebens als abgeschlossen''. Er hatte einen hohen Preis bezahlt: zur schmerzenden Trennung von der Familie kam die Angst, daß ''ihn eines Tages die österreichische Polizei verhaften oder die Italiener entführen könnten.''[63]

Für den leutseligen Georg Klotz war es schwerer, kritisch durchzublicken durch seinen Bekanntenkreis. Peter Kienesberger zum Beispiel erklärt den zum Teil zweifelhaften Umgang von Klotz auch mit unterschiedlichen strategischen Konzepten. Der Partisan Luis Amplatz startete seine Unternehmungen weitgehend allein, mit höchstens ein bis zwei Begleitern. Georg Klotz dagegen dachte an eine stärker ''militärisch'' aufgezogene Offensive, vorgeschwebt habe ihm tatsächlich eine Art ''Freiheitstruppe'', für die er Leute brauchte. Die kriegerische ''Terroristenschule'' lag ebenso auf dieser Linie wie das Tiroler Gastspiel der zwei OAS-Männer. Der Zweite Weltkrieg hatte beide geprägt, den blutjungen Amplatz ebenso wie Klotz. Amplatz gehörte zum Polizeiregiment Schlanders und war

Georg Klotz in Schützentracht mit Landeskommandant Karl Mitterdorfer und Schulamtsleiter Fritz Ebner.

in Oberitalien stationiert. Schon 1945 riskierte er seine erste abenteuerliche Flucht, damals noch aus einem Gefangenentransport.[64]

Auch Eitelkeit war mit im Spiel

Der Gebirgspionier und Rußlandheimkehrer Georg Klotz mit Kriegserfahrung an der Eismeerfront blieb dagegen zeitlebens ein Nostalgiker.[65] ''...der war liaber General g'wesen auf an weißen Roß oben, halt hoch oben außi...'', beschreibt Rudl Kofler bildhaft, warum ihm sein Freund Amplatz näher stand. Klotz hatte das Sturmabzeichen, das EK 1 und EK 2, militärische Führungsqualitäten waren ihm nicht abzusprechen, bescheinigt Wolfgang Pfaundler. Eine angeblich geplante ''Kriegserklärung'' an Italien im heißen Herbst 1964 [66] oder das in den Zeitungen kolportierte ''Schattenkabinett'', sprich Pläne für eine Art Machtergreifung in Südtirol, die dem vermuteten Bündnis zwischen Klotz und der Rechten um den Wiener Fred Borth zugeschrieben wurden,[67] hält Pfaundler dagegen für Legenden: ''so ein Don Quichote'' war Klotz auch wiederum nicht, um ''die Republik Passeier auszurufen...''[68] Wer Klotz kannte, bestreitet es nicht: zu seinen Schwächen gehörte außer der Vertrauensseligkeit schon auch Eitelkeit. Als ''Fotoreporter'', Public-Relations-Manager und Sympathisanten war es für die Brüder Kerbler und ihren Freund Hans Wagner nicht allzu schwer, diese Schwachstellen auszunützen. Schon in Innsbruck hatten sie sich nützlich gemacht mit diversen Pendelmissionen, als ''Kuriere'' zwischen Klotz und seinen Leuten in Passeier. Rosa Klotz bewahrte sich zwar eine Portion Skepsis, doch auch sie gewöhnte sich an ihre Besuche. Die Brüder Kerbler hatten Frau Klotz und die älteste Tochter Eva von Innsbruck mitgenommen, im Auto nach Wien, die einzige Möglichkeit für einen kurzen Besuch bei Vater Klotz. Eva, eben 13 Jahre alt geworden, erinnert sich an ein Erlebnis: aus dem Unterbewußtsein, spontan und eigentlich gar nicht so ernst gemeint, hatte sie den beiden Kerbler-Brüdern an den Kopf geworfen: "seid es vielleicht Spitzel ...?" Einschlägige Erfahrungen hatte sie ja von Kind auf. Vater und Mutter hatten die Szene zwar mitbekommen, aber noch ahnte keiner den Ernst der Situation. Die Brüder Kerbler überspielten ihre Nervosität mit schallendem Gelächter. Und Georg Klotz hatte seine Prinzipien, eines davon war, keinen zu verurteilen ohne eindeutige Fakten, begründet sein Anwalt Willy Steidl, warum Klotz den Kerbler-Brüdern bis zuletzt vertraut habe.

Demonstrativ mißtrauisch gibt sich dagegen Peter Kienesberger, zumindest in seinen nachträglichen Beschreibungen: er und sein Kreis hätten den Kerblers schon in Innsbruck nicht über den Weg getraut. Daß es Kontakte gab, kann aber auch Kienesberger nicht bestreiten.[69]

Auch hatte sich Kienesberger selbst in ein schiefes Licht gebracht, war er doch genau in jenem Zeitraum 1964-65 Informant des italienischen Geheimdienstes:[70] wie man ihm nachsagt, habe er sich stets damit gerechtfertigt, er wolle den "Feind" aushorchen.[71] Die jüngsten Einvernahmeprotokolle, so zum Beispiel des für Norditalien zuständigen SIFAR-Chefs Renzo Monico, decken sich mit dem älteren Bozner Polizei-Dossier jedenfalls in einem wichtigen Punkt: angeworben wurde Kienesberger - wie die Kerblers auf eigenen Wunsch und gegen Bezahlung. Die Monico-Aussagen bestätigen zwar, was auch Kienesberger sagt: seine Informantentätigkeit war begrenzt, die Polizei benützte ihn als Zulieferer.[72]

Aus heutiger Sicht meint Peter Kienesberger: "Ich habe nach wie vor kein schlechtes Gewissen. Ich habe den Italienern nichts gesagt, was jemandem Schwierigkeiten hätte machen können oder nicht schon lange aus anderen Quellen, Aussagen, STAPO-Berichten bekannt war. Mein Interesse an 'Geld' war gespielt, ich mußte doch ein Motiv vortäuschen, das glaubwürdig geklungen hat. Natürlich war ich auch nicht so blauäugig zu glauben, der italienische Gesprächspartner würde sich 'aushorchen' lassen. Es gibt ja Gerüchte, daß die Entführung von Monico geplant war, dazu etwas meinerseits zu sagen, verbietet sich aus strafrechtlichen Gründen noch". Die Kienesberger-Tonbänder wurden aber sehr wohl gezielt eingesetzt, zum Beispiel als Druckmittel gegen Günther Andergassen.[73] Das Bozner Polizei-Dossier mit den Kienesberger-Informationen gehörte indessen zu den Unterlagen der öffentlichen Anklage in Bologna, im Prozeß gegen die "Pusterer Buam".[74] Ans Licht gekommen sind diese Doppelrollen erst im nachhinein. Claus Gatterer zum Beispiel hatte aber bereits 1966 hingewiesen auf den Filz: "Kerbler, aus rechtsextremistischen Kreisen kommend, hatte sich und seine Freunde den Südtirolern Klotz und Amplatz als Terroristen-Hilfe zur Verfügung gestellt; Kerbler war - da in Italien unverdächtig und früher sogar in Rom ansässig - mit anderen ins Passeiertal gekommen, um dort Aktionen vorzubereiten und natürlich hatte ihn Klotz mit Adressen versorgt..."[75] Christian Kerbler hat-

te zu diesem Zeitpunkt offensichtlich längst angeklopft beim italienischen Generalkonsul in Innsbruck, um sich anzubieten als Kollaborateur: auch dieses Detail enstammt der überraschenden Enthüllungswelle aus Kreisen des Sicherheitsdienstes, ein Nebenprodukt der Ermittlungen über die NATO-Geheimorganisation "Gladio". Einiges davon ist in die Presse durchgesickert, so auch die Aussagen des einstigen Carabinieri-Unteroffiziers Cosimo Provenzano: als leitender Mitarbeiter des Abwehrdienstes in Bozen gehörte er zugebenermaßen zum engeren Kreis, unter anderem beigezogen zum Bozner Polizeigipfel, einen Tag vor dem Amplatz-Mord.

Auch dieser neueste Kronzeuge bestätigt, was bereits andere hohe Polizeifunktionäre zu Protokoll gegeben hatten über die Zusammenarbeit mit den Brüdern Kerbler.[76]

Als Erster ausgepackt hatte der einstige Leiter der Politischen Polizei in Bozen, Giovanni Peternel, er sollte diese Einvernahme vom Juli 1991 allerdings nur um wenige Monate überleben.[77] Peternel hütete sich zwar auch nachträglich, das harte Wort Mord in den Mund zu nehmen, doch er betont, Christian und Franz Kerbler waren die einzigen wirklich effizient eingeschleusten Agenten.[78] Mit anderen Worten heißt dies: um 1964 war die Zeit reif für einen entscheidenden Schlag. Die immer unübersichtlicher gewordene, weil von mehreren Seiten her gesteuerte und in alle möglichen Richtungen hin offene Terrorszene bot Angriffsflächen. Da wurde geschickt jongliert. Auch Außenstehende schlossen unfreiwillige Bekanntschaft mit ausgefallenen Rollen.

Susanne (der volle Name ist der Redaktion bekannt) war erst achtzehn. Die Sekretärin eines Innsbrucker Rechtsanwaltes hatte sich 1963 angefreundet mit einem italienischen Pressefotografen. Im Vietnamkrieg hat Gianfranco Moroldo später Fotogeschichte mitgeschrieben. Anfang der Sechziger Jahre fotografierte er dramatische Bilder für die Südtirolreportagen des "Europeo". Bei einer ihrer Fahrten nach Bozen, erinnert sich Susanne, interessierte sich ein junger Mann für ihre Verabredung mit dem italienischen Reporter. Dieser "Christian" gehörte zum Kreis ihrer neuen Freundin. Im Innsbrucker Café "Taxis", damals die In-Adresse nach Arbeitsschluß, kannte man sich per Vornamen. Nun saß er - ob Zufall oder nicht - im gleichen Zugabteil und streute locker ins Gespräch, er hätte für ihren Freund eine interessante Geschichte.

Christian Kerbler hatte richtig spekuliert: Susanne vermittelt das erste Treffen in einem Bozner Nachtlokal, und der "Europeo" beißt an. Name und Adresse notiert Kerbler auf die Nachtlokal-Rechnung, Moroldo behielt sie auf, da war die Story mit der "Terroristenschule" längst publiziert. Nach dem Amplatz-Mord fand sich eine Fotokopie dieses Zettels dann vollkommen unerwartet in den Händen der Bozner Polizei. Quästor Alitto Bonanno gab dem "Europeo"-Team also diskret zu verstehen, wir beschatten euch schon lange, um dann laut hinzuzufügen: ihr verfolgt die falsche Spur![79]

Agent Christian Kerbler: Beretta, Kaliber neun.

Beim Stichwort Kerbler, erinnert sich der "Europeo"-Journalist Giorgio Pecorini, sei bei ihm aber erst der Groschen gefallen, wer hinter dem rätselhaften Peter Hoffmann stecken könnte, den die Polizei auszugeben versuchte als Amplatz-Mörder: ein Foto von Christian Kerbler hatte die Illustrierte bereits im Archiv, geschossen wurde es in Innsbruck, kurz nachdem Kerbler dem "Europeo"-Kollegen Gianni Roghi die Story mit der "Terroristenschule" verkauft hatte. Unfreiwillig lieferte die Polizei der Zeitung also einen heißen Tip, offensichtlich bezweckt war dagegen ein Einschüchterungsversuch. Der Einbruch in die Privatsphäre, um die Nachtlokalrechnung im einzig möglichen Moment, nämlich nachts, im Hotelzimmer aus der Brieftasche zu entwenden, sollte verunsichern. Giorgio Pecorini machte sich seinen Reim drauf: war die Freundin seines Fotografen eine Agentin?

Ein einschlägiges Erlebnis hatte Susanne tatsächlich: im Bozner Hotel wird ein Anruf für sie durchgestellt, Quästor Alitto Bonanno läßt bitten. Alleine, sagt Susanne, wollte sie nicht hin. Ihr Freund begleitet sie und wird Zeuge eines Angebotes, das der blutjungen Innsbruckerin zunächst so abenteuerlich vorkommt, daß sie es fast belustigt aufnimmt. Erst nach und nach begreift sie, das Werben war ernst gemeint: für Informationen würde man sich erkenntlich zeigen, sie habe vielleicht noch kein Auto. Ihr Nein klang schließlich überzeugend: weder habe sie Ambitionen zur bezahlten Informantin noch verfüge sie über Kontakte, die von Interesse sein könnten für die Polizei.

In seiner ganzen Tragweite wird ihr das Zwielicht im Hintergrund der Sprengerszene schließlich bewußt durch ein bis heute mysteriös gebliebenes Erlebnis. Einiges hatte sie ja mitbekommen an der Seite ihres Freundes, der sie auch mitnahm zu Fototerminen und Lokalaugenscheinen. Nach dem Amplatz-Mord begleitete sie ihn zum Beispiel zu der für die Presse nachgestellten Kerbler-"Flucht" aus dem Polizeifahrzeug, zu überzeugen vermochte die Journalisten diese Rekonstruktion freilich nicht. Im Frühjahr 1965 sollte Susanne diese Vergangenheit dann nochmals einholen, in Form eines Postpakets, adressiert an den im Gefängnis einsitzenden Franz Kerbler. Die Sendung war nicht angenommen worden, ging also retour an den angegebenen Absender. Und dieser "Absender" war überraschenderweise eine Kombination aus Susannes Namen und einer falschen Straße. Sie habe nie ein solches Paket geschickt, Susanne war und ist sich da ganz sicher. Der Postbote hatte es trotz der falschen Adresse dem vermeintlich "richtigen" Absender zugestellt: er kannte die Familie seit Jahren, übrigens die einzige dieses Namens in Innsbruck. Susanne und ihre Mutter kosteten ein paar Süßigkeiten aus dem Osterpaket. Die Schokoladeneier schmeckten eigenartig, noch eigenartiger war der Geruch. Die erste Kostprobe hatten sie noch spontan ausgespuckt, dann aber packte sie die Angst. Bei näherem Hinsehen fanden sich in der Schokoladenhülle feine Ein-

stiche. Die Bundespolizei bestätigt ihren Verdacht: Zyankali![80] Die Verwicklung der Kerbler-Brüder in den Amplatz-Mord ist für den Innsbrucker Bekanntenkreis noch immer voller Rätsel: Christian Kerbler sah nicht so aus, daß man ihm Böses zugetraut hätte, meint selbst Lilo Welser, die Frau von Kurt Welser, also eine Insiderin der Aktivistenszene. Christian und sein Bruder Franz Kerbler stammten aus einem Gut-Tiroler Elternhaus in Solbad Hall, ihr Vater war Kaiserjäger, für Georg Klotz ein gewichtiger Vertrauensbonus. Die Innsbrucker Clique dagegen schätzte Christian mehr als gutaussehenden Partylöwen. Für ihre politik-desinteressierte Freundin, meint Susanne, war er ein stets aufmerksamer Kavalier. Sein zweites Bein in München verlieh ihm in Innsbruck schon fast den Flair eines Playboys. Von den Münchner Filmsternchen kannte und verehrte Christian vor allem Kai Fischer, [81] mit den Szenenfotos seiner Divas gab er gerne ein bißchen an. Im Innsbrucker Partytreiben haften geblieben ist ein Krach mit seiner einzigen weiblichen Dauerliaison Stefanie.[82] Der "Softie" Christian Kerbler, wie ihn Peter Kienesberger charakterisiert, paßt schlecht zum Bild eines potentiellen Doppelmörders, auch wenn er offensichtlich empfänglich war für Geld.[83] Der Dominierende in diesem Brüderpaar, sagt Kienesberger, war nicht Christian, sondern Franz, nach heutigem Jargon ein "Macho".

Nach Wien abgeschoben

Die Brüder Kerbler waren "die oanzigen", die "ins in Wien b'suachen kemmen sein...", hat Willy Steidl noch heute in den Ohren, was ihm Georg Klotz zu antworten pflegte, wenn man ihm wegen seines Umganges ins Gewissen redete. Die Wiener Tristezza des Pseirer Schützenmajors, bekennt Steidl, rührt ihn jetzt noch tief: in einer armseligen Kammer, Säbel und Schützenhut am Bett, wie der Speckbacher im Exil ! Begonnen hatte die Zeit der Verbannung für die zwei nach Wien abgeschobenen Südtiroler zunächst einmal im Gefängnis. Luis Amplatz wird am 4. Mai 1964 nach knapp einem Monat aus der Schubhaft entlassen: herausgeholt hatte ihn der Wiener Staranwalt Michael Stern,[84] übrigens unter Verzicht auf ein Honorar, erinnert sich Landesrat Bruno Hosp, damals noch Student in Wien. Georg Klotz dagegen wurde bis zur gesetzlichen Höchstdauer von zwei Monaten festgehalten: erst am 5. Juni 1964 öffnen sich die Gefängnistore auch für ihn.[85] Klotz muß besonders strenge Auflagen einhalten: außer der Aufenthaltsbeschränkung nur auf Wien, tägliche Meldepflicht bei der Polizei.[86]

Auch sonst war Wien für Amplatz und Klotz ein ungewohnt hartes Pflaster. Bruno Hosp ist beiden nahegestanden, der spätere langjährige Landeskommandant der Südtiroler Schützen und SVP-Politiker gehörte seit jeher zum heimatbewußt-volkstumskämpferischen Flügel. Als Voraussetzung für die Haftentlassung, sagt Hosp, drängte die STAPO vor allem auf den Nachweis einer festen Arbeit. Bei einem Wiener Nobelheurigen in der Rudolfinergasse besorgte Hosp damals also jenen Job, der in den Amplatz-Portraits immer wieder zitiert wird als Zerrbild: der Freiheitskämpfer als Schankbursch! Luis Amplatz selbst fühlte sich gewiß todunglücklich: doch er war fleißig und geschätzt, im Umgang mit den Gästen ebenso wie als fachlich versierter Arbeiter in den Weinbergen der Familie Metzger rund um Grinzing, sagt die damalige Tochter des Hauses und jetzige Chefin. Dank seiner Bekannten hatte Hosp die Stelle gefunden. Die Familie besaß übrigens auch das (inzwischen längst abgerissene) Traditionsrestaurant "Zum guten Hirten" im dritten Bezirk. Ein dazugehörendes "Espresso" gleich daneben war das Stammlokal von Georg Klotz.[87]

Im Wiener Umfeld von Georg Klotz wechselten Licht und Schatten. Freunde hatten Stellen vermittelt. Bei der niederösterreichischen Winzergenossenschaft und bei einer Kunstschlosserei hielt es ihn nur wenige Tage. Sein Magenleiden hatte sich in der Haft verschlimmert.[88]

Klotz hatte aber auch seinen Stolz: einem Hotel im ersten Bezirk hat er den Rücken gekehrt, als man bedauerte, seine Sprachkenntnisse würden nicht ausreichen, um als Portier zu arbeiten, statt als kofferschleppender Hausmeister.[89] Was den Umgang anlangt, tut sich Hosp ebenfalls schwer mit seinem impulsiven Landsmann, so sehr die STAPO mahnt: Klotz verkehre in bedenklichen Kreisen, er sei gesehen worden mit Norbert Burger und habe Kontakt mit der "SS Kameradschaft 4", also mit dem rechtsextremen Lager um Fred Borth.[90] Die STAPO stützt sich auf Aktenkundiges: zum Beispiel ein Vortragsabend der "SS Kameradschaft 4". Ein Rechtsextremer war Klotz sicher nicht, betont Hosp, dennoch ließ er sich einspannen: als Vorzeigeobjekt am Präsidiumstisch.

Georg Klotz mit Anwalt Willy Steidl bei einem Verleumdungsprozeß vor dem Hernalser Bezirksgericht in Wien.

Als "Kultfigur des Widerstands" stand Georg Klotz bei den Medien hoch im Kurs, eben deshalb war er auch Zielscheibe für Zeitungskampagnen, meint Willy Steidl. Der Innsbrucker Anwalt hat für Klotz in Wien etliche Presseprozesse erfolgreich durchgefochten, unter anderem eine Ehrenbeleidigungsklage gegen "Neues Österreich". Den "Renommierhelden" und "Phantasten" mußte die überparteilich-kritische Wiener Tageszeitung zurücknehmen.[91] Im Hernalser Bezirksgericht auf der Wartebank im Korridor ergab sich indessen ein fast freundschaftlicher Kontakt zwischen den beiden Kontrahenten Willy Steidl und dem kritischen-engagierten jungen Reporter Kuno Knöbl, damals noch am Anfang seiner späteren Medien-Karriere.

"Daß sich die 'Neunationalen' - ich sage bewußt nicht Neo-Nazi! - und die Nationalismen deutsch-österreichischer ebenso wie italienischer Prägung breit gemacht haben im Fall Südtirol, das hat mich damals als Europäer tief betroffen gemacht", sagt Knöbl heute und er zieht Parallelen mit den Machenschaften im Hintergrund des Vietnamkriegs bis zur jüngsten konservierenden Nationalismuswelle in Osteuropa, Beispiel Kroatien. Dennoch lernte er den glühenden Südtirol-Sympathisanten Willy Steidl schätzen, dank seiner Ausstrahlung als Mensch. Der Anwalt Steidl, auch einer der Verteidiger von Norbert Burger, und der Reporter Kuno Knöbl, deklariert links: sie hatten ein diametral entgegengesetztes Weltbild. Man traf sich auf der menschlichen Verständigungsebene. Diesen Blick hat sich Knöbl bewahrt, trotz seiner kritischen Perspektive reagiert er sensibel auf die menschliche Tragik der politisch ins Abseits geratenen Südtiroler Freiheitskämpfer.

In den österreichisch-italienischen Südtirolverhandlungen herrschte 1964 endlich Tauwetter. Der politische Stimmungsumschwung spiegelt sich im neuen Südtirolbild der österreichischen Presse. Eine Vorreiterrolle hatte vor allem Claus Gatterer. Die kritisch-hinterfragende Südtirolberichterstattung registriert die Umtriebe von Agenten ebenso wie das gefährliche Abdriften in die national-rechtslastige Szene.[92] Daß Georg Klotz zum Beispiel eine Weihnachtsspende in Empfang nahm von der "Deutschen National- und Soldatenzeitung", im Zusammenhang mit einer umstrittenen Klotz-Enthüllung zum Amplatz-Testament, war Öl ins Feuer.[93] Georg Klotz hatte keine Wahl, er mußte leben, verteidigt Willy Steidl seinen Freund. Auch für die zum Teil zweifelhaften Bekanntschaften hat er eine Erklärung: Klotz war ein geselliger Mensch, die Kreise, in denen er sich wirklich zuhause fühlte, waren kaum präsent. Vor allem die Schützen haben ihn spätestens in Wien links liegen gelassen, bestätigt Wolfgang Pfaundler.

Das Heimweh war für Luis Amplatz und Georg Klotz ein gemeinsamer Nenner, auch wenn sie darauf unterschiedlich reagiert haben. Klotz fiel es leichter, Anschluß zu finden: an die in Wien lebenden Südtiroler Optanten und an südtirolfreundliche Kreise etwa des Wiener Bergiselbundes oder des Tiroler Bundes.[94] Peter Kienesberger getraut sich's überspitzt zu formulieren: Klotz mochte ein bißchen "Schicki Micki" und es machte ihm Spaß, "um seine eigene Ausdrucksweise zu gebrauchen, von Gartenparty zu Gartenparty zu eilen..." Luis Amplatz dagegen "wollte nicht eingeladen werden, um zum hundertsten Mal zu erklären, warum er weg ist und wie das so zugeht in Südtirol", charakterisiert Kienesberger die unterschiedlichen Temperamente. Luis Amplatz war in Wien an seine menschliche Grenze gestoßen: depressiv und aggressiv bis zu seiner berüchtigten "Uniform-Allergie" gegen alles, was den Ordnungsstaat hervorkehrte, ob Polizist, Eisenbahner oder Straßenbahnschaffner, weil hilflos-verletzt.[95]

Das brisante Amplatz-Testament

Die leuchtenden Augen des selbstbewußt "trachtig" gekleideten Georg Klotz und die Augen von Luis Amplatz, in denen "nichts mehr geleuchtet hat": diese Schlaglicht-Erinnerungen sind dem Reporter Kuno Knöbl haften geblieben, selbst nach fast dreißig Jahren. Die zwei politisch brisanten Südtirolaktivisten, die es nach Wien verschlagen hatte, waren für ihn zunächst Exoten. Getroffen hat er sie beide, in verschiedenen Cafés. Was sie ihm anvertraut hatten, schon die Schlagzeilen vom Juni 1964 enthüllen es ungeschminkt: "Georg Klotz: 'Der Kampf ist zu Ende'", "Klotz und Amplatz geben auf", "Südtirol-Terroristen von Anbeginn verraten", "Luis Amplatz: 'Wir wollen mit Nazis nichts zu tun haben'". Der Kommentar zu den Bekenner-Interviews von Klotz und Amplatz ist eine, wenngleich kritische Solidaritätserklärung: "Ihr Kampf, der schon, als er begonnen hatte, den Stempel des Unzeitgemäßen trug..., ist vorbei. Die Männer aus dem Land an der Etsch hatten es nicht verstanden, sich in das diffizile Räderwerk der modernen politischen Maschinerie einzuschalten. Sie hatten für Ideen gekämpft, wo nur Interessen zählten..."[96]

Der scheue Luis Amplatz mochte sich verstanden gefühlt haben, wenn er Kuno Knöbl, der dies mit Bestimmtheit sagt, eine ähnliche Erklärung ausgehändigt hat wie sein später publik gewordenes "Politisches Testament": und zwar kurz vor dem Aufbruch aus Wien, doch ohne Erwähnung seiner Pläne. Deprimiert und einsilbig, erinnert sich Knöbl, machte Amplatz nur Andeutungen: Es werde "etwas passieren..." Was? Schweigen! Knöbl ist sich auch sicher: sein erster Weg mit dem brisanten Papier führte ihn zu Außenminister Bruno Kreisky, der es einsteckte, ohne Kommentar, allenfalls mit einem Brummeln, so in etwa "i waß eh...": der junge Journalist wundert sich zunächst gar nicht weiter über die Reaktion des diplomatischen Routiniers. Das Vier-Augen-Gespräch drehte sich aber auch recht offen um Problemhintergründe wie Geheimdienstumtriebe und innenpolitische Intrigen, die darauf abzielen könnten, den "roten" Außenminister abzuschießen.

In der unmittelbaren Vorgeschichte des Amplatz-Mordes bleibt das Testament ein zentraler Punkt. Als die sozialistische Wiener Arbeiterzeitung am 14. Jänner 1965 erst-

mals den vollen Wortlaut publiziert,[97] war die Wirkung schon halb verpufft. Außenminister Kreisky konnte mit Nachdruck erklären, die Attacke habe ihr Ziel verfehlt: "Man hat sich gedacht, wenn in italienischen Zeitungen steht, daß ich mit den Bumsern zusammenarbeite, würde sich kein italienischer Politiker mehr an einen Tisch mit mir setzen..."[98] Eine erste sehr deutliche Schlagzeile hatte "Neues Österreich" bereits am 12. Jänner 1965 lanciert: "Das 'Testament' von Luis Amplatz, offenbar ein Erpressungsversuch jener, die dem Südtiroler den Inhalt des Testaments diktierten". Kuno Knöbl war der Erste, der ausführlich zitierte aus dem brisanten Dokument, anhand einer Kopie im Besitz der Zeitung, vorsichtigerweise noch ohne Nennung von Namen, aber mit dem deutlichen Hinweis: sollten diese "Enthüllungen" in "falsche Hände", sprich in die italienische Presse gelangen, so "wäre Österreichs Südtirolpolitik der letzten fünf Jahre desavouiert".[99]

Tatsächlich war die Veröffentlichung des Testaments zeitlich so angesetzt, bestätigt Kuno Knöbl, daß man dem für Anfang Jänner geplanten "Einsatz" in einer großen italienischen Illustrierten zuvorkam.[100] Außenminister Kreisky sorgt indessen für die Entschärfung der "politische Bombe": am 13. Jänner 1965 erfolgt die formelle Übergabe des Testaments an den italienischen Botschafter, Wien nimmt damit einer Pressekampagne in Italien den Wind aus den Segeln.[101] Gleichzeitig nützt Kreisky den Wirbel in der österreichischen Presse für Dementis, die so oder ähnlich klangen wie im Interview mit "Neues Österreich": "Ich versichere Ihnen, daß keine Behauptung, die in diesem Testament aufgestellt wurde, stimmt. Luis Amplatz habe ich persönlich nie getroffen. Ich bedaure es, daß er, der unter so tragischen Umständen sein Leben lassen mußte, nun auch nach seinem Tode noch durch dieses Testament zum Gegenstand politischer Spekulationen geworden ist..."[102]

Die Frage drängt sich auf und wird immer wieder gestellt: hat Luis Amplatz mit dem hochbrisanten "Politischen Testament" ein Todesurteil unterschrieben? Oder war es ein fataler Zufall, daß er drei Wochen später einem abgekarteten Mord zum Opfer fiel? Einer, der die Vorgeschichte kennt, ist der Wiener Rechtsanwalt von Georg Klotz, Harald Ofner, von 1983 bis 1987 österreichischer Justizminister, bis heute Nationalrat, einer der historischen Exponenten der Freiheitlichen Partei: für ihn gibt es zwischen dem Testament und dem Amplatz-Mord keinen unmittelbaren Zusammenhang. Ofner gehörte zu jenem Freundeskreis,[103] der Klotz und Amplatz in Wien weiterzuhelfen versuchte. Diese Freunde waren "alle entsetzt", man wußte, testamentarische Enthüllungen sind grundsätzlich gefährlich. Hinter dem Testament, betont Ofner, standen zwar nicht die Brüder Kerbler, sondern ein österreichischer Kreis, allenfalls mit innenpolitischen Hintergedanken. Die potentielle Gefahr lag aber darin, daß auch ganz andere Kreise Wind bekommen konnten von dieser politischen Bombe.[104]

Denn die Amplatz-Enthüllungen über den Rückhalt der Südtirolaktivisten bei österreichischen Spitzenpolitikern, meint Ofner, waren wohl "sehr dick aufgetragen", aber "in der Grundtendenz richtig". Der mit dem Testament direkt befaßte Notar Friedrich Stefan ist überzeugt: Amplatz und seine Vertrauensleute wollten ein Druckmittel gegenüber österreichischen Regierungsstellen, "die schon 1961 begonnen hatten, sich von Amplatz und Klotz in sehr unschöner Weise zu distanzieren". "Der Jörg", sagt Ofner, hatte die bessere "Steherqualität", er rebellierte nicht gegen die Spielregel im politischen Zwielicht, daß der "Gönner", wenn's anders läuft, keinen mehr kennt. Georg Klotz behielt seinen "bäuerlichen Grundinstinkt": auch er wurde nämlich zu einem Testament gedrängt, hat dies aber abgelehnt. Dieses Angebot an Klotz war damals zum Teil in die Zeitungen durchgesickert, er selbst hat es seinem Anwalt Ofner ausdrücklich bestätigt.[105] Das Amplatz-Testament war für den dahinterstehenden Kreis also doch zumindest eine gezielte Aktion.

Für einen nachträglichen Knalleffekt sorgten schon die Namen der Behebungsberechtigten: Margarethe Burger, die Frau von Norbert Burger, und Erwin Piletschka,[106] eine schwieriger einzuordnende Gestalt. Wie das Testament in die Öffentlichkeit gespielt worden ist, durch Freunde, denen Amplatz vertraute, meint der Notar Friedrich Stefan spontan, das war "eine ganz miese Tour, ein totaler Tiefschlag". Der erste harte Hammer: die Teilveröffentlichung des Amplatz-Testaments in der "Bunten"-Illustrierten, als Reißer benützt für eine totale Demontage von Luis Amplatz. "Heiße Erde Südtirol" nannte sich die dreiteilige Serie,[107] in der Hausmitteilung wurde sie noch als Enthüllungs-Knüller vorgestellt: "Der Krieg in Südtirol, ein riesengroßer Bluff", "... weil ein paar Wichtigtuer, statt einer vernünftigen Arbeit nachzugehen, die tapferen Freiheitshelden gespielt haben". Der Autor Wolfgang Willmann hatte sich die Schauer-Story aus völlig absurden Anwürfen zusammengestoppelt. Die Schlammschlacht gipfelte in Andeutungen, der Amplatz-Mord gehöre in die Homo-Szene. Die "Bunte" zahlte hohen Schadenersatz,[108] Wolfgang Willmann wurde gefeuert.[109] Dieses Nachspiel zum Amplatz-Mord wirft auch auf die Vorgeschichte ein bezeichnendes Licht: es zeigt die Schattenseiten einer Szene, auf die Klotz und Amplatz angewiesen waren im Wiener Exil. Luis Amplatz hatte Margarethe Burger vertraut, dennoch gelingt es Wolfgang Willmann vor allem mit ihrer Hilfe, Amplatz in den Schmutz zu ziehen. Die Willmann-Attacke richtete sich übrigens auch gegen Frau Burgers eigenen Mann, seit 21. Juni 1964 in österreichischer Haft,[110] verpfiffen durch einen italienischen Agenten.[111] Für Norbert Burger war die Willmann-Story schließlich der Scheidungsgrund, nachdem seine Frau nicht bereit war, sich zu distanzieren. Ihr Rechtfertigungsversuch, sie habe nicht

Ständiger Begleiter: Christian Kerbler (rechts) mit Georg Klotz.

gewußt, was Willmann schreibt, reicht ihm nicht aus.[112] Auch Georg Klotz läßt keinen Zweifel an der Mitschuld von Frau Burger. Nach dem Amplatz-Mord mußte Klotz zunächst zurück ins Wiener Exil, er hatte also Hintergrundinformationen, als er sich zur Wehr setzt gegen die Pressehetze. In seiner gerichtlichen Anzeige schildert Klotz auch das Zusammenspiel zwischen Wolfgang Willmann und Frau Burger: "sie hat ihn in den Kreis ihres Gatten eingeführt und er hat im Gefolge mit ihr Erhebungsfahrten gemacht. Daher stammt wahrscheinlich der Großteil der Informationen für Willmann von Frau Burger..."[113]

Im Hintergrund dieser "Polit-Story" gab es eine menschliche Schicksalskomponente. Der Reporter Wolfgang Willmann hatte journalistisches Profil,[114] die "Bunte" hatte einen ihrer qualifizierten Reporter angesetzt auf eine "heiße" . Südtirolgeschichte nach dem Amplatz-Mord. Südtirolerfahrung hatte er praktisch keine, aber zwei Anlaufadressen: Kuno Knöbl,[115] und die Adresse von Norbert Burger, wo ihm die Frau die Türe öffnet.[116] Eine Frau, die man in Innsbruck bis dahin nicht anders kannte, als "engagiert an der Seite ihres Mannes".[117] Kuno Knöbl hat sie anders in Erinnerung:

als unglückliche Frau, mit strähnigen Haaren, "sie hat mir leid getan", zwei, drei Mal hatte er sie getroffen in Wiener Kaffeehäusern. Ihr neuer Freund Wolfgang Willmann - Kuno Knöbl: "ein Zyniker"- benützte sie offensichtlich als Werkzeug, sie half ihm, Geld herauszuschlagen aus dem Amplatz-Testament. Die Liaison mit Willmann hatte Frau Burger total verändert, bestätigen Zeitzeugen übereinstimmend. Auf zweifelnde Fragen, ob so ein 180-Grad-Schwenk von heute auf morgen überhaupt möglich ist, kommt von allen die gleiche Antwort: "...es war so!".[118] Willmann hat nach eigenen Angaben aber doch immerhin "acht Stunden gebraucht", um Frau Burger das Testament herauszulocken, sie hatte Skrupel.[119]

Österreichs Zeitungen schrieben es offen und die österreichischen Sicherheitsbehörden verheimlichten es nicht: "...in den Agentenkreisen" rund um die noch verbliebenen Südtiroler Aktivisten habe es "nicht nur eine, sondern mehrere Fehden gegeben", und die hatten zur Zeit des Amplatz-Mordes "ihren Höhepunkt erreicht". Einzelne Agenten, wurde von behördlicher Seite in Wien zugegeben, seien auch bereit, die angebliche 'Wahrheit über den Amplatz-Mord' zu verkaufen, zu gesalzenen Preisen.[120] Diesen Trend signalisierte bereits Wolfgang Willmann mit seinen zweifelhaften "Enthüllungen" in der "Bunten", meint das "Volksblatt", die Tageszeitung der ÖVP: denn "nur italienische Kreise konnten Interesse haben" nach dem Mord auch den "Heldenmythos um Amplatz zu zerstören".[121]

Wolfgang Willmanns weitere Aktivitäten bleiben zwielichtig: er kontaktiert den untergetauchten Christian Kerbler in London, reicht die Londoner Kerbler-Adresse weiter an die STAPO (die damit, weil zu spät und mangels eines Auslieferungsabkommens, nicht viel anfangen kann),[122] bleibt nach seinem Rausschmiß von der "Bunten" zunächst sitzen auf den Kerbler-Enthüllungen, bis er die Kerbler-Version einer angeblichen Terroristen-Moritat dann doch an den Mann bringt, zum Beispiel im "Neuen Österreich". Kerbler hatte seine Behauptung: Klotz hätte angeblich auf den "Rivalen" Amplatz gefeuert, bildreich ausgeschmückt, mit eigenhändigen Skizzen und angeblichen Dialogen.[123] Die Käufer handeln sich Presseklagen ein, die sie haushoch verlieren.[124]

In der Agentenwelt haben verkrachte Journalisten eine zentrale Rolle gespielt, angefangen von Christian Kerbler. Georg Klotz nagelt in seiner Anzeige konkrete Verdachtsmomente fest: "...Willmann und hinter ihm Frau Burger verkünden, daß sie den Mord an Amplatz aufklären wollen", zum Schaden des laufenden Gerichtsverfahrens, unter Irreführung der Presse: Willmann war nicht am Tatort, er könne also nur "damit hausieren gehen, was ihm sein neuester Freund Christian an Storys überläßt". Die "Stimmungmache" diene einem "Ablenkungsmanöver", das verdächtig professionell aufgezogen sei. Die als Kerbler-Tagebuch von der Mordnacht in die Presse gespielten "Dialoge" des angeblichen Streits zwischen ihm und Amplatz, in Dialekt

formuliert und von Frau Burger zusätzlich aufgemöbelt als "typisch Klotz !",[125] waren so raffiniert ausgefeilt, daß "man sich bei diesen Romanen sogar bemüht hat, meine Sprechweise erkennbar zu fälschen". Kaum hatte der Klotz-Anwalt eine Einvernahme beantragt, hat Willmann "heute sein Quartier im Hotel Europa verlassen und ist untergetaucht". Auffallend war auch der "befremdend" hohe Lebensaufwand des beschäftigungslosen Willmann. Georg Klotz hütet sich vor dessen Anbiederungsversuchen: "Ich sehe keine Veranlassung, dem Abwehrdienst der Italiener durch ihn dienlich zu sein...".[126]

Eine weitere Schlüsselfigur

Für Georg Klotz war die Erfahrung mit Christian Kerbler eine bittere Lehre. Luis Amplatz hatte sich bewußter abgeschirmt. Dennoch bleibt die Frage: hat auch er sich bereits in Österreich dubiosen Kreisen ausgeliefert? Für Außenminister Kreisky gab es zumindest eine Interessenkonvergenz zwischen rechtsextremen Organisationen, die besonders anfällig waren für die Unterwanderung durch Agenten, und Kreisen, die Interesse hatten, daß die Südtirolkrise weiterschwelt. Die potentiell gefährlichen Leute bewegten sich in beiden Milieus, auch in Wien. Kreisky wird da sogar ziemlich deutlich: "Leider fehlen uns oft die Mittel, gegen diese Personen einzuschreiten. Sie profitieren von dem Ansehen, das manche von ihnen als Beamte oder Akademiker genießen, aber wir kennen sie ganz genau."[127]

Dieses Identikit paßt auf jenen Kreis, dem die zweite Schlüsselfigur im Fall Amplatz-Testament zuzuordnen ist. Erwin Piletschka war der zweite Behebungsberechtigte des Testaments, im Vergleich zur Frau des militanten Rechtsaußen Norbert Burger, ein unbeschriebenes Blatt. Piletschka zählte zu den Randfiguren, eine Mischung aus biederem Mittelstand und blauäugigem Sympathisanten: er war Bundesbediensteter im Wiener Patentamt und FPÖ-Bezirksrat in Wien Alsergrund,[128] er war aber auch Mitarbeiter der rechtsradikalen "Deutschen Wochenzeitung" von Erich Kern, und gehörte zum Freundeskreis des Wiener Zahnarztes Roland Timmel,[129] dem Begründer der "Neuen Gemeinschaft". Timmel wurden in der Presse Verbindungen nachgesagt zu Fred Borth, dem Chef der rechtsextremen "Legion Europa".[130] Ein weiterer Piletschka-Bekannter war Rainer Mauritz, Wiener Mitarbeiter der deutschen "National- und Soldatenzeitung", einer jener Burger-Studenten, die in Italien eingesessen hatten wegen ihrer dilettantischen Anschläge in Rom.[131] Rainer Mauritz soll es übrigens gewesen sein, der Georg Klotz vergeblich gedrängt hat zu einem Testament.[132]

Eines ist sicher: Erwin Piletschka hatte mit der Zweckentfremdung des Amplatz-Testaments durch Frau Burger nichts zu tun. Die Frau seines langjährigen Bekannten Norbert Burger wurde für ihn deshalb sogar zur Feindfigur. Piletschka hielt sein Ehrenwort: er hatte Luis Am-

Luis Amplatz mit Freund Erwin Piletschka (links)

platz versprochen, das Testament weiterzuleiten an die Witwe. Ein begleitender Briefwechsel mit dem Anwalt Willy Steidl kennzeichnet das Ehepaar Piletschka als teilnehmende Freunde, bei ihnen redete sich Amplatz sein Heimweh von der Seele. Am Wiener Zentralfriedhof hatte man in diesem Sommer 1964 gemeinsam die endlosen Gräberreihen abgesucht, bis man es entdeckte: das Grab des Vaters von Luis Amplatz, ein Opfer des Hitler-Regimes.[133] Als einer der beiden Zeugen vor dem Notar begleitet Erwin Piletschka seinen Freund am 14. August 1964 zur Beglaubigung des Testaments: an diesem Tag habe ihm Amplatz auch das Versprechen abgenommen, das Testament "für keine innerösterreichischen politischen Zwecke zu mißbrauchen".[134]

Dieses wichtige Detail in einer nachträglichen Erklärung Piletschkas belegt glaubwürdig: Luis Amplatz war offensichtlich einverstanden mit einem Querschuß gegen einen Verhandlungskompromiß in der Südtirolfrage, er hatte aber auch begründete Befürchtungen, seine Enthüllungen könnten zweckentfremdet werden für innenpolitische Intrigen. Das heißt: es gab auf jeden Fall Eingeweihte mit politischen Interessen. In dieser unkontrollierten, weil unterwanderten Szene lauerte die eigentliche Gefahr. Zwar beteuert Piletschka bei seiner Einvernahme durch die STAPO, er sei den Brüdern Kerbler nie begegnet.[135] Schutzbehauptungen wären verständlich, denn als Staatsbeamter riskierte Piletschka

Ich,Erwin Piletschka,wohnhaft Wien IX.,Berggasse 2o/15,übergebe dem Herrn Dr.Wilhelm Steidl,wohnhaft in Innsbruck,Maria-Theresienstraße 29, Rechtsanwalt und Rechtsvertreter der Frau Anna Amplatz,wohnhaft in Kaiserau Nr. 5 bei Bozen,einen verschlossenen Briefumschlag(Briefrolle),der eine beglaubigte Fotokopie des Testamentes des ermordeten Südtiroler Freiheitskämpfers Luis Amplatz und das entsprechende Negativmaterial der Urschrift dieses Testamentes enthalten soll.Hierzu erkläre ich, daß ich den Inhalt dieses Testamentes nicht kenne und daß mir Luis Amplatz am 14.August 1964 durch Ehrenwort das Versprechen abnahm,dieses Testament niemandem,nur seiner Ehefrau,Anna Amplatz,zu überantworten, und für keine innerösterreichischen politischen Zwecke zu mißbrauchen, wenn er einmal in seiner persönlichen Freiheit behindert - oder nicht mehr am Leben sei.Von dem Vorhandensein dieses Testamentes hatte auch Frau Grete Burger,wohnhaft in Wien III,Hintere Zollamtstraße 15 Kenntnis,da ihr diesbezüglich Luis Amplatz vertraute.Sie erhielt deshalb die Berechtigung zur allfälligen Behebung dieses Testamentes,da mir die persönliche und gute Bekanntschaft mit Frau Anna Amplatz sowohl von ihrem Ehegatten,als auch von ihr selbst mehrfach bestätigt wurde.Weiters wurde mir die Behebungsbefugnis für dieses Testament von Luis ausdrücklich für seine Ehefra Anna,für Frau Grete Burger und für mich aufgetragen.

Obzwar die handschriftliche Ausfertigung und zwei beglaubigte Fotokopien dieses Testamentes behoben und scheinbar zweckentfremdet verwendet wurden,gelang es mir,die beiden obgenannten Dokumente vor fremdem Zugriff zu bewahren und mit heutigem Tage dem österreichischen Rechtsvertreter der Frau Anna Amplatz zu übergeben.

Damit glaube ich nach bestem Wissen und gewissen gegenüber dem Toten gehandelt zu haben,ebanso gegenüber dessen Witwe und den Kindern des Luis Amplatz.

zur Kenntnis genommen :

Dr.Wilhelm Steidl   Piletschka Erwin

Piletschka-Erklärung

Konsequenzen. Schon damals gab es jedenfalls seriös recherchierte Zeitungsberichte, die bestätigen: die Kerbler-Brüder hatten Fuß gefaßt im Wiener Milieu und wußten Bescheid über das Amplatz-Testament.[136] Ein wichtiger Zeitzeuge ist der Wiener Notar Friedrich Stefan, ein scharfer Beobachter: obwohl damals noch sehr jung, um die Mitte zwanzig, fand er es bedenklich naiv, wie offen in den Kreisen Erwin Piletschkas geredet wurde über das geplante Testament.

"...grüß mir die Heimat"

Der Aktivist Luis Amplatz und der Student Bruno Hosp hatten sich am Pfingstsonntag 1964 auf der Wiener Gartenschau in einem kleinen Bierlokal zu Füßen des neuen Donauturms einen Zettel ausgetauscht. Auf dem Donaugelände angesagt war ein Auftritt der Grieser Musikkapelle. "Der Luis würde sich freuen...", vermittelte Hosp ein Wiedersehen mit der heimatlichen Grieser Kapelle. Nur ein paar haben sich gedrückt. In der Nähe des Konzertplatzes, ein Musterfriedhof: unter den Grabinschriften, eine, Hosp hatte sie zuerst entdeckt, damit identifizieren konnten sie sich beide. Also abgemacht, wer zuerst umkommt.... Aus Wien abgereist, nachhause in die Ferien - erinnert sich der damalige Hochschüler Bruno Hosp - ist er im Juli 1964. In den Radio-Frühnachrichten am 8. September 1964 hört er die Schockmeldung vom Amplatz-Mord. Ein paar Tage später kommt ihm der Zettel wieder in die Hände. Das Grab von Luis Amplatz am städtischen Friedhof in Bozen-Oberau trägt diese Inschrift: "Freund, der Du die Sonne noch schaust, grüß mir die Heimat, die ich mehr als mein Leben geliebt".

Amplatz-Grab am Bozner Friedhof: "Freund, der Du die Sonne noch schaust..."

Heimweh war sicher ein Hauptmotiv für die Flucht aus Wien. Daß Luis Amplatz und Georg Klotz in jenem "heißen Herbst" 1964 vor dem Hintergrund der politischen Verhandlungen über Südtirol sich auch beteiligen wollten mit Aktionen, dafür gibt es stichhaltige Vermutungen, aber bisher keine eindeutigen Beweise.[137] Wann und wie die beiden aus Wien verschwunden sind, schon allein da gibt es Widersprüche. Die Witwe von Luis Amplatz sagt, sie habe ihren Mann das letzte Mal Mitte August 1964 wiedergetroffen, in Innsbruck. Der Meraner BAS-Aktivist Sepp Innerhofer ist sich jedoch sicher: Amplatz suchte in diesem Sommer 1964 bei ihm Unterschlupf auf Goyen, sein Hof in Schenna liegt versteckt, draußen war's schon dunkel. Innerhofer hat präzise Anhaltspunkte: er wurde am 18. Juli 1964 aus mehrjähriger Haft entlassen, im Jahr kann er sich also nicht geirrt haben. Innerhofer sieht Amplatz noch vor sich: mit Rucksack und großkrempigem Hut hinterm Küchentisch. Auch seine eigene Reaktion blieb ihm im Gedächtnis: kaum haftentlassen, mußte er annehmen, er stünde noch unter Beobachtung, ein extremes Risiko für beide! Nachhause habe es ihn gezogen, meinte Amplatz. Er kam aus Richtung Bozen. Den Rückmarsch bis zur Grenze ohne Rast, fürchtete er, würde er nicht schaffen. Gegangen ist er trotzdem, auf Nimmerwiedersehen.

Im chronologischen Puzzle, ein zweites Schlüsseldetail: eine Postkarte an das "Fräulein Eva Klotz", in auffallend ungelenker Kinderschrift, mit Grüßen an die Mutti, unterschrieben von einer "Maria", die Eva nicht kennt. Die Botschaft war eindeutig: "Nächsten Samstag oder Sonntag, 22.-23. fahre ich mit Vati in die Ferien".[138] Die Kerbler-Brüder, erinnert sich Frau Klotz, gingen in diesen Spätsommertagen in ihrem Haus aus und ein und warteten offensichtlich auf Post. Überraschend an dieser Karte ist der Datumsstempel: aufgegeben wurde sie am 18. August 1964 in Innsbruck. "Amtlich" abgängig aus Wien waren Klotz und Amplatz aber erst seit Donnerstag, 27. August.[139]

Karte mit verschlüsselter Botschaft

Als sich Luis Amplatz und Georg Klotz heimlich von Innsbruck ins Ötztal absetzen, um sich von Obergurgl aus über den Rotmoosferner durchzuschlagen ins Passeiertal, da war das Szenario aufs äußerste gespannt. Die neue harte Terrorwelle im Pustertal war voll im Rollen.[141] Ein erster tragischer Höhepunkt: die Ermordung des 24-jährigen Ca-

Anna Amplatz, Kinder: Kleinbauern-Dasein in Kaiserau.

rabiniere Vittorio Tiralongo am 3. September 1964 in Mühlwald.[142] Die Kommentatoren waren sich einig, ob in Wien, Bozen oder Rom: die Serie schwerer Anschläge richtete sich gegen die Südtirolkonferenz am 7. und 8. September 1964 in Genf. Die Außenminister Bruno Kreisky und Giuseppe Saragat hatten berechtigte Hoffnungen auf einen Durchbruch. Für die Südtiroler Volkspartei ergreift im römischen Parlament Hans Dietl das Wort, ein Hardliner: selbst er läßt keinen Zweifel an den "nachteiligen Folgen" dieser auf ein Scheitern der Verhandlungen ausgerichteten neuen Terroreskalation.[143] Bei der Rückreise aus Genf, erinnert sich der SVP-"Außenpolitiker" Friedl Volgger, erfuhr es die Südtiroler Delegation aus den Nachrichten: Luis Amplatz, Opfer eines mysteriösen Mordes.

In den seither vergangenen fast drei Jahrzehnten rankte sich um diesen unaufgeklärten Mord eine Fülle von Spekulationen. Die Fakten und Quellen sind immer noch spärlich. Das gilt nicht nur für die undurchsichtigen Hintergründe, sondern selbst für die Chronologie. Die unmittelbar nach dem Mord vor Ort recherchierten Zeitungsberichte bieten die wichtigste Ausgangsbasis. Der "Dolomiten"-Redakteur Franz Berger hat für seine Berichte Aussagen gesammelt unter den Einheimischen. Das Reporterteam der Illustrierten "Europeo" bemühte sich um eine detaillierte Recherche.[144] Auch Kuno Knöbl für "Neues Österreich" setzte sich bei Bekanntwerden des Mordes sofort ins Auto und fragte sich durch bis zum Tatort.[145] Peter Kienesberger beruft sich bei seinen Schilderungen auf Erzählungen von Georg Klotz.[146] Die romanhafte Klotz-Biographie von Karl Springenschmid entstand dagegen erst Jahre später und

Protokoll des Kerbler-Prozesses in Perugia 1971: aus welcher Pistole kam der tödliche Schuß?

läßt sich als Quelle kaum heranziehen, auch wenn der Autor einige Zeitzeugen befragt hat.[147] Das Protokoll des Kerbler-Prozesses in Perugia von 1971 enthält die amtliche Version.[148] In Richtung Südtirol aufgebrochen sind Luis Amplatz und Georg Klotz von Innsbruck am 28. August 1964 ins Ötztal, am 29. August überquerten sie den Rotmoosferner, also die Grenze: ab nun überstürzten sich die Ereignisse. Die Schilderungen und Datierungen beruhen auf Angaben von Georg Klotz gegenüber seinem Sohn Wolfram, er stützt sich auch auf zwei Passeirer Schützen, die Klotz unmittelbar nach dem Mord im Krankenhaus besucht hatten:[149] angekommen auf der Südtiroler Seite in Nähe der Zwickauer Hütte, suchten sie Unterschlupf für die Nacht. Neuschnee war gefallen. Im Morgengrauen, 30. August, der erste Zusammenstoß: die damalige Schilderung in einem Bericht der "Dolomiten" klingt dramatisch: vier Finanzer suchten Zuflucht vor dem schlechten Wetter, als sie die Türe der Almhütte öffneten, "starrten ihnen aber zwei Revolverläufe entgegen".[150] Ein Wiener Blatt ist verblüfft über diese "Kriminalgroteske": wie konnten die zwei meistgesuchten Südtirolaktivisten vier Polizisten entkommen?[151]

Es war tatsächlich so, bestätigt Wolfram Klotz: sein Vater und Luis Amplatz hatten die vier Finanzer kommen gesehen, sie waren in Zivil, offiziell also unbewaffnet. Luis Amplatz war etwas nervös. Was tun, mußte man sich freischießen? Die beiden hatten sich schnell wieder gefaßt, sie wußten: auf der Zwickauer Hütte standen etwa dreißig Mann. Wäre es zu einer Schießerei gekommen, hatten sie keine Chance. Die vier Finanzer waren von den zwei Revolvern so überrascht, daß sie nicht reagierten. Klotz und Amplatz konnten flüchten, zu Hilfe kam ihnen dichter Nebel. Sie marschierten taleinwärts, Richtung Lazinser Alm. Sonntagvormittag, 30. August: kurz vor Lazins reißt der Nebel plötzlich auf, nun ist der Schrecken auf ihrer Seite: vor ihnen, in nur 50 bis 60 Meter Abstand, eine vorgeschobene Finanzerpatrouille, die sofort das Feuer eröffnet. Ihre Position ist denkbar schlecht, weit und breit keine Möglichkeit zur Deckung. Das einzige, was sie tun können, zu Boden gehen. Amplatz hatte das zielgenauere Gewehr, also besser geeignet für einen Schreckschuß, statt eines Dauerfeuers mit unnützen Verletzten. Doch das Gewehr von Amplatz fällt aus wegen Ladehemmung. Also schießt Klotz mit seiner Maschinenpistole und trifft den Patrouillenführer Arrigo Tiboni an der Schulter.[152]

Hilferufe des Verletzten, Durcheinander, die Soldaten eilen ihrem Kameraden zu Hilfe und bringen ihn in Sicherheit: die einzige winzige Chance, um aus dem ausgesetzten Gelände wegzukommen. Luis Amplatz erkennt die ausweglose Situation: "Jörg, heut sterb'mer... !" Diese Worte hat Georg Klotz auch später nie vergessen. Sie erspähen doch noch einen Ausweg, eine Rinne, und riskieren es: ohne Rucksäcke, einer gibt dem anderen Feuerschutz. Kein Schuß fällt. Erst als sie oben sind, in Sicherheit, nunmehr auf der gegenüberliegenden orographisch rechten Talseite, hallen im Talboden

Anti-Terror-Razzia: Großeinsatz zur Jagd auf Attentäter.

Schüsse mit schwerstem Kaliber, bis in die Nacht hinein. "Ein Feuerzauber, wie in Rußland", fielen Klotz Kriegserinnerungen ein. Weitermarsch, in Richtung Riederberg, durch die Hochregion. In der Presse hatte die Schießerei ein weites Echo, vor allem österreichische Zeitungen melden: eine Großrazzia läuft, hunderte Carabinieri durchkämmen das Gebiet.[153]

Dann wird es in den Schlagzeilen vorerst still. Was sich in den nächsten Tagen abspielt, ist nur fragmentarisch belegt durch Zeitzeugen und einzelne Zeitungsrecherchen. Der "Europeo" kommt zu ähnlichen Ergebnissen wie Kuno Knöbl in einem Bericht mit einer eigenhändigen Lageskizze von Christian Kerbler, möglicherweise eine Zugabe zu den zweifelhaften Kerbler-Enthüllungen, die ihm "Neues Österreich" abgekauft hatte.[154] Die Zeitpläne waren jedenfalls durcheinandergeraten nach der unerwarteten Schießerei. Klotz und Amplatz waren ja verabredet mit den Brüdern Kerbler.

Ein weiterer, ebenfalls fragwürdiger "Verbündeter" war Toni Platter, ein Pseirer, der lange dazugehört hatte zum engen Kreis von Georg Klotz.[155] Die Valtmar-Alm war der Treffpunkt. Auch die "Verbündeten" hatten allerdings Probleme mit den vielen Polizeisperren. Tatsache ist die Verhaftung von Toni Platter, während die Brüder Kerbler sich entweder gleich herausreden konnten oder spätestens nach ihrer vorübergehenden Festnahme freikamen. Daß ihnen ein Agentenausweis dabei geholfen hat, wird zumindest unterstellt. Toni Platter vermochte übrigens ebenfalls zu flüchten, mit einer Finte: er soll der Polizei angeboten haben, sie zu einem Versteck zu führen. Den Weg wählte er angeblich so steil, daß er befreit wurde von den Handschellen.[156] Augenzeugen aus Passeier berichten dagegen, Platter sei alleine unterwegs gewesen von Pfelders in Richtung Valtmar-Alm, als er gestoppt wurde von der Polizei.[157]

Es häuften sich die "Zufälle". Der in Christian Kerblers Leica versteckte getarnte Funkapparat taucht zwar erst auf

Tatort Almhütte auf der Brunner Mahder

in späteren Erzählungen. Rosa Klotz erfuhr davon durch das Ehepaar Anna und Rudl Marth. Die Brüder Kerbler hatten in jenen Tagen bei der Familie Marth Quartier genommen, Toni Platter ging dort ein und aus. Frau Marth riskierte einen Blick in Kerblers Rucksack und entdeckte zufällig das "Innenleben" der Leica. Die Kamera war ein unverdächtiges Requisit. Die Story mit der "Terroristenschule", schreibt Kuno Knöbl, soll Kerbler weitere potentielle Auftraggeber gebracht haben, nach dem Flop wollte man jedoch eine "echte" Story, also in Südtirol fotografiert: die geplante Reportage sei nicht zuletzt das Motiv gewesen, "daß Klotz und Amplatz so überstürzt Wien verlassen hatten. Christian und Franz Kerbler sollten als Photographen fungieren... Christian machte allerdings nur ein Photo: Er knipste den Südtiroler Toni Platter in voller Kampfausrüstung. Dieses Bild befindet sich in Händen der Italiener".[158]

Dieser farbige Akzent ist zwar nicht unbedingt gleichzusetzen mit harten Fakten, spiegelt aber das verzerrte Szenario dieser Tour. Die Stimmung war offenbar immer wieder nahe am Kippen. Luis Amplatz hatte sich gegen seine Gewohnheiten einer völlig neuen Begleitung anvertraut, wobei er die Kerbler-Brüder von Wien her einzuschätzen wußte, als Risiko. Selbst ein so euphorisch-heroisierender Biograph wie Karl Springenschmid macht deutlich: vor allem Luis Amplatz wurde mißtrauisch. Der schwerste Zwischenfall ereignet sich am 4. September bei einem Lebensmitteleinkauf. Die Wahl fällt auf Franz Kerbler. Klotz und Amplatz durften sich nicht ins bewohnte

Gebiet wagen. Klotz begleitet Kerbler bis zum Ortsrand und wartet in der Dunkelheit, schwer bepackt tritt man den Rückweg an. Franz Kerbler weigert sich voranzugehen. In der Nähe des Unterwiednerhofes in einem Hohlweg ist plötzlich der Himmel taghell: Leuchtraketen, Schüsse, Klotz geht instinktiv in Deckung und wird nur am Schuh gestreift. Franz Kerbler setzt sich ab.[159]

Auch Christian verläßt tags darauf, Samstag, 5. September, das gemeinsame Versteck, seine Angst um den vermißten Bruder wirkt überzeugend.[160] Die Tochter des Gasthofes "Saltaus", heißt es in einer Zeitungsreportage, habe beobachtet, Kerbler habe sich sehr lange mit "einem Mann in einem schwarzen Auto unterhalten".[161] Die Waffe vom Typ "Beretta 9 Millimeter", die beim Mord verwendet wurde, könnte ihm dabei übergeben worden sein. Die Gerichtsakten von Perugia beleuchten indessen den Hauptschauplatz, auch mit einer Aussage von Georg Klotz: Die vorletzte Nacht in der Heuhütte auf der Brunner Mahder oberhalb von Saltaus verbringen Luis Amplatz und Georg Klotz allein. Als Christian Kerbler zurückkommt, ohne seinen Bruder, ist es bereits Sonntagnachmittag, 6. September 1964. Der alte Hirte auf der nahegelegenen Brunner-Alm lädt die drei noch ein zu einem Mus. Gegen neun Uhr abends verabschieden sich die drei und beziehen ihr Nachtquartier in der bis oben mit Heu gefüllten Holzhütte, die nicht größer ist als knapp fünf mal sechs Meter. Christian Kerbler bietet Klotz seinen Schlafsack an, Klotz hält dies für eine besonders nette Geste.[162]

Was sich in den folgenden Stunden abspielt, liegt bis

Tatort Brunner-Mahder, Spurensicherung: "Ich sitz da am Heu und höre nichts..."

heute im Dunkel. Eine authentische Augenzeugenaussage ist überliefert durch eine Tonbandaufzeichnung von Georg Klotz. Hier die wesentlichen Ausschnitte, auch sprachlich so, wie Georg Klotz erzählte: *".wir haben diese Nacht, die wir auf Kerbler gewartet haben, nicht geschlafen... und vorhergehende Nacht war auch ein Zusammenstoß zwischen mir und den Italienern, überraschend. Da haben wir auch nicht geschlafen, also jetzt haben wir zwei längere Nächte nicht mehr geschlafen gehabt. Wir sind also dann in diesen Heuschupfen hinein und haben uns niedergelegt, der Christian in der Mitte, der Luis im Hintergrund und ich im Vordergrund in der Nähe des Ausganges; und ich wache dann ungefähr um zwei Uhr auf einmal auf, durch Schüsse und ich denk mir dann, Herrschaft, wo kommen denn diese Walschen her? Wohl bin ich der Annahme gewesen, die Walschen schießen von außen herein, net. Das gibt's doch nicht. Ich fahr auf, sitzt der Kerbler so ungefähr weg wie du da... und leuchtet mir mit der Taschenlampe ins Gesicht.*

Und ich denk mir noch, beim Elend !, und ich hab natürlich auch mehrere Schuß, das heißt, zwei Streifschüsse, ein Streifschuß da an der Oberlippe, ein Streifschuß an der Brust und einen Einschuß da und durch die Brust durch...

da ist die Kugel gesteckt. Und ich denk mir, Herrgott, der leuchtet da und da draußen schießens rein und der Trottel leuchtet ! Ich sag ihm, Mensch, mach doch das Licht aus ! Er löscht 's Licht aus und ich hab's im Heu rascheln gehört, von mir weg. Jetzt, mein erster Griff, die rechte Hand war flügellahm... und mein erster Griff war mit der linken Hand nach der Null Acht. Wir haben ja die Tasche offen gehabt, natürlich jederzeit aktionsbereit, zieg's heraus und sitz da am Heu und hör von draußen nichts - der muß ein Gefühl gehabt haben, der Kerbler, er leuchtet mir, ich hab ja von ihm nichts gesehen... weil wenn man in die Taschenlampe hineinschauen muß, sieht man nicht, was dahintersteckt. Ja und wirklich, ich hab seine Hände nicht gesehen und auch keine Pistole in seiner Hand... Aber er hat auf den Amplatz Luis... drei Schuß geschossen und mir drei, hat anscheinend - die Beretta faßt nur sechs Schuß im Magazin und eine im Lauf - aber wahrscheinlich hat er nur das Magazin voll gehabt... das muß für ihn jetzt ein Gefühl gewesen sein, er ist ausgeschossen, und ich habe die vollgeladene Null Acht!

Und er war wahrscheinlich der Meinung, ich durchschaue ihn, aber ich habe ihn bei Gott nicht durchschaut, weil sonst hätte es bei mir natürlich geknackt - klar. Ich hab dann

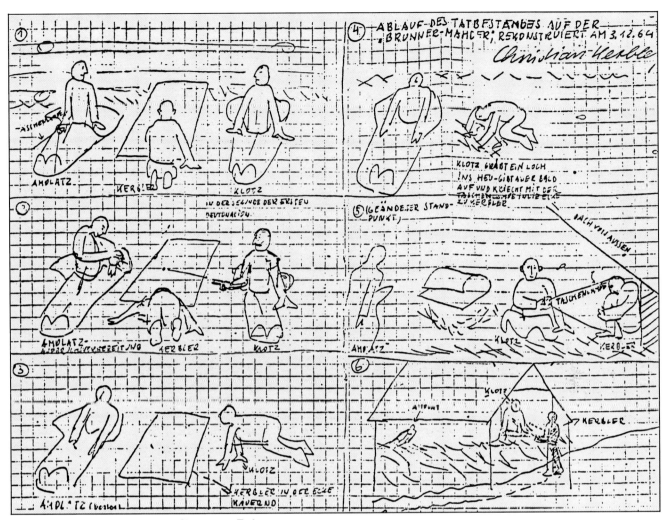

Von Christian Kerbler angefertigte Skizze zum Tathergang.

noch den Luis angerufen, aber der Luis hat natürlich sich nicht bemerkbar gemacht, ich hab ihn angerufen, Luis auf, nichts, und dann hab ich mir denkt, armer Teufel, der ist tot!

Dann bin ich hinausgesprungen, geschaut, sehe nichts, da ist es dunkel gewesen, aber so Silhouetten sieht man auch im Dunkeln... und ich habe mich außen, habe mich niedergekniet, damit ich tief bin, und schau und seh nichts, Null Acht in der Hand, Sturmgewehr nicht mehr mitgenommen, weil der rechte Arm nimmer funktioniert hat - barfuß, ich war immer der Meinung, die Italiener sind da, die sind da irgendwo oben... sind da oben vorgegangen, haben einfach blindwütig da obergeschossen... das haben sie öfter getan... eine Streife blind da hineingeschossen, in einen Schupfen oder so und sind wieder zurückgetreten, net, da werden sie schon sein. Und ich hab noch einmal zurückgerufen, also mir nach in der Schlucht. Ich hab das Gelände gekannt und hab es ausgesucht, der Heuschupfen war am Rande einer Schlucht... und der Luis, auch er hat gesagt, er, da kann eine ganze Division kommen, da kommen sie uns gar nicht heran.

Gut, und ich schrei zurück, mir nach, in der Schlucht obi

und wach aber an der gegenüberliegenden Seite in der Schlucht eine ganze Stunde, hör nichts, seh nichts, und denk mir, die passen jetzt die ganze Weile, du mußt jetzt sichern, ich noch der Meinung, und denk mir, wie ist das erst zugegangen, der Luis ist tot, ich hab drei Schuß und dem Kerbler ist nichts passiert ? Hab ich mir denkt, ja, bitte, das ist durchaus möglich... da sind die Rofen... und das sind Ganzlinge.. das sind ja Mordströmmer... dann tut es ihm nichts, weil durch die Rofen können die Kugeln nicht durch, aber uns trifft er, weil sie die Luken durchschießen, die Schindeln schießens durch.

Ich hab dann gewartet, bis es angefangen hat, leicht grau zu werden und hab mir gedacht, so, jetzt mußt weg. Inzwischen hab ich mir gedacht, aber weit kommst du nicht. Hab in einem Schuppen eine MP drinnen, in einem Stall, da waren Kälber drinnen, da bin ich hineingegangen und habe mir eine Zigarette angezunden... Ich hab dann extra inhaliert und die Luft angehalten und hab mir gedacht, wenn die Lunge durchschossen ist, dann muß ja der Rauch beim Loch herausgehen. Es hat aber überhaupt nicht und ich hab gedacht, Herrgott noch einmal, es muß aber. Ich war ja sechs Jahre bei den Sturmpionieren... Ich hab mir

Brunner Mahder-Hütte

Flüchtiger Klotz: verletzt über die Grenze

gedacht, so, jetzt mußt abhauen, die Walschen dürfen dich nicht kriegen, weder lebend noch tot!

So bin ich dann gedückt so langsam, schön in aller Ruhe und unten sind sie dann wirklich aufgefahren, aufgefahren, aufgefahren, kolonnenweise, nur so zu dreißig, vierzig LKW, Panzerspähwagen, Hubschrauber... Ich habe sie schön beobachtet. Bin dann zu einem Bauer zugekehrt, eh meinem Cousin. Hab mir Schuhe besorgt, ich war ja barfuß unterwegs... und eine alte Joppe und einen alten Hut, nur so zur Tarnung... Ich bin dann wieder weiter bis zum Abend, so gegen die Ötztaler zu... Und dann bin ich wieder zugekehrt bei meinigen Verwandten, beziehungsweise Verwandten meiner Frau, dort hab ich mich verbinden lassen... Früher bin ich ein verdammt guter Geher gewesen, aber wenn man Jahre nicht geht in den Felsen... man schwindelt sich hinauf am Anfang... mit meiner lädierten Hand, jetzt war da oben Schnee... Ich hab gedacht, das packst du nicht. Dann hab ich gesehen, wie die oben hineingeteufelt sind in Pfelders, 36 Wagen, große Truppenlastwägen, und ein Bataillon steht schon drin, weil mit dem Bataillon sind wir ja schon vierzehn Tage vorher zusammengekracht... Jetzt wenn man rechnet, daß so 25 Mann in einen Truppenwagen hineingehen..., das sind dann 1.500 Mann da drin.

Die haben die Texelgruppe eingekreist, das heißt von Meran weg, den Vinschgau hinein, in Schnals die linke Zone, Passeiertal und dort herüber die Ötztaler entlang, und Pfelders die rechte Zone und oben an der Schneid kommen sie zusammen. Und dort haben sie angeblich zwanzigtausend Mann raufgebracht und ich bin natürlich die Nacht

noch den Einschließungsring durchbrochen und bin gegen die Stubaier rechts ausgewichen und dort war kein Schwanz. Bin dann den nächsten Abend auf der Siegerlandhütte gelandet. (Wie lange warst du unterwegs?) 43 Stunden genau... verletzt. Und drauf gekommen bin ich erst, Verdacht geschöpft, wirklichen Verdacht geschöpft hab ich erst, wie sie mir die Kugel herausoperiert haben in Wörgl".[163] Endgültig überzeugt hat Georg Klotz schließlich das österreichische Gerichtsgutachten: er war angeschossen worden aus einer Entfernung von nur 80 Zentimetern.[164]

Vom Hauptverdächtigen Christian Kerbler gibt es kein Einvernahmeprotokoll, zumindest keines im Beisein eines gesetzlich vorgeschriebenen Anwaltes. Im Urteil von Perugia wird das auch zugegeben.[165] Die gerichtliche Beschreibung des Tatherganges deckt sich mehr oder weniger mit dem, was einige Zeitungen recherchiert hatten in den Tagen nach dem Mord. Auch der Gerichtsbericht liest sich wie ein Krimi: am Montag, 7. September 1964 gegen vier Uhr früh taucht vor einer Alpini-Feldwache in Saltaus ein Mann auf aus dem Dunkel. Die "Sentinella", also der Dienstposten, reagiert mit einem vorschriftsmäßigen "Halt !" Vor sich hat er einen, der die Hände hochhebt, in gebrochenem Italienisch etwas stammelt von "Toten, Verletzten...", und mit dem Finger gegen die Berge zeigt. Der Unbekannte will telefonieren. Der Wachsoldat wimmelt ihn ab, und schickt ihn ins nahegelegene Gasthaus "Saltaus". Die Bozner Polizei müsse er erreichen...., sagt's auf deutsch, mit österreichischem Akzent. Die Wirtsleute bedauern, der Fernsprecher sei kaputt. Dann man möge ihn doch, bitte,

Gasthaus Quellenhof bei St. Martin: Geräusche von vier oder fünf Männern

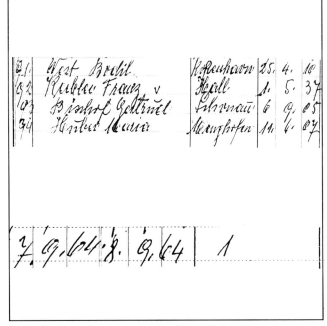

Franz Kerblers Eintragung im Quellenhof-Gästebuch

zur nächsten Carabinieristation bringen.

Das polizeiliche Identikit: etwa 25 Jahre, groß, schlank, blond, schwarze Ledertasche, zerrissene und schmutzige Kleidung, sichtbar übermüdet und erregt, wirkt irgendwie bösartig, verwildert, also hochgradig verdächtig. Schon in den ersten wirren Aussagen, gravierende Widersprüche: zunächst behauptet er, ein Verkehrsunfall. Um gleich im nächsten Moment etwas zu erzählen von einer Schießerei, auch ihn hätten Schüsse gestreift. Aus einer Berghütte sei gefeuert worden, einer sei tot. Ein alter Schafhirte da oben, möglicherweise in Lebensgefahr.

Diese erste unfreiwillige "Einvernahme" besorgte die Wirtin Helga Pircher. Die unheimliche Szene veranlaßt sie, ihrerseits Hilfe zu suchen bei der Alpini-Wache. In der Gaststube bezieht ein Soldat nun Posten und bewacht den Unbekannten: der murmelt immer wieder die gleichen Sätze, ohne daß irgendwas Verständliches herauskommt. Allmählich läuft die Polizeimaschinerie an, der Carabinieri-Kommandant von Sankt Leonhard greift zum Telefon. Meran wird verständigt. Kommandant Mario Rocchetti March gibt erste Orders. Sein Kollege aus Sankt Leonhard setzt sich ins Auto, begleitet von drei Carabinieri. In Saltaus kann er aber aus dem Nervenbündel auch nicht mehr herausbekommen als fragmentarische Schilderungen, die keinen rechten Sinn ergeben. Bei einer Leibesvisite zutagegefördert, allerdings ein erstes Indiz: eine Beretta-Pistole, Kaliber 9-Millimeter, mit leergeschossenem Magazin.

In Meran laufen die Fäden zusammen. Im dortigen Carabinieri-Hauptquartier eingetroffen war vor allem der Chef der Politischen Polizei in Bozen, Giovanni Peternel. Nun gelingt eine "Identifizierung": Peter Hoffmann, Student aus Salzburg. Peternel sprach deutsch, da sei der Unbekannte endlich aufgetaut, folgert das in Perugia

vorliegende Ermittlungsprotokoll. Offiziell müssen die Ermittler zunächst nur so viel zugeben: die echte Spur hatte nicht die Polizei enthüllt, sondern ein Bericht des "Europeo", mittels eines Pressefotos.[166] Es erhärtet eindeutig: der angebliche Peter Hoffmann heißt Christian Kerbler![167] Nun getraute sich auch die Bozner Tageszeitung heraus mit heißen Indizien, von Franz Berger recherchiert. Auf die Spur gebracht habe ihn der Rechtsanwalt Hugo Gamper: dessen Schwester, Wirtin vom "Quellenhof", war ein Gast aufgefallen: eingekehrt war dieser Mann am Abend des 7. September gegen 23 Uhr, also am Tag nach dem Mord. In der Wirtsstube wundert man sich: eine angebliche Panne mit dem Motorroller, ja und die Polizeistreifen? Mit so einem verdächtig großem Rucksack? Wenn die Polizeischeinwerfer aufflammten, hätte er zufällig jedesmal im schützenden Schatten eines Baumes gestanden. Der geheimnisvolle Gast besteigt bereits am nächsten Morgen, 8. September 1964, das Postauto nach Meran. Die Eintragung im Gästebuch war eindeutig: Franz Kerbler.[168]

Genau in jener Nacht ist sein Bruder Christian bei der Überführung von Meran nach Bozen unter rätselhaften Umständen aus einem Polizeijeep "entkommen". Laut offiziellem Protokoll soll Kerbler dem Fahrer ins Steuer gegriffen haben und entsprungen sein, als dieser die Herrschaft verlor über den Wagen. Der selbst von den Ermittlungsbehörden zum Nervenbündel deklarierte Christian Kerbler hatte also offensichtlich mehr Geistesgegenwart als seine drei Bewacher. Man hatte ihm nicht einmal Handschellen angelegt. Dabei war es der Chef der Politischen Polizei Giovanni Peternel höchstpersönlich, der den Transport geleitet hat, verstärkt durch Enrico Benevento, immerhin im Rang eines Kommandanten und den Polizei-Unteroffizier Renato Compagnone.[169]

Die Stimmung unter den von überall her angereisten Presseleuten war am Siedepunkt. Nach der "Flucht" des Hauptverdächtigen drängelten sich im heutigen Alten Landhaus, damals Sitz des Regierungskommissariats, am folgenden Dienstagvormittag, 8. September 1964, die Journalisten, "nervös wie Rennpferde", schildert ein Wiener Reporter seine Eindrücke. Vizeregierungskommissär Bianco betrat kurz nach 11 Uhr den Saal: "Der dunkle zeremoniös wirkende Italiener würde - so hofften die Journalisten - das Rätsel lösen, welches Südtirol als Europas Wildwest seit sechs Tagen in den Blickpunkt der halben Welt rückte..." Der Amplatz-Mord, drei Tage nach der Ermordung des süditalienischen Carabiniere Vittorio Tiralongo im Pustertal, eine "vendetta in Südtirol"? Der Titel bot sich an für die Szenen, die bei dieser Pressekonferenz abrollten: der Regierungsvertreter in Bozen "kannte die Zusammenhänge anscheinend ebensowenig wie die Außenminister Österreichs und Italiens, Bruno Kreisky und Giuseppe Saragat, die zur selben Stunde im Verhandlungssaal der Genfer Südtirolkonferenz die Möglichkeiten einer Einigung noch vor Beginn der UNO-Generalversammlung besprachen".[170]

Der Wiener Reporter hatte scharf beobachtet: "Ein Mann im schmutziggelben Bozner Landhaus schien allerdings mehr zu wissen als Politiker und Geheimdienste nördlich und südlich des Brenners: der Chef der Bozner Sicherheitswache, Quästor Bonanno, ein Neapolitaner von olivfarbenem Teint und der Glätte einer Schlange. Von den Zeitungsleuten schon früher mit peinlichen Fragen bestürmt, suchte er sich einer neuerlichen Inquisition durch die Flucht zu entziehen. Aber seine hartnäckigen Landsleute stellten ihn auf einem Seitenkorridor und bestürmten den sich Windenden mit Fragen, die ein österreichischer Beamter wahrscheinlich mit Ehrenbeleidigungsklagen erwidert hätte. Quanti milioni', hallte es dem Polizeichef entgegen, 'avete pagato ai bravi di Amplatz?"[171]

Genau dies ist auch heute noch der "aktuelle" Stand, trotz der seither vergangenen fast drei Jahrzehnte. Christian Kerbler wurde also am 21. Juni 1971 schuldig gesprochen, er habe durch Schüsse den Tod von Luis Amplatz verursacht. Er wurde zu 22 Jahren Gefängnis verurteilt, in einem Verfahren, das in Abwesenheit des Angeklagten geführt wurde, aufgrund von Prozeßunterlagen, die offiziell festhalten: in Ermangelung eines gerichtlichen Einvernahmeprotokolls stützt sich das Urteil auf die wirren Angaben Kerblers unmittelbar nach dem Mord und auf die Feststellung, die zunächst mit dem Fall befaßten Sicherheitsbeamten hätten aus dem Verhafteten nichts herausbekommen - außer seiner im nachhinein vom "Europeo" enthüllten falschen Identität. Der Carabinieri-Kommandant Mario Rochetti March und zwei weitere Carabinieri wurden in Perugia ebenfalls verurteilt wegen eines Polizeiprotokolls, auf dem sie die falsche Uhrzeit angegeben hatten.[172]

Die Urteilsbegründung mußte zugegebenermaßen davon ausgehen, daß sich der Fall weitaus komplizierter darstellte, als dies in den Vorermittlungen und im Prozeß zu klären war. Vieles lasse sich wohl im Hintergrund vermuten, aber nicht alles habe sich erhärten lassen. Die Voraussetzungen für einen Richterspruch waren nur bedingt gegeben, heißt es selbst in den Akten. Der wundeste Punkt betrifft den Nachweis über die abgefeuerten Schüsse. Das balistische Gutachten kommt zum Schluß: eine der im Heustadel aufgefundenen Patronenhülsen stammt nachweislich aus der Berettapistole mit der Matrikelnummer 616534, die Kerbler nach der Tat abgenommen wurde, durch den Carabinieri-Brigadier Dino Bergamo. Im Prozeß war sich der Carabiniere dann aber gar nicht mehr so sicher, ob das Magazin tatsächlich leergeschossen war, wie er zunächst angegeben hatte.

Amplatz wurde von drei Schüssen getroffen: Eine Patrone war zu tief in den Körper eingedrungen, um sie zu entfernen, die andere war nach einem Durchschuß nicht mehr auffindbar. Nur ein einziges Geschoß konnte sichergestellt werden, aber es war stark deformiert. Beeinträchtigt wurde die Beweisfindung aber noch durch einen zweiten schwerwiegenderen Umstand: die bei Kerbler gefundene Pistole hatte einen so verbrauchten Lauf, daß sich kein Nachweis erbringen ließ, ob die einzige sichergestellte Patrone überhaupt aus dieser Waffe abgefeuert worden war.[173]

Es gibt noch weitere dunkle Punkte. Was sich zum Beispiel unmittelbar vor dem Mord im Bozner Polizeihauptquartier abgespielt hat, findet sich in den jüngsten Geständnisprotokollen, vor allem des damaligen Chefs der Politischen Polizei in Bozen, Giovanni Peternel. Daß es Vorbereitungen gab, von langer Hand und auf höchster Ebene, daran läßt Peternel keinen Zweifel. Statt "Mord", spricht er von einer "Überraschung", seltsamerweise jedoch von einer "sorpresa a danno dei tre": und in diesem Zusammenhang nennt er auch drei Namen, nämlich "Amplatz, Klotz und den sogenannten Kerbler'. Wie immer also die "im Einvernehmen mit den Carabinieri und dem Quästor ausgeführte" "Überraschung" gedacht sein mochte, der auf die beiden Südtirolaktivisten angesetzte Agent Christian Kerbler war offensichtlich mitinbegriffen.[174]

Der Schuldspruch von Perugia stützt sich vor allem auf den einzigen Kronzeugen Georg Klotz. Dem Gericht erscheint es plausibel, daß Klotz es unter den verwirrenden Umständen jener Nacht schwerfiel, seinem Begleiter Kerbler auf Anhieb zu mißtrauen. Bestätigt wird dies übrigens auch durch seine ersten Stellungnahmen gegenüber österreichischen Medien, Klotz reagierte auf die Beschuldigung Kerblers zunächst mit dem Kommentar: "ein Blödsinn![175] Der Kerbler-Verteidiger in Perugia führt auch eine Klotz-Aussage an gegenüber Frau Anna Amplatz: Klotz habe vor der Hütte Stimmen gehört.[176] Gegen einen Überfall spricht jedoch, daß Klotz ungehindert flüchten konnte, er selbst erklärte sich überrascht, daß draußen unerwartete Stille herrschte. Endgültig überzeugen ließ sich Georg Klotz schließlich durch ein Gutachten des Chefs am Wiener Universitätsinstitut für Gerichtsmedizin, das nachwies: die Schüsse auf

Prozeßprotokoll von Perugia: Schüsse und Handgranaten

ihn wurden aus einer Entfernung von nur 80 Zentimeter abgefeuert, und das war ein gewichtiges Argument für den in Perugia gefällten Schuldspruch gegen Kerbler. Zweifel bleiben trotzdem: Kerbler hatte sich zum Beispiel für den Fall eines beabsichtigten Mordes den Fluchtweg keinesfalls optimal abgesichert.[177]

Auch die Spurensicherung im Fall Amplatz ließ zu wünschen übrig, nachzulesen zum Beispiel in zeitgenössischen Zeitungsberichten: die Hütte war zwar versiegelt, dennoch war es für das "Europeo"-Team oder für den Wiener Journalisten Kuno Knöbl ein Leichtes, sich am Tatschauplatz umzusehen, auch im Inneren des Heustadels.[178] Auch der Hausarzt der Familie Amplatz, Roland Köllensperger, und der Bruder des Toten, Franz Amplatz, bestätigen Ähnliches.[179] Abgesehen davon waren die Spuren bereits grob verwischt. So ist zum Beispiel dem Kerbler-Urteil von Perugia zu entnehmen: die zum Tatort hinaufgeschickte Patrouille unter dem Kommando des Brigadiers Giuseppe Stilo hatte sich vorsichtig angeschlichen. Fürs erste wußte man freilich nichts Besseres zu tun, als durch die Einstiegluke eine kräftige Salve abzufeuern und sicherheitshalber auch

Georg Klotz und Luis Amplatz

noch eine Handgranate zu werfen neben die Heuhütte, in der eigentlich nichts anderes vermutet werden durfte, als die Leiche von Luis Amplatz.[180]

Ein weiteres Detail, über das man überraschenderweise überhaupt nichts liest im Kerbler-Urteil von Perugia: Franz Kerbler vermochte sich nach der Tat noch fast eineinhalb Tage im unmittelbaren Einzugsbereich aufzuhalten, offensichtlich ohne daß sich die Ermittlungsbehörden je interessiert hätten, ob er ein Alibi hat für die Tatzeit. Franz Kerbler hatte sich von der Gruppe abgesetzt nach der mysteriösen Schießerei vom 4. September. Georg Klotz war diesem Überfall nur um ein Haar entkommen. Von seinem Begleiter Franz Kerbler fehlte seither jede Spur.[181] Er war jedoch offensichtlich noch im Passeiertal.[182] Trotz massiver Polizeikontrollen hatte er keine Bedenken, sich am Abend des 7. September einzuquartieren im Hotel "Quellenhof", mit Eintragung im Gästebuch unter seinem vollen Namen.[183] Untergebracht wurde der späte Gast in einem Nebenhaus, das Hotel war ziemlich ausgebucht. In der Dependance entging er den intensiven Polizeikontrollen, erinnert sich Luise Dorfer, eine Schwester des verstorbenen Rechtsanwaltes Hugo Gamper. Sie ist auch Zeugin für ein wichtiges, bisher nicht beachtetes Detail: die heutige Chefin des Hotels "Quellenhof" schlief damals direkt unterhalb des Zimmers, in dem Franz Kerbler einquartiert war. Tags darauf erkundigte sie sich bei ihrer Schwiegermutter, die sich am Vorabend gekümmert hatte um den Hotelbetrieb, wieviel Leute denn in dem Zimmer genächtigt hätten. Die Antwort erstaunte sie: nur ein einziger Herr. Im darüberliegenden Zimmer war jedoch bis spät nachts Lärm, es hörte sich eindeutig an wie vier oder fünf Personen.

Im Prozeß von Perugia wurde nichts aktenkundig von der Rolle der Sicherheitskräfte im Hintergrund. Um so überraschender ist nun die jüngste Bekenntnisserie aus Kreisen des italienischen Sicherheitsdienstes, angefangen von Giovanni Peternel. Er und andere Zeugen lassen durchblicken, die "Überraschung" wurde vom (längst verstorbenen) Quästor Allitto Bonanno mit Hilfe der Carabinieri durchgeführt, mit dem deutlich erläuternden Zusatz: er, Peternel, hätte sich im Falle eines derartigen Befehls geweigert, "hinaufzugehen und zu schießen".[184] Schon seinerzeit hatte Peternel übrigens dem SVP-Senator Friedl Volgger erklärt, Carabinieri hätten auf Amplatz geschossen. Auch Carabinieri-General Giorgio Manes schreibt in seinem Tagebuch, Amplatz sei mit einer Carabinieri-Waffe erschossen worden.[185] Die "Carabinieri"-These könnte freilich auch ganz den gegenteiligen Effekt haben: die Verantwortung würde abgewälzt auf Tote und Befehlsempfänger, die in Ausübung ihres Dienstes nicht belangbar sind. Das Gegenteil zu beweisen, liegt nun an der Bozner Staatsanwaltschaft, sie hat die Ermittlungen neu aufgerollt.

Die Verhaftung von Rosa Klotz am 12. Oktober 1967. Rechts der Passeirer Carabinieri-Brigadier Dino Bergamo.

Witwe Anna Amplatz

HANS MAYR

"WIR HÄTTEN AUCH DEN KLOTZ ERFUNDEN"

DIE UMTRIEBE DER GEHEIMDIENSTE IN SÜDTIROL

Die Auseinandersetzung rund um Südtirol war von allem Anfang an vom wachsamen Auge der Staatssicherheitsdienste begleitet. Eine Wachsamkeit, die sich dann im Laufe der Jahre steigerte und dazu führte, daß vor allem der italienische Abwehrdienst in der Zeit nach der Feuernacht und insbesondere nach dem Scheitern des 'Piano Solo' im Jahre 1964, dem Staatsstreichversuch des kommandierenden Generals der Carabinieriwaffe, Giovanni De Lorenzo, sich mit dem vom Gesetz zugedachten Part in dieser Auseinandersetzung nicht mehr zufriedengab und selbst aktiv in das Geschehen eingriff. Die Bandbreite dieser Eingriffe reichte vom Mord wie im Fall Amplatz bis hin zur Bombe im Zug oder sonst wo, die dann den Südtiroler Freischärlern bequem in die Schuhe geschoben werden konnte. Damit soll nicht gesagt werden, daß auf Südtiroler Seite alles Unschuldslämmer am Werk gewesen wären. Keineswegs. Auch die Freischärler haben weiterhin ihren Teil dazu beigetragen, daß die Spannung erhalten blieb und die Latte auch selbst immer wieder höhergelegt. Es geht in diesem Beitrag nicht darum, normale nachrichtendienstliche Tätigkeit in Frage zu stellen, wie jeder Staat sie praktiziert. Vielmehr sollen jene illegalen Praktiken beim Namen genannt werden, die in den 60er Jahren, als General De Lorenzo den militärischen Abwehrdienst SIFAR und die Carabinieriwaffe total kontrollierte, nicht nur in Südtirol zur Selbstverständlichkeit geworden waren.

Südtirol, ein Übungsplatz für den großen Bürgerkrieg?

Eine friedliche Lösung des Minderheitenproblems im Sinne eines Kompromisses war in Geheimdienstkreisen genausowenig populär wie auf der anderen Seite bei den Freischärlern rund um Jörg Klotz. Anstatt die Regierungen in Wien und Rom bei ihrer Suche nach einem Kompromiß zu unterstützen, wurden diese Bemühungen selbst von führenden Carabinierioffizieren, die nach eigenem Verständnis die Sklaven des Gesetzes hätten

sein sollen, nur allzugerne sabotiert. Doch hat dies alles nicht nur mit Südtirol zu tun. Die Haltung, die die italienischen Geheimdienste in den Südtiroler Bombenjahren eingenommen haben, ist zutiefst auch mit der besonderen innenpolitischen Lage in Italien und dem Ost-West-Konflikt verknüpft. Die innenpolitische Situation war von einer harten Links-Rechts-Auseinandersetzung und einer starken kommunistischen Partei gekennzeichnet und da kam der Konflikt in Südtirol gerade recht, um die Spannungen weiter anzuheizen. Vor allem nach dem gescheiterten Staatsstreichversuch vom Juli 1964, der ja nicht der letzte sein sollte, bot sich nirgendwo eine bessere Gelegenheit, sich auf einen eventuellen Bürgerkrieg vorzubereiten als in den Südtiroler Bergen. Dort konnte man unter dem Vorwand der Guerillabekämpfung all jene Methoden und Sabotagetechniken üben, die in der drohenden Auseinandersetzung mit den Linkskräften sehr nützlich sein konnten. Südtirol war ein idealer Übungsplatz, wo die Männer im Hintergrund freie Hand hatten. Nirgendwo ließ sich leichter ein Karrieresprung tun als dort oben in den Bergen, wo es die unbotmäßigen Eingeborenen zu züchtigen und im Zaum zu halten galt. Eine ganze Generation Offiziere hat in diesem Sinne vom Südtirolkonflikt profitiert. Wie sehr man am Spannungsgebiet Südtirol interessiert war, besagt ein Satz, den der den Geheimdiensten eng verbundene und jahrelang als falscher Militärrichter auch in Südtirol tätige Neofaschist Roberto Cavallaro dem Paduaner Untersuchungsrichter Giovanni Tamburino gegenüber zum besten gab: 'Hatte es den Klotz nicht gegeben,' sagte Cavallaro, 'dann hätte man ihn glatt erfinden müssen.'

Tamburino war im Rahmen seiner Ermittlungen über den Putschversuch der 'Rosa dei Venti' auf Cavallaro gestoßen, von dem der Historiker Giuseppe De Lutiis in seiner sehr aufschlußreichen 'Geschichte der italienischen Geheimdienste' schreibt, ohne die Deckung durch mächtige Gönner im Geheimdienstapparat selbst

hätte dieser Mann niemals eine Karriere als falscher Militärrichter einschlagen und so viele Jahre auch ausüben können. Es ging also nicht um Südtirol allein. Der
italienische Geheimdienst und im engen Verbund mit
ihm der militärische Abwehrdienst der Nato und die CIA
waren in diesen Jahren des Kalten Krieges bis weit hinauf in die 70er Jahre vor allem von einer Idee geradezu
besessen, der alles andere untergeordnet wurde: eine
Machtübernahme der Linken in Italien mußte mit allen Mitteln verhindert werden. Die heute zugänglichen
Dokumente in den Archiven der CIA bestätigen, daß die
Angst vor der KPI zum Alptraum geworden war und daß
man in der Folge in der Auswahl der Männer und Mittel alles andere als zimperlich war. Daß die Geheimdienste vielfach ihre Kompetenzen überschritten haben und
fehlgeleitet wurden, dafür gibt es nicht nur Aussagen
ehemaliger Geheimdienstler oder zwielichtiger Figuren
wie Cavallaro. Es gibt gerichtliche Untersuchungen, die
das bestätigen, auch wenn die meisten dieser Verfahren rechtzeitig abgewürgt wurden, indem man sie erfolgreich ermittelnden Richtern wie z.B. Giovanni
Tamburino in Padua entzog und dann bei der römischen
Gerichtsbarkeit versanden ließ.

Die Tagebücher des General Manes

Darüberhinaus bestätigen die Aussagen hochrangiger
Offiziere wie jene des stellvertretenden Kommandanten
der Carabinieri, General Giorgio Manes, in seinen inzwischen berühmt gewordenen Tagebüchern sowie des
damals für Südtirol zuständigen Abwehrchefs Renzo Monico und anderer gegenüber dem Venezianer Untersuchungsrichter Carlo Mastelloni, daß unorthodoxe
Methoden zum selbstverständlichen Inventar in diesem
Kampf geworden waren. Manes, seit 1962 Vizekommandant der Carabinieri, hat eng mit Renzo Monico zusammengearbeitet und war bestens über Südtirol informiert.
Fünf Jahre später, als die römische Wochenzeitung
'L'Espresso' den Staatsstreichplan von Giovanni De Lorenzo aufdeckte, wurde Manes beauftragt, Erkundun-
gen darüber einzuholen, wie 'L'Espresso' zu seinen
Informationen gekommen war. Manes entdeckte, daß
es sich nicht um erfundene Geschichten handelte, sondern daß die Staatsstreichgefahr real bestanden hatte.
Das ganze weitete sich für ihn, der an der Carabinieriwaffe mit ganzem Herzen hing, zu einer Untersuchung
aus, die zur bitteren Anklage gegen die Führungsclique
der Carabinieri der 60er Jahre um General Giovanni De
Lorenzo wurde. Staatsstreichpläne, Korruption, Erpressung, Mißbrauch, Ablenkungsmanöver begegnen Manes,
einem Offizier und Ehrenmann alter Schule in seiner
Untersuchung. Die Carabinieri waren von De Lorenzo
zu Komplotteuren degradiert worden. Als er 1969 vor
der Parlamentskommission, die den Staatsstreichversuch
untersuchte, aussagen soll, bricht Manes im Vorsaal zusammen und stirbt an Herzinfarkt. Seine Aufzeichnun-

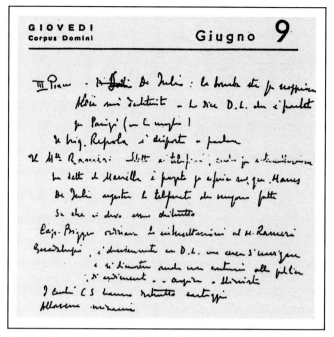

Tagebucheintragung von General Manes.

gen sind fast ein Vierteljahrhundert liegen geblieben.
Im Juli 1991 wurden sie zum ersten Mal vom 'L'Espresso' teilweise veröffentlicht. Hier einige wesentlichen Aussagen von Manes zu Südtirol:

"Viele Attentate sind simuliert worden"

"Viele Attentate in Südtirol," so Manes, "sind von der
Gegenspionage simuliert worden. Ein Hauptmann interessierte sich dafür, wie man an Sprengstoff heran-
kommen konnte (Musumeci hörte, wie beim Mittagessen
darüber gesprochen wurde und begriff, daß der Sprengstoff für solche Zwecke hätte dienen sollen). Auch scheinen einige demonstrative Gegenmaßnahmen nach dem
Tod zweier Carabinieri von der Gegenspionage zu
stammen.

Während der kommandierende General De Lorenzo im
Hubschrauber die gefährdeten Zonen überflog, kam es
in der darunterliegenden Zone zu einer Explosion. Sie
fiel mit dem Besuch zusammen, um dem Ganzen etwas
mehr Farbe zu geben.

Oberstleutnant Ferrari, der bereits die Bozner Gruppe
der Carabinieri geleitet hatte, wußte über viele Dinge
Bescheid. Er war nicht bereit, das illegale Treiben weiterhin zu dulden und kündigte an, er werde sich an
Staatsanwalt Corrias wenden. Er wurde bedroht, man
nahm ihm die Gruppenleitung weg. Er fuhr nach Rom,
um zu protestieren und man versuchte mit allen Mitteln, ihn zu überzeugen und von seinem Vorhaben abzubringen. De Lorenzo wandte sich an seinen
Stellvertreter und befahl diesem, sich mit Ferrari zu befassen und ihn zu überzeugen, nachdem General Per-

General Giovanni de Lorenzo (links) besucht in Begleitung von Verteidigungsminister Tremelloni Alpini im Anti-Terroreinsatz in Südtirol.

ratini und Oberst Marasco gescheitert waren. Wenn es auch ihm nicht gelingen sollte, Ferrari zu überzeugen, ordnete er an, ihn in einem Irrenhaus internieren zu lassen. Diagnose: Nervenzusammenbruch. Der Vizekommandant wußte ihn schließlich zu beruhigen, er versprach ihm eine feierliche Belobigung; auch könne er sich seinen künftigen Arbeitssitz selbst aussuchen. Inzwischen aber wurde für Ferrari ein absolutes Südtirolverbot erlassen. "Er weiß viele Dinge," schreibt Manes. Der Satz ist dick unterstrichen. "Das also war die Carabinieriwaffe zur Zeit De Lorenzos", kommentiert die Zeitschrift 'L'Espresso'.

Auch die Tschechen sind dabei

Zunächst aber einige Hinweise über die Einmischung verschiedener Geheimdienste von Anfang an:

Der tschechische Geheimdienstmajor Josef Frolik, der in den Westen übergewechselt war, sagte 1976 in einem ZDF-Interview aus, einer seiner Männer habe 1956 im Auftrag Moskaus erste Attentate in Südtirol verübt. Für Hans Stieler, der damals mit seiner Gruppe aktiv war, ist diese Behauptung aus der Luft gegriffen. Allerdings hat es über die Anschläge der Stielergruppe hinaus noch einige kleinere Anschläge gegeben, die nie aufgeklärt wurden. Tschechische Geheimdienstleute haben später dann nach der Feuernacht Kontakt mit Jörg Klotz aufgenommen. Er hat dies wiederholt bestätigt.

Um 1960 waren in Südtirol verschiedene Gestalten unterwegs, die für den italienischen Geheimdienst gearbeitet haben. Der Traminer BAS-Mann Luis Steinegger weiß z.B. von einigen Dorfburschen in Tramin zu erzählen, denen die Polizei die erhebliche Summe von rund

80.000 Lire pro Monat angeboten habe, um die politische Dorfszene zu beobachten. Die Burschen seien dann zu ihm gekommen und hätten ihm davon berichtet. Andere haben sich die Chance, zu Geld zu kommen, nicht entgehen lassen. Josef Selm z.B., ein Neffe von Jörg Klotz, dann Robert Henkelmann, ein ehemaliger SS-Mann, der wegen Kriegsverbrechen gesucht wurde und in Südtirol untergetaucht war, des weiteren Robert Kranzer, Robert Stainer und der aus Augsburg stammende Anton Stötter, der zunächst in Innsbruck beim Bergiselbund und kurz vor der Feuernacht dann in Tramin tätig war.

Von Anfang an alles gewußt?

Wußte der militärische Abwehrdienst SIFAR (ab 1967 in SID und 1977 dann in SISMI umbenannt) über die Feuernacht im voraus Bescheid? Giuseppe De Lutiis behauptet dies in seiner Geschichte der italienischen Geheimdienste. Der damalige kommandierende General des vierten Armeekorps in Bozen, Aldo Beolchini, der dann Ende der 60er Jahre eine wichtige Untersuchungskommission geleitet hat, die dem SIFAR und dessen Kommandanten General Giovanni De Lorenzo ein vernichtendes Zeugnis ausstellte, sei vom SIFAR auf die bevorstehenden Anschläge aufmerksam gemacht worden. Beolchini habe daraufhin Notstandsmaßnahmen in die Wege geleitet, die aber ohne Folgen geblieben seien. Der General ist dann nach der Feuernacht bald versetzt worden. Auch Piero Agostini übernimmt in seinem Buch "Alto Adige - La convivenza rinviata" diese recht abenteuerlich klingende These, daß der italienische Geheimdienst von Anfang an alles gewußt habe und die verantwortlichen Stellen über den bevorstehenden großen Schlag informiert gewesen seien.

Eine Auffassung, der auch der Venezianer Untersuchungsrichter Carlo Mastelloni Nahrung gibt. Mastelloni hat Anfang Februar 1992 die Bozner Staatsanwaltschaft aufgefordert, wegen des Anschlags auf der Steinalm vom 9. September 1966, bei dem drei Finanzpolizisten ums Leben kamen, ein Verfahren wegen nicht verhinderten Massakers einzuleiten. Der militärische Abwehrdienst, so Mastelloni, sei damals in den Besitz von Informationen gelangt, daß eine Aktion unmittelbar bevorstehe. Von den verantwortlichen Stellen sei aber nichts unternommen worden. Mastelloni spricht in den Akten, die der Bozner Staatsanwaltschaft übermittelt wurden, auch davon, daß der militärische Abwehrdienst aufgrund der vielen eingeschleusten Elemente von Anfang an mehr über die Anschläge wußte, als heute zugegeben wird. Der Untersuchungsrichter schließt nicht aus, daß der Geheimdienst die Informationen an die zuständigen Behörden weitergeleitet hat, ohne daß diese aber etwas unternommen hätten. Das hieße konkret, daß von Anfang an ein gewisses Interesse bestanden hat, daß Südtirol ein Spannungsgebiet bleibt. Auch gibt es laut

Mastelloni eindeutige Hinweise dafür, daß das Zentrum für die Gegenspionage in Bozen (CS) illegale Operationen unterstützt hat. Die Bozner Staatsanwaltschaft hat dem Geheimdienst in Sachen Steinalm inzwischen bestätigt, die Nachricht von einem bevorstehenden Anschlag korrekt an die Finanzwache weitergegeben zu haben.

Zurück zur Feuernacht und ihren Auswirkungen. Diese Bombennacht hat nicht nur die Weltöffentlichkeit auf die Südtirolfrage aufmerksam gemacht. Sie hat auch auf die verschiedenen konkurrierenden Geheimdienste wie eine Einladung gewirkt, sich Südtirol etwas näher anzuschauen und je nach Interessenslage ein bißchen mitzuzündeln. Der ORF-Korrespondent in Washington, Franz Kössler, hat vor gut einem Jahr in Guatemala einen amerikanischen Geheimdienstmann getroffen, der zu Beginn der 60er Jahre beim militärischen Abwehrdienst der Nato in Verona stationiert war und nach der Feuernacht sofort in großer Sorge nach Südtirol beordert wurde. Die Sorge der Amerikaner sei vor allem die gewesen, zitiert Kössler den Abwehrspezialisten, der dann in Brixen stationiert war, daß die Sowjets sich einmischen und den Südtirolkämpfern unter die Arme greifen könnten. Es hätten sich damals zwei sowjetische Agenten in Südtirol herumgetrieben und seine Aufgabe sei es gewesen, sie zu kontrollieren. Den Amerikanern sei es um den in einem Konfliktfall in Deutschland für die Nato äußerst wichtigen Nachschubweg über den Brenner gegangen. Auch hätten sie einen Terrorangriff auf ihren Nato-Stützpunkt in Natz-Schabs befürchtet. Deshalb sei den US-Militärs dieser Unruheherd zu Füßen des Brenners äußerst unangenehm gewesen. Doch bereits nach einigen Monaten sei der Alarm wieder abgeblasen worden.

Kössler, der fast über die ganze Perestroika-Zeit hinweg Korrespondent in Moskau war, hat auch eine Geschichte aus Moskau parat. Im Rahmen eines Gesprächs mit einem hohen Beamten des Außenministeriums habe ihm dieser erzählt, Jörg Klotz sei 1961 bei der sowjetischen Botschaft in Wien aufgetaucht und habe mit den Sowjets verhandelt. Sowohl die Frau von Jörg Klotz, Rosa, als auch Tochter Eva bestätigen dieses Treffen. Die Sowjets hätten ihrem Vater ein tolles Angebot unterbreitet, das er aber schweren Herzens habe ablehnen müssen, weiß Eva Klotz zu berichten.

Aus ideologischer Sicht sei ihm eine solche Zusammenarbeit letztendlich bedenklich erschienen. Daß die Sowjets Interesse daran haben mußten, ein so wichtiges Nato-Land wie Italien zu destabilisieren, ist aus der Logik der Zeit zu erklären. Damals drohte der Kalte Krieg durchaus in einen heißen überzugehen.

Von Jörg Klotz zu Amos Spiazzi. Amos Spiazzi war 1961 als Hauptmann des Heeres in Südtirol stationiert und neben Sicherungsaufgaben bestimmt auch mit nachrichtendienstlichen Fragen betraut. Spiazzi hat dann in den 60er und 70er Jahren in vielen größeren Geheimdienst-

Die Finanzerkaserne auf der Steinalm nach dem Anschlag vom 9. September 1966

Affären eine wichtige Rolle gespielt und ist an kaum einem Untersuchungsausschuß vorbeigekommen, der in diesen Angelegenheiten tagte. Er war am Putschversuch der "Rosa dei Venti" beteiligt und hat als einer der ersten über die parallelen Strukturen in den Geheimdiensten und von supergeheimen Sicherheitsdiensten auf zwei Ebenen gesprochen: eine zur Aufrechterhaltung der inneren Ordnung, die aus Militärs zusammengesetzt war, die nicht extremistischen Parteien angehören durften, wobei allerdings die rechtsextreme Organisation "Avanguardia Nazionale" vergessen wurde. Die zweite Ebene, so Spiazzi, habe in einer absolut geheimen Organisation bestanden, die von den Carabinieri geleitet wurde und im Falle einer Invasion aus dem Osten oder subversiver Tätigkeit der Linken eingreifen sollte. Auch Roberto Cavallaro, der falsche Militärrichter, der ebenfalls in den Putschversuch der "Rosa dei Venti" verwickelt war, sprach von einer speziellen Sicherheitsorganisation, die 1964 nach dem Scheitern des "Piano Solo" mit den Anti-Guerilla-Aktivitäten in Südtirol erstmals in Erscheinung getreten sei.

Amos Spiazzi hat am 17. Jänner 1990 im Rahmen der Fernsehsendung 'La notte della Repubblica' vor Millionen Zuschauern das wiederholt, was er schon 1983

vor einem parlamentarischen Untersuchungsausschuß
zugegeben hatte, nämlich daß er im August 1961 im
Sarntal zwei Carabinieri der SIFAR beim Bombenlegen
erwischt habe. Er habe die beiden verhaften lassen, doch
seien sie ihm vor der Rückkehr nach Bozen wieder abgenommen worden. Nach der Verhaftung der zwei
SIFAR-Agenten sei er belobigt und bald nach Verona
versetzt worden. Spiazzi machte im Laufe der Sendung
klar, daß in Südtirol wie auch anderswo im Staate ein
Klima der Spannung erzeugt werden sollte. Als in seinem Abschnitt für längere Zeit nichts passiert sei, habe ihm ein Offizier - Spiazzi meint, es könnte sich um
Grassini gehandelt haben - zu verstehen gegeben, daß
es aus globalen Interessengründen besser sei, wenn es
manchmal kracht. Auch sei damals im Sarntal nach ausländischen Agenten gefahndet worden. In der Tat sollen sich - wie Eva Klotz bestätigt - französische
Fremdenlegionäre, die dem OAS nahestanden, mit Jörg
Klotz im Sarntal getroffen haben. Spiazzis Aussagen sind
vom Gericht in Bozen als Lügenmärchen abqualifiziert
worden, doch hat der Oberst seine Aussagen nicht zu-
rückgenommen und inzwischen hat Senator Marco Boato von den Grünen, der zu den treibenden Kräften bei
der Aufklärung der Rolle der Geheimdienste in den Südtiroler Bombenjahren gehört, weitere Dokumente vorgelegt, die die Aussagen Spiazzis bestätigen. Der
Carabinieri-Maresciallo Cosimo Provenzano, der von
1978 bis 1973 bei der Gegenspionage (CS) in Bozen tätig war, hat gegenüber dem Venezianer Untersuchungsrichter Mastelloni die Aussagen Spiazzis bestätigt.
Allerdings muß hinzugefügt werden, daß der Bozner
Staatsanwaltschaft bei ihrem Urteil über die Aussagen
Spiazzis die Bestätigung durch Provenzano unbekannt
war.

Freda und die Avanguardia Nazionale

Spiazzi berichtete auch noch davon, daß damals Elemente der faschistischen Organisation "Avanguardia Nazionale" in Südtirol aufgetaucht seien, eine Aussage,
die er ebenfalls bereits gegenüber der parlamentarischen
Untersuchungskommission in Sachen Geheimloge P2 des
Licio Gelli bestätigt hatte. Auf eine spezifische Frage
des Senators Francesco Pintus sagte Spiazzi: "Es wären da schöne und unschöne Seiten zu erzählen und bei
den unschönen tauchen Elemente von "Avanguardia Nazionale" und des SIFAR auf". Giuseppe De Lutiis zufolge haben sich Franco Freda, Carlo Fumagalli, Sandro
Rampazzo und Elio Massagrande, ein besonders attrak-
tives Kleeblatt der ultrafaschistischen Subversion, längere Zeit in Südtirol aufgehalten. Was sie dort getan
haben, entzieht sich unserer Kenntnis. Allein zur Erholung dürften sie kaum in die Berge gefahren sein. Elio
Massagrande zum Beispiel ist dann zu Beginn der 70er
Jahre mit einem Waffenarsenal erwischt worden und
vom Gericht in Verona mit einem unglaublichen Urteil

als Waffensammler eingestuft und freigesprochen worden, nachdem Amos Spiazzi bezeugt hatte, daß die Waffen von den Carabinieri stammen. Das Wort Spiazzis
hat damals also noch einiges gegolten. Des weiteren, so
De Lutiis, sei zu Beginn der 70er Jahre von der Polizei
in Verona eine Untersuchung ausgegangen, die die Rolle
von Carlo Fumagalli in den heißen Jahren in Südtirol
untersuchen sollte. Die Anregung dazu sei von einem
Informanten gekommen, der bis dahin höchstes Ansehen genossen habe. Doch die Untersuchung sei grund-
los von einem Tag auf den anderen unterbrochen
worden. Der Informant habe eine Hausdurchsuchung
hinnehmen müssen, in deren Verlauf einige Waffen gefunden wurden. Das, so De Lutiis, habe gereicht, um
den guten Mann im Schnellverfahren für fünf Jahre hinter Gitter zu bringen.

Noch zwei Aussagen von Amos Spiazzi: Bei einem der
vielen Verhöre, die er über sich ergehen lassen mußte,
hat sich Spiazzi mit der glänzenden Arbeit gebrüstet,
die in Südtirol geleistet worden sei. Es sei zwar Blut geflossen, doch das habe sich ausgezahlt. Südtirol sei befriedet und gewisse zerstörerische Keime wie Studenten-
proteste und Auseinandersetzungen in den Fabriken hätten dort keine Chance mehr. Wenn die Organisation
auch im restlichen Italien ungestört ihr Werk verrichten und zu Ende bringen könnte, so Spiazzi, wäre ganz
Italien bald befriedet.

Die Legion Europa

Die "Tiroler Tageszeitung" hat am 17. Februar 1965
auf ein recht interessantes Detail im Zusammenhang mit
dem Anschlag in Ebensee aufmerksam gemacht, bei dem
am 23. September 1963 ein österreichischer Polizeiin-
spektor getötet und zwei weitere Beamte schwer verletzt
wurden. Das Terrorkommando aus Italien unter der Führung des 27-jährigen Neofaschisten Giorgio Massara, das
den Anschlag verübt hat, dürfte Freunde in Innsbruck
gehabt haben. Gerhard Neuhuber und Fred Borth, beide der neonazistischen 'Legion Europa' verbunden, die
auch Beziehungen zu neofaschistischen Gruppen in Italien unterhielt, könnten die Ansprechpartner Massaras
in Innsbruck gewesen sein. Die beiden, von ehemaligen
BAS-Leuten richtigerweise als Doppelagenten eingeschätzt, die für die Polizei diesseits und jenseits des Brenners tätig waren, haben nach dem Anschlag in Ebensee
versucht, die Spur in Richtung BAS zu lenken.

Der Bericht der "Tiroler Tageszeitung" bezieht sich auf
eine Unterredung im Gasthof "Wilder Mann" in Innsbruck, am 25. März 1964, bei der neben Neuhuber noch
die Brüder Christian und Franz Kerbler, der Photore-
porter Hans Wagner und ein Unbekannter zugegen waren. Dieser unbekannte Teilnehmer hat dann ein
Gedächtnisprotokoll der Sitzung angefertigt und es
schließlich der 'Tiroler Tageszeitung' als eidesstattli-

che Erklärung zur Verfügung gestellt. Von der Unterredung hat auch Christian Kerbler Aufzeichnungen gemacht, die von der 'Tiroler Tageszeitung' als Faksimile veröffentlicht wurden und die die Aussagen des Unbekannten bestätigen. Der Tenor der illustren Versammlung im 'Wilden Mann': Das Innenministerium, so Neuhuber, verfüge über Hinweise, daß Leute vom BAS die Bomben in Ebensee gelegt haben. "Wir müßten nun zusehen, die noch fehlenden Beweise eher als das Innenministerium zu beschaffen. Das Innenministerium will radikal durchgreifen. Wenn es uns nicht gelingt, die fehlenden Beweise schneller als das Innenministerium in die Hand zu bekommen, werden wir mit in die Sache verwickelt. Wir müssen alles tun, damit unser Kreis aus der Sache herausgehalten wird, was nur mehr so geht." Neuhuber und sein Freundeskreis haben also befürchtet, daß man ihnen auf die Schliche kommt. Man entschied sich schließlich dafür, Belastungsmaterial auf Kurt Welser zu konzentrieren, der dann auch für kurze Zeit inhaftiert wurde. Kurt Welser war nämlich nach der Nachricht von der Explosion nach Ebensee gefahren, um etwas über die Herkunft der Bombe in Erfahrung zu bringen und dann auf einem Photo gesichtet worden. Innenminister Olah war Wolfgang Pfaundler zufolge zutiefst davon überzeugt, daß der BAS hinter dem Anschlag steckt. Welser konnte dann aber schnell beweisen, daß er mit der Sache nichts zu tun hatte.

Die Gebrüder Kerbler

Damit sind wir beim Bruderpaar Christian und Franz Kerbler angelangt, das in der Innsbrucker Agentenszene rund um den Befreiungsausschuß Südtirol eine besondere Rolle gespielt hat. Auch bei ihnen ist es nicht ausgeschlossen, daß sie für beide Seiten, Italien und Österreich, gearbeitet haben. Denn im Jahre 1964 standen die Verhandlungen zwischen den beiden Außenministern Saragat und Kreisky vor dem Abschluß. Eine Autonomie für Südtirol schien in greifbare Nähe gerückt. Die Aktionen des BAS waren deshalb für beide Seiten zur Belastung geworden, denn sie hätten durchaus ein Scheitern der jahrelangen Verhandlungen bewirken können. Es gab also auch in Wien im Jahre 1964 ein großes Interesse daran, die Guerillaszene nicht nur zu beobachten, sondern auch in sie hineinzuwirken, um besonders gefährliche Aktionen zu unterbinden.

Auf jeden Fall, ein halbes Jahr nach dem Gasthaustreffen mit Neuhuber beim 'Wilden Mann' ist das Bruderpaar Kerbler mit Jörg Klotz und Luis Amplatz im Passeiertal unterwegs, wo es dann auf den Brunner Mahdern oberhalb von Saltaus zum Mord an Luis Amplatz und zum Mordversuch an Jörg Klotz kommt. Christian Kerbler war ein absoluter Topagent des italienischen Geheimdienstes. Er hatte den Vorstoß der beiden Freischärler über die Grenze nach Südtirol mit den italie

nischen Polizeistellen abgesprochen und die beiden dann mit großer Wahrscheinlichkeit in einem Heuschupfen allein zu eliminieren versucht. Kerblers Tätigkeit für den italienischen Geheimdienst ist durch den Venezianer Untersuchungsrichter Carlo Mastelloni inzwischen endgültig abgeklärt worden. Besonders die Verhöre des früheren Leiters des militärischen Abwehrdienstes im Bereich Südtirol, Renzo Monico, und des Leiters der politischen Polizei in Bozen, Giovanni Peternel, haben Interessantes zu Tage gefördert.

Die besondere "Überraschung"

Giovanni Peternel bestätigte gegenüber Richter Mastelloni, daß "der Kerbler unser Mitarbeiter war und unter einem Decknamen geführt wurde. Er hat uns," so Peternel, "über die Bewegungen der Terroristen, ihre Grenzgängereien Informationen zukommen lassen. Die 'Überraschung' zum Schaden von Amplatz und Klotz und dem sogenannten Kerbler," so bezeichnet Peternel den Mordanschlag, "ist Frucht der Zusammenarbeit zwischen den Carabinieri und dem Quästor, der das Ministerium informiert hat und insbesondere dem mit der Frage direkt befaßten Russomanno, der dem Amt vorstand, das sich mit besonders geheimen Dingen beschäftigte (Affari riservati) .... Der Konfident," so Peternel, "wurde mit Mitteln des Innenministeriums bezahlt. Ich bin von den Treffen auf höchster Ebene mit Innenminister Taviani ferngehalten worden. Der Quästor hat mir dann erzählt, Kerbler habe angegeben, wann Klotz und Amplatz die Grenze nach Italien überschreiten werden und wo er sie treffen werde. Die Nacht zum 7. September 1964 habe ich zuhause verbracht; die 'Überraschung' zum Schaden der drei wurde auf höchster Ebene beschlossen. In der Früh wurde ich aus dem Bett geholt und der Quästor schickte mich nach Meran, wo ich berichtet habe. Ich habe in diesem Zusammenhang nichts über die vorhergehenden Kontakte zum Spitzel gesagt, der der einzige wirklich gut plazierte war. Bei den Befragungen, die vor dem 7. September stattgefunden haben, habe ich als Übersetzer fungiert und ich erinnere mich noch, wie der Kerbler gesagt hat, daß er in den nächsten Tagen mit Amplatz und Klotz zusammentreffen werde. Die 'Überraschung' geschah dann einige Tage später. Ich fuhr nach Meran, aber nicht an den Ort des Geschehens, wohin sich die Carabinieri begaben, sondern in die Carabinierikaserne, um zu erfahren, wie die Dinge vor sich gegangen sind. Einige Tage später habe ich dann den Bericht geschrieben. Kerbler war seit einem Jahr unser Konfident und der einzige, der direkte Kontakte zu Klotz und Amplatz hatte und ich erinnere mich an das letzte Gespräch, als nur ich und der Quästor anwesend waren. Ich war allerdings nicht zugegen, als die 'Überraschung' beschlossen wurde, die der Quästor mit den Carabinieri ausgeheckt hat. Hätte man mir befohlen, da hinaufzugehen und zu schie

Der Mann, der Klotz und Amplatz in die Falle lockte: Christian Kerbler, der Agent

"Ich bestätige, daß Kerbler unser Spitzel war": Aussage von Vizequästor Giovanni Peternel.

"Auf Befehl De Lorenzos sollten ein oder zwei Südtiroler Terroristen umgebracht werden": Aussageprotokoll des militärischen Abwehrchefs Renzo Monico.

ßen,' so Peternel, 'ich wäre nicht gegangen. Ich habe immer korrekt gehandelt als Funktionär. Nach der Operation habe ich es mit den Kollegen mißbilligt, daß es zur Schießerei gekommen ist und habe zu verstehen gegeben, daß es besser gewesen wäre, wenn man die Terroristen gefangen genommen hätte. Nach der Tat zeigte sich der Quästor dann sehr besorgt wegen der Konsequenzen und das Begräbnis von Amplatz ist dann auch unter größten Spannungen über die Bühne gelaufen. In Meran hab ich an jenem Morgen den Kerbler an Bord meines Dienstautos genommen. Ich saß am Steuer, hinter mir saß ein Funktionär der Quästur sowie Renato Compagnone, ein Polizeioffizier, der in Bozen Dienst tut. Kerbler war nicht in Handschellen und während der Fahrt zwischen Bozen und Meran hat er mir den Arm festgehalten und in der Folge kam ich von der Straße ab und so gelang es ihm, zu verschwinden. Wir sind ihm nachgelaufen. Wir hatten kein Begleitauto dabei. Es war einige Tage nach der Tat, da habe ich in Erfahrung gebracht, daß die Carabinieri auf Amplatz und Klotz geschossen haben. Ich erinnere mich nicht mehr, wer das gesagt hat. Bei der Verhandlung vor dem Schwurgericht in Perugia (wo Kerbler zum Schein verurteilt wurde), habe ich über diese Dinge, die mit der Zusammenarbeit von Kerbler zu tun hatten, geschwiegen.'

Soweit die Aussagen von Giovanni Peternel, der das Märchen erzählt, Kerbler sei ihm auf der Fahrt zwischen Meran und Bozen entwischt und habe sich auf Nimmerwiedersehen davongemacht. Auch sonst hat der inzwischen verstorbene Polizeioffizier gut aufgepaßt, nicht

in die kriminellen Grauzonen der ganzen Angelegenheit hineinzurutschen. Doch da gibt es noch eine weitere Aussage und zwar die des Carabinierigenerals Federico Marzollo, der 1964 Oberstleutnant Ferrari als Kommandant der Carabinieri in Bozen ersetzt hatte. General Marzollo, sagte folgendes: Er habe nach dem Tod von Amplatz von Oberst Ferrari und von Pignatelli erfahren, daß Kerbler mit dem SID und der Bozner Quästur zusammengearbeitet habe, um Klotz und Amplatz zu eliminieren und daß die ganze Operation zwischen dem Quästor Allitto Bonanno, Peternel, Oberst Monico und Pignatelli, dem Chef des Unterzentrums für Gegenspionage in Bozen abgesprochen worden war. Monico habe dann gesagt, die Operation sei fehlgeschlagen, weil man nicht imstande gewesen sei, Klotz zu eliminieren. Marzollo sagte des weiteren aus, der Quästor und Monico hätten beschlossen, Kerbler zur Flucht zu verhelfen. Es sei der Quästor gewesen, der Peternel den Befehl erteilt habe, Kerbler während der Fahrt von Meran nach Bozen aus dem Auto fliehen zu lassen und ihm einen Paß sowie Geld für die Flucht besorgt habe.

Tatort Brunner Mahder: in dieser Hütte wurde Luis Amplatz am 7. September 1964 ermordet.

Der Mordbefehl von De Lorenzo

"Was den Christian Kerbler angeht," erzählt dann Renzo Monico dem Richter, "hat mir zunächst einmal der Bozner Quästor Allitto davon berichtet, dieser habe der Polizei seine Mitarbeit angeboten. Allitto hat mich dann gefragt, ob ich nicht bei einigen Gesprächen zugegen sein könnte. Aber nachdem mir die Informationen nicht glaubwürdig genug erschienen, hielt ich es für besser, mich aus dem Staub zu machen. Dies trug sich lange vor dem 7. September 1964 zu, dem Tag, an dem Amplatz umgebracht wurde. Allitto sagte mir, daß Kerbler selbst in der Quästur vorstellig geworden ist, um seine Mitarbeit anzubieten und bereits diesbezüglich war ich nicht mehr einverstanden. In den zwei Gesprächen, an denen ich teilnahm, hat Kerbler immer wieder die Befürchtung geäußert, die Terroristen könnten ihn erschießen. Doch dies erschien mir nicht glaubwürdig angesichts der Offenheit, mit der er sich angeboten hatte." Monico berichtet dann von einem Treffen mit Spitzenbeamten der österreichischen Polizei in Zürich, das aber nichts gebracht habe, weil "die Österreicher so taten, als wüßten sie nichts von Südtirol-Terrorismus". Er habe dann an weiteren Treffen nicht mehr teilgenommen, die immer in der Schweiz stattgefunden hätten.

Dann kommt Monico auf den Befehl De Lorenzos zu sprechen, einige Terroristen zu eliminieren. Dieser Befehl wurde unmittelbar nach dem 3. September 1964 gegeben, nachdem der Carabiniere Vittorio Tiralongo in Mühlwald erschossen worden war. "Im Laufe meiner Tätigkeit," so Monico, "habe ich auch den Leiter der Bozner Carabinierilegion, Oberst Marasco, beraten, der nach dem Mord an einem Carabiniere - ich glaube es war Tiralongo - an eine Vergeltungsmaßnahme dachte. Er rief mich ins Kommando, wo ich ihn alleine antraf. Er sagte mir, er habe an eine Vergeltungsmaßnahme gegen die Terroristen gedacht und verwies auf den Befehl von De Lorenzo, ein bis zwei Terroristen zu eliminieren. Wir haben die Karteien mit den Namen zu sichten begonnen. Marasco sagte, De Lorenzo habe eigens angerufen und verlangt, daß einige Elemente eliminiert werden sollten". Ich habe ihm schließlich am Ende der Besprechung mitgeteilt, daß ich da nicht mitmachen würde und machte darüberhinaus geltend, daß die ausgesuchten Personen allesamt unauffindbar seien. Er hat daraufhin De Lorenzo angerufen und ihm mitgeteilt, daß ich nicht mitmachen würde. Schließlich übergab er mir den Hörer. Ich wollte das Angebot von De Lorenzo nicht telefonisch abhandeln und habe mich darauf beschränkt, den Kommandanten meiner Mitarbeit zu versichern. Nach der Besprechung habe ich das Ufficio 'D' informiert und zwei Stunden später wurden wir nach Rom zu De Lorenzo und Allavena bestellt, wo ich De Lorenzo meine Sicht der Dinge darstellte. De Lorenzo kritisierte Marasco und teilt ihm in meiner Anwesenheit mit, dieser habe künftig meine Linie zu befolgen.'' Soweit einige Auszüge aus diesem Gespräch zwischen Richter Carlo Mastelloni und Abwehrchef Renzo Monico. Der Geheimdienstprofi zeigt in diesen Aussagen, wie man es anstellen muß, wenn man nur das Allernotwendigste sagen will, um nicht Kopf und Kragen zu riskieren. Aber eines kommt klar zum Ausdruck: Es hat den Mordbefehl von De Lorenzo gegeben, nachdem der Carabiniere Tiralongo erschossen worden war. Ein Mordbefehl, der ganz eindeutig zur Verschärfung der Situation beitragen mußte und letztendlich dafür verantwortlich ist, daß sich die Auseinandersetzung bedrohlich zuzuspitzen begann. Man hätte Klotz und Amplatz nämlich auch ganz bequem gefangennehmen und aburteilen können. Der Kommandant der Carabinieri aber, einer der obersten Schützer der Rechtsordnung, zog es vor, einen Mordanschlag zu veranlassen mit allen Konsequenzen, die diese Tat haben mußte. In den Tagen also, in denen die beiden Außenminister Bruno Kreisky und Giuseppe Saragat letzte Hand anlegten, um Südtirol zu befrieden, kommt es zu dieser Offensive gegen eine Autonomielösung und zwar einerseits durch die führenden Carabinieri- und Geheimdienstkreise und andererseits durch den BAS, der die Gruppe Klotz-Amplatz und die Pusterer Buam ausgeschickt hatte, um zu zeigen, daß er in Sachen Südtirol auch noch ein Wörtchen mitzureden hatte. Den einen war die Autonomie wahrscheinlich ein zu großes Zugeständnis und außerdem waren sie ja daran interessiert, Südtirol als Spannungsgebiet zu erhalten; die anderen, die Pusterer Buam, Klotz, Amplatz, Kienesberger wollten die Selbstbestimmung erzwingen.

General De Lorenzos rechte Hand in Bozen war der Kommandant der dortigen Carabinierilegion Oberst Franco Marasco, ein Mann, der den Widerstand mit Brachialgewalt zu brechen gedachte, nachdem er von De Lorenzo praktisch freie Hand erhalten hatte. General Manes kommt in seinen Aufzeichnungen auf die Rolle zu sprechen, die Oberst Franco Marasco gespielt hat. Nach der Erschießung Tiralongos, schreibt Manes, habe Marasco 600 Verhaftungen unter der Zivilbevölkerung vornehmen lassen wollen. Doch Staatsanwalt Corrias hat sich dem entgegengestellt und geltend gemacht, daß ''man nicht von vorneherein die Zahl der Verhaftungen festlegen kann.'' Sie müsse auf die, die notwendig sind, beschränkt bleiben. Corrias habe auch an der Erstürmung des Weilers Tesselberg im Pustertal Kritik geübt, weil ''die Soldaten der Kontrolle entglitten sind, weil Bestimmungen nicht eingehalten wurden und weil es in der Folge zu durchaus legitimen Protesten und Anzeigen der Geschädigten gekommen ist, die

man dann einfach unter den Teppich kehren wollte''. Marasco, so Manes, habe dann ganz in der Nähe des Staatsanwaltes und so, daß dieser es hören konnte, gesagt: ''Das nächste Mal schießen wir auf den da.'' Manes kommt dann auf die Geschichte der fünf Südtiroler zu sprechen, die für jeden getöteten Italiener oder Carabiniere an die Wand zu stellen gewesen wären.

Dies, schreibt er, sei Teil der Auseinandersetzung zwischen Marasco und Oberstleutnant Giudici gewesen, der diese Aussage Marasco zugeschrieben habe und dieser soll wiederum gesagt haben, es handle sich um einen Befehl des obersten Kommandanten.

Manes fügte dann noch hinzu, daß die Pistole, mit der Amplatz erschossen worden ist, vom Maresciallo der Carabinierigruppe in Brixen stammt. Das Wort Hauptmann ist durchgestrichen und von Manes durch das Wort Maresciallo ersetzt worden.

'Sexy Bombe'

Hier sei ein kleines Intermezzo erlaubt. Kommandant der Carabinieristation von Brixen war im Jahre 1964 ein gewisser Hauptmann Ajello mit besten Beziehungen zu Geheimdienstkreisen. Giuseppe de Lutiis widmet der Familie Ajello in seiner Geschichte der Geheimdienste Italiens einige Seiten, denn auch Mutter und Tochter waren ziemlich aktiv. Vor allem Claudia Ajello, die Tochter des Brixner Hauptmanns, war 1974 in eine wilde Geschichte verwickelt. Sie war beim SID in Rom bei Oberst Federico Marzollo beschäftigt, der auch zu denen gehört, die ihren Karrieresprung in Südtirol gemacht haben. Am 31. Juli 1974 verläßt Claudia Ajello ihr Büro, geht auf die Straße hinunter, wo sich in einer Lottobank ein öffentliches Telefon befindet. Sie sagt zu ihrem unbekannt gebliebenen Gesprächspartner folgendes: 'Die Bomben stehen bereit..., der Zug wird in Bologna eintreffen..., ein Auto wird dich bis nach Mestre bringen, bleib ruhig, die Pässe stehen bereit..., ihr werdet die Grenze überschreiten..., bleibt ruhig! Wenige Tage später, in der Nacht zwischen dem 3. und 4. August wird auf den Zug 'Italicus', der zwischen München und Rom verkehrt, ein Bombenanschlag verübt. Nach dem Halt in Bologna explodiert die Bombe in einem der langen Tunnels, die den Appenin durchqueren. Zwölf Tote und 48 Verletzte sind die Folge dieses Anschlags, der nie gesühnt wurde. Nach dem Anschlag begeben sich zwei Frauen, die das Telefongespräch der Claudia Ajello in Rom mitgehört hatten, zur Polizei und geben das Gehörte später auch vor dem Untersuchungsrichter zu Protokoll. Claudia Ajello wurde allerdings erst einige Monate später verhört und das im Beisein eines Hauptmannes des Geheimdienstes, den der Untersuchungsrichter illegalerweise zum Verhör beizog. Sie hat dann behauptet, die Frauen hätten falsch verstanden, sie sage nämlich des öfteren zu ihrer Mutter ganz zärtlich: 'Sexy Bombe'. Claudia Ajello wurde schließlich wegen falscher Zeugenaussage zu zwei Jahren Gefängnis verurteilt.

Bestellte Bomben

In einem Interview mit der Bozner Wochenzeitung 'FF'
hat der ehemalige Bozner Korrespondent der italienischen Nachrichtenagentur ANSA, Luciano Cossetto, die
Auffassung vertreten, daß damals in Südtirol eigenartige Dinge passiert sind und diesbezüglich auch einige
Hinweise gegeben. "Der Bozner Quästor Allitto Bonanno," - so Cossetto -, "ließ eines Tages die Journalisten
wissen, daß er einen Vertrauensmann in terroristische
Kreise in Innsbruck eingeschleust habe. Und der sollte, um den Attentätern seinen Italienhaß zu beweisen,
in der Toilette des Brixner Bahnhofs eine Bombe legen.
Dies sollte an einem Montag erfolgen, doch kam plötzlich an diesem Tag der Verteidigungsminister nach Bozen. Der Quästor sagte uns, man werde die Bombe
'finden', aber wir sollten die Nachricht so lange zurückhalten, bis der Minister wieder abgereist sei. Die Carabinieri von Brixen, die von der Abmachung nichts
wußten, informierten die Medien über den Bombenfund
und die Tageszeitung 'Dolomiten', die ebenfalls nichts
wußte, veröffentlichte die Meldung zum großen Leidwesen des Quästors. Diese Groteske beweist, wie die Dinge inszeniert wurden."

Cossetto hatte in einem Leserbrief an die Bozner Tageszeitung "Alto Adige" auch behauptet, daß die Ordnungskräfte immer wieder dieselben Waffen gefunden
hätten. Er bestätigt "FF" gegenüber diese Aussage:
"Die aufgefundenen Waffen waren mehr oder weniger
immer dieselben. Ich selbst habe einmal einen Karabiner gekennzeichnet, der wurde immer wieder "gefunden". Es hat dann auch der Innenminister einen
Journalisten seines Vertrauens nach Südtirol geschickt.
Nicht bloß, um die Informationen zu koordinieren, sondern dieser sollte ihn auch über die Arbeit der Geheimdienste informieren." Cossetto kommt dann noch auf
den schweren Anschlag auf die Steinalm 1966 zu sprechen: "Da ist gegenüber den Journalisten etwas Unsympathisches passiert. In Bozen wurde die Meldung
verbreitet, es hätte sich um eine Explosion gehandelt.
Rom korrigierte und sprach von einem Anschlag. Und
dies, obwohl die These von einem Anschlag kaum zu
halten war. Als die RAI einen Finanzoberst interviewte, behauptete dieser, Georg Klotz habe mit einem Mörser über die Grenze geschossen und den Kamin der
Kaserne getroffen. Das war ja zum Lachen. Tatsächlich
schickte der Innenminister auch eine Polizeistaffel, um
das RAI-Interview abzufangen."

Cossetto bringt auch noch die Geheimloge P2 ins
Spiel. Mindenstens zwei Carabinierikommandanten, die
damals in Bozen stationiert waren, seien Mitglieder der
P2-Loge des Licio Gelli gewesen. Für ihn ein Beweis,
daß man ein Klima der Spannung aufrechterhalten
wollte.

Das Jahrzehnt des General De Lorenzo

Der Mann im Hintergrund bei all diesen illegalen Machenschaften der Geheimdienste in Südtirol und in ganz
Italien war General Giovanni De Lorenzo. Er hatte sich
im antifaschistischen Befreiungskampf ab 1943 auf der
Seite der weißen Partisanen (Christdemokraten) ausgezeichnet. Bei seinem Aufstieg an die Spitze des Geheimdienstes, der Carabinieri und schließlich des Heeres hat
sich De Lorenzo dann als machtbewußter, durch und
durch ehrgeiziger, vor allem aber als skrupelloser Karrierist erwiesen. Wahrscheinlich war er wirklich davon
überzeugt, Italien vor dem Zugriff der Kommunisten,
Sozialisten mit eingeschlossen, unbedingt retten zu müssen und daß jedes Mittel bis hin zum Staatsstreichversuch recht ist, um das zu verhindern. Doch die Geister,
die er rief, ist Italien dann für Jahrzehnte nicht mehr
los geworden. Ein Grund, sich ein bißchen näher mit
der Karriere dieses Mannes und den 60er Jahren zu beschäftigen.

Giovanni De Lorenzo wurde 1955 zum Chef des militärischen Abwehrdienstes SIFAR ernannt. Unterstützt wurde
er dabei vom damaligen Präsidenten Giovanni Gronchi und
von Innenminister Fernando Tambroni. Nicht ohne Bedeutung für die Nominierung dürfte auch das Plazet der amerikanischen Botschaft in Rom gewesen sein.

De Lorenzo enttäuschte seine Freunde nicht. Er erwies
sich sofort als Atlantiker der härtesten Schule. Ohne Wissen der italienischen Regierung traf er Abkommen mit
den Amerikanern, die vor allem darauf abzielten, die
KPI mit allen Mitteln zu bekämpfen. Die permanente
antikommunistische Offensive, wie sie die CIA im sogenannten Plan 'Demagnetize' angeordnet hat, ist der
Kurs, den De Lorenzo von Anfang an fährt und dem
alles andere untergeordnet wird. De Lorenzo traut niemandem. Er läßt sogar Mikrophone im Quirinal und in
der Bibliothek des Papstes anbringen, die dann von Mitarbeitern von Johannes XXIII entdeckt wurden. Die Mikrophone beim Staatspräsidenten im Quirinal haben
dann während der Staatsstreichphase 1964 eine große
Rolle gespielt, weil De Lorenzo die Regierungsbildung
direkt mitverfolgen konnte. Die Tonbänder dürften sich
immer noch in den Kellern des SIFAR befinden. Sie wurden weder parlamentarischen Untersuchungskommissionen noch der Gerichtsbarkeit übergeben.

Fast sieben Jahre verblieb De Lorenzo an der Spitze
des SIFAR, länger als jeder andere zuvor und danach.
Der Geheimdienstapparat entfaltete unter seiner Führung eine bisher ungeahnte Arbeitswut. In 157.000 Akten wurden alle Politiker, Parlamentarier, Industriellen,
Gewerkschafter, Kulturleute erfaßt. Jeder, der etwas zählte in Italien, wurde von wachsamen Augen beobachtet.
Carabinieri und Geheimdienstleute waren unentwegt auf
der Suche nach Neuigkeiten. Die prall gefüllten Akten

Geheimdienst-Chef De Lorenzo im September 1966 bei der Ankunft am Bozner Bahnhof. Links der damalige Verteidigungsminister Tremelloni.

machten De Lorenzo zu einem ungeheuer mächtigen Mann. Als er im Februar 1961 zum Armeekorpskommandanten bestellt wurde, hätte er sich nach Udine verabschieden müssen. Doch wider jede Regel blieb er in Rom und wurde am 15. Oktober 1962 zum Kommandanten der Carabinieri ernannt. Auch der SIFAR verblieb weiter in seiner Hand über den ihm treu ergebenen General Giovanni Allavena. In diesen Jahren befand sich Giovanni De Lorenzo auf dem Höhepunkt seiner Macht. Er kontrollierte die sechs wichtigsten Kommandostrukturen von Carabinieri und SIFAR.

Es war dies die Zeit, in der das Zentrumsmodell an seinem Ende angelangt war. Das autoritäre Experiment Tambronis, mit Unterstützung des neofaschistischen MSI zu regieren, war gescheitert. Die vorsichtige Öffnung nach links hin zu den Sozialisten begann. Doch die Amerikaner waren dagegen und mit ihnen weite Teile jener italienischen Kräfte, die im Staate nach wie vor das Sagen hatten. Dies war der Zeitpunkt, an dem De Lorenzo Umsturzpläne und Notstandsprogramme zu schmieden begann. Aldo Moro wurde schon damals als Gefahr gesehen. Das Lager von Capo Marargiu auf Sardinien wurde eröffnet. Durch dieses Ausbildungslager

wurden dann all jene geschleust, die von den Geheimdienstspitzen dazu ausersehen waren, die Ränge jener Reservearmee aufzufüllen, die jederzeit bereit war, der linken Gefahr entgegenzutreten. Bei der Auswahl dieser Sturmtruppen war man nicht kleinlich. Vor allem stramm antikommunistisch mußten die Kandidaten sein. Eine gute Gelegenheit für die immer noch starken und militanten Restbestände des italienischen Faschismus, sich zu engagieren. Jetzt wurde man wieder gebraucht. Die Prinzipien der parlamentarischen Demokratie waren diesen Leuten allerdings zutiefst fremd. Nach der Krise der Mitte-Links-Regierung im Juni 1964 beorderte De Lorenzo die Kommandanten der Carabinieridivisionen zu sich und teilte ihnen die Befehle für den Tag X, für den "Piano Solo" mit, der so benannt wurde, weil die Carabinieri ihn allein hätten ausführen sollen. Die Listen der zu verhaftenden Personen wurden gleich mitgeliefert. Daß der Staatsstreichplan dann doch nicht zur Ausführung kam, könnte damit zusammenhängen, daß er nur eine der Varianten darstellte, um die Sozialisten bei der Regierungsbildung von Maximalforderungen abzubringen. Offensichtlich hat die Drohung gewirkt. Über die Mikrophone im Quirinal hat De Lorenzo die Regierungsbildung ja mitverfolgen können. Als dann in den Jahren danach die Machenschaften De Lorenzos immer mehr ruchbar wurden und der Presse auch Unterlagen zugespielt wurden, war er auf die Dauer nicht mehr zu halten. In einem Klima großer Spannungen wurde De Lorenzo am 15. April 1967 entlassen. Am 10. Mai brachte die Wochenzeitung "L'Espresso" die Geschichte vom Komplott in Großaufmachung.

Giovanni De Lorenzo wechselte dann nach seiner Absetzung als Generalstabschef - er war 1966 noch befördert worden - zu den Monarchisten über und endete schließlich als Abgeordneter des neofaschistischen MSI. Die Offiziere, die unter ihm gedient und Karriere gemacht hatten, setzten ihre Karrieren fort. Jene, die sich wie Manes, Giudici oder Ferrari ihm entgegengestellt hatten, sahen ihre Karrieren kompromittiert. Die Chance, den Stall des Augias auszumisten, wurde nicht genutzt. Ein nahtloser Übergang verläuft schließlich von den ungesetzlichen Machenschaften der De Lorenzo-Zeit bis zur Periode der sogenannten Strategie der Spannung, die dann ab 1969 in den furchtbaren und nie endgültig aufgeklärten Blutbädern von Mailand, Brescia, Bologna und schließlich im Terror der Roten Brigaden enden wird. Immer wieder waren Geheimdienstkreise mitverwickelt beim Versuch, das innenpolitische Klima anzuheizen. Daß man in den 60er Jahren einen so delikaten Bereich wie den Geheimdienstapparat der neofaschistischen Subversion geöffnet hat, sollte sich noch bitter rächen. So hatte sich z.B. Generalstabschef Giuseppe Aloja bereits 1965 mit einem Staff rechtsextremer Journalisten und Militärtheoretiker wie Pino Rauti, Guido Gianettini, Eggardo Beltrametti, Gianfranco Finaldi u.a. umgeben, die Giuseppe De Lutiis von der Ideologie des Spätnazismus und den französischen Putschgeneralen der OAS beeinflußt sieht. Die Feinde der Demokratie haben sich in den sensibelsten Bereichen eingenistet und gar einige dieser Berater sind dann zum SID übergewechselt. Einige dieser Namen tauchen dann in den Ermittlungen über die Blutbäder immer wieder auf. Guido Gianettini hat z.B. 1968 für die rechtsextreme potugiesische Agentur Interpress, die noch unter dem Schutz des Diktators Salazar agierte, folgendes geschrieben: "Wir denken, daß der erste Teil unserer politischen Aktion vor allem dafür sorgen muß, daß in allen Strukturen des Regimes das Chaos ausbricht. Also zuerst müssen wir die Strukturen des Staates zerstören unter dem Deckmantel der Kommunisten und Chinaanhänger. Wir verfügen bereits über infiltrierte Elemente in all diesen Gruppen. Auf sie müssen wir natürlich unsere Aktion aufbauen: Propaganda und Gewaltakte, die wir unseren kommunistischen Gegnern in die Schuhe schieben werden. Das wird zu einem Gefühl der Abneigung gegen jene führen, die auf diese Weise den Frieden aller und den der Nation gefährden. Um all das durchzuführen, bedarf es großer finanzieller Anstrengungen. In diese Richtung muß man agieren, damit die größtmögliche Zahl an Männern den Kampf aufnehmen kann und um jene politischen Gruppen zu korrumpieren und zu finanzieren, die uns nützlich sein können." Soweit der SID-Agent Guido Gianettini 1968 zu Beginn der Studentenbewegung.

Die Strategie der Spannung

Die heißen Jahre nach der Studentenrevolte von 1968 waren bereits voll im Gange. In der Arbeiterschaft gärte es, Streiks waren an der Tagesordnung, der Anti-Amerikanismus befand sich aufgrund des Vietnamkrieges auf seinem Höhepunkt und vor allem die KPI wurde von Wahl zu Wahl stärker. Vor diesem Hintergrund kam es zu den furchtbaren Anschlägen in Mailand, in Brescia, in Peteano. In Mailand wurde der zerfetzte Körper des Großverlegers Giacomo Feltrinelli bei einem Hochspannungsmasten gefunden und das keine drei Wochen, nachdem der Bozner Quästor Alitto Bonanno nach Mailand versetzt worden war, den wir noch vom Anschlag auf Amplatz und Klotz in Erinnerung haben. Es wurden noch weitere Staatsstreichversuche wie jener von Valerio Borghese oder der viel gefährlichere der "Rosa dei Venti", der von den verschiedenen Parallelorganisationen ausging, unternommen und letztendlich wieder abgeblasen. Gar einige Namen, die wir schon von Südtirol her kennen, tauchen im Rahmen der gerichtlichen Untersuchungen immer wieder auf. Die ständige Zunahme der KPI, die in den frühen 70er Jahren drauf und dran war, die Christdemokraten als stärkste politische Kraft in Italien zu überflügeln, dürfte in den Geheimdienstzentralen Panikreaktionen ausgelöst haben. Panikreaktionen, die dann dazu führten, daß man zu massiven Bomenschlägen ohne Rücksicht auf Verluste griff, um eine politische Wende herbeizuführen. Den Italienern sollte vor Augen geführt werden, daß Linkswählen nur ins Chaos führt.

Bomben im Zug

Zurück nach Südtirol: Es geht um das Attentat auf den Brenner-Expreß vom 15. November 1964, einige Tage vor den Landtagswahlen in Südtirol. Um 3.20 Uhr in jener Novembernacht wird der Kommandant der Polizeistation am Brenner, Secolo Perusco, von einem Telefonanruf aus dem Schlaf gerissen. Charles Joosten, ein Informant des Quästors Allitto Bonanno teilt ihm mit, im Gepäckswaggon des Brennerexpreß befinde sich eine in einem Koffer versteckte Bombe. Der Zug wird in Brixen angehalten, der Gepäckswaggon auf ein totes Geleise geschoben, wo die aus Donarit gefertigte 2,5-Kilo-Bombe dann um 4.51 Uhr explodiert. Charles Joosten, der bereits für den amerikanischen Geheimdienst in Vietnam gearbeitet hatte, war mit dem Brennerexpreß gleich mitgekommen. Er wurde dann von Secolo Perusco, der schon Christian Kerbler im Auftrag von Quästor Allitto Bonanno und dem italienischen Konsul in Innsbruck zum ersten Kontaktgespräch vom Brenner nach Bozen begleitet hatte und für delikate Aufgaben also besonders geeignet war, zum Quästor gebracht, der die beiden in Brixen erwartete. Ob sie sich dann alle miteinander die Explosion im Gepäckswaggon angeschaut haben, entzieht sich unserer Kenntnis. Auf jeden Fall hat Perusco dann im Prozeß von Brescia nichts über dieses Treffen in Brixen gesagt, auch nicht, daß Joosten ein Informant des Innenministeriums war. Nach dem Treffen in Brixen ging es weiter in die Quästur nach Bozen. Joosten hat immer die Auffassung vertreten, er habe nur ein Blutbad verhindert. Die Bombe stamme aus dem Umkreis des BAS. Josef Felder, ein Freund von Jörg Klotz sowie die beiden Pusterer Heinrich Oberlechner und Heinrich Oberleiter seien die eigentlichen Bombenleger. Sie wurden dann auch 1970 beim Prozeß in Brescia zu hohen Gefängnisstrafen verurteilt, Joosten, der hilfreiche 'Engel' wurde freigesprochen. Kurz vor dem Prozeß ist Seculo Perusco zusammen mit Quästor Allitto Bonanno und dem Mailänder Rechtsanwalt Lehner nach München gefahren, um mit Joosten das Verhalten vor Gericht abzusprechen. Wie immer hat Joosten bestens funktioniert.

Doch die ganze Geschichte stinkt zum Himmel. Aller Wahrscheinlichkeit nach hat der Geheimdienstprofi die Bombe selbst gelegt, um die Reste des BAS in der Südtiroler Öffentlichkeit und darüberhinaus endgültig zu diskreditieren. Denn ein solcher Anschlag konnte nur tiefe Abscheu in der Bevölkerung hervorrufen. Charles Joosten, den Jörg Klotz als den am besten infiltrierten Agenten des italienischen Geheimdienstes bezeichnet hat, wurde schließlich am 9. Dezember 1964 bei seiner Rückkehr nach Österreich verhaftet. Er hat gegenüber den österreichischen Ermittlungsbehörden zugegeben, daß er an der Herstellung der Bombe beteiligt war, doch nur, um den Anschlag zu verhindern. Die Richter in Österreich haben ihm nicht geglaubt und ihn verurteilt. Felder, Oberlechner und Oberleiter haben immer bestritten, mit der ganzen Angelegenheit etwas zu tun zu haben. Auch paßt dieser Anschlag nicht zum Stil der Pusterer Gruppe, die sich immer militärische Ziele ausgesucht hat. Senator Lionello Bertoldi spricht in seinem Bericht offen von einem ''getürkten Attentat''. In dieser Angelegenheit gibt es unterschiedliche Auffassungen zwischen der Gerichtsbarkeit in Bozen und jener von Venedig. Während Staatsanwalt Cuno Tarfusser den Fall Joosten archiviert hat, weil Joosten seiner Meinung nach nur Polizeihelfer und nicht Täter war, scheint Richter Carlo Mastelloni von dieser These nicht ganz überzeugt zu sein.

Solche Bomben in Zügen, die auf der Brennerlinie verkehrten, hat es einige gegeben. Nicht alle wurden rechtzeitig entdeckt. In Trient wurden am 30. September 1967 zwei Wachleute beim Öffnen eines Koffers durch die Explosion einer darin versteckten Bombe getötet. Zwei Monate vorher und zwar am 30. Juli war ebenfalls eine Zug-Bombe aufgetaucht, die scheinbar noch rechtzeitig entdeckt werden konnte. Senator Marco Boato schreibt dazu in seinem Bericht für die parlamentarische Untersuchungskommission, daß es sich bei dieser Bombe um eine ganz ''ähnliche Angelegenheit'' wie im Fall Joosten gehandelt habe und daß ein Informant der Finanzwache der Bombenleger gewesen sei. Eigenarti-

gerweise aber scheine dieser Vorfall weder im Verzeichnis der Attentate der Bozner Staatsanwaltschaft noch in der Antwort der Regierung auf entsprechende Anfragen am 22. Oktober 1991 im Senat auf. Boato rät der Regierung und der Gerichtsbehörde in Bozen beim Informationsbüro der Finanzwache, dem 'Ufficio 'I'' die entsprechenden Informationen einzuholen. Auch gebe es Hinweise dazu in den Prozeßakten über die Trienter Bomben.

30 Attentate in Österreich

Nach dem Anschlag auf der Steinalm im September 1966 wurde der Fallschirmjägergeneral Vito Formica, der damals im Range eines Hauptmannes im Ausbildungslager Alghero in Sardinien und auch auf Capo Marargiú tätig war, zusammen mit Oberst Monaco nach Südtirol versetzt. Der Auftrag wurde dem Guerilla- und Sabotagefachmann von SID-Chef Eugenio Henke persönlich erteilt. Er habe Ziele auf österreichischem Gebiet in Grenznähe auszumachen, um einen eventuellen Gegenschlag als Antwort auf die Attentate in Südtirol vorzubereiten. Formica hat daraufhin einen Plan ausgearbeitet und darin 30 Ziele für Attentate in Österreich festgelegt. Der inzwischen zum Fallschirmjägergeneral aufgestiegene Formica ist am 11. Juni 1991 in dieser Angelegenheit von der römischen Staatsanwaltschaft einvernommen worden. In diesen Aussagen zeichnet Formica ein interessantes Bild der Situation in Südtirol.

Er sei auf ausdrücklichen Befehl von Geheimdienstchef Henke vom 26. September bis 2. November 1966 nach Südtirol abkommandiert worden, um dem 4. Armeekorps zur Seite zu stehen und um zu überprüfen, ob das 4. Armeekorps für den Antiterrorkampf gerüstet sei. Des weiteren habe er den Auftrag gehabt festzustellen, ob es die Guerilla wirklich gebe und ob die Sondertruppen, die man zu ihrer Bekämpfung nach Südtirol abkommandiert hatte, auch Wirkung zeigten.

Hauptmann Formica kommt in seinen Aussagen zu einem vernichtenden Urteil über den Zustand der Truppen. Er spricht von einem versprengtem Haufen, von einer Aufsplitterung der Mittel und der Soldaten, die darüberhinaus die Hosen voll gehabt hätten, kaum sei die Nacht hereingebrochen. Während der Nacht hätten sie sich in den Schutzhütten verbarrikadiert und damit in Kauf genommen, wie die Maus in der Falle zu enden.

Formica bestätigt außerdem, daß die Guerilla sehr wohl existierte, weil alle sechs Faktoren, die für einen Erfolg ausschlaggebend sind, gegeben waren. Zu den sechs Faktoren zählt er den Anführer Georg Klotz; weiters den Irredentismus; das für Anschläge günstige Terrain; den Feind in der Person ''unserer Truppen, die an die Gesetze, wie sie in Friedenszeiten gelten, gebunden waren''; die Bevölkerung, die auf der Seite der Guerilla stand und die Unterstützung von außen durch Österreich.

Die Sondereinheiten von Polizei und Carabinieri, so Formica in seiner unerbittlichen Analyse, hätten sich damit begnügt, untertags das Schreckgespenst zu spielen. Darüberhinaus hätte hochmütiges Benehmen nur dazu geführt, die Situation weiter zu komplizieren.

"Bei dieser Gelegenheit," fuhr Formica fort, "habe ich das Gelände studiert und mir in der Nacht die Wege und die Ziele für eventuelle Repressalien angeschaut, die in den Siedlungen jenseits der Grenze lagen. Ich habe ungefähr dreißig Pläne ausgearbeitet, die vom Reschenpaß bis zum Monte Peralba reichten. Das sind 240 Kilometer. Nach meiner Rückkehr habe ich sie meinen Vorgesetzten überreicht. Am 31. Dezember desselben Jahres wurden sie in größter Eile von Rom angefordert und seitdem hat man nichts mehr davon gehört." Soweit General Vito Formica gegenüber der Staatsanwaltschaft in Rom. Für seinen Einsatz hat es dann persönliche Belobigungen durch SID-Chef Henke und Generalstabschef De Lorenzo gegeben.

"Centro occulto I"

Eine unmittelbare Folge des Anschlags auf die Steinalm war auch die Gründung eines "Centro occulto I" der Fi-

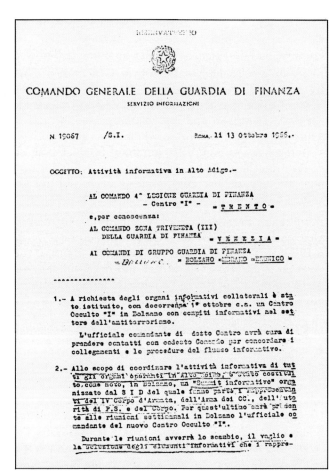

Geheimes Gründungsprotokoll des "Centro occulto I" der Finanzwache im Oktober 1966.

nanzwache, eines Informationszentrums zur Terrorbekämpfung in Bozen am 19. September 1966. Neben den Informationszentren der Carabinieri, der Polizei und des IV. Armeekorps erhielt auch die Finanzwache ihr Antiterrorzentrum. Koordinationsprobleme zwischen all den verschiedenen Polizeigattungen soll es schon damals gegeben haben. Denn in dem als streng geheim ausgewiesenen Gründungsakt des Zentrums geht davon die Rede, daß sich die vielen Informationszentren manchmal auch gegenseitig im Wege standen. Eine Million Lire hatte das Informationszentrum zunächst zur Verfügung, um seine Tätigkeit aufzunehmen und um Spitzel anzuheuern. Bis zu 50.000 Lire für eine Informationsbeschaffung konnten ausgegeben werden, wobei im Gründungsakt auf den Rat, mit dem Geld sparsam umzugehen, nicht verzichtet wird. Für sparsame Finanzbeamte wohl eine Selbstverständlichkeit.

Der Mitarbeiter Kienesberger

Was die Mitarbeit von Peter Kienesberger beim italienischen Geheimdienst angeht - Kienesberger sagt, er wollte den italienischen Geheimdienst im Auftrag des BAS aushorchen - hat Abwehrchef Renzo Monico im Laufe seiner Aussagen bei Untersuchungsrichter Carlo Mastelloni folgendes erklärt: "Was den österreichischen Staatsbürger Peter Kienesberger angeht, erinnere ich mich, daß ungefähr sechs oder sieben Monate vor dem Anschlag auf der Porzescharte beim Kommando der Carabinierilegion ein Brief eingegangen ist, in dem sich irgend ein Typ aus Österreich als Informant angeboten hat. Falls wir an seiner Mitarbeit Interesse hätten, sollten wir in einer Zeitung unter dem Stichwort Witwe oder junge Witwe inserieren. Oberst Marasco hat uns den Brief kurzerhand übergeben, wir haben inseriert; Datum und Stunde der Treffen wurden immer über die Carabinieri vereinbart. Wir sind in die Schweiz gefahren gleich hinter der österreichischen Grenze, ich, der Chef des Bozner Unterzentrums Pignatelli und der Brigadier Schgör von den Carabinieri. Wir hatten in einem Restaurant in Buchs ausgemacht, doch schien uns der Ort nicht sicher genug für ein Gespräch. Wir hinterließen die Botschaft, daß wir in einem Restaurant im Zentrum zu finden wären. Das Treffen fand statt und wir erkannten den Mann nicht, der sich unter einem falschen Namen vorstellte. Das war das erste einer Serie von Treffen mit derselben Person in Zürich. Im Rahmen dieser Gespräche teilte er uns einiges über die Zugehörigkeit zur Terrororganisation verschiedener italienischer Staatsbürger deutscher Zunge aus Südtirol mit. Wir haben alle Gespräche und Informationen aufgezeichnet, dann mit Informationen vervollständigt, die schon in unserem Besitze waren. Dies ermöglichte uns, den von Kienesberger Genannten dessen Aussagen vorzuhalten. Das haben wir allein deshalb gemacht, um das Vertrauen, das die Südtiroler den österreichischen Extremisten gegenüber hatten, zu zerstören. Diese Gang-

Kennwort "Witwe": Monico-Aussage über Treffen mit Kienesberger in der Schweiz.

Auflistung der von Kienesberger an die italienische Polizei verratenen Personen (Auszug aus italienischem Polizeiprotokoll).

art wurde von mir vorgeschlagen und von meinen Mitarbeitern geteilt. Die Gespräche haben dann ein Ende gefunden, als Peter, den wir "die Witwe" nannten, einige Monate vor dem Anschlag auf die Porzescharte aufhörte, auszuplaudern und auf kein Treffen mehr einging. Schon vorher hatte ich Admiral Henke den Vorschlag gemacht, den Peter gewaltsam nach Italien zu entführen; doch wurde mir das von Henke verboten. Als wir erkannten, daß diese Informationsquelle versiegt war, habe ich beschlossen, die Südtiroler, die der Peter angegeben hatte, zu verhören. Ich ließ sie die Bandaufnahmen unserer Gespräche anhören. Daraufhin habe ich die Bozner Tageszeitung "Alto Adige" informiert und so gelangte die Nachricht mit großem Echo ins Ausland; Peter leugnete, aber er wurde von verschiedenen Personen, darunter der flüchtigen Rosa Ebner widerlegt. Sie veröffentlichte in einer österreichischen Zeitung einen Leserbrief, in dem sie behauptete, daß Peter wirklich Dinge ausgeplaudert habe, die sich für uns als nützlich erwiesen hatten." Soweit der für Südtirol zuständige Abwehrchef Renzo Monico über die Rolle Kienesbergers. Wenn er sagt, Henke habe die Entführung Kienesbergers verboten und damit sei die Sache gestorben gewesen, dürfte er nicht die ganze Wahrheit gesagt

haben. Denn es hat Versuche gegeben, Peter Kienesberger und auch Norbert Burger nach Italien zu entführen.

Was in diesem dunklen Kapitel geheimdienstlicher Zusammenarbeit zwischen Kienesberger und den Italienern alles gelaufen ist, wer weiß es? Von beiden Seiten gibt es diametral entgegengesetzte Aussagen. Wolfgang Pfaundler sagt, Kienesberger habe nicht im Auftrag des BAS gehandelt. Die Fronten dürfte er aber doch nicht gewechselt haben. Denn wie sonst erklären sich die von den 60er Jahren bis heute andauernden Versuche des italienischen Geheimdienstes, seiner mit allen Mitteln habhaft zu werden? Eine Insistenz, die ja schon vor dem Anschlag auf die Porzescharte zu beobachten ist.

Hat die Polizei die Bombe gelegt?

Nach Erlaß des Südtirolpaketes und der Haftentlassung der letzten Einundsechziger unmittelbar vorher, trat ein Jahrzehnt relativer Ruhe ein. Heißer als in Südtirol ist es da in der Nachbarprovinz Trient zugegangen, wo die italienische Studentenbewegung in der Fakultät für Soziologie eine ihrer Hochburgen hatte. In Trient hätte am 18. Jänner 1971 im Gerichtsgebäude eine Bombe hochgehen sollen, die gerade noch rechtzeitig entdeckt werden konnte. Diejenigen, die die Bombe gelegt hat-

Peter Kienesberger (links), Erhart Hartung (Mitte) und Egon Kufner beim Porzescharte-Prozeß in Wien, der mit einem Freispruch endete.

ten, haben bewußt ein Blutbad in Kauf genommen wie in Mailand und in Brescia auch. Die Bombe wurde natürlich zunächst einmal schon allein der geographischen Nähe wegen von der Presse den Südtiroler Bombenlegern in die Schuhe geschoben. Doch dann geschah Sensationelles: Am 7. November 1972 erschien die linksextreme Zeitung "Lotta continua" (Permanenter Kampf), die der Studentenbewegung nahestand, mit einem hochexplosiven Artikel. Tenor: "Die Polizei hat das Attentat organisiert." Ein junger Mann namens Sergio Zani, ein Informant der Polizei, habe erklärt, er sei der Bombenleger und habe im Auftrag der Polizei gehandelt. Im Artikel von "Lotta continua" heißt es weiter, daß es einen Bericht des SID über die Bombe gebe, in dem es heißt, daß man die Untersuchung eingestellt habe, nachdem klargeworden war, daß da die Polizei dahintersteckte. Nach diesem Artikel, so Giuseppe De Lutiis, habe es in Trient und Rom Treffen auf höchster Ebene gegeben. Gegen "Lotta continua" sei ein Schnellverfahren angestrengt worden, das dann aber drei Jahre dauerte und mit einem sensationellen Ergebnis endete; die Zeitung wurde voll freigesprochen, "weil die Tat kein Vergehen darstellt". Man muß sich vorstellen, daß die Täter und die Auftraggeber dieser Bombe, die

ja bekannt waren, nie verurteilt worden sind, daß gleichzeitig aber ein linksextremes Blättchen ungestraft und gerichtlich abgesichert behaupten konnte, die Bombe sei im Auftrag der Polizei gelegt worden. Autor des Artikels war übrigens Marco Boato, Abgeordneter der Grünen und Mitglied der parlamentarischen Untersuchungskommission zur Aufklärung der Blutbäder in Italien, die sich auch mit dem Südtirol-Terrorismus beschäftigt. Erst im Juli 1976 wurde Sergio Zani verhaftet und im Dezember 1976 dann ging es Schlag auf Schlag. Unter großem Aufsehen wanderte zunächst der Oberst der Finanzwache Lucio Siragusa, der das Antiterrorzentrum der Finanzwache in Bozen leitete, ins Kittchen. Doch die Anschuldigungen gegen die Finanzwache, die vom Oberst der Carabinieri Michele Santoro lanciert worden war, brachen bald zusammen. Außerdem konnte die Finanzwache anhand von detaillierten Dossiers nachweisen, daß ihre Ankläger, selber bis zum Hals im Dreck steckten. Es dauerte nicht lange und Oberst Michele Santoro, der Oberst des SID Angelo Pignatelli und der Vize-Quästor Saverio Molino wurden mit Hilfe der Dossiers der Finanzwache zur Strecke gebracht. Alle drei wurden verhaftet. Alle drei werden von De Lutiis als Protagonisten der "Strategie der Spannung" eingestuft und haben ein langes Sündenregister aufzuweisen.

Einige Beispiele daraus: Als die Finanzwache am 7. Mai 1972 den Neofaschisten Luigi Biondaro kontrollierte, fand sie den Lieferwagen voller Sprengstoff und voller Waffen. Biondaro erklärte den verdutzten Finanzpolizisten, er arbeite für Oberst Santoro, worauf er problemlos weiterfahren durfte. Kein Richter hat sich je um diesen Fall gekümmert. Oberst Angelo Pignatelli hingegen, der Chef der Gegenspionage in Bozen, hatte in Verona Tonbänder löschen lassen, die kompromittierende Telefongespräche von Amos Spiazzi mit anderen Mitgliedern der Verschwörergruppe "Rosa dei Venti" enthielten. Was die Herkunft der Trienter Bombe angeht, gibt es auch noch eine Aussage von Sergio Zani, die bezeugt ist. Dieser Aussage zufolge soll die Polizei den vorbestraften Zani erpreßt und zum Bombenlegen animiert haben. Immerhin war der damalige Vizequästor von Trient, Molino, der "Rosa dei Venti" eng verbunden.

Ein Zeltlager mit Folgen

Von der Bombe in Trient, die nie explodiert ist, zum Lager auf dem Penser Joch im Jahre 1971, wo im Rahmen eines Zeltlagers, das der MSI organisiert hatte, ein bißchen Antiguerillakampf geübt wurde, wie das damals in rechtsextremen Kreisen Mode war. Die ganze Geschichte ist aufgeflogen als zwei Oberschüler, die mit dabei waren, bei einer Studentenversammlung in Bozen ein Bekenntnis ablegten, wie die Südtiroler Wochenzeitung 'FF' 19/91 schreibt. Daraufhin hat der damalige Bozner Staatsanwalt Vincenzo Anania im August 1972 ein Strafverfahren wegen Abhaltung paramilitärischer Übungen für den bewaffneten Kampf eingeleitet und zwar gegen die Bozner MSI-Aktivisten Andrea Mitolo, Walter Pilo und andere. Anania wurde für die Schwarzhemden zum roten Tuch. Es dauerte nicht lange, da tauchten plötzlich Fotos auf, die Anania zeigten, wie er ein 14-jähriges Mädchen zärtlich umfangen hielt. Es bleibt aber nicht bei diesen Fotos. Sie werden immer mehr, ihr Inhalt immer gewagter. Dies ist der Augenblick, in dem Antonio Forgione in die Geschichte einsteigt. Er hat einen der Schüler verteidigt, die zugegeben hatten, am Penser Joch dabeigewesen zu sein. Forgiones These: Der MSI habe Anania erpreßt, bis dieser sich schließlich dazu gezwungen sah, das Verfahren aufzugeben und um Versetzung an ein anderes Gericht außerhalb Südtirols anzusuchen. Der MSI klagte aber und zerrte Forgione wegen übler Nachrede vor Gericht. Seitdem hadert er mit den Gerichten. Die Geschichte mit den Fotos ist bald zu Ende erzählt. Dem Trienter Generalstaatsanwalt Filippo De Marco wurden die Fotos zugespielt, der oberste Richterrat eröffnet daraufhin ein Verfahren, bei dem Andrea Mitolo dann aussagte, im Oktober 1973 sei ein Unbekannter in seine Kanzlei gekommen und habe die Fotos angeboten, er aber habe

entrüstet abgelehnt. Viele wußten damals in Bozen, daß Anania der Liebhaber der Nichte seiner Frau war. Erst später hat sich dann herausgestellt, daß es sich bei den Bildern um Fotomontagen gehandelt hat. Trotzdem hatten sie ihren Dienst schon getan, denn Anania war inzwischen erledigt. Er ließ sich nach Lucca versetzen und gab das Verfahren ab. Im Mai 1974 hat dann Untersuchungsrichter Mario Martin alle Angeklagten freigesprochen. Auch die Anfechtung des Urteils durch Staatsanwalt Ugo Giudiceandrea brachte nichts. Es blieb beim Freispruch.

Italienische Terrorgruppen

Ende der 70er Jahre dann, als sich unter den Italienern in Südtirol Unmut breitzumachen begann, weil die Durchführung der Südtirol-Autonomie Opfer verlangte und in dieser delikaten Übergangsphase auch politische Fehler gemacht wurden, haben sich zwei italienische Terrorgruppen zu Wort gemeldet, "MIA" (Movimento Italiano Alto Adige) und "API" (Associazione per L'Italia). In der Nacht vom 4. auf den 5. Dezember 1979 wurden eine ganze Reihe Anschläge auf Seilbahnanlagen durchgeführt, wobei laut Schätzung der Sicherheitsbehörden rund ein Dutzend Personen im Einsatz gewesen sein dürften. Im Rahmen der Untersuchungen fiel auf, daß perfekte Arbeit geleistet worden war. Ungewöhnlich auch, daß die Verantwortung für die Anschläge auf einer Sonderseite der rechtsextremen römischen Wochenzeitschrift "Il Borghese" übernommen wurde. Von den Urhebern dieser Attentate fehlt heute noch jede Spur.

Francesco Stoppani

Ebenfalls Ende der 70er Jahre ist der römische Rechtsanwalt Francesco Stoppani in Südtirol aufgetaucht. Der frühere MSI-Mann, der 1975 seinen Militärdienst als Leutnant der Alpini in Welsberg abgeleistet hat und seitdem vor allem über den Hauptmann Roberto Eratoner Kontakt zu Welsberg hatte, hat sich am 19. Jänner 1980 in der Carabinierikaserne von Innichen als Agent des SISMI, des militärischen Abwehrdienstes vorgestellt, auf General Santovito, den Chef des SISMI, Bezug genommen und darüberhinaus auch auf die geheime Telefonnummer von Gladio-Chef General Paolo Inzerilli verwiesen, in deren Besitz er war. Kommandant der Carabinieristation Innichen war damals Hauptmann Giovanni Antolini. Ihm hat Stoppani seinen Auftrag erläutert und ihn um Unterstützung gebeten, weil er Peter Kienesberger gewaltsam entführen und tot oder lebendig nach Italien bringen sollte. Auch soll Stoppani von Vergeltungsanschlägen in der Nähe von Innsbruck gesprochen haben und daß er den Chef der Terrororganisation "MIA" kenne. Doch Hauptmann Antolini traute dem Geheimagenten nicht. Er erstattete Gene-

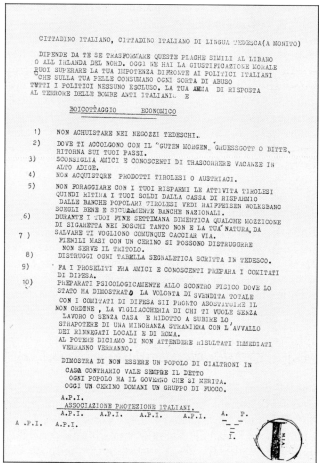

A.P.I.-Flugblatt: Wer waren die Täter?

ral Carlo Alberto Dalla Chiesa in Mailand Bericht, der seinerseits das Oberkommando in Rom informierte. Dalla Chiesa, der als Bändiger der Roten Brigaden zu Berühmtheit gelangt ist und später dann von der Mafia in Palermo ermordet wurde, fragte an, wie es möglich sei, daß ein römischer Rechtsanwalt sich mit Fragen des Südtirolterrorismus befasse. Das Oberkommando der Carabinieri hat dann sowohl einen Bericht an Innenminister Rognoni als auch an Verteidigungsminister Ruffini weitergeleitet. Daraufhin hat der SISMI Francesco Stoppani wie eine heiße Kartoffel fallen gelassen und ihn als Angeber und Märchenerzähler zu diskreditieren versucht. Doch dem Bericht von Senator Marco Boato entnehmen wir, SISMI-Oberst Armando Sportelli habe gegenüber dem Bozner Staatsanwalt Cuno Tarfusser bestätigt, daß General Santovito Innenminister Rognoni über den Auftrag an Stoppani informiert hat. Darüberhinaus gibt es noch andere Aussagen, die den Auftrag an Stoppani bestätigen.

Gladio

Inwieweit hat Gladio, jene absolut geheime Nato-Organisation namens "Stay Behind", die dazu ausersehen war, im Falle eines Konfliktes mit den Warschauer-

Pakt-Staaten aktiv zu werden, mit Anschlägen in Südtirol zu tun? Viel Tinte ist seit Aufdeckung der Existenz von Gladio in diesem Zusammenhang geflossen. Vor allem die Tatsache, daß Gladio 139 versteckte Waffen- und Sprengstofflager angelegt hatte und daß man zwölf dieser Lager nicht mehr auffinden konnte, hat zu vielen Vermutungen Anlaß gegeben. Gladio hätte laut eigenem Anspruch weder zur Bereinigung innerstaatlicher Krisen eingesetzt werden können, noch hätten Anhänger rechts- oder linksextremer Parteien darin Platz finden dürfen. Der Anspruch ist auf dem Papier geblieben. Gladio ist auch in Südtirol aktiv geworden.

Zum ersten Mal taucht Gladio in der Person des Generals Manlio Capriata im Zusammenhang mit Südtirol auf. Capriata war 1962 für kurze Zeit Chef des 'Ufficio R', von dem die Geheimstruktur Gladio direkt abhing. Damals, so der General gegenüber dem Venezianer Untersuchungsrichter Carlo Mastelloni, sei er zu SIFAR-Chef Giovanni De Lorenzo gerufen worden, der ihm mitgeteilt habe, er habe die Mitglieder von Gladio in Südtirol mobilisiert und dabei auf die Elitesoldaten des CAG zurückgegriffen, weil sich die Antiterrormaßnahmen in Südtirol als unzureichend erwiesen hätten. So weit er wisse, so Capriata, sei es das einzige Mal gewesen, daß die in Alghero ausgebildeten Sturmpioniere zum Einsatz gekommen sind. Capriata sagte auch aus, daß es für ihn logisch war, daß Gladio im Falle innerstaatlicher Ausnahmesituationen zum Einsatz kam. Sowohl Renzo Monico als auch Carabinierimaresciallo Cosimo Provenzano und General Federico Marzollo haben ausgesagt, sie hätten nie etwas von einem Gladio-Einsatz in Südtirol erfahren. Dazu meint Senator Marco Boato in seinem Bericht, die drei hätten vom Gladio-Einsatz auch nichts wissen können, weil sie gar nicht wissen konnten, daß es Gladio gibt. Gladio sei eine rigoros von jeder anderen Geheimorganisation getrennte Angelegenheit gewesen. Worin der Einsatz von Gladio 1962 in Südtirol bestanden hat, kommt weder im Bericht von Senator Boato noch in jenem seines Bozner Kollegen Lionello Bertoldi zur Sprache.

Senator Lionello Bertoldi von der Demokratischen Linken weist in seinem Bericht auf eine Aussage von Oberst Renzo Monico hin. Vom ''Ufficio R'', dem Gladio unterstand, habe man Informationen über die Aktivität von Klotz in Österreich erhalten und zwar über einen Journalisten, einen gewissen Fred Borth, der Mitarbeiter des ''Ufficio R'' gewesen sei. Fred Borth, der sich mit Gerhard Neuhuber im Umkreis von Jörg Klotz herumgetrieben hat, war darüberhinaus auch noch Konfident der österreichischen Staatspolizei und Mitglied der neonazistischen ''Europa-Legion'', ein ''agent provocateur'', den die österreichische Staatspolizei schon bald nach dem Kriege rekrutiert hat.

Ein weiterer Beweis dafür, daß Gladio in Südtirol aktiv war, ist der Einsatz von Oberst Mario Monaco und Hauptmann Vito Formica im Herbst 1966. Mario Monaco war der Kommandant des Ausbildungszentrums von Alghero auf Sardinien, wo die Sturmpioniere von Gladio ausgebildet wurden und Hauptmann Vito Formica war der verantwortliche Ausbildner des Zentrums. Der Auftrag, einen Plan für 30 Attentate in Österreich auszuarbeiten und den Zustand der Truppen in Südtirol zu untersuchen, wurde direkt von Geheimdienstchef Eugenio Henke erteilt.

Gladio begegnet uns dann wieder 1971 im Rahmen des militärischen Ausbildungslagers auf dem Penser Joch, das der neofaschistische MSI organisiert hatte. Ausbildner war Giuseppe Sturaro, seit 1960 Mitglied des MSI und seit 1968 eingetragenes Mitglied von Gladio. Laut Senator Lionello Bertoldi ist Giuseppe Sturaro von der Gladio-Einheit "Schnelle Einsatzgruppe Primula" zur "Guerilla-Einheit Bozen" übergewechselt.

Das letzte Mal taucht Gladio 1979 in der Gestalt des römischen Rechtsanwaltes Francesco Stoppani in Südtirol auf. Dem Bericht von Senator Marco Boato zufolge hat Stoppani sowohl mit SISMI-Chef General Santovito als auch mit Gladiochef General Paolo Inzerilli zusammengearbeitet. Er war im Gladio-Zentrum Alghero ausgebildet worden und war bereits für die volle Aufnahme bei Gladio vorgesehen. Nach seinem Mißgeschick in Südtirol wurde er allerdings gleich fallengelassen und als für Gladio nicht mehr brauchbar abqualifiziert.

Der Prozeß gegen Franz Frick und Dieter Sandrini

Im März 1988 stehen der Möltner Tischler Franz Frick und der Bozner Geometer Dieter Sandrini vor dem Bozner Schwurgericht. Den beiden wird vorgeworfen, 1987 einen Bombenanschlag im Stiegenhaus des MSI-Landtagsabgeordneten Pietro Mitolo und des Landeshauptmannstellvertreters Remo Ferretti von der DC verübt zu haben. Sie werden dafür zu hohen Gefängnisstrafen verurteilt. Im Auto von Frick hatten die Carabinieri einen von Dieter Sandrini angefertigten Plan gefunden, in dem das Haus Mitolos gekennzeichnet war. Doch der Prozeß und die Beweisführung haben trotz dieses Hinweises deutliche Mängel erkennen lassen, so daß Zweifel an dem Urteil angebracht sind, auch wenn es sich um ein abgeschlossenes und nicht mehr anfechtbares Urteil handelt. So ist z.B. als Belastungszeuge gegen Dieter Sandrini ein gewisser Albert Naujokat aufgetreten, ein österreichischer Staatsbürger mit einem ellenlangen Strafregister, der erklärte, Sandrini habe ihm während der gemeinsamen Haft gestanden, daß er schuldig sei. Kein besonders glaubwürdiger Zeuge also. Die Verteidiger Sandrinis haben wiederholt darauf hingewiesen.

Doch gibt es noch einen anderern Häftling in dieser Geschichte und zwar den Brixner Aldo Frizziero, einen Dro-

gensüchtigen, der mittlerweile verstorben ist. Er soll sich dazu bereit erklärt haben, vor Gericht zu bezeugen, daß ihn die Polizei bearbeitet habe, damit er gegen Sandrini aussage. Dies hat die Landtagsabgeordnete Eva Klotz im Südtiroler Landtag behauptet. Frizziero habe sich an sie gewandt und sich bereit erklärt, dies vor Gericht zu bezeugen. Auf diese Aussage hin hätte man Frizziero eigentlich anhören müssen. Denn wenn Naujokat vom Gericht als glaubwürdiger Zeuge akzeptiert wurde, hätte das auch für Frizziero gelten müssen. Doch das ist nicht geschehen. Auch die Aussagen einiger Möltner und Göflaner Bürger, die für die Tatzeit ein Alibi für Franz Frick bestätigen konnten, fanden keinen Glauben. Unter ihnen befand sich auch der derzeitige Bürgermeister von Mölten, Alois Heiß, der dann kurz vor der Berufungsverhandlung verhaftet wurde, weil in einem Holzlager in unmittelbarer Nähe seines Hofes Sprengstoff gefunden wurde. Allerdings stellte sich dann heraus, daß Heiß damit nichts zu tun hatte, weshalb man ihn laufen lassen mußte.

Dafür hat das Bozner Gericht dem Sprengstoffgutachter Marco Morin geglaubt, einem Mann, der sich dann als eine jener dunklen Gestalten herausgestellt hat, die mit jenen zu tun hatte, die Italien über Jahrzehnte hinweg mit verbrecherischen Anschlägen ins Chaos bomben wollten. Dieser Sprengstoffexperte, der nebenbei über keine akademisch ausgewiesene Befähigung auf diesem höchst delikaten Gebiet verfügt, hatte in seinem Gutachten bezeugt, daß bei verschiedenen Anschlägen und einigen Sprengsätzen, die Frick zugeschrieben wurden, immer derselbe Sprengstoff verwendet worden war. Ein Gegengutachten, das im Auftrag der Verteidiger von Fachleuten der Universität Innsbruck erstellt wurde und das zu gegenteiligen Schlüssen kam, wurde nicht akzeptiert. Das Gericht glaubte dem 'unabhängigen' Gutachter aus Venedig, der erwiesenermaßen im Falle des Massakers von Peteano 1972 im Friaul, bei dem drei Carabinieri zu Tode kamen, die Ermittlungen in die falsche Richtung gelenkt hat. Morin hatte versucht, die Ermittlungen absichtlich den Roten Brigaden in die Schuhe zu schieben, obwohl Neofaschisten die Tat begangen hatten. Der 'Sprengstoffexperte' bestätigte damals, beim Anschlag sei der berühmte tschechische Sprengstoff Semtex verwendet worden, wie man ihn in einem Schlupfwinkel der Roten Brigaden gefunden hatte. Verwendet wurde hingegen ein NATO-Sprengstoff wie er auch in geheimen Gladio-Waffenlagern deponiert war. Erst über das Geständnis eines der Täter kam man dem "Gutachter" auf die Spur. Schon im Laufe des Prozesses hatten die Verteidiger von Frick und Sandrini, Paolo Fava und Siegfried Brugger auf die zwielichtige Rolle Morins hingewiesen. Doch das Gericht nahm ihre Argumente nicht zur Kenntnis. Zur Verteidigung des Gerichtes kann gesagt werden, daß Morin vorher bereits in verschiedenen großen Prozessen als Gutachter herangezogen worden war. Unter anderem hatte er z.B. bestätigt, daß Aldo Moro nicht mit der berühmten

Maschinenpistole der Marke Skorpion erschossen worden war, die bei den Rotbrigatisten Valerio Morucci und
Adriana Feranda gefunden wurde. Sie hatten Morin als
Gutachter bestellt. Auch die Waffe, mit der Carlo Alberto Dalla Chiesa in Palermo erschossen worden war,
wurde von Morin untersucht. Der Mann, bei dem bereits 1966 im Rahmen einer Hausdurchsuchung ein ganzes Waffenlager nebst Bombe gefunden worden war, der
Ordine Nuovo nahestand, der falsche Gutachten abgegeben hatte, wurde als Sachverständiger zur Aufklärung
von Verbrechen herangezogen, die den Staat in seinen
Grundfesten erschüttert hatten. Eine wirklich unglaub-
liche Geschichte. Dagegen ist die Sache mit Frick und
Sandrini fast eine Bagatelle. Dennoch kostete sie einige Jahre Kerker, wobei die Expertise von Morin für das
Urteil mit ausschlaggebend war. Deshalb sollte allein
die Tatsache, daß Morin als Gutachter in diesem Prozeß tätig war, die Gerichtsbehörden veranlassen, das ganze Verfahren neu aufzurollen und das unabhängig
davon, ob Sandrini und Frick nun schuldig sind oder
nicht. Geschieht das nicht, bleibt der Eindruck erhalten als seien die beiden in einem nicht fairen Verfahren abgeurteilt worden.

Die Bomben von "EIN TIROL"

Bomben der Marke 'Ein Tirol' sind erstmals Ende der
70er Jahre aufgetaucht. Doch so richtig virulent wurde
die ganze Angelegenheit dann ab 1987. In einer unheimlichen Serie von Anschlägen, die sich bis zum August
1989 hingezogen haben, flogen nicht nur die Müllkä-
sten inmitten von Wohnsiedlungen reihenweise in die
Luft; es wurden Anschläge auf Wohnhäuser verübt, aus
Maschinenpistolen auf Wohnhäuser, Kasernen geschossen, in Wohnungen hineingefeuert und nicht einmal vor
Kirchen Halt gemacht. Der gefährlichste Anschlag war
sicher jener von Lana im August 1988 als anläßlich des
Begräbnisses von Jörg Pircher oberhalb von Lana eine
Rohrdruckleitung in die Luft gesprengt wurde. Nur die
durch den Druckabfall sich schließenden Sicherheits-
ventile haben Lana vor der Zerstörung gerettet.

Für all diese Anschläge, es sind über 40, hat die Organisation 'EIN TIROL' in Bekennerbriefen und Flugblättern die Verantwortung übernommen. Im Nazijargon
wird darin den Italienern in Südtirol die Endlösung, die
Austreibung und physische Vernichtung angedroht. Für
diese Anschläge ist der frühere Südtirolkämpfer Karl
Ausserer, ein gleichermaßen fanatischer wie verbohrter
und außerhalb der Realität lebender Mann am 11. Mai
1989 vom Landesgericht Innsbruck zu fünfeinhalb Jahren Gefängnis verurteilt worden. Er ist bestimmt der
Hauptverantwortliche in dieser Angelegenheit. Die Be-
schaffung von großen Mengen Sprengstoff, die Entdeckung eines Waffenarsenals in seinem Hause, seine
Aussagen auch der Presse gegenüber und anderes mehr
weisen eindeutig in diese Richtung.

Bekenntnisschreiben der Gruppe "Ein Tirol"

Doch damit ist der Fall noch längst nicht ausgestanden.
Denn im Umkreis von Karl Ausserer wimmelte es nur
so von eigenartigen Gestalten, die entweder als Berufs-
verbrecher ausgewiesen sind oder lange schon im Sold
der Geheimdienste stehen. Alles Leute, denen nicht im
mindesten der Sinn nach einem "Befreiungskampf" gestanden haben dürfte.

Da sind einmal die beiden "Chefs" der sogenannten
Obermaiser Bande aus Meran, Karl Zwischenbrugger und
Peter Paul Volgger zu nennen. Beide, wie auch ihre Be-
rufskollegen Luigi Quintarelli und Johann Pircher, sind
in die Machenschaften von "EIN TIROL" mitverstrickt.
Quintarelli und Pircher, die Handlanger von Zwischenbrugger und Volgger, haben 1988 mit einer Maschinenpistole in der Meraner Gegend herumgeballert und unter
anderem die Carabinieristation in Tscherms und Wohnblocks in Meran und Sinich beschossen. 1989 wegen Bedrohung und Auslösung von Tumulten verurteilt, befinden sich beide längst wieder auf freiem Fuß.

Karl Zwischenbrugger hingegen, der im März 1984 noch
zusammen mit Quintarelli zu vier Jahren Haft verurteilt worden war, wurde nach wenigen Monaten nachdem er gegen das Urteil Berufung eingelegt hatte,
entlassen und versuchte zuerst bei Jörg Pircher in Lana als Freiheitskämpfer einzusteigen. Doch als dieser
nichts wissen wollte, machte er in Innbruck bei Karl Ausserer einen weiteren Versuch, den er scheinbar von gemeinsamen Kindheitstagen her kannte. Ausserer vertraute dem Bekannten, der bald einmal Verstärkung in Form
seines Ganovenfreundes Peter Paul Volgger erhielt. Auch
dieser verschob seine Aktivitäten von Meran nach Innsbruck.

Doch damit nicht genug. Bei Ausserer in Innsbruck tauchte auch noch der arbeitslose Tischler Karl Spitaler aus Bozen auf, der nachweislich versucht hat, Personen, die dem nationalen Lager nahestehen, zu Straftaten zu animieren. Wahrscheinlich um sich zu tarnen, hat er überall herum in deutschnationalen Kreisen des In-und Auslandes Geld für ein deutschsprachiges Telefonbuch in Südtirol sowie für einen rein deutschsprachigen Stadtplan von Bozen gesammelt.

Ausserer hat aber noch anderen Besuch bekommen. Herbert Hegewald aus Mannheim stellte sich bei ihm ein, der bereits in den 60er Jahren im Umkreis des BAS gesichtet worden war. Damals war er als Provokateur eingestuft worden und hatte für zehn Jahre Österreichverbot erhalten. Hegewald soll Karl Ausserer mit Waffen versorgt haben. Auch ist er immer wieder in Südtirol aufgetaucht, um wie Spitaler auch in nationalen Kreisen Animation zu betreiben. Er soll auch anläßlich seines Innsbrucker Aufenthaltes ein Videoband aufgenommen haben, das Ausserer und Volgger bei einer nachgestellten Sprengung zeigt und das die Behörden angeblich im Rahmen einer Hausdurchsuchung bei der Schwester von Volgger beschlagnahmt haben sollen.

Es gibt aber noch eine ganze Reihe anderer Ungereimtheiten. Als die österreichischen Behörden erkennen ließen, daß sie Zwischenbrugger nach Italien abschieben wollten, erklärte dieser plötzlich, er habe 1984 einen Masten bei Plars gesprengt, für den aber schon ein anderes Mitglied der Obermaiser Bande und zwar Adalbert Holzner verurteilt worden war. Darüberhinaus haben sowohl Holzner als auch Zwischenbrugger schriftliche Erklärungen abgegeben, in denen sie erklären, sie seien von Beamten der politischen Polizei genötigt worden, gewisse Erklärungen und Beschuldigungen zu unterschreiben. Des weiteren hat die Südtiroler Zeitschrift "FF" ungestraft behauptet, daß es am Brenner ein Treffen zwischen Zwischenbrugger und der italienischen Polizei gegeben habe und zwar in Anwesenheit von österreichischen Beamten.

Peter Paul Volgger ist Ende Oktober 1990 in Bayern wegen unzüchtiger Handlungen Minderjährigen gegenüber verhaftet worden. Die Polizei hat dann in seiner Wohnung ein Waffenlager ausgehoben. Gegen Volgger lag zum damaligen Zeitpunkt kein Haftbefehl von der italienischen Seite vor, obwohl er schon im Holzner-Prozeß als Terroristenausbilder bezeichnet worden war. Inzwischen ist ein Auslieferungsantrag gestellt worden, doch wird Volgger aller Wahrscheinlichkeit nach in Bayern sein Unzucht-Verfahren abwarten müssen.

Der "EIN-TIROL"-Prozeß in Bozen ist schon einmal verschoben worden, weil Karl Ausserer nicht ausgeliefert wurde und auch nicht vor Gericht erscheinen will. Aber auch ohne Ausserer würden allein die zur Verfügung stehenden Mitglieder der Obermaiser Bande genügend interessante Anhaltspunkte bieten können, um den Hin-

tergrund von 'EIN TIROL' etwas genauer auszuleuchten. Die Bevölkerung wartet nämlich mit großem Interesse auf die endgültige Abklärung dieser unheimlichen Bombenjahre, auch weil der Eindruck entstand, als wäre da der neofaschistische MSI von Wahlerfolg zu Wahlerfolg gebombt worden.

"Die Wahrheit wird euch alle freimachen"

Der Präsident der Parlamentarischen Untersuchungskommission über den Terrorismus in Italien und die nicht aufgeklärten Blutbäder, Senator Libero Gualtieri, hat über den Terrorismus in Südtirol und die Rolle der Geheimdienste in seinem Bericht, der einstimmig gutgeheißen wurde, folgendes gesagt: "Das, was sich da herauskristallisiert, ist ein Bild, in dem die Strukturen des Staates nicht dem Terrorismus entgegengetreten sind, der von Unabhängigkeitsbewegung in Südtirol ausgegangen ist, um diesen zu bekämpfen. Nein, sie haben ihn genährt und so zu einer Verschlechterung der Situation beigetragen. Darüberhinaus sind sie so weit gegangen, regelrechte Akte des Gegenterrorismus auf unserem Territorium zu setzten und vielleicht sogar in Österreich."

Senator Lionello Bertoldi spricht in seinem Bericht im Zusammenhang mit den Aktivitäten der Geheimdienste von "schweren und auch verbrecherischen Abweichungen von den eigentlichen von der Verfassung vorgegebenen Aufgaben." Die Kommission verfüge über viele Unterlagen, die die Aussagen von Präsident Gualtieri bestätigen.

Senator Marco Boato ist der Auffassung, daß erst Vorarbeiten geleistet worden sind und daß die Parlamentskommission ihrer Aufgabe noch nicht gerecht geworden ist. Es habe eindeutige Versuche gegeben, alles wie schon oft gehabt, versanden zu lassen. Der Präsident der Unterkommission über den Terrorismus in Südtirol, der DC-Abgeordnete Toth, sei ein beredtes Beispiel dafür. Nach den Parlamentswahlen vom 5. April 1992, so Boato, müsse weitergemacht werden und zwar mit der Zeugeneinvernahme, die bisher nicht stattgefunden hat. Wenn das nicht geschehe, hieße das, auf die von der Verfassung vorgesehenen Aufgaben zu verzichten und auch auf die Verantwortung gegenüber dem Parlament und den legitimen Erwartungen der Öffentlichkeit. Die Südtirolfrage sei an einem Wendepunkt angelangt, der Abschluß der Streitfrage stehe bevor. "Wenn man aber wirklich zu einer Wende kommen will und sich von den Geistern der Vergangenheit befreien will, die die Geschichte unseres Landes belasten," so Boato "dann ist es unabdingbar, in aller Strenge und Unbeschwertheit zugleich die gesamte historische Wahrheit auf den Tisch zu legen. Die Wahrheit wird euch alle frei machen", zitiert der Senator aus der Schrift. Doch nicht alle scheinen bereit zu sein, diesen Grundsatz zu beherzigen.

BOMBENJAHRE...

Ein Verzeichnis der Bozner Staatsanwaltschaft listet ab September 1956 in- und außerhalb Südtirols 350 Attentate verschiedener Schattierungen mit 21 Toten auf. Über 100 wurden nie aufgeklärt. Einige wurden Tätern zur

Aluminium-Duce Waidbruck 29.1.1961

Elektromast bei Girlan 12.6.1961

ENEL-Gebäude Lappach 15.9.1965

Brennerbahn bei Freienfeld 12.8.1966.

Last gelegt, die sie nicht begangen haben. So wurde der Sterzinger Fritz Mandl in Mailand für die Sprengung des Aluminium-Duce verurteilt, mit der er nichts zu tun hatte. Die Attentatsziele waren ebenso unterschiedlich wie die Motive der Täter. Sie reichten von symbolischen Objekten bis zur gezielten Tötung von Menschen...

Alpinidenkmal Bruneck 2.12.1967

Athesia Meran 15.1.1967

ENAL-Freizeitclub Bruneck 26.2.1967

Bahnhof Trient 30.9.1967

SIEGFRIED STUFFER

THE ALTO ADIGE-QUESTION

DER SÜDTIROL-KONFLIKT AUS DER SICHT DER USA

Eine Aufarbeitung und Darstellung in möglichst doku-
mentarischer Form der dramatischen Ereignisse um den
Südtiroler Widerstand in den vergangenen Jahrzehnten muß auch einen Blick auf den allgemeinen internationalen politischen Rahmen der damaligen Zeit werfen.
Südtirol war zutiefst eingebettet in diesen größeren Rahmen und, während es für seine eigene Zukunft litt und
focht, war es doch ein kleines Rad im Getriebe der großen Politik, ein winziger Konfliktherd, der nichtsdesto-
weniger entweder unterdrückt oder im Interesse eines
Kontrahenten des Kalten Krieges ausgenützt werden
sollte.

Alle großen und kleinen politischen Vorgänge dieser
Epoche, wo immer auf diesem Erdball sie abrollten, seien
sie nun ethnischer, sozialer oder wirtschaftlicher Natur,
wurden in die Ost-West-Auseinandersetzungen einbezo-
gen, ihnen schließlich untergeordnet. Die Supermächte
sorgten dafür, daß im weltweiten Streben um Vorherr-
schaft, um den endgültigen Sieg eines ideologischen Systems über das andere, sich alles ihnen unterwarf und
dienlich machte. Unweigerlich warfen sie ihre Netze aus,
schickten Agenten, Geld und Waffen, unterwanderten,
bestachen und funktionierten um. Keine Befreiungsbewegung von kolonialem Joch, kein sozialer Protest, keine Demonstration in irgendeinem Winkel dieser Welt,
kein Rassenkonflikt oder wirtschaftlicher Krisenprozeß
entging dieser Logik. Wenn auch nicht immer der Erfolg hundertprozentig war, so legte sich doch der Kalte
Krieg, das Kräftemessen zwischen "freier Welt" und
"antiimperialistischen, sozialistischen Staaten" wie eine Bleikappe auf alles.

Es ist selbstverständlich, daß auch der Südtirol-Konflikt
davon nicht verschont blieb. In die heftige Auseinandersetzung mit dem Zentral- und Nationalstaat Italien
mischten sich bald Kräfte, die zur Sondierung und Beeinflussung von den Großmächten ausgeschickt waren.
Schon bekannt sind die Versuche einer Kontaktaufnahme von Agenten der Sowjetunion und anderer kommu-
nistischer Staaten mit Exponenten der Südtiroler
Widerstandsbewegung. Weniger weiß man von der Tatsache, daß auch CIA-Funktionäre sich in den heißen Jahren in Südtirol aufgehalten und die italienischen Re-
pressionsorgane nicht nur beraten haben. Die
Amerikaner scheinen ein großes Interesse daran gehabt
zu haben, die Tätigkeit der Südtiroler Widerständler
einzudämmen, zu unterbinden oder sie im Lichte eines
deutschen Revanchismus oder nostalgischen Neonazismus erscheinen zu lassen.

Der Einsatz der USA war sicherlich bedingt vor allem
durch die endemisch instabile innenpolitische Lage Italiens (starke kommunistische Partei, unkalkulierbare sozialistische Linke, schwache Wirtschaftslage mit großer
Arbeitslosigkeit), weiters die geopolitische Lage des Landes, die es für das wesentliche Verteidigungsbündnis
zum unverzichtbaren Eckpfeiler im Mittelmeerraum
machte; andererseits bestand das strategische Risiko eines neutralen Österreich als weicher Bauch im NATO-
Leib und die kontinentale Bedeutung der Brennerfur-
che. Wie wenig sich die Amerikaner bei ihren global-
strategischen Überlegungen letzten Endes auf ihre
europäischen Verbündeten verließen, beweisen ihre in
letzter Zeit aufgedeckten Geheimorganisationen unter
dem Kennwort "stay behind", vulgo Gladioverbände
in Italien, Österreich und anderen europäischen
Ländern.

Es schien mir interessant und nützlich, der konkreten
Anteilnahme und Verwicklung der Supermacht USA in
das Geschehen um Südtirol nachzugehen. Zu diesem
Zweck habe ich in den NATIONAL ARCHIVES und in
der LIBRARY OF CONGRESS, beide in Washington,
nachgeforscht und auch einige Hinweise und Belege gefunden. Die Amerikaner legen ihre Unterlagen, soweit
sie diplomatischer oder geheimdienstlicher Herkunft
sind, im allgemeinen nach 30 Jahren in diese Archive,
wenn die Behörden nicht an einer weiteren Sperre interessiert sind. Deshalb bin ich bei der Durchsicht der
Materialien nur bis maximal zum Jahre 1964 gekommen.
Die Dokumente unterstreichen das große Interesse der
amerikanischen Diplomatie, der militärischen Abwehr

und der Geheimdienste am Konfliktherd Südtirol. Was die Nachkriegszeit anbelangt, heißt es in einem Bericht an den amerikanischen Präsidenten des Auslandsgeheimdienstes CIA (Central Intelligence Agency) unter dem Titel 'Austria':

"Nach Beendigung der Feindseligkeiten des 2. Weltkrieges zeigte Österreich den Wunsch nach einer Bestätigung seiner Grenzen mit Italien sowie auch nach einer Rückkehr Südtirols zu Österreich. Italien weigerte sich, größere Konzessionen zu machen, aber eine partielle Lösung des Hauptproblems wurde im Österreich-Italien-Abkommen über Südtirol, welches von beiden Ländern am 5. September 1946 unterzeichnet wurde, gefunden. Dieses Dokument gewährt gewisse soziale und politische Garantien für die deutschsprechenden Südtiroler und auch für eine Regionalautonomie unter italienischer Souveränität. Nationalistische Elemente sowohl in Italien als auch in Österreich sind mit diesem Kompromiß unzufrieden, und deswegen wird Südtirol weiterhin eine Quelle der Reibung und des Nicht-Verstehens zwischen den zwei Ländern bleiben. Höchst bezeichnend ist die Tatsache, daß die UDSSR über die österreichischen Kommunisten die nationalistische Unzufriedenheit mit den Abmachungen des Südtirol-Abkommens, welchen die Westmächte zugestimmt haben, zu ihren Gunsten ausnützt."

Bei dem nächsten Dokument des DEPARTMENT OF STATE, dem amerikanischen Außenministerium, handelt es sich um einen amtlichen Bericht an das BUREAU OF EUROPEAN AFFAIRS in Washington mit dem Datum 26. Jänner 1951, in dem genauestens über Vorgänge in Südtirol informiert wird. Es wird unter anderem angeführt, daß Silvius Magnago zum Regionalpräsidenten gewählt wurde, bei der Wahl hätte es aber einen peinlichen Zwischenfall gegeben, da nicht der vorgesehene Italo Samueli (vorherige Abmachungen zwischen SVP und DC) sondern ein Dott. Luigi Menapace mit den Stimmen der meisten SVP-Räte (gegen die Fraktionsdisziplin) zum Vizepräsidenten gewählt worden war. Menapace wurde daraufhin von der DC ausgeschlossen.

Anschließend wird in dem Report noch über den 4. SVP-Kongreß berichtet (vom 4.1.1951) und am Ende heißt es: 'DEVELOPMENTS IN THE ALTO ADIGE WILL BE FOLLOWED BY THIS CONSULATE AND WILL BE PROMPTLY REPORTED TO THE DEPARTMENT. (Entwicklungen im Alto Adige werden durch dieses Konsulat verfolgt und dem Außenministerium sofort weitergeleitet).

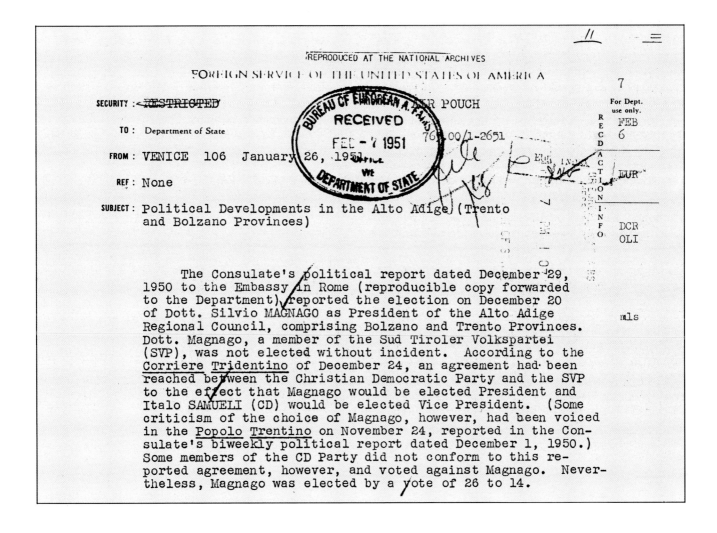

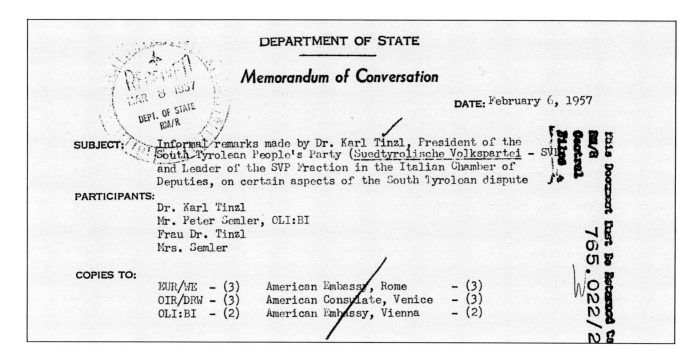

DEPARTMENT OF STATE

Memorandum of Conversation

DATE: February 6, 1957

SUBJECT: Informal remarks made by Dr. Karl Tinzl, President of the South Tyrolean People's Party (Suedtyrolische Volkspartei - SVP) and Leader of the SVP Fraction in the Italian Chamber of Deputies, on certain aspects of the South Tyrolean dispute

PARTICIPANTS:
Dr. Karl Tinzl
Mr. Peter Semler, OLI:BI
Frau Dr. Tinzl
Mrs. Semler

COPIES TO:

EUR/WE - (3)	American Embassy, Rome - (3)	
OIR/DRW - (3)	American Consulate, Venice - (3)	
OLI:BI - (2)	American Embassy, Vienna - (2)	

Es folgt nun ein Gesprächsmemorandum des Department of State (datiert 6. Februar 1957) über ein Zusammentreffen zwischen dem SVP-Abgeordneten Karl Tinzl und einem amerikanischen Diplomaten in der Bozner Villa Tinzls. Dabei werden hauptsächlich die Äußerungen Tinzls, aber auch seiner Frau wiedergegeben. Tinzl berichtet ausführlich über die geschichtliche Entwicklung des Südtirolproblems, über den Protest der Südtiroler über nicht eingehaltene internationale Abmachungen. Besonders wies er auf die Wohnbauprogramme der italienischen Regierung und auf ihre Industriepolitik in Südtirol hin und formulierte, daß "sie (die Südtiroler) Beiträge für die Hebung der Lebensbedingungen der verarmten südlichen Provinzen Italiens auf Kosten ihres eigenen Landes zahlen müssen, das wahrlich genug eigene Härtefälle aufweist."

Die folgenden Sätze im Memorandum möchte ich textgleich wegen ihres wichtigen Zusammenhanges mit dem Thema dieses Buches wiedergeben:

"...Dr. Tinzl berichtete auch über eine Gruppe Bozner Jugendlicher, die zu ihm mit Plänen für eine Geheimorganisation gekommen seien, welche terroristische Aktionen gegen die italienische Regierung auszuführen gedenke. Er fuhr fort, daß er diesen jungen Männern den Kopf gewaschen habe und daß die SVP unter keinen Umständen solche Aktivitäten in ihrem Namen dulden würde. Er sagte auch, daß die SVP einstimmig der Ansicht sei, daß der Südtirol-Streit eine Auseinandersetzung zwischen vernünftigen Leuten sei, und daß die Bedingungen in Algier und Zypern absolut nicht auf Südtirol anwendbar seien ..."

Ebenso um ein Gesprächsmemorandum dreht es sich beim nächsten Dokument. Es ist die vertrauliche Information an das amerikanische State Department über eine Zu-

sammenkunft (18. Februar 1957) zwischen dem italienischen Botschaftsrat Carlo Perrone-Capano in Wien und dem amerikanischen Diplomaten H.G. Torbert Jr. Darin beschwert sich Perrone darüber, daß sich nach seinen Informationen der amerikanische Vizepräsident bei seinem kürzlichen Besuch in Wien über eine Stunde mit dem Staatssekretär Gschnitzer über Südtirol unterhalten habe. Dabei hätte der amerikanische Vizepräsident den Standpunkt Gschnitzers geteilt und allgemeine Unterstützung und Sympathie für die deutschsprechende Minderheit in diesem Gebiet geäußert und weiter der Meinung Ausdruck gegeben, daß die Angelegenheit, falls eine befriedigende Lösung durch direkte Verhandlungen nicht erreicht werden könne, zur Diskussion vor die Vereinten Nationen gebracht werden sollte. Und weiter:

"...Ich sagte Mr. Perrone, daß ich nicht in der Lage wäre, kategorisch zu behaupten, daß an diesem Bericht nichts Wahres sei. Meines Wissens habe aber der Vizepräsident kein derartiges ausgedehntes Gespräch mit Gschnitzer geführt. Dieser wäre ihm zufällig bei einem erweiterten Staatsbankett mit allen Mitgliedern der österreichischen Regierung begegnet. (Ich teilte ihm nicht mit, daß der Grund, daß ich wußte, der Vizepräsident habe nicht mit Gschnitzer gesprochen, der war, daß Gschnitzer fast den ganzen Abend mit mir in einer Ecke verbrachte) Ich sagte darüber hinaus, daß ich sicher war, daß der Vizepräsident nicht die Ansichten, die ihm in diesem Bericht unterschoben worden waren, geäußert habe .... Mr. Perrone wiederholte nun die Formulierung, daß Italien in dem Moment, in dem diese Übereinkunft (der Pariser Vertrag, der Verf.) unterschrieben wurde, in einer besonders schwachen Verhandlungsposition war und daß es deshalb nicht zur Rechenschaft gezogen werden könne, wenn es nicht alle ihre Bestim-*

mungen einhalten könne..."

Besonders aufschlußreich sind folgende Aktenblätter. Es ist das Protokoll einer Aussprache zwischen dem amerikanischen Präsidenten und dem italienischen Ministerpräsidenten Segni im Beisein ihrer Außenminister und jeweiligen Botschafter in Washington am 30. September 1959. In dem Südtirol betreffenden Teil heißt es:

"...Mr. Segni kam dann auf das Thema des laufenden Streites zwischen Italien und Österreich bezüglich des Alto Adige, das der österreichische Außenminister Kreisky vor der UNO aufgeworfen hatte, zu sprechen. Er sagte, daß der Status dieses Territoriums im Jahre 1946 von einem Vertrag zwischen Gruber und Degasperi, welcher in den Friedensvertrag von 1947 eingefügt worden war, geregelt worden sei. Dieser Vertrag gewähre der Provinz eine beachtenswerte Autonomie. Mr. Gruber und andere westliche Vertreter hätten im Jahre 1948 ihre volle Zufriedenheit mit der Regelung geäußert. Durch den Vertrag wären über 200.000 italienische Staatsbürger, die während des Krieges Deutschland gewählt hatten, wieder zurück nach Italien gekommen. Die Italiener würden die Bestimmungen des Vertrages durch die Schaffung von Sondergesetzen, welche dann auch regelmäßig ausgeführt würden, durchführen. Das Gebiet hätte drei Abgeordnete und zwei Senatoren im italienischen Parlament. Kürzlich hätte es eine Protestbewegung unter der deutschsprechenden Bevölkerung gegeben. Jetzt wäre es klar geworden, daß diese Leute nicht eben Autonomie forderten, sondern Trennung von Italien und Wiedervereinigung mit Österreich. Das wäre eine Position, die Italien nicht akzeptieren könne. Der Status des Gebietes wäre schon 1919 festgesetzt und erst 1947 de facto wiederbestätigt worden. Sogar die italienischen Kommunisten könnten die Trennung des Alto Adige von Italien nicht akzeptieren.

Mr. Segni unterstrich, daß sich Italien wirklich bemüht habe, den Gruber-Degasperi-Vertrag durchzuführen, obwohl noch einige wenige Schritte zur Vervollständigung

zu tun seien. Er beschrieb das Gebiet als eines mit einer sehr gemischten Bevölkerung, nicht nur aus deutschsprachigen und italienischsprachigen Elementen, sondern auch aus Ladinos, die mehr Italiener als Deutsche seien. Das Gebiet wäre Teil des italienischen Territoriums und die Italiener gäben es nicht auf. Es ist möglich, daß die Aufruhrbewegung von Moskau aus gesteuert worden sei. Auf jeden Fall wären die Leute, die jetzt das größte Geschrei erheben würden, vor zwanzig Jahren Nazis gewesen. Wenn die Bewegung erfolgreich wäre, würde das morgen zu einer Gefahr von Österreich her führen, später vielleicht sogar von Deutschland aus, obwohl er in dieser Beziehung hinzufügte, daß es bisher praktisch keine Unterstützung von deutscher Seite für die Protestbewegung gegeben habe. Jedoch könnte der Aufruhr, falls er mit derselben Agitation fortfahre, einen Abgrund zwischen Italien und Deutschland aufreißen.

Nach dieser Darlegung wandte sich der (amerikanische) Präsident an Außenminister Herter und fragte ihn, ob das State Department diese Angelegenheit überprüft habe. Der Außenminister antwortete, daß er den österreichischen Außenminister Kreisky zum Thema gehört habe. Die USA hätten den Standpunkt eingenommen, daß dies keine Angelegenheit für die UNO sei, sondern ein Streit zwischen zwei befreundeten Staaten und daß wir hofften, daß dieser in freundschaftlicher Weise zwischen ihnen geschlichtet werden könnte.

Der Präsident schlug vor, daß wir uns überlegen sollten, über die Frage mit Kreisky zu sprechen und eventuell sogar mit Kanzler Adenauer. Dann versicherte er Mr. Segni, daß wir Anstrengungen unternehmen würden, in dieses aufgepeitschte Meer Öl zu gießen.

Das Treffen endete um 3.00 Uhr nachmittags."

Am 12. Dezember 1959 dann ging eine vertrauliche Mitteilung an die amerikanische Regierung, diesmal ans PENTAGON:

"GSCHNITZERS REDE ÜBER ALTO ADIGE: ITA-LIENISCHE REAKTION:

Alle Zeitungen berichten über eine 'ernste, offizielle Pro-testnote' der italienischen Regierung an Österreich ge-gen die Innsbrucker Rede (9. Dezember) des Staats-sekretärs für Äußeres Gschnitzer, der den Berichten zu-folge formulierte: 'Wir halten die Südtiroler Forderung nach Autonomie und Selbstbestimmung für berechtigt und wir verstehen sie voll und ganz'. Mehrere Zeitun-gen kommentieren, daß dies das erste Mal sei, daß ein Mitglied der österreichischen Regierung die Forderung nach Selbstbestimmung erhoben habe und daß dies des-halb eine Veränderung der offiziellen Politik bedeute.

Laut Presse ist das der zweite offizielle italienische Pro-test innerhalb einer Woche. Am 5. Dezember verlangte die italienische Regierung Aufklärung über eine Fest-stellung, die Außenminister Kreisky im österreichischen Parlament in dem Sinne getroffen hat, daß festzustel-len sein wird, ob friedliche Methoden im Alto Adige Er-folg haben würden, oder andere Methoden ergiebiger sein würden..."

Diese "anderen Methoden" und ihre Folgen werden dann auch im STATE DEPARTMENT genauestens re-gistriert. Wieder ist es ein vertraulicher Bericht aus Eu-ropa, der die Ermordung von Amplatz und ihre näheren Begleitumstände zum Inhalt hat. Nach den Ausführun-gen über eine Beschwerde Kreiskys über die italieni-schen Polizeimethoden in Südtirol heißt es:

"... Unterdessen schreiben die Zeitungen, daß Südtirol diese Woche vergleichsweise ruhig geblieben ist. Der Österreicher, der die italienische Polizei zur Hütte ge-führt hat, wo die Leiche von Amplatz gefunden wurde (und der nachher geflüchtet ist), ist inzwischen als Chri-stian Kerbler aus Solbad Hall bei Innsbruck identifiziert

worden. Kerbler ist noch in Freiheit, aber sein Bruder, Franz Kerbler, hat sich letztes Wochenende den Innsbrucker Be-hörden gestellt und er wird aufgrund auf ihm lastender Delikte wie illegaler Grenzübertritt, unerlaubter Waffen-besitz und mögliche Beteiligung am Mord von Amplatz fest-gehalten."

Einige Zeit später, am 2. Oktober 1964, werden in einem AIRGRAM, wieder an das STATE DEPARTMENT, wei-tere Nachrichten um die Tragödie Amplatz-Klotz geliefert:

"... Christian Kerbler (Weeka Nr. 39) ist immer noch flüch-tig, aber die österreichische Polizei hat, wie berichtet wird, beachtliche Beweise für seine direkte Verwicklung in den Mord an Amplatz zusammengetragen. Georg Klotz, der Ge-fährte von Amplatz, wurde diese Woche von einem Tiro-ler Spital (wo er wegen seiner Schußwunden behandelt wurde) in ein Wiener Polizeispital überstellt. Diese Maß-nahme, die wahrscheinlich von der Polizei zur Erschwe-rung einer möglichen Flucht von Klotz getroffen wurde, provozierte ein Telegramm des Tiroler Landeshauptman-nes Wallnöfer an Innenminister Czettel, in dem dieser dar-über protestierte, daß Klotz sich noch nicht genügend er-holt habe, um eine Reise als gerechtfertigt erscheinen zu lassen.

Der Berg-Isel-Bund (die prominenteste der Organisationen, die die Südtiroler Sache unterstützen, aber viel weniger einflußreich als vor einer im Februar 1962 erfolgten Spal-tung) und einige andere gleichgerichtete Gruppen haben einen Südtiroler Aufmarsch heute abend, 2. Oktober, in Wien angekündigt. Die Versammlung, an der sich unter anderen der Parlamentsabgeordnete der Österreichischen Volkspartei Kranebitter, Vorsitzender des Berg-Isel-Bundes, beteiligen wird, erfolgt, um gegen die derzeitige augen-scheinliche österreichische Neigung zur Annahme einer Kompromißlösung zu protestieren."

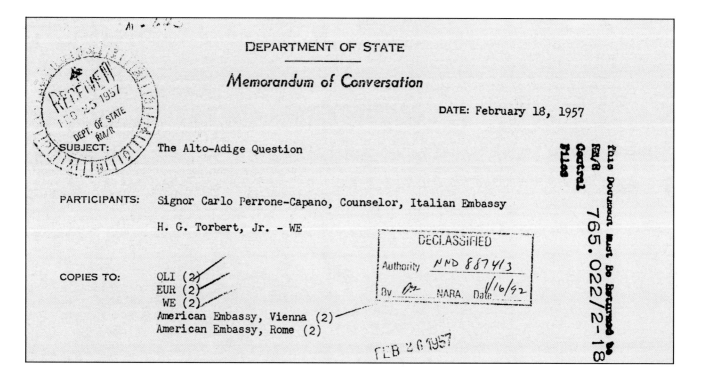

GERHARD MUMELTER

VON DEN ERSTEN ANSCHLÄGEN BIS ZUM PAKET

EINE CHRONOLOGIE DER EREIGNISSE

1956

15.4.   Mit dem Tod von Kanonikus Michael Gamper verliert Südtirol eine Symbolfigur des Kampfes um die Autonomie

20.9.   *Erster Sprengstoffanschlag der Stieler-Gruppe auf einen Oberleitungsmasten der Bahnlinie Bozen-Meran*

1957

14./17.1. Zwei Anschläge auf die Brenner-Eisenbahn bei Vahrn und Kardaun

20.1.   Zusammen mit der Stieler-Gruppe wird "Dolomiten"-Chefredakteur Friedl Volgger verhaftet.

20.2.   Sepp Kerschbaumer wird wegen Hissens einer Tiroler Fahne zu zehn Tagen Haft verurteilt.

25.5.   Silvius Magnago wird neuer Obmann der SVP

9.7.   Beginn des Prozesses gegen die "Pfunderer Buabm", der die italienische und deutsche Öffentlichkeit in zwei Lager spaltet. Die Angeklagten sind beschuldigt, im August 1956 den Finanzer Raimondo Falqui nach einer Wirtshausrauferei umgebracht zu haben.

16.7.   Nach einem Indizienprozess werden die "Pfunderer Buabm" wegen Mordes zu Haftstrafen

zwischen 10 und 24 Jahren verurteilt. Das Urteil löst in der Südtiroler Bevölkerung Empörung aus.

17.11. *Großkundgebung von Sigmundskron. Rund 35.000 Südtiroler demonstrieren gegen die anhaltende italienische Zuwanderung und für das "Los von Trient".*

22.11. Sprengstoffanschlag auf das Grabmal von Ettore Tolomei in Montan.

24.11. Großkundgebung italienischer Frontkämpfer vor dem Siegesdenkmal und Kranzniederlegung am Grab Tolomeis.

13.12. Beginn des Prozesses gegen die Stieler-Gruppe, deren Mitglieder zu insgesamt 17 Jahren Haft verurteilt werden.

1958

4.2.   Die SVP-Abgeordneten Tinzl, Ebner und Guggenberg legen im Parlament den Entwurf eines neuen Autonomiestatutes vor. Er wird nie diskutiert.

6.11.   Anschlag auf die Brennerbahn bei Pfatten.

1959

31.1.	Die SVP kündigt die Zusammenarbeit mit der DC und tritt aus der Regionalregierung aus.
8.4.	Anschlag auf einen Neubau der INA-Casa in der Bozner Sassari-Straße
21.9.	Außenminister Kreisky kündigt vor den UNO eine Befassung der Vereinten Nationen mit Südtirol an
24.12.	Die italienische Regierung erläßt ein Einreiseverbot für Staatssekretär Franz Gschnitzer und den Tiroler Landesrat Aloys Oberhammer

1960

27.1.	Wolfgang Pfaundler spricht mit Jörg Klotz bei Außenminister Kreisky in Wien vor
19.2.	Der Regierungskommissär verbietet alle öffentlichen Versammlungen und Kundgebungen in Südtirol

21.2.	*"Bozner Knüppelsonntag": ein Großaufgebot der Polizei verhindert die Einweihung des Peter Mayr-Denkmals neben dem Bozner Dom*
24.2.	Ministerpräsident Segni tritt zurück. Sein Nachfolger wird der rechte DC-Politiker Tambroni, der mit Unterstützung der Faschisten regiert
7.5.	Auf der außerordentlichen SVP-Versammlung kann Obmann Magnago nur mit Mühe eine Mehrheit für die Selbstbestimmung verhindern
18.10.	Beginn der Südtirol-Debatte im Sonderausschuß der Vereinten Nationen in New York
31.10.	Die UNO-Vollversammlung empfiehlt Österreich und Italien Verhandlungen zur Lösung der Südtirol-Frage

1961

27./28.1.	Das erste österreichisch-italienische Außenministertreffen in Mailand endet ergebnislos
29.1.	Das Reiter-Standbild Mussolinis bei Waidbruck wird durch einen Anschlag zerstört
30.1.	Hausdurchsuchung am Sitz der SVP in Bozen
1.2.	Das Haus von Ettore Tolomei in Glen wird durch einen Anschlag schwer beschädigt
27.3.	Anschläge auf zwei Neubauten der INA-Casa in Bozen und Meran
22.4.	Das Tragen der Schützen-Uniformen wird verboten
30.4.	Die Leiterin des Südtirol-Referats der Innsbrucker Landesregierung, Viktoria Stadlmayer wird am Brenner wegen "antinationaler Tätigkeit" verhaftet
25.5.	Die österreichisch-italienische Konferenz in Klagenfurt endet ergebnislos
1.6.	In Zernez in der Schweiz beschließt die BAS-Führung die "Feuernacht"
12.6.	In der "Feuernacht" kommt es zur größten Attentatswelle in Südtirol. Es werden über 40 Anschläge auf Hochspannungsmasten verübt. Ein Straßenwärter kommt beim Versuch ums Leben, eine Sprengladung zu entfernen
16.6.	Der Regierungskommissär verfügt die Bewachung aller Objekte von öffentlichem Interesse in Südtirol
17.6.	Die österreichisch-italienischen Expertengespräche in Zürich enden ergebnislos

18.6.	*Innenminister Scelba kündigt in Bozen vor Landespolitikern und Bürgermeistern ein hartes Durchgreifen an*

19.6. Nach Verfügung einer teilweisen nächtlichen Ausgangssperre werden im Sarntal und in Mals zwei junge Südtiroler erschossen.

24.6. Die österreichisch-italienische Konferenz in Zürich bleibt ohne konkretes Ergebnis

11.7. *Die Einführung des Visumzwangs durch Italien führt zu einem Großansturm auf die italienischen Konsulate in Österreich*

14./18.7. *Insgesamt 70 Personen werden verhaftet, darunter SVP-Generalsekretär Hans Stanek (Bild). Zahlreiche Hausdurchsuchungen und Sprengstoffunde. Viele der Verhafteten werden brutal mißhandelt*

1.9. Rom setzt die Neunzehner-Kommission ein mit der Aufgabe, die Südtirol-Frage zu studieren und Vorschläge zu unterbreiten

30.9. In der SVP entsteht die von Wirtschaftskreisen getragene "Aufbau"-Bewegung

1.10. Ein Sprengstoffanschlag zerstört das Andreas-Hofer-Denkmal am Berg Isel

9.10. Beim Versuch, in einigen italienischen Städten Anschläge durchzuführen, werden mehrere rechtsstehende Burschenschaftler aus Österreich verhaftet

22.11. Der 28-jährige Häftling Franz Höfler aus Lana stirbt nach schweren Folterungen

28.11. *Die UNO-Vollversammlung empfiehlt Österreich und Italien eine Fortsetzung der ergebnislosen Verhandlungen. Im Bild die österreichische UNO-Delegation mit Kreisky, Waldheim und Kirchschläger.*

1962

7.1. *Der Häftling Anton Gostner aus St.Andrä stirbt nach schweren Mißhandlungen im Bozner Gefängnis an Herzversagen. An seiner Beerdigung nehmen über 10.000 Menschen teil*

10.1.   Bischof Josef Gargitter fordert Klarheit über Fol-
         tervorwürfe

14.1.   Die Häftlinge beginnen mit einem Hungerstreik.
         Einige werden daraufhin strafversetzt

18.4.   Untersuchungsrichter Mario Martin erhebt Ankla-
         ge gegen 93 Personen, die für alle bisherigen An-
         schläge verantwortlich gemacht werden

10.5.   *"Dolomiten"-Chefredakteur Friedl Volgger wird
         wegen "Schmähung des italienischen Heeres" und
         "Verbreitung tendenziöser Nachrichten" zu über
         zwei Jahren Haft verurteilt*

31.7.   Bei der Konferenz in Venedig endet die Begeg-
         nung zwischen den Außenministern Kreisky und
         Piccioni erneut ergebnislos

14.9.   Italien hebt den Visumzwang für Österreich wie-
         der auf

25.9.   Außenminister Kreisky fordert vor der UNO-
         Vollversammlung eine dauerhafte Lösung des
         Südtirol-Problems

20.10.   Bombenanschläge in Verona und Trient: ein To-
         ter und 20 Verletzte im Bahnhof von Verona

1963

11.1.   Die Südtirol-Kommission des Europarates tagt in
         Straßburg unter dem Vorsitz des belgischen Se-
         natspräsidenten Paul Struye

28.4.   Anschläge in den Bahnhöfen von Mailand, Cesa-
         no Maderno und Genua; mehrere Verletzte

13.7.   Nach dem Tode Hans Tschiggfreys wird Eduard
         Wallnöfer neuer Tiroler Landeshauptmann

20.8.   In Trient beginnt der Prozeß gegen zehn der Fol-
         ter beschuldigten Carabinieri. Er wird von der eu-
         ropäischen Presse aufmerksam verfolgt

29.8.   Der Prozeß von Trient endet mit Freisprüchen.
         Das Urteil löst auch im Ausland Empörung aus

31.8.   Bei einem Feuerüberfall in Pfalzen wird der Ca-
         rabiniere Rinaldo Magagnini verletzt

19.9.   Die Bischöfe von Trient und Brixen wenden sich in
         einem gemeinsamen Appell gegen Haß und Gewalt

23.9.   Bei drei Attentaten in Ebensee im Salzkammer-
         gut kommt ein Gendarm ums Leben. Zwei weite-
         re werden schwer verletzt

26.9.   Vor der UNO-Vollversammlung in New York for-
         dert Kreisky Italien zu seriösen Verhandlungen
         und Zugeständnissen auf

9.12.   In Mailand beginnt der erste Südtiroler Spreng-
         stoffprozess gegen 91 Angeklagte aus Südtirol,
         Österreich und Deutschland

13.12.   Die neue Mitte-Links-Regierung unter Aldo Mo-
         ro bringt in Italien ein neues politisches Klima.
         Der Sozialdemokrat Giuseppe Saragat wird neu-
         er Außenminister.

1964

21.2.   Saragat bezeichnet in Paris die Atmosphäre zur
         Lösung des Südtirol-Pakets als günstig

2.4.   Günther Andergassen wird in Venedig verhaftet

10.4.   Nach dreijähriger Arbeit legt die Neunzehner-
         Kommission ihren Abschlußbericht vor

25.5.   *Die österreichisch-italienische Konferenz in Genf
         endet mit einem positiven Ergebnis. Saragat und
         Kreisky beschließen die Einsetzung einer Exper-
         tenkommission*

22.6.   Die italienisch-österreichische Expertenkommission
         beginnt in Genf ihre Arbeit

16.7.   Urteil im Mailänder Prozeß: von den 91 Angeklag-
         ten (68 in Haft) werden 46 freigelassen, 22 blei-
         ben im Gefägnis

8.8. Die Bistumsgrenzen werden neu geregelt. Südtirol wird eine einheitliche Diözese.

27.8. Hans Wagner, ein Agent des italienischen Geheimdienstes, wird in seinem Innsbrucker Haus tot aufgefunden

27.8. Bei einem Anschlag auf einen Polizeijeep in Percha werden vier Alpini verletzt

3.9. Der Carabiniere Vittorio Tiralongo wird in der Kaserne von Mühlwald erschossen. Bei einer großangelegten Razzia werden Hunderte festgenommen

7.9. In einer Almhütte im Passeiertal wird Luis Amplatz erschossen. Jörg Klotz gelingt verletzt die Flucht. Die Polizei läßt den als Täter verhafteten Agenten Christian Kerbler entkommen

8.9. Kreisky und Saragat verurteilen auf einem Treffen in Genf jede Form von Gewalt

9.9. *Bei Rasen werden fünf Carabinieri verletzt, als ihr Jeep auf eine Mine fährt*

14.9. Große Polizeirazzia in Tesselberg bei Gais mit massiver Einschüchterung der Bevölkerung und Festnahme aller männlichen Bewohner

15.9. Österreich fordert eine Untersuchung der italienischen Polizeimethoden. Italien antwortet, die Aktionen lägen im "Interesse der gesamten Bevölkerung"

9.10. Beim Hantieren mit einer Bombe wird am Beinhaus bei Burgeis der Passeirer Friedrich Rainer getötet

15.11. Anschlag auf den "Brenner-Expreß". Rom fordert Österreich zur Kontrolle verdächtiger Gepäckstücke auf

7.12. Sepp Kerschbaumer stirbt überraschend im Gefängnis von Verona an Herzversagen. An seiner Beerdigung nehmen rund 20.000 Menschen teil

16.12. Das Treffen Kreisky - Saragat in Paris bringt eine Annäherung in grundlegenden Fragen

1965

16.7. Der Österreicher Helmut Immervoll wird in der Nähe des Bozner Gerichtsgebäudes offenbar bei der Vorbereitung eines Anschlags durch eine Bombe getötet

26.8. Der bisher folgenschwerste Anschlag fordert zwei Tote: durch ein Fenster in der Kaserne in Sexten werden die Carabinieri Palmero Ariu und Luigi de Gennaro erschossen

15.8. Kurt Welser kommt bei einem Bergunfall in der Schweiz ums Leben

26.8. Bundeskanzler Klaus und Ministerpräsident Moro treffen sich auf einer Almhütte im Trentino

20.9. In Graz beginnt der Prozeß gegen Peter Kienesberger und 26 Mitangeklagte

25.11. Österreichisch-italienische Kontaktgespräche in London

7.12. Bundeskanzler Klaus und Außenminister Kreisky treffen sich in Rom mit Staatspräsident Saragat und Ministerpräsident Moro

1966

12.1. Beginn des zweiten Mailänder Sprengstoffprozesses gegen 58 Angeklagte. 33 von ihnen sind abwesend

6.3. ÖVP-Wahlsieg in Österreich. Lujo Toncic wird neuer Außenminister der Einparteien-Regierung

20.4. Urteil im zweiten Mailänder Prozeß. Der Hauptangeklagte Günther Andergassen wird zu 30 Jahren Haft verurteilt

29.4. *Ein Schwurgericht in Mailand spricht den SVP-Abgeordneten Hans Dietl in allen Anklagepunkten frei*

4.5.   Erste Begegnung der zwei neuen Außenminister Toncic und Fanfani in Straßburg

23.5.   Bei einem Bombenanschlag am Pfitscherjoch-Haus kommt der 23-jährige Finanzer Bruno Bolognesi ums Leben

16.6.   Bei österreich-italienischen Kontaktgesprächen in Montreux ist erstmals von einem "Paket" die Rede

24.7.   Bei einem Feuerüberfall im Gsieser Tal werden nahe der Grenze die Finanzer Salvatore Gabitta und Giuseppe D'Ignoti erschossen

29.7.   Burger und Kienesberger verteidigen den Mordanschlag in einem ARD-Interview

3.8.   *Bei einem Anschlag auf das Bozner Gerichtsgebäude entsteht erheblicher Sachschaden*

20.8.   *Eine Explosion zerstört das Büro der italienischen Fluggesellschaft "Alitalia" in Wien*

9.9.   *Bei einem Anschlag auf die Kaserne der Finanzwache auf der Steinalm im Brenner-Gebiet verlieren die Zollbeamten Herbert Volgger aus Wiesen und Martino Cossu aus Sardinien das Leben. Ihr Kollege Franco Petrucci stirbt später an den schweren Verletzungen.*

24.9.   Ein Angehöriger der Finanzwache erschießt in Luttach irrtümlich den Alpinisoldaten Eugenio Trinelli

24.9.   Der 18-jährige Peter Wieland aus Olang wird in der Dunkelheit von einer Carabinieri-Patrouille erschossen

5.10.   Vor der UNO-Vollversammlung bezeichnet Toncic die Aussichten zur baldigen Lösung des Südtirol-Problems als gut

2.12.   Das Alpini-Denkmal in Bruneck wird durch eine Bombenexplosion zerstört

1967

16.4.   Bei einem Anschlag auf den Schnellzug München-Rom wird der Eisenbahner Ferruccio Merci schwer verletzt

25.6.   Auf der Porzescharte zwischen Cadore und Osttirol fallen die Carabinieri Francesco Gentile und Mario di Lecce und die Alpinisoldaten Olivo Dordi und Armando Piva einem hinterhältigen Anschlag zum Opfer. Der Soldat Marcello Fagnoni wird schwer verletzt.

27.7.   Ministerpräsident Moro gibt in der Kammer in großen Zügen den Inhalt des Südtirol-Pakets bekannt

30.9.   Ein Sprengstoffkoffer explodiert im Bahnhof von Trient. Dabei verlieren die Sicherheitsbeamten Filippo Foti und Edoardo Martini das Leben.

1968

4.9.   Außenminister Waldheim und sein italienischer Amtskollege Medici treffen sich in Genf

9.9.   In Paris beginnt eine neue Beratungsrunde der österreichisch-italienischen Expertenkommission

3.10.   Der letzte Anschlag vor der Verabschiedung des Pakets gilt der Vinschgauer Bahnlinie bei Rabland.

22.11.   Die Landesversammlung der Südtiroler Volkspartei entscheidet sich mit knapper Mehrheit für die Annahme des Pakets.

18.12.   Staatspräsident Saragat begnadigt vier der fünf noch in Haft befindlichen "Pfunderer Buam". Im Bild die Heimkehr von Isidor Unterkircher nach über zehnjähriger Haft.

1969

6.5.   In Perugia beginnt der Prozeß gegen Christian Kerbler wegen der Ermordung von Luis Amplatz. Kerbler hat sich ins Ausland abgesetzt

14.5.   In Bologna fällt das Urteil im sogenannten "Pusterer Sprengstoffprozeß". Die höchste Strafe erhält in Abwesenheit der Ahrntaler Siegfried Steger, der wegen mehrfachen Mordes zu lebenslänglicher Haft verurteilt wird

2.6.   Staatspräsident Saragat begnadigt 12 Südtiroler, die im Berufungsprozeß von Mailand zu hohen Haftstrafen verurteilt wurden, aber bereits aus dem Gefägnis entlassen worden waren

31.7.   Vor dem Schwurgericht in Florenz beginnt der Porzescharte-Prozeß

30.11.   Die Außenminister Moro und Waldheim treffen sich in Kopenhagen zu einem abschließenden Gespräch und billigen Paket und Operationskalender.

DIE OPFER DER EINEN...

Die Trauerfeier für die im August 1965 in Sexten ermordeten Carabinieri Luigi de Gennaro und Palmero Ariu in Bozen.

...UND DER ANDEREN

Die Beerdigung Sepp Kerschbaumers im Dezember 1964 in St. Pauls.

Trauer um Giuseppe d'Ignoti: der in Gsies aus dem Hinterhalt erschossene Finanzer wird im Juli 1966 in Innichen beigesetzt.

Bewohner von Innichen erweisen den im Krankenhaus aufgebahrten Opfern des Anschlags auf der Porzescharte die letzte Ehre.

Bozen, Mai 1966: Staatsbegräbnis für den bei einem Anschlag am Pfitscherjoch getöteten Finanzer Bruno Bolognesi.

Die Beisetzung des von Soldaten erschossenen 18-jährigen Olangers Peter Wieland im September 1966.

Verteidigungsminister Giulio Andreotti, der Präsident des Verfassungsgerichts Ambrosini und die Unterstaatssekretäre Cecchierini und Lucchi bei der Beisetzung des in Mühlwald erschossenen Carabiniere Vittorio Tiralongo im September 1964.

Rosa Klotz mit Kindern bei der Beisetzung von Luis Amplatz im September 1964 in Bozen.

ANMERKUNGEN

Elisabeth Baumgartner: Bomben für Herrgott und Heimat

Die Angaben der im Text zitierten Personen stützen sich auf Interviews, die im Jahr 1991 geführt wurden. Im Anmerkungsteil sind Angaben von Personen nur dann zusätzlich angeführt, wenn die Quelle nicht bereits im Text genannt wird, oder wenn die Interviews bereits vor längerer Zeit aufgezeichnet wurden. Titel oder Autoren von Zeitungsartikeln sind im Anmerkungsteil zitiert, soweit sie den Text informativ unterstützen.

Die zitierten ausländischen Zeitungsberichte wurden im Mikrofilm-Archiv der Wiener "Presse" und im Archiv des Südtirol-Referats der Tiroler Landesregierung eingesehen, das Datum dieser Zeitungsausschnitte entspricht in diesen Fällen den Angaben des Archivs. Für die freundliche Unterstützung sei diesen beiden Stellen und allen anderen, die Informationen zu dieser Arbeit beigesteuert haben, nochmals herzlich gedankt.

1. vgl.: Josef FONTANA, in: R. H. DRECHSLER (Hrsg.), "Der Mailänder Südtirolprozeß", "Südtirol-Dokumentation", 1964/6-7, S. 38.

2. Befreiungs-Ausschuß Südtirol B.A.S., "Südtiroler!...", (1957); - , "Landsleute!...", (1957), Flugblätter in Bozner Privatbesitz.

3. Gualtiero SPINELLI, "Algeria a Bolzano", in: "Mondo", Rom, 10.3.1959; zitiert: "Algerien in den Dolomiten", in "Wochen-Presse", Wien, April 1959; "Ein Algerien am Brenner? SPIEGEL-Gespräch mit dem österreichischen Außenminister Dr. Bruno Kreisky", in: "Der Spiegel", Hamburg, 1961/8; Felix ERMACORA, "Südtirol und das Vaterland Österreich", Amalthea, Wien-München, 1984, S. 76-77, zit: "Die Zeit", 24.7.1959, "Algerien in den Alpen?"; dazu auch: Interview Fritz MOLDEN, 7.12.1990.

4. Silvius MAGNAGO, Rede zum Abtritt als Parteiobmann, 38. ordentl. Landesversammlung der Südtiroler Volkspartei, Meran, 27.4.1991.

5. - "Dynamit zum Saisonbeginn", in: Wochen-Presse, 8.4.1961.

6. - "Dynamitanschläge in Südtirol, Halbfertige Häuser gesprengt", in: "Die Presse", Wien, 28.3.1961.

7. vgl.: "Neufaschistische Ausschreitungen in Bozen", in: Dolomiten', 25.11.1957; Presse, 9.4.1959.

8. Presse, 12.9.1959

9. Zur Chronologie der Anschläge auf WOHNHAUS-ROHBAUTEN, zumeist in unmittelbarem Bezug zu einem aktuellen politischen Anlaß: BOZEN, SASSARISTRASSE 8. April 1959: betroffen war ein Wohnhaus-Rohbau ("Ina-Casa") des Volkswohnhäuser-Instituts, die Sprengladung explodierte gegen 2 Uhr früh, zurückgelassen wurden Flugblätter mit einem Totenkopf und dem Text: "Stop der Unterwanderung ! Euch zugewanderten Italienern wird dringend geraten, Südtiroler Boden zu verlassen". Der Anschlag erfolgte zum Auftakt des Tiroler Gedenkjahres zum 150. Todestag von Andreas Hofer , siehe: Dolomiten, 9.4.1959; siehe auch: Dolomiten, 14.4.1959: es folgte eine Welle von Haudurchsuchungen. Toni und Sepp STIELER wurden festgenommen, bei ihnen wurden allerdings nur zwei der in großer Zahl verteilten Flugblätter gefunden. MERAN, ENRICO TOTI STRASSE, 18.2.1960: Entdeckung einer nicht explodierten Sprengladung auf einer UNRRA-Casa-Baustelle. Mehrere Wächter mit Hund hatten nichts bemerkt von dem nächtlichen Attentatsversuch. An der 30 Meter langen Zündschnur war die Flamme vorzeitig verlöscht. Deponiert waren Sprengladungen in zwei verschiedenen Rohbauten, insgesamt wurden 65 Kilogramm Sprengstoff sichergestellt. Für die Südtiroler Untergrundbewegung BAS und ihre Verbündeten in Innsbruck sollte sich dies als folgenschwere Panne erweisen: der Sprengstoff war nämlich als österreichisches Fabrikat eindeutig gekennzeichnet, vgl.: Anm. 87. Dieser Anschlag war am Vorabend des Andreas-Hofer-Tages geplant, siehe: Dolomiten, 19., 20.2.1960; Vor diesem gespannten Hintergrund kam es am 21.2.1960 in Bozen zum "KNÜPPELSONNTAG": zum Abschluß des Tiroler Gedenkjahres anno 1809 sollte in Bozen das Peter-Mayr-Denkmal enthüllt werden. Die Feier wurde im letzten Moment verboten, dennoch hatten sich Tausende eingefunden zur Gedenkmesse. Als bei der Kranzniederlegung am Denkmal das Südtiroler Heimatlied angestimmt wurde, kam es zu einem Großeinsatz von etwa 2.000 mit Gummiknüppeln bewaffneten Polizisten gegen die Menschenmenge. Fünf Südtiroler wurden verhaftet, siehe: Dolomiten, 22., 24.2.1960.
BOZEN, PALERMOSTRASSE: am 10. Dezember 1960 in der Nacht von Samstag auf Sonntag richtete eine kleinere Sprengladung an der Außenmauer eines Volkswohnhauses Sachschaden an. Der Bau war erst seit kurzem fertiggestellt. Die Südtiroler Tageszeitung berichtete: 42 der 57 neuen aus öffentlichen Mitteln errichteten Wohnungen waren italienischen Familien zugeteilt worden, nur 15 waren für Südtiroler bestimmt. Doch auch dieses kleine Kontingent wurde vom Vize-Regierungs-

kommissar Francesco Puglisi schließlich beschlagnahmt und Italienern zugewiesen, mit der Begründung, sie hätten aufgrund einer besonderen Notlage den Vorzug, siehe: Dolomiten, 12.12.1960;
Der politische Hintergrund war außerdem gekennzeichnet durch die in Südtirol vielfach als enttäuschend erlebte UNO-Debatte.
BOZEN, RESCHENSTRASSE; MERAN, KARL WOLFSTRASSE, 27.3.1961: in Bozen war ein Rohbau einer UNRRA-Casa- Wohnanlage betroffen, in Meran ein Rohbau einer mit INA- Casa-Mitteln errichteten Wohnsiedlung, siehe: Dolomiten, 28.3.1961. Zu den Verantwortlichen, siehe: Sepp KERSCHBAUMER, Aussagen im Mailänder Prozeß, in: Dolomiten, 17.12.1963: Anschlag in Bozen, Palermostraße: Luis AMPLATZ; in Meran: Jörg PIRCHER. Angaben von Josef FONTANA: er hatte den Anschlag in Bozen, Reschenstraße anstelle von Luis AMPLATZ ausgeführt, weil dieser zu nahe wohnte, also zu exponiert war.

10. Wochen-Presse, 8.4.1961

11. Sepp KERSCHBAUMER, Mailänder Prozeß.., in: Dolomiten, 17.12.1963.

12. Josef FONTANA, Vortrag im Rahmen einer Diskussionsrunde an der Universität Innsbruck, 13.6.1991; siehe dazu: Kulturreferat des Landes Tirol (Hrsg.), "Das Fenster", Tiroler Kulturzeitschrift, Innsbruck, Nr. 50-51/1991.

13. Wolfgang PFAUNDLER (Hrsg.), "Südtirol, Versprechen und Wirklichkeit", Wilhelm Frick Verlag, Wien, 1958, S. 420.

14. Ein grundsätzliches Kriterium für die Gewichtung der Zeitzeugen im Text war die Authentizität der Aussagen: von den einstigen Aktivisten leben nur noch einzelne, es wurden daher vor allem die wenigen noch verfügbaren Primärquellen berücksichtigt, die Aufbau und Geschichte des BAS beispielhaft belegen. Die Gewichtung folgt daher nicht unbedingt einem "hierarchischen" Prinzip, auf eine Rekonstruktion mittels Sekundärquellen von verstorbenen Führungspersönlichkeiten wie z.B. Jörg PIRCHER wurde weitgehend verzichtet, mit Ausnahme von Sepp KERSCHBAUMER, dem ein eigenes Kapitel gewidmet ist. (Anm. d. V.) Zum Aufbau des "Befreiungsausschuß Südtirol BAS": dazu: Sepp KERSCHBAUMER, Mailänder Prozeß..., in: Dolomiten, 17.12.1963, sowie in: Robert H. DRECHSLER (Hrsg.), Mailänder Südtirolprozeß..., S. 20-27; Anfänge und Aufbau des BAS; ergänzend dazu Angaben von Josef FONTANA, Luis GUTMANN, Sepp INNERHOFER, Sepp MITTERHOFER: Demnach ließ sich die Struktur folgendermaßen charakterisieren: Sepp KERSCHBAUMER aus Frangart hatte in seiner unmittelbaren Umgebung mit dem Aufbau des 'Befreiungsausschuß Südtirol BAS' begonnen, zunächst hatte der BAS Anhänger in ÜBERETSCH und UNTERLAND: Gruppe EPPAN, zu den Aktivisten zählte u.a. Otto PETERMEIER; Gruppe NEUMARKT: Karl VINATZER, wurde kurzfristig inhaftiert und blieb danach nur noch zum Schein tätig, durch Josef FONTANA als Verbindungsmann 1959 abgelöst. Der lungenleidende Fontana wurde in der Zeit seines Sanatoriumsaufenthaltes vertreten durch Luis GUTMANN aus Tramin; Gruppe TRAMIN, KALTERN, KURTATSCH, Verbindungsmann Luis GUTMANN. BOZEN GRIES: Verbindungsmann Luis AMPLATZ; in BOZEN waren zudem Martl KOCH und Alfons OBERMAIR aktiv, mit engen Verbindungen zum Innsbrucker Kreis, erst später haben sie dann auch mit der Gruppe um Sepp KERSCHBAUMER zusammengearbeitet; eine selbstständig tätige Gruppe gab es auch in BOZEN ST. ANTON, dazu gehörten die Brüder Franz und Lorenz RIEGLER sowie Alois THALER, nach eigenen Angaben hatten sie aus Sicherheitsgründen zur Bedingung gestellt, nur mit Kurt WELSER (Deckname 'Philipp') anonym Kontakt zu haben. Als Welser, wie bereits von der Polizei gesucht, nicht mehr nach Bozen kam, hatte er ohne Rückfrage Martl KOCH als Nachfolger eingesetzt, unter Folterung hatte Koch die Mittäterschaft der Gruppe in St. Anton gestanden. Im BURGGRAFENAMT war Jörg PIRCHER (Jörg HOFMANN) vom 'Hofmann'-Hof in Lana einer der ersten und engsten Mitarbeiter Kerschbaumers, (dazu Angaben Wolfgang PFAUNDLER): Jörg PIRCHER sei privat gut bekannt gewesen mit dem steirischen Landeshauptmann Josef KRAINER sen., der in Lana wiederholt Urlaub gemacht hatte). Nachdem in MERAN eine eigene BAS-Gruppe entstanden war, kümmerte sich Pircher vor allem um die Gruppe LANA, auch TISENS und ULTEN wurden von Jörg PIRCHER mitbetreut. Aktivisten der Meraner Gruppe waren Sepp INNERHOFER, Sepp MITTERHOFER und Siegfried CARLI (nach der 'Feuernacht' geflüchtet nach Österreich). Zum engeren Kreis der Eingeweihten gehörte auch Paul PICHLER aus Schenna.
Georg KLOTZ nimmt eine eigene Stellung ein: er hatte sich nach dem Krieg vor allem um den Aufbau des Schützenwesens gemacht, allein deshalb besaß er viele Kontakte in ganz Südtirol. Georg Klotz hatte seinen Aktionsschwerpunkt im PASSEIERTAL, er agierte weitgehend eigenständig, arbeitete anfangs aber auch mit dem BAS um Sepp KERSCHBAUMER zusammen. Allerdings gab es grundsätzlich

unterschiedliche Vorstellungen, die dazu führten, daß man sich trennte. Klotz ist nach der "Feuernacht" nach Österreich geflüchtet, er hatte schon vorher einen starken Rückhalt bei der BAS-ähnlichen Gruppe in Innsbruck.

Im VINSCHGAU war Franz MUTHER aus Laas unter den frühesten Mitarbeitern von Sepp KERSCHBAUMER, er hatte aber auch gute Kontakte zu den Verbündeten in Innsbruck. Maßgebliche Leute waren außerdem Sepp FABI in Burgeis und Hans OBERHOFER in Goldrain. Im Vinschgau war es allerdings in der 'Feuernacht' nicht zu den vereinbarten Attentaten gekommen. Im PUSTERTAL war Karl TITSCHER aus Bruneck einer der frühesten und engsten Kerschbaumer-Vertrauten. Titscher war jedoch gegen Gewalt und zog sich zurück nach dem Zerwürfnis Kerschbaumers mit der BAS-ähnlichen Gruppe in Innsbruck. In TAISTEN war Andreas SCHWINGSHACKL aktiv. Mit den Aktivisten im AHRNTAL, den späteren 'PUSTERER BUAM', hatten die überlebenden Zeitzeugen des Raumes Bozen-Meran keinen unmittelbaren Kontakt.

Im EISACKTAL waren vor allem der in Haft an den Folgen der Torturen verstorbene Anton GOSTNER aus Brixen und Fritz MANDL aus Sterzing BAS-Aktivisten.

15. Anton HOLZER, 'Die Südtiroler Volkspartei', Kulturverlag, Thaur/Tirol, 1991, S. 79-80.

16. vgl.: Friedl VOLGGER, 'Mit Südtirol am Scheideweg', Haymon, Innsbruck, Innsbruck, 1984, S. 208.

17. 'Südtirols Jugend - der Angeklagte als Ankläger, in: Presse, 17.2.1957; dazu Hans STIELER: der erste Anschlag richtete sich im September 1956 gegen die Bozen-Meraner- Bahn, der letzte am 17.1.1957 gegen die Brenner-Bahn, die Schäden waren geringfügig.

18. Presse, 18.7.1957, 31.3.1958; Armand MERGEN (Bergisel Bund, Hrsg.), "Der Pfunderer Prozeß", Innsbruck, 1958.

19. Presse, 8.2.1957

20. Felix ERMACORA, Südtirol und Österreich..., S. 73: Univ.Prof.Dr. Franz Gschnitzer (ÖVP) wird neben Bruno Kreisky (SPÖ) Staatssekretär für Äußeres im Kabinett Julis Raab (29.6.1956); Eduard WIDMOSER, "Südtirol-Brevier von A bis Z", Südtirol-Verlag, München, Innsbruck, 1966, S. 18: Universitätsprofessor Dr. Franz GSCHNITZER war ab Dezember 1955 Obmann des Bergisel-Bundes.

21. Presse, 22.12.1957; siehe auch, ebd.: 7.7., 14., 16., 30., 31.,12.1957, 1.1.1958; vgl.: Anm. 49; siehe auch, ebd.: 8.1.1958: die sechs verurteilten Mitglieder der Stieler-Gruppe traten sofort nach der Urteilsverkündung in einen totalen Hungerstreik und wurden daraufhin auf verschiedene italienische Haftanstalten verteilt; Hans STIELER: noch härter als Staatsanwalt Gaetano ROCCO war der Oberstaatsanwalt Faustino DELL'ANTONIO, eine Gruppe von Häftlingsfrauen war sogar entschlossen, den Justizvertreter aus dem Fenster zu werfen, falls ihnen dieser ein weiteres Mal die Besuchserlaubnis im Gefängnis verweigert hätte.

22. vgl.: Dolomiten, 18.1.1957; Wochen-Presse, 16.2.1957: die Anschläge der Stieler-Gruppe begannen mit jenem auf die Bozen-Meraner-Bahn im September 1956 (s. Anm. 17), die letzten richteten sich gegen einen Starkstromleitungsträger der Brennerbahn bei Franzensfeste am 15.1.- und gegen die Brennerbahn zwischen Bozen und Kardaun am 17.1.1957; Hans STIELER: die Sprengung hatte Rudolf GÖLLER durchgeführt, beschäftigt beim Bau des Wassertunnels aus dem Sarntal zum E-Werk in St. Anton bei Bozen. Die Politik hatte für Rudolf Göller eine tragische Rolle gespielt: die Familie Göller kam unter dem Faschismus in die Sumpfgebiete südlich von Rom, dann durch die Option nach Österreich, Rudolf Göller versuchte als Reoptant wieder in der Heimat Fuß zu fassen. Er hatte die Militärpflicht in Italien abgeleistet, dennoch wurde ihm die italienische Staatsbürgerschaft nicht gewährt.

23. "...14 Personen in Bozen und der weiteren Umgebung festgenommen", "...Einige geständig", in: Dolomiten, 21., 22.1.1957, sowie Angaben von Hans STIELER: er und seine Brüder Toni und Sepp STIELER wurden in der Nacht auf Sonntag, 20. Jänner 1957, verhaftet; siehe dazu auch: Friedl VOLGGER, Südtirol...Scheideweg,S. 198-208; vgl.: Dolomiten, 13.12.1957: Als Mitglieder der STIELER-Gruppe mußten sich außer Hans und Josef STIELER vor Gericht verantworten: Rudolf Göller (Bozen), Anton Gritsch (Meran), Anton Kasslatter (Kollmann), Karl Lun (Bozen), Johann Mittermaier (Lehrer in Vahrn), Leonhard Pernter (Eppan), Rudolf Ploner (Schabs), Othmar Plunger (Eppan), Karl Recla (Brixen-Elvas), Helmuth Schäfer (Bozen), Anton Wenger (Terlan).

24. vgl.: Dolomiten, 21.1.1957: ins Rollen gekommen waren die Verhaftungen, nachdem die Polizei bei einem Meraner Chauffeur (Anton Gritsch) Sprengstoff beschlagnahmt hatte; siehe auch: Presse, 20.12.1957: Im Sprengstoffprozeß gegen die Stieler-Gruppe erklärten nur zwei von den 14 Angeklagten, die italienische Polizei habe bei den Vernehmungen keinen Druck ausgeübt. Die übrigen zwölf weigerten sich, die Frage mit einem einfachen Ja oder Nein zu beantworten, einige zuckten mit den Achseln; Hans STIELER: die berüchtigte 'cassetta', eine Art Streckkasten, und andere Foltermethoden wurden bereits damals angewendet, wobei die Gefangenen gefesselt, also wehrlos waren. Rudolf GÖLLER wurden z.B. die Zähne ausgeschlagen.

25. Presse, 5., 6., 7.2.1957, 7.7.1957; Wochen-Presse, 16.2.1957; Friedl VOLGGER, Südtirol...Scheideweg, S. 206-207; Angaben Wolfgang PFAUNDLER: anläßlich seiner Hochzeit in Bozen-Gries hatte Pfaundler für Friedl VOLGGER einen Fluchtplan ausgeheckt. Um den Hafturlaub zu ermöglichen, wollte er ihn zu seinem Trauzeugen machen. Bei der Unterschriftsleistung in der Sakristei sollte Volgger Gelegenheit geboten werden zu fliehen. Dieser hatte das Angebot jedoch abgelehnt: denn er sei sicher gewesen, daß die Justiz gegen ihn nichts in der Hand hätte, bestätigt Volgger die Schilderung von Pfaundler.

26. Friedl VOLGGER, Südtirol...Scheideweg, S. 191.

27. Presse, 2.4.1957, vgl.: Dolomiten, 25.11.1957, 3.2.1961.

28. Presse, 17.2.1957

29. Friedl VOLGGER, Südtirol...Scheideweg, S. 198; SVP-Parteileitung (Hrsg.), 'Südtiroler Volkspartei 1945-1985, S. 58: Dr. Toni EBNER, Parteiobmann 3.3.1956-25.5.1957; Angaben Hans STIELER: Unter den Promotoren des Treffens zur erhofften Gründung einer SVP-Jugendorganisation waren auch der spätere SVP-Kammerabgeordnete und Rechtsanwalt Hugo GAMPER oder Ing. Helmuth SCHÄFER, letzterer hatte sich im folgenden der Stieler-Gruppe angeschlossen.

30. Friedl VOLGGER, Südtirol...Scheideweg, S. 198

31. ebd.; Angaben Franz WIDMANN: die Kurie hat auch noch 1960 gegen einen SVP-Beschluß opponiert, der eine Jugendorganisation anstrebte nach dem Vorbild der christlichen Parteien in Deutschland oder Österreich.

32. Presse, 17.2.1957; vgl. Wolfgang PFAUNDLER, Südtirol, Versprechen..., S. 420, 423-428.

33. Anton HOLZER, Die SVP..., S. 61 ff

34. Friedl VOLGGER, Südtirol...Scheideweg, S. 191-193.

35. Franz WIDMANN: Die Landesversammlungen der Südtiroler Volkspartei standen damals auch jenen interessierten Persönlichkeiten offen, die nicht Parteimitglieder waren. Widmann hatte als Außenstehender das Wort ergriffen, seine Kritik an der zu passiven Haltung der Parteiführung machte tiefen Eindruck. Der Großgrundbesitzer Franz Widmann war damals selbst massiv betroffen von den Massenenteignungen landwirtschaftlicher Gründe in und rund um Bozen. Zum wirtschaftlichen Schaden kam der politische Schock. Im Süden Bozens verwandelten sich immer mehr Wein- und Obstgärten in eine einzige Großbaustelle für italienische Zuwandererwohnungen. Als es die SVP-Führung weiterhin bei rein verbalen Protesten beließ, habe er sich entschlossen zu handeln, sagt Widmann. Ein befreundeter geistlicher Herr, Prof. Matthias Thaler, der auch als Seelsorger im Schnalstal tätig war, habe ihm den Kontakt vermittelt zu Hans DIETL.

36. Eduard WIDMOSER, Südtirol-Brevier..., S. 33, siehe: "Hans DIETL".

37. vgl.: Friedl VOLGGER, Südtirol...Scheideweg, S. 211 ff, S. 317-318.

38. Angaben Franz WIDMANN

39. Silvius MAGNAGO, Interview 31.7.1190.

40. ebd.

41. Dolomiten, 18.11.1957

42. ebd.

43. Angaben Friedl VOLGGER: die italienische Behörde hatte den von Luis AMPLATZ deponierten Kranz am Bozner Siegesdenkmal allerdings bereits tagsdarauf diskret entfernt; Sepp MITTERHOFER: hatte damals noch keine Verbindung zur Gruppe um Sepp KERSCHBAUMER, Luis AMPLATZ war ihm jedoch auf Sigmundskron aufgefallen durch seine Aktivität.

44. vgl.: Sepp MITTERHOFER: bestätigt, auch er habe durch Jörg PIRCHER, Lana, später erfahren von jenen Gesprächen in Frangart über den geplanten 'Marsch nach Bozen'; auch Paul PICHLER aus Schen-

na, später ebenfalls in den Reihen des BAS, hatte teilgenommen an einer solchen Versammlung bei Sepp INNERHOFER auf "Goyen".

45. BAS, (1957), "Volksvertreter!..., Flugblatt in Bozner Privatbesitz.

46. dazu: Felix ERMACORA, Südtirol und Österreich..., S. 75; Karl Heinz RITSCHEL, "Diplomatie um Südtirol", Seewald, Stuttgart, 1966, S. 292; vgl.: Vittorio LOJACONO, "Alto Adige Südtirol, Dal pangermanesimo al terrorismo", Mursia, Mailand, 1968, S. 107; vgl.: Friedl VOLGGER, Südtirol...Scheideweg, S. 216.

47. Hans und Hanna CLEMENTI, Pinzon.

48. Dolomiten, 20., 25., 26.11.1957; In den "Dolomiten" vom 25. November 1957 findet sich neben den Bildern von den hochgeputschten Faschisten-Demos in Bozen auch die Meldung: Anschlag auf das Grab TOLOMEIS in Glen (Gemeinde Montan) am Abend des 22.11.1957; dazu Angaben von Josef FONTANA: es ist nicht erwiesen, daß der anfängliche Verbindungsmann der BAS-Gruppe Neumarkt Karl VINATZER das Attentat tatsächlich ausgeführt hat, obwohl es ihm zugeschrieben wurde.

49. Dolomiten, 13.12.1957: eigentlicher Verhandlungsbeginn gegen die STIELER-Gruppe in der laufenden Schwurgerichtssession war der 13.12.1957; siehe auch: "Der Schwurgerichtsprozeß gegen die 14 Südtiroler, das Urteil: 13 Schuldsprüche, Gefängnisstrafen bis zu dreieinhalb Jahren, Freispruch in einigen Anklagepunkten", in: Dolomiten, 31.12.1957: gleichzeitig verurteilt wurde auch der spätere BAS-Exponent Luis AMPLATZ, zu keiner Haftstrafe, sondern nur zu einer Geldbuße wegen Besitz von Schießpulver und "gefährlichem" Böllerschießen; Angaben von Hans STIELER: er und Luis AMPLATZ waren Schulkollegen (beide Jahrgang 1926) in der Volksschule Bozen-Gries. Amplatz hatte jedoch keinerlei Kontakt zur Stieler-Gruppe. Als Hans Stieler und seine Brüder inhaftiert waren, sind Amplatz und Sepp KERSCHBAUMER der Mutter beigestanden.

50. Presse, 20.6.1958

51. Presse, 12.2.1961

52. Presse, 13.11.1960

53. Presse, 29.7.1960

54. Sepp INNERHOFER erinnert sich z.B. an eine "alpinistische" Fahnenhiß-Aktion am "Loth'n" Kastanienbaum, der riesige alte Baum ist ein geschütztes Naturdenkmal beim "Loth'n-Hof" in Schenna: zehn Tage lang vermochte weder die Meraner Feuerwehr noch die zur Hilfe gerufene Bozner Berufsfeuerwehr die Fahne herunterzuholen. Ein Zimmermann aus Schenna, dem dies schließlich gelang, wurde deshalb von der Dorfmeinung zum "Verräter" gestempelt.

55. Dolomiten, 23.2.1957

56. "Volksbote", Bozen, 11.7.1957, 19.6.1958; Presse, 1.6.1958.

57. Sepp KERSCHBAUMER, Mailänder Prozeß..., in: Dolomiten, 17.12.1963.

58. Dolomiten, 21.2.1958

59. "Der Volksbote", Innsbruck, 20.7.1957

60. Angaben von Fritz MOLDEN, Wolfgang PFAUNDLER.

61. Wolfgang PFAUNDLER, Südtirol, Versprechen..., s. Anm. 13.

62. vgl.: Karl Heinz RITSCHEL, Diplomatie..., S. 307.

63. Fritz MOLDEN, Interview 7.12.1990.

64. "Föderalismus und Abhängigkeit des einzelnen", "Tirol ruft das Gewissen der Welt", in: Dolomiten, 17., 22.9.1959; "Drohender Untergang setzt die Pflicht zur Notwehr", in: "Tiroler Tageszeitung", Innsbruck, 19.9.1959; Theodor VEITER, "Gemeinschaft in Freiheit, Außergewöhnliche Leistungen des Innsbrucker Kongresses, Wissenschaftler, Publizisten und Politiker in fruchtbarem Gespräch", in: "Salzburger Nachrichten", Salzburg, 26.9.1959.

65. "Il minaccioso discorso di Gschnitzer a Alpbach", in: "Alto Adige", Bozen, 8.9.1959; "A Innsbruck si lavora contro l' Italia, Formulate assurde proposte per la soluzione del problema atesino....', in: "Secolo d'Italia", Rom, 18.9.1959.

66. Karl Heinz RITSCHEL, Diplomatie..., S. 295; vgl.: Friedl VOLGGER, Südtirol...Scheideweg, S. 215; Angaben Wolfgang PFAUNDLER: Das Einreiseverbot sei gegen den Landesrat Aloys OBERHAMMER verhängt worden. Landeshauptmann Hans TSCHIGGFREY habe jedoch seine Solidarität erklärt für den Fall, daß auch nur ein einziges Mitglied der

Landesregierung von einem solchen Verbot betroffen sei.

67. "Wer hat Grivas eingeladen ?, Eine schädliche außenpolitische Gschaftlhuberei", in: "Arbeiterzeitung", Wien, 3.9.1959; "Grivas kommt nicht nach Tirol", in: Tiroler Tageszeitung, 3.9.1959; "Grivas rifiuta l'invito, Anche il capo dell'EOKA ha risposto 'no' al governo del Tirolo, Le "dilettantesche iniziative tirolesi", deprecate dal Bollettino del partito socialista austriaco", in: Alto Adige, 4.9.1959; vgl.: "Adige", Trient, 4.9.1959.

68. Angaben von Fritz MOLDEN; vgl.: Verlag PLOETZ (Hrsg.), "Weltgeschichte der Gegenwart", Ploetz, Würzburg, 1975, S. 335: durch den Londoner Dreimächtevertrag vom 19.2.1959 erhält Zypern seinen Unabhängigkeitsstatus."

69. Fritz MOLDEN, "Selbstbestimmung", in: Presse, 15.6.1960.

70. ebd.; siehe auch: Der Volksbote, Innsbruck, 25.6.1960; "Heim ins Reich, 82% der Südtiroler wollen zu Oesterreich", in: Alto Adige, 19.6.1960.

71. vgl.: Fritz MOLDEN, "Fepolinski & Waschlapski auf dem berstenden Stern, Bericht einer unruhigen Jugend", DTV, München, 1991, S. 247, 335.

72. Ludwig STEINER: nach dem Krieg Beendigung des Studiums, 1948: Eintritt in den Auswärtigen Dienst, teils im Ausland tätig, ab 1951: Leiter der "Außenstelle Innsbruck für Südtirolangelegenheiten", die aber als nicht verfassungskonform wieder aufgelöst werden mußte.

73. Angaben Fritz MOLDEN

74. Angaben Wolfgang PFAUNDLER; vgl.: Helmut GOLOWITSCH, Walter FIERLINGER, "Kapitulation in Paris, Ursachen und Hintergründe des Pariser Vertrags 1946", Verlag "Buchdienst Südtirol", Nürnberg, Aula Verlag, Graz, 1989, S. 207-215.

75. Angaben Viktoria STADLMAYER: Der Vorschlag, das Recht auf Gebrauch der Muttersprache mit Anzeigen gegen amtliche Verstöße durchzudrücken, stieß auf Südtiroler Seite zunächst auf Bedenken - man sagte, die meisten hätten nicht einmal das Geld, sich einen Anwalt zu bezahlen. Die Aktion diente der italienischen Polizei schließlich als Vorwand, um Frau STADLMAYER am 29. April 1961 am Brenner aus dem Zug heraus zu verhaften, siehe dazu: "Viktoria und die Carabinieri, 'Wochen-Presse'-Interview mit Dr. Viktoria Stadlmayer nach ihrer Enthaftung", in: Wochen-Presse, 24.6.1961; vgl.: Karl Heinz RITSCHEL, Diplomatie..., S. 369-370;
vgl.: "Italiens Geheimdienst in Innsbruck hat die Verhaftung Frau Stadlmayers von langer Hand geplant und vorbereitet, Haftgründe aus Kontakten mit SVP-Führern konstruiert", in: Presse, 9.5.1961: begründet wurde die Verhaftung u.a. mit folgendem Brief, unter Unterschrift: "Liebe Frau Dr. Stadlmayer! Am vergangenen Mittwoch hatten wir eine SVP-Bezirksversammlung des Bezirkes Bozen Stadt und Land. Dabei forderte ich die Ortsobmänner auf, Zwischenfälle herbeizuführen. Sie brauchten nur auf dem Recht der deutschen Sprache zu bestehen und es entstünden Zwischenfälle. Weiters beschlossen wir, jedem durch eine Sammelaktion zu helfen, dem durch die Zwischenfälle Prozeßkosten entstehen sollten...": Einen Durchschlag des Briefes hatte die Polizei beim SVP-Funktionär Helmuth KRITZINGER gefunden, nach dessen Verhaftung im Zusammenhang mit dem Anschlag gegen ein E-Werk in Bundschen (vgl. Anm. 152); siehe dazu: Dolomiten, 12.4.1961: beim verhafteten H. KRITZINGER wurde nach Polizeiangaben auch die Schreibmaschine sichergestellt; siehe auch: "Italiener verhaften Mitglied der österreichischen UN-Delegation", in: Presse, 30.4.1961; Claus GATTERER, "Gangstermethoden", in: Presse, 3.5.1961; "Scharfer Protest des Landes Tirol gegen Verhaftung Frau Stadlmayers", in: Presse, 3.5.1961; Claus GATTERER, "Protest Roms gegen Berichte über italienische Spionage", in Presse, 13.5.1961; Viktoria STADLMAYER, "Rocco ist an allem schuld", in: Wochen-Presse, 13.5.1961; "Schlechter Auftakt für Klagenfurt: Frau Stadlmayer bleibt in Haft", in: Presse, 20.5.1961; Fritz MOLDEN, "Am Beispiel Victoria Stadlmayers", in: Presse, 28.5.1961; Claus GATTERER, "Italiener ließen Frau Stadlmayer frei, Südtirolexperten konferieren in Zürich, Die Tiroler Landesbeamtin darf nicht mehr nach Südtirol", in: Presse, 11.6.1961.

76. dazu auch: Angaben Josef FONTANA: die Südtiroler fürchteten, die wie eine Besatzungsmacht auftretenden Behörden würden sich revanchieren mit Schikanen in Bereichen des täglichen Lebens (Steuer, Lizenzen, Militärangelegenheiten usw.).

77. vgl.: BERGISEL-BUND (Hrsg.), Südtirol, Berichte und Dokumente, Der große Grazer Südtirolprozeß vor Schöffen und Geschworenen', Innsbruck, 1965/2-3, S. 2; - , "Der Linzer Südtirol-Prozeß 1967", in: "Freiheit Südtirol", Innsbruck, 1967/6, S. 5.

78. vgl.: BERGISEL-BUND (Hrsg.), Grazer Südtirolprozeß (1965)..., S. 10; dazu auch: Angaben Claudius MOLLING: bekam selbst wegen einer Mauerschrift "Los von Wien" Schwierigkeiten mit der österreichischen Polizei, zunächst drohte eine Klage wegen Hochverrat, als Motiv wurden dann aber Meinungsverschiedenheiten zwischen der Tiroler und Wiener ÖVP anerkannt; dazu auch: (Federico MARZOLLO), Bericht an die Bozner Staatsanwaltschaft ("Alla Procura della Repubblica di Bolzano...., Fa seguito ai R.G. preliminari nr. 49-1-2-3 del Comando Compagnia CC. di Brunico ed ai R.G. preliminari nr. 124-1 e seguenti fino al nr. 124-24-2 di questo Gruppo...."), unterschrieben von "Federico MARZOLLO, Il Ten. Colonello Comandante del Gruppo", mit Stempel der Einheit Bozen: das 95 Seiten starke Dossier stützt sich auf Informationen zur Innsbrucker und Südtiroler Extremistenszene, die der Carabinieri Hauptmann Angelo PIGNATELLI laut Dokument im Zeitraum 1964-65 gegen Bezahlung von Peter KIENESBERGER erhalten habe, siehe S. 20 ff: neben vielen anderen wird auch Claudius MOLLING mit Frau zum militanten Freundeskreis der Gruppe um Wolfgang PFAUNDLER gezählt. Molling schließt eine Mitwisserschaft kategorisch aus, er kann auch darauf verweisen, daß er z.B. bei Grenzübertritten niemals irgendwelche Schwierigkeiten hatte seitens der italienischen Polizei.

79. "Fragen Sie Frau Elli", in: Spiegel, 19.4.1961.

80. Sepp KERSCHBAUMER, Mailänder Prozeß..., in: Dolomiten, 17.12.1963; sowie: Angaben Wolfgang PFAUNDLER.

81. Franz WIDMANN, Viktoria STADLMAYER, Wolfgang PFAUNDLER vertreten die Ansicht, Sepp KERSCHAUMER sei seit eh und je ein überzeugter Verfechter der Selbstbestimmung gewesen; Josef FONTANA oder Sepp INNERHOFER dagegen betonen, Kerschbaumer habe die Frage der politischen Realisierbarkeit sehr wohl in Rechnung gestellt, auch indem er unterschied nach Aktionen, um für die Forderungen der Südtiroler Druck zu machen, und der Umsetzung dieses Potentials durch die Politiker.

82. vgl.: Friedl VOLGGER, Südtirol...Scheideweg, S. 155; Angaben Christoph AMONN: der Sohn des SVP-Gründers Erich AMONN hatte die geschlossene Forderung der Selbstbestimmungsrechts bei der ersten Großkundgebung auf Sigmundskron am 5. Mai 1946 als Bub miterlebt; vor dem Hintergrund drohender Übergriffe gegen die Südtiroler Kundgebung habe die Verantwortung damals schwer auf seinem Vater gelastet, aber auch später, als er "ziemlich einsam" das Ja zum ersten Autonomiestatut von 1948 auf sich nahm: damals "die einzige Möglichkeit, um überhaupt wieder etwas aufzubauen!" Im ersten Nachkriegseuropa sei für Südtirol nämlich nicht nur die schwache politische Position Österreichs verhängnisvoll gewesen, sondern auch jene der in Mißkredit geratenen Deutschen, die "überall vertrieben wurden". Erst später wurde die Gesamtkonstellation günstiger für weiterreichende Autonomieforderungen.

83. vgl.: Felix ERMACORA, Südtirol und Österreich..., S. 45; Karl Heinz RITSCHEL, Diplomatie..., S. 209 ff, 235.

84. Sepp KERSCHBAUMER, Mailänder Prozeß..., in: Dolomiten, 17.12.1963: Wolfgang PFAUNDLER hatte den Kontakt vermittelt zu Kurt WELSER.

85. vgl.: Anm. 14; dazu auch: Sepp INNERHOFER: Kurt WELSER spielte als Kontaktmann auch organisatorisch eine Schlüsselrolle für den Südtiroler BAS.

86. Angaben Claudius MOLLING

87. Sepp KERSCHBAUMER, Mailänder Prozeß..., in: Dolomiten,17.12.1969; auch Josef FONTANA oder Sepp MITTERHOFER hatten an solchen Einführungslehrgängen teilgenommen; siehe auch: BERGISEL-BUND (Hrsg.), Grazer Südtirolprozeß (1965)..., S. 4-5: Dipl. Ing. Dr. Helmut RIEDL, Forstreferent bei der Tiroler Landesregierung: hielt laut Anklage am 26. Dezember 1959 bei Fügen im Zillertal einen Sprengkurs ab, für mehrere Südtiroler über Vermittlung von Norbert Burger. Ing. RIEDL hatte übrigens auch durch einen befreundeten Bundesheeroffizier mittels offiziellem Bezugsschein jene Ladung Donarit erworben, die dann der italienischen Polizei als Beweis für eine Mitverwicklung von Österreichern in die Hände fiel, und zwar nach dem mißglückten Anschlag auf einen Volkswohnrohbau in der Meraner Totistraße am 18. Feber 1960. Der im Keller aufgefundene Karton war eindeutig als österreichisches Fabrikat gekennzeichnet und trug die Fertigungsnummer 52.304; vgl: Anm. 9.

88. Angaben Sepp INNERHOFER

89. Angaben Wolfgang PFAUNDLER, Rosa KLOTZ.

90. Peter KIENESBERGER, Alois M. EULER, "Sie nannten uns Terroristen, Freiheitskampf in Südtirol", in: Schriftenreihe des Südtirol-Informations-Zentrums der Volksbewegung für Südtirol, Wien, 1971, S. 53-65; sowie: Angaben Rosa KLOTZ.

91. BERGISEL-BUND (Hrsg.), Grazer Südtirolprozeß (1965)..., S. 6; Angaben Wolfgang PFAUNDLER: Norbert BURGER habe zunächst auf eigene Faust agiert, wurde dann aber eingebunden in den Innsbrucker Führungskreis, als Garant, um das radikal nationalistische Lager unter Kontrolle zu halten. Pfaundler bescheinigt Burger Loyalität, erst nachdem Pfaundler die Führung abgegeben habe, sei es zu Alleingängen der militanten Burger-Anhänger gekommen.

92. Kurt WELSER, in: BERGISEL-BUND (Hrsg.), Grazer Südtirolprozeß (1965)..., S. 10-11; zum Anschlag in Ebensee (OÖ) am 23.9.1963, siehe auch: Karl Heinz RITSCHEL, Diplomatie..., S. 412-414; siehe auch: "Der doppelte Sieg", in: Wochen-Presse, 27.2.1965: Der Innsbrucker Anwalt Willy STEIDL konnte für seinen Mandanten Kurt WELSER ein Alibi beibringen, er und der Redakteur der "Tiroler Tageszeitung", Fritz SILBERNAGL, mußten sich wegen Veröffentlichung dieses Beweisantrags in Innsbruck vor Gericht verantworten, beide wurden freigesprochen. Im Zusammenhang mit dem Attentat in Ebensee vom 23.9.1963 war nämlich Mitte Februar 1965 in Italien bekannt geworden, daß die Verantwortlichen in italienischen Neo-Faschistenkreisen zu suchen seien;
siehe dazu auch: Giancarlo MASIERO, in Alto Adige, 28.6.1991: der Bozner MSI-Aktivist schreibt in einem bei ihm beschlagnahmten sogenannten "Masiero-Tagebuch" auch von der Unterstützung der "Azione Austria" (caso Poltronieri)". Bei seinen Einvernahmen beteuerte Masiero aber, er habe sich seine "Enthüllungen" nur erfunden oder aus Zeitungsberichten abgeschrieben. Die Bozner Staatsanwaltschaft stellte die Ermittlungen daher bereits Ende Dezember 1991 ein.

93. Kurt WELSER ist am 15.8.1965 auf dem Zinalrothhorn (Schweiz) tödlich abgestürzt.

94. Kurt WELSER, in: BERGISEL-BUND (Hrsg.), Grazer Südtirolprozeß (1965)..., S. 6, S. 10-11, S. 67; vgl.: "Die Nordkette trug eine Feuerkrone", in: "Tiroler Nachrichten", Innsbruck, 27.6.1961: bei den traditionellen Sonnwendfeuern setzte eine Rakete das Signal für tausende Bergfeuer, unterhalb der Frau Hitt außerdem eine Flammenschrift in Riesenlettern: "Südtirol". Gleichzeitig glitten Paddelboote mit Fackeln und Lampions innabwärts. Der bekannte Innsbrucker Wassersportler Fritz Höfler sorgte für eine besondere Attraktion, ein brennendes Floß.

95. Angaben Sepp INNERHOFER

96. Angaben Wolfgang PFAUNDLER: Einzelaktionen hätten die Opfer nicht gelohnt, weil sie ebenso Repression provoziert hätten wie ein spektakulärer "großer Schlag".

97. Sepp KERSCHBAUMER, Mailänder Prozeß..., in: Dolomiten, 17.12.1963.

98. Angaben Viktoria STADLMAYER: der Obmann des Bergisel-Bundes Franz GSCHNITZER war ein erklärter Gegner von Sprengstoffattentaten; Eduard WIDMOSER, Südtirol Brevier..., S. 18: F. GSCHNITZER war Obmann des B.I.B. ab Dezember 1955, Widmoser blieb an der Seite Gschnitzers geschäftsführender Obmann bis Februar 1962.

99. Angaben Wolfgang PFAUNDLER: Landesrat Aloys OBERHAMMER, ein offener Sympathisant des "Freiheitskampfes", war nur indirekt eine Anlaufadresse für Aktivisten, in der Regierungszeit Oberhammers habe eine Vereinbarung bestanden, Anfragen um aktive Unterstützung an Pfaundler weiterzuleiten.

100. Dolomiten, 23.5.1961: ebenfalls verhaftet wurden Ignaz Auer aus St. Martin/Passeier und Anton Tappeiner aus Schlanders; vgl. dazu auch: "Bozens Polizei erließ Haftbefehl gegen Obmann des Berg-Iselbundes", in: Presse, 6.4.1961: ausgelöst wurde die Polizeiaktion durch die Festnahme von Bernhard PRANTNER aus Walten, bei dem offenbar in Österreich gedruckte Flugblätter sichergestellt wurden sowie ein Scheck. Durch Beschlagnahme aller Kontounterlagen bei einem Bozner Bankinstitut erhielt die Polizei wertvolles "Adressenmaterial", obwohl es sich bei den Geldern um Spenden und Unkostenvergütungen handelte; Viktoria STADLMAYER: führt ihre Verhaftung (siehe: Anm. 75) ebenfalls darauf zurück, daß die Bozner Staatsanwaltschaft Informationen über den Bergisel-Bund erhalten wollte, sie habe damals aber nicht einmal mehr dem Vorstand angehört, weil ihr der vereinsmeierische Führungsstil von Eduard WIDMOSER nicht mehr zusagte.

101. Angaben Josef FONTANA; Luis AMPLATZ schildert seine abenteuerliche Flucht in: SPIEGEL, 1964/10, 4.3.1964.

102. Wolfgang PFAUNDLER: dementiert jedoch eine Aussage von Sepp IN-NERHOFER, auf Anregung des Südtiroler BAS seien auch in Deutschland und vor allem in Bayern von der Innsbrucker Gruppe Gelder gesammelt worden.

103. Josef FONTANA: die Pfaundler-Gruppe habe Sepp Kerschbaumer sogar einzelne Leute abgeworben, vgl.: Anm. 122.

104. Rupert ZECHTL: Außenminister KREISKY wäre anfangs sogar zu regelmäßigen informativen Kontakten auf neutralem Boden bereit gewesen, dazu kam es aber nicht, weil sich die radikale Entwicklung bereits deutlich abzeichnete.

105. Luis AMPLATZ, Politischer Anhang zum Testament vom 14.8.1964, beglaubigt vom Notar Herbert Raudorf in Wien,in: Felix ERMACORA, Südtirol und Österreich..., S. 118-121; dazu auch Angaben des Autors: vor Veröffentlichung des Amplatz-Testaments hatte sich Prof. Ermacora durch Zeitzeugen aus dem engsten Umfeld von Luis Amplatz bestätigen lassen, das Testament sei echt. Namen der befragten Zeugen will der Autor zur Zeit nicht nennen. Auch betrafen seine Fragen nicht die Gründe für die Abfassung des Testaments noch die Stichhaltigkeit der von Amplatz gemachten Angaben. Der erwähnte Notar gehörte nicht zu den befragten Zeugen.

106. Karl Heinz RITSCHEL, Diplomatie..., S. 458 ff; siehe auch: Felix ER-MACORA, Südtirol und Österreich..., S. 118.

107. Christoph FRANCESCHINI, "Der Aluminiumduce beim Kreisky", in: "FF, Südtiroler Illustrierte", Bozen, 1991, 12. Jg., Nr. 14.

108. Angaben KREISKY-Archiv, KREISKY-Forum, Wien: im Herbst 1959 lassen sich keine Südtirol/Tirol-Bezüge in den Terminkalendern finden, außer einer Reise von Außenminister Kreisky nach Innsbruck (12.9. und 13.9.1959); vgl. dazu: Anm. 64; Angaben von Georg GSCHNIT-ZER, Sohn des einstigen Staatssekretärs Franz GSCHNITZER: sein Vater hat keinen privaten Terminkalender geführt; Dr. Robert LAD-NER betreute die Agenden von Staatssekretär Franz GSCHNITZER im Wiener Außenministerium. Er stand im diplomatischen Dienst und war mit bei den UNO-Generalversammlungen von 1959 und 1960. Der offizielle Terminkalender (den auch Frau von Rittershausen betreute, inzwischen verstorben) ist zwar verschollen. Dr. Ladner hat sich aber sein Notizbuch mit den Termineintragungen aufbewahrt. Den von Amplatz zitierten Ausdruck "nit lugg lassen" habe Gschnitzer gerne bei seinen Vorträgen zum Thema Südtirol verwendet. Daß Gschnitzer, weil vor allem Rechtsgelehrter, mit Bombenanschlägen einverstanden gewesen wäre, könne er kaum glauben, meint Ladner auch in bezug auf Außenminister Kreisky und dessen Treffen mit Südtiroler Aktivisten. Die Kreisky zugeschriebene Aufforderung zum Terror "gegenüber ihm fernestehenden Personen" bezweifelt Ladner, dazu war Kreisky "zu sehr Diplomat und Politiker";
Das im Amplatz-Testament genannte Ausweichtreffen mit Staatssekretär Geschnizer im Außenministerium "Mitte September 1959" ist vor allem wegen nachweislicher anderweitiger Terminverpflichtungen nicht haltbar, siehe dazu auch: Dolomiten, 19.9.1959: Bericht über das Referat Gschnitzers auf der Innsbrucker Minderheitentagung; Dolomiten, 17., 18., 21.9.1959: nach der einstimmigen Entschließung des Europarates zu Minderheitenproblemen und vor seiner Abreise zur UNO-Generalversammlung, wo der neu bestellte Außenminister Kreisky erstmals das Südtirolproblem aufwarf, erklärte Staatssekretär Gschnitzer der österreichischen Presseagentur am 19.9. in Innsbruck: "Die Südtirolfrage ist nunmehr durch die vom Europarat einstimmig gefaßte Empfehlung als internationale Frage anerkannt worden..."; Dolomiten, 28.9.1959: Zur Großkundgebung des Bergisel-Bundes am 27.9. wäre Gschnitzer in Innsbruck zurückerwartet worden, der Flug nach Zürich war jedoch zu stark verspätet; Dolomiten, 30.9.1959: erst am Dienstag, 29.9., war Gschnitzer wieder zurück in Wien.

109. vgl.: Luis AMPLATZ, Testament..., in: Felix ERMACORA, S. 120-121: Luis AMPLATZ (Arbeiter) hätte ursprünglich zu dem Treffen mitfahren sollen, weil Außenminister KREISKY Vertreter verschiedener sozialer Schichten kennenlernen wollte: Sepp KERSCHBAUMER (Geschäftsmann), Jörg PIRCHER (Bauer), Karl TITSCHER (Handwerker). Ihm, Amplatz, sei jedoch von Italien der Paß gesperrt worden. Auch wenn Amplatz über das Kreisky-Treffen nur indirekt durch seine Freunde informiert war, so lebte er doch bis zu seiner Flucht im Mai 1961 in Südtirol, er hatte also ständigen Kontakt. Es klingt daher ziemlich unwahrscheinlich, daß er das Datum des Kreisky-Treffens um rund ein Jahr früher datiert, als es effektiv stattgefunden hat. (Anm. d. V.)

110. Angaben KREISKY-Institut, KREISKY-Forum, Wien: Originaleintragungen im Terminkalender des Außenministers Bruno KREISKY: "27. November 1960 (Sonntag): 10 h...Ref. Sozialistische Jugend, 12 h ...Ti-

roler?, 4 h....Tiroler?, Heuriger Südtiroler"; vgl.: Christoph FRANCE-SCHINI, "Unsere Waffe ist der Sprengstoff und die Nacht", in: FF, 1991/24, im Abbildungsteil Kopie eines Schreibens, Bruno KREISKY an Landesrat Rupert ZECHTL, datiert, Wien, 21.11.60: "Lieber Freund! In Beantwortung Deines Schreibens vom 14.11.1960 würde ich Dich bitten, am Sonntag den 27. November um 16 Uhr mit den von Dir erwähnten Herren zu einer Aussprache zu mir in meine Wohnung zu kommen (Wien XIX, Armbrustergasse 15)..."; Angaben von Rupert ZECHTL: das Treffen habe wie geplant in Kreiskys Wohnung stattgefunden. Sepp KERSCHBAUMER und auch der gemäßigte Karl TIT-SCHER hätten positiv reagiert, der radikalere Jörg PIRCHER dagegen sei enttäuscht gewesen von der maßvollen Haltung des Außenministers KREISKY.

111. KREISKY-Institut, Wien: Gästeliste für die Heurigen- Einladung von Außenminister Bruno KREISKY, Kobenzlgasse 15, am 27.11.1960: BM Kreisky, BM Waldheim, Gs. Kirchschläger, LR Koller, LR Ladner, NR Prinke, NR Dr. Otto Winter, StS Prof. Dr. Gschnitzer, NR Dr. Gustav Zeilinger, Attaché Dr. F. Ceske, LR Dr. A. Oberhammer, NR Rupert Zechtl, Prof.Dr. F. Ermacora, Attaché Dr. Heinrich Blechner, Chefredakteur F. Volgger, Landesrat Dr. A. Benedikter, Senator Luis Sand, Molden, Chefredakteur Bacher (Expreß), Chefredakteur Schönherr (APA), Bibel, sowie handschriftlich angefügt: Dr. Stadlmayer, Fucher, Jankowitsch. (Hier nicht eigens zitiert sind die Gattinnen und die durchgestrichenen Namen).

112. vgl. Anm. 109

113. vgl.: Luis AMPLATZ, Testament..., in: Felix ERMACORA, Südtirol und Österreich..., S. 120-121.

114. Angaben KREISKY-Archiv, KREISKY-Forum, Wien: Eintragung im Terminkalender von Außenminister Kreisky: "27. Jänner 1960, 9 Uhr 30 (Mittwoch), Pfaundler (Schützenkomm...Georg Klotz)"; vgl.: Luis AM-PLATZ, Testament...: auch dieses Treffen KREISKY-KLOTZ ist falsch datiert, nämlich bereits "im Februar 1959"; dazu auch KREISKY-Archiv: (Bruno KREISKY, Schreiben an Christian BRODA, 23.7.1962): "Lieber Freund! Georg Klotz hat mir den in Kopie beiliegenden Brief übermittelt. Hiezu möchte ich für Akten deponieren, dass Klotz in Begleitung Pfaundlers vor längerer Zeit bei mir war, um mir den Titel eines Ehrenschutzmajors irgendeiner Südtiroler Schützenkompanie anzutragen. Ich habe aus vielerlei Gründen es abgelehnt, diese Ehrung anzunehmen. Bei der aus diesem Anlaß geführten Diskussion über Südtirol habe ich von unserer Absicht gesprochen, die Frage vor die Vereinten Nationen zu bringen. Ich habe Klotz und Pfaundler ausdrücklich aufmerksam gemacht, dass nur friedliche Mittel zielführend sein können und dass alle anderen Aktionen mit einer Niederlage enden müssen. Ich möchte Dir dies ausführlich zur Kenntnis bringen, da ich mich des Gefühls nicht erwehren kann, dass es sich bei Klotz um einen Menschen handelt, der mit der Wahrheit leichtfertig umgeht und sich, vielleicht auf Rat seiner Freunde, nun in dunklen Andeutungen in der bekannten Richtung ergeht. In diesem Sinne muss ich jedenfalls den Passus: 'voller Übereinkunft in unseren Auffassungen in den schwebenden und zukünftigen Fragen des Landes Südtirol' auffassen."

115. Angaben Wolfgang PFAUNDLER; Sepp INNERHOFER betont, alle Aktionen, die Menschenleben gefährdeten, seien von der Gruppe um Sepp KERSCHBAUMER abgelehnt worden.

116. vgl.: "Im Mühlwaldertal, Sprengladung an der Staumauer", in: Dolomiten, 13.6.1961; dazu auch: Angaben Sepp FORER, Siegfried STE-GER: die Ladung war entgegen der Zeitungsmeldung an einem Wasserviadukt deponiert, wo sie reinen Sachschaden angerichtet hätte; dazu auch: Franz BERGER, "Dolomiten"-Redakteur: der Bericht aus dem entlegenen Pustertal wurde von der Bozner Redaktion nicht vor Ort recherchiert; siehe auch: Dolomiten, 14.6.1961: Sprengstoffund in St. Justina, ein Hinweis auf den Versuch, die Druckleitung des Kardauner E-Werks sprengen; dazu auch Sepp INNERHOFER: auch im Vinschgau gab es Pläne, Sprengstoff auf schwimmenden Unterlagen in die Druckleitung eines Kraftwerks bei Schluderns einzuschleusen, solche radikalen Aktionen fanden jedoch keine Zustimmung und wurden fallen gelassen.

117. vgl.: Vittorio LOJACONO, Alto Adige..., S. 149.

118. Hedda WESTENBERGER, 'Die Zeit', zit. in: Dolomiten, 6.3.1957.

119. Österreichische UNO-Mission, New York, 5.9.1961, Antwortschreiben auf den Runderlaß des Wiener Außenministeriums Zl.29.894-5(Pol)61 vom 1.9.1961.

120. Sepp KERSCHBAUMER, Mailänder Prozeß..., in: Dolomiten, 17.12.1963; dazu auch: Wolfgang PFAUNDLER bestreitet einen

"Krach", die Innsbrucker Gruppe habe den Südtiroler Wünschen Rechnung getragen und die beanstandeten Flugblätter eingestampft. Pfaundler bestätigt jedoch, mit der von Sepp KERSCHBAUMER gewählten Bezeichnung 'BAS' hätte man sich in Innsbruck nur sehr zögernd anfreunden können; dazu auch: Josef FONTANA: die mit "Freiheitslegion Südtirol" unterzeichneten Flugblätter seien 1961 dennoch aufgetaucht, bei einem vermutlich nicht politisch motivierten, dann aber politisch vereinnahmten Anschlag gegen die Gleise der Fleimstalbahn im Unterland; ergänzende Angaben Friedl VOLGGER: der erste österreichische Generalkonsul in Mailand, Dr. Hans STEINACHER, der u.a. bereits im Kärntner Widerstandskampf zu Ende des Ersten Weltkriegs eine herausragende Rolle gespielt hatte (siehe dazu auch: Kapitel "Feuernacht"), empfahl den Südtiroler Freiheitskämpfern als Ratgeber im Hintergrund ebenfalls eine andere Bezeichnung, und zwar "BABU", also Cesare "BATTISTI Bund," nach Meinung Volggers eine politisch geschickte Wahl. Die italienische Öffentlichkeit wäre durch diesen Namen daran erinnert worden, daß der Trentiner Freiheitsheld Battisti im Ersten Weltkrieg stets für die Grenze bei Salurn eingetreten sei; für die Südtiroler Freiheitskämpfer also der Vorteil einer Belehrung der Italiener und insbesonders der Faschisten, meint Volgger; In Österreich gilt Hans STEINACHER dagegen unter den jüngeren kritischen Historikern bis heute als belastete Figur - wenn auch zu Unrecht, wie der Südtiroler Widerständler und ehemalige KZ-Häftling Friedl Volgger einwendet, vgl. dazu: "Profil", Wien, 9.12.1991, Nr. 50, S. 30.

121. Sepp INNERHOFER: es gab eine Absprache, gegenüber Wolfgang PFAUNDLER und Georg KLOTZ Informationen zurückzuhalten über die vom Kreis um Sepp KERSCHBAUMER geplanten Aktivitäten.

122. Angaben Luis GUTMANN, Tramin; siehe auch: Sepp KERSCHBAU-MER, Mailänder Prozeß..., in: Dolomiten: 17.12.1963; vgl.: Christoph FRANCESCHINI, in: FF, 1991/24: Anlaß zum Eklat bei dem Treffen vom 12.5.1960 in der Wohnung Pfaundlers war vor allem: Pfaundler habe versucht, in Südtirol eine zweite Front zu organisieren. Kurt Welser und Heinrich Kher seien nach Südtirol gefahren, und hatten Leute angeworben, so der Vorwurf. Die von Pfaundler auf eigene Faust gedruckten Flugblätter mit der Unterschrift "Freiheitslegion Südtirol" brachten das Faß zum Überlaufen. Sepp Kerschbaumer lehnte den Begriff "Legion" entschieden ab, auch weil die Ursprungsbezeichnung "BAS" dadurch in Frage gestellt wurde.

123. Bruno KREISKY, Interview 5.6.1990; vgl.: Friedl VOLGGER, Südtirol...Scheideweg, 217-238.

124. "Regierungsfreundliche Presse Italiens bringt nur Erfolgs- und Siegesmeldungen aus New York", in: Dolomiten, 5.11.1960.

125. Spiegel, 1960/52, 21.12.1960; Fritz MOLDEN, Interview 7.12.1990: erinnert sich, das Innsbrucker Treffen habe am 8.12.1960 stattgefunden, während der "Spiegel" als Datum den 9. Dezember nennt.
Die Korrespondentin des "Spiegel" in Wien war damals Inge CYRUS, sie zeichnete im weiteren als Inge SANTNER und zählt zu den bekanntesten Journalisten Österreichs.

126. vgl.: Fritz MOLDEN, 7.12.1990: Nach dem ersten politischen Schlagabtausch in Sachen Südtirol bei der UNO gab es in der österreichischen Pressewelt verschiedene Meinungen, vor allem zwischen Molden und seinem Freund Hugo PORTISCH, dem Exponenten der linksliberalen Mediengruppe in Wien. Portisch befürchtete ein Abgleiten ins nationalistische Lager und ein Hereindrängen des rechtsradikalen Lagers um Norbert BURGER, Portisch habe daher gemeint, man müsse die Autonomie auf anderen Wegen erkämpfen. Molden dagegen: "und wir haben eben gesagt, man kann's nur so erkämpfen!", nämlich mit einer Strategie, die auch Druck erzeugte; siehe auch: Anm. 91, zur Verbindung zwischen der Innsbrucker Gruppe um Wolfgang PFAUNDLER zu Norbert BURGER.

127. Angaben Wolfgang PFAUNDLER: er habe sogar insistieren müssen, daß sein Abtritt ernst gemeint sei, zunächst sei er aus Loyalität wiederbestätigt worden.

128. Heinrich KLIER, siehe eigenen Beitrag; Dr. Günther ANDERGASSEN (* 1930), Komponist und Musikpädagoge, gebürtig aus Margreid im Südtiroler Unterland, lebt in Innsbruck; siehe dazu: Felix ERMACO-RA, Südtirol und Österreich..., S. 114 ff, Karl Heinz RITSCHEL, Diplomatie..., S. 415 ff: Günther ANDERGASSEN war der einzige Exponent des Innsbrucker Kreises, der in Italien verhaftet wurde und der beim zweiten Mailänder Südtirolprozeß zu einer hohen Gefängnisstrafe verurteilt wurde, die er bis zu seiner Begnadigung im Jahr 1970 absitzen mußte. Er hatte sich in der Voruntersuchung als BAS-Chef bezeichnet, galt jedoch im weiteren als ein Hauptinformant des

italienischen Untersuchungsrichters, angeblich weil er den Belastungen der Haft nicht gewachsen war. Andergassen hat vor allem den SVP-Abgeordneten Hans DIETL schwer belastet, der aber freigesprochen wurde wegen nicht haltbarer Beschuldigungen. Durch mehrfache Widerrufung seiner Darlegungen hatte Andergassen sich selbst in erhebliche Schwierigkeiten gebracht; Friedl VOLGGER: hat nach seiner Wahl zum Senator die Begnadigung von Günther ANDERGASSEN durch Staatspräsident Giuseppe SARAGAT erwirkt, auf Empfehlung des römischen Spitzenpolitikers Antonio SEGNI; siehe dazu das Kapitel: "...vielleicht rennt man gegen die Zeit an..", eine autobiographische Darstellung der Rolle von Dr. Günther ANDERGASSEN.

129. Spiegel, 1961/17, 19.4.1961

130. ebd.; vgl.: Dolomiten, 18.4.1961, zit. APA: der 37-jährige Journalist Wolfgang PFAUNDLER habe sich zum Zeitpunkt der Razzia in Deutschland aufgehalten. Bei seiner Einvernahme am 14.3.1961 weigerte er sich entschieden, Angaben zu machen über die Herkunft der Waffen oder über Mittelsmänner. Pfaundler wurde nicht verhaftet, aber nach dem Sprengmittelgesetz angezeigt.

131. siehe dazu auch: Karl Heinz RITSCHEL, Diplomatie..., S. 400: einstimmiger Freispruch der Grazer Geschworenen (Juni 1962) für Wolfgang PFAUNDLER, Verteidiger Dr. Michael STERN im Plädoyer: 'Wir werden bei den Italienern nicht in der Achtung steigen, wenn wir die eigenen Leute verfolgen...'; siehe dazu auch: Presse, 26.6.1962; Angaben Wolfgang PFAUNDLER: seine Verteidigungsthese war, die Waffen seien ihm unterschoben worden. Sein wichtigster Entlastungszeuge Claus GATTERER konnte dies durch ähnliche Beispiele belegen.

132. Spiegel, 1961/17

133. vgl.: Karl Heinz RITSCHEL, Diplomatie..., S. 366-367.

134. Dolomiten, 31.1.1961

135. ebd, mit Abbildung des Flugblattes.

136. Sepp KERSCHBAUMER, Mailänder Prozeß, in: Dolomiten, 17.12.1961.

137. Dolomiten, 1.2.1961

138. Dolomiten, 2.2.1961

139. Josef FONTANA, in: Robert H. DRECHSLER (Hrsg.), Mailänder Südtirolprozeß..., S. 37-38.

140. Eduard WIDMOSER, Südtirolbrevier..., S. 196.

141. Heinrich KLIER, siehe eigener Beitrag.

142. vgl.: Fritz MOLDEN, Interview 7.12.1990; siehe dazu auch: Elisabeth BAUMGARTNER, "Auch Kreiksy ließ es ein 'bißl tuschen'", in: Presse, 18.3.1991; sowie: Reportage zum Terrorhintergrund, Mittagsmagazin, RAI Sender Bozen, 18.3.1991: Die Molden-Erzählung von der Überbringung der Denkmalscherben war von ehemaligen Südtiroler Attentätern wie Josef FONTANA (vgl. Ch. FRANCESCHINI, in FF, 1991/14) und Sepp INNERHOFER angezweifelt worden, als unrealistisch. Fritz MOLDEN hat seine Darstellung in einem Interview am 15.7.1991 nochmals ausdrücklich bestätigt; siehe dazu auch: Heinrich KLIER, eigener Beitrag.

143. Spiegel, 1961/17; Angaben Wolfgang PFAUNDLER.

144. Martl KOCH führte zusammen mit seiner Frau ein Eisenwarengeschäft in der Bozner Bindergasse, er hatte vor allem in alpinistischen Kreisen in Bozen und Innsbruck sehr gute Kontakte. Die Familie Koch wohnte in der Bozner Duca d'Aostastraße, in unmittelbarer Nähe des Landesgerichts.

145. Robert H. DRECHSLER (Hrsg.), Mailänder Südtirolprozeß..., S. 62, 198.

146. Angaben: Viktoria STADLMAYER, Fritz MOLDEN.

147. Claus GATTERER, "Polizeiterror schult Italiener um, Südtirol nach der Stunde Null", in: Presse, 12.2.1961; Claus GATTERER, "Polizeiregime in Südtirol, Faschisten demonstrieren, Verhaftungen von Funktionären der SVP und der Schützenvereine, Wieder Krawalle in Rom, Massive Einschüchterungsversuche", in: Presse, 3.2.1961: weitere Zwischentitel: "Keine Spur der Attentäter, Bozen gleicht einem Heerlager, Pausenlose Verhöre".

148. Presse, 3.2.1961

149. Presse, 12.2.1961

150. Dolomiten, 31.1., 1.2.1961: Regierungschef Amintore FANFANI weist den Protest von SVP-Obmann Silvius MAGNAGO gegen die polizeili-

che Durchsuchung der Parteizentrale brüsk ab: der Staat müsse darauf bedacht sein, daß die "Pflichten der Bürger auch von seiten der Rückoptanten unerbittlich beachtet werden". Die italienische Regierung stand noch Jahrzehnte nach dem Pariser Vertrag auf dem Standpunkt, die Wiedergutmachung der Option von 1939 infolge des Hitler-Mussolini-Pakts bzw. die Wiedergewährung der italienischen Staatsbürgerschaft sei eine Art Gnadenakt Italiens gewesen.

151. Dolomiten, 2.2.1961

152. Franz BERGER (Bozen), "Warn-Explosion vor neuem E-Werk", in: Presse, 8.4.1961; Dolomiten, 8.4.1961: die Sprengladung explodierte am 7.4.1961 gegen 3 Uhr früh, 200 Meter entfernt vom E-Werk der STE (Società Trentina Elettricità) in Bundschen bei Sarnthein. Die Sprengwirkung wurde dadurch verstärkt, daß die Ladung zwar im freien Gelände deponiert war, jedoch unter einem Felsblock, den es zerrissen hat. Als erster wurde im unmittelbar benachbarten Bauernhof Anton FELDERER festgenommen. Dann wurde auch der SVP-Ortsobmann Helmuth KRITZINGER verhaftet; siehe auch: Sepp KERSCHBAUMER, Mailänder Prozeß..., in: Dolomiten, 17.12.1963: ausgeführt wurde der Anschlag angeblich von Luis AMPLATZ.

153. "Nächtlicher Sprenganschlag in Tramin, Eine Bombe explodierte vor der Bar Ferrari, Zahlreiche Verhaftungen in den frühen Morgenstunden, Auch Abg. Dr. Toni Ebner und ein Redakteur der "Dolomiten" festgenommen und wieder freigelassen, Sieben Personen befinden sich noch in Haft", in: Dolomiten, 17.4.1961: Der Anschlag erfolgte in der Nacht auf Sonntag, 16.4.1961. Bei einem Lokalaugenschein wurden der "Dolomiten"-Chef Toni EBNER und der Redakteur Franz BERGER verhaftet, dabei hatte sich der Südtiroler Carabiniere RIENZNER "hervorgetan": "Diese beiden lochen wir ein...", Ebner als "Capo della Volkspartei" (SVP-Obmann war allerdings bereits S.Magnago, Anm. d. R.). Der Carabiniere Rienzner stand später im Verruf, in Zivil die Südtiroler in Gasthäusern auszuhorchen, vgl.: dazu: Peter KIENESBERGER, Sie nannten uns..., S. 44; siehe auch: Sepp KERSCHBAUMER, Mailänder Prozeß..., in: Dolomiten, 17.12.1963: den Anschlag in Tramin hatte Kerschbaumer als einzigen widerrufen, weil die Polizei sein Geständnis durch Folterungen erpreßt habe.

154. vgl.: Dolomiten, 13.6.1961

155. Wochen-Presse, 8.4.1961; vgl.: Dolomiten 28.3.1961.

156. Dolomiten, 28.3., 13.6.1961; Angaben Josef FONTANA: er und Jörg PIRCHER wurden in Mailand übrigens auch für die gleichzeitige Baum-Aktion bei Salurn verurteilt, die nie aufgeklärt worden ist. Die Sprengung des Rohbaus in der Bozner Reschenstraße hatte Josef FONTANA anstelle von Luis AMPLATZ durchgeführt, für den das Risiko zu groß gewesen wäre:erstens wohnte Amplatz in unmittelbarer Nähe und zweitens war er bereits polizeibekannt durch eine Verurteilung, vgl.: Anm. 49. Amplatz besorgte sich also sicherheitshalber ein hieb- und stichfestes Alibi: während Fontana loszog, um den Wohnhausrohbau zu sprengen, ließ sich Amplatz von der Polizei "erwischen", mit einer schwarz erworbenen Portion Speck im Rucksack; vgl. dazu: Dolomiten, 30.3.1961, zit. in: "BUNTE Illustrierte, Münchner/Frankfurter, Burda-Verlag, Offenburg, 1964, Nr. 43, S. 48.

157. Wolfgang PFAUNDLER: bestätigt, er sei nicht mitgefahren, um das mit seiner Person verbundene Mißtrauen der Südtiroler nicht neu zu schüren.

158. Sepp MITTERHOFER, Herz Jesu Nacht 1961... (Vortrag Innsbruck 1991).

E. Baumgartner - H. Mayr: Die Feuernacht

1. vgl.: Christoph von HARTUNGEN, "Auf zum Schwur...", in: "Il Mattino dell'Alto Adige", Bozen, 1. Jg., Nr. 33, 8.6.1991.

2. vgl.: "Quarantanove attentati in Alto Adige", in: "Corriere della Sera", Mailand, 13.6.1961.

3. ebd.; "L'Unità", Mailand, 13.6.1961; Dolomiten, 13.6.1961.

4. siehe z.B.: Dolomiten, 13.6.1961

5. Robert H. DRECHSLER, Mailänder Südtirolprozeß..., S. 9, 13, 19.

6. Dolomiten, 13.6.1961

7. Angaben Luis GUTMANN, Tramin.

8. Dolomiten, 13.6.1961

9. ebd.

10. Dolomiten, 13.-15.6.1961; ergänzt durch eine Auflistung aller Attentate anhand von Justiz- und Polizeiunterlagen, nach Datum, Ort und Anschlagsziel, Attentäter und Aktenzahl der Gerichtsurteile. Die Aufstellung reicht vom 20.9.1956 bis zum 22.6.1988 und nennt sich: "Elenco attentati terroristici commessi nell'ambito della questione Alto Atesina".

11. Dolomiten, 14.6.1961

12. Dolomiten, 15.6.1961: Der Anschlag erfolgte am 14. Juni nach 2 Uhr früh in der Bozner Sassaristraße; vgl.: Dolomiten, 19.6.1961: für neuerliche Beunruhigung sorgte wenige Tage später ein Sprengstoffund auf einer benachbarten Obstwiese.

13. Dolomiten, 14.6.1961

14. Sepp MITTERHOFER, Herz Jesu Nacht..., (Vortrag Innsbruck 1991), dazu auch mündliche Angaben: der BAS hatte einen Informanten, der den Attentätern die technischen Details verriet, um die Stromversorgung der Industriezone entscheidend zu treffen; vgl.: "Lage in der Industriezone normalisiert sich, sechs Kraftwerke noch immer lahmgelegt", in: Dolomiten, 15.6.1961.

15. Sepp MITTERHOFER, Herz Jesu Nacht..., (Vortrag Innsbruck 1991).

16. vgl.: Dolomiten, 13.6.1961

17. Angaben Sepp MITTERHOFER: die Gegendarstellung zur Sprengaktion in Mühlwald stützt sich auf Angaben von Sepp FORER und Siegfried STEGER, beide leben im österreichischen Exil; die Angaben zur Sprengaktion in Völlan bei Lana stützen sich auf nachträgliche Schilderungen von Jörg PIRCHER. Ziel war ein gemauerter Nebenschacht des E-Werks, der nur im Ausnahmefall für den Wasserablauf diente. Die Sprengung gelang nur zum Teil, das Wasser wäre jedoch auf alle Fälle gefahrlos in die Falschauer (Gaulschlucht) abgeflossen.

18. Sepp MITTERHOFER, Herz Jesu Nacht..., (Vortrag Innsbruck 1991); vgl.: "Zwischen Untermais und Sinich, Zwei Leitungsmasten der Bahnlinie gesprengt", in: Dolomiten, 16.6.61; und Bericht über die sogenannte "kleine Feuernacht" in der Nacht zum 13.7.1961, in: Dolomiten, 14.7.1961; zu den Polizeispitzeln Angaben von Sepp MITTERHOFER: Robert HENKELMANN hatte sich als angeblicher Sommerfrischgast im Sarntal einquartiert bei der Familie THALER und hatte sich anfangs deren Vertrauen erschlichen, Hans und Jörg THALER sowie Toni FELDERER, der "Bundschen-Toni", waren Randfiguren des BAS; siehe dazu auch: Elenco attentati..., darin Beilage: "Chronologie der vom Geheimdienst während der 60-er Jahre verübten Verbrechen", darin angeführt: "Datum: seit 1960", "Ereignis: Agents provocateur, unterschiebt Flugblätter, Waffen u. Sprengstoff, was zu Verhaftungen und Folterungen führte", sowie bezüglich "Täter" u.a.: "Robert HENKELMANN, aus Westfalen, war bei SS u. wurde wegen Erschießung von 9 Fremdarbeitern 1944 in der Eifel gesucht; in Südtirol untergetaucht; Josef SELM, Südtiroler Student im Dienst von Lt. Manucci; Anton STÖTTER, Hochstapler, Betrüger aus Augsburg"; siehe dazu auch: Vittorio LOJACONO, "Entra in scena il controspionaggio", in: Alto Adige..., S. 138 ff, und Robert H. DRECHSLER, Mailänder Südtirolprozeß..., S. 45: Anton STÖTTER, ehemals in leitender Stellung bei der deutschen Wehrmacht, sammelte in Tramin Unterschriften unter ein obskures Dokument, das er dann der Polizei als "Beweismaterial" übergab, er hatte mit dieser angeblichen "Hilfsaktion" mehrere Mitglieder des BAS Tramin ins Gefängnis gebracht; vgl. dazu: "Südtirol, Sprengstoffprozeß, Heim nach Bayern", in: Spiegel, 13.5.1964: Anton STÖTTER und Josef SELM waren die Hauptinformanten der italienischen Abwehr in den Reihen der Südtiroler Terroristen. Stötter wurde wegen seiner Traminer Aktion von den Carabinieri verhaftet, die nichts wußten von seiner Tätigkeit für den Geheimdienst SIFAR, man schob ihn aber noch vor Prozeßbeginn aus Italien ab; Angaben von Rosa KLOTZ: Josef SELM war ein Neffe ihres Mannes Georg KLOTZ.

19. Dolomiten, 15.6.1961, zit.: "Tat", Zürich; vgl.: "Am ersten Tag der Klagenfurter Verhandlungen, Bessere Diskussionsbasis als in Mailand", in: Dolomiten, 25. sowie 26.5.61; vgl. auch: Elenco attentati..., Nr. 26-28: der Anschlag auf die Bar "Ferrari" in Tramin (16.4.1961) war zunächst nur noch gefolgt von zwei kleineren Attentaten: Ziele waren die Finanzkaserne von Schlanders (21.4.1961), und eine Montecatini-Leitung bei Sinich (23.4.1961). Dann blieb es still bis zur "Feuernacht".

20. Dolomiten, 13.6.1961

21. Dolomiten, 14.6.1961

22. Dolomiten, 13.6.1961; Angaben Friedl VOLGGER: Autor des Kommentars war Dr. Toni EBNER.

23. Dolomiten, 14.6.1961; vgl.: ebd., 19.6.1961: Innenminister Mario Scel-

ba war auch nach Bozen gekommen, zu einer Aussprache mit allen Bürgermeistern, Politikern und Vertretern des öffentlichen Lebens. Landeshauptmann Silvius Magnago erklärte sich mit der Scelba-Rede nur
zum Teil einverstanden: Ja zum Appell für Ruhe und Frieden, Kritik
dagegen zum römischen Standpunkt in Sachen Autonomie.

24. vgl. z.B.: Claus GATTERER, "15.000 Mann auf Wacht gegen 200 'Dinamitardi", in: Presse, 24.6.1991.

25. "Rom vermutet deutsche Unterstützung für Urheber der Attentate in
Südtirol, Scelba konferierte mit dem Bonner Innenminister Schröder",
in: Presse, 21.6.1961; vgl.: "Bonn: Es gibt keine Südtirolpartisanen,
Deutsche Ausbildungslager für Terroristen 'freie Erfindung", in: ebd.,
22.6.1961.

26. Dolomiten, 14.6.1961

27. "Fanfani droht Südtiroler Volkspartei zu verbieten", in: Presse, 1.2.1961,
"Alibi für SVP-Verbote", in: ebd., 2.2.1961; vgl.: "Unerhörte Provokation gegen Südtirol, Staatsanwalt ordnete Hausdurchsuchung bei der
Landesleitung der SVP an, Die Polizisten mußten nach zwei Stunden
ohne 'Beute' wieder abziehen", in: Dolomiten, 31.1.1961.

28. vgl.: Karl Heinz RITSCHEL, Diplomatie..., S. 417-418: einzige Ausnahme
war die Belastung des SVP-Parlamentariers Hans DIETL durch den
Musiker Günther ANDERGASSEN, ein Südtiroler, der aber in Innsbruck
lebt und zum österreichischen Kreis gehörte. Dietl wurde am 29.4.1966
voll freigesprochen, während kurz vorher im zweiten Mailänder Südtirolprozeß vom gleichen Strafsenat fast alle Angeklagten verurteilt worden
waren, die Andergassen beschuldigt hatte.

29. Angaben Sepp MITTERHOFER

30. Karl Heinz RITSCHEL, Diplomatie..., S. 385; Robert H. DRECHSLER,
Mailänder Südtirolprozeß..., S. 68-70; siehe auch: Dolomiten, 17.7.1961;
Presse, 18.7.1961: Nach der Verhaftung des SVP-Generalsekretärs Dr.
Hans STANEK "befürchten politische Kreise in Südtirol, die Italiener würden nunmehr zur Zerschlagung der Südtiroler Volkspartei überhaupt ausholen". Durch die einsetzenden Massenverhaftungen waren
auch zahlreiche kleinere SVP-Funktionäre betroffen. "Die Italiener spekulieren offenbar auch darauf, daß sie sich die 'gemäßigten' Kreise
der Partei durch scharfe Maßnahmen gegen die sogenannten 'Radikalen' gefügiger machen können".

31. Dolomiten, 14.6.1961

32. Horst STANKOWSKI, DPA, zit. in: Dolomiten, 15.6.1961; vgl. auch:
Anm. 14.

33. "I danni salgono a due miliardi di lire, Dieci centrali sono ancora in-
attive...", in: "La Stampa", Turin, 14.6.1961: betroffen waren vor allem die E-Werke der "Società Trentina Elettricità" STE, und die
Anlagen der Montecatini-Werke; vgl.: "Lage in der Bozner Industriezone normalisiert sich", in: Dolomiten, 15.6.1961.

34. "Dinamite e stupidità", in: "Avanti", Rom, 21.6.1961.

35. Angaben Josef FONTANA

36. Angaben Sepp INNERHOFER, Sepp MITTERHOFER

37. Angaben Friedl VOLGGER; siehe auch: Hans Adolf JACOBSEN (Hrsg.),
"Hans Steinacher, Bundesleiter des VDA 1933-1937, Erinnerungen und
Dokumente", Harald Boldt Verlag, Boppard/Rhein, 1970; Angaben
Wolfgang PFAUNDLER: hatte wegen der Südtirol-Mission von Hans
STEINACHER die einzige ernsthafte Auseinandersetzung mit Landesrat
Aloys OBERHAMMER. Pfaundler hatte nämlich große Bedenken, weil
er meinte, ein Einsatz Steinachers für den Südtiroler Freiheitskampf
könnte wegen dessen früherer großdeutscher Gesinnung falsch ausge-
legt werden.

38. Angaben Sepp INNERHOFER, Sepp MITTERHOFER

39. Angaben Sepp MITTERHOFER

40. Horst STANKOWSKI, DPA, in: Dolomiten, 15.6.1961; vgl.: "Handels-
kammer verurteilt Sprengungen schärfstens", "...auch Kaufleutevereini-
nigung von Bozen", in: Dolomiten, 16.6.1961; vgl.: Dolomiten, 19.6.1961:
die Beschlagnahmung des traditionsreichen Bozner Hotels "Mondschein" und anderer Gastbetriebe z.B. in Brixen zur Unterbringung
der massenhaft nach Südtirol abkommandierten Sicherheitskräfte ver-
setzten die Fremdenverkehrswirtschaft in tiefste Unruhe.

41. Presse, 17., 21., 24.6.1961; vgl. z.B.: Dolomiten,
19.6.1961.

42. Spiegel, 1966/46, 7.11.1966

43. Dolomiten, 20., 21., 23.6.1961; vgl.: "Wachposten beschossen nächtliche Schatten", in: Dolomiten, 19.6.1961: zitiert italienische Lokalmel-
dungen: "Neuerlicher Sabotageakt gegen die Elektrozentrale von
Kardaun verhindert", unter Berufung auf einen Wachsoldaten, der nachts an der Rohrdruckleitung Posten stand und feuerte, als eine Gestalt
vor ihm auftauchte. Dem Unbekannten gelang die Flucht, es sollen Fuß-
spuren gesichert worden sein, aber keine Sprengladung. Während des
nächtlichen Gewitters waren die auf das E-Werk gerichteten Scheinwerfer kurzfristig ausgefallen, an der Rohrleitung, verdächtige Geräusche: ein Beispiel von vielen für die an sich verständliche Nervosität
und Panik der meist ortsfremden Militärs in einer für sie fremden, be-
drohlichen Umgebung.

44. "In Zürich - bei der dritten Begegnung, Südtirol-Verhandlungen gescheitert, Wien verlangt Anwendung des zweiten Teiles der UNO-
Resolution, Italien empfiehlt Fortsetzung der Gespräche, in: Dolomiten, 26.6.1961.

45. Presse, 11.6.1961; siehe auch: Spiegel, 1961/27: die Südtirol-Referentin
der Tiroler Landesregierung wurde nach ihrer provisorischen Freilassung aus dem Bozner Bezirksgefängnis am 10. Juni 1961 auch von Journalisten am Brenner erwartet: ihr angeblicher vertraulicher Hinweis,
in Südtirol könnte "morgen allerhand los sein", lieferte den Aufhän-
ger für die "Spiegel"-Story über die "Feuernacht"; Angaben Viktoria STADLMAYER: der "Spiegel" wurde verurteilt zu 100 DM Buße
und zu einer Berichtigung. Diese "furchtbare Geschichte", die natürlich "nicht stimmt", beruhte auf einer "Intrige": ein Teilnehmer der
improvisierten Pressekonferenz hatte die angebliche Stadlmayer-Aussage
kolportiert, in Südtirol gebe es tags darauf "Bergfeuer und die werden krachen...", Frau Stadlmayer konnte aber durch Zeugen nachweisen, von ihr selbst hatte keiner eine solche Aussage gehört; Angaben
Wolfgang PFAUNDLER: er hatte Frau Stadlmayer im Auftrag von Landesrat Aloys OBERHAMMER am Brenner abgeholt, obwohl er nach
eigenem Einbekenntnis zur Südtirol-Referentin in einem bekannt gespannten Verhältnis stand. Daß ausgerechnet er zur Begrüßung auf
den Brenner beordert war, habe Frau Stadlmayer eher diffamiert: "wir
haben sie da zur Kreuzritterin gemacht..."; siehe auch: "Viktoria und
die Carabinieri, 'Wochen-Presse'- Interview mit Dr. Viktoria Stadlmayer
nach ihrer Enthaftung", in: Wochenpresse, 24.6.1961: zu den Umständen
und Hintergründen der Verhaftung am 29. April 1961 am Brenner, aus
dem Zug heraus; mit folgendem Curriculum: "Viktoria STADL-
MAYER, Leiterin der Südtirolabteilung der Tiroler Landesregierung, wurde 1917 in Brixen geboren. Ihr Vater war Oberst der Kaiserjäger, ihre
Mutter ist eine direkte Nachfahrin des Südtiroler Minnesängers Oswald von Wolkenstein. Viktoria Stadlmayer studierte Geschichte und
kam dabei erstmals mit dem Südtirolproblem in Berührung. Damals,
am Anfang des Zweiten Weltkrieg lieferte Hitler Südtirol an Mussolini
aus. Nach 1945 begann sich Frau Dr. Stadlmayer beruflich mit Fragen
dieses Landes zu beschäftigen und baute den wissenschaftlichen Dienst
der Südtirolabteilung der Landesregierung in Innsbruck auf. Diese
Sammlung soziologischer, statistischer, aber auch ethnologischer Da-
ten ließ sie bald als perfekte Südtirolexpertin gelten. Dazu kam noch,
daß die mittlerweile zum Landesregierungsrat aufgerückte Beamtin nach
1950 an fast jeder Sitzung teilnahm, bei der über Südtirol gesprochen
oder mit den Italienern verhandelt wurde. Daher erscheint es auch fast
unglaublich, daß die Italiener Österreichs Südtirolexpertin Nummer
eins nach ihrer Verhaftung nicht erkannt und sie als Sekretärin eingestuft haben wollen.
Die 'Ausbeute' der sieben Verhöre scheint allerdings trotz der reichen
Kenntnis Dr. Stadlmayers gering gewesen zu sein. Die provisorische
Freilassung wird von Juristen als 'Rückzieher' der italienischen Behörden gewertet. Da auch die Verhaftung Dr. Stadlmayers rechtlich
auf sehr fadenscheinigen Argumenten ('anti-nationale Tätigkeit' einer
österreichischen Staatsbürgerin) beruhte, ist es unwahrscheinlich, daß
nur juristische Argumente zur Freilassung der Beamtin geführt haben."

46. Egidio ORTONA, "Anni d'America, La diplomazia 1953- 1961", Soc.
Ed. il Mulino, Bologna, 1986, S. 393.

47. Presse, 13.7.1961; siehe auch: "Österreichische Minister verleumdet,
Anonyme Behauptungen der 'Neuen Zürcher Zeitung' zu Südtirol",
in: Presse, 23.7.1961; "Kreisky und Broda weisen Vorwürfe gegen Mitglieder der Regierung zurück, Kommission soll italienische Polizeimethoden untersuchen", in: Presse, 27.7.1961.

48. Dolomiten, Presse, 12.7.1961; vgl.: Christoph FRANCESCHINI, in: FF,
1991/26: diese Anschlagswelle in Oberitalien sei den Südtirolern von
einem Österreicher angekündigt worden; dazu Angaben Sepp INNER-
HOFER und Sepp MITTERHOFER, sie sind die überlebenden Südtiroler Zeitzeugen jenes Treffens am 2. Juli 1961 beim Gasthof "Taser"
oberhalb von Schenna. Da ging es um die Vorbereitung der sogenann-

ten "kleinen Feuernacht" (Anschläge in den ersten Morgenstunden der Nacht vom 12. auf 13.7.1961). Zusammengekommen waren: Sepp KERSCHBAUMER, Martin KOCH, Siegfried CARLI, Sepp INNER-HOFER, Sepp MITTERHOFER, ein Vertreter des BAS Vinschgau und ein Österreicher, nämlich Dr. Helmuth HEUBERGER, ein Exponent des BAS Innsbruck.

49. Dolomiten, 12., 13.7.1961

50. siehe: Anm. 48; die Datierung stützt sich auf Erinnerungen von Sepp INNERHOFER und Sepp MITTERHOFER. Die Ankündigung von Attentaten im oberitalienischen Raum seitens des Innsbrucker Vertreters beim Treffen am 2.7.1961 ist durch Angaben Innerhofers belegt, Mitterhofer dagegen sagt, er könne sich nicht daran erinnern.

51. Dolomiten, Presse, 14.7.1961: die Attentatswelle in der Nacht zum 13. Juli 1961 nach 1 Uhr früh konzentrierte sich auf den Raum Bozen-Unterland-Vinschgau. Gleichzeitig kam es im Gardasee-Raum zu Anschlägen (dazu Sepp INNERHOFER: die aber nichts mit den Attentaten in Südtirol zu tun hatten). In Südtirol wurden insgesamt sieben Hochspannungsmaste zerstört oder beschädigt, betroffen waren: eine Montecatini-Überlandleitung bei Kurtatsch (Rungg), sowie Maste bei Petersberg (Gemeinde Deutschnofen), bei Vezzan (Schlanders) im Vinschgau, bei Girlan und bei St. Josef am Kalterer See, hier explodierte die Ladung verspätet erst gegen mittag. Die "Presse" nennt als Ziel auch einen Tunnel der Überetscher Bahn. Bei Kurtatsch wurden auch Flugblätter des BAS gefunden: "Obwohl unsere Heimat von Polizeikräften überflutet wird, setzen wir Südtiroler Freiheitskämpfer unbeirrt den Kampf um Recht und Freiheit fort. Daran werden uns weder Scelba mit seiner Polizei noch andere Kreise hindern können. Jenen, die uns als Verbrecher hinstellen wollen, sei gesagt: Schuld an dieser Entwicklung trifft in erster Linie die Besatzungsmacht Italien, die ungeachtet aller Verträge, Versprechungen... immer noch glaubt, das Südtirolproblem mit Polizeiterror lösen zu können und leider auch jene Kreise, die entgegen ihrer eigenen Ueberzeugung sich von den Wälschen immer noch durch leere Versprechungen hinhalten lassen. Mit Feigheit hat noch kein Volk seine Freiheit erlangt ! ..."

52. Presse, 16.7.1961; Dolomiten, 15.7.1961; "Dynamit zentnerweise von den Carabinieri zutage gefördert", in: Dolomiten, 17.7.1961.

53. Presse, 19.7.1961; Dolomiten, 15., 17., 19.7.1961; dazu Angaben der Angehörigen von Franz MUTHER in Laas: der Elektriker war zunächst im Glauben gelassen worden, in der Kaserne sei eine dringende Arbeit durchzuführen.

54. Sepp MITTERHOFER, Herz Jesu Nach... (Vortrag Innsbruck 1991).

55. "Halbzeit in Südtirol", in: Dolomiten, 19.7.1961.

56. Sepp MITTERHOFER, Herz Jesu Nacht...(Vortrag Innsbruck 1991).

57. Dolomiten, 19.7.1961

58. Presse, 21.7.1961

59. Sepp MITTERHOFER, Herz Jesu Nacht...(Vortrag Innsbruck 1991)

60. Presse, 20.7.1961: im Zuge der Polizeirazzia waren bereits nach den ersten Tagen 1,4 Tonnen Dynamit sichergestellt worden; vgl.: "Injektionen machen die Verhafteten mürbe", in: Presse, 21.7.1961; dazu auch Angaben von Sepp MITTERHOFER: unter dem Druck brutaler Verhöre und Folterungen mußten die Häftlinge versuchen, wenigstens kurze Pausen der Schonung zu erwirken, indem man die Polizei lieber zu Sprengstoffdepots führte, statt die Namen von Mitwissern preiszugeben.

61. "Innsbruck: Südtiroler bitten um Hilfe", in: Presse, 18.7.1961: Vorsprache einer Delegation von Südtirolern bei Politikern in Innsbruck, Anregung zur Schaffung eines Fonds, um die Häftlingsfamilien zu unterstützen und die Anwälte zu bezahlen.

62. Angaben Friedl VOLGGER: bei Verteilung der österreichischen Spendengelder durch Dr. Franz WAHLMÜLLER gab es plötzlich Schwierigkeiten, weil sich die Polizei einschaltete. Volgger übernahm damals die Alleinverantwortung gegenüber dem Leiter der Politischen Abteilung der Qästur, Giovanni PETERNEL. Die Spendengelderaktion wurde daraufhin von der Polizei nicht mehr behindert.

63. Einvernahme von Giovanni PETERNEL am 16.7.1991 durch den "Gladio"-Fahnder Carlo MASTELLONI in Vendig; siehe dazu auch: Dolomiten, 20.2.1991: Peternel verstarb im Alter von 76 Jahren in Udine.

Hans Mayr: "Bis zur äußersten Konsequenz..."

Die Angaben der im Text zitierten Personen stützen sich zum Großteil auf Interviews, die alle im Laufe des Jahres 1991 geführt wurden.

1. Siehe dazu Vittorio Lojacono, "Alto Adige/Südtirol", Milano 1968, Mursia-Verlag, S. 176-178.

2. Maria Spitaler-Kerschbaumer, die Gattin von Sepp Kerschbaumer lebt hochbetagt in Frangart bei Bozen.

3. Die Abstimmung wurde dann im Jänner 1965 durchgeführt und erbrachte mehr als 90 Prozent Zustimmung für das Reich.
Siehe dazu: Steurer Leopold: Südtirol zwischen Rom und Berlin 1910 - 1939, Wien - München - Zürich 1980, S. 272-274. Alfons Gruber: Südtirol unter dem Faschismus, Bozen 1974, Athesia-Verlag, S. 185-187.

4. Peter Kerschbaumer, leitender Angestellter, ist mit der Tochter Sepp Kerschbaumers, Helga, verheiratet. Mit Sepp Kerschbaumer ist er nicht verwandt.

5. Siehe dazu "Quelli di via Rasella - La Storia dei sudtirolesi che subirono l'attentato del 23 marzo 1944 a Roma" von Umberto Gandini; 1979 als Beilage der Tageszeitung "Alto Adige" in Bozen erschienen.

6. Nach der Besetzung Italiens am 9. September 1943 durch die deutsche Wehrmacht wurden in Südtirol vier Polizeiregimenter aufgestellt, in die alle wehrfähigen Männer des Landes, auch die älteren Semester, illegal eingegliedert wurden. Diese Polizeiregimenter wurden z.T. auch bei der Partisanenbekämpfung eingesetzt. Siehe dazu Hartungen Christoph, Staffler Reinhold, Hanni Werner, Menapace Klaus: Die Südtiroler Polizeiregimenter 1943 - 1945. In: Der Schlern, 55/1981, Heft 10, S. 494 - 516.

7. Die Briefe Sepp Kerschbaumers aus dem Gefängnis sind z.T. im Besitz der Familie, z.T. hat sie Frau Kerschbaumer dem früheren Obmann des Heimatbundes Hans Stieler übergeben.

8. Siehe dazu Ritschel Karl Heinz, "Diplomatie um Südtirol", Stuttgart 1966, Seewaldverlag S. 633-645 sowie Staffler-Hartungen "Geschichte Südtirols" - Das 20. Jahrhundert, Materialien/Hintergründe/Quellen/Dokumente, Jugendkollektiv Lana e.V, 1985, S. 195-199.

9. Renato Mazzoni stammte aus Venedig und war von 1947 bis 1957 als Quästor der oberste Polizeibeamte der Provinz Bozen. Sein Brief an den Innenminister wurde erstmals am 1. April 1990 in der Bozner Tageszeitung "il mattino" einer breiteren Öffentlichkeit zugänglich gemacht, vorher in der Doktorarbeit von Alexandra Calzü Klebelsberg über die Option 1939 pubbliziert und von Hansjörg Kucera in seinem Buch "Auf und ab um Südtirol", Innsbruck, 1991, Haymon-Verlag, übernommen.

10. Alle Kopien der Flugblätter des BAS und der fünf im Zeitraum von 1958 bis Februar 1961 erschienen Rundschreiben von Sepp Kerschbaumer befinden sich in Privatbesitz.

Das erste Rundschreiben ist auf den 30. März 1958 datiert. Es wendet sich an Dir. Franz Fuchs, Johann Pan, Dr. Franz Kemenater, Dr. Leo von Pretz und die Leitung des Katholischen Lehrerbundes und setzt sich mit dem Wahlkampf zu den Parlamentswahlen auseinander.

Das zweite Rundschreiben vom Juni 1958 ist "An alle Katholischen Organisationen unserer Heimat Südtirol" gerichtet und wird "zur Kenntnisnahme an die hochw. Geistlichkeit und an alle führenden Politiker Südtirols" verschickt.

Das dritte Rundschreiben trägt das Datum vom 26. Jänner 1959 und ist unter dem Titel "Mander von 1959 es ist Zeit' der 150-jährigen Wiederkehr von 1809 gewidmet.

Das vierte Rundschreiben vom 16. April 1960 trägt den Titel "Der Weg zum Frieden"; im Februar 1961 greift Sepp Kerschbaumer zum letzten Mal vor der Feuernacht zur Feder. In "An alle, die es angeht' wird noch einmal Grundsätzliches besprochen.

11. Siehe dazu Marzari Walter, "Kanonikus Michael Gamper" - Ein Kämpfer für Glauben und Heimat gegen Faschismus und Hakenkreuz in Südtirol, Wien 1974.

12. Siehe dazu Parteli Othmar, Geschichte des Landes Tirol Band 4/1, Bozen, Innsbruck Verlagsanstalt Athesia, Tyrolia-Verlag S. 530-533.

13. Ritschel Karl Heinz, "Diplomatie um Südtirol", S. 681-693.

14. Siehe dazu "Alto Adige", Deutsches Blatt vom 11. 4. 1991, "Als Jörg Klotz in Wien mit den Sowjets verhandelte".

15. Siehe dazu "Alto Adige" vom 25.6.1962.

16. Siehe dazu Ritschel Karl Heinz, 'Diplomatie um Südtirol' S 437f.

17. Siehe dazu "Dolomiten" vom 7. 8. 1991

8. Siehe dazu Ritschel Karl Heinz, "Diplomatie um Südtirol", S. 694-727.

Gerhard Mumelter: Schreie aus der Kaserne

1. Claus Gatterer: "Polizeiterror schult Italiener um", Die Presse, 12.2.61.

2. L'Unità, 20.6.1961.

3. Claus Gatterer: "Im Kampf gegen Rom" Bürger, Minderheiten und Autonomien in Italien, Wien 1968, S. 1254.

4. The Times, 3.8.1961.

5. Dolomiten, 30.8.1961.

6. L'Unità, 18.2.1961.

Josef Fontana: Ohne Paket keine 19er Kommission

1. Magnago, 30 Jahre Pariser Vertrag, 17.

2. Text des Autonomiestatuts bei Pfaundler, Südtirol, 88 - 111.

3. Magnago, 30 Jahre Pariser Vertrag, 17.

4. Vgl. Ritschel, Diplomatie um Südtirol, 276f. Etwas differenzierter beurteilt die Lage Gatterer, Im Kampf gegen Rom, 1000 - 1003.

5. Fioreschy, Arbeitsbeschaffung und wirtschaftlicher Aufbau, in: Der fahrende Skolast, Studientagung der Südtiroler Hochschülerschaft 1958, 44.

6. Dolomiten Nr. 269 v. 22.11.1958; Wahlmüller, Südtirol auch ein soziales Problem, in: Pfaundler, Südtirol, 277.

7. Benedikter, die Nichterfüllung des Pariser Vertrages durch Italien, in: Pfaundler, Südtirol, 171.

8. Dolomiten Nr. 246 v. 28.10.1953.

9. Etwa bei den damaligen Demonstrationen von Oberschülern und Neufaschisten. Eine Blütenlese von beleidigenden Sprüchen auf Transparenten in Dolomiten Nr. 267 v. 20.11.1957.

10. So am 19. Nobember 1957 in Neumarkt. Der Abgeordnete Hans Dietl hielt im dortigen Kinosaal eine ordnungsgemäß angemeldete Versammlung ab, in die sich fremde Typen in Lederjacken und mit Schlagringen eingeschlichen hatten. Plötzlich unterbrachen diese ungeladenen Gäste die Versammlung mit Zwischenrufen. Andrea Mitolo rannte nach vorne und wollte die Versammlung in eine neufaschistische Kundgebung umfunktionieren. Unter Protest verließen die Neumarkter den Saal. Die zahlreich anwesenden Carabinieri griffen nun nur insofern ein, als sie die Einheimischen aufforderten, nach Hause zu gehen. Langsam verzog sich der Auflauf gegen das Dorfzentrum hin, wo ein völlig unbeteiligter Neumarkter daherkam, der wegen seiner blauen Schürze als Südtiroler zu erkennen war. Auf ihn stürzten sich drei MSI-Rabauken und schlugen ihm das Gesicht blau. Nach dieser Operation bestiegen die MSI-Leute eiligst ihre Autos und fuhren nach Bozen zurück. Dieser Überfall hatte für Mitolo und seine Schläger keine Folgen, auch dann noch nicht, als er erklärte, daß der MSI Störungen von SVP-Versammlungen wiederholen werde. Vgl. Dolomiten Nr. 267 v. 20.11.1957.

11. Gretter, La guerra dei tralicci, in: Controinformazione 4 (1977) 9/10 (ohne Seitenzahl).

12. Dolomiten Nr. 106 v. 9.5.1960.

13. Wer übrigens meint, daß dies ein billiges Rückzügsmanöver war, weiß nicht, was er redet: Allein das Los von Trient hat 22 Häftlingen je fünf Jahre und vier Monate Gefängnis eingebracht. Der betreffende Artikel (283) im Strafgesetzbuch lautet: "Wer eine Tat begeht, die darauf abzielt, die Verfassung oder die Regierungsform mit Mitteln zu ändern, die von der verfassungsmäßigen Ordnung des Staates nicht zugelassen sind, wird mit Gefängnis nicht unter zwölf Jahren bestraft". Der Staatsanwalt begründete seinen Antrag damit, daß die Region Trentino-Tiroler Etschland in der Verfassung verankert (Art. 116) sei. Die Anschläge hätten eine Autonomie für Südtirol zum Ziel gehabt, das nur durch eine Verfassungsänderung zu verwirklichen wäre, somit sei der Tatbestand Anschlag auf die Verfassung gegeben. Die Verteidigung wies darauf hin, daß Artikel 283 die Verfassung als Ganzes schütze, z.B. vor einem Militärputsch. Auch suchte sie geltend zu machen, daß die Anschläge auf die Erfüllung von Verfassungsartikeln gezielt hätten, so des Artikels 6, der die Republik verpflichtet, sprachliche Minderheiten zu schützen. Aber das Gericht blieb uneinsichtig: 5 Jahre und 4 Monate.

14. Vgl. Dolomiten Nr. 132 v. 12.6. und Nr. 133 v. 13.6.1961.

15. Dolomiten Nr. 159 v. 14.7.1961.

16. Katholisches Sonntagsblatt Nr. 33 v. 13.8.1961.

17. Katholisches Sonntagsblatt Nr. 25 v. 18.6.1961.

18. Salvi, Le lingue tagliate, 243, schreibt über die Sechziger Jahre: "Il BAS ha, è inutile negarlo, il pieno appoggio della popolazione di lingua tedesca."

19. Eine andere Meinung zu äußern, war freilich nicht ungefährlich. Der Bürgermeister Franz Stimpfl von Kurtinig kam für nahezu vier Monate ins Gefängnis, weil er bei einer Versammlung am 1. Februar 1962 in Tramin gesagt hatte, daß die Geschichte über die Anschläge einmal anders urteilen werde und man die Attentäter nicht als gewöhnliche Verbrecher ansehen dürfe. Der Staatsanwalt beantragte bei der Gerichtsverhandlung zwei Jahre Gefängnis wegen Verherrlichung von Staatsverbrechen, doch sprach ihn das Schwurgericht frei. Immerhin verbrachte Franz Stimpfl fast vier Monate in Untersuchungshaft. Vgl. Dolomiten Nr. 31 vom 7.2. und Nr. 121 vom 26.5.1962.

20. Programm und Namen der Aufbau-Leute in Dolomiten Nr. 224 v. 30.9.1961.

21. Stadlmayer, Südtirol 1961 - 1983, in: Hausgabe für Eudard Wallnöfer, 7. Die Vollversammlung der Vereinten Nationen hat am 27. Oktober 1960 Italien und Österreich aufgefordert, "die Verhandlungen wieder aufzunehmen mit der Absicht, eine Lösung aller Differenzen hinsichtlich der Ausführung des Pariser Abkommens zu finden" (DOLOMITEN Nr. 249 vom 28. Oktober 1960). Diese Aufforderung hat die UNO am 30. Nobember 1961 nach Kreiskys Bericht über die Erfolglosigkeit der Verhandlungen mit Italien erneuert.

22. Magnago, 30 Jahre Pariser Vertrag, 37.

23. Text des Berichts bei Ritschel, Diplomatie um Südtirol, 694 - 727.

24. Vgl. Zeller, Die österreichische Schutzfunktion für Südtirol nach der Durchführung des Operationskalenders, in: Tirol im 20. Jahrhundert, Stadlmayer-Festschrift, 265 - 285.

25. Vgl. Autonome Provinz Bozen: Das neue Autonomiestatut, 6. Aufl., Bozen 1989, 59 - 127.

26. Canestrini, Referat zu den Prozessen der Sprengstoffanschläge von 1961, gehalten am 13. Juni 1991 an der Universität Innsbruck, Manuskript, 3.

27. Hier seien nur einige bekanntere und leicht zugängliche Werke angeführt: Alessandro Pizzorusso, Le minoranze nel diritto pubblico interno, 2 Bde, Milano 1967; Sergio Salvi, Le lingue tagliate, Storia delle minoranze linguistiche in Italiano, Milano 1975; Heinz Kloss, Grundfragen der Ethnopolitik (Ethnos 7), Wien-Stuttgart 1969; Theodor Veiter, Das Recht der Volksgruppen und Sprachminderheiten in Österreich, Wien-Stuttgart 1970; Handbuch der europäischen Minderheiten (Ethnos 8), Wien-Stuttgart 1970.

28. Alto Adige Nr. 123 v. 16.6.1991.
Das II. Vatikanische Konzil wurde am 11. Oktober 1962 einberufen und fand nach vier Sitzungsperioden am 8. Dezember 1965 seinen Abschluß. Aldo Moro brachte nach langwierigen Verhandlungen am 5. Dezember 1963 eine Mitte-Links-Koalition zustande, die Anfang 1964 ihr Amt antrat und sich 1968 auflöste; 1969 erlebte sie unter Mariano Rumor und 1972 unter Giulio Andreotti Neuauflagen.

29. Il Mattino Nr. 143 v. 14.6. 1991, Beilage EXTRA Nr. 37 v. 14.6.1991. Mehr Verständnis kann man weiter südlich finden. So schreibt Vincenzo Cali: "L'autonomismo trentino, smarritosi negli anni Cinquanta e risvegliatosi con il "pacchetto", non in forza di un autentico convincimento ma per lo stato di necessità creato dalla giusta ribellione sudtirolese, attende ancora che lo sappia reinterpretare alle luce dell'insegnamento dei padri dell'autonomia e del federalismo."

30. Il Mattino Nr. 153 v. 27.6.1991, Beilage EXTRA Nr. 44 v. 27.6.1991.

Quellen und Literatur *)

a) Zeitungen:
Alto Adige
Dolomiten
Il Mattino
Katholisches Sonntagsblatt

b) Amtliche Unterlagen, Vortragsmanuskripte, Literatur
Autonome Provinz Bozen: Das neue Autonomiestatut, 6. Aufl. Bozen 1989.

Canestrini, Sandro: Referat zu den Prozessen der Sprengstoffanschläge von 1961, gehalten am 13. Juni 1991 an der Universität Innsbruck, Manuskript.

Fontana, Josef: Wie es zur Feuernacht vom Herz-Jesu-Sonntag 1961 kam, Vortrag gehalten am 13. Juni 1991 an der Universität Innsbruck, Manuskript.

Gatterer Claus: Im Kampf gegen Rom, Bürger, Minderheiten und Autonomien in Italien, Wien-Frankfurt-Zürich 1968.

Heuberger-Hardorp, Adelheid: Volkstumsprobleme im Sprachgebiet des Bozner Unterlandes (Tiroler Wirtschaftsstudien 24), Innsbruck-München 1969.

Holzer, Anton: Die Südtiroler Volkspartei, Thaur 1991.

Huter, Franz (Hrsg.): Südtirol, eine Frage des europäischen Gewissens, München 1965.

Magnago, Silvius: 30 Jahre Pariser Vertrag, Bozen 1976.

Mailänder Prozeß, Der, Plädoyers der Verteidigung, Wien-Frankfurt-Zürich 1969.

Mastrobuono, Giuseppe: L'Alto Adige dall'accordo di Parigi alla commissione dei "19", Roma 1964.

Ministero degli Affari Esteri: Alto Adige, Documenti presentati al Parlamento italiano dal Ministero delgi Esteri On. A. Segni il 16. settembre 1960, Roma 1960.

Mitterhofer, Sepp: Herz-Jesu-Nacht 1961 und deren Folgen, Vortrag an der Universität Innsbruck am 13. Juni 1991, Manuskript.

Perchè si spara in Alto Adige, 3. Aufl., Bozen 1964.

Parteli, Othmar: Südtirol (1918 - 1970) (Geschichte des Landes Tirol 4/1), Bozen 1988.

Pfaundler, Wolfgang (Hrsg.): Südtirol, Versprechen und Wirklichkeit, Wien 1958.

Ritschel, Karl Heinz: Diplomatie um Südtirol, Politische Hintergründe eines europäischen Versagens, Stuttgart 1966.

Salvi, Sergio: Le lingue tagliate, Storia delle minoranze linguistiche in Italia, Milano 1975.

Siegler, Heinrich: Österreich Chronik 1945 - 1972, Wien-Bonn-Zürich 1973.

Stadlmayer, Viktoria: Südtirol 1961 - 1983, in: Hausgabe für Landeshauptmann Eduard Wallnöfer, dargeboten vom Amt der Tiroler Landesregierung zum 13. Juli 1983, Innsbruck, 1983, 6 - 9.

Strafgesetzbuch, Das italienische, vom 19. Oktober 1930 (Kgl. Dekret Nr. 1398), Übersetzt mit einer Einführung, Anmerkungen, einem Sachverzeichnis und einer Vergleichstabelle von Roland Riz, Berlin 1969.

Südtiroler Volkspartei: Leistung kann sich sehen lassen, Arbeit im Dienste des Volkes von Südtirol, Bozen 1977.

Teilung Tirols, Eine Gefahr für Europa? Bozen 1988.

Toepfer, Lore: Die Abwanderung deutschsprachiger Bevölkerung aus Südtirol nach 1955 (Beiträge zur alpenländischen Wirtschafts- und Sozialforschung 159), Innsbruck 1973.

Zeller Karl, Die österreichische Schutzfunktion für Südtirol nach der Durchführung des Operationskalenders, in: Tirol im 20. Jahrhundert, Stadlmayer-Festschrift, 265 - 285.

*) Ich gebe hier nur Unterlagen und Literatur an, die ich für diesen Aufsatz benützt habe. Weiterführende Literatur für diesen Zeitabschnitt findet sich bei Theodor Veiter, Bibliographie zur Südtirolfrage 1945 - 1983 (Ethnos 26), Wien 1984.

Hans Mayr: "Wir hätten auch den Klotz erfunden"
Quellen:
1. Bericht über die Aktivität von Militär, Polizei und Sicherheitskorps im Zusammenhang mit dem Südtirolterrorismus, vorgelegt von Senator Marco Boato, von der parlamentarischen Untersuchungskommission zur Aufklärung des Terrorismus und der Blutbäder in Italien. 134 Seiten.

2. Entwurf eines Berichtes über den 'Terrorismus in Südtirol', ein Beitrag des Senators Lionello Bertoldi, der ebenfalls der parlamentarischen Untersuchungskommission zur Aufklärung des Terrorismus und der Blutbäder in Italien angehört. 31 Seiten.

3. Stenographischer Bericht der 584. öffentlichen Sitzung des Senates vom 22. Oktober 1991 vormittags, die sich mit Anfragen im Zusammenhang mit dem Südtirolterrorismus beschäftigt hat.

4. Bericht über die Debatte in der 89. Sitzung der Parlamentskommission zur Aufklärung des Terrorismus und der Blutbäder in Italien vom 24. September 1991.

5. Giuseppe De Lutiis: Storia dei servizi segreti in Italia, Editori Riuniti, Roma, 1985.

6. Verschiedene Ausgaben der Südtiroler Wochenzeitung "FF", der Bozner Tageszeitungen "Alto Adige", "Dolomiten", "Il Mattino".

Elisabeth Baumgartner: Beretta, Kaliber neun
Die zitierten Zeitungen sind folgendermaßen abgekürzt:
"Alto Adige", Bozen: AA
"Arbeiterzeitung", Wien: AZ
"Der Spiegel", Hamburg: Spiegel
"Die BUNTE/Münchner/Frankfurter Illustrierte", Offenburg: Bunte
"Dolomiten", Bozen: Dol
"Express", Wien: E
"FF Südtiroler Illustrierte", Bozen: FF
"il mattino dell'Alto Adige", Bozen: mattino
"Kurier", Wien: K
"L'Europeo", Mailand: Europeo
"Neues Österreich", Wien: NÖ
"Die Presse", Wien: P
"Volksblatt", Wien: Vbl
"Volksstimme", Wien: Vst
"Wochenpresse", Wien: W

1. Corte di Assise, Perugia, primo grado, sentenza del 21.6.1971, contro KERBLER Christian, nato il 18.4.1940 a Innsbruck (Austria), residente in Hall (Tirolo), Rosengasse 3, attualmente dimora sconosciuta, latitante, imputato A) del delitto ..art. 575 c.p. per avere mediante colpi di arma da fuoco, cagionato la morte di AMPLATZ Luigi, in località Novale di San Martino di Passiria, la notte dal 6 al 7 settembre 1964; B) del delitto ... art. 56, 575 c.p. per avere, esplodendogli contro due colpi di arma da fuoco... a cagionare la morte di KLOTZ Giorgio, senza che l'evento si verificasse per cause indipendenti dalla sua volontà...; C) del delitto ... art. 337 c.p. per avere il giorno 8.9.1964 nei pressi di Gargazzone (Bolzano) usato violenza ai Commissari di P.S. Dr. Giovanni PETERNEL e Dr. Enrico BENEVENTO, nonchè al S. Tenente di PS Renato Compagnone, pubblici ufficiali, dandosi poi alla fuga, al fine di sottrarsi ad atti di accertamento sulla sua identità personale.

2. vgl.: Dol, 9.9.64 ff

3. Tribunale di Venezia (Dr. Carlo MASTELLONI), Esame di testimonio senza giuramento, 16.7.1991, testimone: Giovanni PETERNEL, nato a Lubiana, 4.8.1915, residente a Udine, via Valussi 10, Dirigente Generale della P.S. in pensione..., dal 1968 al 1976 Vice Questore di Udine, dal 1947: Questura di Bolzano, Ufficio Politico.... ; vgl: mattino, 7.3.92: Enthüllungen des pensionierten Carabinieri-Maresciallo Cosimo PROVENZANO.

4. Luis AMPLATZ, Brief an (Dr. Willy STEIDL, Innsbruck), o.D.

5. Luis AMPLATZ, "Testament und Erklärung", beglaubigt durch Notar Dr. Herbert Raudorf, Wien; vgl.: "Kreisky gibt Italien Amplatz-Testament, AZ veröffentlicht den vollen Wortlaut", in: AZ 14.1.65.

6. Luis AMPLATZ, Brief an (Willy STEIDL); vgl: Kuno KNÖBL, "Das 'Testament' des Terroristen Luis Amplatz, Offenbar ein Erpressungsversuch jener, die dem Südtiroler den Inhalt des Dokumentes diktierten", in: NÖ 12.1.65; vgl. u.a.: NÖ 13., 16.1.65, AZ, Vbl 14.1.65, K 15.1.65, AZ 15.1.65.

7. vgl: Kap. "Bomben für Herrgott und Heimat", Anm. 108-114.

8. Luis AMPLATZ, Brief an (Willy STEIDL); dazu Wolfgang PFAUNDLER: "ich war drei Mal bei Klotz in Wien !"

9. Angaben Dr. Friedrich STEFAN, Notar in Wien, 1964 noch Substitut bei Notar H. RAUDORF: er und sein Chef wurden nach der Publikation des Amplatz-Testaments auch von der STAPO einvernommen.

10. Friedl VOLGGER (Silvius MAGNAGO), SVP (Hrsg.),"30 Jahre Pariser Vertrag", (o.D.), S. 38: Nach mehreren vergeblichen Gesprächen brachte das Außenministertreffen Kreisky-Saragat am 25.5.64 in Genf erste Fortschritte. Es gab dann mehrere Treffen einer Expertenkonferenz in Genf (22.6., 8.-15.7., 31.8.-5.9.64), sowie ein Außenministertreffen KREISKY-SARAGAT am 7. und 8.9.64 in Genf. Südtiroler Beobachter waren Alfons BENEDIKTER und Friedl VOLGGER. Erstmals beim Treffen KREISKY-SARAGAT am 16.12.64 bei Paris eine Lösung in Sicht. Außenminister KREISKY unterbreitet diesen Vorschlag am 8.1.65 in Innsbruck, die SVP-Delegation lehnt das Angebot als "ungenügend" ab.

11. P 21.7.64: Verhaftung von Peter KIENESBERGER (22 Jahre, Radiotechniker aus Gmunden) in Innsbruck, im Zusammenhang mit der Tätigkeit des Kreises um Norbert BURGER, der am 21.6.64 in Klagenfurt verhaftet worden war.

12. Angaben: Bruno HOSP, damals Student in Wien.

13. Bruno HOSP: Georg KLOTZ war z.B. unerwartet in Begleitung der Brüder KERBLER zum Treffen von Südtirolfreunden (humanitäre Hilfen zB mittels der ''Südtirol-Lotterie'') im Hinterstüberl eines Heurigen erschienen. Luis AMPLATZ erklärte mit Bestimmtheit, den Kerblers sei nicht zu trauen.

14. vgl.: ''Klotz verweigert Rückkehr, 'Will bei Kindern bleiben', in: Vbl 3.1.; vgl.: P 4., 5.1., K. 5.1., NÖ 6.1., E 7.1.65, NÖ, K 8.1., P 9.1.65: nach einem polizeilich genehmigten Weihnachtsurlaub in Tirol hatte sich Klotz geweigert, in die Verbannung nach Wien zurückzukehren, er wurde deshalb in Innsbruck verhaftet und per Schub nach Wien gebracht; Georg KLOTZ, Gedächtnisprotokoll (Sommer 1969): wegen eines Fernsehinterviews (1966) stellte man ihm in Tirol strenge Auflagen, die er verweigert. Daher kommt er in Schubhaft nach Linz, nach einem Hungerstreik darf er wieder zurück nach Tirol.

15. ein Datierungsfehler, vgl.: AZ 12.4.64: Verhaftung von KLOTZ am 4.4.64 in Innsbruck.

16. Georg KLOTZ, Gedächtnisprotokoll (Sommer 1969), Archiv: Eva Klotz.

17. vgl.: Bergisel-Bund (Hrsg.), Grazer Prozeß..., (1965), S. 4: Dr. Otto SCHIMPP war einer der Angeklagten; vgl.: ''Lawinenwarner Schimpp macht wieder Dienst'', in: P 9.1.62; vgl. auch: Bergisel-Bund, ''Der Linzer Südtirol-Prozeß 1967'', Heft 1967/6: Anwalt Willy STEIDL gehörte auch hier zu den Verteidigern. Wolfgang PFAUNDLER dagegen distanziert sich: ''ein reiner Nazi-Prozeß !''

18. Dol. 14.9.59

19. Vgl.: Sepp MITTERHOFER, Herz Jesu Nacht...1961 (Vortrag 1991); vgl.: Christoph FRANCESCHINI, FF, 1991/24.

20. Angaben: Sepp INNERHOFER, Schenna

21. Angaben: Rosa KLOTZ; Sepp INNERHOFER; vgl.: Peter KIENESBERGER, Sie nannten uns..., S. 62: bekannt geworden ist eigentlich nur die Beteiligung von Georg KLOTZ am Feuerüberfall in Rabenstein am 21.9.61, eine Vergeltungsaktion für den unschuldig getöteten Josef LOCHER.

22. Vgl.: Dol. 17.6.61: Verhaftung von Georg KLOTZ am 16.6.61 wegen unbefugtem Waffenbesitz. Bereits im Februar 61 hatte er nach dem Anschlag auf den Aluminium-Duce ''Polizeibesuch'' erhalten; vgl.: P 18.6.61: ''In der Meraner Gegend hat die Verhaftung des Gründers des Südtiroler Schützenbundes und Talmajors der Pseirer Schützen, Georg KLOTZ, große Erregung ausgelöst... In seiner Abwesenheit wurden alle Fußböden der Wohnung aufgerissen. In der Wohnung und in der Werkstätte fanden die Carabinieri ein altes verrostetes Gewehr und einen Jagdstutzen''; Angaben: Rosa Klotz: Verraten habe ihren Mann der eigene Neffe Josef SELM.

23. vgl.: NÖ 20.6.64: Interview mit Georg KLOTZ, der sagt, er lebt seit November 1961 in Nordtirol. Nach Angaben der Frau war er aber mit Sicherheit bereits im Sommer oder Spätsommer geflüchtet.

24. Rosa KLOTZ: Georg KLOTZ ist in Absam untergekommen; Rudl KOFLER, Unterrain (Eppan), Elvira ANDERGASSEN, Innsbruck: Luis AMPLATZ hatte in Innsbruck Arbeit und Quartier gefunden. Zeitweise hat er sich sogar als Vertreter für Kirchenkerzen sein Geld verdient.

25. Angaben: Rosa KLOTZ; vgl.: Anm. 22

26. vgl.: K 13.7.63: Georg KLOTZ entkam trotz einer nächtelangen Fahndungsaktion durch den Polizeisperrgürtel.

27. Einvernahmeprotokoll durch den Bozner Untersuchungsrichter Felix MARTINOLLI vom 8.3.58; Archiv: Dr. Fritz Egger, Bozen.

28. ebd.

29. Luis AMPLATZ, Briefe an seinen damaligen Bozner Anwalt Fritz EGGER, dat.: (Innsbruck), 8.6.62; (Innsbruck), 24.7.62, 4.8.62: Ich lasse ''...mich von einem Feind nicht verteidigen...''; ''Die Italiener waren gestern meine Feinde, sind es heute und werden es immer bleiben !'' Der italienische Pflichtverteidiger war übrigens der Bozner Anwalt Antonio CHENERI.

30. vgl. Kap.: Die ''Feuernacht''

31. vgl: ''Diesmal versagte Amplatz' Tarnkappe'', in: AZ 9.4.64; ''Diesmal half Amplatz keine List mehr'', in: AZ: 10.9.64.

32. Spiegel, 1964/10, 4.3.64; vgl. AZ 10.9.64

33. Vorladung zur Einvernahme der Angeklagten ''AMPLATZ Luigi, PRANTNER Donato, WIDMOSER Edoardo'' für den 4. Mai 61 zwecks: ''perizia contabile a bancaria per accertare la trafila c/c già esaminati''; Archiv: Dr. Fritz Egger, Bozen.

34. AZ 9.4.64

35. vgl.: Spiegel, 1964/10, 4.3.64; K 8.9.64: ''Im September 1961 entkam Amplatz ebenfalls haarscharf einer Verhaftung, als er illegal am Brenner die... Grenze überschritt''; dazu Angaben: Rudl KOFLER.

36. Claus GATTERER, ''Der 'sicurezza' treuer Freund und Helfer'', in: P 22.10.66: darin u.a. zu Rudl KOFLER: ''...in den Verhören packte er ausgiebig aus''; Angaben Luis GUTMANN: Rudl KOFLER war sehr jung, sein damaliger Anwalt habe ihm geraten, mit der Justiz zusammenzuarbeiten, etwa in der Rolle des späteren 'pentito'', für die es damals aber keine gesetzlichen Grundlagen gab; Rudl KOFLER selbst bestreitet einen ''Verrat'', vgl: Kap.: Günther ANDERGASSEN, ''Vielleicht rennt man gegen die Zeit an''.

37. Rudl KOFLER: außer den Schlupfwinkeln in Höhlen hatten sie teilweise auch Übernachtungsmöglichkeiten in Almhütten, deren Besitzer ihnen Unterschlupf gewährten.

38. vgl.: Giorgio PECORINI, ''Anatomia di un terrorista, Che cosa spinge un giovane a diventare un dinamitardo ?'', in: Europeo, 1963/Nr. 37: dieser Bildbericht in der angesehenen italienischen Illustrierten erscheint anläßlich der Verhaftung von Rudl KOFLER. In den Jahren extremer politischer Spannungen ist diese einfühlsame Reportage ein Pionierbeispiel für das Bemühen um eine menschlich verständnisvolle Darstellung anstatt plakativer Feindbilder.

39. Spiegel, 1964/10, 4.3.64; Spiegel, 1964/44, 28.10.64, S. 128: das Interview mit Luis AMPLATZ wurde am 23.2.64 aufgezeichnet.

40. Gianni ROGHI, ''I nostri inviati tra i terroristi'', in: Europeo 1964/Nr. 6, 9.2.64; vgl: Wolfgang WILLMANN, ''Heiße Erde Südtirol'', in: Bunte, 21.10.64.

41. vgl.: AA 8.3.64

42. vgl.: NÖ 13.1.65

43. vgl.: Giorgio PECORINI, ''Adesso uccidono'', in: Europeo 1964/Nr.37.

44. vgl.: Peter KIENESBERGER betont zu diesen Vorwürfen in einer Stellungnahme an die Verfasserin vom 23.3.92: Auch wenn er sich ''dem deutschnationalen Lager zurechne und auch gar nicht daran denke, dies zu leugnen'', habe er sich zB in Österreich ''nie parteipolitisch betätigt'', noch hätte er je der NPD angehört oder sie gefördert; nachdrücklich distanziert sich Kienesberger vom rechtsradikalen Lager um Fred BORTH, der laut Kienesberger-Recherchen nach 1945 eine führende Stellung im ''Bund heimattreuer Jugend'' (BHJ) innegehabt haben soll; vgl.: zB P 21.7.64: Peter KIENESBERGER soll aber zB auch selbst Mitglied des dann aufgelösten BHJ gewesen sein, ebenso wie die umstrittene Burschenschaft ''Olympia''.

45. vgl.: NÖ 9.3., 7.4.65: wie die ''Volksstimme'' (Vst 2.3.65) mußte auch die überparteilich-kritische Wiener Tageszeitung ''Neues Österreich'' zur Berichterstattung über die Unterwanderung der Südtiroler Sprengerszene durch rechtsradikale Gruppen eine Reihe von ''Entgegnungen'' veröffentlichen, die der Wiener Fred BORTH auf dem Gerichtsweg erzwungen hatte. Kuno KNÖBL kommentierte diese Dementis: ''Nach dem österreichischen Pressegesetz ist jede Zeitung verpflichtet, Entgegnungen zu veröffentlichen, die 'formell richtig' sind. Es ist dabei gleichgültig, ob die vom Entgegnenden behaupteten Fakten der Wahrheit entsprechen oder nicht. Daher wurden auch Wahrheitsbeweise des 'Neuen Österreich' nicht zugelassen.
Nun, Fred Borth ist ein polizeibekannter Mann, so bekannt wie sein Freund Günther KÜMEL etwa, mit dem ihn gemeinsame 'Arbeit' im BHJ (Bund heimattreuer Jugend) verband. Der BHJ wurde verboten. Borth gründete neue Vereinigungen, etwa die 'Legion Europa', eine jener Organisationen, die sich die nationale Neuordnung Europas zum Ziel gesetzt haben. Die 'Legion Europa', ein Verein mit kaum mehr als 20 Mitgliedern, wurde von dem belgischen Faschistenführer Jean THIRIART (Mouvement d' Action civique oder MAC) als 'besonders aktiv' bezeichnet... Es wäre zu viel Ehre, wollte man Borth als führenden Mann des Rechtsnationalismus in Österreich bezeichnen. Die Exponenten dieser Bewegung sind in ganz anderen Positionen zu finden und erfreuen sich bedeutend größeren Einflusses als Borth. Leute vom Kaliber dieses Mannes stellen nur das Fußvolk.''

46. Europeo 1964/Nr. 6, 9.2.64; vgl.: NÖ 16.1.65: ''1961 wurde auf der Lippoldsburger Tagung auch das Thema Südtirol angeschnitten. Jean Francois THIRIART, Führer des neofaschistischen... (MAC) regte - so heißt es in einem Sitzungsprotokoll - an, daß man ein eigenes Südtirol-Treffen arrangieren solle: 'Thiriart versprach sich viel von einem solchen Treffen', denn 'wir haben anderes vor, als Plastikbomben in Südtirol, in Italien zu werfen. Die Bomben, die wir zusammenstellen, sind für andere Feinde bestimmt.' Welche 'Feinde' man zu treffen gedachte, be-

weisen die Namen, die Luis AMPLATZ in seinem Testament hatte nennen müssen..."

47. Gianni ROGHI, "Come li ho conosciuti", in: Europeo, 1964/Nr. 38.

48. NÖ 30.1.65; vgl.: NÖ 7.4.65: "Entgegnungen" von Fred BORTH.

49. NÖ 30.1.65; siehe auch: "Scarface in Südtirol", in: Vst 30.1.65: die Mailänder Illustrierte "ABC" hatte in ihrer mit 31.1.65 datierten Ausgabe den Wortlaut eines Briefes veröffentlicht (5 Seiten handschriftlich), den ein ehemaliger Offizier der französischen Terroristenorganisation OAS an den Züricher Journalisten Werner SCHOLLENBERG gerichtet hatte (dieser fungierte übrigens auch als Kontaktmann für das Christian-KERBLER-Interview nach dem AMPLATZ-Mord). Die Schilderung des OAS-lers wird aufgrund zahlreicher Details als realistisch eingestuft, die "Volksstimme" publizieren den vollen Wortlaut; vgl.: Vst, 2.3.65: "Entgegnungen" von Fred BORTH; vgl. auch: "OAS-Söldner als Kämpfer für Südtirol", in: AZ 27.1.65; P 30.1., 9.2.65; E 9.4.65.

50. Vst 30.1.65, NÖ 30.1.65.

51. Peter KIENESBERGER, Stellungnahme..., 23.3.92.

52. siehe zB: AZ 27.1.65

53. siehe dazu: P 7.4.64, K 8.4.64: begründet wurde die Schubhaft mit den Klotz-Interviews, u.a. im "Europeo". Für weitere Mutmaßungen (Zusammenhänge mit den Anschlägen in Ebensee, Sprengung des Innsbrucker Andreas-Hofer-Denkmals, Anschlag auf das Sowjet-Denkmal am Wiener Schwarzenbergplatz gab es keinerlei Beweise. Eindeutig ist aber der politische Hintergrund der Verhaftung von Georg KLOTZ, der "Kurier" dazu: "Für die italienische Öffentlichkeit gilt die Verhaftung... als Sensation. Ein Teil der Presse bucht sie als Gutpunkt der neuen Regierung Klaus", (ÖVP, Anm.d.V.); "Der 'Hämmerer' und seine Waffenlager", in: AZ 8.4.64, E 9.4.64, Vst 10.4.64, AZ 12.4.64: Klotz wurde am 4.4.64 verhaftet.

54. K 8.9.64: Luis AMPLATZ kam am 7.4.64 in Innsbruck in Schubhaft; siehe auch: "Diesmal versagte Amplatz' Tarnkappe", in: AZ 9.4.64; "Südtirolterrorist Amplatz, er wurde ebenfalls von der Staatspolizei nach Wien gebracht...", in: NÖ 9.4.64; "Innsbruck: Wieder Südtirol-Führer festgenommen, Schubhaft gegen Luis Amplatz wegen Mißbrauch des Asylrechts", in: P 9.4.64.

55. vgl.: AZ 12.4.64; NÖ 30.4., 1.5.64.

56. Europeo, 1964/Nr.40, 4.10.64; vgl.: ebd., 1964/Nr.38.

57. Angaben: Wolfgang PFAUNDLER; Willy STEIDL: hat den Rucksack von Georg KLOTZ aus dem schwer bewachten Krankenzimmer in Sicherheit gebracht mit der "bluatigen Pfoad". Klotz habe ihm ein stummes Zeichen gegeben, nur mit den Augen, er wollte die Beweisstücke in sicherer Verwahrung wissen, sagt der Innsbrucker Anwalt.

58. Angaben: Wolfgang PFAUNDLER; Peter KIENESBERGER, Stellungnahme..., 23.3.92: "Ich habe den Sender weder gebaut, noch redaktionell betrieben. Ich war damit nur ganz am Rande, bei der Suche nach Sendeplätzen, befaßt".

59. Angaben: Wolfgang PFAUNDLER: Peter KIENESBERGER erkannte einen der falschen "Gendarmen" und zeigte ihn bei Gericht an. Untersuchungsrichter war Dr. R. Sprung.

60. Angaben: Wolfgang PFAUNDLER: der Sender blieb bis zum Schluß beim "Künstlerehepaar".

61. Claus GATTERER, "Der 'sicurezza' treuer Freund und Helfer, Ueber die seltsame Rolle des Zufalls bei den jüngsten Verhaftungen in Südtirol", in: P 22./23.10.66.

62. K 15.11.90; Peter KIENESBERGER, Stellungnahme..., 23.3.92: zu Fred BORTH (Stand März 1992): "...nach 1945 führend im Bund Heimattreuer Jugend (BHJ) in den späten Fünfziger- und Sechzigerjahren tätig. Stand damals im Verdacht, für die STAPO zu arbeiten. Gründer und Chef der "Legion Europa"..." Veröffentlichung eines Buches "Nicht zu jung zum Sterben", über seine HJ-Zeit und Fronteinsatz im Weltkrieg; dazu als Werbematerial ein Lebenslauf unter dem Titel "Pro Domo", "in welchem er schreibt, daß er nach dem Krieg eine illegale Kampfgruppe mit 'Tuchfühlung' (sprich: im Auftrag) einer alliierten Besatzungsmacht gegründet habe. Dies ist das erste Mal, daß Borth mehr oder weniger deutlich zugibt, einer österreichischen Variante von GLADIO angehört zu haben..."; vgl.: NÖ 21.1.65, 7.4.65: "Entgegnung" von Fred BORTH.

63. NÖ 9.4.64

64. Angaben: Franz AMPLATZ

65. Vgl.: Karl SPRINGENSCHMID, "Der Jörg, Aus dem Leben des Südtiroler Freiheitskämpfers Georg Klotz", Verlag K. W. Schütz, Preussisch Oldendorf, 1980, S. 48.

66. Angaben: Peter KIENESBERGER; vgl.: Europeo, 1964/Nr.6, 9.2.64; ebd., 1964/Nr.38.

67. Vst 17.1.65, zit. Wolfgang WILLMANN, in: APA: "..., daß bei den Terroristen zwei 'Schattenkabinette' bestanden oder bestehen, falls...über Nacht eine 'Südtiroler Regierung' gebildet werden sollte. Als Regierungschef war KLOTZ ausersehen, als Außenminister NEUHUBER, auch Fred BORTH und KERBLER waren 'Kabinettsmitglieder'. Ein zweites Schattenkabinett sei schon früher um Dr. Norbert BURGER gebildet worden...", vgl. dazu: "Entgegnung" von Fred BORTH, in Vst 4.2.65.

68. vgl.: NÖ 30.1.65

69. vgl.: Peter KIENESBERGER, "Keine Bedenken gegen die Brüder Kerbler ?", in: Sie nannten uns..., S. 214 ff.

70. (Bozner Polizei-Dossier, o.D., mit Stempel und Unterschrift von Federico MARZOLLO, Ten. Col., Comandante del Gruppo, an die Bozner Staatsanwaltschaft): "Negli anni 1964-1965, in diverse località estere, il Capitano dei Carabinieri Angelo PIGNATELLI... ha avuto contatti con il cittadino austriaco KIENESBERGER Peter... il quale si era offerto di fornire, dietro compenso, informazioni idonee a favorire la repressione dell'attività terroristica connessa alla... situazione altoatesina..."; vgl.: Einvernahmeprotokoll Renzo MONICO, 5.7.91, Richter Carlo MASTELLONI (Venedig): Peter KIENESBERGER sei etwa sechs bis sieben Monate vor dem Anschlag auf die Porzescharte (25.6.67) unter dem Decknamen "la vedova" italienischer Informant gewesen, allerdings habe er die polizeilichen Ermittlungsergebnisse nur ergänzt. (Diese Informantentätigkeit hatte allerdings nicht erst 1966 begonnen, Anm.d.V.), vgl.: Peter KIENESBERGER, "Max' trifft 'Martha", in: Sie nannten uns..., S. 256 ff.

71. ebd., S. 257: Man sei sich einig gewesen, "daß zumindest der Versuch unternommen werden muß, in das Geheimdienstnetz der Italiener Löcher zu reißen..."

72. vgl.: Anm. 70; dazu auch: Peter KIENESBERGER, Stellungnahme..., 23.3.92: das "Dossier" sei Jahre später erstellt worden, und sei "eine nicht einmal gute Mischung aus meinen tatsächlichen Aussagen, aus Wissen von Geständnissen im Pustertal, aus Aussagen über die BAS-Tätigkeit vor meiner Zeit vor der italienischen Polizei und den Berichten und Akten der österreichischen Staatspolizei". Nach dem Scheitern von zumindest zwei Mord- und Entführungsplänen (1965, 1966) gegen Kienesberger sollte das "Dossier" "mich unglaubwürdig machen". Kienesberger bestreitet seine Rolle als effizienter Informant vor allem unter Hinweis auf das fehlende Motiv: "In Anbetracht von ohne Murren ertragenen 6½ Jahren Untersuchungs- und Auslieferungshaft würden die paar tausend Mark auch in keinem Verhältnis stehen".

73. vgl.: Günther ANDERGASSEN, Kap. "Vielleicht rennt man gegen die Zeit an".

74. Angaben: Friedl VOLGGER

75. Claus GATTERER, Der sicurezza treuer Freund..., 22./23.10.66

76. mattino, 7.3.92

77. mattino, 19.2.92

78. Giovanni PETERNEL, Einvernahmeprotokoll..., 16.7.91.

79. vgl.: Europeo, 1991/Nr. 27, 5.7.91.

80. Angaben SUSANNE T. (der volle Name ist der Redaktion bekannt): zur Untersuchung übergeben wurde das Paket der Bundespolizei in Innsbruck, Kaiserjägerstraße; vgl: die amtliche "Wiener Zeitung", 21.1.65: Franz KERBLER war seit 18.9.64 in österreichischer Untersuchungshaft; P, NÖ 19.9.64, NÖ 20.9.64: Franz KERBLER hatte sich in Innsbruck gestellt, er gab zu, wie sein Bruder Christian KERBLER zur Zeit des AMPLATZ-Mordes in Südtirol gewesen zu sein. Die weiteren Ermittlungen liefen über die Wiener STAPO.
Der heutige Aufenthalt von Franz KERBLER ist unbekannt, dazu Angaben von Hofrat STATTMANN, Sicherheitsdirektion Tirol: Franz Kerbler habe seine Strafe in Österreich verbüßt, es gebe keinen Grund, nach ihm zu fahnden.

81. vgl.: NÖ 13.1.65: "Christian KERBLER, Expressechef des Filmsternchens Kai Fischer..."

82. vgl.: Karl SPRINGENSCHMID, Der Jörg..., S. 29: Diese romanhafte

Darstellung beruht nur zum Teil auf Recherchen, die nicht belegt werden, und ist daher als Quelle kaum heranzuziehen, Anm.d.V., dennoch gibt es eine interessante Parallele: Christian KERBLER soll unter dem Einfluß einer hochintelligenten und sehr anspruchsvollen "Dame" gestanden haben, "die mit den Geldbeträgen, die ihr versprochen wurden, zu rechnen wußte und, ohne vielleicht mehr als nötig davon zu wissen, Christian Kerbler in dieses riskante Unternehmen getrieben hat".

83. vgl.: Marco BOATO, Bericht an die Parlamentarische Kommission...: Christian KERBLER soll sich zB auch der Zeitung "Alto Adige" als Informant angeboten haben.

84. NÖ 30.4., 1., 5.5.64, K 8.9.64: Entlassung von Luis AMPLATZ, mit Aufenthaltsbeschränkung auf Wien, Niederösterreich und Burgenland.

85. NÖ 5., 6.6.64, P 6.6.64: Entlassung von Georg KLOTZ mit Aufenthaltsbeschränkung nur für Wien und täglicher Meldepflicht bei der Polizei.

86. ebd.; vgl.: NÖ 1.5.64: Georg KLOTZ war durch seine Zeitungsinterviews schwerer belastet und wurde auch im Zusammenhang mit Anschlägen verdächtigt.

87. Angaben Bruno HOSP: auch Luis AMPLATZ traf sich in dem "Espresso" gerne mit Südtiroler Studenten, wenigstens für ein paar Stunden half ihm diese fröhliche Gesellschaft hinweg über das Heimweh.

88. Georg KLOTZ, "Der Kampf ist zu Ende", in: NÖ 20.6.64.

89. Angaben: Bruno HOSP

90. vgl.: Anm. 62, Anm. 130

91. "Klotz gewann Prozeß", in: P 23.3.65

92. vgl. zB: Anton FELLNER, "Rechenschaft, Gegen Mißdeutung und Besserwisserei: die Wahrheit für Südtirol", in: NÖ 16.1.65.

93. "... Kreisky will 'Nationalzeitung' klagen - Klotz gab kein Interview?", in: NÖ 22.1.65, P 23.1.65: Georg KLOTZ bestreitet mithilfe seines Anwaltes ein Interview über den Amplatz-Mord und das Testament in der "Deutschen National-und Soldatenzeitung"; deren Wiener Mitarbeiter Rainer MAURITZ bleibt aber dabei, Klotz habe das Interview gegeben und eine Weihnachtsspende der DNSZ für die Familie angenommen; siehe dazu auch: K 23.1.65; "Die Freunde des Herrn Klotz", in: Vst 6.2.65: mit Details zu Rainer MAURITZ, u.a. wegen der dilettantischen Anschläge des Studentenkreises um Norbert BURGER im Februar 1962 in Italien verurteilt, von Staatspräsident Antonio SEGNI zu Weihnachten 1963 amnestiert.

94. Angaben: Bruno HOSP, Kuno KNÖBL

95. Angaben: Peter KIENESBERGER, Kuno KNÖBL, Harald OFNER

96. NÖ 20.6.64

97. AZ 14.1.65

98. NÖ 15.1.65

99. NÖ 12.1.65

100. Kuno KNÖBL, "Das Testament, Die Geschichte einer Erpressung", in: NÖ Jänner 65; vgl. u.a.: P 15.1.65: der deutsche Reporter Wolfgang WILLMANN versuchte nach der teilweisen Erstveröffentlichung in der "Bunten" (Bunte, 1964/Nr. 8, 21.10.64) im Rahmen einer äußerst fragwürdigen Story, die ihm die Stelle kostete, das Testament zu vermarkten. Gleichzeitig sicherte er sich formell ab durch die Übergabe des Dokuments an die Kripo München im Dezember 1964. Von Bayern wurde das Testament offiziell an Wien weitergeleitet.

101. "Kreisky gibt Italien Amplatz-Testament, AZ veröffentlicht den vollen Wortlaut", in: AZ 14.1.65: die Übergabe an den italienischen Botschafter in Wien erfolgte durch den damaligen Gesandten und späteren Bundespräsidenten Rudolf KIRCHSCHLÄGER.

102. NÖ 15.1.65

103. Angaben: Bruno HOSP: auch er gehörte als Student zu diesem Wiener Freundeskreis.

104. vgl.: K 18.1.65: "Inzwischen sollen sich in Tirol Zeugen gefunden haben, daß... Christian KERBLER über alle Einzelheiten des AMPLATZ-Testaments unterrichtet war..."; "Die Hintergründe der Amplatz-Affäre, Politisches Ränkespiel um den 'Letzten Willen' des Südtirolers", in: NÖ 16.1.65, siehe auch Anm. 130.

105. vgl.: Claus GATTERER, "Auch Klotz zu Testament gedrängt", in: P 15.1.65; vgl.: K 18.1.65, P 23.1.65: Rainer MAURITZ (vgl. Anm. 93) soll Georg KLOTZ vergeblich zu einem Testament gedrängt haben.

106. vgl.: zB P 15.1.65, NÖ 16.1.65

107. Wolfgang WILLMANN, "Heiße Erde Südtirol", in: Bunte, 1964/Nr.43, 21.10.64.

108. Willy STEIDL hat die Schadenersatzansprüche der Familie von Luis AMPLATZ sowie von Georg KLOTZ gegenüber der "Bunten" vertreten, zusammen mit mehreren Anwälten, darunter auch Hugo GAMPER, Bozen. Für einen Vergleich wurden Bedingungen gestellt, neben materiellen Schadenersatzansprüchen auch moralische Wiedergutmachung in Form eines Widerrufes: so "daß in Zukunft kein Mensch sich mehr auf die Bunte Illustrierte berufen kann, um den Ruf des ermordeten Amplatz anzuzweifeln...", begründet Hugo Gamper in einem Brief vom 9.12.64 an Willy Steidl seine Forderung nach einer Richtigstellung als Vorbedingung für Vergleichsverhandlungen. Wenn auch vorsichtig und eher indirekt distanziert sich Gamper dabei jedoch von den mutmaßlichen politischen Machenschaften im Hintergrund des Amplatz-Testaments: "Sollte Amplatz in den letzten Wochen seines Lebens in Wien, was ich allerdings ausschließe, in üble Gesellschaft geraten und von dieser mißbraucht worden sein, wäre das noch kein Grund, ihn als Mensch schlechthin in den Schmutz zu ziehen. Ich möchte auch unmißverständlich festhalten, daß es mir ausschließlich um die Wiederherstellung der Ehre von Luis Amplatz geht... ohne auch nur im geringsten zu den politischen Beweggründen und Hintergründen Stellung nehmen zu wollen..."

109. vgl.: W 16.1.65; Angaben Willy STEIDL.

110. vgl. zB: "Südtirol-Terrorist Burger verhaftet", in: E 22.6.64; P 22.6.64, "Geheimtip führte zu Burgers Verhaftung", in: P 23.6.64; AZ 23.6.64; "Nach der Verhaftung Dr. Burgers: Bumser bekämpfen einander", in: E 24.6.64; "Italiener lieferten Tip...", in: P 26.6.64; "Herr Knips knipste ohne Film", in: E 27.6.64.

111. ebd.; siehe dazu auch: Peter KIENESBERGER, Sie nannten uns..., S. 209 ff; BERGISELBUND (Hrsg), Grazer Prozeß... (1965), S. 14: laut Aussage von Norbert BURGER sollte ihn der als Agent angeheuerte deutsche Kameramann Peter KNIPS über die Grenze locken oder ermorden. Die Falle mißlingt und den Mord traut sich Knips nicht zu, daher spielt er Burger schließlich am 21.6.64 in Klagenfurt der österreichischen STAPO in die Hände; einen Eindruck in die BURGER-Szene vermittelt anläßlich des Grazer Prozesses zB Kuno KNÖBL, "Die Freiheit, die sie meinen, Der Freiheitskampf des Dr. Norbert Burger - Idealisten oder politische Wirrköpfe", in: NÖ 21.5.65.

112. Angaben Norbert BURGER, Interview mit Felix Mitterer (1992).

113. Georg KLOTZ, "Nachtragsanzeige", an: Staatsanwaltschaft beim Landesgericht für Strafsachen, Innsbruck, dat.: Wien, 19.1.65 (Archiv Willy STEIDL): die Anzeige von Klotz richtet sich gegen Christian und Franz KERBLER, Theodor KLEIBER, Chefredakteur der "Bunten" und dessen Mitarbeiter Claus Jürgen FRANK, Wolfgang WILLMANN und Margarethe BURGER.

114. vgl.: Bunte, 1964/Nr.43, 21.10.64, Impressum: Wolfgang WILLMANN war neben den Redakteuren und Reportern einer der drei "Vertragsautoren". Die Hausmitteilung würdigt den Schriftsteller als erfahrenen Journalisten; Angaben: Kuno KNÖBL: beschreibt Wolfgang WILLMANN als weltanschaulich kritischen Reportertyp, aggressiv, aber witzig; die beiden hatten sich bereits um 1962 kennengelernt, bei einer Gerichtsverhandlung um einen Skandal am Wörthersee; vgl. W 16.1.65.: Willmann habe sich "mit einem Kabarettisten in Wien zusammengetan, der in der Himmelpfortgasse in der Kleinkunstbühne "Der Würfel" teils als Autor, teils als Schauspieler...mitwirkt.' (Es handelt sich um den Redakteur des 'Neuen Österreichs' Kuno Knöbl.)"

115. Kuno KNÖBL, "Das Testament, Geschichte einer Erpressung", in: NÖ Jänner 65.

116. Georg KLOTZ, Nachtragsanzeige... 19.1.65: Wolfgang WILLMANN habe Frau BURGER schon bei seinem ersten Wiener Aufenthalt vermittelt durch den Wiener Journalisten Ernst EBEM kennengelernt; Angaben: Peter KIENESBERGER: Norbert BURGER war inhaftiert, Willmann traf also im Zuge seiner Recherche dessen Frau. Willmann ist vor etwa zwei Jahren verstorben, nach dem Tod von Frau Burger hatte er deren Tochter geheiratet.

117. Angaben: Willy STEIDL, Wolfgang PFAUNDLER

118. Angaben zB: Wolfgang PFAUNDLER, Willy STEIDL, Friedrich STEFAN.

119. vgl.: AZ 14.1.65: zugleich mit der Erstveröffentlichung des Testaments im vollen Wortlaut veröffentlicht die Zeitung auch eine Schilderung der krummen Wege, die das Dokument genommen hatte. Frau BURGER vertrat gegenüber Wolfgang WILLMANN die Auffassung, das Testament besser nicht zu veröffentlichen; dazu auch: Georg KLOTZ,

Nachtragsanzeige... 19.1.65: daß Margarethe BURGER ihrem neuen Freund Willman das AMPLATZ-Testament "nach einer achtstündigen Beeinflussung ausgefolgt hat, steht nunmehr fest"; vgl.: K 15.1.65.

120. K 23.1.65

121. Vbl 14.1.65

122. "Kerbler war in London sicher, Auslieferungsvertrag England-Oesterreich nicht in Kraft", in: K 23.1.65; siehe dazu auch: Kuno KNÖBL, "Der Tod in Südtirol, Die Vorgeschichte des Mordes an Luis Amplatz, Die Behörden kannten den Aufenthalt Kerblers", in: NÖ 13.1.65; NÖ 21.1.65.

123. "Kerbler: 'Ich schoß auf Klotz', '...aber Klotz hat Luis Amplatz erschossen", in: NÖ 10.1.65.

124. P, NÖ 23.3.65; vgl. auch: "...Zeitung muß Mordbeschuldigung widerrufen", in: AZ 15.12.64; "Ehrenrettung für Georg Klotz, Wiener Zeitung zog Vorwürfe 'mit Bedauern' zurück", in: P 15.12.64: das in Wien erscheinende Blatt "Echo der Heimat" mußte bereits vor Gericht klein beigeben, kurz bevor NÖ die KERBLER-Mordversion groß herausbrachte.

125. Georg KLOTZ, Nachtragsanzeige... 19.1.65; vgl.: Vst 17.1.65: zitiert Wolfgang WILLMANN, demnach soll Frau BURGER die KERBLER-Story eines angeblich tödlichen Streits zwischen Luis AMPLATZ und Georg KLOTZ mit den Worten kommentiert haben: "Ja, das ist er, wie er leibt und lebt..."

126. Georg KLOTZ, Nachtragsanzeige... 19.1.65

127. NÖ 15.1.65

128. vgl.: NÖ 16.1.65

129. ebd.; Erwin PILETSCHKA selbst bestätigt freundschaftliche Kontakte zu Dr. Roland TIMMEL in einem Briefwechsel mit dem Innsbrucker Anwalt Willy STEIDL, dem er auf Wunsch von Luis AMPLATZ dessen Testament für die Familie ausgefolgt hatte, in einem Brief, dat. Wien, 15.12.64, schreibt Piletschka: "Unter anderem kann ich den Tirolern Herrn Dr. TIMMEL als einen furchtlosen Befürworter der Interessen Südtirols empfehlen, der gerade in der letzten Zeit einer Hetz- und Verdächtigungskampagne ausgesetzt ist".

130. NÖ 16.1.65: Erwin PILETSCHKA war "Korrespondent der rechtsradikalen 'Deutschen Wochenzeitung'. Dieses Blatt erscheint in Hannover und wird in Österreich von Anton BERGERMAYER vertrieben: Bergermeyer ist Chef der Kameradschaft 4 - einer Vereinigung ehemaliger SS-Männer.
Piletschka ist Mitglied der 'Neuen Gemeinschaft' (NG) des Wiener Zahnarztes Dr. Roland TIMMEL. Der 'Neuen Gemeinschaft' gehört im übrigen auch Anton Bergermayer an. Zum Bekanntenkreis Piletschkas zählt weiter Fred BORTH, Führer der rechtsextremen 'Legion Europa', der sich rühmt, auch heute noch gute Beziehungen zu Georg KLOTZ zu unterhalten. Borth war eng befreundet mit Franz und Christian KERBLER. 'Journalist' Borth arbeitete eng mit den Kerbler zusammen..."; vgl.: Vst 16.1.65; Vst. 2.3.65: Entgegnungen von Fred BORTH.

131. vgl.: "Die Freunde des Herrn Klotz", in: Vst 6.2.65, siehe: Anm. 93; Erwin PILETSCHKA, Briefwechsel bzgl. Übergabe des Amplatz-Testaments, Archiv Willy STEIDL, dat.: Wien, 30.12.64: bestätigt gute Kontakte zur Mutter von Rainer MAURITZ.

132. P 23.1.65; vgl. auch: Josef RIEDLER, "Christian Kerbler gestand-aber nur Schüsse auf Klotz,.... Auch Klotz meint, Testament könnte Mordmotiv sein", in: AZ 21.1.65: "Klotz ist der Meinung, daß zwischen der Abfassung des Testaments und dem Tode von Luis AMPLATZ ein Zusammenhang besteht... Über die Art dieser Zusammenhänge weiß Klotz nichts zu sagen. Er vermutet, daß ein italienischer Geheimdienst dahinter steckt, kann aber auch nicht ausschließen, daß es sich um eine Aktion einer rechtsradikalen Gruppe handelt, die, wie Klotz meint, 'immer einen Märtyrer brauchen kann'. Jedenfalls behauptet Klotz dezidiert, daß man auch ihn veranlassen wollte, ein Testament zu verfassen. Die Verbindungen jener Person, die an ihn mit dieser Aufforderung herangetreten sein soll, mit rechtsradikalen Kreisen ist offenkundig..." Auch Georg KLOTZ war damals zwar angewiesen auf persönliche Mutmaßungen, die zitierten Äußerungen sind jedoch als Primärquelle von Bedeutung. Zeitzeugen wie Harald OFNER und vor allem der Wiener Notar Friedrich STEFAN schließen kategorisch aus, daß einige Wiener Bekannte von Amplatz und Klotz in Mordpläne eingeweiht gewesen sein könnten, als sie die beiden zur Abfassung eines Testaments drängten. Die Klotz-Aussagen erhärten aber den Verdacht, bestimmte Kreise könnten Wind bekommen haben vom politisch heißen Dokument, um es in ihre Pläne miteinzukalkulieren. (Anm.d.V.)

133. Erwin PILETSCHKA, Briefwechsel bzgl. Übergabe des AMPLATZ-Testaments, Archiv Willy STEIDL, Schreiben dat. Wien, 30.12.64; vgl.: NÖ 20.6.64: "Luis AMPLATZ... ist verbittert. Die Haft (Schubhaft, Verbannung nach Wien, Anm.d.V.) scheint ihn gebrochen zu haben. Der Südtiroler wehrt sich gegen das angeblich falsche Bild, das man in Österreich von ihm und seinen Landsleuten hat. Er und auch Klotz distanzieren sich energisch von allen nationalistischen Argumenten: 'Wenn wer behauptet, daß ich ein Nazi bin, den könnt ich...', sagt Amplatz, dessen Vater in Hitlers Gefängnissen ermordet worden war".

134. Erwin PILETSCHKA, "Erklärung", dat. Wien, 16.12.64: diese Begleitnote zur Übergabe des AMPLATZ-Testaments (beglaubigte Fotokopie) an dessen Innsbrucker Anwalt Willy Steidl enthält einige Details zum Zustandekommen und Bestimmungszweck des Testaments, darin heißt es u.a.: "Hierzu erkläre ich, ...daß mir Luis Amplatz am 14. August 1964 durch Ehrenwort das Versprechen abnahm, dieses Testament niemandem, nur seiner Ehefrau Anna Amplatz, zu überantworten und für keine innerösterreichischen Zwecke zu mißbrauchen... Von dem Vorhandensein dieses Testamentes hatte auch Frau Grete Burger... Kenntnis, da ihr diesbezüglich Luis Amplatz vertraute. Sie erhielt deshalb die Berechtigung zur allfälligen Behebung... Weiters wurde mir die Behebungsbefugnis... von Luis ausdrücklich für seine Ehefrau Anna, für Frau Grete Burger und für mich aufgetragen. Obzwar die handschriftliche Ausfertigung und zwei beglaubigte Fotokopien dieses Testaments behoben und scheinbar zweckentfremdet wurden, gelang es mir, die beiden obgenannten Dokumente... dem österreichischen Rechtsvertreter der Frau Anna Amplatz zu übergeben."

135. Erwin PILETSCHKA, Briefwechsel bezgl. Übergabe des AMPLATZ-Testaments, Archiv Willy STEIDL, Brief, dat. Wien, 19.1.64 (65).

136. vgl. zB: K 18.1.65: "Inzwischen sollen sich in Tirol Zeugen gefunden haben, daß... Christian KERBLER über alle Einzelheiten des AMPLATZ-Testaments unterrichtet war..."; vgl. auch: Anm. 130.

137. vgl. Peter KIENESBERGER, Sie nannten uns..., S. 226; Karl SPRINGENSCHMID, Der Jörg..., S. 99-100; Wolfgang PFAUNDLER hatte Georg KLOTZ noch vor dem Aufbruch in Innsbruck gesprochen: es sei spürbar gewesen, etwas war in Vorbereitung, auch wenn Klotz nicht einging auf konkrete Pläne; Helmuth HEUBERGER sagt zum letzten Kontakt mit Luis AMPLATZ: er selbst sei überrascht gewesen über dessen ausnahmsweise gemeinsame Tour mit Klotz, sie wollten damit "ein Zeichen setzen", habe Amplatz als Begründung angegeben für den Start zu mehreren; es gibt aber auch andere Erklärungen, vor allem daß Amplatz und Klotz wegwollten aus der Wiener Verbannung, zurück zu ihren Familien: vgl.: "Klotz und Amplatz geben auf", "Georg Klotz: 'Der Kampf ist zu Ende", in: NÖ 20.6.64; vgl. auch: Gianni ROGHI, "Come li ho conosciuti", in: Europeo 1964/Nr.38: als familiärer Grund käme auch in Frage, daß ihn die Familie erwartete zur Feier seines Geburtstages; vgl. auch: NÖ 13.1.65: Christian KERBLER wollte angeblich eine Live-Reportage fotografieren über die Südtiroler Sprenger, auch dies ein plausibles Motiv, zumindest für den publicityfreudigen Georg Klotz.

138. Postkarte "An das Fräulein Evi Klotz", dat. 18.8.1964, Poststempel Innsbruck, 18.8.64, im Besitz von Eva KLOTZ; vgl.: Gianni ROGHI, "Klotz ci confessa la verità", in: Europeo 1964/Nr. 40, S. 21-22: die Brüder KERBLER hatten mit dem verbündeten Toni PLATTER (Rosa KLOTZ: ein Bauernsohn aus Passeier, der sich als Verräter entpuppen sollte, Anm.d.V.) in Passeier am 22. August 1964 ein Treffen vereinbart, das die Brüder Kerbler nicht einhielten.

139. vgl. zB: "Klotz und Amplatz 'abgängig", in: P 2.9.64; Spiegel 1964/Nr.41, 16.9.64: Luis AMPLATZ und Georg KLOTZ hatten ihre Rechnungen in den Wiener Hotels "Sonnenaufgang" und "Nagler" im 3. Bezirk mit 27.8.64 bezahlt; vgl.: Vst 6.2.65: Ob es sich um nachdatierte Rechnungen gehandelt haben könnte, ist nicht erwiesen. Amplatz und Klotz waren gut bekannt mit- bzw. hatten Logis bei der Mutter von Rainer MAURITZ, Besitzerin eines Wiener Hotels. Zur täglichen Meldepflicht für Georg Klotz hatten die Zeitungen schon damals Unterschiedliches recherchiert, vgl: K 8.9.64: Amplatz und Klotz hatten sich angeblich am 27.8.64 zum letzten Mal vorschriftsmäßig bei der Wiener Polizei gemeldet; Vbl 2.9.64: demnach erschien Klotz allein an jenem Donnerstag auf der Wachstube; vgl. Dol 2.9.64: Amplatz hatte keine tägliche Meldepflicht; P 2.9.64: das Wiener Traditionsblatt hatte sogar herausgefunden: da Klotz bettlägerig war, habe sich die Fremdenpolizei schon eine Weile mit einer telefonischen Meldung begnügt.

140. Angaben Wolfram KLOTZ: Luis AMPLATZ und Georg KLOTZ hatten am 28.8.64 Innsbruck verlassen.

141. vgl.: "Bei Percha im Pustertal: Verbrecherischer Anschlag auf einen

Militärjeep'', in: Dol 29.8.64.

142. "In Mühlen im Tauferer Tal: Carabiniere bei Feuergefecht getötet'', in: Dol 4.9.64; "Der Mord in der Carabinierikaserne von Mühlwald, Empörung im ganzen Lande - Ressentimentsgeladene und unbeherrschte Reaktion der Polizei'', in: Dol 5.9.64; "Allgemeine Entrüstung über den Mord am Carabiniere, Ministerrat, Abgeordnetenhaus, Regional- und Landesregierung nahmen Stellung - Erklärungen von Außenminister Saragat'', in: Dol 5.9.64; vgl.: Giorgio PECORINI, "I terroristi hanno iniziato in Alto Adige l'offensiva preannunciata nelle interviste con i nostri inviati, Adesso uccidono'', in: Europeo, 1964/Nr.37.

143. Dol 5.9.64

144. Gianni ROGHI, "Klotz ci confessa la verità'', in: Europeo 1964/Nr.40, 4.10.64.

145. Angaben: Kuno KNÖBL, vgl.: NÖ 10.9.64

146. Angaben: Peter KIENESBERGER, vgl.: Sie nannten uns Terroristen..., S. 226 ff.

147. Angaben: Eva KLOTZ, vgl.: Karl SPRINGENSCHMID, Der Jörg...

148. Corte di Assise, Perugia, sentenza... 21.6.71, vgl. Anm. 1.

149. Alle Angaben von Wolfram KLOTZ stützen sich auf Erzählungen seines Vaters und von zwei Schützen aus Passeier, die Georg KLOTZ unmittelbar nach dem AMPLATZ-Mord im Krankenhaus von Wörgl aufgesucht hatten.

150. "Schüsse auf eine Finanzpatrouille oberhalb Pfelders'', in: Dol, Montag, 31.8.64; vgl.: Dol 1.9.64: in der Berichterstattung wurde offenbar nicht unterschieden zwischen zwei verschiedenen Zwischenfällen, die sich beide am Sonntag, 30.8.64, abspielten, dazu Wolfram KLOTZ: der erste Zusammenstoß mit Polizisten in Zivil in einem Unterstand verlief unblutig, Luis AMPLATZ und Georg KLOTZ konnten den verwirrten Finanzern entkommen. Wenige Stunden später sahen sie sich dann jedoch in freiem Gelände einer Patrouille gegenüber, die das Feuer eröffnete.

151. Vbl 2.9.64

152. vgl. Dol 31.8.64

153. Angaben: Wolfram KLOTZ; vgl. z.B: Vbl 2.9.64: schildert die nach der Schießerei in Pfelders angelaufene Großfahndung: "Hunderte von Karabinieri durchkämmen seit Montag, von Hubschraubern unterstützt, das unwegsame Gebiet auf der Südtiroler Seite der Ötztaler Alpen... Auch die österreichischen Sicherheitsbehörden haben die Fahndung nach den beiden Südtirolern eingeleitet...''

154. Kuno KNÖBL, "Der Tod in Südtirol'', in: NÖ 13.1.65; vgl. Europeo, 1964/Nr. 40, 4.10.64.

155. Angaben: Rosa KLOTZ: Toni PLATTER hatte sich das Vertrauen erschlichen, ersuchte Frau Klotz um "Fluchthilfe'' nach Österreich, wo er sich ihrem Mann anschließen wollte. Erst im nachhinein schöpfte man Verdacht: seine dubiose Rolle soll Platter schließlich indirekt zugegeben haben, als er bereits schwer krank war, mit einem Rechtfertigungsversuch: "i hätt' no viel mehr anrichten können....''

156. vgl.: Europeo, 1964/Nr.40, 4.10.64; NÖ 13.1.65

157. Angaben: Wolfram KLOTZ

158. NÖ 13.1.65: zumindest für Luis AMPLATZ dürfte die angebliche Fotoreportage kaum der Grund gewesen sein, Wien zu verlassen.

159. vgl.: Peter KIENESBERGER, Sie nannten uns..., S. 229-230; vgl.: Karl SPRINGENSCHMID, Der Jörg..., S. 112-115; vgl. auch: Georg KLOTZ, Tonbandaufzeichnung..., Anm. 163: bestätigt den "Zusammenstoß zwischen mir und den Italienern, überraschend...''; vgl.: Corte di Assise, sentenza... 21.6.71: das Gerichtsurteil verschweigt den Zwischenfall, obwohl es am nahen Unterwiedner-Hof Zeugen gegeben haben müßte.

160. vgl.: Peter KIENESBERGER, Sie nannten uns... , S. 230; vgl. Georg KLOTZ, Tonbandaufzeichnung..., Anm. 163: bestätigt, daß Christian KERBLER in der Nacht vom 5. auf den 6.9.64 nicht zurückkam in die Heuhütte auf der Brunner Mahder; vgl. Corte di Assise, Perugia, sentenza... 21.6.71: nach Aussagen des Viehhirten Franz HOFER soll sich bei ihm Christian KERBLER von Sonntagvormittag bis zum Nachmittag, 6.9.64, aufgehalten haben, er sei dann zur Brunner Mahder aufgestiegen, von wo er zusammen mit Luis AMPLATZ und Georg KLOTZ noch einmal zurückkam, um in der Hütte des Hirten abendzuessen.

161. NÖ 13.1.65 (der Gasthof "Saltaus'', Schildhof, gehörte und gehört der Familie PIRCHER, Anm.d.V.); vgl.: Karl SPRINGENSCHMID, Der Jörg..., S. 123-129: die geschilderte Übergabe der Mordwaffe an Chri-

stian KERBLER läßt sich nicht belegen; im Zuge der "Gladio''-Ermittlungen sind jedoch belegbare Aufzeichnungen des verstorbenen Carabinieri-Generals Giorgio MANES publik geworden, wonach beim AMPLATZ-Mord die Waffe eines Brixner Carabiniere verwendet worden sein soll, vgl. dazu: Dol 6.6.91.

162. Corte di Assise, Perugia, sentenza...21.6.71: das Urteil gegen den flüchtigen Christian KERBLER stützte sich vor allem auf die Aussagen des einzigen damals greifbaren, wenn auch in Österreich lebenden Tatzeugen Georg KLOTZ.

163. Georg KLOTZ, "Protokoll der Tonbandaussagen von..., Sachverhaltsausschnitt: Brunner-Mahder-Alm'', aufgezeichnet 1971, Klotz war damals 52 Jahre alt. Tonband und Transkript im Besitz der Familie Klotz.

164. Georg KLOTZ, in: Corte di Assise, Perugia, sentenza... 21.6.71: Prof. (Leopold) Breitenecker, Universität Wien, habe ihn etwa eineinhalb Monate nach dem Überfall auf der Brunner Mahder einer Untersuchung unterzogen, Klotz beruft sich also auf das Gutachten eines angesehenen Fachmannes.

165. Corte di Assise, Perugia, sentenza... 21.6.71: "der junge Mann'', also Christian KERBLER, war weder vor seinem Verschwinden einer rechtsgültigen Einvernahme unterzogen worden, noch konnte der Flüchtige seither einvernommen werden; vgl.: Dol 9.9.64: Der Bozner Staatsanwalt Antonio CORRIAS soll zwar zur Einvernahme des festgenommenen Christian KERBLER nach Meran gefahren sein, das Urteil kann sich aber auf keine Aussagen stützen, die im Beisein eines gesetzlich vorgeschriebenen Anwaltes zu Protokoll genommen worden wären.

166. Corte di Assise, Perugia, sentenza... 21.6.71

167. vgl.: "Come li ho conosciuti'', in: Europeo 1964/Nr.38; vgl. dazu: "Der angebliche Peter Hoffmann heißt Christian Kerbler, Durch ein Pressephoto identifiziert...'', in: Dol 15.9.64; vgl.: NÖ 10.9.64: noch vor der Mailänder Illustrierten meldete das Wiener Blatt zugleich mit der Ankunft des verletzten Georg KLOTZ in Sölden: "Wie das 'Neue Österreich' erfährt, zweifeln die Sicherheitsbehörden kaum noch daran, daß es sich bei dem Namen Peter HOFMANN um einen Decknamen handelt. Sie vermuten auch, wer sich dahinter verbergen könnte: der 24jährige Journalist und Photograph Christian KERBLER...''

168. "Franz Kerbler übernachtete am 7. September in Passeier'', in: Dol 16.9.64; siehe dazu: "Register der Übernachtungen, Quellenhof'': Eintragung unter der Laufzahl "92: KERBLER Franz, Geburtsort: Hall, Geburtsdatum: 1.5.37, Ständiger Wohnort: Absam, Personaldokumente: Führerschein, Ausgestellt von welcher Behörde: Innsbruck, Datum und Nummer der Ausstellung: 1101/57, 19.9.57; Datum Ankunft: 7.9.64, Abreise: 8.9.64, (Nächtigungen): 1''.

169. Corte di Assise, sentenza... 21.6.71; vgl.: Giovanni PETERNEL, Einvernahmeprotokoll... 16.7.91; vgl. zB: Dol 9.9.64, 16.9.64.

170. W 19.9.64

171. ebd.; vgl.: Giorgio PECORINI, "La notte di sangue'', in: Europeo 1964/Nr. 38.

172. Corte di Assise, Perugia, sentenza... 21.6.71, Sentenza del Giudice Istruttore, N. 2456/64 G.I. contro: "1) KERBLER Christian.... 2) BERGAMO Dino... res. a S. Leonardo Passiria - Brig. dei CC; 3) ROCCHETTI-MARCH Mario... Capitano dei CC... 4) SANTINI Mauro... Tenente dei CC...''

173. Corte di Assise, Perugia, sentenza... 21.6.71.

174. Giovanni PETERNEL, Einvernahmeprotokoll... 16.7.91.

175. Corte di Assise, Perugia, sentenza... 21.6.71: das Gericht hält die Darstellung von Georg KLOTZ für glaubwürdig, obwohl er sich zunächst widersprochen hatte. Klotz selbst gab nämlich bei seinen ersten Einvernahmen an, Carabinieri hätten die Hütte umstellt. Das Gericht billigt ihm zu, daß es ihm schwer gefallen sein mochte, zuzugeben, der eigene Gefährte Christian KERBLER alias "Peter HOFFMANN'' sei ein Verräter; vgl. dazu: "Georg Klotz im Ötztal von Gendarmen verhaftet, Seine Aussagen: Von Carabinieri in der Hütte umzingelt - Hoffmann-Version 'blödsinnig''', in: Dol 10.9.64, zitiert wird auch die italienische Nachrichtenagentur ANSA, die Schüsse gingen keinesfalls aufs Konto von Sicherheitsbeamten. Die italienische Seite konzentrierte sich auf die These, der Mord sei "das Werk eines oder mehrerer abtrünniger Terroristen''. Als einer der Attentäter habe Klotz nur vertuschen wollen, daß "sich Verräter in ihre Reihen eingeschlichen haben''; vgl. auch: NÖ 10.9.64: der verletzte Georg KLOTZ erreichte Sölden am Mittwoch, 9.9.64, seine These eines Carabinieri-Überfalles weckte auch im deutschsprachigen Ausland Zweifel; E 10.9.64: "Österreichische Journalisten untersuchten die Almhütte... und fanden in den

Holzwänden (außen, Angaben: Kuno KNÖBL) keinerlei Kugeleinschläge. Dadurch gewinnt die Annahme, die beiden 'Bumser'-Chefs seien von einem italienischen Geheimagenten 'umgelegt' worden, an Wahrscheinlichkeit, sofern man persönliche Streitigkeiten zwischen den 'Bumsern' ausschließen will''.

176. Corte di Assise, Perugia, sentenza... 21.6.71.

177. Corte di Assise, Perugia, sentenza... 21.6.71: selbst das Gericht muß zugeben, bei angenommener Mordabsicht sei es absolut unlogisch, daß Christian KERBLER in der bis oben mit Heu gefüllten Hütte nicht von vornherein in die Nähe des Ausganges kroch, um sich im Falle eines Fehlschlages mühelos in Sicherheit zu bringen.

178. vgl.: Europeo 1964/Nr.40, 4.10.64; NÖ 10.9.64 sowie ergänzende Angaben: Kuno KNÖBL.

179. vgl.: Dol 8.6.91

180. Corte di Assise, Perugia, sentenza... 21.6.71.

181. vgl.: Peter KIENESBERGER, Sie nannten uns..., S. 230; vgl.: Georg KLOTZ, Tonbandaufzeichnung... , Anm. 163.

182. Angaben: Rosa KLOTZ, unter Berufung auf die befreundete Familie Rudl MARTH.

183. vgl. Anm. 168; Angaben Luise DORFER, "Quellenhof", Sankt Martin in Passeier: Franz KERBLER kam am 7.9.64 mit einem auffallend schweren Rucksack spätabends ins Hotel, er fragte die Schwiegermutter um ein Nachtquartier, weil die Vespa angeblich eine Panne hatte. Die einzig freie Unterkunft bot sich im ersten Stock eines Nebenhauses, das heute noch immer ähnlich aussieht wie damals: zwei einfache Betten, Kaltwasser, Holzboden, auch im schmalen Gang. Dieses Detail ist wichtig: Frau Dorfer und ihr Mann schliefen nämlich genau im Zimmer drunter, damals war es noch üblich für die Wirtsfamilien, in der Saison auszuweichen, um die relativ wenigen Betten freizumachen für die Urlauber.

Die Beobachtungen von Frau Dorfer in jener Nacht vom 7. auf den 8. September 1964, als Christian KERBLER angeblich der Polizeieskorte "entkam", während sein Bruder im "Quellenhof" übernachtete, enthalten wesentliche Details, die offensichtlich niemals beachtet wurden bei den Ermittlungen: während der ganzen Nacht waren Schritte zu hören von mehreren Personen, nicht nur im Zimmer von Franz Kerbler, sondern auch im Gang. Die Treppe zum ersten Stock befindet sich außerhalb des Gebäudes und ist aus Beton, es ließ sich also zumindest akustisch nicht feststellen, wie die an den Schritten erkennbaren Personen ins Haus kamen und wie sie es verließen. Ein Militärcamp mit 3.000 Mann lagerte jedenfalls nur wenig talauswärts auf einer Wiese bei der "Passer-Bar". Tagsdarauf gegen sechs Uhr früh rückte ein Polizei-Großaufgebot an, auf der Suche nach Georg KLOTZ. Alles wurde durchsucht, mit Ausnahme des Nebenhauses, in dem Franz Kerbler nächtigte. Beim Frühstück erkundigte sich Kerbler harmlos, was denn der Polizeiaufmarsch mit MPs und Hubschraubern zu bedeuten hätte - "der muß sich sicher g'fühlt haben wie in der Kirchen", erinnert sich Frau Dorfer. Franz Kerbler nahm am Morgen jenes 8. September das Postauto nach Meran, übrigens ohne sich weiter zu kümmern um die angebliche Panne seines Motorrollers. Erst als in den weiteren Meldungen über den Amplatz-Mord der Name Kerbler auftauchte, fiel der Wirtsfamilie auf, daß Franz Kerbler im "Quellenhof" genächtigt hatte. Sie verständigt die Polizei und händigt das Fremdenbuch aus, fordert es aber später erfolgreich zurück; vgl.: Corte di Assise, Perugia, sentenza... 21.6.71: wo sich Franz KERBLER aufgehalten hat und ob er ein Alibi hatte für die Mordnacht, wurde offensichtlich nicht überprüft.

184. Giovanni PETERNEL, Einvernahmeprotokoll... 16.7.91.

185. Angaben: Friedl VOLGGER; vgl.: "Die Tagebücher des Giorgio Manes", in: Dol 6.6.91.

Den Bozner Rechtsanwälten Dr. Siegfried BRUGGER und Dr. Karl SCHWIENBACHER sei herzlich gedankt für das Lektorat unter dem juridischen Gesichtspunkt aller von Elisabeth Baumgartner verfaßten Beiträge.

FOTO-NACHWEIS

G. Alberti, Bozen: 13, 14, 18, 34, 49, 58, 70, 81, 91l., 111, 190, 191, 261, 262, 263, 267, 268, 269, 330 l.o., 337 r.
G. Andergassen, Innsbruck: 198, 201, 208.
F. Berger, Bozen: 16, 35, 37 l., 40, 46, 47, 48, 84/85, 98, 113, 114, 117, 122, 126, 128/129, 204 r., 212
Burda, Offenbach: 91r., 92, 96, 149, 151, 231, 252, 280, 288, 294, 314.
E. Casagrande, Bozen: 138, 145, 170, 178, 196, 197, 245, 251, 153, 257, 258, 263, 272, 283 r., 298, 306 l., 311, 330, 331, 339 l.u., 342 l.o., 342 r., 343 l., 344-351.
Der Spiegel, Hamburg: 11, 276.
Die Presse, Wien: 143, 228 r., 247, 248/249, 259, 339 r.o., 340 r.o., 342 l.u., 343 r.u.
Fam. Dietl, Bozen: 204.
DPA, Frankfurt: 20, 153, 250.
J. Fontana, Bozen: 181, 182, 183.
E. Gostner, Brixen: 88, 89, 339 r.u.
L. Hauser, Kurtatsch: 172, 179.
K. Höfler, Lana: 86, 87.
Il mattino, Bozen: 205, 319, 341 l.
Fam. Kerschbaumer, Frangart: 102, 103, 105, 106, 107, 139.
L'Adige, Trient: 260, 266, 292, 305, 309, 343 r.o.

K. Masoner, Bozen: 175, 176.
Fam. Mazzoni, Bozen: 109.
G. Mumelter, Bozen: 8, 12, 30.
W. Pfaundler, Innsbruck: 24.
Publifoto, Mailand: 157, 159, 184, 185, 186, 188, 189, 194/195, 228 l., 324, 338 l., 339 l.o.
Rizzoli, Mailand: 31, 50/51, 52, 54, 61, 71-76, 78-80, 125, 155, 162/163, 254/255, 256, 278, 279, 283 l., 285, 296, 299, 300, 302, 306 r., 316, 388 r., 341 l.
R.S., Bozen: 36, 77, 140, 171, 273, 295, 340 l.
G. Rossi, Trient: 45, 63, 65, 67, 68, 93, 94, 131, 147, 156, 160, 161, 165, 167, 270, 331 l.u.
G. Salomon: 374.
Salzburger Nachrichten: 210.
H. Stieler, Bozen: 177, 337 l.
W. Steidl, Innsbruck: 290
L. Steinegger, Tramin: 173, 174.
Südtiroler Nachrichten, Bozen: 21, 119, 133, 135, 142, 214, 303.
Tiroler AZ, Innsbruck: 83.
H. Veneri, Bozen: 37 r., 187, 192, 193, 286.
Votava, Wien: 169, 200.
E. Welser, Innsbruck 25.

Alfabetisches Register der Namen

DIE VERFASSER DER BEITRÄGE

Baumgartner Elisabeth, geboren 1938 in Wien, seit 1960 in Südtirol. Journalistin beim Sender Bozen. Südtirol-Korrespondentin der "Presse", Wien. Autorin der Bücher "Willy Valier und seiner Zeit" (1987) und "Eisenbahnlandschaft Alt-Tirol" (1990)

Fontana Josef, geboren 1937 in Neumarkt, zu Beginn der sechziger Jahre Mitglied des BAS. Beim Mailänder Prozeß wurde Fontana zu über sieben Jahren Haft verurteilt. Im Gefängnis Vorbereitung aufs Abitur, anschließend Studium der Geschichte in Innsbruck. Verfasser zahlreicher Abhandlungen zu historischen Themen.

Canestrini Sandro, geboren 1922 in Rovereto als Sohn eines Trentiner Irredentisten, antifaschistischer Widerstand, nach der Befreiung bis 1963 Regionalratsabgeordneter der KPI. Canestrini war in fast allen wichtigen politischen Prozessen der Nachkriegszeit als Verteidiger tätig.

Gandini Umberto, geboren 1935 in Mailand, Journalist der Bozner Tageszeitung "Alto Adige", Kulturkritiker. Gandini hat wichtige Prosawerke der deutschsprachigen Gegenwartsliteratur ins Italienische übertragen.

Mayr Hans, geboren 1952 am Ritten, Studium in München und Florenz, von 1983 bis 1991 Redakteur der Tageszeitung "Alto Adige", seitdem freier Journalist in Bozen.

Mitterer Felix, geboren 1948 in Achenkirch/Tirol, freier Schriftsteller seit 1977. Als Autor zahlreicher Erfolgsstücke ist Mitterer im gesamten deutschen Sprachraum bekannt. Zur Zeit arbeitet er an einem Drehbuch über die Bombenjahre in Südtirol.

Mumelter Gerhard, geb. 1947 in Bozen, nach dem Studium zunächst Arbeit als Journalist bei der RAI in Rom, dann in Bozen. Herausgeber zweier Anthologien zur Südtiroler Gegenwartsliteratur und des Buches "Die Hutterer" (1986)

Stuffer Siegfried, geboren 1937 in Brixen, Mittelschullehrer in Bozen. 1968 Mitbegründer der kritischen Zeitschrift "Die Brücke", zur Zeit als unabhängiger Publizist tätig.

Volgger Friedl, geboren 1914 in Ridnaun, Journalist und seit 1945 führender Politiker der Südtiroler Volkspartei, ehemaliger Chefredakteur der Tageszeitung "Dolomiten", Autor des Buches "Mit Südtirol am Scheideweg" (1984).

von Walther Franz, geboren 1933 in Bozen. Als Journalist zunächst für die Tageszeitung "Dolomiten", dann für die RAI tätig. Franz von Walther ist Koordinator der deutschsprachigen Programme beim Sender Bozen.

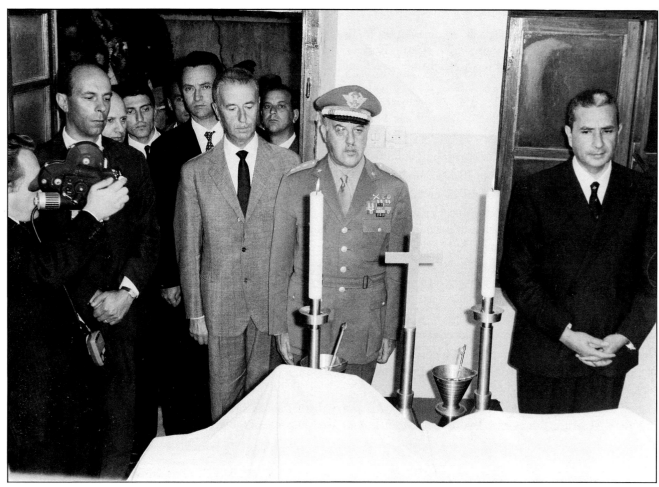

Ein symbolträchtiges Bild: Geheimdienstchef General Giovanni de Lorenzo und Ministerpräsident Aldo Moro - später selbst Opfer von Terroristen - erweisen den Opfern des Anschlags auf der Porzescharte die letzte Ehre. Links Landesrat Giorgio Pasquali.

INHALTSVERZEICHNIS

gefördert von der

Kulturabteilung der

Südtiroler Landesregierung

di chiara marca fas

Alto Adige or South Tyrol?

Last week the Austro-Italian committee that is trying to settle the South Tyrol question resumed its negotiations in Geneva.   Our correspondents in Rome and Vienna describe the prevailing attitude in both countries.

Tritolo a ferragosto

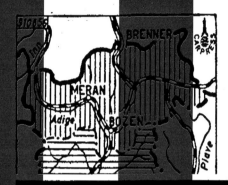

Eppure in Alto Adige qua
cambiando: i terroristi
isolati e i moderati del V
che pongono problemi con
dagnano terreno sugli e

Heinrich Heine als Z

Der Staatsanwalt zitiert,
nität nachzuweisen, *Heinrich*
des Brenners in allem Italien
im Himmel, in den Reben
Frauen"; und er bedauert, da
ten nicht mit Heine halten.
einem einzigen einen gewiss
Und in einem Fall vermerkt
Südtirolpolitik völlig fremd:
zu glauben, die Zerstörung v
ten wäre ‚ein Meisterwerk'.".

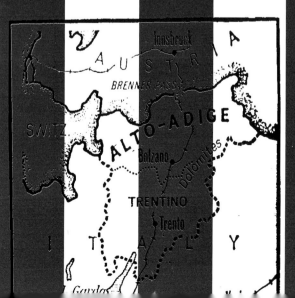

More terrorist incidents are reported today from South Tirol. Two towers of the electricity supply system of the Piemonte Hydro-electric Company were destroyed early this morning near Nova Ponente in the Val d'Ega. Two other towers were damaged near Cortaccia in the Adige valley. Leaflets signed B.A.S. (the so-called liberation movement) were found there threatening new acts of violence.

Other leaflets inciting the population to revolt were seized by the carabinieri at Ronchi, a village near Cortaccia.

A bomb exploded at the entrance of

NOUV

ATTEN

DANS